帖是江陵張時言
儒喜謂此帖人間
王如有本也

霜黃碧梧白鶴栖城上擊柝
復烏啼客子入門月晈誰
家擣練風凄、南渡桂水闕

제6권 【두보재주낭주시기시역해】

두보전집

정본완 역

제6권

두보재주낭주시기시역해

두보전집

정본완역

김만원

김성곤

박홍준

이남종

이석형

이영주

이창숙

서울대학교출판문화원

정본완역 두보전집 제6권
: 두보재주낭주시기시역해

초판 1쇄 발행 2010년 12월 30일
초판 2쇄 발행 2013년 7월 20일

펴낸곳 서울대학교출판문화원
펴낸이 오연천
지은이 김만원 · 김성곤 · 박홍준 · 이남종 · 이석형 · 이영주 · 이창숙
출판등록 제15-3호

주소 서울시 관악구 관악로 1 (151-742)
대표전화 02-880-5252
마케팅팀(주문) 02-889-4424, 02-880-7995
팩스 02-888-4148

이메일 snubook@snu.ac.kr
홈페이지 http://www.snupress.com

ISBN 978-89-521-1174-6 93820
978-89-521-1189-0 (세트)

An Annotated Translation of Du Fu's Poems Composed while Living in 'Zi-zhou', 'Lang-zhou'

Translated and Annotated by Manwon Kim, Seongkon Kim,
Hong Jun Park, Namjong Lee, Seok Hyoung Lee,
Yeongju Lee, and Changsook Lee

Seoul National University Press

머리말

본서는 우리 두시독회 모임의 두보 전집 제 여섯 번째 권이다. 그동안 우리 모임에서는《두보 초기시 역해》,《두보 지덕연간시 역해》,《두보 위관시기시 역해》,《두보 진주동곡시기시 역해》,《두보 성도시기시 역해》를 출간해 왔다. 본서는 그 뒤를 이어《두보 재주낭주시기시 역해》라는 이름으로 세상에 나오게 되었다.

본서는 두보가 재주와 낭주 지역을 유랑하며 지은 시 150수를 수록하고 있다. 유랑의 이유는 전란 때문이었으며, 안전한 피난처를 얻고자 했던 유랑의 목적은 쉽게 달성되기 어려운 것이었다. 동가식서가숙 여기 저기 돌아다니며 생계를 의탁하고 여행의 노자를 마련하는 일이 얼마나 힘든 일이었을까? 또한 하루 빨리 평화가 찾아와서 고향으로 돌아가고 싶은 마음이 얼마나 간절했을까? 이 시기 시들에는 이러한 두보의 고단한 삶의 무게와 간절한 염원들이 절절이 배어 있다.

성도에 머물던 두보는 그의 든든한 후원자였던 엄무가 경사로 돌아가게 되면서 그를 전송하러 면주까지 오게 된다. 그러나 갑자기 발생한 서지도의 난으로 인하여 두보는 성도로 돌아가지 못하고 면주에서 머물게 되며, 이후 재주, 낭주 등지를 떠돌며 유랑의 세월을 보내게 된다. 당시 두보는 삼협을 지나 경사로 돌아가고 싶은 꿈을 지니고 있었지만 여행 경비를 마련하지 못해 차일피일 미루게 되었고, 나중에 엄무가 돌아왔다는 소식을 듣고서는 다시 성도로 발길을 돌리는 것으로 본서의 내용은 마무리된다.

본서에는 특히 두보가 누군가를 전송하며 지은 시들이 많은데, 자신은 객지에서 발이 묶여 있으면서 혹은 고향으로, 혹은 임지로 떠나는 사람들을 보내며 두보는 착잡한 생각에 잠기지 않을 수 없었을 것이다. 하지만 두보는 그러한 상황 속에서도 나라의 앞날을 걱정하며 세상을 도탄에 빠뜨린 세력에 대하여 울분을 감추지 않았고, 하루 빨리 평화가 찾아오기를 학수고대하였다.

1994년 두보시에 대한 보다 믿을 만한 역해서를 완성하기 위하여 시작된 우리 두시독회 모임에서는 1999년 1월에 《두보 초기시 역해》, 2001년 12월에 《두보 지덕연간시 역해》, 2004년 8월《두보 위관시기시 역해》, 2006년 12월《두보 진주동곡시기시 역해》, 2008년 12월《두보 성도시기시 역해》를 출간하였으니 대체로 2년에서 2년 6개월 사이에 새로운 책 한 권을 정리하여 출간하고 있다. 이러한 속도로 작업을 하기 위하여 우리 공동 연구자들은 매주 화요일 하루는 꼬박 두시독회 모임에 바치고 있으며 그 나머지 시간도 원고를 준비하며 시간을 보내고 있어 두보시가 우리 생활에서 차지하는 비중은 결코 작지 않다. 하지만 우리가 두보시를 읽으며 얻는 수확을 생각한다면 이러한 부담은 상쇄하고도 남음이 있다. 다양한 주석본 사이에서 최고의 번역을 놓고 진행되는 독회 시간은 때로 상이한 주석을 놓고 공방을 벌이는 치열한 논쟁의 시간이면서, 중국문학 최고의 시를 통해 배우는 학습과 성장의 시간이기도 하였다.

우리는 두보시를 함께 읽으며 두보의 삶을 함께 걷고, 그의 고민을 함께 나누며, 그의 바람을 함께 소망하였다. 두보시를 통해 얻은 인생에 대한 성찰과 두시독회 모임이 주는 평온한 분위기는 우리 삶을 지탱하는 든든한 축이 되어 가고 있다. 앞으로도 이런 즐거움이 계속 유지되기 바라며, 남은 역해 작업도 순조롭게 진행되기를 희망한다.

어려운 여건 가운데서도 출판을 허락해주신 서울대학교출판문화원에 감사드리며, 아울러 우리의 작업이 진행되는 동안 여러 가지로 격려와 도움을 아끼지 않으신 모든 분들에게 감사의 말씀을 올린다.

2010년 12월

역해자 일동

차 례

일러두기

1. 이 책에서는 두보杜甫가 엄무嚴武를 전송하여 면주綿州로 나왔다가 서지도徐知道의 난으로 성도로 돌아가지 못하고 재주梓州, 낭주閬州 등을 떠돌다가 엄무가 돌아왔다는 소식을 듣고 다시 성도로 돌아가기까지, 보응寶應 원년 여름부터 광덕廣德 2년 2월 사이에 지은 시를 역해하였다.
   1) 작품의 저작 시기는《두시상주》를 따랐다.
   2) 이 책에 수록한 시의 배열 순서는《두시상주》를 따랐다.
2. 이 책은《두시상주杜詩詳註》(청淸 구조오仇兆鰲 주注, 북경北京: 중화서국中華書局, 1989)를 저본으로 하고, 각종 주석서를 참고하였다.
   1) 주요 참고 주석서는 다음과 같다.

《구가집주두시九家集注杜詩》	송宋	곽지달郭知達
《두공부초당시전杜工部草堂詩箋》	송宋	채몽필蔡夢弼
《보주두시補注杜詩》	송宋	황희黃希, 황학黃鶴
《분문집주두공부시分門集註杜工部詩》	송宋	
《두억杜臆》	명明	왕사석王嗣奭
《두시해杜詩解》	청淸	김성탄金聖歎
《두공부시집집주杜工部詩集輯注》	청淸	주학령朱鶴齡
《두시전주杜詩錢注》	청淸	전겸익錢謙益
《두시상주杜詩詳註》	청淸	구조오仇兆鰲
《독두심해讀杜心解》	청淸	포기룡浦起龍
《두시경전杜詩鏡銓》	청淸	양륜楊倫
《독두시설讀杜詩說》	청淸	시홍보施鴻保
《두시언해杜詩諺解》	조선朝鮮	

   2) 그 외의 주석서들은 해당 부분에서 밝혔다.
3. 주석서를 인용하면서 다음과 같은 원칙을 따랐다.
   1) 주석서 편찬자 자신의 주注를 인용할 경우에는 편찬자의 이름을 따로 밝히지 않았다. 단, 편찬자가 인용한 주를 재인용할 경우에는 그 주석자의 이름이나 서명을 밝혔다.
   2)《구가집주두시》를 인용한 경우 왕수王洙 주注는 이름을 따로 밝히지 않았다.
   3)《보주두시》를 인용한 경우 황희 주는 이름을 밝혔으나 황학 주는 이름을 따로

밝히지 않았다.

4) 《두시언해》를 인용한 경우 현토懸吐는 생략하였다.

5) 《두억》은 현전하는 판본이 완전하지 않아 필요에 따라서는 다른 주석서에 인용된 것을 재인용하였다.

4. 이 책은 다음과 같은 체재와 방식으로 편찬하였다.

1) 원문은 《두시상주》의 원문을 따랐다. 판본에 따른 원문의 차이에 대해서는 《두시상주》에서 지적한 것을 위주로 하여 주석에서 밝혔다.

2) 시의 역문은 원시原詩의 뜻을 그대로 살리기 위해 직역을 위주로 하였다. 단 직역으로는 의미 전달이 모호하다고 여겨질 경우 해당 주석에서 보충하여 자세히 풀어 설명함으로써 의미 전달이 명료하게 되도록 하였다. 그리고 《두시상주》의 분단分段에 따라 단락을 나누어 번역하였다.

3) 이전 주석서의 주석을 번역할 때에 원칙적으로 직역을 하여 원문을 해독하고자 하는 독자의 편의를 도모하였다.

4) 설명 부분에서는 작품의 대체적인 내용과 저작 시기를 밝히고, 제목에 대한 주석을 더하였다. 관련된 이전 주석은 아래에 따로 번역하여 수록함으로써 독자들이 참고할 수 있도록 하였다.

5) 시의 주석은 구 단위로 번호를 붙였다.

6) 두 구 이상에 대한 설명은 [ ] 표시를 하여 구별하였다.

7) 한 단락이나 연작시의 매 수에 대한 종합적인 설명과 주석은 # 표시를 하였다.

8) 작품 전체와 관련된 이전 주석이 있을 경우 ## 표시를 하여 해당 시 끝에 수록하였다.

9) 연호를 표시할 때 '…년'으로 통일하였다.

5. 각 시의 끝에 초고 집필자의 이름을 밝혔다.

1. 送嚴侍郎到綿州同登杜使君江樓宴得心字

엄시랑을 면주까지 배웅하고 함께 두사군의 강루에 올라
연회를 열면서 '심'자를 운자로 얻다

野興每難盡　江樓延賞心[1]　歸朝送使節[2]　落景惜登臨
稍稍烟集渚[3]　微微風動襟　重船依淺瀨[4]　輕鳥度層陰[5]
檻峻背幽谷　窗虛交茂林　燈光散遠近[6]　月彩靜高深[7]
城擁朝來客[8]　天橫醉後參[9]　窮途衰謝意[10]　苦調短長吟
此會共能幾　諸孫賢至今[11]　不勞朱戶閉[12]　自待白河沉[13]

야외의 흥취 매번 다 누리기 어렵더니,
강루가 완상할 마음을 이끌었다.
조정으로 돌아가는 사절을 배웅하느라,
석양 무렵에 강루에 오르는 일이 아쉽다.

안개가 조금씩 물가로 모여들고
바람은 살랑살랑 옷깃을 스칠 제,
큰 배는 얕은 여울에 기대었고,
날랜 새는 짙은 구름을 스쳐 지나간다.
드높은 난간 뒤로 깊은 계곡이 놓여 있고,
텅 빈 창 옆으로 무성한 숲이 펼쳐 있다.
등잔 불빛 멀고 가까운 곳에 흩어지고,
달빛 높고 깊은 곳에 고요하다.

성은 아침에 찾아온 손님을 끌어안고,
하늘에는 술 취한 뒤 삼성이 가로놓여 있다.

막힌 앞길에 마음이 허물어지니
괴로운 곡조로 짧고 긴 노래를 부른다.
이런 만남을 얼마나 함께할 수 있으랴?
손자가 어질어 오늘에 이르렀건만,
힘들게 붉은 대문 걸어닫을 것 없으리,
은하수 저물기를 스스로 기다릴 터이니.

'엄시랑'은 엄무를 가리킨다. '사군'은 자사를 일컫는다. 여기서 '두사군'은 종친으로 두보에게 손자뻘이 되지만 누구인지는 분명하지 않다. 이 시는 두보가 엄무를 배웅하다가 함께 두사군의 누각에서 연회에 참석하였다가 지은 것으로, 당시 두보는 운자로 '심'자를 받았다. 보응 원년에 지은 것으로 추정된다.

《보주두시》 엄무는 보응 원년 왕의 부름을 받아 조정에 갔지만, 당시는 황문시랑이 되기 전이었다. 그는 다시 황문시랑으로서 성도윤이 되었다가 재임 중에 죽었는데, 이렇게 제목을 단 것은 착오일 것이다. 이 시는 보응 원년 5, 6월에 지어졌다.(嚴公寶應元年赴召, 時未爲黃門侍郎. 其再以黃門侍郎尹成都, 又薨於官, 乃題之者誤. 此詩寶應元年五六月作.)

《두시상주》 이 시에서 '엄시랑'이라고 한 것은 착오인 듯하다. 어쩌면 뒤에 그렇게 제목을 붙였을 것이다. 주학령 주에서는 "《자치통감》에 의하면, '보응 원년 6월 임술일에 병부시랑 엄무를 서천절도사로 삼았다'고 하였는데, 이제 두보의 시를 보면 아마도 시랑으로 부름을 받았을 것이다. 또 《신당서》에서는 정국공에 봉해졌을 때와 관련해서 '황문시랑으로 옮겼다'고 하였고, 《구당서》에서는 겸어

사대부를 그만둔 때와 관련해서 '겸이부시랑으로 바뀌었다가 얼마 뒤 황문시랑으로 옮겼다'고 하였는데, 모두 병부라는 말은 하지 않았다. 《자치통감》과 부합하지 않는다"고 하였다. 전겸익 전에서는 "《방여승람》에 '누각은 면주성 동쪽 모퉁이에 임해 있고 위에는 당대의 강정에 대한 기록이 있다'고 하였는데, 두보의 시를 보면 옛날 강물은 남산 아래를 지났을 것이다"라고 하였다. 채몽필은 "엄무가 왕의 부름을 받고 갔을 때 그를 파서에서 전송했다"고 하였다. 황생은 "수로를 따라 면주까지 갔기에 '큰 배'라고 한 것이다. 두보의 〈봉제역에서 다시 전송하며〉라는 시를 보면 배를 버리고 육로에 올랐으니, 이곳 봉제역에서 헤어졌다"고 하였다.(此云嚴侍郎, 似誤. 或後來所題也. 朱注, 據通鑑, 寶應元年六月壬戌, 以兵部侍郎嚴武爲西川節度使. 今據公詩, 蓋以侍郎召也. 又新書于封鄭國公時, 云遷黃門侍郎. 舊書于罷兼御史大夫時, 云改兼吏部侍郎, 尋遷黃門侍郎. 皆不云爲兵部. 與通鑑不合. 錢箋, 方輿勝覽, 樓枕綿州城之東隅, 上有唐時江亭記, 觀杜詩, 則古之江流在南山下. 夢弼曰, 武赴召時, 送之於巴西. 黃生曰, 從水路至綿州, 故云重船. 其奉濟驛重送, 則舍舟登陸, 故分手於此.)

《독두심해》에 인용된 《일통지》 면주는 성도부 동북쪽 300여리 되는 곳에 있다. 당 천보 초에 파서군으로 바뀌었다가 건원 초에 도로 면주가 되었다.(綿州在成都府東北三百餘里. 唐天寶初, 改巴西郡, 乾元初, 復爲綿州.)

주 석

1 江樓(강루) - 부강에 있는 누각. 延賞心(연상심) - 완상할 마음을 불러 일으키다.

《독두심해》 강은 부강을 말한다. 《일통지》에 "부강은 남쪽으로 강유현을 경유하여 검주 남쪽에 이르러 면주의 경계로 들어선다"고 하였다.(江, 涪江也. 一統志, 涪江, 南經江油縣, 至劍州南入緜州界.)
《두시상주》 '연상심'은 사람을 끌어 감상하게 한다는 뜻이다.(延賞心, 謂引人心賞.)

2 使節(사절) - 절도사. 엄무를 가리킨다.

#《두시상주》: 첫 단락은 제목에 대해 서술하였다. 앞의 2구는 강루에서 연회를 연 것이고, 뒤의 2구는 엄공을 전송하는 것이다.(首段敍題. 上二江樓宴, 下二送嚴公.)

3 稍稍(초초) - 조금씩, 점차.

4 重船(중선) - 무거운 배. 큰 배를 뜻한다. 依(의) - 의지하다. 배가 정박하는 것을 말한다. 淺瀨(천뢰) - 얕은 여울.

5 曾陰(층음) - 짙은 구름을 뜻한다. '曾'은 '層'과 같다.

6 光(광) - '花'로 된 판본도 있다. 散(산) - '徹'로 된 판본도 있다.

7 月彩(월채) - 달빛.

#《두시상주》: 둘째 단락은 강루에 올라 저녁 경치를 굽어보는 내용이다. 안개가 누각 밖에 모이고, 바람이 누각 안을 움직이며, 배가 누각 아래 정박하고, 새가 누각 위를 지나가는, 앞의 4구는 저녁의 경치이다. 계곡이 난간 뒤를 막아서고, 숲이 창문 앞을 막으며, 해가 저물자 등불이 일고, 밤시간 깊어 달이 뜨는, 뒤의 4구는 초야의 경관이다. 황생 주에 "'등광산원근'과 '성옹조래객'은 막부에 절도사가 머물러 온 성 사람들이 바삐 모시는 모습을 나타낸다"고 하였다.(此記登臨晚景. 烟集樓外, 風動樓中, 船依樓下, 鳥度樓上, 四句, 薄暮之景. 谷遮檻後, 林壅牕前, 日暝燈起, 更深月出, 四句, 初夜之景. 生注, 燈光散遠近, 與城擁朝來客, 見幕府駐節, 傾城奔奉之狀.)

8 擁(옹) - 모여들다. 엄무를 전송하러 손님들이 많이 모인 것을 말한다. 朝來客(조래객) - 아침 일찍 찾아온 손님. 엄무를 가리킨다.

9 參(삼)- 삼성. 별 이름.

《구가집주두시》 조식曹植 시에 "삼성이 가로놓이고 북두성이 저물었다"는 구절이 있는데, 밤이 깊은 것을 말한다.(曹子建云, 參橫斗沒, 言夜深也.)

《보주두시》에 인용된 사師씨 주: 삼성은 서쪽에 뜨는 별이다. 촉은 서쪽에 있고, 강루가 높기 때문에 삼성에 가까운 것이다.(參西方之宿, 蜀在西, 以江樓之高, 逼於參星.)

《독두심해》 살펴보건대, 7월에 삼성이 보이면 밤이 곧 다하게 된다. 여러 주에서 삼성의 분야가 촉이라는 것을 인용하여 증거로 삼고 있지만, 경성의 출현에 각기 계절적 순서가 있다는 것을 모르는 것이다. 설령 5, 6월이라 해도 삼성이 가로놓였다는 말을 쓰고 있으니, 식자들의 웃음거리가 될 것이다. 주가 사람을 오인케 하는 것이 이와 같다.(按, 七月見參, 夜向闌矣. 諸注俱引參分在蜀爲證, 不知經星之現, 各有時序. 設在五六月間, 亦用參橫, 爲識者嗤矣. 注之誤人如此.)

10 衰謝(쇠사)- 시들다 쇠약해지다. 이 구절은 두보가 자신의 신세를 한탄한 것이다.

11 諸孫(제손)- 손자. 여기서는 두사군을 가리킨다.

《구가집주두시》 조언재 주 두사군이 두보에게 손자 항렬이라는 것을 가리킨다.(指言杜使君于公爲孫行也.)

《두시언해》 두보 스스로 주를 달기를 두사군은 종친 사람이라고 하였다.(甫自注, 杜使君乃宗人.)

12 朱戶閉(주호폐)- 붉은 대문을 닫다. 강루의 문을 가리킨다. 치소를 가리킨다는 설도 있다.

《구가집주두시》 조언재 주 '주호'는 면주의 주치소를 말한다.(朱戶, 謂綿州州治也.)

《구가집주두시》 진준이 매번 술자리를 베풀면 손님들이 집안을 가득 메웠는데, 그때마다 대문을 닫아걸고 손님들 수레의 비녀장을 가져다

물 속에 던졌다. 비록 급한 일이 있어도 결국 떠날 수가 없었다. 마지막 구절은 이 고사의 뜻을 활용한 것이다.(陳遵每大飮, 賓客滿堂, 輒關門, 取客車轄, 投水中. 雖有急, 終不得去. 末句用此意.)

13 白河(백하)- 은하수.

《두시상주》 :'백하'는 은하수이다.(白河, 天河也.)

《구가집주두시》 조언재 주 '백하침'은 은하수가 사라지고 밤이 다한 것을 말한다. 은하수를 '은하'라 하였으니 그 빛이 하얗다는 것을 알 수 있다.(白河沈, 言天河之沈隱夜艾也. 天河曰銀河, 其白可知.)

〔不勞 2구〕 이미 날이 밝아오니 문을 닫을 필요 없다는 것을 말한다.

《두시언해》 힘들여 대문을 닫을 필요 없이 이미 은하수가 저무는 것이 보인다는 것을 말한다.(謂不勞閉戶, 已見銀河之沒也.)

#《두시상주》: 셋째 단락에서는 연회 때의 정황과 사건을 서술하였다. '객'은 엄무를 가리키고, 기병과 시종이 많기에 그 '모여든' 상황을 알 수 있다. 삼성이 촉에 있고 강루가 높기에 그 '가로놓인' 상황을 알 수 있다. '궁도' 2구는 스스로 떠도는 신세를 한탄한 것이다. '차회' 2구는 두사군을 칭송한 것이다. 끝에서는 연회가 끝나고 날이 밝아오는 것을 말하고 있다. 작품 속의 순서가 저녁부터 새벽까지 또렷하니 분명하게 나타난다. 이러한 격식은 앞 시와 같다.(此述宴時情事. 客指嚴公, 騎從多, 故見其擁. 參星在蜀, 江樓高, 故見其橫. 窮途二句, 自嘆流落. 此會二句, 稱美杜君. 末言宴畢而天將曙矣. 篇中敍次, 自暮至曉, 歷歷分明. 此格亦同上章.)

##《독두심해》: 이 시는 저녁에 강루에 올라 밤에 연회를 연 것을 읊고 있다. 앞의 4구는 일을 서술하였고, 가운데 8구는 누각에 올랐을 때의 경관이 저녁에서 밤으로 들어선 것을 담고 있으며, 뒤의 8구는 밤의 연회에서 이별의 정이 촉발된 것을 읊고 있다. 단지 밤이 끝나야 그만둘 것이기에 아마도 헤어지기 어려웠을 것이다.(此晩登而夜宴也. 起四, 敍事, 中八, 登樓之景, 由晩入夜, 後八, 就夜宴中觸起離情. 直欲竟

夜方休，蓋難爲別也.）

（**김만원**）

2. 奉濟驛重送嚴公四韻

봉제역에서 다시 엄공을 전송하다

遠送從此別[1] 青山空復情[2] 幾時杯重把[3] 昨夜月同行

列郡謳歌惜[4] 三朝出入榮[5] 江村獨歸處[6] 寂寞養殘生

멀리 전송 나와 예서 이별하자니,

청산은 괜스레 다시 마음 아프게 하네.

어느 시절에 다시 술잔을 잡으리요,

어젯밤에는 달 아래 함께 거닐었는데.

여러 고을 노래 부르며 아쉬워 하지만,

세 조정에 출입하심은 영광스러운 일이라.

강촌에 홀로 돌아가 거하며,

쓸쓸히 남은 인생이나 돌봐야 하리.

보응 원년 대종의 부름을 받아 조정으로 돌아가는 엄무를 전송하며 지은 시이다. 봉제역은 면주 교외에 있는 역참이다. 두보는 엄무를 전송하기 위해 봉제역까지 이르러 마지막 송별시를 지어 아쉬운 정을 피력하였다.

《보주두시》 봉제역은 면주에 있다. (앞 시 〈송엄시랑도면주동등두사군강루연득심자送嚴侍郎到綿州同登杜使君江樓宴得心字〉와) 같이 보응 원년에 지었다.(奉濟驛在綿州, 同是寶應元年作.)

《구가집주두시》 봉제역은 면주에서 30리 떨어져 있다.(驛去綿州三十里.)

주 석

1 遠送(원송)- 멀리까지 전송하다.

2 復情(부정)- 다시 상심하다.

3 重(중)- 거듭.

《두시상주》 뜻은 평성을 따르고 음은 거성을 따른다.(義從平聲, 讀從去聲.)

4 列郡(열군)- 여러 고을. 엄무가 절도사로 부임했던 동서 양천의 각 고을들을 가리킨다.

《두시경전》 '여러 고을'은 동서 양천을 말한다.(列郡謂東西兩川.)

5 三朝(삼조)- 세 조정. 현종, 숙종, 대종의 세 조정을 가리킨다.

《두시경전》 '삼조'는 현종, 숙종, 대종을 말한다.(三朝謂玄肅代.)

6 江村(강촌)- 두보가 거처하던 완화계 초당을 가리킨다. 處(처)- '去'로 된 판본도 있다.

#《두시상주》에 인용된 황생주: 상반부는 송별을 서술하였는데 목소리가 쉬고 목이 메인 것을 벌써 느낄 수 있다. 하반부는 이별 후의 일을 말하였는데 피차의 처지가 너무 달라 진실로 방성대곡할 듯하다. 송별시가 이런 경지에 이르니 차마 다시 읽지 못하겠다.(上半敍送別, 已覺聲嘶喉哽. 下半說到別後情事, 彼此懸絶, 眞欲放聲大哭. 送別詩至此, 使人不忍再讀.)

《두시상주》: 청산이 괜히 다시금 마음 상하게 한다는 것은 슬픈 이별이 쉬이 비통함을 낳는다는 것이다. 3, 4구는 훗날 만날 기약이 없으며 지난 일은 다시 하기 어려움을 말한 것이다. 도치법을 사용했기에 비로소 곡절함이 드러났으니, 만약 '작야'구를 앞에 두었다면 직설적이어서 운치가 적게 될 것이다. '여러 고을'은 동서 양천을 가리키며, '노래 부른다'는 촉 사람들이 사모함이다. '세 조정'은 명황, 숙종,

대종을 가리키며, '출입한다' 함은 장수와 재상을 바꾸어 가며 역임한다는 것이다.(青山空復傷情, 悵別易生悲也. 三四言後會無期, 而往事難再. 語用倒挽, 方見曲折. 若提昨夜句在前, 便直而少致矣. 列郡, 指東西兩川. 謳歌, 蜀人思慕也. 三朝, 指明肅代宗. 出入, 迭爲將相也.)

《독두심해》: 첫 구만으로 송별은 이미 마쳤다. 그 다음은 절절히 속말을 써낸 것으로 모두 제2구로부터 이끌어 낸 것인 바, 모두 '괜스레 다시 마음 아프게 한다'의 틀 속에 총괄되어 있다. 전반부는 엄무와 자신을 합하여 썼고, 후반부는 서로 나누어 썼다. 공은 엄무가 떠나감에 마치 어미를 잃은 것과 같은 슬픔이 있었으니 이것이 먹물인지 눈물인지 모르겠다.(只一句送別已了. 以下曲曲寫出衷語, 都從次句領出, 總攝在空復情甲裏也. 前半彼此合寫, 後半彼此分寫. 公於嚴去, 有如失慈母之悲, 不知是墨是淚.)

(**김성곤**)

3. 送梓州李使君之任

재주 이사군이 임소로 가는 것을 송별하다

籍甚黃丞相[1] 能名自潁川[2] 近看除刺史[3] 還喜得吾賢[4]
五馬何時到[5] 雙魚會早傳[6] 老思筇竹杖[7] 冬要錦衾眠[8]
不作臨岐恨[9] 惟聽舉最先[10] 火雲揮汗日[11] 山驛醒心泉[12]
遇害陳公殞[13] 于今蜀道憐[14] 君行射洪縣[15] 爲我一潸然[16]

성대하도다, 황승상이시여
능하다는 명성은 영천에서 시작됐지요.
최근에 자사에 제수됨을 보고서
또 우리의 현신을 얻게 됨을 기뻐합니다.

다섯 마리 말은 언제나 이르려나?
두 마리 잉어 꼭 일찍 전해주시겠지요.
늙어서 공죽으로 지팡이 삼길 바라게 되고
겨울이라 비단 이불에 잠자고 싶습니다.

갈림길에 임하여 슬픔을 짓지는 않기로 하겠습니다.
바라는 것은 고과考課에서 선두가 되었다는 말을 듣는 것이니,
불같은 구름에 땀을 뿌리는 날에
산촌의 역에 가슴을 깨우는 샘물이 되어주시오.

해를 당하여 진공陳公께서 죽었으니
지금 촉 길에서 가엾어 합니다.
그대 사홍현에 가시거든
날 대신해 한 번 줄줄 눈물 흘려주시길.

보응 원년 여름 면주에서 재주자사가 되어 임지로 떠나는 이모를 송별한 시이다. 엄무嚴武가 떠난 뒤에 성도는 서지도徐知道의 난이 일어났고, 이로 인하여 두보는 성도로 돌아가지 못하고 면주에 머물던 중이었다. 시에는 이사군이 새로 임용된 것에 대한 축하, 편지 및 토산물을 보내달라는 부탁, 고과에서 탁월한 성적을 거두라는 축원과 함께 편말에 진자앙의 묘소에 자신을 대신해 조상해달라고 부탁하는 등의 내용을 담고 있다. 이사군에 대하여는 특별히 알려진 바가 없다.

《두시상주》에 인용된 원주 고 진습유는 사홍 사람이다. 편말에 언급해두었다.(故陳拾遺, 射洪人也. 篇末有云.)

《두시상주》에 인용된 황학 주 이재주의 부임은 보응 원년 여름이었다. 그래서 시에서 "불같은 구름에 땀을 뿌리는 날에, 산촌의 역에 가슴을 깨우는 샘이 되어 주시게"라고 하였다. 그 때 공은 면주에 있었다. 광덕 원년에 〈배이재주범강〉과 〈배이재주사군등혜의사〉 시가 있는데, 이는 바로 다음해의 일이다. 《당서》에 "재주 재동군은 검남도에 속한다. 건원 후에 촉이 동천과 서천으로 나뉘었는데 재주는 늘 동천절도사의 치소였다"라 하였다. 살펴보건대, 재주는 지금 사천의 동천주가 바로 이곳으로, 땅은 면주 남쪽에 있다.(李梓州赴任, 在寶應元年之夏, 故詩云, 火雲揮汗日, 出驛醒心泉. 爾時公在綿州也. 廣德元年, 有陪李梓州泛江陪李梓州使君登惠義寺詩, 乃次年事. 唐書, 梓州梓潼郡, 屬劍南道. 乾元後, 蜀分東西川, 梓州恒爲東川節度使治所. 按, 梓州, 今四川潼川州是也, 地在綿州之南.)

《보주두시》 살펴보건대, 공에게는 광덕 원년에 〈삭배이재주범강유여악재제방희위염곡이수數陪李梓州泛江有女樂在諸舫戲爲豔曲二首〉, 〈배이재주왕낭주소수주이과주사사군등혜의사陪李梓州王閬州蘇遂州李果州四使君登惠義寺〉가 있고, 또 가을에 〈장재주귤정전성도두소윤章梓州橘亭餞成都竇少尹〉, 〈장재주수정章梓州水亭〉

등의 시가 있다. 아울러 사서에 "재주자사 장이가 엄무에게 성도로 소환되어 죽었다"고 하였는데, 이는 곧 광덕 2년이다. 그렇다면 이사군이 부임한 것은 바로 보응 원년 여름이 된다. 그래서 시에 "불같은 구름에 땀을 뿌리는 날에, 산촌의 역에 마음을 깨우는 샘물이 되어주시게"라 하였다. 이때 공은 면주에 있었다. 시에 또 이르기를 "해를 당하여 진공陳公께서 죽었으니, 지금껏 촉으로 난 길에서 가엾어 한다네. 그대 사홍현에 가거든, 날 대신해 한 번 줄줄 눈물 흘려주게"라 하였으니, 이것은 공이 아직 진습유의 고택을 방문하지 않았을 때, 진습유의 학당에 이르기 전에 지은 작품이다. 공은 이 해 11월 사홍에 이르러 이 두 편의 시(〈冬到金華山觀因得故拾遺陳公學堂遺跡〉, 〈陳拾遺故宅〉)를 짓게 되었다.(按, 公廣德元年有陪李使君泛江, 陪李梓州四使君登惠義. 又秋有章梓州橘亭水亭等詩, 及史云, 梓州刺史章彝爲嚴武召至成都, 殺之, 乃廣德二年, 則李使君之任, 乃在寶應元年夏. 故詩云, 火雲揮汗日, 山驛醒心泉. 是時, 公在綿州. 詩又云, 遇害陳公殞, 于今蜀道憐. 君行射洪縣, 爲我一潸然, 則是公未訪陳拾遺故宅, 及到陳拾遺學堂前作也. 公是年十一月至射洪有此二詩.)

주 석

1 籍甚(적심) - 성대하다. 명성이 세상에 널리 퍼지다. 黃丞相(황승상) - 한나라 때 탁월한 치적으로 재상을 지냈던 황패를 가리킨다. 《두시상주》 《육가전》의 "성명적심"에 대하여 맹강은 '낭자하기가 심하다'라고 주하였다. …… 《한서》에 "황패가 영천태수에 임명되어 다스리자 모두 밝은 지혜가 신과 같다고 칭찬하였다. 나중에 궁중으로 불려 들어가 승상이 되었다"라고 하였다.(陸賈傳, 聲名籍甚. 孟康注, 狼籍之甚. …… 漢書, 黃霸拜潁川太守, 咸稱神明, 後徵入爲丞相.) 《구가집주두시》 왕수 주 한나라 황패가 영천태수가 되어 다스림이

천하의 제일이었다. 나중에 병길을 대신하여 승상이 되었다.(漢黃覇爲潁川太守, 治爲天下第一. 後代丙吉爲丞相.)

2 能名(능명) - 능력이 있다는 명성. 潁川(영천) - 군 이름. 치소는 양적陽翟(지금의 하남성 우주시禹州市)에 있었다.

《두시상주》 고악부 〈안문태수행〉에 "이른 아침부터 밤늦게까지 노력하여 다스림에 능하다는 이름이 있었다"라 하였다.(古樂府, 雁門太守行, 夙夜勤勞, 治有能名.)

〔籍甚 2구〕 영천 태수 시기부터 명성을 얻었던 한나라 황패의 고사를 들어 이사군을 칭찬하고 있다.

3 除(제) - 벼슬을 제수하다.

《두시상주》에 인용된 《한서·경제기景帝紀》 주 무릇 '제'라고 말하는 경우는 옛 관직을 면하고 새 관직을 주는 것이다.(凡言除者, 除舊官拜新官也.)

4 吾賢(오현) - 우리의 현명한 사람. 이재주를 가리킨다.

#《두시상주》: 첫 단락에서는 순리의 훌륭한 자질을 사군에게 기대하고 있다.(首以循良望使君.)

5 五馬(오마) - 다섯 필의 말. 한나라 때 태수가 타는 수레는 다섯 필의 말을 썼다. 태수를 뜻한다.

《구가집주두시》 조언재 주 《한관의》에 태수는 다섯 필의 말로 수레를 끌게 한다고 하였다. 대체로 천자는 여섯 필의 말을 쓰고 제후는 다섯 필의 쓴다.(漢官儀, 太守五馬. 蓋天子六馬而諸侯五馬也.)

6 雙魚(쌍어) - 쌍리어雙鯉魚, 즉 두 마리의 잉어. 서신을 뜻하는 말이다. 會(회) - 응당. 반드시.

〔五馬 2구〕

《보주두시》 조언재 주에 "이사군에게 일찍 편지를 부쳐주기를 부탁한 것이다. 고악부에 '손님이 먼 곳에서 와서 나에게 두 마리 잉어를 주었네. 아이를 불러 잉어를 삶게 하였더니 속에 작은 폭 비단에 쓴 편지가 있었네'라 하였다"고 하였다. 사師씨 주에 "옛날 왕희지가 영가태수를 지낼 적에 뜰에 다섯 필의 말을 늘어놓았었다. 이 두 구절은 사군이 언제 도착하든지 일찍 두보에게 편지를 보내달라는 말이다"라 하였다.(趙曰, 囑李使君早寄書也. 古樂府, 客從遠方來, 遺我雙鯉魚. 呼兒烹鯉魚, 中有尺素書. 師曰, 昔王羲之守永嘉, 庭列五馬. 此二句言, 使君幾時到任, 早寄書達甫.)

7 筇竹杖(공죽장) - 공죽으로 만든 지팡이. 공죽은 공산邛山에서 나는 대나무로 속이 차 있고 마디가 높아 지팡이로 삼기에 적합하다. '竹杖'이 '杖拄'로 된 판본도 있다.

《두시상주》 〈촉도부〉에 "공죽 지팡이가 대하의 읍에 대 마디를 전했다"라 하였다. 고개지의 《죽보》에 "공죽은 높은 마디에 속이 차 있고 모양이 사람과 같다. 쪼개서 지팡이를 만들며, 남광 공도현에서 난다"라 하였다. 《죽기》에 "공주에서 대나무가 많이 나는데 사람들은 그것을 부로죽(지팡이용 대나무)이라 한다"라 하였다. '장'으로 '면'과 대를 이룬 것은 《예기》에서 '장향', '장국'이라 한 것과 같이 동사로 사용한 것이니 꼭 '공장주'로 고칠 필요는 없다.(蜀都賦, 筇杖傳節於大夏之邑. 顧凱之, 竹譜, 筇竹, 高節實中, 狀若人, 剖爲杖, 出南廣邛都縣. 竹記云, 邛州多生竹, 俗謂之扶老竹. 以杖對眠. 猶禮言杖鄕杖國, 作活字用, 不必改作筇杖拄.)

8 錦衾(금금) - 비단 이불.

《두시상주》 촉 중에 비단이 있기에 공이 언급하였다.(蜀中有錦, 故公及之.)

〔老思 2구〕

《두시경전》 두 물건이 모두 촉지에서 나온다. 이사군이 이것을 부치기를 바란 것이다.(二物皆蜀産, 欲李以此相寄也.)

《보주두시》에 인용된 왕수 주 한나라 장건이 대하에 있을 때에 공죽장을 보았는데, 상인이 신독국에서 그것을 판다고 하였다. 한나라 주총

이 태위가 되었는데 집안이 가난하여 베로 만든 이불을 덮었다. 황제가 그 말을 듣고서 비단이불을 하사하였다.(漢張騫在大夏時, 見筇竹杖, 云賈人市之於身毒國. 漢朱寵爲太尉, 家貧布被. 帝聞之, 賜錦被.)

#《두시상주》: 이 단락은 헤어진 후 사귐의 정을 생각한 것이다.(此想別後交情.)

9 臨歧恨(임기한)- 갈림길에 임해서의 한스러움. 이별의 한을 뜻한다.

10 惟(유)- 바라다. 擧最(거최)- 지방관을 심사하여 치적이 우수한 자를 승진시키는 것을 이르는 말이다.

《두시상주》 《한서·경방전》에 "교화가 현 가운데 행해져 '거최'이니 마땅히 승천시켜야 된다"라 하였는데, 주에 "치적에 대한 심사에서 가장 우수한 성적을 얻은 까닭에 승진임용된 것을 뜻한다"라 하였다.(漢書京房傳, 化行縣中, 擧最當遷. 注, 以課最被擧.)

11 火雲(화운)- 붉은 구름. 뜨거운 여름을 가리킨다. 揮汗(휘한)- 땀을 흘리다.

12 山驛(산역)- 산간의 역. 醒心泉(성심천)- 가슴을 시원하게 하는 샘물.

#《두시상주》: 이 단락은 송별의 정경을 서술하였다.(此敍送別情景.)

13 遇害(우해)- 해를 만나다. 陳公殞(진공운)- 진공이 죽다. 진공은 당 시인 진자앙陳子昂이다.

《두시상주》에 인용된 《구당서》 자앙의 부친이 향리에 있었는데 현령 단간에게 욕을 당하였다. 자앙이 이를 듣고서 급거 향리로 돌아갔다. 단간은 이에 일을 꾸며 옥에 가두니 근심과 분노 끝에 세상을 떠났다.(子昂父在鄕, 爲縣令段簡所辱. 子昂聞之, 遽還鄕里. 簡乃因事收系獄中, 憂憤而卒.)

14 于今(우금)- 지금까지. 蜀道(촉도)- 촉의 도로. 촉지를 가리킨다. 憐(련)- 불쌍히 여기다. 가엾게 생각하다.

15 射洪縣(사홍현) - 재주에 속한 현의 이름. 진자앙의 고향이자 이사군의 관할 지역에 속한다.

《두시상주》《당서》에 "사홍현은 재주에 속한다"라 하였다. 《구역지》에 "(사홍현은) 재주 동남쪽 60리에 있다"라 하였다.(唐書, 射洪縣, 屬梓州. 九域志, 在梓州東南六十里.)

16 潸然(산연) - 눈물을 흘리는 모습. 여기서는 눈물을 흘린다는 뜻이다.

#《두시상주》: 마지막 단락은 연로한 사람에게 마음을 써달라는 부탁이다. 《두억》에 "재주로 부임하는 사람을 보내며 끝내 그곳의 명현을 생각하였으니 진정 현명한 사람을 좋아하기를 목이 마른 듯이 한 것이다"라고 하였다. 나를 위해 줄줄 눈물을 흘려달라고 한 것은 조어가 특히 빼어나다.(末囑其留心耆舊也. 杜臆, 送人赴梓州, 遂想到彼中名賢, 眞好賢如渴者. 爲我潸然, 造語尤奇.)

##《독두심해》: 각 4구마다 뜻이 바뀐다. 첫 단락에서는 송축한 것이다. 다음 단락은 편지와 토산물을 바란 것이다. 다음 단락은 이별의 장면을 쓴 것인데 '치적의 심사에서 탁월한 성적을 냈다는 말을 듣다'라 하고 '가슴을 시원하게 하는 샘물이다'라 하였으니 면려의 뜻을 띠고 있다. 마지막 단락에서는 연로한 사람에게 마음을 써달라는 부탁이다. 설사 원통함이 풀어지지는 않더라도 집안을 혹여 돌볼 수 있는 것은 자사의 직분 때문이다. 여기에서 공의 옛 정의情誼가 드러난다.(各四句轉意, 首頌而祝之. 次以書信土物爲期. 次敍別景, 而曰聽擧最, 曰醒心泉, 帶勗勉意. 末囑其留心耆舊. 雖寃不及伸, 而家或可卹, 刺史職也. 於此見公古誼.)

(이남종)

4. 觀打魚歌
고기 잡는 것을 보다

綿州江水之東津[1] 魴魚鱍鱍色勝銀[2]
漁人漾舟沉大網[3] 截江一擁數百鱗
衆魚常才盡却棄 赤鯉騰出如有神[4]
潛龍無聲老蛟怒[5] 迴風颯颯吹沙塵[6]
饔子左右揮霜刀[7] 鱠飛金盤白雪高
徐州禿尾不足憶[8] 漢陰槎頭遠遁逃[9]
魴魚肥美知第一 既飽歡娛亦蕭瑟[10]
君不見朝來割素鬐[11] 咫尺波濤永相失

면주의 강물 동쪽 나루에
파닥파닥 뛰는 방어 그 빛이 은보다 부시구나.
어부들 배를 띄워 큰 그물 드리우고
강물을 가로막아 한 번에 수백 마리를 잡는구나.
보통 물고기들은 평범하여 모두 다시 버리는데
붉은 잉어는 튀어 오르는 것이 신이 들린 듯하구나.
잠룡은 소리 없고 늙은 이무기가 노하는 듯
회오리 바람 몰아치며 모래 먼지를 날리네.

요리사 서리 같은 칼 좌우로 휘두르니
금반에 날리는 회가 흰 눈처럼 높구나.
서주의 독미 생각할 것 없고
한음의 사두도 멀리 도망할 정도이니

방어는 살지고 맛있어 최고임을 알겠는데
배불러 기쁜 후에는 또한 슬퍼지나니
그대 보지 못했는가 아침에 흰 지느러미 잘리고서
지척의 파도와 영원히 이별하는 것을.

이 시는 강에서 고기를 잡아 회를 쳐서 먹는 상황을 노래하면서 생명을 경시하는 풍조에 대한 경계를 담고 있다. 두보가 엄무를 전송하여 면주에 이르렀을 때 지은 것으로 보이며, 저작 시기는 보응 원년 가을이다.

《보주두시》 공이 보응 원년 가을 엄무를 전송하느라 면주에 이르렀다. 이 시는 바로 그 때 지은 것이다. 그리하여 시에서 "면주의 강물 동쪽 나루"라고 한 것이다.(公以寶應元年秋送嚴武至緜州. 此詩乃其時作. 故詩云綿州江水之東津.)

주 석

1 綿州(면주) - 지명. 두보가 엄무를 전송하여 온 곳이다. 강수(江水) - 면주에 있는 '부강'을 말한다. '之'는 '水'로 된 판본도 있다.

《두시상주》 면주는 천서도에 속한다. 《수경주》에서 "면수는 서쪽 면죽현에서 나와서 다시 전수와 합하는데 비강이라고도 하고 부수라고도 부른다"고 하였다.(綿州, 屬川西道. 水經注, 綿水西出綿竹縣, 又與湔水合, 亦謂之郫江, 又言是涪水.)

2 魴魚(방어) - 생선의 이름. 鱍鱍(발발) - 팔딱팔딱 뛰는 모양. 또는 그 소리.

《두시상주》 《이아주》에 "강동에서는 방어를 편어라고 부르며, 일명 비어라고도 한다"고 하였으며, 육기의 소에서는 "방어는 넓적하고 얇으며 육질이 살지고 고소하나 고기는 적다. 비늘이 가는 것 중에서 맛있는 생선이다"라고 하였다.(爾雅注, 江東呼魴魚爲鯿, 一名魾. 陸璣疏, 魴魚廣而薄, 肌肥甜而少肉, 細鱗之美者也.)

《보주두시》 '발발'은 뛰는 모양이다.(鱍鱍, 跳躍貌.)

3 漾舟(양주)- 배를 띄우다.

4 赤鯉(적리)- 붉은 색 잉어. 선인이 타고 다녔다는 전설이 있다.

《구가집주두시》에 인용된 도홍경陶弘景의 《본초本草》 잉어는 물고기 가운데 가장 우두머리로 그 모습이 아름다운데다 또한 신기하게 변할 수 있는 능력이 있어 산과 호수를 날아 넘을 수 있다. 그리하여 '금고'가 이것을 타고 다녔다.(鯉最爲魚中之主, 形可愛, 又能神變, 乃至飛越山湖. 所以琴高乘之.)

5 潛龍(잠룡)- 물에 잠겨 있는 용. 일반적으로 아직 때를 만나지 못한 상황을 비유하는데, 여기서는 적리가 붙잡히자 더욱 조심하여 잠잠한 것이다. 老蛟(노교)- 늙은 이무기. 자신의 동류인 적리가 붙잡히자 이에 흥분하여 성내는 것이다.

《두시상주》에 인용된 《역易》 잠룡은 쓰이지 않는다.(潛龍勿用.)

《두시경전》에 인용된 주학령 주 사물은 동류가 상하는 것을 미워하기에 이무기 또한 그 거처에서 편안하지 못한 것이니, 생명을 해치는 것이 이처럼 두렵다는 것을 잘 보여주고 있다.(物惡傷類, 故蛟龍亦不安其居, 見殘生之可畏如此.)

〔潛龍 2구〕

《보주두시》 물고기가 잘 변화하니 곧 용의 동류이다. 늙은 이무기가 노하는 것은 그 동류가 상하는 것을 미워하는 것이다.(魚善變化, 乃龍之類. 老蛟怒, 惡傷其類也.)

6 迴風(회풍)- 회오리 바람. '迴'는 '西'로 된 판본도 있다. 颯颯(삽삽)- 바람이 세게 부는 모양이나 소리.

#《두시상주》: 이 단락은 고기 잡는 일을 서술하였다. 방어는 맛이 좋기에 어부들이 이를 잡는다. 보통 물고기와 적리, 잠룡과 이무기는 모두 곁들여 말한 것이다. 잠룡은 기미를 아는 '신물神物'이다. 이무기는 동류가 상하는 것을 기워한 것이다.(此叙打魚事. 魴魚味美, 故漁人取之. 衆魚赤鯉潛龍老蛟, 俱屬伴說. 龍潛, 知幾之神. 蛟怒, 惡傷其類也.)

7 饔子(옹자) - 요리사. 霜刀(상도) - 서리같이 희고 예리한 칼.

8 徐州禿尾(서주독미) - 서주 지역의 독미. 독미는 물고기 이름이다. 憶(억) - '惜'으로 된 판본도 있다.

《두시상주》에 인용된 전겸익 전 《시의소》에서 "연어는 방어와 비슷하나 머리가 크고 물고기 중에서 맛이 없는 것이다"라고 하였다. 그래서 민간 속담에 "연어를 사느니 차라리 그냥 채소를 먹는 것만 못하다"라는 말도 있다. 서천에서는 이것을 '연'이라 부르고, 혹은 '용'이라고 부른다. '서천독미'는 아마도 이것을 가리킨 듯하다.(詩義疏, 鱮似魴而大頭, 魚之不美者, 故里語曰, 買魚得鱮, 不如啖茹. 徐川謂之鰱, 或謂之鱅. 徐川禿尾, 殆指此也.)

9 漢陰槎頭(한음사두) - 한음 지역의 사두. 사두 역시 물고기 이름이다.

《두시상주》에 인용된 《양양기구전襄陽耆舊傳》 한수에서는 편어가 나오는데 살지고 맛있다. 사람들이 포획하는 것을 항시 금하다가 마침내 뗏목으로 물을 막으니 이에 '사두축항편'이라 부르게 되었다.(漢水中出鯿魚, 肥美, 嘗禁人採捕, 遂以槎斷水, 因謂之槎頭縮項鯿.)

〔徐州 2구〕

《구가집주두시》 독미와 사두는 모두 물고기의 이름이다.(禿尾槎頭, 皆魚名.)

10 蕭瑟(소슬) - 쓸쓸하다. 처량하다.

《보주두시》 즐거움이 극에 달하면 슬픔이 그 뒤를 잇는 것을 말하였다.(謂樂極則哀繼之.)

11 素鬐(소기) - 흰 등지느러미.

《두시상주》 《서정부》의 "화려한 방어 비늘이 뛰어 오르고, 흰 연어는 등지느러미 날린다"는 구절의 주에서 '기鬐'는 등에서 높게 튀어나온 부분이라고 하였다.(西征賦, 華魴躍鱗, 素鱮揚鬐. 注, 鬐, 脊也.)

#《두시상주》: 이 단락은 다시 물고기의 회를 기술하였다. 회가 난다는 것은 그것의 얇음을 말한 것이다. 금 쟁반은 그것의 화려함을 말한 것이다. 흰 눈처럼 높다는 것은 그것이 정갈하고 또한 많다는 것을 말한다. 한 구 안에 여러 뜻이 담겨 있다. '독미'와 '사두'는 또한 곁들여 말한 것에 속한다. 멀리 도망한다는 것은 그것이 달아나도록 두는 것이다.(此復記魚鱠. 鱠飛, 言其薄. 金盤, 言其華. 白雪高, 言其潔且多. 一句中數義. 禿尾槎, 亦屬伴說. 遠遁逃, 聽其遁去也.)

《두시상주》에 인용된 노원창 주: 한 번 포식한 후에 슬픈 기분으로 돌아가니 또한 생명을 해치는 것에 대하여 얼마나 괴로워하는 것인가. 또한 이 물고기는 한 번 쪼개져 죽게 되면 영원히 파도와 이별하게 되는 것이니, 어부들이 이를 보고 상심하지 않을 수 있겠는가.(一飽之後, 仍歸蕭瑟, 亦何苦殘生. 且此魚一經剖割, 永與波濤相失, 漁人能不見之而傷心乎.)

##《두시상주》에 인용된 종鍾씨 설: 몇 마디의 말이 한 편의 살생을 경계하는 문장에 해당한다.(數語可當一篇戒殺文.)

《두억》: 보통 물고기에 평범한 재주라는 말을 사용한 것이 새롭다. 적리가 뛰어올라 잡히자, 잠룡 이무기가 노한다고 하였으니 얼마나 기발한 발상인가. 다른 사람들은 고기 잡는 것을 구경하고서 이렇게까지 써내지는 못했다. "일단 배불러 기쁜 후에 또한 슬퍼진다"고 한 것에 대하여, 종씨는 "먹는 것을 중시하는 사람들의 흥을 완전히 깨도록 말하였으니, 실로 한 편의 살생을 경계하는 문장에 해당한다"라고 하였다.(衆魚用常才字新. 赤鯉騰出, 潛龍蛟怒, 如何想頭. 他人觀打魚, 賦不到

此. 旣飽歡娛亦蕭瑟, 鍾云, 說得口腹人敗興, 抵得一篇戒殺文.)

《보주두시》: 《춘추》에 은공이 '당棠'에서 어부들이 그물을 써서 고기를 잡는 것을 구경한 일이 있는데, 성인께서는 그것을 기록하여 꾸짖고 있다. 두보의 이 시도 처음에는 고기 잡는 즐거움을 서술하다가 얼마 안 있어 "지척의 파도와 영원히 이별하다"라고 하였으니, 어찌 성인의 위태로움에 대한 경계의 뜻을 얻은 것이 아니겠는가.(春秋隱公矢魚于棠, 聖筆書之以爲譏. 甫此詩, 初敘得魚之樂, 而末則有咫尺波濤永相失之句, 豈非得聖人危亡之戒耶.)

《독두심해》: 이 시는 그동안 방어로 회를 만든다고 잘못 이해되어 왔으니, 서리 같은 칼날로 등지느러미를 잘라야 한다는 구절은 사람들이 거의 이해할 수 없었고, 더구나 시편 말미의 몇 마디 말은 영 재미가 없게 만들었다. 이제 시의 뜻을 자세히 음미해보니 회를 만든 것은 적리이고 방어는 그 배경이었음을 알 수 있다. 앞의 8구는 고기 잡는 일을 서술하였다. 팔딱팔딱 뛰는 수백 마리는 모두 평범한 보통 물고기일 따름이며, 튀어 오르는 적리를 특별히 기술하여 표현하였으니 곧 중심 구절이다. 잉어는 도은거가 말한 물고기 가운데 신령스럽게 변화하는 것인데, 잉어가 사람에게 잡히니 이무기가 이를 미워하여 노하고 바람을 일으키는 것이다. '잠룡' 2구는 적리에게 특별한 기세를 더한다. 뒤의 8구는 회 먹는 일을 기술하였다. 잉어를 회로 만들어 쟁반에 쌓으니 사람들을 원기 왕성하게 만드는데 무릇 독미와 사두같이 방어와 비슷한 것들은 모두 물러나게 되었다. 마지막에서 다시 그것을 불러내어 각성시키니 방어가 진실로 맛있는 고기이기는 하지만 물리게 먹고 난 후에는 다시 먹고 싶은 마음이 사라지니 하물며 많은 고기들을 도륙한 경우를 견뎌낼 수 있겠는가. 적리가 요리로 만들어져 아침부터의 고충이 이와 같음을 보지 않았는가라는 말이다. 이 시는 필시 주인이 방어의 맛남을 지나치게 과장하자 이에 이를 해설한 것으로, 주인은 다음 시에서 보인다. 황생은 "반드시 면주의 두사군이다"라고 하였다.(此

詩從來誤會, 以魴爲鱠, 且須霜刀割鬐, 幾令人不可解, 更使篇末數語索然. 今詳玩詩意, 乃知作鱠者謂赤鯉, 魴其陪襯也. 前八句, 敍打魚事. 鱍鱍數百, 皆衆魚常才耳, 赤鯉騰出, 特筆以表之, 乃是主句. 鯉, 陶隱居所謂魚之能神變者. 鯉爲人得, 蛟龍惡之, 故怒而鼓風. 二句爲赤鯉分外增勢. 後八句, 誌啖鱠事. 鱠鯉堆盤, 使人神旺, 則凡禿尾槎頭之類魴者, 俱退舍矣. 末再繳醒之, 言魴魚固其美者, 然當厭飫之餘, 無復朶頤焉. 況忍多戕物命乎. 不見赤鯉就烹, 朝來之苦若是乎. 此必因主人盛誇魴美而解之, 主人見下章. 黃生曰, 必緜州杜使君.)

(박홍준)

5. 又觀打魚

다시 고기잡이를 보다

蒼江漁子淸晨集[1] 設網提綱取魚急[2]
能者操舟疾若風[3] 撑突波濤挺叉入[4]
小魚脫漏不可記[5] 半死半生猶戢戢[6]
大魚傷損皆垂頭[7] 屈强泥沙有時立[8]
東津觀魚已再來[9] 主人罷鱠還傾杯[10]
日暮蛟龍改窟穴[11] 山根鱣鮪隨雲雷[12]
干戈格鬪尙未已[13] 鳳凰麒麟安在哉[14]
吾徒胡爲縱此樂[15] 暴殄天物聖所哀[16]

푸른 강 어부들 맑은 새벽에 모여
그물 치고 벼리 당겨 고기 잡기 바쁘구나.
능숙한 이 배를 몰아 바람처럼 빠르게,
파도 뚫고 작살 세워 들어간다.
작은 고기 빠져 나가 세지도 못할소니
반은 죽고 반은 살아 여전히 버끔거린다.
큰 고기는 다쳐서 모두 머리를 드리우고,
펄에서 뻗대며 일어설 때도 있구나.

동쪽 나루에 고기잡이 보러 벌써 두 번 왔더니
주인은 회 먹기를 그치고 다시 잔을 기울인다.
날 저무니 교룡은 굴혈을 옮기고
산 아래 전유는 구름 우레를 따라 간다.

방패와 창으로 싸우길 아직 그치지 않으니
봉황과 기린은 어디에 있는가.
우리는 어이하여 이 즐거움에 빠졌나,
하늘이 내린 생명 마구 해침은 성인이 슬퍼하시는 일.

면주의 강에서 고기잡이를 보고 감회를 읊었다. 씨를 말리듯 고기를 잡는 데서 당시 전란의 참상을 연상하여 민생의 소중함을 말하고 있다. 보응 원년에 지었다.

《보주두시》 시에서 "동쪽 나루에 고기잡이 보러 벌써 두 번 왔다"고 하였으니 위의 시와 같은 해에 지었음이 틀림없다. 광덕 원년에 공은 다시 면주에 갔지만 봄이 저물 때였다. 시에서 "방패와 창으로 싸우길 아직 그치지 않다"고 했으니 토번과 사조의의 난이 아직 그치지 않았음을 가리켜 말한 것이리라.(詩云東津觀魚已再來, 當是同上年作. 雖廣德元年公再至綿, 乃春晚. 詩云干戈兵革鬪未止, 蓋指吐蕃與史朝義之亂未息而言也.)

주 석

1 漁子(어자) - 어부.

2 設網(설망) - 그물을 치다. 提綱(제강) - 그물 벼리를 잡아당기다. 取魚(취어) - 고기를 잡다. '取'는 '萬'으로 된 판본도 있다. 急(급) - 고기 잡기 바쁘다. 또는 물고기가 다급하다.

3 能者(능자) - 능숙한 사람. 여기서는 배를 잘 모는 사람. 操舟(조주) - 배를 몰다.
《장자·달생達生》 안연이 공자에게 물었다. "제가 일찍이 상심 호수를 건넜는데 나루지기가 귀신처럼 배를 몰았습니다."(顔淵問仲尼曰, 吾嘗濟乎觴深之淵, 津人操舟若神.)

《구가집주두시》 조언재 주 바람처럼 빠르다는 말은 만물을 쉬 어지럽힘에 바람보다 빠른 것이 없다는 뜻이다.(疾若風, 卽易撓萬物者, 莫疾乎風.)

4 撑突(탱돌)- 배를 몰아 돌진하다. 挺叉(정차)- 작살을 뽑아 들다. '차'는 어차魚叉, 물고기를 잡는 작살이다. 끝이 두 갈래로 갈라져 있다. 入(입)- 고기를 잡으러 물에 들어가다.

《두공부초당시전》 '차'는 어차이다. 가지고 물에 들어간다.(叉, 魚叉也. 持以入水.)

〔能者 2구〕

《두시상주》에 인용된 《두억》 배를 바람처럼 몬다는 2구는 엄연히 그림 같은 풍경이다.(操舟若風二句, 儼然畵景.)

5 脫漏(탈루)- 그물에서 빠져나가다. 不可記(불가기)- 기록하지 못하다. '記'는 '紀'로 된 판본도 있다.

6 半死半生(반사반생)- 물고기가 반쯤 죽은 상태임을 말한다. 戢戢(즙즙)- 물고기가 입을 벌린 모양.

7 傷損(상손)- 다치다. 垂頭(수두)- 고개를 숙이다.

8 屈强(굴강)- 뻗대다. 泥沙(이사)- 진흙과 모래. 펄. '沙頭'로 된 판본도 있다. 立(입)- 물고기가 서다.

〔小魚 4구〕

장평張評, 《독서당두공부시집주해讀書堂杜工部詩集註解》 크고 작은 물고기가 다쳤지만 아직 죽지 않은 상태를 바로 완벽하게 묘사하였으니 신묘한 경지는 그림으로도 그릴 수 없다.(便寫盡大小魚被傷未死, 神境繪不出.)

#《두시상주》: 이 시는 다시 동쪽 나루에 와서 고기잡이를 보는 것이다.

못을 말려 고기를 잡는 데서부터 참혹하고 가련한 모습을 묘사하여 사물을 사랑하는 어진 마음이 모두 드러난다. 종성鍾惺은 "'그물 치고 벼리 당기니 수많은 물고기 다급하다'에서 '다급하다'는 말에 정이 다 있으니 사람에게 그물을 끊고 싶은 마음이 들게 한다"고 하였다.(此再至東津, 觀取魚也. 從竭澤而漁處, 寫出慘酷可憐之狀, 具見愛物仁心. 鍾云, 設網提綱萬魚急, 急字盡情, 令人有斷罟之意.)

9 東津(동진) - 면주의 동쪽 나루. 觀魚(관어) - 고기잡이를 구경하다. 여기서 '魚'는 '漁'와 같다.

《좌전·은공隱公 5년》 "공이 당에 가서 고기잡이를 보려 하였다.(公將如棠觀魚者.)" 구의 양백준楊伯峻 주: '어'는 고기잡이를 뜻한다.(魚者意卽捕魚者.)

《삼국지·위지·포훈전鮑勛傳》 옛날 노 은공이 당에서 고기잡이를 구경하자 《춘추》에서 그 일을 기롱하였다.(昔魯隱觀漁於棠, 春秋譏之.)

10 主人(주인) - 면주에서 두보를 대접한 사람. 면주의 두사군으로 보는 견해가 있다. 罷鱠(파회) - 회 먹기를 그치다. 傾杯(경배) - 잔을 기울이다. 술을 마시다.

《두시상주》에 인용된 황생 설 시 속의 '주인'은 면주의 두사군이 틀림없다. 시어의 풍자가 절실하여 제목에 그 사람을 밝히지 않았다.(詩中主人, 必綿州杜使君. 因詩語風切, 故題諱其人.)

11 窟穴(굴혈) - 굴. 교룡이 사는 곳.

12 山根(산근) - 산기슭. 산 아래. 鱣鮪(전유) - 철갑상어와 용상어.

《시경·위풍衛風·석인碩人》 그물 풍덩 던지니 전유가 팔딱거린다.(施罛濊濊, 鱣鮪發發.)

《이아爾雅·석어釋魚》 "鱣"의 곽박郭璞 주注 전은 큰 물고기로서 심어와 비슷하나 코가 짧고, 입은 턱 아래 있다. 몸에 비스듬한 갑이 있고, 비늘은 없으며, 살은 노랗다. 큰 것은 2, 3장이 된다. 지금

강동에서는 황어라고 부른다.(鱣, 大魚, 似鱏而短鼻, 口在頷下, 體有邪行甲, 無鱗, 肉黃. 大者長二三丈. 今江東呼爲黃魚.)

《시경·주송周頌·잠潛》"有鱣有鮪" 구의 육기陸璣 소疏 유어는 모양이 전어와 비슷하나 청흑색이며, 머리가 작고 뾰족하여 쇠 투구처럼 생겼다. 입은 턱 아래 있고, 그 갑으로 생강을 갈 수 있다. 큰 것도 7, 8척이 넘지 않는다. 익주 사람들은 전유라고 부른다. 큰 것을 왕유, 작은 것을 숙유라고 한다.(鮪魚, 形似鱣而色青黑, 頭小而尖, 似鐵兜鍪, 口在頷下, 其甲可以磨薑, 大者不過七八尺, 益州人謂之鱣鮪. 大者爲王鮪, 小者爲䲆鮪.)

《구가집주두시》 《비아》에 "유는 중춘에 황하를 따라 서쪽으로 올라가서 용문을 넘어가면 용이 되고, 그렇지 않으면 이마에 점을 남겨 돌아온다. 유는 산의 동굴에 살며 변화를 부릴 줄 안다."고 하였다. 따라서 "산기슭 전유는 비와 우레를 따른다"는 구절이 있다.(埤雅, 鮪中春從河西上, 得過龍門, 便化爲龍, 否則點額而還. 鮪岫居而能變化. 故云山根鱣鮪隨雨雷.)

《두시상주》 옛 주에 "유는 산의 동굴에서 살며 변화를 부릴 줄 안다. 따라서 '산근', '운뢰' 구절이 있다"고 하였다.(舊注, 鮪岫居而能變化, 故有山根雲雷之句.)

〔日暮 2구〕 사람들의 참혹한 남획을 피하여 신령한 교룡과 전유도 떠나간다는 뜻이다.

《독서당두공부시집주해》 해를 피하여 떠난다.(避害而去.)

13 尙未已(상미이) - 아직 끝나지 않았다. 이 구는 '干戈兵革鬪未止'로 된 판본도 있다.

《구가집주두시》 조언재 주 '격투'는 구본에 '干戈兵革鬪未止'라고 하였으나 옳지 않다. '간과'와 '병혁'은 같은 뜻이다. 이른 바 '격투'는, 이 해 건묘월에 하동의 군사가 난을 일으켜 절도사 등경산을 죽이고 병마사 신운경이 절도사를 자칭한 것, 하중의 군사가 난을 일으켜 이국정과 절도사 여비원례를 죽여 곽자의가 병마부원수가 되어 강주에 주둔한 것, 7월 16일에 서지도가 성도에서 반란을 일으킨 것이 모두 그 일이다.(格鬪, 舊本作干戈兵革鬪未止, 非是. 蓋干戈兵革同義. 所謂格鬪, 是年建卯月河東軍亂殺其節度使鄧景山, 兵馬使辛雲京自稱節度使, 河中軍亂殺李國正及其節度使茘非元禮, 郭子儀爲兵馬副元帥, 屯絳州, 而七月十六日徐知道反於成都, 皆其事也.)

14 麒麟鳳凰(기린봉황) - 태평성세를 상징한다. 安在(안재) - 어디에 있는가?

《관자管子 · 봉선封禪》 지금 봉황과 기린이 오지 않고, 좋은 곡식이 나지 않는다.(今鳳凰麒麟不來, 嘉穀不生.)

《보주두시》에 인용된 왕수 주 《춘추번로》에서 "은택이 벌레와 물고기에 미치면 기린이 온다"고 하였고, 《효경원신계孝經援神契》에 "덕택이 새와 짐승에 이르면 봉황이 난다"고 하였다.(春秋繁露曰, 恩及蟲魚, 則麒麟至. 孝經援神契曰, 德至鳥獸, 則鳳凰翔.)

〔干戈 2구〕

《독서당두공부시집주해》에 인용된 호진형胡震亨 설 '간과' 2구는 살육이 바야흐로 심하여 생물을 모두 잡으니 기린과 봉황이 오지 않는데 우리는 어찌 또 생물을 마구 죽여 즐거움을 누리는가라고 말하는 듯하다. 다만 시어가 명쾌하지 않다. 또는 기린과 봉황은 반드시 성세에 오는데 지금은 바야흐로 화란의 때라서 기린과 봉황이 오지 않거늘, 우리는 어이 또 생물을 해쳐 살육 좋아하기를 일삼겠는가로 보니, 그렇게 풀이할 수도 있다.(干戈二句, 似謂殺劫方盛, 盡物而取, 麟鳳不至, 吾徒何復恣殘物以縱樂, 但語未爽. 或作麟鳳之來, 必於盛世, 今時方禍亂, 麟鳳不至, 吾輩何又多殘物命, 以好殺爲事, 亦可解.)

15 吾徒(오도) - 우리. 胡爲(호위) - 어이하여. 縱(종) - 마음껏 누리다.

16 暴殄天物(포진천물) - 하늘이 내린 만물을 다 해쳐 없애다. 聖(성) - 성인.

《보주두시》 황희 주 《서경·무성武成》에 "하늘이 내린 만물을 다 해치고, 백성을 학대한다"고 하였다. 이 말을 빌어 고기잡이의 잔학함을 비유하였다.(書武成云, 暴殄天物, 害虐蒸民, 借此以喩取魚之虐也.)

#《보주두시》에 인용된 사씨 주: 안록산의 난 이후 전란은 일상이 되었다. 교룡이 굴을 바꾸고 전유가 구름과 우레를 따른다는 말은 현인과 군자가 난을 만나 종적 감춤을 비유한다. 성인은 어짊이 초목과 곤충에 미친다. 지금 전란의 때에 다시 만물 멸절함이 이와 같으니 어진 사람과 군자가 차마 이런 일을 하겠는가.(自祿山之亂, 干戈日尋. 蛟龍改窟穴, 鱣鮪隨雲雷, 喩賢人君子遇亂而遁迹也. 聖人仁及草木昆蟲, 今於戰鬪之際, 復暴殄天物若此, 仁人君子忍爲之乎.)

《두시상주》: 이 단락은 고기잡이를 보고서 느낌이 있는 것이다. 큰 고기 작은 고기가 급하게 잡히니 교룡과 전유도 살육의 기미를 피한다. 또 전란이 지나간 지금은 기린과 봉황도 종적을 감추었는데 어찌 멸절시켜 하늘의 화기를 해치는가. 이를 깊이 아파하는 것이다. …… 주학령 주에 "《공자가어》에서 말한 '둥지를 뒤집어 알을 깨뜨리니 봉황이 날지 않고, 배를 갈라 새끼를 파내니 기린이 오지 않는다'는 뜻이다"라고 하였다.(此觀魚而有感也. 大魚小魚, 旣遭急捕, 故蛟龍鱣鮪, 亦避殺機. 且當此兵戈之後, 麟鳳潛蹤, 奈何暴殄以損天和哉. 蓋深痛之耳. …… 朱注, 卽家語, 覆巢破卵, 則鳳凰不翔, 剖胎刳孕, 則麒麟不至意.)

##《두시상주》에 인용된 《두억》: 시를 지은 본의는 모두 뒤 4구에 있다. 시체가 성과 들에 가득하니 보는 사람은 마음이 아프고, 만물을 멸절시키니 모두 비통하다. 일시동인에는 처음부터 두 가지 도리가 없다. 이는 위 시와 격이 같다.(作詩本意, 全在後四句. 蓋盈城盈野, 見者傷心, 而暴珍天物, 俱可悲痛, 一視同仁, 初無二理. 此與上章同格.)

《두시상주》에 인용된 황생 설: 〈관타어가〉와 〈우관타어〉는 사물 묘사가 정밀하고 주제 선정이 심원하다. 앞의 시에는 느낌이 들어 있고, 이 시에는 가르침이 들어 있다. 앞의 시는 부귀한 사람에게 처방을 내리고, 이 시는 탐욕스런 사람에게 경계를 보인다.(二詩, 體物旣精, 命意復遠. 前詩寓感, 此詩寓規. 前詩爲富貴人下砭, 此詩爲貪饞人示警也.)

《독두심해》: 위 8구는 역시 고기잡이를 서술하였고, 아래 8구에서 강개함을 표출하였다. 앞의 시는 오로지 '적리'에만 마음을 쏟았고, 이 시에서는 멸족하듯 잡는 데 마음을 쏟아 '다시 보다'는 뜻에 부합한다. 상반부는 묘사가 흥치를 다하였으나 못을 말려 고기를 잡는 참상이 이미 드러났다. 다시 돌아와 술잔을 기울임은 '포진'을 끌어오는 맥락이다. '파회'는 회를 차리지 않았다는 뜻이 아니니 잔치가 이어져 끝이 없음을 바로 드러낸다. 아래에서는 잔을 멈추고 탄식하는 이치가 드러난다. 창과 방패로 싸우니 기린과 봉황이 숨었다는 것은 다만 그로써 교룡과 전유가 자취를 숨기는 현상을 가리킨다. 풀이하는 이가 토번과 사조의의 일에 연계시켜 그 본지를 벗어났다. 즐거움에 빠짐과 마구 죽임은 이 시 한 편에서의 가르침의 중심이다. 공의 시에는 시사에 대한 분개가 많이 들어 있으나 이 시만은 그렇지 않으니 뜻에는 각각 해당함이 있는 것이다.(上八句亦敘打魚, 下八句發慨. 前篇注意專在赤鯉, 此篇則在盡族而取, 恰好合着又觀. 上半寫生極興會, 然已見竭澤之慘, 已再還傾, 爲暴殄引脈. 罷鱠非不設鱠也. 正見筵宴相尋無已. 以下見停杯而歎神理. 干戈鬪而麟鳳潛, 只以指點蛟鮪匿迹之象. 解者紐入吐蕃史孽事, 離其宗矣. 縱樂暴殄, 一篇致戒之主. 公詩多寓慨時事, 此獨不然, 義各有當也.)

(**이창숙**)

6. 越王樓歌
월왕루의 노래

綿州州府何磊落[1]　顯慶年中越王作[2]
孤城西北起高樓　碧瓦朱甍照城郭[3]
樓下長江百丈淸[4]　山頭落日半輪明
君王舊跡今人賞　轉見千秋萬古情[5]

면주의 주부는 어찌 그리도 장대한가.
현경 연간에 월왕이 지었다네.
외로운 성 서북쪽에 높은 누대 세우니
푸른 기와 붉은 기와가 성곽을 비친다.
누대 아래 긴 강은 백 길이나 맑고
산머리에 지는 해는 반 바퀴로 밝구나.
군왕의 옛 자취를 지금 사람이 즐기니
천추만고의 정을 더욱 더 알겠노라.

보응 원년 면주에 머물 때, 월왕루에 올라 본 경물과 느낌을 적은 시이다. 월왕루는 태종의 아들인 월왕 이정이 면주자사를 할 때 창건하였다.

《보주두시》 보응과 광덕에 공이 모두 면주에 갔는데, 이 시는 의당 보응 원년 처음 갔을 때 지은 것이다. 시에서 '면주의 주부는 어찌 그리 장대한가'라 하였는데 아마 처음 보았을 때의 말일 것이다.(寶應廣德公皆至綿, 而此詩當是寶應元年初至時作. 詩云, 綿州州府何

磊落, 蓋創見之辭也.)

《두시상주》《면주도경》에서 "월왕대는 주의 성 밖 서북쪽에 있다. 높이가 백 척인 대가 있고 위에 누각이 있어서 아래로 주의 성을 내려다본다. 당 고종 현경 연간에 태종의 아들 월왕 정이 면주자사를 할 때 지은 것이다"라고 하였다. 황학은 "《구당서》와《신당서》에 의하면 월왕 정은 태종의 여덟째 아들이고 처음으로 한왕에 봉해진 적이 있다. 한 지역은 면주와 이웃이다"라고 하였다. 주학령 주에서 "본전에 면주 자사를 한 것이 기재되어 있지 않으니 아마 사관이 이를 생략한 것이리라"라고 하였다.(綿州圖經, 越王臺, 在州城外西北, 有臺高百尺, 上有樓, 下瞰州城. 唐高宗顯慶中, 太宗子越王貞爲綿州刺史作. 鶴曰, 舊新史, 越王貞, 太宗第八子, 嘗始封漢王. 漢與綿爲鄰. 朱注, 本傳不載刺綿州, 蓋史略之耳.)

주 석

1 州府(주부)- 주의 관서官署. 磊落(뇌락)- 장대한 모양.

2 顯慶(현경)- 당 고종 때의 연호.

3 甍(맹)- 대마루에 얹는 수키와.

4 長江(장강)- 부강涪江을 가리킨다.

5 轉(전)- 더욱 더.

〔君王 2구〕

《두시경전》 시의 말미에서 '어찌 지금 사람만 노닐며 감상하겠는가? 후인일지라도 어찌 천추만고의 상념이 없겠는가'라고 말하였다.(詩末言豈特今人遊賞, 卽後人豈無千秋萬古之思乎.)

#《두시상주》: 이 시는 위와 아래에서 운을 바꾸었다. 상반부는 월왕루를 읊었고 아래는 누대에 올라 옛일을 애도한 것이다. 월왕이 면주의

자사가 되어서 먼저 관서를 짓고 뒤에 누대를 지었다. 《두억》에서 "성곽을 비춘다는 것은 이 누대가 주의 관서의 기상을 돕는 것이고, 긴 강과 지는 해는 산수가 또 높은 누대의 경색을 더한 것이니, 진실로 기이하고 뛰어난 볼거리이다. 그러나 이전의 왕은 이 누각을 길이 누릴 수 없었고 지금 사람의 즐길 거리로 남겨 놓았다. 그러니 천추만고에 그 정이 모두 그러함을 알겠다. 바로 〈고시십구수古詩十九首〉에서 말한 '만년토록 다시 서로 보낸다'는 것이다"라고 하였다.(此詩上下轉韻, 上半咏越王樓, 下則登樓而弔古也. 越王刺綿州, 故先作府而後建樓. 杜臆, 照映城郭, 此樓助州府之氣象, 長江落日, 山水又增高樓之景色. 眞屬奇觀勝覽, 然前王不能長享此樓, 而留爲今人玩賞, 則知千秋萬古, 其情盡然. 卽所云萬歲更相送者.)

《독두심해》: 주학령 주에서 "월왕은 측천무후 때에 군대를 일으켜 나라를 부흥하려다가 일을 해내지 못하고 죽었으니 아마 어진 왕이었을 것이다"라고 하였다. 이에 의거하면 공은 아마도 이 누대를 현산비로 여겼나보다.(朱注, 越王於則天時起兵興復, 不克, 死, 蓋賢王也. 據此, 公殆以斯樓爲峴山碑歟.)

(이영주)

7. 海椶行

해종의 노래

左綿公館淸江濆[1]	海椶一株高入雲
龍鱗犀甲相錯落[2]	蒼稜白皮十抱文
自是衆木亂紛紛[3]	海椶焉知身出群
移栽北辰不可得[4]	時有西域胡僧識[5]

면주 공관 맑은 강가에
해종 한 그루 높이 구름에 들었는데,
용 비늘과 무소 껍데기가 서로 섞인 듯
푸른 옹이와 흰 껍질이 열 아름 무늬로다.
다만 뭇 나무와 어지럽게 섞여있으니
해종이 어찌 자신의 출중함을 알겠는가?
궁궐에 옮겨다 심을 수는 없는 일이지만
때로 서역의 승려가 알아보리라.

이는 보응 원년 면주에서 지은 것이다. '해종'은 나무 이름으로 야자수의 일종이다. 시에서는 해종을 읊으면서 두보 자신의 회재불우를 탄식하고 있다.

> 《보주두시》 시에서 "면주 공관 맑은 강가에 해종 한그루 높이 구름에 들었다"고 하였으니 해종은 면주에 있었다. 바로 보응 원년 면주에 이르러 지었다는 말이다. (송宋나라) 당경唐庚의 〈가족을 데리고 치평원을 유람하다〉 시에 "강가의 아름다운 경치는 대략 두루

찾아보았지만 해종이 높이 구름에 든 것은 보지 못하였다"고 하였는데 주에 "바로 두보가 말한 동진이다"라고 하였다. 그러므로 공관과 해종은 모두 부강의 동진에 있었다.(詩云, 左綿公館淸江濆, 海棕一株高入雲, 則棕在綿州, 乃云寶應元年至綿州作. 唐子西將家遊治平院詩云, 江邊勝事畧尋遍, 不見海棕高入雲, 注云, 卽老杜所謂東津者, 則館與棕皆在涪江之東津也.)

《구가집주두시》 조언재 주 《해당기》에 "화목 가운데 '해'로 이름붙인 것은 모두 해상으로부터 왔다"라는 이찬황의 말이 실려 있다.(海棠記載李贊皇云, 花木以海名者, 悉從海上來.)

《두시상주》 송기의 《익부방물찬》에 "해종은 대체로 종려나무 부류이지만 껍질이 없이 줄기로 이루어져 있으며 잎은 나뭇가지 끝에 모여 있다. 가을이 되면 열매를 맺는데 멀구슬나무 열매와 같다. 지금 성안에 네그루가 있는데 나뭇결이 촘촘하고 줄기는 견고하여 비바람이 불어도 흔들리지 않는다"고 하였다. 유순의 《영표록》에 "광 땅에 파사조목이 있는데 곁가지가 없이 곧게 3, 4장 높이로 솟아 있고 꼭대기에 이르러서 사방을 향하여 모두 10여 가지가 나 있다. 잎은 종려와 같은데 그 지방 사람들은 해종목이라고 부른다. 3, 5년에 한번 열매를 맺는 것이 북방의 청조와 비슷하지만 수량이 적을 뿐이다. 외국 상인들도 나라 안으로 가지고 들어온 것이 있는데 빛깔은 사탕과 비슷하고 맛이 아주 달다"라고 하였다. 도종의陶宗儀의 《철경록》에 "성도에 금과수가 있는데 꼭대기의 잎이 종려와 같고 껍질은 용의 비늘과 같으며 열매는 대추와 같으나 크다. 번인은 그것을 고로마조라고 부르며 일명 만년조라고도 한다. 이시진이 말하기를 '비록 조라는 이름이 있으나 다른 나무이다. 남번의 여러 나라에 그것이 있으며 바로 두보가 노래한 해종이다'라고 하였다"고 하였다.(宋祁益部方物贊, 海椶, 大抵椶類, 然不皮而幹, 葉叢於杪, 至秋乃實, 似楝子. 今城中有四株, 理緻幹堅, 風雨不能撼. 劉恂嶺表錄, 廣中有一種波斯棗木, 無旁枝, 直聳三四丈, 至顚

四向, 共生十餘枝, 葉如椶櫚, 彼土人呼爲海椶木. 三五年一著子, 類北方青棗, 但少爾. 舶商亦有攜至中國者, 色類沙糖, 味極甘. 陶九成輟耕錄 成都有金果樹, 頂上葉如椶櫚, 皮如龍鱗, 實如棗而大, 番人名爲苦魯麻棗, 一名萬年棗. 李時珍曰, 雖有棗名, 別是一物, 南番諸國多有之, 即杜甫所賦海椶也.)

주 석

1 左綿(좌면) - 면주. 公館(공관) - 자사의 관저. 濆(분) - 물가.

《보주두시》에 인용된 사師씨 주 면주는 부수가 지나는 곳인데 부수가 그 오른쪽에 있고 면주가 그 왼쪽에 있어서 좌면이라 한 것이다.(綿州, 涪水所經. 涪居其右, 綿居其左, 故曰左綿.)

《독두심해》 〈촉도부〉에 "동쪽에 있는 것은 좌면, 파동이다"라고 하였다. 살펴보건대 좌면은 촉도에 대하여 말한 것이다. 옛 주에서 면주가 부수의 왼쪽에 있다고 한 것은 잘못이다.(蜀都賦, 於東則左緜巴東. 按, 左緜, 對蜀都而言. 舊注謂緜居涪水左, 誤.)

2 龍鱗犀甲(용린서갑) - 용의 비늘과 무소의 껍데기. 해종의 나무껍질을 비유한다. 錯落(착락) - 섞이다.

〔龍鱗 2구〕

《두시상주》 용의 비늘은 두껍고 무소 껍데기는 가는데, 푸른 옹이와 흰 껍질은 그 무늿결이 그것과 비슷하다.(龍鱗粗, 犀甲細, 蒼稜白皮, 其文理似之.)

3 自是(자시) - 다만. '自'는 '但'으로 된 판본도 있다.

4 北辰(북진) - 북극성이 있는 곳. 조정을 말한다. '辰'은 '地'로 된 판본도 있다.

5 西域胡僧(서역호승) - 서역 지방의 이민족 승려.

〔移栽 2구〕

《보주두시》에 인용된 사씨 주 '북진'은 임금을 비유한 것이다. 무릇 큰 재목이 자라는데 그것이 자랄 땅이 아니라면 아무도 알아보지 못한다. 그것이 뭇나무와 어지러이 섞여 있으니 어떻게 달리 볼 수 있겠는가? 나라 안에서는 아무도 알아보지 못하는데 승려가 그것을 알아본다는 것은 바로 공자가 오랑캐의 땅에 거하고자 한 뜻이다.(北辰喩君也. 夫大材生, 非其地, 人無識者, 其與衆木紛亂, 何以異乎. 中國無人識, 而胡僧識之, 正仲尼欲居九夷之意.)

《보주두시》 '북진'으로 경사의 황제가 거하는 곳을 비유하여 그 종자를 경사에 옮겨 심고 싶지만 그렇게 할 수가 없음을 말하였다. 이 나무는 당시에 이미 어떻게 해서 (해종이란) 이름이 붙여졌는지 알지 못하였으니 조씨나 정씨 역시 알 수 없었던 것은 당연하다. 한 무제가 곤명지를 파게 했는데 바닥에서 검은 재가 나왔다. 동방삭에게 그 이유를 물으니 그가 대답하기를 "모르겠습니다. 서역 승려 법란에게 묻는 것이 좋겠습니다"라고 하였다. 법란은 아마도 사물을 널리 아는 사람이었던 것 같다. 공은 당시 사람들이 그것이 무슨 나무인지 알아보지 못하였기에 서역 승려를 언급한 것이다.(北辰以喩京師帝居, 言欲移其種於京師, 而不可得也. 此木, 在當時已不識其自何得名, 宜趙鄭亦不得而知也. 漢武帝穿昆明池, 底得黑灰, 問東方朔. 朔曰, 不經, 可問西域胡僧法蘭. 法蘭, 蓋博物者也. 公以當時不識其爲何木, 故及之.)

#《두시상주》: 위 4구는 해종을 읊은 것이고 아래는 바로 해종을 어루만지며 감회에 젖은 것이다. '한그루가 구름에 들었다'는 것은 멀리서 바라본 것이다. '비늘과 껍데기처럼 푸르고 희다'는 것은 가까이서 본 것이다. 애석하게도 뭇나무와 섞여 있어 스스로 그 기이함을 드러낼 방도가 없으니 누가 그것을 금원에 옮겨다 심을 것인가? 그러나 이런 기이한 자질을 갖고 있으니 종당에는 알아보는 자가 감상하게 될 것이다. 《두억》에 "공이 치국의 재능을 갖고 있으면서도 알아주는 이를 만나지

못하였으니 자부하면서 스스로 탄식한 것이지 해종을 읊은 것은 아니다"라고 하였다.(上四, 詠海椶, 下乃撫椶有感. 一株入雲, 遠望也. 鱗甲蒼白, 近視也. 惜乎混跡群木, 無從自見其奇, 孰有移之以植禁苑乎. 然抱此異質, 終當遇識者之鑒賞矣. 杜臆, 公抱經濟而不得識, 自負自歎, 非詠海椶也.)

(**이석형**)

8. 姜楚公畵角鷹歌
강초공의 각응 그림을 노래하다

楚公畵鷹鷹戴角　殺氣森森到幽朔[1]
觀者貪愁掣臂飛[2]　畵師不是無心學[3]
此鷹寫眞在左綿[4]　却嗟眞骨遂虛傳[5]
梁間燕雀休驚怕[6]　亦未摶空上九天[7]

초공이 매를 그렸는데 매에게 뿔이 있어
살기가 삼엄하니 북방까지 이를 것이라.
구경꾼들은 탐내다가 팔을 당기고 날아갈까 걱정하고,
화가들은 배울 마음 없는 것이 아니로다.
이 매의 그림이 면주에 있건만,
진골이 끝내 헛되이 전해질까 한탄스럽다.
들보 사이 제비와 참새들 놀라 두려워할 것 없다,
아직 공중을 돌며 하늘로 오르지는 않았으니.

'강초공'은 강교姜皎를 가리킨다. 그가 두회정竇懷貞을 제거한 공으로 초국공楚國公에 봉해져서 '초공'이라고 하였다. '각응'은 매의 일종으로 머리에 뿔 모양의 털이 솟아 있다. 이 시는 두보가 강초공의 그림을 보고 느낀 감회를 읊은 것이다. 보응 원년 작품으로 추정된다.

《보주두시》 강고는 두회정 등을 죽이고 공을 세워 전중감, 초국공에 올랐다. 그의 아들 강경초도 초국공에 습봉되었다. 이는 누구의 그림인지 알 수 없다. 시에서 '이 매를 진짜처럼 그린 것이 면주에 있다'고 한 것으로 보아 두보가 보응 원년 엄무를 면주까지 배웅했을 때 지은 것이다.(姜皎以誅竇懷貞等有功, 進殿中監楚國公. 其子慶初, 亦襲封楚國公. 此未詳爲誰畫. 詩云, 此鷹寫眞在左綿, 則是公寶應元年送嚴武至綿州之時作.)

《두시상주》 《명화기》에 "강교는 상규 사람으로 매 그림을 잘 그렸다. 현종이 즉위하고서 여러 관직을 거쳐 태상경에까지 올랐고, 초국공에 봉해졌다"고 하였다. 《비아》에 "응요새는 머리에 뿔모양의 털이 미세하게 솟아 있어 통상 각응이라고 부른다"고 하였다. 호하객은 "각응을 본 적이 있는데, 머리에 깃털이 뿔처럼 수직으로 솟아 있다"고 하였다.(名畫記, 姜皎, 上邽人, 善畫鷹鳥. 玄宗卽位, 累官至太常卿, 封楚國公. 埤雅, 鷹鷂頂有角毛微起, 通謂之角鷹. 胡夏客曰, 曾見角鷹, 頭上有羽直豎如角.)

《두시전주》에 인용된 육유陸游 설 각응 그림은 면주의 녹참청에 있다.(畫鷹在綿州錄參廳.)

주 석

1 殺氣(살기) - 각응의 매서운 기운을 가리킨다. 森森(삼삼) - 기운이 성한 모양. '森如'로 된 판본도 있다. 幽朔(유삭) - 북방.

《두시상주》에 인용된 사師씨 주 '유'는 어둡다는 뜻이고, '삭'은 북방이란 뜻이다.(幽, 陰也, 朔, 北也.)

《구가집주두시》 조언재 주 북방에서 이 각응의 살기를 보는 것 같다는 말이다. 대개 이름난 각응은 이곳에서 난다.(言如在幽朔, 見此鷹之殺氣. 蓋名鷹出於此地.)

2 貪愁(탐수) - 탐하면서도 걱정한다는 뜻. '徒驚'로 된 판본도 있다. 掣臂飛(철비비) - 팔을 당기며 날다. '臂'는 '壁'으로 된 판본도 있다.

《두시상주》 '철비비'는 가죽팔찌를 잡아채며 날아가려고 한다는 말이다.(掣臂飛, 謂掣臂韝而欲飛去.)

3 無心學(무심학) - 배울 마음이 없다. 이 구는 다른 화가들도 초공의 그림을 본받고 싶어한다는 말이다.

〔觀者 2구〕 강초공의 그림이 매우 훌륭한 것을 말한다.

《보주두시》에 인용된 師氏 주 물건에 특이한 자질이 있어도 세상 사람들이 이를 미처 보지 못한 경우, 사람들은 이를 보고서도 분명 놀라면서 믿지를 않는다. 화가가 배울 마음이 없는 것이 아니라는 것은 아마도 사람들이 믿지 못할까 염려한다는 말일 것이다.(物有異質, 而世所未嘗覩, 人見之, 必駭而不信. 畫師不是無心學, 蓋恐人未之信也.)

《두시경전》에 인용된 장蔣씨 설 강공의 기발한 생각과 웅장한 뜻이 얼마나 여기에서 드러나고 있는지 상상해 볼 수 있다.(想見姜公多少奇懷雄志, 發泄於此.)

4 左綿(좌면) - 면주綿州. 면주가 부강涪江의 동쪽에 있어서 한 말이다.

5 眞骨(진골) - 실제의 각응을 가리킨다.

6 休驚怕(휴경파) - 놀라고 두려워함을 그만두다. 그림 속의 각응을 두려워할 필요는 없다는 말이다.

7 亦未(역미) - '未必'로 된 판본도 있다. 摶空(단공) - 허공을 맴돌다.

《보주두시》에 인용된 師氏 주 끝에서는 조정의 선비들 가운데 재주가 뛰어나다고 하는 이들이 대개 헛된 명성만 있지 실력은 없다는 것을 기롱하고 있다.(末章譏朝廷之士, 稱才角出者, 率有虛名, 而無實效.)

《구가집주두시》 자질은 있으나 재주가 없는 것을 말한다.(言有其質, 無其才也.)

《구가집주두시》 조언재 주 역시 시인이 변화를 주어 그 그림을 형용한 것일 뿐이다. 옛 주는 틀렸다.(亦詩人變化, 形容其畫耳. 舊注非.)

#《두시상주》: 앞의 4구는 그림의 신묘함을 찬미하였고, 뒤의 4구는 각응

을 빌어 감개함을 기탁하였다. 각응이 사막 북방에서 나기에 '유삭'이라고 한 것이다. '탐수'에는 두 가지 뜻이 담겨 있다. 각응이 잘 나는 것을 탐내면서 또 날아가 버릴까 걱정한다는 것이다. 후세의 화가들은 배울 마음이 없는 것이 아니라, 다만 배울 수 없을 뿐이다. 사람들은 각응 그림이 정신을 잘 묘사한 것을 보고서도 도리어 진짜 각응이 빛이 바랬다고 느낀다. 결국 그림 속의 거짓 영상이니 어찌 허공에 올라 곧장 비상할 수 있겠는가? 세상 사람들은 어찌하여 각응 그림은 좋아하면서도 진짜 각응은 좋아하지 않는 것인가? 감개가 무한하다.(上四贊畫之神妙, 下四借鷹以寄慨. 鷹生漠北, 故云幽朔. 貪愁有二義, 貪其能飛, 又愁其飛去. 後之畫師, 不是無心學, 但不能學耳. 人見畫鷹神似, 反覺眞鷹少色. 究竟畫中假影, 豈能騰空直上. 世人奈何好畫鷹, 而不好眞鷹乎. 感慨無限.)

《두억》: '살기가 북방에 이른다'는 것은 안녹산과 사사명이 반란을 일으킨 땅이 당시 아직 평정되지 않았기에 이런 말을 하였다. '탐수' 두 자는 함께 쓴 것이 절묘하다. 팔에 날아들기를 바라면서 또한 팔을 차고 날아갈까 염려하는 것이다. 화가들은 배울 마음이 없는 것이 아니라 단지 배울 수 없을 뿐이다. 아름다운 그림을 형용한 것은 본모습을 그대로 나타내는데 그치기 마련인데, 솜씨를 다 발휘하고 변화를 다 주었으니, '고당에서 살아있는 송골매를 보나니, 강하고 빠르게 가을날의 골기가 움직인다'는 말도 기이하지만, '진골이 끝내 헛되이 전해지지는 않을지'란 말은 더 더욱 기이하다.(殺氣到幽朔, 乃安史反地, 時尙未平, 故云. 貪愁二字合用妙, 貪其入臂, 又愁其掣臂而飛也. 畫師不是無心學, 但不能學耳. 形容佳畫, 止於奪眞, 而窮工極變, 如高堂見生鶻, 颯爽動秋骨, 奇矣, 却疑眞骨遂虛傳, 愈出愈奇.)

《독두심해》: 두보가 매 그림을 읊은 시는 대개 날아올라 허공을 맴돌다 공격하는 것으로 감흥을 기탁하는데, 이 시는 유독 날지 않는 것에 감개하고 있다. 아마도 직위를 잃은 자의 말일 것이다. 3, 4구는 아래의 말을 불러낸다. 마음이 없는 게 아니라는 것은 그들 역시 일찍이 마음을 다해 해 보려고 했다는 말이다.(公畵鷹詩, 率以飛颺搏擊寄興, 此獨以不飛爲慨. 蓋亦失職者之言也. 三四, 呼下語, 不是無心, 謂亦嘗盡心作勢者.)

(**김만원**)

9. 東津送韋諷攝閬州錄事

동진에서 낭주녹사 대리로 부임하는 위풍을 전송하다

聞說江山好[1] 憐君吏隱兼[2] 寵行舟遠泛[3] 惜別酒頻添
推薦非承乏[4] 操持必去嫌[5] 他時如按縣[6] 不得慢陶潛[7]

낭주의 강산이 좋다 들었나니
그대 벼슬과 은일을 겸함이 부럽습니다.
떠나는 이 시를 주니 배는 멀리 떠나고
이별을 슬퍼하여 술을 거듭 더합니다.
어진 사람 추천하였으니 그저 빈 자리 채움이 아닌 바
몸가짐을 바로하여 반드시 혐의를 없애시겠지요.
훗날 속현을 순시하거들랑
도잠 같은 이를 홀대하지 마옵시기를.

보응 원년 두보가 면주에 있을 때 낭주의 녹사참군 대리로 부임하는 위풍을 전송하며 지은 것이다. 동진은 면주 성 동쪽 부강涪江의 나루터이다. '녹사'는 '녹사참군錄事參軍'으로 각종 문서를 관장하는 관직이다. 낭주는 지금 사천성 낭중閬中 지역이다.

《보주두시》 '동진'은 면주에 있다. 〈관타어가觀打魚歌〉에서 말한 "면주 강물의 동쪽 나루터"가 바로 이곳이다. 광덕 원년 신원외를 전송하러 잠시 면주에 이르렀을 때에 지은 것일 게다. 양권도는 보응 원년 재주에서 지은 시 안에 편입하였다.(東津在綿州. 打魚歌云, 綿州江水之東津, 是也. 當是廣德元年, 送辛員外暫至綿州時作.

梁權道編在寶應元年梓州詩內.)

《두시경전》 (이 시는) 집외의 시로서 곽지달본, 황학본에 보인다. 동진은 면주에 있으며, 낭주는 지금 보녕부이다. 당제에서는 각 주에 녹사참군을 두었다.(集外詩, 見郭知達黃鶴本. 東津在綿州, 閬州今保寧府. 唐制諸州有錄事參軍.)

주 석

1 江山(강산) - 강산. 낭주閬州의 산하를 말한다.

《두시경전》 공은 후에 〈낭산가〉, 〈낭수가〉를 지었다.(公後有閬山閬水歌.)

2 吏隱兼(이은겸) - 벼슬살이와 은거를 함께 겸하다.

3 寵行(총행) - 송별시를 주어 떠나는 사람을 격려하는 것을 뜻한다.

4 推薦(추천) - 추천하다. 여기서는 현인을 추천하여 벼슬을 주는 것을 뜻한다. 承乏(승핍) - 빈자리를 채우다. 마땅한 인재가 없어 재능이 없는 사람이 벼슬하는 것을 뜻한다.

5 操持(조지) - 자신을 바로잡다. 몸가짐을 바로하다. 去嫌(거혐) - 의구심을 제하다.

6 他時(타시) - 훗날. 按縣(안현) - 속현을 안찰하다.

7 慢(만) - 모욕하다. 무시하다.

《두시상주》에 인용된 고신 주 마지막 구에서는 그가 수하 사람을 무시하지 말 것을 부탁하였다.(末句囑其毋慢屬員.)

〔他時 2구〕 도잠이 팽택 현령 시절에 감독관 때문에 벼슬을 그만둔 이야기를 인용한 것이다.

《두시상주》에 인용된 《진서·도잠전》 도잠이 팽택령이 되었는데, 군에서 파견한 감독관이 팽택현에 이르렀다. 아전이 예복을 입고 만나

되어야 한다 말하니 도잠이 인장을 풀어 놓고는 현을 떠나며 〈귀거래사〉를 지었다.(潛爲彭澤令, 郡遣督郵至縣, 吏白應束帶見之, 潛解印去縣, 乃賦歸去來.)

《두시상주》에 인용된《백첩白帖》 녹사참군은 바로 옛날 군의 독우직이다.(錄事參軍, 卽古郡督郵之職.)

#《두시상주》: 위 4구는 위풍을 전송함이요, 아래 4구는 낭주녹사를 대리함이다. 벼슬을 하면서도 은거를 겸함은 (낭주) 산하의 아름다운 곳을 관할할 수 있게 되었기 때문이다. '빈 자리를 그저 채움이 아니라'고 한 것은 어짊으로 인해 관직을 겸하게 된 것이요, '필히 의구심을 제하게 될 것'이라 한 것은 청렴함으로 직분을 다한다는 것이다.(上四送韋諷, 下四攝閬州. 吏而兼隱, 得領江山佳勝矣. 非承乏,以賢攝官也. 必去嫌, 以廉盡職也.)

(김성곤)

10. 光祿坂行
광록판 노래

山行落日下絶壁[1] 南望千山萬山赤[2]
樹枝有鳥亂鳴時[3] 暝色無人獨歸客[4]
馬驚不憂深谷墜 草動只怕長弓射[5]
安得更似開元中[6] 道路卽今多擁隔[7]

산행 중에 해가 져서 절벽을 내려오다
남녘을 바라보니 천산만산 붉어 있네.
나뭇가지에 새들이 어지러이 울 때에
날 어두워 사람들 없는데 홀로 돌아가는 나그네라.
말이 놀라도 깊은 골에 떨어질까 걱정하지 않지만
풀이 움직이면 그저 긴 활로 쏠까봐 두렵다네.
어찌하면 다시금 개원 시절 같을 수 있을까
도로는 지금 막힌 데가 많구나.

광록판에서 내려오면서 부른 노래로 보응 원년 재주에 있을 때의 작품이다. 난리가 빈발하는 어지러운 세상에 대한 우려와 개원 시절의 태평세월에 대한 미련을 적고 있다. 광록판은 재주 동산현에 있는데 면주綿州에서 재주로 가면서 지난 곳이다.

《보주두시》 〈최영전〉에 '보응 초 촉에 난이 일어나 도로가 통하지 않았다'라고 하였는데, 이 시에서 말한 내용과 부합된다. 마땅히 보응 원년 작품이다. 공은 당시 재주에 있었다.(崔寧傳云, 寶應初,

蜀亂道路不通, 與此詩所言合. 當是寶應元年作. 公時在梓州.)

《두시상주》 채몽필은 "광록판은 재주 동산현에 있다"라고 하였다. 황학 주에 "이것은 보응 원년 재주에서 지은 것이다. 〈최영전〉에 '보응 초 촉에 난이 일어나 도로가 통하지 않았다'라고 하였는데, 이 시와 부합된다"라고 하였다. (蔡夢弼曰, 光祿阪, 在梓州銅山縣. 鶴注, 此是寶應元年在梓州作. 考崔寧傳云, 寶應初, 蜀亂, 道路不通, 與此詩相合.)

주석

1 下絕壁(하절벽) - 절벽을 내려오다. 두보 자신이 광록판을 내려온다는 말이다.

2 南望(남망) - 남쪽을 바라보다. 재주 쪽을 바라본다는 말이다. '西望'으로 된 판본도 있다. 千山萬山(천산만산) - 겹겹으로 중첩된 많은 산들. '萬山'이 '萬水'로 된 판본도 있다.

3 鳴(명) - '棲'로 된 판본도 있다.

4 瞑色(명색) - 저녁나절 어둠이 내리는 하늘빛을 말한다.

5 長弓射(장궁석) - 긴 활로 쏘다. 도적의 모해를 뜻하는 말이다.
《두시상주》에 인용된 《남사南史》 송 명제는, 왕경문은 외척으로서 귀하기 이를 데 없고 장영은 여러 차례 전쟁을 치렀기에 장래를 믿기 어렵다고 생각하였다. 이에 스스로 "한 선비('一士'는 왕경문의 字)는 가까이 할 수 없고, 활이 길면('弓'과 '長'을 합하면 '張'자가 되어 장영을 뜻함) 사람을 쏴 죽일 것이다"라는 요언을 지었다.(宋明帝以王景文外戚貴盛, 張永屢經軍旅, 疑其將來難信, 乃自爲謠言曰, 一士不可親, 弓長射殺人.)

6 開元(개원) - 현종玄宗의 연호, 개원 연간은 정치경제적으로 안정되어 백성들이 태평을 구가하던 시절이었다.

《두시상주》에 인용된 〈현종본기玄宗本紀〉 개원 연간에는 해내가 부유하고 안정되어 길 가는 사람이 비록 만 리 길을 가더라도 조그만 칼조차 지니지 않았다.(開元間, 海內富安, 行者雖萬里, 不持寸刃.)

7 多擁隔(다옹격) - 많이 막혀있다. '多'가 '何'로 된 판본도 있다.

#《두시상주》: 〈광록판〉은 난리 중에 분주함을 상심한 것이다. 앞 4구는 비탈길의 저물녘 경치이고, 뒤 4구는 비탈길을 넘을 때의 정황이다. 말이 놀라고 풀이 움직였다는 것은 도중에 두려워하는 모습이다. 길이 막히어 개원시절을 생각한 것은 곧 오늘을 슬퍼하고 옛날을 그리워한 것이다. 《두억》에서는 "5, 6구에서 도적을 근심하되 말이 추락하는 것은 근심하지 않는다고 한 것은 형용을 공교히 했다고 할 수 있거니와 이는 곧 진정이자 실경이다"라고 하였다.(光祿阪, 傷亂離奔走也. 前四, 阪上暮景. 後四, 度阪情事. 馬驚草動, 中途恐懼之狀. 因擁隔而念開元, 乃傷今思昔也. 杜臆, 五六, 憂盜而不憂墜馬, 可謂巧於形容, 是眞情實景.)

《독두심해》: 《연보》에 "서천병마사 서지도가 반란을 일으켰다. 이 때문에 재주로 들어갔다"라고 하였다. 지금 시 가운데에 행려 중에 위난에 대한 근심으로 인한 탄식이 많은데, 정말로 이와 같았다.(年譜, 西川兵馬使徐知道反, 因入梓州. 今詩中多行旅憂危之嗟, 良是.)

(**이남종**)

11. 苦戰行

힘든 싸움의 노래

苦戰身死馬將軍[1] 自云伏波之子孫[2]
干戈未定失壯士[3] 使我嘆恨傷精魂
去年南行討狂賊[4] 臨江把臂難再得[5]
別時孤雲今不飛 時獨看雲淚橫臆

힘든 싸움에서 세상 떠난 마장군
스스로 복파장군의 후손이라 말하였는데
아직 전쟁이 끝나지 않은 때에 장사를 잃었으니
나로 하여 슬픔 중에 넋을 잃게 하는구나.
작년 반군을 토벌하러 남쪽으로 내려갈 때
강가에서 손목 부여잡던 일 다시 할 수 없고
이별할 제 외로운 구름 지금은 날지 않아
때때로 홀로 구름을 바라보며 눈물을 가슴에 뿌리노라.

이 시는 전쟁에 나가 전사한 한 장수를 애도한 것이다. 대체적으로 단자장의 반란을 평정하는 과정에서 전사한 것으로 보이며, 구체적인 이름은 알 수 없고 다만 마장군으로 알려져 있다. 저작 시기는 보응 원년이다.

《보주두시》 단자장이 상원 2년에 또 수주와 면주를 함락시켰다. 수주는 부강의 남쪽에 있다. 지금 시에서 "작년 강남에서 반군을 토벌하였다"라고 하였으니, 마땅히 보응 원년에 지은 것이다.(段子

璋以上元二年, 又陷遂州綿州. 遂在涪江之南, 今詩云, 去年江南討狂賊. 當是寶應元年作.)

주 석

1 馬將軍(마장군) - 마씨 성의 장군. 정확한 이름은 알 수 없다. '마린馬璘' 혹은 '마파주馬巳州'라고 보는 주석도 있으나 취하지 않는다.

《두공부초당시전》 죽은 것은 마린이다.(死, 馬璘也.)

《보주두시》 사고 주 마원은 복파장군이 되어 일찍이 "대장부는 응당 변방에서 죽어 말가죽으로 시신을 싸서 돌아와야 한다"라고 하였다. 당 마린이 《한서》를 읽다 이 대목에 이르러 탄식하며 "내 조상의 공업을 땅에 떨어뜨렸구나"라고 하였다. 이후 마린이 토번과 싸우다 전사하였다. 국가의 장사를 잃었기에 두보는 이를 가슴아파하였다.(馬援, 爲伏波將軍 嘗云, 大丈夫當死邊野, 以馬革裹尸而歸. 唐馬璘, 讀漢書至此, 歎曰, 使吾祖勳業墜地乎. 時馬璘與吐蕃戰沒. 失國家壯士, 甫是以傷之.)

《보주두시》 《구당서》에 따르면 마린은 나이 56세 대력 12년에 세상을 떠났다. 《신당서》에서는 대력 11년에 전쟁터에서 죽었다고 하였다. 곧 마린이 죽은 것은 공보다도 6, 7년 뒤이니 먼저 이 시를 썼을 리가 없다. 또한 《신당서》와 《구당서》 어디에도 촉에 이르러 단자장의 반란을 평정했다는 기록이 없으니, 아마도 마파주인 것 같다. 그래서 〈거추행〉에서 "수주 성 밖에 파 땅 사람 드물다"라고 하였고, 〈봉기별마파주奉寄別馬巴州〉에서는 또한 "공업이 결국 마파주에게 돌아갔다"고 한 것이다.(按舊史, 馬璘, 年五十六, 大歷十二年卒. 新史云, 十一年卒於軍中, 則璘之死, 在公後六七年, 無容先有此詩, 且新舊史, 未嘗至蜀平子璋亂, 疑是爲馬巴州. 故去歲秋云, 遂州城外巴人稀, 公別馬巴州, 亦嘗云, 功業終歸馬伏波.)

《두시상주》에 인용된 노원창 설 황학은 마장군을 마파주라고 하였는데, 두보의 〈봉기별마파주〉시 원주에 "두보는 경조공조에 제수되었다"고 되어 있다. 이때가 광덕 연간이므로 단자장이 반란을 일으킨 때와는 아무 관련이 없다.(黃鶴以馬將軍爲馬巴州. 考公奉別馬巴州詩原注, 甫除京兆功曹. 此在廣德間, 與子璋反時無涉.)

2 伏波(복파)- 한대 장군의 명칭. 여기서는 이 시의 마장군과 동성인 후한의 마원을 가리킨다.

《구가집주두시》 조언재 주 '복파'는 장군의 호칭으로 후한의 마원이다.(伏波者, 將軍之號, 後漢馬援也.)

《두시상주》에 인용된 《후한서·마원전馬援傳》 마원이 교지국 여자 징칙과 징이를 격퇴시키자, 황제께서 조서를 내려 복파장군에 배수하였다.(援擊交趾女子徵側徵貳, 璽書拜援伏波將軍.)

3 干戈(간과)- 전쟁.

《구가집주두시》 조언재 주 전쟁이 아직 평정되지 않았다는 것은 곧 토번이 지난 겨울 송주 유주 보주의 세 주를 함락시켰으니 전쟁이 어찌 바로 그칠 수 있겠는가는 말이다.(干戈未定, 則吐蕃去冬, 陷松維保三州, 用兵豈便息邪.)

4 去年(거년)- 작년. 두 사람이 이별하던 때이다. 南行(남행)- '江南'으로 된 판본도 있다.

《독두심해》 단자장이 반란을 일으켰을 때 공은 성도에 있었고 마장군 역시 성도의 군관으로 있었기에 송별한 일이 있었던 것이다.(子璋反時, 公在成都, 馬亦當是成都軍官, 故有送別之事.)

《두공부초당시전》 강남은 수주를 말한다.(江南, 謂遂州也.)

《구가집주두시》에 인용된 포흠지 설 수주는 부강의 남쪽에 있어서 '강남'이라고 하였다.(遂州, 在涪江之南, 故云江南.)

5 把臂(파비)- 팔을 잡다. 작별을 아쉬워 한 것이다.

〔去年 4구〕

《구가집주두시》에 인용된 포흠지 설 단자장이 수주에서 싸움을 벌였을 때 공은 이 사람과 강에서 송별을 하였다. 지금 그가 세상을 떠났기에 느낀 바 있어 쓴 것이다.(謂段子璋戰遂州時, 公與此人送別江上. 今其死矣, 故有感而作.)

《두공부초당시전》 두보가 작년 이별하던 곳을 바라보아도 하늘을 날던 구름 보이지 않아 그 사람을 생각하게 되었고 이에 눈물이 흘러 가슴을 적신 것이다.(甫望去年別處, 不見雲飛, 因思其人, 而淚下霑胸臆也.)

#《두시상주》: 〈고전행〉은 장수가 전사한 일을 두고 쓴 것이다. 위 4구는 그의 전사를 애통해하였고, 아래 4구는 그의 생전을 추억하였다.(苦戰行, 爲將領死事而作也. 上四, 痛其陣沒, 下四, 憶其生前.)

《독두심해》: 전사한 일을 슬퍼한 것이다. 첫 구는 단독으로 점제하고, '자운'구는 추억하여 서술한 것이니 곧 예전에 강가에서 손목을 부여잡던 때 말한 내용이다. '아직 전쟁이 끝나지 않았다'는 것은 일반적인 진술이지 단자장만을 전적으로 지칭한 것은 아니며, 그가 반군에게 죽임을 당하여 큰 공업을 세울 수 없음을 애석해한 것이다. 전체적으로 '부여잡고 이별하며 한 번 바라보던' 일에서 감정을 일으키고 있다. (悲死事也. 首句單點. 自云句追述, 卽向者臨江把臂時語也. 干戈未定, 開說, 非專指子璋. 惜其死狂賊, 不得遠建功業也. 通從把別一見上生情.)

(**박홍준**)

12. 去秋行
지난 가을의 노래

去秋涪江木落時[1]　臂槍走馬誰家兒[2]
到今不知白骨處　部曲有去皆無歸[3]
遂州城中漢節在[4]　遂州城外巴人稀
戰場冤魂每夜哭　空令野營猛士悲

지난 가을 부강에 낙엽 질 때
창을 들고 말 달린 자, 뉘 집의 아이인가?
지금 백골 묻힌 곳을 알 수가 없으니
싸우러 간 군인은 모두 돌아오지 않았다네.
수주 성 안에 한나라 사절이 있었지만
수주 성 밖에 파 땅 사람 드물고,
전장의 원통한 혼이 밤마다 곡하여
야영하는 용사를 공연스레 슬프게 하는구나.

앞 시 〈고전행〉과 같은 시기에 지어졌고, 단자장의 반란을 평정하는 과정에 희생된 사병을 애도한 것으로 추정된다.

> 《보주두시》 시에서 '지난 가을 부주에 낙엽 질 때'라고 하였고, 또 '싸우러 간 군인은 모두 돌아오지 않았다. 수주 성 안에 한나라 사절이 있었지만 수주 성 밖에 파 땅 사람 드물다'라 하였으니 보응원년에 지은 것이 분명하다.(詩云, 去秋涪州木落時, 又云, 部曲有去皆無歸, 遂州城中漢節在, 遂州城外巴人稀, 當是寶應元年作.)

주 석

1 涪江(부강) - 강 이름. 사천성에 있다.

《구가집주두시》 조언재 주 악사의 《환우기》를 살펴보면, 부강은 사홍현에 있다.(按樂史寰宇記, 涪江在射洪縣.)

《두시상주》 《원화군현지》에서 "부강은 서쪽 처현의 지역으로부터 유입한다. 사홍현 동쪽 100보에 재동수가 있어서 부강과 합류한다"라고 하였다. 살펴보건대, 부강은 지금의 중경부 합주에 있다.(元和郡縣志, 涪江水西自郪縣界流入, 在射洪縣東一百步有梓潼水, 與涪江合流. 按, 涪江在今重慶府合州.)

2 臂槍(비창) - 창을 팔에 끼다. '槍'이 '蒼'으로 된 판본도 있다.

3 部曲(부곡) - 고대 군대의 편재 단위이다. 여기서는 부대를 말한다.

4 遂州(수주) - 지명. 漢節(한절) - 한나라의 부절. 한나라의 사절. 여기서는 수주자사를 지낸 이거를 가리킨다. 다른 사람을 가리킨다는 설도 있으나 옳지 않다.

《두시상주》 포흠지가 말하기를 "단자장이 반란을 일으키자 수주자사인 사괵왕 거巨가 속군의 예를 갖추어 나가 맞이하였다가 피살되었다. 그래서 '수주 성 안에 한나라 사절이 있다'고 하였으니 아마 이를 마음 아파한 것이리라"라고 하였다. 《당서》에 의하면 수주 수녕군은 검남동도 관할에 속한다. 살펴보건대 수주는 지금 수녕현이 되었고 동천주에 속하는데, 동천은 바로 당나라의 동천이다. '한절'은 넌지시 소무 부절의 고사를 사용하였다.(鮑欽止曰, 段子璋反, 遂州刺史嗣虢王巨修屬郡禮出迎之, 被殺. 故曰, 遂州城中漢節在, 蓋傷之也. 唐書, 遂州遂寧郡, 屬劍南東道所領. 按, 遂州今爲遂寧縣, 屬潼川州. 潼川, 即唐之東川也. 漢節, 暗用蘇武節.)

〔遂州 2구〕

《구가집주두시》 조언재 주 짐작컨대 응당 광남시박사 여태일이 반란하여 그 절도사 장휴를 쫓아낸 일 같은 사례일 것이다. 쫓아냈지만 죽이지는 않았으니 한나라 사절이 있을 수가 있는 것이다. 수주 성 밖에 파 땅 사람이 드물다라고 하였으니 반란을 토벌한 자는 모두 재주와 낭주의 병사이다. 아마 대패하여 죽은 자가 많았으니 파 땅 사람이 드문 사실이 있었을 것이다.(意者應如廣南市舶使吕太一反, 逐其節度使張休. 逐而不殺, 則有漢節在之理. 遂州城外巴人稀, 則所以討叛亂者皆梓閬之兵. 意者敗績而死亡者多, 則有巴人稀之實.)

《두시언해》 이는 장군이 이미 죽었으나 가지고 있던 부절은 홀로 성중에 있고 군대가 패하여 죽은 자가 많아서 파 땅 사람이 드물다는 것을 말한다.(此言將軍已死, 所持之節獨在城中, 兵敗而死者多, 故巴人稀少.)

#《두시상주》: 〈거추행〉은 전사가 패한 일 때문에 지은 것이다. 부수로부터 왔으므로 백골이 돌아간 것이 없다. 수주에서 죽었으므로 원통한 혼이 밤에 운다.(去秋行, 爲戰士喪敗而作也. 來自涪水, 故白骨無歸. 沒於遂州, 故寃魂夜哭.)

《두시언해》: 이 시는 바로 전편의 마장군이 수주에서 전몰한 일에 대한 것이다.(此卽上篇馬將軍戰沒遂州事也.)

《구가집주두시》 조언재 주: 이는 광덕 2년의 시로서, 단자장의 일을 말한 것이 아니다. 무엇 때문에 그렇게 말하나? 상원2년 4월 임오에 검남동천절도병마사 단자장이 반란을 일으켜 왕이라 참칭하고 건원하여 황룡이라 하였다. 5월에 최광원이 그를 쳐서 베었으니 그해 여름에 이미 평정된 것이다. 지금 '지난 가을 부강에 낙엽 질 때'라고 하였으니 응당 공이 그 곳에서 〈구일〉시를 짓던 때이니, 바로 광덕 원년이다. 공이 그 가을이 가버린 것을 눈으로 보고 느낌이 있어서 지은 것이다.(此廣德二年詩, 不是言段子璋事, 何以言之. 上元二年四月壬午, 劍南東川節度兵馬使段子璋反, 僭稱王, 建元黃龍. 五月, 崔光遠擊斬之, 當年夏時已平矣. 今云去秋涪江木落時, 應是公在彼有九日詩之際, 乃廣德元年也. 公眼見其去, 是以有感而作.)

《두시상주》: 주학령이 말하기를 "단자장은 상원 2년 4월에 반란을 일으켰고 5월에 주살되었다. 그런데 이 시에서 '지난 가을 부강에 낙엽 질 때'라 하였으니 자장이 반란을 일으켰던 때의 일이 아니다. 포흠지의 주는 이미 믿을 수 없거니와, 황학이 앞의 시를 마장군이 단자장을 토벌하다 죽은 시로 보았는데 그 설 또한 어찌 깊이 믿을 만하겠는가? 조차공은 그 일이 광덕 원년 가을에 있었다고 하는데 또한 증명된 게 없다. 대체로 두시 중에 상고할 수 없는 것은 모두 마땅히 모르는 것으로 두어야지 억지로 풀이할 필요는 없다"고 하였다. 지금 살펴보건대, 당의 사서의 기록은 전해들은 것에서 나왔으니 다 믿을 수가 없고, 두시는 목격한 사실에서 나왔으니 의심할 필요가 없다. 사서에서 자장이 5월에 평정되었다고 하였는데 시에서 '지난 가을 부강에 낙엽 질 때'라고 하였으니 아마 가을 끝에 이르러서야 난이 비로소 평정되었을 것이다. 또 단자장이 동천에서 반란을 일으키고 수주를 함락하였는데 그 장소가 시와 부합한다. 그 시기가 부합하지 않는 것은 반드시 사서 기록의 잘못에 해당할 것이다. 이 때 단자장 외에 달리 동천에서 반란한 자가 없으니 황학과 포흠지의 주가 다 틀렸다고 할 수는 없을 것이다.(朱鶴齡曰, 段子璋以上元二年四月反, 五月伏誅. 而此詩云去秋涪江木落時, 則非子璋反時事. 鮑注既未可據, 黃鶴以前詩爲馬將軍會討子璋而死, 其說亦豈足深信耶. 次公謂其事在廣德元年之秋, 亦無所證明. 大抵杜詩無考者, 皆當闕疑, 不必强爲之說. 今按, 唐史出於傳聞, 未可盡信. 杜詩出於目擊, 不必致疑. 史謂子璋平於五月, 而詩云去秋涪江木落時, 蓋至秋末而寇始削平也. 且子璋反東川, 陷遂州, 地與詩合. 其時月不符者, 必屬史傳之誤. 此時舍子璋之外, 別無叛東川者, 黃鮑二注, 恐未可盡非也.)

《독두심해》: 반도를 깨우친 것이다. 전에는 창을 팔에 끼고 있었는데 지금은 백골이다. 말을 돌리지 않아 '사람이 드물고' '혼이 곡을 하게 되었으니' 무엇 때문이던가? '한나라 부절이 있다'는 것은 비록 죽어도 오히려 살아 있다는 것이다. '파 땅 사람'과 '야영'은 모두 반란한 자의 부대를 가리키니 대개 이를 들어 다른 반도를 경계한 것이리라. 예전 풀이는 틀렸다. 주학령은 사서를 근거로 하였는데 단자장이 5월에 죽었으니 시의 '낙엽 질 때'와 부합하지 않는다. 구조오는 사건과 지역이 모두 부합하고 오직 시기가 부합하지 않으니 잘못은 사서에 있다고 하였다. 지금 다시 〈화경가〉로 증명해보면, 화경이 단자장을 죽인 것은 최광원이 성도윤으로 있을 때이다. 따라서 역사의 기록이 거짓이 아니다. 시에서 가리키는 것은 단자장이 주살된 후 무리 중에 여전히 난리를 피운 자가 있다가 가을이 되어서 비로소 평정된 일이리라.(曉叛兒也. 昔也臂槍, 今也白骨, 曾不旋踵, 人稀魂哭, 何爲者哉. 漢節在. 雖死猶生也. 巴人野營, 都指叛者部曲, 蓋擧此以警他叛也. 舊解非. 朱氏據史, 子璋以五月誅, 與詩木落時不合. 仇氏謂事與地皆合, 惟時月不符, 其誤在史. 今再以花卿歌證之. 花卿誅子璋, 在崔光遠尹成都時. 則史實非誣, 而詩之所指, 意子璋誅後, 部曲尙有怙亂者, 至秋始定耶.)

(이영주)

13. 廣州段功曹到得楊五長史譚書功曹却歸聊寄此詩

광주 단공조가 와서 장사 양담의 편지를 받았고, 단공조가 돌아가는 편에 이 시를 부치다

衛靑開幕府[1] 楊僕將樓船[2] 漢節梅花外[3] 春城海水邊[4]
銅梁書遠及[5] 珠浦使將旋[6] 貧病他鄉老[7] 煩君萬里傳[8]

위청은 막부를 열고,
양복은 누선을 이끌었네.
한나라 부절은 매화령 너머요,
춘성은 바닷가로다.
동량에 편지가 멀리서 이르더니
주포 사자 돌아가려한다.
가난하고 병들어 타향에서 늙으니
그대 만 리 길에 전하여 주시게.

광주에서 온 단 공조 편에 장사 양담의 편지를 받고, 그가 돌아가는 길에 답장으로서 이 시를 지어 보냈다. 양담이 계주桂州에 있을 때 두보가 시를 보낸 적이 있다. 이 시를 답할 때 그가 계주에 있었는지 광주에 있었는지는 분명하지 않지만, 광주 장사로 보는 견해가 많다. 보응 원년에 지었다.

《보주두시》 시에서 "동량에 편지가 멀리 닿다"라고 하였고, 《환우기》와 《방여기》에 재주에 동량산이 있다고 하였으니 공이 보응 원년 재주에 있을 때 편지를 받아 이 시를 지었음이 틀림없다. 그러나 〈송단공조귀광주送段功曹歸廣州〉시에서 또 "때맞추어 금관성에 부치다"라고 하였으니 성도에 있었던 것이다. 응당 이 시를 옳은 것으로 보아야 하니, 촉에 있으면 모두 동량이라고 말할 수 있지 않겠는가. 나머지는 〈송단공조귀광주〉시의 주에 보인다. 《통전》에 양한에 공조사가 있어 공로자를 선발 임명하는 일을 주관하였다고 하였다. 북제 때는 여러 주에 공조참군이 있었고, 당나라 때는 사공참군이라고 하였다. 개원 초에 경조윤과 여러 도독부에서 모두 공조참군이라고 하였다. 광주는 중도독이므로 이를 설치하였다.(詩云, 銅梁書遠及, 以寰宇記方輿記云, 梓州有銅梁山, 則當是公寶應元年在梓州時, 得書而有此作. 然送功曹歸之詩又云, 時寄錦官城, 則在成都. 當以此詩爲是, 豈非在蜀皆可言銅梁. 餘見送功曹詩注. 通典, 兩漢有功曹史, 主選署功勞. 北齊諸州有功曹參軍, 唐曰司功參軍. 開元初, 京尹及諸都督府並曰功曹參軍, 廣州爲中都督, 故置.)

《두시상주》 포흠지가 말하였다. 이전에 〈계주자사 양담에게 부치다(寄楊五桂州)〉시가 있으니, 양담은 아마 계주에서 광주로 옮겼을 것이다.(鮑曰, 前有寄楊五桂州詩, 楊蓋自桂而徙廣也.)

주석

1 衛靑(위청)- 한 무제 때 흉노 정벌에 공을 세운 명장. 幕府(막부)- 장군이 전장에 치는 장막. 군정을 처리하는 관리의 부서.

《두시상주》에 인용된 《동관한기東觀漢記》 위청이 흉노를 크게 이기자 무제는 막중에서 대장군에 임명하였다. 그리하여 막부라고 불렀다.(衛靑大克匈奴, 武帝拜大將軍於幕中, 因號幕府.)

2 楊僕(양복)- 한 무제 때의 장군. 무제가 남월南越을 정벌할 때 누선장군에 임명되어 공을 세웠다. 고조선 침공에도 참여하였다가 좌장군左將軍 순체荀彘와 의견 불화로 그에게 잡혀 압송되었다. 將(장)- 지휘

하다. 樓船(누선) - 누각을 설치한 배. 전선戰船.

《구가집주두시》 한나라가 남월을 정벌할 때 양복을 누선장군으로 삼았다.(漢征南越, 以楊僕爲樓船將軍.)

〔衛青 2구〕

《구가집주두시》 조언재 주 상구는 광주절도사의 막부를 가리켜 말하며, 양오 장사는 막부의 사람이다. 하구는 양장사를 가리키며, 양복에 비유하였다.(上句指言廣州節度使之幕, 而楊五長史者, 幕中之人也. 下句指楊長史也, 以楊僕比之.)

3 漢節(한절) - 한나라 사신의 부절. 여기서는 양담을 말한다. 梅花外(매화외) - '매화'는 여기서는 대유령大庾嶺을 말하고, '매화외'는 대유령 너머, 즉 지금의 광동성을 말한다. 대유령은 광동성 북부에 있어 강서성 남부와 경계를 이룬다. 대유령에는 매화가 많아 매령梅嶺이라고도 한다.

4 春城(춘성) - 광주廣州. 海水邊(해수변) - 바닷가. 광주는 바닷가에 있다.

〔漢節 2구〕

《구가집주두시》 조언재 주 상구는 또 양담을 가리켜 말한다. 한나라가 사자를 보낼 때는 반드시 부절을 지닌다. 예로부터 대유령은 매화가 많다고 하였다. 광주는 고개 너머 있으므로 '매화외'라고 하였다. 하구는 광주를 가리켜 말한다. ……광주는 동남쪽으로 바다까지 40리이므로 '해수변'이라고 하였다.(上句又指言楊也. 漢遣使者必持節. 大庾嶺, 古云多梅花. 廣州在嶺外, 故言梅花外. 下句指言廣州也. ……廣州東南至海四十里, 故云海水邊.)

5 銅梁(동량) - 성도의 지명. 동량현. 書遠及(서원급) - 편지가 멀리서 오다. 광주에서 온 단 공조가 장사 양담의 편지를 가지고 왔다는 말이다.

《두시상주》 《환우기》에 동량산은 두 군데가 있으니 합주와 재주에 있다고 하였고, 《익주기구전》에 초나라 양왕이 파자를 멸하고 서자를 복강 남쪽에 봉하고 동량후라고 불렀다고 하였고, 《십도지》에 동량은 부강의 남쪽에 있다고 하였다.(寰宇記, 銅梁山有二, 屬合州梓州. 益州耆舊傳, 楚襄王滅巴子, 封庶子於濮江之南, 曰銅梁侯. 十道志, 銅梁, 在涪江之南.)

6 珠浦(주포)- 진주가 나는 포구. 합포合浦. 使(시)- 심부름꾼. 단 공조를 말한다. 旋(선)- 돌아가다.

〔銅梁 2구〕

《구가집주두시》 동량과 옥루는 모두 성도의 지명이다. 광주의 합포에서는 진주가 난다. '사신이 돌아가려 한다'는 단 공조가 광주로 돌아가려 한다는 말이다.(銅梁玉壘皆成都地名. 廣州合浦出珠, 使將旋, 言段功曹將還廣州也.)

《구가집주두시》 조언재 주 상구는 양담이 광주에서 성도로 보내온 편지가 있었음을 가리켜 말한다. …… 하구는 단 공조의 귀환을 말한다. 주포는 바로 합포로서 지금의 염주이다. 광주는 광남동로이며 염주는 서로이니 거리가 멀다. 양담은 아마 염주에 있었을 터이다. 그래서 '주포의 사자'라고 하였다.(上句, 指言楊自廣有書來成都也. …… 下句, 指言段功曹之還也. 珠浦乃合浦, 今之廉州. 廣州乃廣南東路, 廉州乃西路, 相去之遠, 楊長史豈在廉州乎. 故云珠浦使也.)

7 貧病(빈병)- 가난하고 병듦. 시인 자신을 말한다.

8 煩君(번군)- 그대에게 폐를 끼치다. 번거롭겠지만 시를 전해 달라는 말이다. 萬里(만리)- 단 공조가 촉을 떠나 멀리 가야 한다는 말이다. 시인과 양담이 떨어져 있는 거리이기도 하다.

#《두시상주》: 이 시는 양장사에게 답신으로 썼다. 끝에 단 공조에게 부탁하는 뜻이 있다. 황생의 주에, "양담은 장사이니 막부의 직책이다. 첫구는 관직과 맞고, 둘째 구는 성씨와 맞다. 매령 너머는 남해 언저리이니 양담이 여기에 군대를 주둔시켰다. 동량은 공이 있는 곳이다. 주포는 단 공조가 가는 곳이다. 아름다운 지명을 따 시의 빛깔을 더하

였다. (此答楊長史而作也. 末帶托段之意. 黃生注, 楊爲長史, 乃幕府之職. 首句切官, 次句切姓. 梅嶺之外, 南海之邊, 楊駐軍於此也. 銅梁, 公所在. 珠浦, 段所往. 採輿地佳名, 以助詩色.)

《두시상주》에 인용된 《두억》: "書及銅梁(편지가 동량에 닿았다)"이라고 말할 것을 다만 거꾸로 말했을 뿐이다. 가난하고 또 병들었으며, 게다가 타향에 있으니 공의 근황을 5자로 모두 표현하였다.(本說書及銅梁, 特倒言之耳. 既貧且病, 而又在他鄕, 公之近狀, 五字盡之.)

(**이창숙**)

14. 送段功曹歸廣州

단공조가 광주로 돌아가는 것을 전송하다

南海春天外[1] 功曹幾月程[2] 峽雲籠樹小[3] 湖日蕩船明[4]
交趾丹砂重[5] 韶州白葛輕[6] 幸君因旅客[7] 時寄錦官城[8]

봄 하늘 저 밖에 남해 있으니
공조는 몇 달 여정이겠구려.
골짜기에 구름이 덮여 나무는 작고
호수는 햇빛이 출렁거려 배가 밝으리.
교지의 단사는 무겁고
소주의 흰 갈포는 가볍거니와,
바라건대 그대, 나그네 편에
때맞춰 금관성으로 부쳐주게나.

이 시는 앞 시와 마찬가지로 보응 원년 재주에서 지은 것이다. 임지인 광주로 돌아가는 단공조를 전송한 시이다. '광주'는 본래 진秦 남해군南海郡이었다.

> 《보주두시》 시에 "봄 하늘 저 밖에 남해 있으니 공조는 몇 달 여정이겠다"고 하였으니 마땅히 보응 원년 봄에 지은 것이다. 그렇기 때문에 시에서 "바라건대 그대여 나그네 편에 때맞춰 금관성으로 부치라"고 한 것이다. 만약 재주에서 지은 것이라면 공은 이때 삼협을 나가려는 뜻이 있어 그것을 자주 드러내었으니 시에서 필시 "때맞춰 금관성으로 부치라"고 말하지 않았을 것이다.(詩云, 南海春天

外, 功曹幾月程, 當是寶應元年春作. 故詩云, 幸君因旅客, 時寄錦官城. 若在梓州作, 則公是時有意於出峽, 屢見之, 詩必不言時寄錦官城矣.)

《두시상주》 황학이 보응 원년 성도시 안에 편재한 것은 시에 '금관성으로 부치라'는 구가 있기 때문이었다. 지금 살펴보건대, 공조와는 재주에서 만났다. 그렇기 때문에 (앞의 시에서) '동량에 편지가 멀리서 이르렀다'라고 말한 것이다. 재주는 후미져 멀리 떨어져 있고 오직 성도만이 도회의 땅이어서 편지를 부치기에 편리하다. 그렇기에 금관성으로 부치라고 부탁한 것이다. 금관성에서 편지를 받으려는 것은 공의 동생이 초당에 있었기 때문이다. 광주에서 촉에 이르기까지는 노정이 수천여리이니 어찌 두 해 사이에 공조가 연거푸 왕복할 수 있겠는가? 채씨의 편재를 따라 재주시 안에 열거하는 것이 마땅하다.(黃鶴編在寶應元年成都詩內, 以詩有寄錦官城句也. 今按, 功曹相會於梓州, 故雲, 銅梁書遠及. 梓州僻遠, 惟成都爲都會之地, 便於寄書, 故以錦官城囑之. 錦官收書, 公有弟在草堂也. 自廣至蜀, 程途數千餘裏, 豈能兩歲之間, 功曹連作往返耶. 當從蔡編, 列在梓州內.)

주 석

1 南海(남해) - 남해군南海郡. 광주를 말한다. 春(춘) - '靑'으로 된 판본도 있다.

2 程(정) - 여정. '行'으로 된 판본도 있다.

3 峽(협) - 골짜기. 삼협을 가리킨다.

4 湖(호) - 동정호를 가리킨다. 蕩(탕) - 흔들다. 출렁이다. '落'으로 된 판본도 있다.

〔峽雲 2구〕

《두시상주》 삼협을 나간 뒤에 반드시 동정호를 경과하고 나서 광주에 이른다. 옛날에는 촉 땅의 동호, 서호를 가리키는 것으로 보았는데 그렇지 않다.(出峽以後, 必經洞庭而後至廣. 舊指蜀中東湖西湖, 未然.)

《구가집주두시》 조언재 주 '협'과 '호'는 모두 광남으로 돌아가면서 거쳐간 지역이다. 그렇기 때문에 '협운' '호일'의 풍경을 말한 것이다. 어떤 판본에는 '탕선명'으로 되어 있는데 옳다. 대체로 묘함은 '탕'자에 있으니 바로 해가 호수 가운데 있어서 거꾸로 배 가운데를 비추어 출렁이는 것이다.(峽與湖皆歸廣南所歷之地也, 故言峽雲湖日之景. 一作蕩船明, 是. 蓋妙在蕩字, 乃日在湖中而倒射船中蕩漾也.)

5 交趾(교지)- 옛 지명. 널리 오령五嶺 이남의 땅을 지칭하였다. 이곳에서 양질의 단사가 생산되었다고 한다. 丹砂重(단사중)- 단사에 불순물이 적어 무겁다는 말이다.

《두시상주》 교지국은 영남에 가깝다.(交趾國, 近嶺南.)

《구가집주두시》 조언재 주 교주에서는 단사가 나온다. 갈홍이 구루령이 되기를 청한 것은 단사 때문이었다.(交州出丹砂. 葛稚川求爲岣嶁令, 以丹砂之故.)

6 韶州(소주)- 주 이름. 본래 진秦 남해군 땅이다. 白葛(백갈)- 흰 갈포.

《두시상주》에 인용된 《당서唐書》 소주 시흥군은 영남도에 속한다.(韶州始興郡, 屬嶺南道.)

《독두심해》 소주는 광주의 동쪽에 있다.(韶在廣州之東.)

7 旅客(여객)- 나그네. '旅'는 '估'로 된 판본도 있다.

8 錦官城(금관성)- 성도.

#《두시상주》: 위 4구는 단공조가 광주로 돌아가는 것이고, 아래 4구는 그가 부쳐주기를 바라는 것이다. 남해는 그가 돌아가는 땅이다. '봄

하늘'은 떠나가는 때이다. '골짜기의 구름' '호수의 해'는 경과하는 곳의 풍경이다. '단사' '흰 갈포'는 광주에서 생산되는 것으로 이를 빌려 수명을 늘리고 더위를 물리치려는 것이다. 《두억》에 "떠나는 이를 전송하는 때는 봄인데 몇 달의 여정이라 봄에 도착할 수 없다. 그렇기 때문에 '봄 하늘 저 밖'이라고 말한 것이다"라고 하였다. 삼협은 산이 높은 까닭에 구름이 나무를 덮어 작은 것이다. 동정호는 넓은 까닭에 해가 배에 출렁거려 밝은 것이다. 호하객이 말하기를 "단사는 무겁고 갈포는 가벼워 나그네들이 이 물건들을 서로 찾았으니 옛날부터 그러하였다.(上四, 段歸廣州. 下四, 望其寄贈. 南海, 所歸之地. 春天, 啟行之時. 峽雲湖日, 經過之景. 丹砂白葛, 廣州所產者, 藉以延年而卻暑也. 杜臆, 送行在春, 而數月之程, 不能春到. 故雲春天外. 三峽山高, 故雲籠樹而小. 洞庭湖闊, 故日蕩船而明. 胡夏客曰, 砂重葛輕, 遊客是物相索, 自古然矣.)

(**이석형**)

15. 題玄武禪師屋壁

현무선사 사당 벽에 쓰다

何年顧虎頭[1]　滿壁畵滄洲[2]　赤日石林氣　靑天江海流[3]
錫飛常近鶴[4]　杯渡不驚鷗[5]　似得廬山路　眞隨惠遠遊[6]

어느 해에 고개지가
벽 가득 창주를 그렸을까?
붉은 햇살 아래 바위 숲 기운이 일고,
푸른 하늘 아래 강과 바다가 흐른다.
석장을 잡고 날며 늘 학을 가까이 하고
술잔을 타고 건너며 갈매기 놀래키지 않는다.
마치 여산의 길을 찾아
진정 혜원대사를 따라 노니는 것 같구나.

이 시는 두보가 보응 원년에 재주 현무현에 있는 현무사를 방문하였다가 벽화를 보고 느낀 감회를 읊은 것이다.

《보주두시》: 예전에 편차한 전후의 시들을 가지고 보건대, 보응 원년 재주에서 지은 것이 틀림없다.(以舊次前後篇詩觀之, 當是寶應元年梓州作.)
《두시상주》: 《당서》에 의하면, 현무현은 재주에 속하는데, 본래는 익주에 예속되어 있다가 무덕 3년에 재주로 귀속되었다고 한다.(唐書, 玄武縣, 屬梓州, 本隸益州, 武德三年來屬.)
《구가집주두시》 지금의 재주 중강현이 옛날의 현무현이다.(今梓州

中江縣, 古玄武縣.)

《두억》 현무는 산 이름으로 지금의 중강현에 있다.(玄武山名, 在今之中江縣.)

《두시전주》 《환우기》에 "현무산에 대해 《구주요기》에서는 '일명 의군산이라고 한다'고 하였고, 《화양국지》에서는 '일명 삼우산이라고 한다'고 하였다. 현무현 동쪽 2리 되는 곳에 있는데, 그 산이 변화무쌍하게 솟아 있다"고 하였다. 《방여승람》에서는 "대웅산은 중강현에 있는데 진무묘가 있다. 두보시에서 '현무선사옥'이라 한 곳은 이곳에 있다"고 하였다.(寰宇記, 玄武山, 九州要記云, 一名宜君山, 華陽國志云, 一名三嵎山, 在玄武縣東二里, 其三(山의 오자)六屈三起. 方輿勝覽, 大雄山在中江, 有眞武廟. 杜詩玄武禪師屋在此.)

주 석

1 顧虎頭(고호두) - 동진 때 화가인 고개지. '호두'는 그의 어렸을 때 자이다. 혹은 고개지가 호두장군을 지낸 데서 비롯되었다는 설도 있다. 한편 '호두'를 스님의 상으로 보는 설도 있으나, 적절치 않다.

《두시상주》 황생黃生 주에 "첫마디는 본래 형상을 빌어쓴 것으로 말이 돌연 놀랍고도 괴이하다"고 하였다. 두수가는 "고개지는 어렸을 때 자가 호두이고 진릉 무석 사람으로 재주가 많았다. 특히 그림에 뛰어나 형상과 기세를 그리면 모두가 절묘하였다. 일찍이 와관사 북쪽 전각에 유마힐을 그렸는데 그림을 다 그리고 나자 한 달 넘게 빛이 났다"고 하였다.(生注, 起語本借形, 說得突然驚怪. 杜修可曰, 顧愷之, 小字虎頭, 晉陵無錫人, 多才氣, 尤工丹靑, 傳寫形勢, 莫不絶妙. 曾於瓦棺寺北殿畵維摩詰, 畵訖, 光耀月餘.)

《구가집주두시》 조언재 주 구양순歐陽詢이 백과사전인 《예문유취藝文類聚》를 편찬하면서 사탕수수 항목에 《세설신어》의 '고개지는 호두장군이었다'는 말을 기재하였다. 《세설신어》는 송 유의경의 책으로 동진 때부터 멀지 않고, 구양순이 근거한 것은 온전한 책에서 인용한 것이다. 그러나 더 이상 진대 사람 중에 달리 호두장군을 지낸 이가 보이지 않는다. 하나는 어렸을 때 자이고 하나는 관직의 칭호이니, 의당 박식한 사람이 변별해 주기를 기다려야겠다.(歐陽率更作類書, 于甘蔗門載世說曰, 顧愷之爲虎頭將軍. 世說卽宋劉義慶之書, 其去晉爲未遠, 而歐陽率更所據全書中引用. 但更不見晉人別作虎頭將軍者, 一稱小字, 一是官號, 當俟博物者辨之.)

《구가집주두시》 '호두'는 스님의 상이다.(虎頭, 僧相也.)

《보주두시》에 인용된 조언재 주 옛 주에서 스님의 상으로 본 것은 잘못이다.(舊注以爲僧相, 誤矣.)

2 壁(벽) - '座'로 된 판본도 있다. 滄(창) -'瀛'으로 된 판본도 있다.

〔何年 2구〕 벽화가 매우 훌륭함을 말한다.

《두시경전》에 인용된 고신 주 그림이 아름다워 뛰어난 솜씨가 아니면 그릴 수 없다는 것을 말하는 것으로, 꼭 고개지의 손에서 나왔다는 것은 아니다.(言畫之佳, 非名手不能, 非必出顧手也.)

3 海(해) - '水'로 된 판본도 있다.

〔赤日 2구〕

《구가집주두시》 이는 모두 그림 속의 경물을 말하고 있다.(此皆言所畫之景物也.)

4 錫飛(석비) - 석장을 잡고 날다. 지공誌公의 고사를 사용하였다.

《두시상주》 〈천태부〉에 '응진이 석장을 잡고 날아 허공을 밟는다'는 구절이 있는데, 주에 "응진은 득도한 사람이어서 석장을 잡고 허공을 날았기에 '비'라고 한 것이다"라고 하였다. 《고승전》에 "서주는 잠산이 가장 빼어난데 산기슭이 더욱 아름답다. 지공과 백학도인이 원하여 함께 무제에게 아뢰자, 무제는 각자에게 자신의 물건으로 그 땅을 표시하되 그렇게 한 사람이 거주하게 하였다. 도인은 학을 이용하였고, 지공은 석장을 사용하였다. 얼마 뒤 학이 먼저 날아가 기슭에 이르러 멈추려 하였는데, 갑자기 공중에서 석장이 나는 소리가 들렸다. 지공의 석장이 마침내 산기슭에 꽂혔다. 도인은 심기가 불편했지만 전에 한 말을 뒤집을 수 없어 결국 각자 표시해 놓은 곳에 집을 지었다"고 하였다.(天台賦, 應眞飛錫以躡虛, 注, 應眞, 得道人, 執錫杖行於虛空, 故曰飛也. 高僧傳, 舒州潛山最奇絶, 而山麓尤勝. 誌公與白鶴道人欲之, 同白武帝. 帝俾各以物識其地, 得者居之. 道人以鶴, 誌公以錫. 已而鶴先飛去, 至麓將止, 忽聞空中錫飛聲, 誌公之錫, 遂卓於山麓. 道人不懌, 然以前言不可食, 遂各於所識築室焉.)

5 杯渡(배도) - 술잔을 타고 건너다. 배도杯渡의 고사를 사용하였다. **《구가집주두시》《두정류杜正謬》에 인용된 《전등록傳燈錄》** 유송 때 배도라는 사람은 성명을 알 수 없는데, 일찍이 나무 술잔을 타고 물을 건너서 한 집에 머물게 되었다. 그곳에 금상이 있어 이를 달라고 했으나 얻지 못하자 이를 훔쳐 도망쳤다. 주인이 자신을 쫓아 맹진까지 이르자, 나무 술잔을 띄워 강을 건넜다. 바람과 노의 힘을 빌리지 않았는데도 나는 듯이 빨랐다.(劉宋時杯渡者, 不知姓名, 常乘木杯渡水, 止宿一家, 有金像, 求之弗得, 因竊以去. 主人追之至孟津, 浮木杯渡河, 無假風棹, 輕疾如飛.)

〔錫飛 2구〕

《구가집주두시》 조언재 주 '석비'와 '배도'는 분명 스님이 산에 오르고 물을 건너는 것을 그린 것이다. '갈매기를 놀래키지 않는다'는 말을 붙인 것은 《열자》의 '갈매기와 논다'는 뜻을 취한 것이다.(錫飛杯渡, 則必畵僧之登山渡水者, 以不驚鷗字貼之, 取列子狎鷗之意.)

6 惠遠(혜원) - 동진 때의 유명한 스님.

《두시상주》 혜원이 여산에 머물자 당시의 유명인사인 유유민과 뇌차종 등이 세상을 등지고 영화를 버린 채 혜원을 따라 어울렸다. 심씨는 "도연명이 혜원과 어울리며 백련사를 결성하였다. 두보는 아마도 도연명으로 자신을 비유하였을 것이다"라고 하였다.(惠遠住廬山, 一時名人如劉遺民雷次宗輩, 並棄世遺榮, 依遠遊止. 沈氏曰, 陶淵明與惠遠遊從, 結白蓮社. 公蓋以陶自比也.)

《구가집주두시》 조언재 주 그림의 흥취가 마치 여산 길에서 혜원대사를 찾을 수 있을 것 같다는 말이다.(言所畵之趣, 似是廬山路, 可以尋惠遠大師也.)

#《두시상주》: 위의 4구는 벽의 그림을 기술하였고, 아래의 4구는 선사를 찬양하였다. '석림'과 '강해'는 그림에 의거해서 산수를 형용하여 위의 창주의 의미를 충족시켰고, '석비'와 '배도'는 산수로부터 인물을 상상해 내어 아래 혜원의 뜻을 일으켰다. 가운데 4구는 비록 모두 경관을 말하고 있지만, 의미는 각기 귀속하는 바가 있다. '석장을 날리며 늘 학을 가까이 한다'는 말은 전적으로《고승전》의 고사를 활용하였다. '술잔을 타고 건너며 갈매기 놀래키지 않는다'는 말은《전등록》과《열자》의 바다갈매기 고사를 섞어서 사용하였는데, 본래 서로 관련있는 것은 아니다. 아마도 벽화에는 산 앞에 학이 있고, 물가에는 갈매기가 있기에, '석비'와 '배도'를 생각해 냄으로써 엮은 것이니, 이는 시인이 무에서 유를 만들어 내는 방법이다. 그렇지 않으면 '갈매기를 놀래킨다'는 말을 억지로 써서 운을 꿰맞춘 것이 된다.(上四記畵壁, 下四贊禪師. 石林江海, 就畵中形容山水, 足上滄洲意. 錫飛杯渡, 從山水想見人物, 起下惠遠意. 中間四句, 雖皆言景而意各有屬. 錫飛常近鶴, 全用高僧傳事. 杯渡不驚鷗, 參用傳燈錄及列子海鷗事. 本不相蒙. 大概壁畵上, 山前有鶴, 水際有鷗, 因此想出錫飛杯渡, 以點綴之, 此詩家無中生有之法. 不然, 强用驚鷗, 爲襯韻矣.)

(김만원)

16. 悲秋
슬픈 가을

涼風動萬里　群盜尚縱橫[1]　家遠傳書日[2]　秋來爲客情
愁窺高鳥過[3]　老逐衆人行[4]　始欲投三峽[5]　何由見兩京[6]

서늘한 바람 만리에 이는데
도적떼가 아직도 종횡으로 날뛰네.
집을 멀리 떠나와 편지를 전하는 날이여
가을 되어 나그네 된 마음이여.
지나는 높은 새 근심 속에 바라보고
늙은 몸으로 길가는 무리를 따르네.
이제야 삼협으로 가려 하는데,
무슨 수로 두 경사를 볼 수 있을는지.

이 시는 보응 원년 가을 재주에 있을 때 지은 것으로 난리 통에 헤어져 있는 가족에 대한 그리움과 삼협을 나서 경사로 돌아가고 싶은 마음을 보여주고 있다.

《보주두시》 시에서 이르기를, "집이 멀어 편지를 전하는 날이여"라고 했고, 또 "도적 떼가 아직도 종횡으로 날뛰네"라고 했으니 보응 원년 가을 재주에 있으면서 돌아가 식구들을 맞이하지 않은 시기에 지은 것이 분명하다. 이 당시 사조의와 토번의 난리가 끝나지 않았다.(詩云, 家遠傳書日. 又云, 群盜尚縱橫, 當是寶應元年秋在梓州未歸迎家時作. 是時史朝義與吐蕃之亂未已.)

《두시상주》 이 시기에 사조의와 토번이 아직 평정되지 않았고, 촉에서는 또 서지도의 반란이 있었다. 그래서 "도적 떼가 아직도 종횡으로 날뛰네"라고 하였고, 또 "집이 멀어 편지를 전하는 날이여"라고 한 것이다.(是時史朝義與吐蕃未平, 而蜀又有徐知道之亂, 故云, 群盜尙縱橫. 又云, 家遠傳書日.)

주 석

1 群盜(군도) - 여러 도적들. 여기서는 사조의의 반군과 토번의 군대, 그리고 촉에서 반란을 일으킨 서지도의 반군 등을 가리킨다.

2 家遠(가원) - 집이 멀다. 성도 초당이 재주로부터 멀리 떨어져 있기에 한 말이다. 고향집으로 보는 경우도 있다. 傳(전) - 전하다. '待'로 된 판본도 있다.

3 愁窺(수규) 구 - 촉에서 일어난 반란 때문에 재주에 발이 묶여 성도로 돌아갈 수 없었기에 높이 나는 새의 자유로움을 부러워한 것이다.
《두시경전》 떨쳐 날아갈 수 없다는 뜻이다.(卽不能奮飛意.)

4 老逐(노축) 구 - 늘그막에 사람들과 함께 피난길에 오른 것을 뜻한다.

5 投三峽(투삼협) - 삼협으로 가다.

6 兩京(양경) - 동경과 서경. 낙양과 장안을 가리킨다.

#《두시상주》: 첫 구는 슬픈 가을의 풍경이며, 다음 구는 슬픈 가을의 정회이다. 제3구는 '군도'를 받아서 집을 그리며 슬퍼하는 것이요, 제4구는 '양풍'을 받아 나그네 되어 슬퍼하는 것이다. 하반절은 모두 '객정'을 이어 받아 말한 것이다.(首句, 悲秋之景. 次句, 悲秋之意. 三承群盜, 思家而悲. 四承涼風, 作客而悲. 下截, 皆承客情說.)

《두시상주》에 인용된 황생 주: 3, 4구는 〈객야〉의 "늙은 아내가 보내온 여러 장의 편지, 응당 돌아가지 못하는 마음을 알겠지"와 같은 뜻이다. 이 시는 두보가 처음 부친 것이다. 후반 부 역시 편지 중의 말에 속한다.

당시 촉에는 서지도의 반란이 있었으므로 삼협으로 내려가려하였으나 실행하지 못하고 후에 가족들을 이끌고 재주로 갈 수밖에 없었다.(三四, 與老妻書數紙, 應悉未歸情, 同意. 此則其初寄者. 後半亦屬書中語, 時蜀有徐知道之亂, 思下峽而不果, 後乃攜家赴梓州耳.)

《두억》: '양풍만리'에서 흥을 일으켰으니 도적 떼가 차지한 지역이 넓음을 알 수 있다. 경사에서는 사조의가 제거되지 않았고, 성도에서는 서지도가 막 반란을 일으켰으니 이것들이 가장 큰 경우이다. '집이 멀어 편지를 전한다'는 말로 경사가 안정되지 않았음을 알 수 있다. '가을 되어 나그네 마음'이란 말은 성도에서 지내기가 어렵기 때문이다. 그래서 높이 나는 새를 보고 자신이 그만 못함을 근심한 것이다. 늘그막에 피난민들을 따라 동행하다 보니 삼협으로 나아가 촉의 난리를 벗어나고자 처음 마음 먹어본 것이다. 두 경사와는 떨어진 것이 더욱 멀어지니 무슨 수로 볼 수가 있을까? 하물며 두 경사의 난리는 또 촉보다 못하지 않음에 있어서랴. 모두 심히 슬퍼할 일이니 그래서 '슬픈 가을'이라 제목한 것이다.(起興於涼風萬里, 知群盜所該者廣, 而在京則史朝義未除, 在成都則徐知道方亂, 此其最大者. 是以家遠傳書, 知京師未安. 秋來客情, 因成都難過, 故見高鳥而愁己之不如. 年老而逐衆人之避亂者以同行, 始欲投三峽以逃蜀難耳. 去兩京愈遠, 而何由得見乎. 況兩京之亂又不減於蜀也. 皆可悲之甚者, 故以悲秋命題.)

《독두심해》: 재주에 이른지 얼마 안 되었는데 가족은 초당에 기거하는지라, 이에 아직 집 식구의 답신을 받지 못하였기에 지은 것이다. 이전에 면주에 있다가 촉에 난리가 났음을 듣고는 집으로 돌아가지 못하고 동으로 재주에 들어왔는데, 이미 삼협을 나설 마음이 동하게 되었다. 삼협을 나서 낙양으로 올라갈 수 있으나 중원은 아직 소란하니 편말에 감개를 기탁하게 된 것이다.(至梓未久, 家寄草堂, 玆因未得家人報書而作也. 前在緜州, 因聞蜀亂, 不迴家而東入梓, 已動出峽之興矣. 出峽可上洛陽, 而中原猶未靖, 故篇末寄慨焉.)

(**김성곤**)

17. 客夜

객지에서 지내는 밤

客睡何曾著[1] 秋天不肯明[2] 入簾殘月影[3] 高枕遠江聲[4]
計拙無衣食[5] 途窮仗友生[6] 老妻書數紙[7] 應悉未歸情[8]

객지에서 자는 잠이 어찌 쉬이 들겠나
가을 하늘 좀처럼 밝으려 하지 않네.
발을 통해 새어드는 쇠잔한 달빛
베개 높이 들려오는 먼 강물 소리.
생계가 서툴러 옷과 밥이 없고
삶의 길 궁박해져 친구에게 기대네.
늙은 아내에게 몇 장 편지를 썼으니
돌아가지 못하는 이 마음 알아주겠지.

앞의 시와 같이 보응 원년 재주에서 지은 시이다. 가족과 떨어져 객지에 발이 묶여 있는 상황에서 가을밤을 맞이한 괴로운 심사를 적고 있다.

《보주두시》 공은 보응 원년 면주로부터 재주로 갔는데 당시 집안 식구들은 성도에 있었다. 가을이 저물어서야 비로소 식구들을 맞이하여 다시 재주로 갔다. 지금 '늙은 아내는 편지글 몇 장에, 돌아가지 못하는 이 마음 알아주겠지'라고 하였으니 마땅히 재주에 있을 때의 작품이다. 만약 양권도가 이 해의 낭주시 안에 편재한 것처럼 한다면 집안 식구들은 진실로 함께 있었다.(公實應元年, 自綿至梓,

時家在成都. 秋晚, 方迎家再至梓. 今云, 老妻書數紙, 應悉未歸情, 當是在梓州作. 若如梁權道編在是年閬州詩內, 則家固同在也.)

《두시경전》 이 시는 집으로부터 편지를 받은 다음에 감개가 있어 잠들지 못하여 지은 것일 것이다. 편지에 필시 돌아오기를 재촉하는 말이 있었을 것이다. 그래서 끝구에서 그렇게 말하였다.(此當因得家書後有感不寐而作, 書中必有催歸之語, 故末句云然.)

주 석

1 客睡(객수) 구- 객지에서 지내노라니 잠이 쉬이 들지 않는다는 말이다.

2 秋天(추천) 구- 가을하늘 좀처럼 밝으려 하지 않는다. 잠이 오지 않아 밤이 사뭇 길게 느껴진다는 말이다.

3 入(입)- '卷'으로 된 판본도 있다.

4 高枕(고침)- 베개 높이 들리다. 베개를 높이 벤다는 뜻을 해석 할 수도 있다. 遠江聲(원강성)- 멀리 강물이 흐르는 소리가 들려온다는 말이다. 강은 부강涪江을 가리킨다. '遠'이 '送'으로 된 판본도 있다.

《두시상주》에 인용된 오증吳曾의 《능개재만록能改齋漫錄》 장열의 〈심도역〉시에 '동방에 달그림자 걸려있는데, 베개 높이 강물 소리 듣는다'라 하였다. 이 시는 그 뜻을 사용하였다.(張說深渡驛詩, 洞房懸月影, 高枕聽江流. 此用其意.)

《두시경전》에 인용된 조방趙汸 주 밤이 오래야만 달이 쇠잔해진 것을 볼 수 있고, 밤이 고요해야만 강물이 멀리서 흘러가는 소리를 듣게 된다.(惟夜久見月殘, 惟夜靜聞江遠.)

5 計拙(계졸)- 계책이 졸렬하다. 생활을 위한 계책이 서툴다는 말이다.

6 仗友生(장우생)- 친구에게 의지하다.

7 老妻書(노처서)- 두보가 아내에게 보낸 편지를 가리킨다. 혹 아내가

보내온 편지로 보기도 한다.

《두시상주》 편지는 곧 아내에게 부친 편지이다.(書, 乃寄妻之書.)

8 應悉(응실) 구- 두보가 집으로 돌아가지 못하고 있는 마음을 응당 이해했을 것이라는 말이다.

#《두시상주》: 이 시는 가을밤에 감개가 있어 지은 것이다. 위 4구는 객지에서 맞는 밤의 경물이고, 아래 4구는 객지에서 밤을 보내는 정회이다. 《두억》에는 "'하증' '불긍' 네 글자에 수심에 찬 마음이 모두 드러났으니, (부휴혁傅休奕의 〈잡시雜詩〉에) 이른바 '시름에 겨운 사람은 밤이 긺을 안다'고 한 것이다"라고 하였다. 5, 6구는 나그네가 되어서 돌아가지 못하고 있는 사연을 정면에서 묘사한 것이다. 조방의 주에 "밤이 오래 되어야만 달이 쇠잔해진 것을 보고, 밤이 고요하여 강물이 멀리서 흘러가는 소리를 듣는다"고 하였다. 홍중의 주에 "'고침'이 '입렴'과 대가 되며 강물 소리가 베갯맡보다 높이 들린다는 말인데, 이것은 실자를 생동감 넘치는 글자로 운용한 것이다"라고 하였다. 지금 살펴보건대 기주시(〈효망曉望〉)의 '높은 봉우리에 솟아오른 해가 차갑고, 겹쳐진 고개에 흙비구름 머물렀네(高峰寒上日, 疊嶺宿霾雲)'에서 '寒'자 또한 이와 같은 예이다. 의식을 친구에게 의지한다는 것에 대하여 예전 주에서 동촉의 고적에게 의지한다고 한 것은 잘못되었다. 엄무가 입조한 뒤에 고적은 서천으로 이임하였고 공은 이미 가솔을 이끌고 재주로 들어갔다. 재주에 있을 때에는 장이와 가장 잘 지냈다. 벗에 의지한다는 말은 혹 이 사람을 가리키는 듯하다. (此秋夜有感而作也. 上四, 客夜之景. 下四, 客夜之情. 杜臆, 何曾不肯四字, 愁懷畢露, 所謂愁人知夜長也. 五六, 正寫作客未歸之故. 趙汸注, 惟夜久, 見月殘. 惟夜靜, 聞江遠. 洪仲注, 高枕對入簾, 謂江聲高於枕上, 此以實字作活字用. 今按夔州詩, 高峰寒上日, 疊嶺宿霾雲. 寒字亦同此例. 衣食仗友生, 舊謂依東蜀高適者, 非. 嚴武入朝後, 適移鎮西川, 公已攜家入梓矣. 在梓州時, 最善章彝, 仗友或指此耶.)

《독두심해》: 이것은 집에서 부쳐온 편지를 받고서 감개가 있어 잠들지 못했기에 지은 것이다. 집에서 부쳐온 편지 가운데엔 틀림없이 돌아오기를 재촉하는 말이 있었을 것이다. 지금 (시에서) 말하고 있는 것들은 모두가 돌아가지 못하고 있는 마음이다. 그리하여 결구에서 "나그네 마음이 이와 같음을 늙은 아내는 역시 응당 잘 알 것인데, 어찌 편지 가운데에 그렇게 말했는가?"라고 하였으니 마음이 상하게 된다. 구주에서는 몇 장의 종이를 아내에게 부친 편지라고 하였는데 아마도 틀린 것이라 생각된다.(此医得家書後有感不寐而作. 家書中定有催歸之語, 今所云云, 皆未歸情也. 故結言客情若此, 老妻亦應悉之, 何書中云爾乎. 黯然神傷. 舊以數紙爲寄妻之書, 恐非.)

(**이남종**)

18. 客亭
객정

秋窗猶曙色[1]　落木更高風[2]　日出寒山外　江流宿霧中[3]
聖朝無棄物[4]　衰病已成翁[5]　多少殘生事[6]　飄零任轉蓬[7]

가을 창이 아직도 새벽빛인데
잎 진 나무에선 바람 더욱 높구나.
해는 차가운 산 밖으로 떠오르고
강물은 묵은 안개 속을 흐른다.
성스런 조대에서는 버려지는 인물 없는데
쇠하고 병들어 이미 노인이 되었구나.
남은 인생살이 그 얼마인가
이리저리 떠다니는 쑥대 같은 신세.

이 시는 두보가 보응 원년 재주에서 지은 것으로 가을날 객정에서 머물며 느낀 감회를 서술하였다. 앞 시 〈객야〉와 같은 시기에 지은 것이다.

《보주두시》 〈객야〉시와 마찬가지로 보응 원년 가을 재주에서 지은 것이다.(與客夜詩, 同是寶應元年秋在梓州作.)
《두시경전》 이 당시 가족들을 데리고 재주에 당도하려 하였다.(時將欲迎家至梓.)

주 석

1 猶(유) - 아직도. '이미'라고 풀이하는 설도 있으나 취하지 않는다.

曙色(서색)- 새벽 동틀 때의 하늘 빛.

《두억》 속담에 '낮에 바람이 높다'라고 하였다. 그래서 '새벽 기운'에 '아직도'라는 글자를 붙인 것으로 바람이 이른 것을 말한다.(諺云, 日高風. 故曙色着猶字, 謂風之早也.)

2 落木(낙목)- '木落'으로 된 판본도 있다. 高(고)- '天'으로 된 판본도 있다.

3 宿霧(숙무)- 전날 밤부터 낀 안개.

4 聖朝(성조)- 어진 임금이 다스리는 조대. 대개 본인이 살고 있는 조대를 가리킨다.

《노자》 성인은 항상 사람을 잘 구하기에 버려지는 사람이 없으며, 항상 사물을 잘 구하기에 버려지는 사물이 없다.(聖人常善救人, 故無棄人. 常善救物, 故無棄物.)

5 衰(쇠)- '老' 혹은 '多'로 된 판본도 있다. 成(성)- '衰'로 된 판본도 있다.

〔聖朝 2구〕

《구가집주두시》 조언재 주 이것은 대체로 두보가 하늘을 원망하지 않고 사람을 탓하지 않는 뜻이다. 맹호연의 "재주 없어 임금에게 버림받고, 병이 많아 친구와 소원하다"는 말과는 차이가 있다. 성스로운 세상에서는 어떤 재주를 가진 사람이건 능력에 따라 적절히 사용되고 버려지는 사람이 없다고 말함으로써, 공은 또한 늙었기 때문에 등용되지 못하는 것이라고 스스로 탄식하는 것이다.(此蓋公不怨天不尤人之意. 與孟浩然不才明主棄, 多病故人疎之語, 有間矣. 以謂聖世才無大小, 皆量能適用, 無棄擲者, 而公亦自歎其老矣, 不能用也.)

6 殘生(잔생)- 남은 세월이나 생명.

《두시상주》 늙고 병든 여생에 여전히 많은 일들이 가로놓여 있다는 것으로 한유가 말한 먹고 사는데 분주하다는 말이다.(老病餘生, 尙有

多少事在, 即昌黎所謂奔走於衣食也.)

7 飄零(표령) - 떠다니다.

#《두시상주》: 이 시는 밤부터 새벽까지를 말한 것이다. 위 4구는 객정의 경치이고, 아래 4구는 객정에서의 마음이다.(此從夜說至旦. 上四, 客亭之景. 下四, 客亭之情.)

《두시상주》에 인용된 고신 주: 맹호연은 〈세모귀남산歲暮歸南山〉시에서 "재주 없어 임금에게 버림받고, 병이 많아 친구와 소원하다"고 하였고, 이 시에서는 "성스로운 조정은 인물 버리는 법 없는데, 쇠하고 병들어 이미 노인이 되었다"고 하였다. 말은 비슷하지만 뜻이 더욱 함축적이다.(孟浩然詩, 不才明主棄, 多病故人疎. 此云, 聖朝無棄物, 老病已成翁. 語相似, 而意更含蓄.)

《두억》: 속담에 '낮에 바람이 높다'라고 하였다. 그래서 '새벽 기운'에 '아직도'라는 글자를 붙인 것으로 바람이 이른 것을 말한다. 3, 4구는 나그네 길 새벽 경치를 매우 핍진하게 묘사하였다. 남은 생애에 허다한 일들이 여전히 남아 있으니 어찌 모른 채 세상을 뜰 수 있겠는가! 말하는 자가 스스로 알고 있는 것이다.(諺云, 日高風. 故曙色着猶字, 謂風之早也. 三四寫客途曙景極肖. 殘年尙有許多事在, 豈肯汶汶沒世耶. 言者自知.)

《독두심해》: 앞 시(〈객야〉)의 뜻을 거듭 밝힌 것이다. 3, 4구는 새벽 풍경으로 동틀 무렵 빛이 움직이는 뜻이 있어 도리어 하반절의 내용을 일으키고 있다. 자기의 분수를 알고 먹고 사는 문제에 끌려 다니는 인생일지라도 달갑게 여길 수 있기에 또한 운명에 자신을 맡길 수 있는 것이다. '표령'구는 또한 시제의 '객'자를 잘 맺었다.(申上章也. 三四, 曉景, 有向曉而光明動蕩之意, 以反興下截也. 知分定而甘饑驅, 亦能任運矣. 飄零句, 又結淸客字.)

(박홍준)

19. 九日登梓州城
중양절 재주성에 오르다

伊昔黃花酒[1]　如今白髮翁[2]　追歡筋力異[3]　望遠歲時同[4]
弟妹悲歌裏[5]　乾坤醉眼中[6]　兵戈與關塞[7]　此日意無窮[8]

옛날의 황화주이건만,
지금은 백발옹이라네.
즐거움 좇자니 근력이 다르고,
멀리 바라봄은 세시에 같도다.
아우와 누이는 슬픈 노래 속,
하늘과 땅은 취한 눈 가운데.
전쟁과 관새,
이 날 마음이 하염없다.

중양절을 맞아 재주성에 올라 국화주를 마시며 멀리 바라보면서 감회를 읊었다. 보응 원년 재주에서 지었다.

《보주두시》 공은 보응 원년과 광덕 원년에 모두 재주에 있었다. 이 뒤의 시에 "작년에는 처현 북쪽에서 높은 데 올랐다"고 하였으니 따져보면 이 시는 브응 원년에 지은 것이다. 이 시에 "전쟁과 관새, 이 날 마음이 하염없다"고 한 것은 사조의의 난이 끝나지 않았는데 당항강이 또 쳐들어와 노략질함을 가리킨다.(公於寶應元年廣德元年皆在梓州. 今以後篇詩云, 去年登高郪縣北, 考之則此詩在寶應元年作. 此詩云, 兵戈與關塞, 此日意無窮, 蓋指史朝義之亂未已, 而黨

項羌又入寇也.)

《두시상주》에 인용된 《일통지》 당나라 때 재주는 속현이 다섯이었으며, 또 수주를 분할 설치하고, 정융군으로 바꾸었다. 천보 초기에 재주를 재동군으로 바꾸었다. 지덕 년간에 동천절도사를 설치하여 검남도에 소속시키고, 재주에 치소를 두었다. 면주는 그 정북에 있었으며, 지금은 동천주이다.(唐梓州, 領縣五, 又分置遂州, 改靜戎軍. 天寶初, 改梓州爲梓潼郡. 至德中, 置東川節度使, 屬劍南道, 治梓州. 綿州在其直北, 今爲潼川州.)

주 석

1 伊昔(이석)- 옛날. 黃花酒(황화주)- 국화주. 황화는 국화이다. 국화주는 예나 지금이나 변함없다는 말이다.

2 如今(여금)- 지금. 白髮翁(백발옹)- 시인 자신을 말한다. 자신은 이제 늙어 백발이 되었음을 말한다.

3 追歡(추환)- 즐거움을 추구하다. 筋力異(근력이)- 근력이 이전과는 다르다. 늙어 힘 없음을 말한다.

4 望遠(망원)- 멀리 바라보다. 중양절에는 높은 데 올라 먼 곳을 바라본다. 歲時同(세시동)- '세시'는 매년 특정한 계절이나 때. 여기서는 중양절을 말한다. 세시가 같다 함은 해마다 중양절이 되면 높은 곳에 올라 멀리 바라보는 일을 되풀이한다 말이다.

《세한당독두歲寒堂讀杜》 해마다 타향에서 멀리 바라봄을 말한다. (言歲歲在他鄕遠望.)

5 弟妹(제매) 구- 슬픈 노래를 부르며 아우와 누이를 생각한다는 말이다.

6 乾坤(건곤)- '朝廷'으로 된 판본도 있다. 醉眼中(취안중)- 취한 눈으로 바라본다는 뜻이다.

7 兵戈(병과)- 전쟁. 關塞(관새)- 변방의 요새. 이 구의 전쟁은 서지도의 반란으로 보인다. 또한 당시 사조의의 반란 및 토번과 당항강의 침입으로 보기도 한다. 대종 보응 원년(762) 7월에 엄무嚴武가 조정으로 불려간 후, 성도소윤겸어사成都少尹兼御史 서지도가 성도에서 반란을 일으켜 두보는 재주와 낭주閬州 등지로 떠돌아다녔다. 광덕 2년(764) 봄, 엄무가 다시 성도윤겸검남절도사成都尹兼劍南節度使가 되자 두보도 3월에 성도로 돌아왔다.

《구가집주두시》 조건재 주 '병과'로써 맞붙어 싸움을 말하고, '관새'로써 주둔하여 지킴을 말한다. 이 때 토번의 침략에 맞서 싸우기도 하고 막아 지키기도 하였다.(兵戈以言格戰, 關塞以言屯戍. 時吐蕃之亂, 旣與之戰, 且有防守也.)

《독두심해》 주학령 주에 서지도가 병사를 데리고 검각을 지켰다고 하였다. 살피건대 구에 '여'자 한 자를 놓아 난리를 만나고 멀리 숨었음을 아울러 말하였다.(朱注, 徐知道兵守劍閣. 按, 句中下一與字, 兼言値亂而遠竄.)

《전주두시錢注杜詩》 '병과'와 '관새'는 서지도가 병사를 데리고 검각을 지킨 일을 가리킨다. 황학의 주에 사조의와 당항을 끌어들였으니 어리석다.(兵戈關塞, 指徐知道以兵守劍閣也. 鶴注牽引朝義黨項, 愚矣.)

《두시경전》 이 구는 난리를 만난데다 또 멀리 떠돎을 말한다.(句言遭亂而兼遠客也.)

8 此日(차일)- 중양절.

#《두시상주》: 위 4구는 중양절에 성에 올랐음을 말하고, 아래 4구는 멀리 보며 느낌이 있음을 말한다. '황화'는 경물을 말하고, '백발'은 감정을 표현한다. '근력'은 백발을 받고, '세시'는 황화를 받는다. 슬피 노래함은 집안일을 차마 말하지 못하기 때문이요, 취한 눈은 나라꼴을 차마 보지 못하기 때문이다. 전쟁 때문에 관새에 막혔으니 이것이

집안과 나라 둘을 시름하는 까닭이다.(上四, 九日登城. 下四, 遠望有感. 黃花言景, 白髮敍情, 筋力承髮, 歲時承花. 悲歌, 家不忍言. 醉眼, 國不忍見. 兵戈阻於關塞, 此家國所以兩愁也.)

《독두심해》: 같은 '황화주'이다. 이전에는 조정의 인사들 및 가족과 함께 잔을 잡았으나 지금은 전혀 그렇지 않다. 단 1구에 모든 정신이 다 드러났으니 나머지 7구로 이 구에 대응하였다.(同是黃花酒也. 向嘗與朝士家人同把, 今大不然矣. 只一句, 全神都現, 蓋以七句對射此一句也.)

(**이창숙**)

20. 九日奉寄嚴大夫
중양절에 엄대부에게 받들어 부치다

九日應愁思　經時冒險艱[1]　不眠持漢節[2]　何路出巴山[3]
小驛香醪嫩[4]　重巖細菊斑[5]　遙知簇鞍馬[6]　回首白雲間[7]

중양절이 되어 응당 시름하시리니
오래도록 험난함을 무릅쓰셨기 때문이다.
한의 부절 지녀 잠들지 못하시는데
어느 길로 파산을 벗어나실까?
작은 역에는 향기로운 술이 부드럽고
겹겹의 바위에는 작은 국화가 아롱지겠지.
멀리서도 알겠네, 말을 모아 놓고
흰 구름 사이에서 머리 돌려 볼 것임을.

보응 원년 중양절에 지은 것이다. 조정으로 돌아가는 엄무가 겪을 어려움을 상상하면서 지기에 대한 근심을 표현하였다. 엄무가 어사중승에서 대부로 승진하여 조정에 돌아갔기 때문에 엄대부라고 칭하였다.

《보주두시》 엄무는 보응 원년 여름에 부름을 받고 갔다. 공이 면주에까지 전송하였다가 얼마 뒤에 재주로 들어갔다. 그래서 '어느 길로 파산을 벗어날까'라는 구가 있는 것이다. 채흥종과 노은의 연보에 실린 것도 같다. 그러나 엄무가 여름에 성도를 떠났는데 중양절에 아직도 파령에 있었으니 어찌 이 같이 더뎠을까? 필시 길이 막혔을 것이다.(嚴武以寶應元年夏赴召. 公送至綿, 尋入梓, 故

有何路出巴山之句. 蔡輿宗魯旹年譜所載同. 然武夏離成都, 而九日尙在巴嶺. 何其遲遲如此. 必是路梗.)

《두시상주》 조언재가 "엄무가 조정에 돌아갈 때 어사중승에서 대부로 승진하였다"고 말하였다. 소보의 주에서 "당시 엄무가 조정에 돌아가면서 아직 촉의 잔도에 있었다"고 하였다. 전겸익 전에서 "보응 원년 사월 대종이 즉위하여 엄무를 불러 조정에 들어오게 하였다. 이 해에 서지도가 반란을 일으키니 엄무는 군대에 의지하여 구월에도 아직 파 땅을 벗어나지 않았다. 《통감》에서 '유월에 엄무를 서천절도사로 삼았는데 서지도가 요해를 지키고서 엄무를 막았다'라고 기재한 것은 잘못이다. 응당 이 시로써 바로 잡아야 한다"고 하였다. (趙曰, 嚴武歸朝, 以御史中丞進爲大夫. 邵注, 時嚴武還朝, 尙在蜀棧道中. 錢箋, 寶應元年四月, 代宗卽位, 召武入朝. 時年, 徐知道反, 武阻兵, 九月尙未出巴. 通鑑載, 六月, 以武爲西川節度使, 徐知道守要害拒武, 誤矣. 當以此詩正之.)

주 석

1 經時(경시) - 시간이 오래 지나다.

2 漢節(한절) - 한나라 사신의 부절. 엄무를 두고 한 말이다.

《구가집주두시》 조언재 주 엄무가 명황과 숙종의 산릉교도사가 되었다. 그래서 '한의 부절을 지녀 잠못든다'고 하였다.(武爲明皇肅宗山陵橋道使. 故云不眠持漢節也.)

3 何路(하로) 구- 엄무가 어느 길로 파산을 벗어날까 걱정하는 말이다. 두보 자신을 두고 한 말이라는 설도 있으나 취하지 않는다.

《구가집주두시》 조언재 주 아래 구는 공 자신을 말한 것이다. 아마도 공이 당시 재주에서 나그네 생활을 오래 하여 벗어나려고 한 것이리라.(下句則公自言, 蓋公時方在梓久客而欲出耳.)

4 嫩(눈)- 술이 부드럽다.

5 重巖(중암)- 바위가 겹겹이 쌓여 있는 것을 뜻한다. 菊(국)- '雨'로 된 판본도 있다.

6 簇(족)- 모으다. 鞍馬(안마)- 안장을 얹은 말.

7 回首(회수) 구- 엄무가 두보가 그리워 머리를 돌려 본다는 뜻이다.
《두시상주》에 인용된 고신 주 도연명의 〈멈춘 구름〉 시는 친구를 그리워한 것이다. 그래서 '흰 구름 사이'라고 한 것이다.(停雲思友. 故曰白雲間.)

#《두시상주》: 이 시는 재주에서 엄공에게 부쳐 안부를 물은 것이다. 위 4구는 중양절의 일로서 엄무를 대신하여 시름을 말한 것이다. 아래 4구는 중양절의 경치로 엄무가 자신을 생각할 것임을 말하였다. '불면' 구는 '수사'를 이어받고 '하로' 구는 '험간'을 이어받는다. '소역'과 '중암'은 곧 파서 땅이다. 머리를 돌려 보려면 말을 세우게 되니 따르던 기마가 모두 멈추었다. 그래서 '말을 모아놓다'고 한 것이다.(此梓州寄候嚴公也. 上四, 九日時事, 代嚴寫憂. 下四, 九日時景, 謂嚴見憶. 不眠句, 承愁思. 何路句, 承險艱. 小驛重巖, 即巴西之地. 回首則駐馬, 而騎從皆停, 故云簇鞍馬.)

《두억》: 전편에서 엄대부를 그리워하는 것을 말하지 않고 단지 대부의 나그네 길의 모습과 나를 생각하는 감정만을 그렸다.(通篇不說思嚴大夫, 只寫大夫客行之景, 與思我之情.)

《독두심해》: 위 4구는 또한 반란에 분개한 자신의 마음에서 발한 것이다. 만약 진주한 장수로서 일개 하찮은 자를 두려워한다고 말하였다면 엄무에게 여지를 남겨주지 못하게 되고 말았을 것이다. 엄무의 답시를 보아도 군대에 의지한 일에 대하여 전혀 언급하지 않았으니 입언을 잘 한 것이다(上四亦由己心憤叛發出, 若云以鎭帥而慴一小蠢, 未免不留嚴地. 觀嚴答詩, 絶不及阻兵事, 善於立言.)

[附] 巴嶺答杜二見憶
파릉에서 두보가 나를 생각한 시에 답하다

臥向巴山落月時　兩鄕千里夢相思
可但步兵偏愛酒[1]　也知光祿最能詩[2]
江頭赤葉楓愁客　籬外黃花菊對誰
跋馬望君非一度[3]　冷猿秋雁不勝悲

파산에 지는 달을 향하고 누었을 때
두 고을 천 리 떨어져 꿈속에서 그리워한다.
오직 보병만 몹시 술을 좋아하라는 법이 있나?
또한 광록이 가장 시에 능함을 안다네.
강가 붉은 잎 단풍은 나그네를 시름겹게 하려니와
울타리 밖 노란 꽃 국화는 누구를 마주할까?
말 돌려 그대 있는 곳 바라본 것이 한 번이 아니었으니
추운 원숭이와 가을 기러기에 슬픔을 이길 수 없다네.

주 석

1 步兵(보병) - 완적을 가리킨다.
《두시상주》에 인용된 《진서晉書》 완적이 보병의 주방에서 술을 잘 빚어 쌓아둔 술 삼백 곡이 있다는 이야기를 듣고 보병교위가 되고자 하였다.(阮籍聞步兵廚營善釀, 有貯酒三百斛, 求爲步兵校尉.)

2 光祿(광록) - 광록대부. 안연지顏延之를 가리킨다는 설도 있고, 사장謝莊을 가리킨다는 설도 있다.

《두시상주》에 인용된 《송서·안연지전》 세조가 즉위하여 금자광록대부, 영상동왕사로 삼았다.(世祖踐祚, 以爲金紫光祿大夫領湘東王師.)
《구가집주두시》 조언재 주 사광록은 이름이 장이고 자가 희일이다. 일곱 살에 능히 글을 지었다. 저술한 글이 400여 수로 세상에 유행하였다. 벼슬이 광록대부에 이르렀다.(謝光祿, 名莊, 字希逸. 七歲能屬文, 所著文字四百餘首, 行於世, 仕至光祿大夫.)

3 跋馬(발마)- 말을 세워 말머리를 돌리다.

#《두시상주》: 이 시는 엄무가 파산에서 답한 시이다. 재주는 동쪽에 있고 파주는 서쪽에 있어 '두 고을'이라 하였다. 3,4구는 정을 말하여 두보의 일흥을 칭찬하였다. 5,6구는 경물을 말하여 두보의 적료함을 가련히 여겼다. 마지막 연은 멀리서 바라보고 슬픔이 생겼다는 것으로, 위의 '그리워하다'의 뜻과 호응한다. '강가' 구는 재주에서의 우거를 쓴 것이고 '울타리 밖' 구는 초당의 옛집을 쓴 것이다. '수객'과 '대수'는 아래 두 글자를 따로 읽는다.(此嚴武在巴山而答詩也. 梓在東, 巴在西, 故曰兩鄉. 三四言情, 稱杜逸興. 五六言景, 憐杜寂寥. 末則遙望生悲, 應上相思意. 江頭梓州流寓, 籬外草堂舊居. 愁客對誰, 下兩字另讀.)

(**이영주**)

21. 秋盡

가을이 다하다

秋盡東行且未迴[1] 茅齋寄在少城隈[2]
籬邊老却陶潛菊[3] 江上徒逢袁紹杯[4]
雪嶺獨看西日落[5] 劍門猶阻北人來[6]
不辭萬里長爲客 懷抱何時好一開[7]

동녘으로 와서 가을이 다하도록 아직 돌아가지 못하니
띠 집은 소성의 물굽이에 부쳐 두었네.
울타리 가에 도잠의 국화 늙어갈 텐데
강가에서 헛되이 원소의 술잔과 만나는구나.
설령에 서녘 해 지는 것 홀로 바라보거니와
검문은 아직도 북녘 사람 오는 것 막고 있네.
만리에 오랜 나그네 살이 마다하지 않으니
마음은 언제나 시원하게 한번 펼치려나?

이는 보응 원년 가을 재주에서 지은 것이다. 가을이 다 저물어 가고 있는데 아직 집이 있는 성도로 돌아가지 못하는 자신의 신세를 한탄하고 있다.

《보주두시》 시에 "가을이 다하도록 동녘으로 와서 아직 돌아가지 못하였다"고 한 것은 보응 원년 가을 재주로부터 돌아와 가족을 맞이하고 다시 재주로 간 것을 말한다. 그렇기 때문에 "띠 집은 소성의 물굽이에 부쳐 두었다"고 말한 것이다. 당연히 그 해 지은 것이다.(詩云, 秋盡東行且未迴, 謂寶應元年秋自梓歸迎家, 再往梓, 故云, 茅齋寄在少城隈. 當是其年作.)

《두시상주》 장연의 주에 "보응 원년 7월 엄무가 소환되자 공이 전송하러 면주에 이르렀다. 얼마 지나지 않아 촉에 서지도의 난이 일어났고 이리하여 재주로 들어갔다"고 하였다. 《두억》에 "이 시는 가족을 맞이하기 전이다. 그가 처자식을 맞이한 것은 시에 보이지 않으니 과연 언제인지 알 수 없다. 또 중양절에 엄대부에게 부친 시가 있는데 가을이 다해가는 때로부터 얼마 떨어지지 않았으니 어떻게 다시 처자식을 맞이한 날이 있을 수 있겠는가? '동녘으로 와서 돌아가지 못하였다'는 것은 재주에 갔다가 아직 성도에 돌아오지 못하였음을 말한 것이다"라고 하였다.(張綖注, 寶應元年七月, 嚴武召還, 公送至綿州. 未幾, 蜀有徐知道之亂, 因入梓州. 杜臆, 此詩在未迎家之前, 其迎妻子, 不見於詩, 不知果在何時. 且九日有寄嚴大夫詩, 去秋盡無幾, 何得復有迎妻子之日耶. 東行未回, 謂到梓未還成都也.)

주 석

1 東行(동행)- 동쪽으로 가다. 재주는 성도 동쪽에서 약간 북쪽에 위치해 있다. 且(차)- 아직.

《독두심해》 재주는 성도의 동쪽에 있었다.(梓在成都東.)

《두억》 '차'는 함축이 지극하다.(且極有含蓄.)

2 少城(소성)- 성도에 있는 성 이름. 隈(외)- 물굽이.

《두시상주》 소씨 주에 "소성은 성도 대성의 서쪽에 있으며 장의가 쌓은 것이다"라고 하였다. 홍매洪邁가 이르기를 "익주자사는 대성을 다스리고, 촉군태수는 소성을 다스린다"고 하였다.(邵注, 少城, 在成都大城之西, 張儀所築. 洪容齋云, 益州刺史, 治大城. 蜀郡太守, 治少城.)

《두시상주》에 인용된 《설문》 '외'는 물굽이이다.(隈, 水回也.)

3 老却(노각)- 늙어가다. 시들어가다. 陶潛菊(도잠국)- 도잠의 국화. 진晉의 도잠은 국화를 좋아하여 울타리 주변에 국화를 심었다고 한다. 뒤에 '도잠의 국화'는 은자가 사는 집을 가리키는 말로 사용되었다. 여기서는 성도에 있는 두보 자신의 집을 가리킨다.

4 江上(강상)- 강가. 재주를 가리킨다. 재주는 부강의 남쪽 언덕에 있었다. 徒(도)- 헛되이. 袁紹杯(원소배)- 원소의 술잔. 후한後漢 때 원소가 정현 등을 초청한 고사를 인용한 것이다. 이 구는 두보가 아직 성도로 돌아가지 못한 상황에서 재주 이사군李使君의 초청으로 관청에서 벌인 연회에 참석하였다는 말이다.

《두억》 '도'자에 주의해야 한다. 그에게 음식을 제공하는 자는 있지만 그의 급난을 구제해주는 자는 없다는 것이다.(徒字須看, 飮食之者有矣, 未有救其急難者也.)

《두시상주》에 인용된 양신楊愼 설 《정현전》에 "원소가 기주에 군대를 집결시키고는 사자를 보내어 정현을 초빙하고 크게 빈객을 모이게 하였다. 정현이 맨 나중에 도착했는데 그를 맞아 윗자리에 오르게 하였다. 신장은 8척이었고 술을 10말이나 마셨는데 수려한 눈썹과 밝은 눈에 용모와 거동이 온화하고 훌륭하였다"고 하였다. 옛날에는 하삭에서의 음주를 가리키는 것으로 보았는데 옳지 않다.(鄭玄傳, 袁紹總兵冀州, 遣使要玄, 大會賓客. 玄最後至, 乃延升上坐. 身長八尺, 飮酒一斛, 秀眉明目, 容儀溫偉. 舊指河朔之飮, 非是.)

5 雪嶺(설령)- 성도 서쪽에 있는 산으로 서령西嶺 또는 서산西山이라고도 한다. 落(낙)- '暮'로 된 판본도 있다.

《보주두시》에 인용된 조언재 주 서산은 설령이라고 부른다.(西山, 謂之雪嶺.)

《독두심해》 서쪽은 토번의 위협을 받고 있었다.(西逼吐蕃.)

6 劍門(검문) 구- 당시 검문관 일대는 서지도 등의 반란군 장수들이

거점으로 삼고 있어서 사람들의 왕래가 거의 불가능했다. '阻'는 '斷'으로 된 판본도 있다.

《두시경전》 당시 서지도가 그 부하에게 피살되었지만 그 군대는 아직 검각을 점거하고 있어서 그렇게 말한 것이다.(時徐知道爲其下所殺, 其兵尙據劍閣, 故云.)

〔雪嶺 2구〕

《두시상주》에 인용된 주한朱瀚 설 나그네로 간 것이 동쪽 방향이기 때문에 집이 서쪽이 된다. 재주에서 북쪽을 바라보면 바로 검문과 만난다.(客行向東, 故居轉西. 梓州北望, 正直劍門.)

《보주두시》 검천에 검문현이 있다. 이때 토번의 침범이 한참 성하였으며 얼마 지나지 않아 경사를 함락하고 송주 유주 보천 역시 함락되었기 때문에 이렇게 말한 것이다.(劒川有劒門縣. 是時吐蕃入寇正殷, 未幾陷京師, 而松維保川亦陷, 故云.)

7 好一開(호일개) - 시원하게 한번 펴다. '得好開'로 된 판본도 있다.

#《두시상주》: 이는 가을이 다하여 집을 그리며 지은 것이다. 위 4구는 가을날의 경치와 일이요, 아래는 시절을 느껴 스스로 탄식한 것이다. 재주는 동천에 속하는테 집은 성도에 있다. 울타리 가의 국화는 초당의 꽃을 가리킨다. 강가의 술잔은 아마도 재주 이사군李使君이 초청한 것일 것이다. 서녘 해를 바라보는 것은 집안 식구가 멀리 떨어져 있기 때문이다. 북녘 사람을 막고 있다는 것은 반군의 군대가 잔도를 끊었다는 것이다. 이것이 나그네의 시름을 풀지 못한 까닭이다. 3구는 2구를 잇고, 4구는 1구를 잇고, 7, 8구는 5, 6구를 이었으니 이는 장법의 연결을 보인 것이다.(此秋盡思家而作. 上四, 秋日景事. 下則感時而自歎也. 梓屬東川, 齋在成都. 籬邊菊, 指草堂之花. 江上杯, 蓋李梓州爲主也. 看西日, 家室遠離. 阻北人, 寇兵斷閣. 此客愁所以未解. 三承二, 四承一, 七八承五六, 此見章法之連絡.)

《독두심해》: 재주에서는 〈구일〉 오율이 있는데 이 시 역시 〈구일〉과 가까우니 아마도 자사의 연회석상에서 지은 것일 것이다. 초당에서 이미 객거하고 있는데 지금은 토번이 설령 주변에서 출몰하고 서지도가 검남에서 버티고 있어 비록 객거하는 것이라도 또한 편안히 거처할 수가 없으니 슬픔은 또 어떠하겠는가?(梓州有九日五律矣, 此詩亦與九日相近, 蓋在刺史筵上作也. 草堂已是客居. 今則吐蕃出沒於嶺畔, 知道倔强於劍南, 雖客居亦不得安處矣. 悲更何如.)

(**이석형**)

22. 戲題寄上漢中王三首

장난삼아 지어 한중왕에게 보내 드리다

西漢親王子[1]　成都老客星[2]　百年雙白鬢[3]　一別五秋螢[4]
忍斷杯中物[5]　祇看座右銘[6]　不能隨皀蓋[7]　自醉逐流萍[8]

그대는 서한의 친왕자,
나는 성도의 늙은 객성.
인생 백 년 둘 다 흰 살적머리,
헤어지고서 다섯 번 가을 반딧불이를 보았습니다.
차마 술을 끊고서
단지 좌우명만 보시니,
검은 수레덮개 따를 수 없어
스스로 취한 채 부평초를 좇습니다.

이 시는 두보가 보응 원년에 지은 것으로 추정된다. 원주原注에 "당시 한중왕은 재주에 있었는데, 술을 끊고 마시지 않아 시에서 장난기 어린 서술을 하였다(時王在梓州, 斷酒不飮, 篇中戲述)"고 하였다. 다만 장소에 대해서 《보주두시》에서는 두보가 성도에 머물며 지은 것으로 본 반면, 《두시상주》에서는 두보가 재주에서 한중왕漢中王을 만날 때 지은 것으로 보고 있다. 두보는 이 시를 통해 한중왕인 이우李瑀와의 우의를 해학적으로 그리고 있다.

《보주두시》 보응 원년 작품이다. 한중왕 본전에 의하면, 숙종이 조서를 내려 신하들의 말을 모아 전쟁을 돕도록 하였는데, 이우와 위소유가 안 된다는 주장을 고집하자, 황제가 화가 나서 봉주장사에 폄적하였다고 한다. 그런데 《구당서·위소유전》에서는 신하들의 말을 거느린 것은 건원 2년 10월이라고 하였다. 이제 시에서 '나는 성도의 늙은 객성'이라고 하고, '헤어지고서 다섯 번 가을 반딧불이'라고 한 것은, 두보가 건원 원년 화주로 나갔을 때 한중왕과 이별하였다가 보응 원년까지 5년이 되었으니, 두보는 그 해에 성도에 있었다는 것을 말한다. 그래서 '나는 성도의 늙은 객성'이라고 한 것이다. 조언재 주에서 이를 재주에서 지은 시라고 한 것은 잘못이고, 왕수 주에서 한중왕이 당시 재주에 있었다고 한 것 역시 잘못이다. 시에서 '검은 수레덮개 따를 수 없다'고 한 것으로 보아, 한중왕은 아직 봉주에 있었는데, 비록 교체할 때가 되었다 하더라도 길은 돌아갈 수 없었을 것이다. 그래서 시에서 다시 '도적들 때문에 돌아갈 길이 없다'고 한 것이다. 이제 고찰해 보면, 시에서 '검은 수레덮개 따를 수 없다'고 한 것과, 〈한중왕의 서신을 받들어 지은 시〉에서 '부절을 쪼개받고 촉도로 왔다'고 한 것은 모두 태수와 관련된 일이다. 아마도 사서의 기록이 잘못일 것이다. 또 위소유는 당시 위위경이기에 거주장사로 폄적되었지만, 이우는 친왕이기에 그 역시 장사로 폄적되었을 리가 없다. 의당 자사여야 한다. 사서에서 잘못하여 장사라고 한 것이 틀림없다.(寶應元年作. 按漢中王傳, 肅宗詔收群臣馬助戰, 瑀與魏少遊持不可. 帝怒, 貶蓬州長史, 而舊史魏少遊傳云, 率群臣馬, 在乾元二年十月. 今詩云成都老客星, 一別五秋螢, 謂公自乾元元年出華州時與王別, 至寶應元年爲五年, 則公是年在成都. 故曰成都老客星. 而趙注謂此梓州詩爲非, 王注謂王時在梓州亦非. 蓋詩云不能隨皀蓋, 則王尙在蓬州, 雖當更代, 而道便未得歸, 故詩又云群盜無歸路. 今考此云不能隨皀蓋, 及奉漢中王手札詩云剖符來蜀道, 皆是太守事, 疑史誤. 且魏少遊是時以衞尉卿貶渠州長史, 而瑀以親王, 無容亦貶長史, 當是刺史, 而史誤爲長史, 無疑.)

《두시상주》 이 시는 보응 원년 재주에 갔을 때 지은 것이다. 《구당서》에 "이우는 양황제의 여섯 째 아들로 일찍이 재주와 명망이 있었고, 풍채가 뛰어났다. 농서군공에 봉해졌다. 명황을 따라 촉으로 갔다가 한중에 이르러 한중왕에 봉해졌고, 계속해서 은청광록대부와 한중군태수가 추가되었다"고 하였다.(此寶應元年往梓州時作. 舊書, 瑀, 讓皇帝第六子, 早有才望, 偉儀表, 封隴西郡公. 從明皇幸蜀, 至漢中, 封漢中王. 仍加銀青光祿大夫, 漢中郡太守.)

《독두심해》 함께 재주에 있으면서도 '보낸다'고 말하였으니, 만나기 전에 시를 먼저 보낸 것이다.(同在梓而曰寄, 未會而先之以詩也.)

《보주두시》에 인용된 왕수王洙 주 한중왕은 양황제의 아들이자 여남왕 이진의 동생이다.(王讓皇帝之子, 汝南王璡弟也.)

주 석

1 西漢(서한) - 여기서는 당을 비유한다. 서한수西漢水로 보아 한중을 가리키는 말로 보기도 한다. 親王子(친왕자) - 한중왕을 가리킨다.

《두공부초당시전》 한나라를 빌어 당나라를 말한 것이다.(假漢以言唐也.)

《구가집주두시》 한 고조가 한중에서 일어났고, 이제 이우가 한중왕에 봉해졌기에 '서한친왕자'라고 한 것이다.(高祖起漢中, 今王封漢中王, 故云西漢親王子也.)

《두시상주》 채옹의 《독단》에 의하면, 한대의 제도는 황제의 아들을 왕에 봉했는데, 실제르는 제후였다. 한대에는 천자를 황제라 칭했기에, 왕이란 호칭을 붙이는 것이며, 총칭 제후왕이라 한다. 봉륜封倫(덕이德彝는 자)은 "한대에 봉한 것은 오직 황제의 아들로 친형제처럼 하였다. 친속이 먼 경우는, 큰 공을 세운 이가 아니면 봉립하지 않았다"고 하였다.(蔡邕獨斷, 漢制, 皇帝子封王, 其實諸侯也. 漢天子稱皇帝, 故以王號加之 總名諸侯王. 封德彝曰, 漢所封惟帝子, 若親昆

弟. 其屬遠, 非大功不立.)

2 客星(객성)- 별자리. 여기서는 두보 자신을 비유한다.

《구가집주두시》 후한 때 엄릉이 광무제와 함께 잠을 자자, 사관이 점을 쳐 "객성이 황제의 별자리를 범했습니다"라고 하였다. 두보는 아마도 자신이 성도에서 나그네 신세라는 것을 스스로 말했을 것이다.(後漢嚴陵與光武同宿, 而史占云客星犯帝座. 公蓋自言身在成都爲客也.)

《독두심해》 두보는 이미 성도에 초당을 마련하였으니, 촉 땅에서 속군을 왕래하면서 늘 성도를 위주로 하였다. 그래서 비록 재주에 있어도 '성도의 객성'이라고 말한 것이다.(公旣置草堂於成都, 則蜀中往來屬郡, 總以成都爲主, 故雖在梓州, 亦曰成都客星也.)

3 百年(백년)- 한평생. 한중왕과 두보의 나이를 합친 수치로 보는 설도 있으나 취하지 않는다.

《두시상주》 두보의 나이 막 오십을 넘었고, 한중왕 역시 오십이 되었을 때였다. 두 사람의 나이를 합쳐 계산하였기에 '백년쌍백빈'이라고 한 것이다.(公年方踰五十, 漢中王當亦在五十之時, 合兩人計之, 故曰百年雙白鬢.)

《독두시설》 이제 시의 뜻을 살펴보면, 인생이 백 년인데 이제 나와 한중왕 모두 이미 오십이 넘었다는 말이다. 《두시상주》의 풀이는 매우 엉뚱하다.(今按詩意, 人生百年, 今我與王皆已過半也, 注解甚迂.)

4 五秋(오추)- 5년. 두보가 화주로 나가며 한중왕과 이별했던 건원 원년에서 이 시를 지은 보응 원년까지의 기간을 말한다. '秋'는 '飛'로 된 판본도 있다.

《구가집주두시》 조언재 주 '오추형'은 헤어진 뒤 다섯 번 반딧불이를 보았다는 뜻일 것이다.(五秋螢, 蓋是別後五見螢火矣.)

5 杯中物(배중물)- 술잔 속의 사물. 곧 술을 뜻한다.

《보주두시》에 인용된 소蘇씨 주 오간은 술을 좋아하였지만, 술이 취하면 권문세가들을 험담하곤 하여 결국 술을 멀리하였다. 완선이 그에게 술을 권하자, 오간은 "근자에 술을 끊었습니다"라고 하였다. 완선이 그의 등을 때리며 "보아하니 늙은 술주정뱅이신데, 차마 술을 끊겠소?"라고 하고는, 억지로 그에게 술을 마시게 했다.(吳衎好飮酒, 因醉詬權貴, 遂誡酒. 阮宣命飮, 衎曰, 近斷飮. 宣歐其背曰, 看看老癖癡漢, 忍斷杯中物耶. 抑而飮之.)

《두시상주》 거짓 소씨 주에서는 오간의 고사를 인용하였지만, 함부로 엮어낸 것이다.(僞蘇注引吳衎事, 乃妄撰者.)

6 祇(지) - 단지. '眠'으로 된 판본도 있다. 座右銘(좌우명) - 술을 끊겠다는 한중왕의 다짐을 나타낸다.

《독두심해》 '좌우명'은 한중왕 자신이 술을 끊겠다는 글을 지은 것임이 분명하다.(座右銘, 當是漢中自製斷酒文.)

7 皀蓋(조개) - 검은 덮개. 한중왕을 가리킨다.

《두시상주》 한대에는 녹봉이 이천 석이면, 붉은 흙받이와 검은 덮개를 한 수레를 탔다.(漢二千石, 朱旛(轓의 오자)皀蓋.)

《보주두시》 황희 주 한중왕은 봉주장사로 폄적되었는데, 장사와 별가의 경우 검은 수레덮개라고 칭해서는 안 된다. 그러나 공순은 별가가 되어 별가의 수레에 자사 수레처럼 먼지가리개를 두었다. 아마도 '조개' 역시 그랬을 것이다.(漢中王貶蓬州長史. 長史別駕, 不應稱皀蓋. 孔恂爲別駕, 別駕車有屛星, 如刺史車. 豈皀蓋亦然耶.)

8 逐流萍(축류평) - 부평초를 좇다. 여생을 정처없이 떠도는 것을 뜻한다.

〔不能 2구〕

《구가집주두시》 '조개'는 한중왕이 재주자사가 된 것을 가리킨다. 한중왕이 이미 술을 끊어 그의 수레를 따르지 못하고 혼자 술에 취했기에, 마치 부평초가 떠다니는 것과 같은 신세가 되었다는 것이다.(皀蓋, 指漢中王之爲梓州也. 言王旣斷酒, 故不能隨其車蓋而自醉, 如浮

萍之飄泊也.)

#《두시상주》: 첫째 수는 한중왕이 술을 끊어서 이를 풍자한 것인데, 뒤의 4구는 장난기 섞어 한 말이다. 두 사람 다 노년기를 맞아 오래 헤어졌다가 막 모였기에 술을 빌어 속마음을 얘기해야 마땅할 것이다. 이제 한중왕이 다시 술을 끊고 좌우명을 보기에 그와 함께 술을 마실 수 없게 되었으니, 단지 여정 중에 혼자 취할 뿐이다. 첫째 연은 손님과 주인을 나누어 언급하였고, 둘째 연은 손님과 주인을 합쳐서 서술하였으며, 뒤의 4구는 손님과 주인을 대비시켜 마무리하였다.(首章, 因王斷飮而諷之, 後四乃戱詞. 各當衰白之年, 而久別方聚, 正可借酒談心. 今王復斷酒看銘, 將不得與之同飮矣, 唯有旅中獨醉而已. 首聯, 賓主分提, 次聯賓主合敍, 後四, 賓主對收.)

其二

策杖時能出[1]　王門異昔遊[2]　已知嗟不起[3]　未許醉相留
蜀酒濃無敵　江魚美可求　終思一酩酊[4]　淨掃雁池頭[5]

지팡이 짚고서 때로 나설 수 있건만
왕문이 예전 노닐 적과 다릅니다.
이미 알고 있습니다만, 안타깝게도 몸을 일으키지 못해
술에 취해 머무는 것을 허락하지 못하는군요.
촉 땅 술은 진하기가 대적할 것이 없고
장강 물고기는 맛이 좋아 찾을 만하기에,
결국 한바탕 취하고 싶으니,

안지 주변을 깨끗이 치워 주소서.

주 석

1 策杖(책장) - 지팡이를 짚다.

《두시상주》에 인용된 강姜씨 주 '장책'이란 지팡이를 짚고서 가는 것이다. 소침이 젊어서 왕검을 찾아뵐 때 범가죽 신발을 신고 복숭아 가지 지팡이를 짚고서 곧장 왕검의 자리로 다가갔다. 그러므로 고인들은 지팡이와 관련하여 비록 젊어서도 이를 사용하였다.(杖策者, 策杖而行. 蕭琛少時見王儉, 著虎皮靴, 策桃枝杖, 直造王儉坐. 則古人於杖, 雖少年皆用之矣.)

2 王門(왕문) - 한중왕의 집안. 이 구절에 대해 한중왕이 술을 끊은 것으로 보기도 하고, 한중왕이 폄적당한 것으로 보기도 한다.

《구가집주두시》 조언재 주 '왕문이 예전에 노닐 때와 다르다'는 것은 한중왕이 술을 끊었다는 것을 말하는 것일 뿐이다.(王門異昔遊, 言王之斷酒爾.)

〔策杖 2구〕

《두시경전》 자신은 관직을 잃고 한중왕 역시 폄적당한 것을 말한다.(謂己旣失官, 王亦遭貶也.)

3 嗟不起(차불기) - 일어나지 못하는 것을 한탄하다. 술병이 나서 일어나지 못하는 데 대해 한중왕이 한탄스럽게 여기는 것을 말한다. 한편 '두보 자신이 기용되지 못하고 있는 것을 한중왕이 한탄한다'는 뜻으로 보는 설도 있다.

《두공부초당시전》 두보는 한중왕이 술 때문에 병을 얻어 병석에 누운 채 일어나지 못하기에 결국 술을 끊고 마시지 않는다는 것을 말하고 있다.(甫言王因酒得病, 臥而不起, 遂斷不飮也.)

《두시상주》 한중왕이 병이 나서 일어나지 못하는 것인데, 옛 주에서는 〈사안전〉의 말을 인용하였다. 사안이 병석에 누워 "내 어제 닭 꿈을 꾸었는데 올해가 닭의 해이니 아마도 일어나지 못하겠구나!"라고 하였다는 말이 있다. 그러나 사안이 말한 '일어나지 못한다'는 것은 병이 들어 죽을 징조이니, 어찌 이 말을 끌어다 한중왕을 비유할 수 있겠는가? 노원창은 "'불기'라는 것은 한중왕이 술병이 나서 일어나지 못하는 것을 말하는 것으로, 매승의 〈칠발〉에서 '기' 자를 연용한 것에 근거한 것이다. 소리와 관련하여 '태자께서는 억지로라도 일어나 들어주실 수 있으십니까?'라 하고, 맛과 관련하여 '태자께서는 억지로라도 일어나 맛보실 수 있으십니까?'라 하였으며, 말과 관련해서는 '태자께서는 억지로라도 일어나 타실 수 있으십니까?'라 하자, 태자가 계속해서 '나는 병이 나서 그럴 수 없소'라 하였다. 여기서는 초나라 태자로 한중왕을 비유한 것이다"라고 하였다. 《두시박의》에서는 또 〈은호전〉의 '심원(은호의 자)이 출사하지 않는다면'이라는 말을 인용하면서 "한중왕이 두보가 다시 기용되지 못하는 것을 한탄함을 말한다"고 하였다. 세 수를 자세히 읊어 보면, 단지 한중왕이 술을 끊은 것을 풍자한 것이지, 실의에 빠진 것을 스스로 서술하려는 뜻은 없다. 이 역시 타당하지 않을 듯하다.(王病不起, 舊注引謝安傳語. 安寢疾曰, 吾昔夢雞, 今歲在酉, 吾殆不起乎. 但謝公所云不起, 乃病亡之兆, 豈可引比漢中乎. 盧元昌曰, 不起者, 謂王病酒不能起, 本枚乘七發篇中連用起字. 于音曰, 太子能强起聽之乎. 于味曰, 太子能强起嘗之乎. 于馬曰, 太子能强起乘之乎. 太子連曰, 予病未能. 此以楚太子比漢中王也. 博議又引殷浩傳深源不起, 謂王嗟杜公不復起用. 細玩三章, 只是諷王斷酒, 並無自述潦倒意, 恐亦未合.)

《두시전주》 《두시박의》에 "옛 주에서는 술병이 나서 일어나지 못하는 것으로 보았는데, 가소롭다. 《진서·은호전》에 '심원이 출사하지 않는다면 창생을 어찌하오리까?'라는 말이 있는데, 아마도 이 말을 사용한 것일 게다"라고 하였다. 생각건대, 노원창은 다시 《두시박의》가 틀렸다고 하였지만, 노원창의 설이 잘못됐다.(博議, 舊注病酒不

起, 可笑. 晋殷浩傳, 深源不起, 當如蒼生何, 蓋用此語. 按, 盧元昌又以博議爲非, 盧說謬.)

《독두시설》 이제 여러 해설을 살펴보면, 사안의 말은 분명 채용해서는 안 된다. 그러나 《두시상주》에서 '한중왕이 병이 나서 일어나지 못하는 것'이라고 한 것은 왕의 병이 낫지 않았다는 말이다. 그런데 '일어나지 못하는 것을 한탄한다'고 하였으니 역시 사안의 말과 다를 바 없다. 〈칠발〉에서는 단지 '강기'라고 말했을 뿐이고, 태자도 매번 '내 병이 나서 그럴 수 없다'고 말했지, 결코 '불기'라는 말은 없으므로 역시 틀렸다. 《두시박의》의 설명이 가장 옳을 듯하다. 아마도 '내가 다시 기용되지 못하는 데 대해 한중왕께서 한탄하신다는 것을 알기에 머물러 술을 마시며 처량한 신세로 인한 시름을 풀어야 할텐데, 어찌 내가 술에 취해 머무는 것을 허락하지 않으시냐?'는 말일 것이다. 첫째 수에서 '성도의 늙은 객성'이라고 하였고, 마지막 수에서 '도적들 때문에 돌아갈 길이 없어, 노쇠한 얼굴로 먼 곳에서 만났다'고 한 것 모두 처량한 신세라는 뜻이 담겨 있으니, 자신에 대한 서술이 없다고 의심할 필요는 없을 것이다.(今按諸說, 謝安語固不當用, 然注謂王病不起, 是言王病未愈, 然云嗟不起, 亦與謝安語無別. 七發第言强起, 太子皆曰予病未能, 並無不起字, 則亦非也. 博議說近是. 蓋言亦知王嗟我不復起用, 則當相留飮酒, 以遣潦倒之愁, 何復不許我醉而相留乎. 首章云, 成都老客星, 末章云, 群盜無歸路, 衰顔會遠方, 皆有潦倒之意, 不必以並無自述疑也.)

4 酩酊(명정) - 술 취하다.

《구가집주두시》 조언재 주 아이들이 산간에 대해 노래하기를 "해 저물면 수레에 거꾸로 누워 돌아오는데, 술에 취해 아무것도 모르네"라고 하였다.(兒童歌山簡曰, 日夕倒載歸, 酩酊無所知.)

5 淨掃(정소) - 깨끗이 청소하다. 雁池(안지) - 못 이름. 여기서는 한중왕의 연회 장소를 비유한다.

《두억》 '정소'는 한중왕에게 길을 치우고 자신을 초대해 달라고 부탁하는 말이다.(淨掃, 囑王掃徑待我也.)

《두시상주》에 인용된 《서경잡기西京雜記》 양효왕은 토원을 지으면서 안지를 마련하였다. 못에는 학과 오리가 노니는 물섬이 있다.(梁孝王築兎園, 有雁池, 池間有鶴洲鳧渚.)

《두시언해》 양효왕 정원에 안지가 있었기에, 이로써 한중왕을 비유한 것이다.(梁孝王苑有雁池, 以比漢中王也.)

〔蜀酒 4구〕

《두억》 뒤의 4구에서 다시 농을 하고 있지만, 그의 병이 쾌유되기를 기원하는 뜻이 내재되어 있다.(後四句又戲之, 然祝其病愈在內.)

#《두시상주》: 둘째 수는 한중왕에게 즐겁게 술 마시던 일을 잊지 말자고 권면하는 내용으로, 아래 4구는 장난기 섞인 말에 해당한다. '지팡이 짚고 나선다'는 것은 자신의 흥취가 여전히 남아 있다는 말이다. '왕문이 예전과 다르다'는 것은 다시 손님으로 돌아갈 수 없다는 말이다. '안타깝게도 일어나지 못한다'는 것은 한중왕이 자신을 한탄하는 말을 서술한 것이다. '머무는 것을 허락지 않았다'는 것은 한중왕이 술을 끊은 결심을 애석해 하는 것이다. '촉주'와 '강어'는 모두 입에 맞으니, 어찌 못가를 깨끗이 치우고 한 바탕 취하지 않겠는가? 결국 한중왕이 초대해 주기를 바라는 것이다. '불기'는 〈칠발〉에 나오는 말을 쓴 것이고, '취류'는 진맹공(진준陳遵)의 고사를 사용하였으며, '명정'은 산간의 고사를 사용하였고, '안지'는 양효왕의 고사를 쓴 것이다.(此勸王無忘燕好, 下四屬戲詞. 策杖而出, 己興猶存. 王門異昔, 不復燕客也. 嗟不起, 述王自歎之詞. 未許留, 惜王斷酒之禁. 蜀酒江魚, 儘堪適口, 何不淨掃池頭, 以博一醉, 乃冀王款留也. 不起, 用七發語. 醉留, 用陳孟公事. 酩酊, 用山簡事. 雁池, 用梁孝王事.)

其三

群盜無歸路[1]　衰顔會遠方　尙憐詩警策[2]　猶記酒顚狂[3]
魯衛彌尊重[4]　徐陳略喪亡[5]　空餘枚叟在[6]　應念早升堂[7]

도적들 때문에 돌아갈 길 없어
노쇠한 얼굴로 먼 곳에서 만났는데,
아직도 제 시의 뛰어난 문구를 사랑하시니
여전히 제가 술주정하던 모습을 기억하시겠지요.
노나라와 위나라는 더욱 존중받는데
서간과 진림은 거의 죽었습니다.
부질없이 매씨 늙은이만 남았으니
일찍이 대청에 오르던 일을 의당 생각해 주십시오.

주 석

1 群盜(군도) - 도적들. 각지에서 일어난 난을 가리킨다.
《구가집주두시》 조언재 주 앞 구절은 복고회은이 토번, 회흘, 당항의 병사들을 데리고 침입해 들어온 것을 말한다.(上句, 指言僕固懷恩以吐蕃回紇党項之兵入寇也.)

2 警策(경책) - 뛰어난 문구.
《두시언해》 '경책'은 채찍으로 말을 때려 놀라 움직이게 하는 것이다. 훌륭한 시가 사람을 놀라 감동하게 할 수 있는 것과 같다.(警策, 以鞭擊馬, 得其警動也, 如好詩之得人警動也.)

3 記(기) - '憶'으로 된 판본도 있다. 顚狂(전광) - 언행이 상도에서 벗

어난 것을 뜻한다.

〔尙憐 2구〕

《구가집주두시》 조언재 주 '상련'과 '유억'은 아마도 한중왕을 위주로 하여 말한 것일 게다. '시경책'과 '주전광'은 두보 스스로 자신을 위주로 하여 말한 것이다.(尙憐猶憶, 蓋主漢中王言之. 詩警策, 酒顚狂, 公自主其身而言也.)

4 魯衛(노위) - 노나라와 위나라. 한중왕 이우와 여남왕 이진 형제를 비유한다.

《보주두시》에 인용된 추황씨 주 한중왕과 형 이진은 모두 군사상 중요한 진을 맡았었다.(漢中王與兄璡, 俱領重鎭.)

《두시전주》 개원 14년 11월 기축일에 (명황은) 영왕 이헌의 집에 행차하여 여러 왕들과 연회를 가졌다. 운을 찾아 시를 지었는데, "노와 위는 정리상 우선 소중한데, 친척과 현신들이 더욱 많아졌다"는 구절이 있다. 이우는 영왕의 아들이다. 그래서 '노와 위가 더욱 존중받는다'고 하였으니, 명황의 시어를 인용한 것이다.(開元十四年十一月己丑, 幸寧王憲宅, 與諸王宴. 探韻賦詩曰, 魯衛情先重, 親賢尙轉多. 瑀爲寧王之子, 故曰魯衛彌尊重, 用明皇詩語也.)

《두억》 병이 나서 외출하지 못하는데 '더욱 존중받는다'고 한 것 역시 농이다.(病不能出, 而曰彌尊重, 亦戲.)

5 徐陳(서진) - 서간과 진림. 여기서는 한중왕의 손님을 비유한다.

《두시상주》 '서진'은 서간과 진림을 말한다.(徐陳, 謂徐幹陳琳也.)

〔魯衛 2구〕

《구가집주두시》 조언재 주 앞 구절은 '노나라와 위나라의 정치는 형제와 같다'는 《논어》의 말을 인용하였고, 뒷 구절은 한중왕의 손님들이 대부분 죽은 것을 말한다.(上句, 公引魯衛之政兄弟之語. 下句, 言王之賓客多喪也.)

6 枚叟(매수) - 매승. 여기서는 두보 자신을 비유한다. '枚'는 '故'로

된 판본도 있다.

《두시상주》에 인용된 《한서》 매승은 홍농도위를 지내다가 관직을 버리고 양 지방을 노닐었다. 양의 빈객들 모두 사부를 잘 지었지만, 매승이 더욱 뛰어났다.(枚乘爲弘農都尉, 去官遊梁, 梁客皆善屬詞賦, 乘尤高.)

7 升堂(승당)- 대청에 오르다. 두보가 한중왕을 방문하여 함께 어울리던 일을 가리킨다.

《두시경전》 옛날 함께 노닐던 일을 추억한 것으로, 술을 마시지 않을 수 없다는 뜻이 더욱 드러난다.(追憶舊遊, 尤見不可不飮意.)

〔空餘 2구〕

《두공부초당시전》 두보는 친구들이 죽고 오직 한중왕 형제와 자신만이 생존하기에, 마땅히 옛날에 우정을 나누던 때를 생각해야지 이제 자신을 버려서는 안 된다고 말하고 있다.(甫言朋友凋喪, 惟漢中王兄弟與甫在, 應念昔日結交之時, 不宜今日相棄也.)

#《두시상주》: 셋째 수는 한중왕이 친구인 자신을 잘 대해 주기를 바라는 내용이다. 3, 4구 역시 장난기 섞인 말이다. '군도'는 촉지방에 서지도가 있고, 두 경사에 당항강이 있으며, 동도에 사조의가 있는 것을 말한다. '돌아갈 길이 없다'는 것은 두보가 고향에 돌아갈 수 없다는 말이다. '먼 곳에서 만난다'는 것은 한중왕을 재주에서 만났다는 것이다. 한중왕이 시재를 아끼는 데다가, 또한 모름지기 주홍을 기억할 것이라 하였으니, 의도는 아마도 술을 찾는 것일 게다. '노위'는 한중왕의 형제들이 모두 귀하다는 것을 비유한다. '서진'은 한중왕의 손님들이 이미 노쇠하다는 것을 비유한다. '매수'는 두보 자신을 말한다. 옛날에 이미 대청에 올랐으니, 이제 사절해서는 안 된다는 것이다. 세 수 모두 술을 찾는 뜻을 담고 있다. 그래서 '장난삼아 짓는다'고 하였다.(此望王親厚故交, 三四亦戲詞. 群盜, 蜀有徐知道, 兩京有黨項羌, 東都有史朝義. 無歸路, 公不能歸鄕. 會遠方, 遇王於梓州. 王旣憐愛

詩才, 亦須記憶酒興, 意蓋索飮也. 魯衛, 比王兄弟俱貴. 徐陳, 比王賓客已衰. 枚叟, 公自謂, 舊已登堂, 今不當謝絶也. 三首俱帶索飮意, 故曰戱題.)

《두억》: 객지에서 나를 만났는데, 바로 일전에 시를 짓고 술을 마시며 함께 노닐던 옛 손님이거늘, 하물며 신세 초라한 여생을 맞았으니 왕께서 홀로 남은 노인인 자신을 박대할 수 있겠느냐는 말이다.(言客中逢我, 卽向者詩酒從遊之舊客也, 況當履綦零落之餘, 王能漠然於僅存之一老乎.)

(김만원)

23. 玩月呈漢中王
달을 감상하며 한중왕께 드리다

夜深露氣淸　江月滿江城[1]　浮客轉危坐[2]　歸舟應獨行[3]
關山同一照[4]　烏鵲自多驚　欲得淮王術[5]　風吹暈已生

밤 깊어 이슬 기운 맑은데
강에 뜬 달은 강성에 가득합니다.
떠다니는 나그네 갈수록 꼿꼿이 앉나니
돌아가는 배 응당 홀로 가시기 때문입니다.
관산에 똑같이 달은 비칠 터인데
까막까치는 절로 많이도 놀랜답니다.
회왕의 술법을 쓰고자 함은
바람 불어 벌써 달무리 생겼기 때문이지요.

이 시는 보응 원년 가을 재주에 있을 당시 지었다. 한중왕 이우가 재주에 머물다가 임지인 봉주로 돌아가려 했기에 두보가 이 시를 지어 그를 전송한 것이다.

《보주두시》 한중은 지금의 흥원부이다. 한중왕은 이름이 이우이며 양황제의 아들이다. 건원 2년 회흘에 사신을 다녀왔으며, 백관의 말을 가려뽑아 쓰는 일로 죄를 얻어 봉주장사로 폄적되었다. 보응 원년 공은 재주자사 장이章彝의 수정에서 한중왕과 함께 모여 지은 시 〈장재주수정章梓州水亭〉에 '황제의 가까운 친속이신 회왕께서 이르셨다'는 구절이 있다. 이 시는 의당 같은 시기에 재주에서 지은 것이다. 그래서 '강월이 강성에 가득하다'고 말한 것이다. 시에서 또 '돌아가는 배 응당 홀로 갈 것이다'라고 했는데, 바로 이우가 이로부터 삼협을 나선 것이다. 양권도 역시 보응 원년에 편재하고 있다.(漢中, 今興元府. 漢中王, 名瑀, 讓皇帝之子. 乾元二年, 使回紇回, 以柬率百官馬得罪, 貶蓬州長史. 寶應元年, 公在章梓州水亭, 與之同會, 有近屬淮王至之句. 此詩當同時在梓州作, 故云, 江月滿江城也. 詩又云, 歸舟應獨行, 乃瑀自是出峽. 梁權道亦編在寶應元年.)

《두시상주》 채몽필에 의거하여 보응 원년 재주에서 지은 시 안에 둔다.(依蔡氏編在寶應元年梓州詩內.)

주 석

1 江城(강성) - 재주. 재주가 부강에 임해 있기 때문에 한 말이다.

2 浮客(부객) - 정처없이 떠돌아다니는 나그네. 여기서는 타향 성도에 기거하다가 다시 난리를 피하여 재주 등지를 떠돌고 있는 두보 자신을 가리키는 말이다. '浮'를 '游'로 쓴 판본도 있다. 轉(전) - 갈수록. 더욱더. 危坐(위좌) - 높이 앉다. 허리를 세우고 꼿꼿이 앉다.

3 歸舟(귀주) - 돌아가는 배. 적소인 봉주로 돌아가는 한중왕 이우의 배를 가리킨다. 두보 자신이 돌아가는 배로 보는 경우도 있다.

《두시경전》에 인용된 주학령 주 '돌아가는 배'는 한중왕을 말한다. 당시 재주로부터 봉주로 돌아가는 것일 게다.(歸舟謂漢中王, 時蓋自梓歸蓬也.)

〔夜深 4구〕

《두억》 공은 여행 중이었으므로 '부객'이라 한 것이다. 이슬 맑고 달은 밝으니 야경으로는 빼어난 경치이다. 그런데 떠도는 객이 갈수록 꼿꼿이 앉는다는 것은 짝이 없기 때문이다. 지금 돌아가는 배를 출발하려는데 역시 응당 홀로 가야하니 왕께서 어찌 동행할 수 있겠는가.(公在旅中, 故云浮客. 露淸月滿, 夜景殊勝, 而浮客轉爲危坐者, 爲無侶也. 今擬發歸舟, 亦應獨行, 王豈能同之哉.)

《두시상주》 이슬 맑고 달이 밝으니 빼어난 밤경치이다. 그런데 떠도는 객이 갈수록 높이 앉는 것은 한중왕을 이별하고 홀로 가야하기 때문인 것이다.(露淸月滿, 夜景殊勝, 乃浮客轉爲危坐者, 爲別王而獨行耳.)

《독두심해》 구조오는 공이 홀로 간다고 했는데 근거가 없다.(仇謂公獨行, 無據.)

4 關山(관산) - 관문과 산. 혹은 고향의 산. 照(조) - 비추다. '點'으로 쓴 판본도 있다.

〔關山 2구〕

《두시상주》 관산을 똑같이 비춘다는 것은 한중왕 역시 멀리 폄적되어 감이요, 까막까치가 많이 놀란다는 것은 떠도는 외로움을 스스로 탄식한 것이다.(關山同照, 王亦遠謫也. 烏鵲多驚, 自歎羈孤也.)

《두시경전》 조조의 〈단가행短歌行〉에 '달 밝아 별 희미한데 까막까치 남쪽으로 날아간다. 나무를 세 번이나 돌았건만 의지할 곳 어느 가지랴'가 있다. 황생 주에 "'관산 2구'는 공의 시 〈숙백사역宿白沙驛〉의 '만물은 모두 봄기운인데 외로운 배는 절로 나그네 별이로다'라는 뜻이다"라 하였다.(魏武詩, 月明星稀, 烏鵲南飛, 繞樹三匝, 何枝可依. 黃生注, 二句卽萬象皆春氣, 孤槎自客星意.)

《두억》 악부에 〈관산월〉이 있으니 이별을 슬퍼하는 것이다. 한중왕은 폄적을 당했고 나 역시 피난 중이니 모두 고향이 아니다. 고향의 산은 모두 장안에 있어 달이 똑같이 비추고 있을 것이다. 까막까치 남으로 날아가건만 의지할 가지가 없어 많이 놀란 것이니 공 자신을 비유한 것이다.(樂府有關山月, 傷別離也. 王旣被謫, 己亦避亂, 俱非故鄕, 而關山俱在長安. 月同一照, 而烏鵲南飛, 無枝可依, 所以多驚, 以自況也.)

5 淮王術(회왕술) - 회남왕淮南王 유안劉安의 술법. 여기서는 달무리를

없애는 술법을 가리킨다.

〔欲得 2구〕

《두시상주》 《회남자》에 '갈대를 태운 재로 그림을 그리면 달무리가 이지러진다'는 말이 있다. 허신의 주에 "군대가 포위하고 있으면 달무리가 진다. 갈대재로 둥근 달을 만들고 그 한 면을 망가뜨리면 달무리 역시 하늘에서 이지러진다"고 하였다.(淮南子, 畫蘆灰而月暈闕. 許愼注, 有軍士相圍守則月暈, 以蘆灰環月, 闕其一面, 則月暈亦闕於上.)

《두시경전》에 인용된 《광운廣韻》 '운'은 해와 달의 옆에 생기는 기운으로 달무리가 생기면 바람이 많이 분다. 이 2구는 도치문이다. 바람이 불어 달무리가 생기니 마침 회남왕의 재그림 술법을 시험해 볼 만하다는 말이다. (暈, 日月旁氣, 月暈則多風. 二句係倒文. 言風吹暈生, 正可驗淮王畫灰之術也.)

《두시상주》 이 2구는 달빛 아래의 정경을 읊은 것이다. 얼마 후 바람이 불고 달무리가 생기니 달빛이 희미하게 되었다. 그래서 회남왕의 술법을 빌어서 달무리를 깨뜨리고자 한 것이다. 이 구절은 농담 삼아 한 말이다.(二句, 詠月下情景. 旣而風吹暈生, 月光微靄, 故欲得淮王術以破之. 此句屬謔詞.)

《두억》 지금 한중왕에게서 술법을 구하려 하나 왕의 술법 역시 궁하다. 달무리가 생기게 된 것 역시 농담이다.(今欲求術於王, 而王之術亦窮. 月生暈矣, 亦謔詞也.)

#《두시상주》: 이 시는 자신의 처지를 써서 한중왕에게 올린 것으로 모두 달을 감상함으로부터 써내었다.(此詩自敍呈王, 皆於玩月中寫出.)

《독두심해》: 달을 읊어 전송한 것이다. 달이 밝은데 사람은 떠나니 정신은 유의무의지간에 있다. '꼿꼿이 앉아' '홀로 감'을 생각하니 정신은 마치 함께 가는 것 같다. '똑같이 비추건만' '까막까치를 놀라게 한다' 했으니 마음은 외로이 사는 것을 겁내고 있는 것이다. 문득 갔다가 문득 돌아오니 아득함이 무궁하다. 마지막 역시 우아한 운치가 있으니 마침 달무리가 생겨 친왕이라는 사실에 딱 들어맞게 되었다.(詠月以送行也. 月滿人離, 神情在有意無意之間. 危坐而念獨行, 神如俱去. 同照而驚烏鵲, 情怯孤棲. 忽往忽回, 無窮緜邈. 結亦雅韻, 適見有暈, 恰切親王.)

(**김성곤**)

24. 從事行贈嚴二別駕

종사행 - 별가 엄이에게 드림

我行入東川[1] 十步一迴首
成都亂罷氣蕭索[2] 浣花草堂亦何有[3]
梓中豪俊大者誰[4] 本州從事知名久[5]
把臂開樽飮我酒[6] 酒酣擊劍蛟龍吼[7]
烏帽拂塵靑騾粟[8] 紫衣將炙緋衣走[9]
銅盤燒蠟光吐日[10] 夜如何其初促膝[11]
黃昏始扣主人門[12] 誰謂俄頃膠在漆[13]
萬事盡付形骸外[14] 百年未見歡娛畢[15]
神傾意豁眞佳士[16] 久客多憂今愈疾
高視乾坤又可愁[17] 一體交態同悠悠[18]
垂老遇君未恨晩 似君須向古人求[19]

내 발길 동천에 들어와서는
열 걸음에 한 번 고개를 돌려 보네.
성도에 난이 끝나 기운이 삭막하니
완화계 초당에 또 무엇이 남아있으랴?

재주의 호걸 중에 큰 사람 누구던가
본 고을의 종사 이름 알게 된지 오래라네.
팔 잡고 술동이 열어 나에게 마시게 하고
술 거나해질 즈음 칼춤을 추니 교룡이 우는 듯.
검은 사모의 먼지 털고 푸른 노새에 좁쌀 먹이고

자색 옷은 구운 고기 가져오고 붉은 옷은 분주하네.

구리 촛대에 밀랍 태우니 빛은 해를 토하는 듯
밤이 얼마나 깊었을까, 이제 막 무릎 다가앉았네.
황혼녘에야 비로소 주인집 문을 두드렸는데
누가 생각했겠나, 금세 아교가 칠에 있을 줄을.
만사를 다 육신 바깥에 부쳐두고 있으니
한 평생에 아직 즐거움 다하는 일 보지 못했다네.
정신을 기울이고 뜻이 트이니 진실로 아름다운 사람이라
오랜 객지살이 근심 많았는데 이제야 병이 나았다네.

우러러 천지를 보니 또 슬퍼할만하거니와
모두들 사귀는 모습이 하나 같이 용속하네.
늙어가며 그대 만났으나 아직 늙음을 한탄하지 않는 것은
그대 같은 이는 모름지기 옛 사람에게서 찾아야 하기 때문이네.

보응 원년 서지도의 난을 피하여 재주에 있을 때 그 고장에서 별가종사에 임직하고 있던 엄씨에게서 후한 대접을 받고 지은 시이다. 엄씨가 베푼 환대에 대한 감격이 담겨있다. 제목이 '嚴別駕相逢歌'로 되어있는 판본도 있다. 구본 가운데에 '相從行'으로 되어있기도 하지만 이는 잘못된 것이다. 엄이, 즉 엄씨집 둘째에 대하여는 알려진 바가 없다.

《두시상주》에 인용된 두억 옛 판본에는 '相從行'이라 되어 있는데 그렇게 하면 의미가 없다. 마땅히 '종사행'으로 해야 한다.(舊作相從行, 無謂, 當作從事行.)

《두시상주》 '엄별가상봉가'로 되어있는 판본도 있다. 황학은 "노은과 사씨 두 사람의 주 및 양권도의 편차는 모두 영태 원년 재주에서 난을 피하고 있을 때의 작품이라 하였다. 살펴보건대 최간의 난은 이해 윤시월에 있었는데, 공은 (이때) 이미 운안에 머물고 있었다. 마땅히 보응 원년 서지도를 피하여 재주로 들어왔을 때에 지은 것이다. 따라서 시에 '성도에 난이 끝나 기운이 삭막하니, 완화계 초당에 또 무엇이 있겠는가?'라고 하였다. 만약 영태 원년이었다면 충주와 유주로 내려가기로 마음을 정하였으니 어찌 다시 열 걸음을 가다가 한번 초당 쪽으로 고개를 돌렸겠는가?"라 하였다. 여러 판본이 제목 아래에 모두 "이때 막 최간의 난을 겪고 있었다"라고 주를 달고 있다. 이것은 모두 주를 붙인 사람들이 함부로 덧붙인 것인데 후인들이 살피지 않고서 공이 스스로 붙인 주로 여긴 것일 따름이다.(一云, 嚴別駕相逢歌. 鶴曰, 魯師二注及梁氏編次, 皆以爲永泰元年梓州避亂時作. 考崔旰之亂, 在是年閏十月, 公已次雲安矣. 當是寶應元年, 避徐知道入梓州時作, 故詩云, 成都亂罷氣蕭索, 浣花草堂亦何有. 若在永泰元年, 則決意下忠渝矣, 豈復十步一首回於草堂乎. 諸本題下並注云, 時方經崔旰之亂. 此皆注家妄添, 而後人不察, 以爲公自注耳.)

《독두심해》 노은 등 여러 판본의 제목 아래에 모두 "이때 막 최간의 난을 겪고 있었다"라고 주를 달고 있다. 황학은 "최간의 난은 영태 원년에 있었는데 이때 공은 이미 운안에 있었다. 이것은 서지도의 난일 따름이다"라고 하였다.(魯訔諸本題下並注云, 時方經崔旰之亂. 鶴曰, 崔亂在永泰元年, 公已次雲安, 此是徐知道之亂耳.)

주 석

1 東川(동천) - 동천절도사의 치소였던 재주를 가리킨다.

《두시상주》에 인용된 《원화군현지》 재주는 지금 동천절도사의 치소이다.(梓州, 今爲東川節度使治所.)

2 成都亂罷(성도난파) - 성도에서의 난리가 끝이 나다. 보응 원년 가을 서지도의 난이 일어났다가 수습된 것을 두고 한 말이다. 氣蕭索(기소삭) - 기운이 쓸쓸하다. '索'이 '瑟' 또는 '颯'으로 된 판본도 있다.

《두시상주》에 인용된 《통감通鑑》 보응 원년 가을 7월에 검남병마사 서지도가 반란을 일으켰다. 8월에 서지도가 그의 장수 이충후에게 살해되자, 이에 검남이 모두 평정되었다.(寶應元年秋七月, 劍南兵馬使徐知道反. 八月, 知道爲其將李忠厚所殺, 於是劍南悉平.)

3 浣花草堂(완화초당) - 완화계 근처에 마련했던 두보의 초가. 亦何有(역하유) - 또한 무엇이 있겠는가? 난리를 겪어 아무것도 남아있는 것이 없을 것이라는 말이다.

《보주두시》에 인용된 사씨 주 초당이 반군에 의해 소실되었기 때문에 그렇게 말한 것이다.(草堂爲賊焚, 故云云.)

#《두시상주》: 동천에서 초당을 회상하며 난리를 당하여 불에 타버리지나 않았을까 두려워한 것이다.(從東川回想草堂, 恐遭亂焚毁也.)

4 梓中(재중) - 재주 가운데. '中'이 '州'로 된 판본도 있다. 豪俊(호준) - 재주가 걸출한 사람. '俊'이 '貴'로 된 판본도 있다.

《보주두시》에 인용된 조언재 주 호준이라 지목한 사람은 엄이를 말한다.(指豪俊者謂嚴二也.)

5 本州從事(본주종사) - 재주에서 별가 벼슬을 하고 있는 엄씨를 두고 한 말이다. 별가의 전칭全稱은 별가종사로 종사는 약칭이다.

《보주두시》에 인용된 사씨 주 재주는 동천에 속한다. 엄이는 재주별가를 지냈는데 지금의 통판과 같다. 바로 재주 사람으로 본주종사라고 한 것이다.(梓州屬東川, 嚴二爲梓州別駕, 如今之通判, 乃梓州人爲本州從事.)

6 把臂(파비) - 팔을 잡다. 친밀함을 나타내는 말이다. 飮我酒(음아

주)- 나에게 술을 마시게 해주다.

7 擊劍(격검)- 여기서는 검무를 추는 것을 말한다. 蛟龍吼(교룡후)- 교룡이 크게 울다. 여기서는 검무를 출 때에 검이 소리를 내어 우는 것을 두고 한 말이다.

8 烏帽(오모)- 오사모. 拂塵(불진)- 먼지를 떨어내다. 靑騾(청라)- 푸른빛이 나는 노새. '騾'가 '螺'로 된 판본도 있다.

《두시상주》에 인용된 주학령 주 조언재는 "'청라속'은 모자의 무늬이다"라고 하였는데, 이 설은 옳지 않다. 이는 아마도 공의 시(〈입주행증서산검찰사두시어入奏行贈西山檢察使竇侍御〉)의 '노복에겐 흰밥을 주고 말에겐 푸른 꼴을 주었다'는 뜻일 것이다. 마땅히 변씨의 판본에 의거하여 '청라'로 해야 한다.(趙云, 靑螺粟, 帽之紋也. 此說非是. 蓋卽公詩與奴白飯馬靑芻意, 當依卞氏本作靑騾.)

《두시경전》 '청라속'은 곧 '노복에겐 흰밥을 주고 말에겐 푸른 꼴을 주었다'는 뜻이다. 주인이 손님을 대접함이 이처럼 후했다는 말이다.(靑騾粟, 卽與奴白飯馬靑芻意. 言主人待客之厚如此也.)

9 紫衣(자의)- 보라색 의복. 緋衣(비의)- 붉은색 의복. 술자리에서 시중드는 이들을 가리키는데, 혹 엄씨의 자제들로 보기도 한다. 將炙(장자)- 구운 고기를 내오다.

《두시상주》 '자'는 잘게 썬 고기와 구워 익힌 고기이다.(炙, 膾炙也.)

《두시경전》 자의와 비의는 아마도 그 자제들 가운데 심부름하는 이를 가리키는 듯하다.(紫衣緋衣, 殆指其子弟之供役者.)

#《두시상주》: 이 단락은 별가가 손님을 대접하는 정을 기록하였다. 교룡이 운다는 것은 검무를 추는 것을 가리켜서 말한 것인데, 《진서》에 검이 연진에서 뛰어올라 두 마리의 용으로 변했다는 고사를 쓰고 있다. 오모의 경우는 먼지를 떨어내고 청라에겐 곡식을 먹인다. 또 자의를 입은 사람은 고기를 들여오고 비의를 입은 사람은 분주히 일을 돕는다고 했는데, 이들 모두 술자리에 있었던 실제의 일들이다.(此記別駕待

客之情. 蛟龍吼, 指舞劍言, 用晉書劍躍延津, 化爲二龍事. 烏帽則拂其塵, 靑騾則飼以粟. 紫衣者進肉, 緋衣者奔走, 皆席中實事.)

10 銅盤(동반) - 구리 쟁반. 촛대에서 촛농을 받는 부분을 가리킨다. 燒蠟(소랍) - 밀랍을 태우다. 光(광) - '炎'으로 된 판본도 있다.

《보주두시》에 인용된 왕안석 설 동반은 촛대 받침으로 촛농을 받는 부분이다.(銅盤, 燭臺盤承淚者.)

11 夜如何其(야여하기) - 밤이 얼마만큼 되었는가? '其'는 어사이다. 促膝(촉슬) - 무릎을 가까이 하여 앉다.

《시·소아·정료庭燎》 밤이 얼마만큼 되었는가? 밤이 아직 밤중이 되지 않았네요.(夜如何其, 夜未央.)

12 始扣(시구) - 비로소 두드리다. 저물녘이 되어서야 주인의 문을 두드렸다는 말이다.

《보주두시》에 인용된 사씨 주 새로 알게 되었다는 것이다.(新相知也.)

13 俄頃(아경) - 잠깐 사이에. '我傾'으로 된 판본도 있다. 膠在漆(교재칠) - 아교가 칠에 있다. 사귐의 정이 굳건함을 나타내는 말이다.

《두시상주》에 인용된 《후한서》 진중과 뇌의가 친구로 지냈는데, 마을에서는 "아교와 칠이 스스로 견고하다 생각하겠으나, 진중과 뇌의만 못하다"라고 말하였다.(陳重與雷義爲友, 鄕里語曰, 膠漆自謂堅, 不如雷與陳.)

《보주두시》에 인용된 사씨 주 두보가 한 번 엄씨를 보고서는 곧 아교와 칠의 견고함 같이 여겼다는 말이다.(甫一見嚴二, 便如膠漆之固.)

14 萬事(만사) 구 - 엄씨로부터 환대를 받는 순간 온갖 일들을 모조리 육신의 바깥에다 부쳐두었다는 말이다.

15 百年(백년) 구 - 지금까지 살아오면서 엄씨를 만나기 전까지는 즐거움을 만끽한 적이 없었다는 말이다. '見'이 '及'으로 된 판본도 있다.

16 神傾(신경) - 정신을 기울이다. 意豁(의활) - 뜻이 활달하다.

#《두시상주》: 이 단락은 밤새 호탕하게 술을 마신 흥치를 서술하였다. 아교를 칠에 던져 넣었다는 것은 손님과 주인이 서로 마음이 맞았음을 비유한다. 이때에 모든 일을 다 잊고 백년 인생살이조차 계산에 넣지 않은 채로 오직 이 한 차례 마음을 기울이고 가슴을 활짝 여는 환대를 받고 있으니 자신도 모르게 오래된 병이 갑자기 낫게 된 것이다.(此敍夜來豪飮之興. 膠投漆中, 喩賓主相得. 此時萬事俱忘, 百年不計, 但領此一番傾倒開豁, 不覺久病頓瘳矣.)

17 高視乾坤(고시건곤) - 우러러 하늘과 땅을 바라보다. 可愁(가수) - 시름할 만하다. '可'가 '何'로 된 판본도 있다.

18 一體(일체) - 하나같이. 동일한 모습임을 뜻한다. '體'가 '軀'로 된 판본도 있다. 交態(교태) - 사귐의 모습. 교제의 양태 同(동) - 똑같이. '眞'으로 된 판본도 있다. 悠悠(유유) - 세속의 수준을 벗어나지 않는 범연한 상태를 뜻하는 말이다.

《보주두시》에 인용된 봉원逢原 설 적공은 "한번 가난해졌다가 한번 부유해져보니 곧 사귐의 양태를 알겠다"라고 하였다. '유유'는 보통의 사귐이다. 두보가 보기에 천지의 안이 비록 크지만 알고지내는 사람들은 모두 그렇고 그런 정도일 뿐이라는 것이다.(翟公云, 一貧一富, 乃知交態. 悠悠, 泛交也. 甫視乾坤之內, 雖大, 相知者皆泛泛爾.)

《두시상주》 마음을 알아주는 사람이 적다는 말이다.(言知心者少也.)

19 似君(사군) - 그대와 같은 사람.

《두시상주》 《위지》에 "선주 유비가 '원룡(진등陳登의 자字)의 문무 및 담량은 마땅히 옛사람 가운데서 구해야 할 뿐이다"라 하였다. 《세설》에 "진무제가 왕융에게 '이보(왕연王衍의 자字)는 지금 시대에 누구에게 견주어지는가?'라고 물으니, 왕융이 '아직 견줄 만한 상대를 보지 못했습니다. 마땅히 옛 사람 가운데서 구해야 될 듯합니다'라고 말하였다"라 하였다.(魏志, 劉先主曰, 若元龍文武膽志, 當求之於古耳. 世說, 晉武帝問王戎曰, 夷甫當世誰比. 戎云, 未見其比, 當

從古人中求耳.)

#《두시상주》: 끝 단락은 별가의 우의에 감탄한 것이다. 《두억》에는 "'고시' 2구는 변화가 심하다. 천지가 거대하지만 사귐의 양태는 하나같이 범연하나 오직 엄군의 의기만이 능히 고인에게 부끄럽지 않을 수 있다는 말이다.(末感歎別駕交誼. 杜臆, 高視二句, 起伏頓挫, 言乾坤之大, 而交態同屬悠悠, 唯嚴君意氣, 能不愧於古人耳.)

##《독두심해》: 처음으로 알게 되었는데 능히 즐거움을 다하였기 때문에 즉석에서 기증한 것이다. 공의 (〈조전부니음미엄중승遭田父泥飮美嚴中丞〉)시 중에서 이른바 "오래 나그네로 지내다보니 인정이 소중하게 여겨지네"라고 한 것이 이것이다. 처음 4구는 반세이다. 중간 단락은 위 6구, 아래 8구인데 두터운 대접에 대해 썼다. 혹 차례대로 쓰기도 하고 혹 거꾸로 적기도 하였으나 두 층으로 나뉘지는 않는데, 모두 지극하게 마음을 기울여 사모한 것이다. 뒤 4구는 감탄으로 맺고 있다.(初識面而能罄歡, 故卽席爲贈. 公詩所謂久客惜人情者, 此也. 起四反勢. 中段, 上六下八, 述相待之厚. 或順敍, 或倒找, 不分兩層, 總是傾倒之至. 後四, 感歎作結.)

《두시경전》: 생각해보건대, 공이 실의 중에 엄씨가 능히 주선을 극진히 해서 자신도 모르게 이처럼 감격하였으니 앞 시(〈客夜〉)에서 '삶의 길 궁박해져 친구에게 기댄다'고 한 것은 아마도 이 사람일 것이다.(想公於潦倒中, 嚴能極致周旋, 不覺感激如此, 前所云途窮仗友生, 豈卽此人耶.)

(**이남종**)

25. 贈韋贊善別
위찬선과의 작별에 부치다

扶病送君發[1] 自憐猶不歸 祇應盡客淚[2] 復作掩荊扉[3]
江漢故人少[4] 音書從此稀[5] 往還二十載[6] 歲晩寸心違[7]

아픈 몸 이끌고 그대의 출발을 전송하면서
오히려 돌아가지 못하는 처지에 스스로 슬퍼집니다.
그저 나그네의 눈물을 다 쏟아야만 하는 것인지
다시 사립문을 닫아겁니다.
강한 지역에는 아는 사람도 적으니
소식 전하는 편지도 지금부터는 드물어지겠지요.
오고 가며 사귄 20년 세월인데
늘그막에 내 마음과 어긋나는군요.

이 시는 위찬선과의 이별을 슬퍼하며 지은 것이다. 찬선은 동궁에서 일하는 관직의 이름이다. 위찬선의 구체적인 성명은 알려져 있지 않다. 보응 원년 재주에서의 작품이다.

> 《보주두시》 시에서 "아픈 몸 이끌고 그대의 출발을 전송하면서, 오히려 돌아가지 못하는 처지에 스스로 슬퍼집니다", "강한 지역에는 아는 사람도 적으니, 소식 전하는 편지도 지금부터는 드물어질 것이다"라고 하였으니, 틀림없이 보응 원년 재주에서 지은 것이다. 공에게 또 위찬선에게 부친 시(〈贈韋七贊善〉)가 있는데 양권도가 대력 5년 담주에서의 작품으로 편재하고 있으니 위찬선 또한 남쪽

지역을 떠돌면서 돌아갈 수 없었던 것이다. 위씨는 위견소의 후손이다.(詩云, 扶病送君發, 自憐猶未歸, 江漢故人少, 音書從此稀, 當是寶應元年梓州作. 公又有贈韋贊善詩, 梁權道編在大曆五年潭州, 則韋亦流轉南州, 不得歸也. 韋乃韋見素之後.)

《두시상주》 황학과 선복이 모두 보응 원년 재주에서의 시로 편재하였다. 《당지》에 "등궁의 관리로 좌찬선대부는 5인인데 전령을 관장하고 잘못을 풍간하며 예절과 의식을 보좌한다"고 하였다.(黃鶴單復, 俱編在寶應元年梓州詩內. 唐志, 東宮官左贊善大夫五人, 掌傳令, 諷過失, 贊禮儀.)

주 석

1 扶病(부병) - 병든 몸을 지탱하다. 여기서는 아픈 몸을 이끌고 떠나는 벗을 전송하는 것이다.

2 客淚(객루) - 나그네의 눈물.

《구가집주두시》 조언재 주 '객루'는 나그네의 눈물이다. 비록 다른 사람을 전송하는 때이지만 자신 또한 나그네이기에 이런 것이다.(客淚, 言爲客之淚也. 雖送人之際, 其身亦客, 故爾.)

3 掩荊扉(엄형비) - 사립문을 닫다.

도연명 〈귀원전거歸園田居〉 대낮에도 사립문을 닫고 있으니, 빈 방은 잡된 생각과 끊어졌다.(白日掩荊扉, 虛室絶塵想.)

4 江漢(강한) - 장강과 한수 사이의 지역. 여기서는 위찬선이 떠나게 되는 파촉 지역을 가리킨다.

《독두심해》 '강한'은 가릉강을 통칭하여 가리킨다.(江漢, 統指嘉陵江.)

5 音書(음서) - 편지. 서신.

6 往還(왕환) - 왕래. 서로 간의 교제를 말한다.

7 歲晩(세만) - 노년. 寸心違(촌심위) - 마음의 바람과 어그러지다. 여기서는 벗과의 사귐이 끊어지게 된 것을 가리킨다.

《두시경전》 늘그막에 도리어 이별하게 된 것을 말한다.(謂老而反別也.)

#《두시상주》: 위의 4구는 떠나는 이를 전송하는 뜻이다. 아래 4구는 이별 후의 마음이다. 전체 시가 모두 마음을 풀어낸 것에 해당한다. '촌심위'는 만남의 기쁨을 누릴 수 없게 되었다는 것이다.(上四, 送別之意. 下四, 別後之懷. 通首皆屬敘情. 寸心違, 不得遂聚首之樂也.)

《독두심해》: 친구와의 이별에 부치면서 순전히 자신의 나그네살이의 고충에서 비롯된 마음을 쏟아내고 있다.(贈別故人, 純從自己羈棲苦衷, 一片滾出.)

《두억》: 이 시는 많은 굴곡을 통해 무한한 감상을 드러내었으니 글자마다 눈물이 아롱져 있다.(此詩許多婉轉, 無限感傷, 一字一淚.)

(**박홍준**)

26. 寄高適

고적에게 부치다

楚隔乾坤遠[1] 難招病客魂[2] 詩名惟我共[3] 世事與誰論[4]
北闕更新主[5] 南星落故園[6] 定知相見日[7] 爛漫倒芳樽[8]

초나라는 멀리 떨어진 하늘 땅,
병든 나그네 넋 부르기 어려워라.
시 짓는 명성은 오직 나와 공유하지만
세상일은 누구와 의논하는가.
북녘 궁궐은 새 임금으로 바뀌고,
남녘 별은 고향에 떨어진다.
알겠노라, 서로 만날 날에
어지러이 향그런 술잔 기울일 줄을.

대종이 즉위하면서 엄무가 조정으로 돌아가고, 촉주자사 고적이 성도를 대리 통치하게 되었다. 이 소식을 듣고 그와 만날 즐거움을 상상하였다. 이 때 두보는 재주에 있으면서 빨리 성도로 돌아가려 하였으나 난이 있어 뜻을 이루지 못하였다. 보응 원년 가을에 지었다. 혹은 이 해 4월 두보가 성도에 있고, 고적이 조정으로 돌아간 때 지었다고 보기도 한다. 이 시는 송나라 때 시집에 수록되었으며, 위작으로 보는 견해가 많다.

《보주두시》 시에서 "북녘 궁궐은 새 임금으로 바뀌다"라고 한 것은 대종이 갓 즉위했음을 말하니 당연히 보응 원년 작품이다. 이 때에 공은 성도에 있었고, 고적은 불려 돌아갔다. 그러므로 "남녘 별이 고향에 떨어진다"고 하였다.(詩云, 北闕更新主, 謂代宗初卽位, 當是寶應元年作. 是時, 公在成都而適召還矣. 故曰, 南星落故園.)

《두시상주》 살펴보건대, 대종은 보응 원년 4월에 즉위하였다. 이 때 공은 성도에 있었고 고적은 촉주에 있었으니, 하늘과 땅을 사이에 두고 멀리 떨어져 있다고는 말할 수 없다. 엄무가 경사로 돌아간 후부터 고적이 성도를 대리 통치하였고, 공은 면주에서 재주로 들어갔다. 그러므로 멀리 떨어져 있다는 말이 있다. 이 시는 고적에게 부쳤으니 이 해 가을에 지은 것이 맞으며, 옛 편차는 모두 옳지 않다.(按, 代宗卽位, 在寶應元年四月, 此時公在成都, 高在蜀州, 不得云乾坤隔遠. 自嚴武還京, 高適代尹成都, 公則自綿入梓, 故有隔遠之語. 此詩寄適, 當在是年之秋, 舊編俱未當.)

《독두심해》 엄무가 소환된 것은 대략 여름에서 가을로 넘어갈 무렵이다. 촉주자사 고적이 성도를 대리로 다스렸다.(嚴武被召, 大約在夏秋之交. 蜀州刺史高適, 代尹成都.)

《두시경전》 문집에 없던 시로서 송나라 조봉대부 운안우가 수록하였다. 엄무가 불려 돌아간 후 고적이 대리로 성도를 다스리자 공이 이 시를 부쳤으니, 돌아가서 의지하고 싶은 뜻은 다만 난리 때문에 이루지 못하였을 뿐이다.(集外詩, 宋朝奉大夫員安宇所收. 嚴武召還後, 適代尹成都, 公寄此詩, 蓋欲歸相依之意, 特因亂未果耳.)

주 석

1 楚(초)- 여기서는 촉蜀 지역을 가리킨다. 이 시를 지을 때 고적은 성도를 다스리고 있었으므로 초는 고적이 있는 성도를 가리킨다. 또 이 때 고적은 경사로 불려갔다고 보기도 하므로 시인 자신이 촉, 즉 초에 있다는 뜻으로도 풀이한다. 이 구는 초나라 땅이 하늘과 땅을 사이에 두고 멀리 떨어져 있음을 말한다.

《두시경전》 구조오의 주에, 전국시대에 촉은 본래 초나라에 속하였으며, 이 때 고적과 공의 가속은 모두 성도에 있었으므로 이렇게 말하였다고 하였다.(仇注, 七國時蜀本屬楚, 時高與公家屬俱在成都, 故云.)

2 難招(난초)- 부르기가 어렵다. 病客(병객)- 병든 나그네. 두보 자신을 말한다.

〔楚隔 2구〕

《두시상주》에 인용된 《두억》 〈초혼〉은 송옥이 지었고, 송옥은 초나라 사람이니 첫구에서 이를 인용하였다고 하였다.(招魂乃宋玉所賦, 玉本楚人, 故起句用之.)

《독두심해》 '초'자와 '병'자는 서로 바뀐 듯하다. 서천은 초라고 말할 수 없고, 혼을 부르면 바로 '초객'이라고 말할 수 있다. 서로 바뀌었음이 틀림없다.(楚字病字, 疑當互轉. 西川不得云楚, 招魂正可云楚客. 定屬互錯.)

3 詩名(시명)- 시를 잘 짓는다는 명성. 我(아)- 두보 자신을 말한다. 共(공)- 같다. 명성을 공유한다는 말이다.

4 與誰論(여수론)- 고적이 세상일을 누구와 의논하는가라는 말이다.

〔詩名 2구〕

《두시상주》 《신당서·고적전》에 오십에 시를 잘 지어 호사가들이 매번 퍼뜨렸고, 왕도와 패도의 대략을 갖추었으며, 강개하여 담론을 잘하였다고 하였다. 3, 4구는 그 실제를 말하였다.(適本傳, 五十工詩, 好事者輒傳布, 又具王霸大略, 慷慨善談論. 三四正道其實.)

5 北闕(북궐)- 궁궐. 장안의 궁궐을 가리킨다. 更(경)- 바꾸다. 바뀌다. 新主(신주)- 대종을 가리킨다.

《독두심해》 이 해 4월에 대종이 즉위하였다.(是年四月, 代宗卽位.)

6 南星(남성)- 남기성南箕星 또는 남극노인성南極老人星. 여기서는 고적을 가리킨다. 故園(고원)- 고향. 고적의 창주滄州를 가리킨다고도

하고, 두보의 고향 경사 또는 성도 초당을 가리킨다고도 한다.

《두시경전》 남성은 남극노인성이다.(南星, 南極老人星也.)

〔北闕 2구〕

《두시상주》 '남성'으로 '북궐'에 짝을 맞추었으니 비유어이다. 공은 고적과 함께 남쪽에서 돌아가려고 하였으므로 '낙고원'이라고 하였다. 공의 〈송이팔비서부두상공막送李八秘書赴杜相公幕〉시에 "남극성 하나 북두를 향한다"고 한 것과 뜻이 비슷하다. 살펴보건대《사기·천관서》에 "동정의 서쪽 곡성을 월이라고 한다. 월의 북쪽은 북하, 월의 남쪽은 남하이다"라고 하였다.《사기정의》에 "월은 진의 분야이다. 남하 세 별, 북하 세 별이 동정을 남북에서 끼고 있어 두어서 경계로 삼았다. 남쪽 별이 보이지 않으면 남쪽 길이 통하지 않고, 북쪽도 또한 그러하다"라고 하였다. 여기서 "남녘 별은 고향에 떨어진다"라고 하였으니 남성이 나타나고 남북의 길이 뚫린 것이다. 또한 장안의 분야에서도 뜻을 취하였다.(以南星對北闕, 是借喩語. 公與適將自南而回, 故曰落故園. 公詩, 南極一星朝北斗, 意正相似. 按, 史記天官書, 東井之西, 曲星曰鉞, 鉞北北河, 鉞南南河. 正義曰, 鉞乃秦之分野, 南河三星, 北河三星, 分夾東井南北, 置而爲戒. 南星不見, 則南道不通, 北亦如之. 此云南星落故園, 是南星見, 而南北道通矣. 且於長安分野, 亦有取義.)

《독두심해》 남성은 고적을 가리킨다. 서천은 본래 남쪽 고을이고, 촉주는 또 성도 남쪽에 있다. 공은 후임 부윤 두홍점도 '남극일성'이라고 불렀다. 구조오는《사기》'남하북하'의 주에 '남성' '북성'이라는 글자가 있음을 보고 끌어 증거로 삼았으나 가소롭다. 주는 다만 글자를 줄였을 뿐이니 명칭으로 삼을 수는 없다. 방수房宿의 옆에 동함 서함이 있으나 동성 서성이라고 부를 수 없으며, 강루에 좌경 우경이 있지만 좌성 우성이라고는 부를 수 없음과 같다. '고원'은 초당을 가리킨다.(南星指高. 西川本南郡, 蜀州又在成都南也. 公稱後尹杜鴻漸, 亦云南極一星. 仇見史記南河北河注有南星北星字, 引以爲

證, 可笑. 注特省文耳, 非可以爲名也. 如房旁之有東咸西咸, 不得云東星西星, 降婁之有左更右更, 不得云左星右星也. 故園, 卽指草堂.)

7 定知(정지)- 분명히 알다.

8 爛漫(난만)- 어지럽다. 취한 모습을 말한다. 芳樽(방준)- 술잔. 술독.
《두시상주》 '난만'은 취한 모습이다.(爛漫, 醉貌.)

#《두시상주》: 이 시는 재주에 있으면서 고적에게 부쳤다. 1, 2구는 고적부터 말하여 자신에게로 왔고, 3, 4구는 자신부터 말하여 고적에게로 향하였다. 이는 서로 떨어진 고충을 펴낸 것이다. 새 임금이 갓 즉위하여 고향으로 돌아갈 수 있으니 이로부터 서로 만나 술잔을 기울이며 시를 이야기하고 세상일을 논할 수 있다. 이는 경사로 돌아가는 즐거움을 미리 말한 것이다.(此在梓州, 而寄詩於適也. 一二, 從高說至已. 三四, 從已說向高. 此敘出相隔苦衷. 新主初立, 則故園可歸, 從此相見傾樽, 得以談詩論事. 此豫道還京之樂也.)

《두시상주》: 이 시는 제가의 이론이 분분하며, 위작이라고 여기는 이가 많다. 고신의 주에서는 고적이 경사로 돌아간 때는 광덕 2년이니 '신주'라고 부를 수 없다고 의심하였으니 조정으로 돌아가는 고적을 전송하여 따로 시 한 편이 있음을 모른다. 이 시는 대종의 즉위를 기뻐하여 지었으니 같은 때로 묶을 필요가 없다. 주학령의 주는 성도는 촉 땅이므로 초라고 말할 수 없다고 의심하였다. 살펴보니 전국시대에 촉은 본래 초나라에 속하였으며, 앞의 〈송이교서이십육운送李校書二十六韻〉 시에서도 "이미 초산의 푸르름 보았다"라고 하였으니 고적이 성도에 있었다면 왜 초라고 말하지 못하겠는가. 《두억》에서는 고적의 집은 창주이니 '고원'이라고 말할 수 없다고 의심하였다. 살피건대, 공은 본래 두릉 사람이니 장안을 '고원'이라고 여겨 원래 고적만을 지칭하는 것은 아니다. 제설이 분분하나 이제 모두 바로잡는다.(此詩諸家聚訟, 多疑贋本. 顧注疑高適還京在廣德二年, 不得稱新主. 不知送高還朝, 別有一詩. 此則喜代宗初立而作, 不必牽合同時. 朱注疑成都爲蜀

地, 不得言楚. 考七國時, 蜀本屬楚, 前送李校書詩亦云, 已見楚山碧, 則高在成都, 亦何不可言楚乎. 杜臆疑適家滄州, 不得言故園. 按, 公本杜陵人, 故以長安爲故園, 原未嘗專指適也. 諸說紛紛, 今並正之.)

《독두심해》: 이 시는 엄무를 보내면서 면주에 도착한 후에 고적이 성도를 대리하여 다스린다는 말을 듣고 지었음에 틀림없다. 이 때 본래 초당으로 즉시 돌아가려 하였고, 또 대리하여 다스린다는 소식을 듣고서 돌아가려는 뜻이 자못 결연하였지만, 서지도의 난 때문에 이루지 못하였다. 1, 2구는 자탄이다. 고적과 떨어져 있다는 말이 아니라, 고향에서 떨어져 있는 것이다. 혼은 이미 북쪽으로 돌아갈 수 없으니 객지의 거처에 벗이 절실히 필요함을 말한다. 3, 4구는 취향의 투합을 말한다. 5, 6구는 새 임금을 빌어 새 부윤을 언급하는 것이니, 다행히 고적이 대리하여 다스려 초당과 가깝게 되었다. 7, 8구는 돌아가려는 본의를 바로 토하였다. 이 시의 의문 덩어리는 '故園' 2자에 있다. 고적의 창주(원문 '洲'는 '州'의 잘못) '고원'을 가리킨다고도 하고, 공의 경사 '고원'을 가리킨다고도 하여 이래도저래도 맞지 않다. 공이 촉에 들어온 후 3년이 걸려 초당 하나를 완성하였고, 몸은 자주 나갔으나 가족은 거기에 살고 있었으니 초당을 '고원'이라 부를 수 있음을 모른다. 엄무가 성도를 다시 다스리자 공이 시를 부쳐 "고원에서 오히려 얼마 남지 않은 봄을 볼 수 있다"라고 하였으니 이것이 뚜렷한 증거이다. 제가들은 왜 이를 잊어버렸을까. 이렇게 해석하니 시의가 확 트이고 편차도 하나로 고정된다.(詩當是送嚴到綿後聞高代尹而作. 時本欲卽還草堂, 且聞代尹之信, 歸志頗決. 特以徐知道之亂不果耳. 一二自慨, 非謂與高隔, 與鄕國隔也. 言魂以不能北返, 則客居之需故人亟矣. 三四見聲氣投合. 五六借新君遞落新尹, 幸高代鎭, 與草堂相卽. 七八直吐歸就本懷. 是詩疑團在故園二字, 或指適滄洲之故園, 或指公京師之故園, 輾轉不合. 不知公入蜀後, 三年而成一草堂, 身雖頻出, 家口寄焉, 草堂固可云故園也. 嚴武再鎭成都, 公寄詩云, 故園猶得見殘春, 是顯證

也. 諸家何遂忘之. 解此, 則詩意豁然, 而編次亦屬一定.)

(**이창숙**)

27. 野望
들에서 바라보다

金華山北涪水西[1] 仲冬風日始淒淒[2]
山連越巂蟠三蜀[3] 水散巴渝下五溪[4]
獨鶴不知何事舞 饑烏似欲向人啼
射洪春酒寒仍綠[5] 極目傷神誰爲攜[6]

금화산 북쪽 부수 서쪽은
한겨울에야 바람과 햇살이 비로소 썰렁해지네.
월수로 이어진 산맥은 삼촉에 서려 있고
파유로 흩어진 강물은 오계로 내려가네.
외로운 학은 무슨 일로 춤을 추는가?
굶주린 까마귀는 사람을 향해 울려는 듯하네.
사홍현의 봄 술은 추위에도 여전히 푸른데
먼 곳 바라보며 마음 상한 나에게 누가 가지고 올까?

이 시는 보응 원년 11월 재주 동쪽의 사홍현에 갔을 때 지은 것이다. 들에서 바라 본 경물을 묘사하며 나그네 생활하는 심사를 표현하였다.

《보주두시》 시에서 '금화산 북쪽 부수의 서쪽은 중동에야 바람과 햇살이 비로소 썰렁하다'라고 하였다. 산과 강이 모두 사홍현에 있고, 또 '한 겨울'이라 하였으니 응당 보응 원년 11월 사홍에 갔을 때 지은 것이다.(詩云, 金華山北涪水西, 仲冬風日始淒淒. 山與水皆在射洪縣, 又云仲冬, 當是寶應元年十一月往射洪作.)

주 석

1 金華山(금화산)- 사홍현 북쪽에 있는 산. 北(북) - '南'으로 된 판본도 있다. 涪水(부수)- 사홍현 동쪽을 흐르는 강.

《두시상주》 금화산은 사홍현 북쪽에 있다. 현은 또 부수의 서쪽에 있다.(金華山在射洪縣北, 縣又在涪水之西.)

2 仲冬(중동)- 음력 11월. 淒淒(처저)- 날씨가 차다.

3 越巂(월수)- 사천성에 있는 지명. 三蜀(삼촉)- 촉 지역을 뜻한다.

《두시상주》 《한서》에 의하면 월수군은 본래 익주 서남쪽에 사는 이족 땅인데 무제 초에 처음으로 군을 설치하였다. 《당서》에서 수주 월수군은 검남도에 속한다고 하였다.(漢書, 越巂郡, 本益州西南外夷, 武帝初開置. 唐書, 巂州越巂郡, 屬劍南道.)

《두시상주》에 인용된 상거常璩《촉지蜀志》 진나라에서 촉군을 설치하였고 한 고조가 광한군을 설치하였고 무제가 또 그곳을 나누어 건위군을 설치하였다. 후인들이 이를 삼촉이라 한다.(秦置蜀郡, 漢高祖置廣漢郡, 武帝又分置犍爲郡. 後人謂之三蜀.)

4 巴渝(파유)- 지명. 파주와 유주를 합칭한 것이다. 五溪(오계)- 무릉에 있는 지명.

《두시상주》에 인용된 《환우기》 파주의 북쪽 강을 일명 파령수라고 하고, 유주수라고도 하고, 탕거수라고도 한다. 유주는 지금 파현에 속한다.(巴州北水, 一名巴嶺水, 一名渝州水, 一名宕渠水. 渝州今隷巴縣.)

《수경주·원수沅水》 무릉에 오계가 있는데, 웅계, 만계, 무계, 유계, 신계가 각각 그 중 하나라고 한다. 시내 양쪽이 모두 만족의 거처여서 이 만족을 오계만이라 한다.(武陵有五溪, 謂雄溪樠溪無溪酉溪辰溪其一焉. 夾溪悉是蠻左所居, 故謂此蠻五溪蠻)

〔山連 2구〕

《독두심해》 촉의 서남쪽은 산이 끊이지 않고 촉의 동남쪽에는 강물이 모인다. 3, 4구는 이를 다 표현하였다.(蜀西南, 山不斷, 蜀東南, 水所會, 三四盡之.)

5 射洪(사홍) - 지명. 재주 동쪽에 있다. 春酒(춘주) - 겨울에 빚은 술이다.
《두시상주》에 인용된 정씨程氏 설 사홍현은 재주 동쪽 60리에 있다.(射洪縣, 在梓州東六十里.)

《두시상주》 《원화군현지》에서 "재동수가 부강과 합류하여 쏜살 같은 급류가 부강의 입구로 쏟아져간다. 촉 땅 사람은 강의 입구를 '홍'이라 하니 이로 인해 '사홍'이라 명명하였다"라고 하였다. 《시경·빈풍》에 보면 시월에 벼를 수확하고 '이 봄 술을 만든다'라고 하였는데 대개 겨울에 빚어 봄에 익는 것이다. 이 시에서 '봄 술이 추위에 여전히 푸르다'라 한 것도 또한 겨울 술을 말한다.(元和郡縣志, 涬潼水與涪江合, 流急如箭, 奔射涪江口, 蜀人謂水口爲洪, 因名射洪. 豳風, 十月穫稻, 而云爲此春酒, 蓋冬釀而春成也. 此詩, 春酒寒仍綠, 亦言冬酒.)

6 極目(극목) - 시야를 끝까지 다하여 보는 것을 말한다. '目極'으로 된 판본도 있다.

《두시상주》 '극목', '상신'은 4자가 대를 이룬다. 성도에서 지은 〈야망〉에서 '출교극목'이라는 표현을 쓴 것에 근거하면 주학령본을 따르는 것이 옳다.(極目傷神, 四字對擧. 據成都野望詩, 用出郊極目, 從朱本爲是.)

#《두시상주》 이 시는 사홍에 있을 때 들에서 바라본 것이다. 산의 북쪽과 강의 서쪽이 들에서 바라본 지점이다. 중동의 바람과 햇살은 들에서 바라본 시점이다. 둘째 연은 멀리 바라본 것으로 위의 산과 강을 이어받고, 셋째 연은 가까이 본 것으로 아래의 마음 상했다는 뜻을 일으키니 여전히 위와 아래 4구로 나뉜다. 산은 남쪽 만황蠻荒에서 발하고 강은 초 지역으로 통하니 수천 리의 맥락이 두 구에 포괄된다. '이었다' 하고 '서렸다' 한 것은 산의 모습이 길고도 굽었기 때문이고, '흩어진

다' 하고 '내려간다' 한 것은 강의 형세가 나뉘었다가 합쳐지기 때문이다. 외로운 학은 나그네 생활과 비슷한 데가 있어서 춤추는 것을 보고 의아하게 생각했고 굶주린 까마귀는 떠돌며 먹는 신세를 느끼게 하는 면이 있어서 우는 소리를 듣고 가련히 여겼다. 눈에 보이는 것이 마음을 상하게 하여 술을 들고 와서 시름을 풀 것을 생각하게 된 것이다. 고신 주에서 "술이 따뜻하면 푸르다. 사홍은 추위가 약하여 겨울 술이 여전히 푸른 것이니 '비로소 썰렁해지다'는 위의 말과 호응한다. '극목' 2자는 '망' 자를 분명히 드러내었다"라고 하였다.(此在射洪而野望也. 山北水西, 野望之地, 仲冬風日, 野望之時. 次聯遠望, 承上山水, 三聯近望, 起下傷神, 仍在上下四句分截. 山發南荒, 水通楚界, 數千里脈絡, 包在二句. 曰連曰蟠, 山形長而曲也, 曰散曰下, 水勢分而合也. 獨鶴有似羈棲, 故見舞而訝, 饑烏有感旅食, 故聞啼而憐. 觸目傷情, 因思攜酒銷愁耳. 顧注, 酒煖則綠, 射洪寒輕, 故冬酒仍綠, 應上始凄凄. 極目二字, 明點望字.)

《독두심해》: 이 시 역시 나그네 생활을 탄식한 것이다. 1,2구는 풍토가 다르다는 것이고, 3,4구는 구역이 멀다는 것이다. 이런 시골에 자취를 부쳤으니 무슨 고무할 일이 있겠는가? 오직 울고 싶을 뿐이다. 5,6구는 부이면서 비이다. 봄 술을 가져오는 이 없다 하여, 결구에서 의탁할 데 없는 괴로운 상황을 드러내었다.(此亦羈棲之歎也. 一二, 風土之殊, 三四, 區域之遠. 寄跡此鄉, 有何鼓舞, 但欲悲啼耳. 五六, 蓋賦而比也. 春酒莫攜, 結出無依苦況.)

(**이영주**)

28. 冬到金華山觀因得故拾遺陳公學堂遺跡
겨울에 금화산의 도관에 이르렀다가 고 진습유의 학당 유적을 만나다

涪右衆山內[1] 金華紫崔嵬[2] 上有蔚藍天[3] 垂光抱瓊臺[4]
繫舟接絶壑[5] 杖策窮縈回[6] 四顧俯層巓[7] 淡然川谷開[8]
雪嶺日色死[9] 霜鴻有餘哀[10] 焚香玉女跪[11] 霧裏仙人來[12]
陳公讀書堂[13] 石柱仄青苔[14] 悲風爲我起[15] 激烈傷雄才[16]

부강 서쪽 여러 산 가운데
금화산이 붉게 높이 솟았네.
위에는 푸른 하늘이 있고
드리운 빛은 경대를 안았네.

배를 매어 깊은 골짜기에 대고
지팡이 짚고서 굽이진 산길을 다하였네.
사방 돌아보니 층층 산꼭대기 내려다보이고
어렴풋하게 내와 골이 펼쳐 있네.
설령엔 해가 빛을 잃었고
기러기 울음소리엔 슬픔이 끝이 없네.
향 피우는 옥녀 무릎을 꿇었고
안개 속에서 선인이 나오네.

진공께서 글 읽던 서당에는
돌기둥이 푸른 이끼에 기울어 있네.
슬픈 바람이 나를 위해 일어나

격렬하게 걸출한 인재를 슬퍼하네.

이 시는 보응 원년 겨울 두보가 사홍현에 있을 때 지은 것이다. 두보는 금화산의 도관에 갔다가 우습유 진자앙이 젊었을 때 공부했던 학당을 관람하고 그의 불행한 삶에 대하여 깊은 탄식을 하고 있다. 금화산의 도관은 남조 양나라 때 창건된 도교 성지이다. '진공'은 진자앙을 가리킨다.

《보주두시》 《구역지·주》에 "재주에는 진자앙 묘가 있다"고 하였으니 그가 금화산에 서당을 가지고 있었던 것은 당연하다. 시제에 '겨울에 금화산에 이르렀다'고 하였는데 아마도 공은 보응 원년 가을 재주로부터 성도로 돌아가 가족들을 맞이하고 다시 재주에 갔다가 11월에 사홍현으로 갔으니 이 때 지은 것일 것이다. 다음 해인 광덕 원년에도 비록 재주에 거주하긴 했지만 겨울에는 이미 낭주에 있었다. 그러므로 보응 원년에 지은 것이라는 것에는 의심이 없다.(九域志州, 梓州有陳子昻墓. 宜其有書堂在金華. 詩題云, 冬到金華山, 蓋公寶應元年秋自梓歸成都迎家, 再至梓, 十一月往射洪, 乃是時作. 明年廣德元年, 雖亦居梓, 而冬已在閬, 然則作於寶應元年無疑矣.)

《두시상주》 《여지기승》에 "진습유 서당은 사홍현 북쪽 금화산에 있다. 대력 연간에 동천절도사 이숙명이 그를 위해 정덕비를 금화산 독서당에 세웠는데 지금 옥경관 뒤에 있다"고 하였다. 지리서에 "금화산은 위로 구름에 닿고 아래로 부강을 굽어보고 있는데 옥경관이 이 산 위에 있다. 동진 진훈이 산중에서 도를 배워 대낮에 신선이 되어 떠나갔다. 양나라 천감 연간에 도관을 세웠다"고 하였다. 《당서》에 "진자앙은 자가 백옥이며 재주 사홍인으로 일찍이 금화산에서 공부하였다"고 하였다.(輿地紀勝, 陳拾遺書堂, 在射洪縣北金華山. 大曆中, 東川節度使李叔明, 爲立旌德碑於金華山讀書堂, 今在玉京觀之後. 地志, 金華山, 上拂雲霄, 下瞰涪江. 有玉京觀在本山上. 東晉陳勳學道山中, 白日仙去. 梁天監中建觀. 唐書, 陳子昂, 字伯玉, 梓州射洪人, 常讀書於金華山.)

주 석

1 涪右(부우) - 부강의 오른쪽. 부강의 서쪽에 있는 재주를 말한다.

《보주두시》 황희 주 《수경》에 "부강의 강물은 동남으로 흘러 사강과 합쳐지는 까닭에 재주를 부우라고 말한다.(水經云, 涪江水東南合射江, 故梓州云涪右.)

《두시상주》에 인용된 주학령 주 부우는 부강의 오른쪽에 있다.(涪右, 在涪江之右也.)

2 金華(금화) - 금화산. 崔嵬(최외) - 흙이 덮인 돌산. 높은 산을 가리킨다.

《두시상주》에 인용된 《이아爾雅》 돌이 흙을 이고 있는 것을 '최외'라고 한다.(石戴土謂之崔嵬.)

3 蔚藍天(울람천) - 무성한 쪽빛처럼 맑고 푸른 하늘.

4 瓊臺(경대) - 붉은 옥으로 장식한 누대. 금화산관을 가리킨다.

〔上有 2구〕

《두시상주》 오견사의 《두시논문》에 "산 빛이 위에서 비치니 마치 하늘빛이 아래로 드리워 붉은 대를 휘돌아 안고 있는 것 같다. '경'은 붉은 옥으로 위 '자' 자와 호응한다"고 하였다. 사씨가 말하기를 "'울람천'은 바로 동천의 이름이며 금화산에 도관이 있었기 때문에 그렇게 말한 것이다"라고 하였다. 두전이 말하기를 "《도인경》에 32천 32제라고 하였는데 각각의 천은 별명이 있으니 제일 태황황증천은 울람옥명鬱㰖玉明이다. '㰖'은 음이 '람'이다. '울람'은 바로 '鬱㰖'이다"라고 하였다. 조언재가 말하기를 "'울람'은 무성한 쪽을 말하며 하늘의 푸른빛이 이와 같다. 만약 두전의 설과 같이 '鬱'이 '蔚'이 되고 '㰖'이 '藍'이 된다면 어떻게 이치상 두 글자를 모두 바꿀 수가 있겠는가? 오늘날 시인들이 물을 '뇌람수'라고 하니 하늘이 푸른 것을 '울람'이라고 하는 것이다"라고 하였다. 육방옹이 말하기를 "'울람'은 바로 은어로 천의 이름이니 뜻으로 풀이할 수 있는 것이 아니다. 두보 시에서 그것을 사용한 것은 그래도 아직 해가 되지는 않는다. 한자창이 '수색천광공울람'이라고 한 것은 바로 하늘과 강물의 빛깔이 모두 쪽과 같다는 말인데 아마도 또한 두보로 인하여 실수한 것일 것이다"라고 하였다. (진晉 손작孫綽의) 〈유천태산부遊天台山賦〉에 "경대가 중천에 높이 걸쳐 있다"고 하였다. 《금근경》에 "천궐 위에 경루옥대가 있는데 여러 신선들이 출입하는 것을 주관하는 곳이다"라고 하였다. 《태평경》에 "태공경대는 선계의 신선들이 사는 집이고 금화의 내부는 시봉하는 여인들과 여러 진인들이 거처하는 곳이다"라고 하였다.(吳論, 山色上映, 若天光下垂而迴抱於丹臺. 瓊, 赤玉也, 與上紫字相應. 師氏曰, 蔚藍, 乃洞天之名, 金華山有觀. 故云. 杜田曰, 度人經, 三十二天, 三十二帝. 諸天皆有隱名, 第一太黃皇曾天, 鬱㰖玉明. 㰖, 音藍. 蔚藍, 卽鬱㰖也. 趙曰, 蔚藍, 謂茂蔚之藍, 天之青色如此. 若如杜說, 鬱作蔚, 㰖作藍, 豈有兩字俱改易之理, 今詩人言水曰挼藍水, 則天之青曰蔚藍. 陸放翁曰, 蔚藍, 乃隱語天名, 非可以義理解也. 杜詩用之, 猶未有害. 韓子蒼乃云, 水色天光共蔚藍. 直謂天水之色俱如藍耳, 恐又因杜而失之者也. 天台賦, 瓊臺中天而懸居. 金根經, 天闕上有瓊樓玉臺, 主衆仙出入之所也. 太平經, 太空瓊臺, 洞門列眞之殿, 金華之內, 侍女衆眞之所處.)

#《두시상주》: 첫 단락은 금화산관을 쓴 것이다. 위 2구는 산이 높은 것이요, 아래 2구는 관의 아름다움이다.(首記金華山觀. 上二, 山之高. 下二, 觀之麗.)

5 絶壑(절학)- 깊은 골짜기. '壑'은 '壁'으로 된 판본도 있다.

6 杖策(장책)- 지팡이를 짚다. 縈回(영회)- 구불구불 돌다. 구불구불 돌아 난 산길을 말한다.

7 層巓(층전)- 층층이 겹쳐진 산꼭대기.

8 淡然(담연)- 빛깔이 엷은 모양.

9 雪嶺(설령)- 서산西山. 色(색)- '光'으로 된 판본도 있다. 死(사)- 죽다. 해가 빛을 잃은 것을 말한다.

10 霜鴻(상홍)- 서리 맞은 기러기. 겨울철의 기러기를 말한다. 餘哀(여애)- 남은 슬픔. 다함이 없는 슬픔.

11 玉女(옥녀)- 여기서는 분향하는 여자 신도를 가리킨다.

12 仙人(선인)- 여기서는 도를 찾는 사람을 가리킨다.

〔焚香 2구〕

《구가집주두시》 조언재 주: 제목이 도관이기 때문에 '옥녀' '선인'이란 글자를 사용한 것이다.(題是道觀, 故使玉女仙人字.)

#《두시상주》: 이 단락은 산에 올라 바라본 것을 기록하였으니 바로 도관의 겨울 풍경이다. 물을 따라 왔기 때문에 배를 맨 것이다. 산 위로 올라갔기 때문에 지팡이를 짚은 것이다. '층층의 산꼭대기' '시내와 골짜기'란 두루 산과 물을 살펴본 것이다. '옥녀'는 향을 사르는 사람을 말한다. '선인'은 도를 찾는 사람을 말한다.(此記登山瞻眺, 乃觀中冬景. 從水而來, 故系舟. 陟山之上, 故杖策. 層巓川谷, 遍覽山水也. 玉女, 謂燒香者. 仙人, 謂訪道者.)

13 陳公(진공)- 진자앙을 가리킨다.

14 仄(측)- 기울다.

15 爲我起(위아기)- 나를 위해 일어나다.

16 雄才(웅재) - 재능이 출중한 사람.

#《두시상주》: 이 단락은 학당의 유적에 대해 탄식한 것이다. '기둥이 기울고 이끼가 푸르다'는 것은 그 황량함을 보인 것이다. '바람을 맞으며' '격렬해진' 것은 옛사람을 애도하는 정이 깊은 것이다.(此歎學堂遺跡也. 柱仄苔靑, 見其荒涼. 臨風激烈, 弔古情深矣.)

##《두억》: 금화산은 사홍에 있는데《지》에 "위로 구름을 건드리고 아래로 부강을 내려다보는데 산 위에 옥경관이 있다"고 하였다. 그런 까닭에 '울람' '경대'의 구가 있는 것이다. '해가 빛을 잃었다' '기러기가 슬퍼한다'는 것은 먼저 진공의 죽음을 넌지시 드러내고 있다. 그리고 '옥녀가 무릎을 꿇었다' '선인이 온다'는 것은 본래 도관이 있어서이기 때문이지만 또한 진공의 영기가 아직 남아있음을 암시하고 있다. 그런 뒤에 '진공의 독서당'을 언급하였으니 또한 도치법이다.(金華山在射洪, 志云, 上拂雲漢, 下瞰涪江, 有玉京觀在山上. 故有蔚藍瓊臺之句. 日死鴻哀, 先已映帶陳公之死, 而玉女跪仙人來, 固因有觀, 而亦影陳公之靈氣猶存也. 然後及陳公讀書堂, 亦倒插法.)

(**이석형**)

29. 陳拾遺故宅

진습유의 옛 저택

拾遺平昔居[1] 大屋尙修椽[2] 悠揚荒山日[3] 慘澹故園烟[4]
位下曷足傷[5] 所貴者聖賢[6] 有才繼騷雅[7] 哲匠不比肩[8]
公生揚馬後[9] 名與日月懸[10] 同遊英俊人[11] 多秉輔佐權[12]
彦昭超玉價[13] 郭震起通泉[14] 到今素壁滑[15] 灑翰銀鉤連[16]
盛事會一時[17] 此堂豈千年[18] 終古立忠義[19] 感遇有遺篇[20]

습유께서 예전에 거처하시던
큰 가옥에는 아직도 기다란 서까래.
황량한 산에 해는 아련히 저물고
옛 뜰에 안개가 참담하다.

관직 낮다고 어찌 슬퍼할 것 있으랴?
귀하게 여겨지는 것은 성현이로다.
재주 있어 〈이소〉와 〈이아〉를 이었고,
훌륭한 장인도 어깨를 나란히 하지 못하나니,
공께서 양웅과 사마상여의 뒤에 태어났어도
명성은 일월과 함께 걸렸다.

함께 노닐던 영준한 사람들은
대부분 임금을 보좌하는 권력을 지녔으니,
조언소는 옥보다 값어치가 더 나갔고
곽진은 통천현위에서 시작하였다.
오늘까지도 흰 벽 매끄러운 곳에

붓을 씻어 은 갈고리 이어 놓았다.

성대한 일은 공교롭게도 한 때
이 집이 어찌 천 년을 가리오마는,
영원토록 충의를 세웠고
불우에 감개하여 유작이 있다네.

이 시는 앞의 시와 마찬가지로 두보가 51세이던 보응 원년에 진자앙의 옛 집을 방문했을 때 지은 것으로 추정된다. 진습유는 초당 때의 유명한 시인인 진자앙이다. 두보는 이 시를 통해 진자앙을 기리면서 느낀 감회를 읊고 있다.

《보주두시》 (진자앙의) 옛 저택은 분명 서당에서 멀지 않아 역시 산간에 있었을 것이다. 그래서 시에서 '아득히 황량한 산에 해가 지고, 참담한 옛 뜰에는 안개가 꼈다'고 한 것이다. 앞의 시와 같은 해에 지어졌다. 진자앙이 일찍이 서를 지어 두보의 조부인 두심언이 길주사호로 폄적되는 것을 전송하면서, "여러 공들이 예형의 준수함을 사랑하여 경사에 머물렀다"고 한 적이 있다. 시에서 다시 '함께 노닐던 영준한 사람들'이라고 한 것 역시 그의 조부가 함께 노니는 대열에 있으면서, 단지 임금을 보좌하는 권력을 쥐지 않았다는 뜻을 기탁한 것이다.(故宅當於書堂不遠, 亦在山間, 故詩云, 悠揚荒山日, 慘淡故園烟. 同上年作. 拾遺嘗有序, 送公之祖審言貶吉州司戶, 有云, 羣公愛禰衡之俊, 留在京師. 詩又云同遊英俊人者, 亦寓意其祖在同遊之列, 特不秉輔佐之權也.)

《두시상주》 양덕주는 "진습유의 옛 집은 사홍현 동무산 아래에 있으며 현에서 북쪽으로 1리쯤 된다. 본집에 '나의 사대조인 진방경이 도를 좋아하여 이곳에 은거했다'고 하였는데, 당조 도관의 터가 있으며 진체사가 그 동쪽에 있다"고 하였다. 《비목》에서는 "진습유의 옛 집에는 조언소와 곽진(원진元振은 자)의 제벽시가 있다"고 하였다.(楊德周曰, 陳拾遺故宅, 在射洪縣東武山下, 去縣北里許. 本集云, 子昂四世祖陳方慶, 好道, 隱於此. 有唐朝道觀址, 而眞諦寺在其左. 碑目云, 陳拾遺故宅, 有趙彦昭郭元振題壁.)

《두시전주》에 인용된 《구당서》 진자앙은 집안이 대대로 부호였지만, 그는 유독 검약한 생활을 하며 글을 읽었다. 감우시 30수를 짓자, 왕적이 보고서 놀라 "이 사람은 틀림없이 천하의 문종이 될 것이다"라고 하였다. 고종이 죽자 궁궐로 가서 글을 올렸는데, 자신을 '재주 사홍현의 야인 소신 진자앙'이라고 칭하였다. 측천무후가 그를 불러서는 인대정자에 배수하였다가 다시 우습유로 전근시켰다.(陳子昂家世豪富, 子昂獨苦節讀書. 爲感遇詩三十首. 王適見而驚曰, 此子必爲天下文宗矣. 高宗崩, 詣闕上書, 自稱梓州射洪縣草莽愚臣子昂. 則天召見, 拜麟臺正字, 再轉右拾遺.)

주 석

1 拾遺(습유)- 관직명. 진자앙을 가리킨다. 平昔(평석)- 옛날.

2 屋(옥)- '宅'으로 된 판본도 있다. 修椽(수연)- 기다란 서까래.

3 悠揚(유양)- 석양이 지는 모양. '悠悠'로 된 판본도 있다.

4 慘澹(참담)- 쓸쓸하고 처량한 모양. '崔崒'로 된 판본도 있다. 園(원)- '國'으로 된 판본도 있다.

#《두시상주》: 첫 단락에서는 진자앙의 옛 집을 적고 있다.(首記拾遺故宅.)

5 位下(위하)- 지위가 낮다. 진자앙이 인대정자에 임명된 것을 말한다는 설도 있고, 습유직에서 그친 것을 말한다는 설도 있다. 이 구절은

진자앙에 대한 말이면서, 두보 자신에 대한 말이기도 하다.

《두시상주》 진자앙은 인대정자가 되었는데, 그 지위는 낮다.(子昂爲麟臺正字, 其位卑下.)

《구가집주두시》 조언재 주: '관직 낮다고 어찌 슬퍼할 것 있으랴'는 말은 진자앙의 관직이 습유에 그쳤다는 것이다.(位下曷足傷, 則子昂官止拾遺而已.)

《두억》 '관직 낮다고 어찌 슬퍼할 것 있으랴?'라는 말 역시 두보 자신에 대한 얘기이다.(位下曷足傷, 亦自道.)

6 聖賢(성현)- 성인과 현자. 여기서는 문인으로서의 재질이나 이상적인 품덕을 뜻하는 것으로 보인다. 왕수는 진자앙의 업적을 예로 들고 있으나, 《구가집주두시》에서는 잘못이라고 지적하였다. 진자앙의 업적이 '성현'이라는 시어와 의미상 직접 관련이 없기에 잘못이라고 한 것인지, 아니면 《신당서》에 '모두가 성현의 급선무이다'라는 기록 자체가 없기에 잘못이라고 한 것인지는 불분명하다.

《보주두시》에 인용된 왕수王洙 주 살펴보건대, 진자앙이 무후에게 명당과 태학을 흥성시키라고 권고한 것과, 정치의 이로움과 해로움에 대해 조목조목 상소한 것 등 세 가지 일은 모두가 성현의 급선무이다. 《신당서》에 자세히 기재되어 있다.(按, 子昂勸后興明堂太學及條上利便(害의 오자)三事, 莫非聖賢之先務, 具載新書.)

《구가집주두시》 옛 주에서는 본전을 인용하면서 '모두가 성현의 급선무이다'라고 했는데, 옳지 않다.(舊注引本傳, 莫非聖賢之先務, 非是.)

《두시경전》 성현이란 말로 재주가 고매함을 부각시키고 있으니, 아래 '충의'라는 뜻을 함축한 것이다.(用聖賢字擡起才高, 卽含下忠義意.)

7 騷雅(소아)- 〈이소〉와 《시경》의 〈이아二雅〉. 훌륭한 문장을 상징한다.

8 哲匠(철장)- 훌륭한 장인. 즉 뛰어난 문인을 뜻한다.

〔有才 2구〕 진자앙의 재능을 칭송한 말이다.

《구가집주두시》 조언재 주 '재주 있어 이소와 이아를 이었고, 훌륭한 장인도 어깨를 나란히하지 못한다'고 한 것은 육조의 부염한 시가 진자앙에 이르러 처음으로 변화하였으니, 그의 시는 〈이소〉와 〈이아〉에 바탕을 두었다는 뜻이다.(有才繼騷雅, 哲匠不比肩, 則江左浮麗之詩, 至子昂而初變, 其詩本乎離騷二雅也.)

9 揚馬(양마) - 한대의 문장가인 양웅과 사마상여.

《구가집주두시》 양은 양웅이고 마는 사마상여로, 모두가 촉 사람이기에 이런 말을 한 것이다. 양웅과 사마상여의 후인이라는 말로써 그가 촉 지방의 능력 있는 문장가라는 것을 드러냈다.(揚則雄, 馬則司馬相如, 皆蜀人, 故云云. 在揚馬後, 以顯其爲蜀之能文者.)

《두시상주》 노장용의 《자앙별전》에 의하면, 경서와 사서, 제자백가를 두루 다 보았으며 특히 글을 잘 지어서 평소 사마상여와 양웅의 풍골을 지니고 있었다. 생각건대 양웅과 사마상여 모두 촉 사람이기에 진자앙과 견준 것이다.(盧藏用子昂別傳, 經史百家, 罔不該覽, 尤善屬文, 雅有相如子雲風骨. 按, 揚馬皆蜀人, 故比之陳公.)

10 日月懸(일월현) - 명성이 드높은 것을 비유한다.

《구가집주두시》 '명여일월현'은 《순자》의 "귀한 이름이 해와 달처럼 일어난다"는 말을 사용한 것이다.(名與日月懸, 使荀子貴名起如日月.)

〔公生 2구〕 진자앙의 명성을 칭송한 말이다.

《보주두시》에 인용된 사師씨 주 진자앙은 양웅과 사마상여보다 후세에 태어나 시대가 비록 다르지만, 그 명성은 일월과 빛을 다투어 두 사람에게 전혀 뒤지지 않는다. 두 사람 역시 촉 사람이기에 두보가 그들을 언급한 것이다.(子昂生於揚雄司馬相如之後, 時雖不同, 其名與日月爭輝, 固不減於二子. 二子亦蜀人, 故甫言及之.)

#《두시상주》: 둘째 단락에서는 진자앙의 재주와 명성이 다른 사람보다 뛰어나다는 것을 칭찬하고 있다. 위로는 〈이소〉와 《시경》을 따라잡고 아래로는 양웅과 사마상여를 이었으니 육조는 말할 거리가 못 된다.

(此贊其才名過人. 上追騷雅, 下踵揚馬, 六朝不足道矣.)

11 英俊人(영준인)- 영준한 사람. 아래의 조언소와 곽진을 가리킨다. 육여경 등을 가리킨다는 설도 있으나 조언재는 틀린 말이라고 하였다.

《구가집주두시》 영준한 사람은 진자앙이 육여경, 왕무경, 방융, 최공, 노장용, 조원과 가장 친한 것을 말한다.(英俊人, 子昂與陸餘慶王無競房融崔恭盧藏用趙元最厚善.)

《구가집주두시》 조언재 주 '영준인'에 대한 원래의 주는 옳지 않다. 시의 아래 연과 의미가 연결되지 않는다.(元注英俊人, 非是, 與詩之下聯, 意不連屬.)

12 輔佐權(보좌권)- 임금을 보필하는 권세.

〔同遊 2구〕 진자앙의 친구들이 고관에 올랐음을 말한다.

《두시상주》 《신당서》에 의하면, 선천 2년 곽진이 병부상서 동중서문하삼품이 됨으로써 조언소와 같아졌다. 그래서 '대부분 임금을 보좌하는 권력을 지녔다'고 한 것이다.(唐書, 先天二年, 元振以兵部尙書同中書門下三品, 與彦昭相同, 故云多秉輔佐權也.)

13 彦昭(언소)- 당대 사람인 조언소. 현종 때 태평공주太平公主의 난을 진압하여 형부상서에 올랐고 경국공耿國公에 봉해졌다. 超(초)- '趙'로 된 판본도 있다.

《구가집주두시》에 인용된 《신당서》 조언소는 감주 사람인데, 황제의 총애 덕에 벼슬에 나갔다. 중종 때 궁궐을 출입하는 무당이 있었는데, 언소가 잠시 그를 모셨다. 재상 자리를 얻은 것도 무당의 힘이었다.(趙彦昭, 甘州人, 以權幸進. 中宗時有巫出入禁掖, 彦昭以始(姑의 오자)事之, 得宰相, 巫力也.)

14 郭震(곽진)- 당대 사람. 자가 원진元振인데, 《구당서》에는 '元振'을 그의 본명으로 삼고 있다. 조언소와 함께 태평공주의 난을 진압하여 대국공代國公에 봉해졌다. '震'은 '振'으로 된 판본도 있다. 通泉(통천)- 지명. 여기서는 곽진이 벼슬길에서 처음 제수받았던 통천현위通

泉縣尉를 가리킨다. 이 구절은 진자앙의 친구인 곽진이 통천현위라는 낮은 관직에서 시작했다는 뜻을 담고 있다.

《보주두시》 통천현은 재주에서 동남쪽으로 130리 되는 곳에 있다. 곽진은 그 마을에서 현위를 지냈다.(通泉縣, 在梓州東南一百三十里, 元振作尉其邑.)

〔彦昭 2구〕

《두시언해》 이는 조언소가 재주와 명성이 높아 옥의 값을 초월하고, 곽진이 통천위에서 벼슬을 시작했지만 결국 재상의 자리까지 오른 것을 말한다.(此言趙彦昭才名之高, 超越玉價, 郭振起跡於通泉尉, 而終至爲相也.)

15 素壁滑(소벽활) - 흰 벽이 매끄럽다.

《구가집주두시》 조언재 주 담방생은 "흰 벽은 빛이 흐른다"고 하였다.(湛方生曰, 素壁流光.)

《보주두시》 조언소와 곽진은 함께 태학생이었다. 그러니 당연히 함께 노닐며 벽에 시를 남겼을 것이다. 조언소는 경룡 중에 또 두보의 조부인 두심언과 함께 수문관에 있었다.(彦昭與元振, 嘗同爲太學生, 故宜同遊, 壁有題字. 彦昭, 景龍中, 又與公之父審言, 同在修文館.)

16 灑翰(쇄한) - 붓을 휘두르다. 글을 쓴다는 뜻으로, 조언소 등이 남긴 제벽시를 가리킨다. 銀鉤(은구) - 은갈고리. 초서草書의 아름답고 힘이 있는 형세를 형용하는 말이다.

《두시상주》 삭정의 〈초서장〉에 "아름답기가 은갈고리 같고, 날렵하기가 놀란 기러기 같다"고 하였다.(索靖草書狀曰, 婉若銀鉤, 飄若驚鴻.)

《보주두시》 위속의 《서법묵수》에 "점(획의 삐침)은 철갈고리처럼 굳세고 무게가 있어야 하고, 은처럼 생기 있고 힘이 있어야 한다"고 하였다.(韋續書法墨藪云, 點欲堅重如鐵鉤, 欲活而有力如銀.)

〔到今 2구〕 조언소와 곽진이 진자앙의 집에 남긴 제벽시의 글씨체가

훌륭함을 말한다.

《두시언해》 이는 진자앙의 집 벽에 조언소와 곽진 등의 제벽시가 있는데, 그 글씨가 은갈고리 같다는 것을 말한다.(此言子昻屋壁, 有趙郭諸公題詩, 其字如銀鉤也.)

#《두시상주》: 셋째 단락에서는 진자앙의 교유와 발자취를 적고 있다. 두보는 벽에 있는 제벽시를 보고서 조언소와 곽진이 그와 함께 노닐었다는 것을 알았다. 호진형은 "조나라에 아름다운 구슬이 있었기에 그것으로 조언소를 비유한 것이다. 곽진이 현위가 된 것은 통천현에서 시작되었다"고 하였다.(此誌其交遊遺迹. 公見壁上題筆, 因知趙郭同遊. 胡震亨曰, 趙有美玉, 故比彦昭, 郭爲縣尉, 起自通泉也.)

《구가집주두시》 조언재 주: 위의 두 구절(同游英俊人, 多秉輔佐權)은 아래의 언소와 곽원진을 이끌기 위한 것으로, 간략한 구절로 바로 말한 것이다. 진자앙과 육여경 등의 제벽시는 현존하고 있다. 조는 언소이고 곽은 원진이다. 언소의 본전에서는 비록 황제의 총애 덕에 벼슬에 올랐다고 했지만, 분명 재주와 기지가 있는 사람이다. 그래서 옥의 값을 뛰어넘는다는 말을 한 것이다. 원진은 통천현위를 지낸 이후로 선천 2년에 병부상서와 동중서문하삼품이 되었고, 책략을 세워 두회정 등을 제거하였다. 두 사람 모두 재상이 되어 황제를 보좌하는 권력을 쥐었다.(上兩句正用引下彦昭郭元振, 約句直言. 子昻與陸餘慶人題壁見在耳. 趙則彦昭, 郭則元振. 彦昭本傳, 雖云以權幸進, 然亦必有才智者, 故以超玉價言之. 元振則自通泉縣而往, 先天二年, 爲兵部尙書同中書門下三品, 定策誅竇懷正等, 二人皆作宰相, 秉輔佐權也.)

17 盛事(성사) - 성대한 일. 조언소, 곽진 등 친구들과 어울리던 일을 가리킨다. 會(회) - 마침, 공교롭게. '모이다'라 풀이하기도 하나, 취하지 않는다.

18 豈千年(기천년) - 어찌 천 년을 가랴? 저택이 오래갈 수 없다는 말이

다. 한편《구가집주두시》와《두시언해》에서는 '어찌 천 년만 가랴?'로 해석하여 천 년에 그치지 않고 영원하다는 뜻으로 보기도 하나, 취하지 않는다.

《구가집주두시》 조언재 주 벽의 글씨가 현재하고 있으니 바로 한 때의 성대한 일이다. 사람들이 이를 애호할 것이니 이 집이 어찌 천 년에 그치겠는가? 원결의 〈중흥송〉에서 "어찌 천 년 만 년이리오?"라고 한 말과 같다.(壁上之字見在, 乃其一時盛事, 人將愛護之, 此堂豈止千年也. 與元結中興頌, 何千萬年之語同.)

《두시언해》 이 집은 여러 공들이 모여 제벽시를 지은 덕에 틀림없이 영원토록 전해질 것이라는 말이다.(言此堂賴諸公遊集題詠, 當流傳於久遠也.)

19 終古(종고)- 영원히. 立(립)- '占'으로 된 판본도 있다.

20 感遇(감우)- 자신의 불우함에 감개하다. 篇(편)- '編'으로 된 판본도 있다. 이 구절은 진자앙이 〈감우시〉라는 불후의 명작을 남긴 것을 뜻한다.

《구가집주두시》 전하는 말에 의하면, 진자앙은 죽어서 문집 10권을 남겼는데, 노장용이 그를 위해 서문을 써 당대에 성행하였다고 한다.(傳言, 子昂死有文集十卷, 盧藏用爲之序, 盛行于代.)

〔終古 2구〕 진자앙이 충절이 있었고, 〈감우시〉라는 명작를 남긴 것을 말한다.

《두시상주》에 인용된 주학령 주 〈감우시〉는 대부분이 무후의 혁명을 개탄하면서 때로 신선에 뜻을 기탁하였다. 그래서 두보가 충의로 그를 칭송한 것이다.(感遇詩, 多感歎武后革命, 時寓旨神仙, 故公以忠義稱之.)

《두시언해》 진자앙이 〈감우시〉를 지었으니, 그의 충의로운 마음은 이 시를 보면 알 수 있다.(子昂作感遇詩, 其忠義之心, 觀此詩, 可知.)

#《두시상주》: 마지막 단락은 옛 저택에서 감개한 바로부터 성대한 일이

이미 지나가고 저택이 결국 사라질 것이지만, 시에 충의가 남아 있어 절로 영원히 전해질 수 있다는 것을 말하고 있다.(末從故宅感慨, 言盛事已往, 堂宇終湮, 但詩留忠義, 自足傳之不朽耳.)

《보주두시》에 인용된 사씨 주: 당시 함께 어울리던 선비들이 대부분 임금을 보좌하는 권력을 겸비하였지만, 진자앙만은 관직이 그다지 높지 않았다. 지금까지 흰 벽에 아직도 여러 사람들의 글씨가 남아 있지만, 이 집이 오래 지나면 반드시 무너질 것이기에 후대에 전해질 수 없을 것이다. 그러나 충의의 명성이 스러지지 않는 것은 오로지 〈감우시〉가 천하에 전해져 독자들이 진자앙의 소양을 볼 수 있어서이다.(時同遊之士, 多兼輔佐之權, 獨子昂官不甚顯. 至今素壁上, 尙有諸公墨迹存焉. 以此堂經久必壞, 不足以傳後代. 然忠義之名不朽者, 惟感遇詩, 傳于天下, 覽者足以觀子昂之蘊矣.)

《두억》: 모임이 한 때에 그치고 집이 천 년을 가지 못하지만, 유독 〈감우시〉라는 유작이 남아 있으니, 이것이 입언하여 스러지지 않는 것이다.(會止一時, 堂不千年, 獨感遇之遺編尙存, 此立言而垂不朽者也.)

##《두시상주》에 인용된 《두억》: 진자앙의 〈감우시〉는 이름이 알려진 지 이미 오래되었다. 그러나 그의 본전과 문집에 있는 상소문을 보면 대부분이 강직하니 충성스럽고 정직한 말들이다. 이 시는 앞에서 성현을 제기하고 뒤에서 충의로 끝을 맺었다. 대개 충의를 세울 수 있어야 성현의 무리라 할 수 있어 영원토록 스러지지 않는다. 두보는 그의 감춰진 것을 특별히 드러내어 그의 문장에 본령이 있음을 보여주었다.(拾遺感遇詩, 著名已久, 然閱其本傳, 及集中所上書疏, 多侃侃忠直語. 此詩前提聖賢, 後結忠義. 蓋能立忠義, 乃是聖賢之徒, 而終古不朽矣. 公特闡其幽, 見其文章有本領也.)

《두억》: 처음 4구는 옛 집을 적었다. 중간 단락은 그의 재주가 고매함을 곡절하게 서술하였다. '위하' 2구는 일반적인 얘기이다. 그래서 '성현'이란 말을 붙였다. 그러나 바로 이로써 재주가 고매함을 부각시키고 있다. '재주 있음'을 보았으니 지위가 낮다 하더라도, '함께 노닐던' 사람들은 모두 당대의 문종들이었다. 그래서 '도금' 2구로 분명히 밝히면서 끝맺음을 한 것이다. 마지막 4구는 영탄으로 결말을 지으면서, 집이 전해지는 것은 전적으로 그 사람에게 달려 있다는 것을 보여준다.(起四, 記故宅. 中段, 曲折敍其才高. 位下二句, 泛提. 故着聖賢字, 然正以擡起才高. 見有才則位雖下, 而同遊者盡當代宗工矣. 故以到今二句, 指點束住. 末四, 詠歎作結. 見堂之傳, 全係乎其人也.)

(**김만원**)

30. 謁文公上方

문공의 절을 예방하다

野寺隱喬木　山僧高下居[1]　石門日色異　絳氣橫扶疏[2]
窈窕入風磴[3]　長蘿紛卷舒[4]　庭前猛虎臥[5]　遂得文公廬
俯視萬家邑　烟塵對階除[6]　吾師雨花外[7]　不下十年餘[8]
長者自布金[9]　禪龕只宴如[10]　大珠脫玷翳[11]　白月當空虛[12]
甫也南北人[13]　蕪蔓少耘鋤[14]　久遭詩酒汚　何事忝簪裾[15]
王侯與螻蟻　同盡隨丘墟[16]　願聞第一義[17]　迴向心地初[18]
金篦刮眼膜[19]　價重百車渠[20]　無生有汲引[21]　玆理儻吹噓[22]

들 절은 높은 나무에 숨어 있고
산승은 높고 낮은 곳에 살고 있네.
석문은 햇빛이 다르고
붉은 기운이 나뭇가지에 비껴있네.
깊숙이 바람 이는 돌길로 들어가니
긴 여라 넝쿨이 말렸다 펼쳤다 어지럽네.
뜰 앞 맹호가 누워있는 곳
마침내 문공의 처소에 이르렀네.

만가의 고을이 내려다보이고
연기와 먼지는 섬돌을 마주하고 있는데.
법사께서는 꽃비를 내리는 일 외에는
십여 년 세월 산을 내려가지 않으셨다네.
장자가 스스로 금을 깔아도

불당에서 그저 편안하실 뿐,
티를 벗은 큰 구슬이요
허공에 걸린 밝은 달이로다.

나는 남북으로 떠도는 사람
마음의 거친 풀을 김매지 못하여,
오랫동안 시와 술로 더럽혀진 몸
무슨 일로 벼슬자리를 더럽혔을까?
왕이나 제후, 땅강아지나 개미
모두 죽어 산언덕을 좇을 것이라.
원하옵기는 제일의를 듣고
돌이켜 초심을 향하고 싶어라.
금비로 눈꺼풀을 긁어냄은
일백 거거보다 귀중한 일.
무생의 불법은 삶을 인도함이 있나니
아마도 이 이치를 자랑하여야 하리.

이 시는 보응 원년 사홍현射洪縣에서 지은 것이다. '문공'은 승려로서 자세한 것은 알 수 없다. '상방'은 절의 뜻이다. 문공이란 승려가 있는 절을 찾아가 그의 불덕을 찬미하고 불문에 귀의하고 싶은 마음을 드러내고 있다.

《보주두시》 높은 데 거하는 것으로써 그 거함의 즐거움을 말하였다. 불서에 '상방세계'라는 말이 있다. 《한서 · 익봉전》에 '상방의 맑은 즐거움이다"라는 말이 있는데 맹강의 주에 "상방은 북쪽과 동쪽을 말한다. 양기가 움트는 곳이므로 위가 된다"라고 하였다. 이 시는 재주에서 지은 것이 분명하다. 문공은 어디 사람인지 상세치 않으나 시를 보면 유명한 인사였음을 알 수 있다. 보응 원년 작이다.(上居以言其居之可樂也. 佛書有上方世界. 翼奉傳云, 上方之淸樂也. 孟康曰, 上方謂北與東也, 陽氣所萌生, 故爲上. 是時(詩의 오자)當在梓州作. 文公, 未詳何所人, 觀詩可知其爲聞士. 寶應元年.)

주 석

1 高下居(고하거) - 높은 곳과 낮은 곳에 거하다. 산사의 승방이 높고 낮은 곳에 산재해 있음을 뜻한다.

《두시상주》 '높고 낮은 곳에 거한다'는 것은 승방이 층층이 겹쳐 있다는 말이다.(高下居, 僧房層疊.)

2 絳氣(강기) - 붉은 기운. 여기서는 붉은 노을빛을 가리킨다. 扶疏(부소) - 초목의 지엽이 무성한 모양. 혹은 흩어진 모양.

《두시경전》 강엄 시의 '강기하영박' 구에 대한 주에 "'강기'는 붉은 노을이다"라는 말이 있다.(江淹詩, 絳氣下縈薄. 注, 絳氣, 赤霞氣.)

3 窈窕(요조) - 깊숙한 모양. '窈'를 '窅'로 쓴 판본도 있다. 風磴(풍등) - 바람이 부는 돌계단. 바람 부는 돌 비탈길.

4 長蘿(장라) - 길게 자란 덩굴. 卷舒(권서) - 말렸다가 다시 펴지다.

〔窈窕 2구〕

《두시상주》 '풍등'은 돌계단에 바람이 분다는 것이요, '권서'는 바람이 등라를 움직임이다.(風磴, 石梯凌風. 卷舒, 風動藤蘿也.)

5 庭前(정전) 구 - 문공의 법력이 높음을 설명한 것이다.

《두시상주》에 인용된 《고승전》 혜영이 여산의 서림사에 거하였는데, 집안에는 항상 호랑이 한 마리가 있었다. 사람들이 혹 무서워하면 쫓아내 산으로 올라가게 하였다. 사람들이 간 후에 돌아와 다시 순하게 복종하였다. 또 담주의 선각선사는 호랑이 두 마리를 시자로 삼았다.(惠永住廬山西林寺, 屋中常有一虎, 人或畏之, 輒驅出令上山. 人去後, 還復馴伏. 又潭州善覺禪師, 以二虎爲侍者.)

〔庭前 2구〕

《두시상주》 맹호가 뜰에 누워있다는 것은 문공의 법력이 신통함을 비유한 것이다.(猛虎臥庭, 比其法力神通.)

#《두시상주》: 첫 단락은 절의 경관을 기록하였다. '야사' 2구는 멀리서 절 앞을 바라본 것이요, '석문' 2구는 가까이 산문에 이르렀음이다. '풍등' 2구는 절로 들어서는 길이요, '정전' 2구는 곧장 절 안에 이르렀음이다.(首記上方景象. 野寺二句, 遙望寺前. 石門二句, 近至山門. 風磴二句, 入寺之路. 庭前二句, 直造寺中矣.)

6 階除(계제) - 섬돌.

〔俯視 2구〕

《두억》 상방은 절 이름이다. 시에서 말한 '만가의 고을이 내려다보이고, 연기와 먼지는 섬돌을 마주하고 있다'는 데에서 곧 절 명칭의 유래를 알게 된다.(上方寺名, 詩云, 俯視萬家邑, 烟塵對階除, 便得寺之所繇名矣.)

《두시상주》 불당에 올라 굽어보니 연기와 먼지가 바로 눈 앞에 있다.(登堂俯視, 烟塵卽在目前.)

7 雨花(우화) - 꽃비가 내리다.

《두시상주》에 인용된 《속고승전續高僧傳》 법운이 《법화경》을 강하자 홀연 천상의 꽃이 감동해 마치 날리는 눈처럼 하늘 가득 떨어져 내리는데, 집 안에까지 이르러 공중에 떠올라 떨어지지 않았다. 또 승광사의 도종이 《대론》을 강하자 하늘에서 수많은 꽃들이 떨어져 법당을 에워싸고 문 안으로 날아 왔다.(法雲講法華經, 忽感天花, 狀如飛雪, 滿空而下, 延於堂內, 升空不墜. 又勝光寺道宗講大論, 天雨衆花, 旋繞講堂, 飛流戶內.)

8 不下(불하) - 내려가지 않다. 절을 떠나 속세로 내려가지 않았다는 말이다.

《두시상주》 일설에 '불하'를 '십년에 모자라지 않다'로 보는 경우도 있는데, 상구의 '외'자나 본 구의 '여'자에 대해 모두 맞지 않는 것 같다.(一說以不下爲不減十年, 恐於上文外字本句餘字, 俱未安耳.)

〔吾師 2구〕

《두시상주》 문공은 설법하는 것 외에 오랫동안 하산하여 속세를 접하지 않았다.(文公說法之外, 久不下接塵世矣.)

9 長者(장자) - 신분이 높거나 덕망이 높은 사람. 혹은 부자. 布金(포금) - 황금을 깔다.

《두시상주》에 인용된 《서역기西域記》 옛날 선시장자가 가난한 사람들을 구제하고 고아를 불쌍히 여기고 노인을 아꼈으므로 당시에 그를 급고독이라 불렀다. 정사를 세워 부처님께서 강림해주기를 소원하였다. 오직 태자 서다의 원림이 높고 환하였으므로 정황을 갖추어 고하였더니 태자가 농담으로 황금을 깔아주면 팔겠다고 하였다. 선시는 즉시로 감춰두었던 황금을 꺼내어 말한 대로 땅에 깔아서 정사를 건립하였다.(昔善施長者, 拯乏濟貧, 哀孤惜老, 時號給孤獨. 願建精舍, 請佛降臨, 惟太子逝多園地爽塏, 具以情告. 太子戲言金遍乃賣. 善施卽出藏金, 隨言布地, 建立精舍.)

《두억》 십년 하산을 하지 않았는데도 금을 뿌림이 절로 이르렀으니 이 승려의 비범함을 알 수 있다. 공이 이 승려를 존중한 것은 이유가 있다.(十年不下山而布金自至, 知此僧不凡, 公之重此僧有以也.)

10 禪龕(선감) - 감실. 불당. 宴如(연여) - 편안한 모습.

《두시경전》에 인용된 《광운》 '감'은 탑 아래에 있는 방이다.(龕, 塔下室.)

〔長者 2구〕

《두시상주》 황금을 시주한 자가 이르러도 선심이 움직이지 않으니 밖으로는 물을 잊음이다.(施金者至, 而禪心不動, 外忘物也.)

11 大珠(대주)- 큰 구슬. '大'를 '火'로 쓴 판본도 있다. 脫玷翳(탈점예)- 옥티를 벗어버리다. 구슬이 한점 티 없이 맑다는 말이다.

12 白月(백월)- 밝은 달. '月'을 '日'로 쓴 판본도 있다.

《두시상주》에 인용된 《능엄경》 백월은 밝고 흑월은 어둡다.(白月則光, 黑月則暗.)

《독두심해》에 인용된 《법원주림法苑珠林》 서방에서는 한 달을 흑과 백으로 나눈다. 초하루부터 15일까지는 '백월'이라 하고, 16일부터 한달이 끝날 때까지는 '흑월'이라고 한다.(西方一月分爲黑白. 初一至十五, 名爲白月. 十六至月盡, 名爲黑月.)

《두시경전》에 인용된 왕수 주 불서에 모니 구슬과 물에 비친 달 이야기가 있는데, 그 성정의 둥글고 밝음을 말한 것이다.(佛書有牟尼珠及水月之說, 言其性之圓明也.)

〔大珠 2구〕

《두시상주》 중심에 가려진 바가 없고 밝음이 항상 있으니 안정됨에서 지혜가 생기는 것이다.(中無所翳, 而虛明常在, 定生慧也.)

《구가집주두시》 조언재 주 '대주'와 '백월'은 모두 문공의 청정함을 말한 것이다.(大珠白月, 皆言文公之淸淨.)

#《두시상주》: 이 단락은 문공의 도법을 칭송한 것이다.(此贊文公道法.)

13 南北人(남북인)- 남북으로 떠도는 사람.

14 蕪蔓(무만)- 거칠게 자란 덩굴. 여기서는 황폐해진 마음을 비유한다. 耘鋤(운서)- 김매다. 잡초를 제거하다.

《두시경전》 성정이 거친 것을 말하였다.(言性地荒穢.)

15 忝(첨)- 욕되게 하다. 더럽히다. 簪裾(잠거)- 관리의 복장.

16 丘墟(구허)- 산언덕. 혹은 폐허.

〔王侯 2구〕

《두시언해》 존귀한 자나 비천한 자나 마침내는 함께 산언덕으로 돌아간다는 말이다.(言尊卑貴賤終同歸於丘墟也.)

17 第一義(제일의) - 최고의 의리. 불가의 용어로 최상의 현묘한 진리를 가리킨다.

《두시경전》에 인용된 《열반경涅槃經》 세속을 떠난 사람이 아는 것을 '제일의체'라 하고, 세상 사람들이 아는 것을 '세체'라고 한다.(出世人所知, 名第一義諦, 世人所知, 名爲世諦.)

《두시상주》에 인용된 《광홍명집廣弘明集》 소명태자가 두가지 이치에 대한 질문에 답하였는데, 첫째는 참된 이치이니 '제일의체'라 부르고, 둘째는 세속의 이치이니 '세체'라고도 한다.(昭明太子答問二諦. 一眞諦, 曰第一義諦. 二俗諦, 亦曰世諦.)

18 迴向(회향) - 몸을 돌려 다른 곳을 향하다. 자신이 닦은 공덕을 남에게로 돌리고 성불을 구하는 쪽으로 방향을 잡는다는 뜻의 불가어에서 나온 말이다. 心地初(심지초) - 마음 바탕의 처음 상태. 혹은 초발심.

《두시상주》에 인용된 《화엄경》 보살마하살에는 열 가지 '회향'이 있다.(菩薩摩訶薩, 有十種迴向.)

《구가집주두시》 조언재 주 '심지초'는 '초지'자를 압운하기 위해 뒤집어 말한 것이다. '초지'는 《능엄경》에 "수행에는 '십지'가 있으니 환희로써 '초지'를 삼는다"라는 말이 있다. '심지'라는 글자를 붙인 것으로는 불경에 '심지법문'이라는 말이 있다.(心地初, 押初地字韻, 倒言之也. 初地, 則楞嚴經, 修行有十地, 以歡喜爲初地. 以心地字貼之, 則佛書有心地法門.)

《두시상주》에 인용된 전겸익 전 불가에서 말하는 '심지'라는 것은 마음은 (땅처럼) 낳을 수 있고 의지하여 머무를 수 있다는 뜻이 있어서 비유한 것이다. 지불보살 같은 경우 발심하여 수행함에 초심을 가장 중시하였다. 《화엄경》에서 "처음 발심할 때에 곧 정각을 이룬다"고 한 말이 바로 이것이니, 그래서 '마음 바탕의 처음'이라고 말한 것이다. 옛 주에서 《능엄경》의 '초지'를 인용한 것은 부적절하다.(佛說心地者, 以心有能生可依止義喩之. 如地佛菩薩, 發心修行, 最重初心. 如華嚴云, 初發心時, 便成正覺是也, 故曰心地初. 舊引楞嚴初地, 不切.)

《두시경전》 살펴보건대 마음 바탕의 처음은 본래 비어서 아무 것도 없다. '회향'이라는 것은 다시 빈 곳으로 돌아간다는 말이다. 옛 설들은 지리한 듯하다.(按心地之初, 本空無一物. 迴向字, 言復返於空虛也. 舊說似支.)

19 金篦(금비) - 물체의 엷은 막 따위를 제거하는 얇은 날을 가진 작은 칼.

《두시경전》에 인용된 《열반경》 맹인이 눈을 치료하기 위해 양의를 찾아가자 양의가 즉시 금비로 그 눈의 각막을 긁어낸 것과 같다.(如盲目人爲治目造詣良醫, 良醫卽以金篦刮其眼膜.)

《구가집주두시》 조언재 주 공은 이 구절로써 불법이 어두움을 없앨 수 있음을 비유하였다.(公用此以比佛法之能刮除昏翳也.)

20 車渠(거거) - 서역에서 나는 옥석의 일종. 모양이 조개를 닮았으며 무늬가 있다.

《두시상주》에 인용된 《법화경》 혹은 금은, 산호, 진주, 거거, 마노 등을 시주하는 경우도 있었다.(或有行施金銀珊瑚珍珠車渠瑪瑙.)

《두시상주》에 인용된 《광지廣志》 '거거'는 대진 및 서역의 여러 나라에서 난다.(車渠, 出大秦及西域諸國.)

《두시상주》에 인용된 《광아廣雅》 '거거'는 돌 중에서 옥에 버금가는 것이다.(車渠, 石之次玉.)

21 無生(무생) - 무생지학無生之學, 즉 불학佛學을 가리킨다. 汲引(급인) - 이끌어 주다.

《두시언해》 《화엄경》에 일체법이 본래 '무생'이라 하였나니 두보는 문공이 무생의 이치를 가지고 가르쳐 주기를 바란 것이다.(華嚴經, 一切法, 本來無生, 甫欲文公以無生之理敎之.)

《두시경전》 《능엄경》에 "이 사람은 곧 무생법인을 얻었다"는 기록이 있는데, 소에 이르기를 "진여실상을 무생법이라고 한다. 참된 지혜를 빠뜨리지 않는 것을 '인'이라고 한다"라고 하였다.(楞嚴經, 是人卽獲無生法忍. 疏云, 眞如實相, 名無生法. 無漏眞智名爲忍.)

《구가집주두시》 조언재 주 '무생'이란 글자는 불가에서 말하는 무생법인(세상 모든 것이 공이라는 것을 깨닫는 이치)이다.(無生字, 佛云, 無生法忍.)

22 儻(당) - 아마. 혹시. 吹噓(취허) - 자랑하다.

#《두시상주》: 마지막 단락에서는 예방한 뜻을 서술하였다. 위 6구는 뉘우치는 말이요, 아래 6구는 깨달음의 말이다. 술과 시에 막히고 벼슬에 정이 매였은즉 중심에 잡초가 무성하게 되었다. 귀한 자나 천한 자가 모두 죽음으로 돌아감을 이미 알았으니 반드시 마음 바탕을 향해 힘을 쏟아야 한다. '괄막' 구는 밖에서 오는 폐단을 없앰이요, '급인'구는 본성의 깨달음을 열어줌이다. 승려를 읊은 시에 온통 불가의 경전을 활용하였으니 두공의 독보적인 점이다.(末敍來謁之意. 上六作悔語, 下六作悟語. 詩酒爲障, 簪裾繫情, 則此中蕪蔓矣. 旣知貴賤同歸於盡, 須向心地用功. 刮膜, 去外來之蔽. 汲引, 開本性之覺. 詠僧家詩, 全用釋典, 乃杜公獨步處.)

##《독두심해》: 공은 문공을 예방하고 선심의 밝음이 마치 티 없는 큰 구슬과 같고 하늘에 떠있는 밝은 달과 같음을 보았다. 이로 인하여 자신이 세속의 진리에 매여 마음 바탕이 거칠어졌음을 슬퍼하고, 문공을 향하여 마음을 평안케 하는 법을 묻고자 하였다. 이것은 실제로 본 것이고 우언이 아니다. 첫 단락에서 상방으로부터 착필하여 서서히 끌고 들어갔다. 뒤 두 단락은 하나는 문공이요 하나는 두보 자신이니 긴밀하게 서로를 대조하고 있다.(公謁文公, 見禪心瑩徹, 如大珠脫翳, 白月當空. 因自傷世諦糾纏, 心地蕪蔓. 欲向文公叩安心法. 乃是實見, 非寓言也. 首段從上方着筆, 徐徐引入. 後兩段一彼一此, 緊相對照.)

(김성곤)

31. 奉贈射洪李四丈

사홍현 이사 어르신께 받들어 드리다

丈人屋上烏[1] 人好烏亦好 人生意氣豁 不在相逢早
南京亂初定[2] 所向色枯槁[3] 遊子無根株[4] 茅齋付秋草[5]
東征下月峽[6] 掛席窮海島[7] 萬里須十金[8] 妻孥未相保[9]
蒼茫風塵際[10] 蹭蹬騏驎老[11] 志士懷感傷 心胸已傾倒[12]

어르신 집 위의 까마귀여
사람이 좋으니 까마귀 또한 좋다네.
인생에 있어 의기의 활달함이란
서로 일찍 만남에 있는 것은 아니라네.

남경의 난이 갓 평정된 터라
향하는 곳마다 기색이 말랐는데
떠도는 몸 뿌리가 없어
초옥은 가을 풀에 부쳐뒀네.
동쪽으로 가서 월협을 내려가
돛을 올려 바다 섬에 다 가려하나
만 리 길에 10금이 필요하고
처자식조차 미처 돌보지 못하고 있는 처지라네.

창망한 풍진세월이여
실의 속에 기린마가 늙어가네.
지사께서 슬픈 마음 품어
그 마음에 이미 탄복하였네.

이 시는 보응 원년 사홍현에 있을 때의 작품으로, 오래된 사귐이 아님에도 불구하고 자신에 대한 이씨의 두터운 우의와 난리 중에 떠도는 자신의 어려운 처지에 대한 감개를 적고 있다. '이사장'의 '장丈'은 '장인丈人'의 약칭이다. 제목 아래 자주自注에 의하면 이사장은 명보明甫라 하였다.

《보주두시》 후위 때에 사홍현을 설치하였다. 누루탄 동쪽 6리 되는 곳에 사강이 있는데 말이 잘못 전해져 '홍'으로 되어버렸다. 《구당서》에 (사홍)현은 재주에 속한다고 하였다. 양권도는 영태 원년 난리를 피하여 재주에 이르렀을 때의 작품에 편재하였다. 그러나 시에서 '남경의 난이 갓 평정된 터라, 향하는 곳마다 기색이 말랐는데, 떠도는 몸 뿌리가 없어, 초옥은 가을 풀에 부쳐뒀다'라 하였는데, 초옥은 초당을 가리키니 마땅히 보응 원년에 지은 것이다. 이 해 7월 서지도가 반란을 일으키자 공은 그것을 피하여 재주에 이르렀다가, 9월에 성도로 돌아가 집안 식구들을 맞이하여 재주에서 지내다가 11월께는 사홍에 갔다. 이때에 〈진습유고택〉 등의 시가 있으니, (이 시는) 마땅히 그 때의 작품일 것이다.(後魏置射洪縣. 婁縷灘東六里有射江, 語訛爲洪. 舊史縣屬梓州, 梁權道編在永泰元年, 逃亂至梓州作. 然詩云, 南京亂初定, 所向色枯槁. 遊子無根株, 茅齋付秋草. 茅齋指草堂, 當是寶應元年. 七月徐知道反, 公避之至梓州, 九月歸成都, 迎家居梓州, 十一月嘗往射洪, 有陳拾遺故宅等詩, 當是其時作.)

《두시상주》 황학은 보응 원년 재주시 안에 편재하였다. 또 "후위 때에 사홍현을 설치하였는데 당대에 들어와 재주에 소속시켰다. 현 동쪽에 사강이 있으며 현은 재주 동남쪽 60리에 있다"라고 주하였다.(黃氏編在寶應元年梓州詩內. 又注, 後魏置射洪縣, 唐屬梓州, 縣東有射江, 縣在梓州東南六十里.)

주석

1 丈人(장인)- 연장자에 대한 경칭.

〔丈人 2구〕 상대방 이씨가 좋으니까 그의 모든 것들이 좋다는 말이다.

《두시상주》 유향의《설원》에 "태사가 무왕에게 '그 사람을 사랑하면 지붕위의 까마귀까지도 사랑하고, 그 사람을 미워하면 그의 울타리까지 미워하게 된다'라고 말하였다"는 기록이 있다.《공총자》또한 "사람을 사랑하면 옥상의 까마귀까지 사랑한다"고 하였다.(劉向說苑, 太史謂武王曰, 愛其人, 兼屋上之烏. 憎其人者, 惡其儲胥. 孔叢子亦云, 愛屋及烏.)

〔人生 2구〕 두보에게 보여준 이씨의 우의가 오랜 사귐을 능가한다는 말이다.

《두시상주》《북사北史·이연수서전李延壽序傳》에 염신이 그(이연수)의 조부인 이효에게 "고인들은 교제할 적에 꼭 일찍부터 알고 지내는 것에 의미를 두지는 않았습니다"라고 한 말이 실려있다.(北史李延壽序傳, 載閻信謂其祖李曉之言曰, 古人相知, 未必在早.)

#《두시상주》: 이 단락은 이씨의 우의에 대하여 서술하였다.(此敍李交誼.)

2 南京(남경)- 성도부를 가리킨다. 亂初定(난초정)- 난리가 막 평정되다. 여기서의 '난'은 서지도의 난을 가리킨다. 단자장의 난으로 보는 견해도 있다.

《독두심해》 남경은 성도를 일컫는다. 당시 서지도의 난이 이미 평정되었다.(南京, 謂成都. 時徐知道已平.)

《두시상주》 난리가 진정되었다는 것은 서지도가 이미 평정되었다는 말이다.(亂定, 徐知道已平.)

《보두두시》에 인용된 조언재 주 남경은 성도부이다. 숙종 지덕 2년 촉도를 남경으로 삼았다. 이른바 난이 막 평정되었다는 것은 지난해 신축년 4월 검남동천절도사 단자장이 반란을 일으키자 5월 최광원이

쳐서 죽인 것을 가리켜 말한 것이다.(南京, 成都府也. 肅宗至德二年, 以蜀都爲南京. 所謂亂初定, 指言前年辛丑之歲四月, 劒南東川節度使段子璋反, 五月崔光遠擊斬之.)

3 所向(소향) - 향허 가는 곳. 色(색) - 경치. '邑'으로 된 판본도 있다. 枯槁(고고) - 말라 있다. 경치가 쓸쓸해진 것을 말한다.

《두시상주》 말라있다고 한 것은 경치가 쓸쓸함을 말한다.(枯槁, 謂景色蕭條.)

4 遊子(유자) - 나그네. 두보 자신을 가리킨다. 根株(근주) - 뿌리. 그루터기.

5 茅齋(모재) - 띠풀로 지붕을 이은 집. 초가. 성도 초당을 가리킨다.

《독두심해》 모재는 초당을 말한다.(茅齋, 謂草堂.)

6 月峽(월협) - 명월협. 삼협이 시작되는 곳에 있다.

《독두심해》 (월협은) 명월협으로 삼협이 시작되는 곳이다.(明月峽, 三峽之始.)

《두시상주》 이응의 《익주기》에 "광양주 동쪽 7리를 가면 물 남쪽에 차요삼추석곡이 있고 동쪽으로 2리를 가면 명월협에 이른다. 협곡의 첫머리 남쪽 언덕은 벽의 높이가 40장이고, 그 벽에 둥근 구멍이 나있는데 모양이 보름달과 같다. 이 때문에 명월로써 이름지었다"고 하였다. 《십도지》에 "유주에 명월협이 있는데, 삼협의 시작이다"라고 하였다. 《환우기》에 "명월협은 유주 파현 동쪽 80리에 있다"라고 하였다.(李膺益州記, 廣陽州東七里, 水南有遮要三槌石谷, 東二里至明月峽, 峽首南岸, 壁高四十丈, 其壁有圓孔, 形若滿月, 因以爲名. 十道志, 渝州有明月峽, 三峽之始. 寰宇記, 明月峽, 在渝州巴縣東八十里.)

7 掛席(괘석) - 돛을 올리다. 괘범掛帆과 같은 말이다. 海島(해도) - 바다에 있는 섬을 가리킨다.

《구가집주두시》 조언재 주 '해도'는 바다 가운데의 산이다.(海島,

海中之山.)

《두시경전》 공은 평소 동쪽으로 유람을 떠나겠다는 흥치가 있었다.(公素有東遊之興.)

《구가집주두시》 조언재 주 이 부분은 공이 편주를 타고 남하하고자 하는 내용이다.(此, 公欲扁舟南下也.)

8 須十金(수십금) - 십금이 필요하다.

《두시상주》 〈양웅전〉에 "가산이 십금에 불과하다"라고 하였다. 구주에 "옛날 금 1량은 만전의 값이 나간다. 지금 십금이라고 했으니 백천임을 알겠다"라고 하였다.(揚雄傳, 家產不過十金. 舊注, 古者一兩金, 直十千. 今曰十金, 則爲百千.)

《보주두시》에 인용된 조晁씨 주 《한서》에 "백금은 중인 10가구의 재산이다"라 하였는데, 사고는 "옛날 금 1량은 만전의 값이 나갔다. 천금은 10만전이 됨을 알겠다.(漢書, 百金, 中人十家之産. 師古注, 古者一兩金, 直十千. 十金, 則知爲百千.)

9 妻孥(처노) - 처자식.

#《두시상주》: 이 단락은 행적에 대한 자술이다. 위 4구는 성도의 난리 뒤에 초당은 더 이상 거처할 수 없게 되었음을 탄식한 것이고, 아래 4구는 삼협을 나서는 데 필요한 비용이 없으며 아직 집안 식구들이 돌아갈 곳도 없음을 슬퍼한 것이다. 《두억》에는 "10금을 얻을 수 없는데 처자마저 보호할 수 없는 지경에 이르렀으니 막다른 길에서의 곤궁함을 알 수 있겠다"라고 하였다.(此自敍行踪. 上四, 歎成都亂後, 草堂不可復居. 下四, 傷出峽無資, 室家未有歸處. 杜臆, 十金不可得, 而至妻孥莫保, 窮途之困可知.)

10 蒼茫(창망) - 총망하다. 급박하다.

11 蹭蹬(층등) - 실의하여 힘을 잃은 모습. 騏驎(기린) - 준마.

《보주두시》에 인용된 왕수 주 '층등'은 말이 힘을 잃은 모양이다.(蹭蹬, 馬失勢皃.)

《독두심해》 '기린'은 좋은 말이다.(騏驎, 良馬.)

12 心胸(심흉)- 흉금. 이씨의 마음을 가리킨다. 傾倒(경도)- 이씨의 흉금이 두보로 하여금 탄복케 하였다는 말이다. 이씨가 두보에게 온 마음을 기울였다는 말로 보기도 한다.

#《두시상주》: 말구는 여전히 그의 의기에 대하여 칭송하였다. '기린'은 자신에 대한 비유이고 '지사'는 이씨를 일컫는다.(末仍稱其意氣. 騏驎自喩, 志士謂李.)

《두시경전》: 구조오의 주에 "'기린'은 자신에 대한 비유이고 '지사'는 이씨를 일컫는다"고 하였다. 이씨에게 자신을 알아주는 말이 있었기 때문에 이 시를 기증한 것이다.(仇注, 騏驎自喩, 志士謂李, 以李有知己之語, 故贈此詩.)

《구가집주두시》 조언재 주: 이 3운('만리' 6구)에는 공이 이씨에게 바라는 바가 있음이 드러나 있다.(此三韻, 公有所求於李丈矣.)

##《독두심해》: 처음 4구는 흥체로써 서로 만난 것을 서술하였다. 가운데 8구는 재주까지 온 연유를 쓰고 겸하여 멀리 떠나는 데 필요한 노자가 없음을 말하였다. 끝 4구는 자신을 알아줌에 대하여 감격한 것이다.(起四, 用興體敍相逢. 中八, 述來梓之故, 兼言遠去無資. 末四感其知己.)

(**이남종**)

32. 早發射洪縣南途中作

아침에 사홍현을 출발하여 남쪽 길에서 짓다

將老憂貧寠[1] 筋力豈能及 征途乃侵星[2] 得使諸病入
鄙人寡道氣[3] 在困無獨立 俶裝逐徒旅[4] 達曙凌險澀[5]
寒日出霧遲 淸江轉山急[6] 僕夫行不進[7] 駑馬若維縶[8]
汀洲稍疏散[9] 風景開怏悒[10] 空慰所尙懷[11] 終非曩遊集[12]
衰顔偶一破 勝事難屢挹[13] 茫然阮籍途[14] 更灑楊朱泣[15]

늘그막에 빈궁함을 근심해보지만
어찌 근력이 미칠 수 있겠는가.
새벽별 보며 먼 길 나서니
온갖 병이 들어오네.

비루한 몸 도인의 기질이 부족하여
곤궁함에 처하여 홀로 설 수 없으니
행장 꾸려 나그네 무리를 좇아
동이 트도록 험한 곳을 넘어가네.
차가운 해 안개를 더디게 헤쳐 나오고
맑은 강은 산을 급하게 돌아간다.
마부는 앞으로 나가지 못하고
노둔한 말은 줄에 매인 듯하네.

물가 모래톱이라 조금 트여
풍경이 답답한 마음을 열어주네
그저 숭상하던 회포를 위로해보지만

결국 함께 놀던 예전은 아니구나.
늙은 얼굴 어쩌다 한 번 펴졌지만
좋은 일 계속 생기기는 어려우니
완적의 길에 망연히 서서
다시 양주의 눈물을 뿌린다.

이 시는 두보가 사홍현에서 남쪽 통천이라는 곳으로 가면서 지은 것이다. 이른 새벽 떠나는 여행길의 어려움이 진하게 느껴진다. 저작 시기는 보응 원년 11월이다.

《보주두시》: 사홍현은 재주 동남쪽 60리에 있다. 지금 시제에서 '아침에 현의 남쪽을 출발한다'라고 했으니, 마땅히 보응 원년 11월 남으로 통천에 갈 때 지은 것이다.(射洪縣, 在梓州東南六十里. 今題云, 早發縣南, 當是寶應元年十一月南之通泉時作.)

주 석

1 貧窶(빈구)- 빈궁하다. 가난하다.
《두시상주》에 인용된 《시전詩傳》 '구'는 가난하여 예를 차릴 수 없는 것이다.(窶者, 貧不能爲禮.)

2 征途(정도)- 행정行程. 멀리 가는 길. 乃(내)- '後' 또는 '復'로 된 판본도 있다. 侵星(침성)- 동틀 무렵을 뜻한다. 이 때 아직 별이 지지 않고 떠있기에 하는 말이다.

#《두시상주》: 아침에 출발하는 것으로부터 서술하면서 가난과 질병이 갈마드는 감회를 담았다.(從早行叙起, 有貧病交侵之感.)

3 鄙人(비인)- 비루한 사람. 자신을 가리키는 겸사이다. 道氣(도기)- 도인의 기질.

〔鄙人 2구〕

《두억》 "비루한 몸 도기가 부족하여, 곤궁함에 처하여 홀로 설 수 없다"라고 하였는데, 도인의 기질을 지닌 사람이 아니라면 이런 말을 할 수 없다.(鄙人寡道氣, 在困無獨立, 非有道氣人, 未必說到此.)

4 俶裝(숙장)- 행장을 꾸리다. 徒旅(도려)- 나그네 무리. 무리를 이룬 여행객을 말한다.

《후한서·장형전張衡傳》 '占既吉而無悔兮, 簡元辰而俶裝'의 이현李賢 주: '숙'은 정리한다는 뜻이다.(俶, 整也.)

5 曙(서)- '曉'로 된 판본도 있다. 凌(능)- 넘다. 險澀(험삽)- 거칠고 험한 곳.

6 淸江(청강) 구- 강물이 산에 부딪쳐 흐르는 것을 말한다.

《두시상주》에 인용된 당唐씨 설 강이 산에 부딪쳐 급하게 흐르는 것이다.(江爲山所激也.)

7 僕夫(복부)- 마부. 하인.

8 若(약)- '苦'로 된 판본도 있다. 維縶(유집)- 줄에 묶이다. 말이 지쳐 꼼짝하지 않는 것을 말한다.

#《두시상주》: 이 단락은 아침에 길을 가며 만난 경물과 일을 기록하였다. 곤궁하여 자립하기 어렵기에 무리를 쫓아 남에게 의지한다 하였으니, 이것이 바로 아침에 길을 나선 이유이다. 해가 안개에 가린 것은 '달서'를 이었고, 강물이 급하게 흐르는 것은 '능험'을 이었다. 마부가 피곤하고 말이 지친 것은 먼 길에 초췌함을 말한다. '곤궁함에 처하여 홀로 설 수 없다'고 하여 굶주려서 남에게 의지하는 것을 말하였으니 영웅이 기가 부족해지면 진실로 어찌 할 수 없을 따름이다.(此記早行景事. 窮難自立, 逐隊依人, 此早行之故. 日蒙霧, 承達曙. 江流急, 承凌

險. 僕倦馬疲, 言征途況瘁. 在困無獨立, 說出饑餒依人, 英雄氣短, 眞是無可如何耳.)

9 汀洲(정주)- 사주沙洲. 강물 가운데 모래톱. 疏散(소산)- 한산함. 매이지 않음. 여기서는 험한 산길을 가다 물가를 만나니 경치가 확 트이는 것 같다는 말이다.

《보주두시》에 인용된 하何씨 설 물가로 길을 가니 평탄한 것이다.(岸行, 坦夷也.)

10 怏悒(앙읍)- 답답하고 즐겁지 않은 모양. '怏'은 '悁'으로 된 판본도 있다.

11 所尙懷(소상회)- 바라는 바의 정회.

《두시상주》 '소상회'는 마음으로 좋아하고 바라는 바의 정회이다.(所尙懷, 謂意所好尙.)

12 遊集(유집)- 함께 놀다. 이 구는 지금의 여행이 예전에 함께 유람하던 때와는 다르다는 것이다.

13 難屢(난루)- '皆空'으로 된 판본도 있다. 挹(읍)- 취하다.

14 茫然(망연)- 아무 생각 없이 멍한 모양. 阮籍途(완적도)- 완적의 길.

15 楊朱泣(양주읍)- 양주의 눈물.

《두시상주》에 인용된 《회남자》 양주는 갈림길을 만나면 울었는데, 남으로도 갈 수 있고 북으로도 갈 수 있다고 생각해서이다.(楊朱見岐路而泣之, 謂其可以南可以北.)

〔茫然 2구〕

《보주두시》에 인용된 사고 주 두보가 막다른 길을 만나 동서남북에 전혀 정해진 거처가 없는 지경에 이르렀으니 어찌 양주의 눈물을 면할 수 있겠는가.(甫遭窮途, 至於東西南北了無定居, 安免楊朱之揮淚邪.)

《구가집주두시》 완적은 일찍이 길을 따라 가지 않다가 막히면 눈물을 흘렸고, 양주는 갈림길에서 눈물을 흘렸다.(阮籍嘗不由徑路, 而行途窮則泣, 楊朱泣多岐.)

《구가집주두시》 조언재 주 그가 길에 있음이 마치 완적의 막다른 길 같고, 그가 눈물을 흘림은 양주가 갈림길에서 눈물을 흘리는 것과 같다.(其在途也, 如阮籍之窮途. 其爲泣也, 如楊朱之泣岐.)

《두억》 완적은 막다른 길에서 울고 양주는 기로에서 우니, 길이 이미 막혀서 갈 바를 알지 못함이다. 이 두 가지 일을 겸하여 사용하니 그 괴로움이 지극한 것이고 그 묘함이 지극하다. 이 여행은 가난에 의해 내몰린 것이다.(阮籍泣窮途, 楊朱泣路岐, 途已窮而莫知所適, 兼用兩事, 苦極妙極. 此行爲貧所驅.)

#《두시상주》: 이 단락은 도중의 정서를 서술하였다. 안개가 걷히고 길이 평탄해졌기에 탁 트인 풍경을 만나게 되었고, 이곳이 감회를 다소 위로해 주기는 하지만 예전 놀 때의 흥취는 아니어서 애석해하였다. 또한 늙은 얼굴이 잠시 펴졌어도 앞 길에는 좋은 경치가 없을 것 같아 막다른 길의 울음과 기로에서의 슬픔을 끝내 면할 수 없었던 것이다. 여전히 '연로하여 곤궁하다'는 뜻과 호응하고 있다.(此述途中情緖. 霧釋路平, 乃見疏散風景, 此處差堪慰懷, 惜非曩時遊興耳. 且衰顔暫破, 前往恐無勝境, 窮途之哭, 岐路之悲, 終不免矣. 仍應年老困窮意.)

##《두시상주》에 인용된 신함광申涵光 설: 젊은 시절에는 생계를 도모함이 자못 쉬웠지만, 의기를 지니고 있었으니 어찌 이런 지경에 이를 것을 개의했겠는가. 노년에 이르러 비로소 근심을 해보지만 이미 어찌 할 수 없는 형편이 되었다. 서두의 말이 창연하다. "비루한 몸 도인의 기질이 부족하여, 곤궁함에 처하여 홀로 설 수 없다"라고 하였으니, 다른 사람들은 자기 이야기를 하지 않는데 바로 이것이 참으로 높은 경지라고 하겠다.(少時謀生頗易, 然正爾負氣, 豈屑及此. 至老方憂, 已無可奈何矣. 起語悵然. 鄙人寡道氣, 在困無獨立, 他人不肯自言, 然正是高處.)

《독두심해》: 굶주림에 몰리는 삶을 슬퍼한 것이다. 앞의 12구는 모두 아침에 출발하는 것으로부터 착상하고 있다. 4구는 (그 일을) 들어서 밝힌 것이고, 다음 4구는 그 까닭을 궁구한 것이며, 마지막 4구는 경치를 묘사하였다. 뒤의 8구는 길가 풍경을 빌어서 한 차례 기분을 풀었다가, 마지막에서는 다시 반전하고 있다. 글의 필치가 우회적이다.(悲饑驅也. 前十二句, 總從早發落想. 四提明, 四原其故, 四寫景. 後八句, 借途景略一颺開. 結仍撥轉, 文致不直.)

(**박홍준**)

33. 通泉驛南去通泉縣十五里山水作

통천역 남쪽으로 통천현에서 시오리 떨어진 산수를 보고 짓다

溪行衣自濕[1]　亭午氣始散[2]　冬溫蚊蚋集[3]　人遠鳧鴨亂[4]
登頓生曾陰[5]　攲傾出高岸[6]　驛樓衰柳側[7]　縣郭輕烟畔[8]
一川何綺麗[9]　盡日窮壯觀[10]　山色遠寂寞[11]　江光夕滋漫[12]
傷時愧孔父[13]　去國同王粲[14]　我生苦飄零[15]　所歷有嗟嘆[16]

물가를 걸으니 옷이 절로 젖고
한낮에야 습기 비로소 흩어진다.
겨울 따뜻하니 모기 모이고
사람 멀어 오리 어지럽다.
층층 구름 이는 곳 오르내리고
구불구불 높은 언덕을 나간다.

역루는 시든 버들 옆,
현성은 가벼운 이내 가.
한 줄기 시내 얼마나 고운가,
종일 장관을 다 본다.
산색은 멀리 적막하고
강빛 저녁에 가득하다.

시절 아파함은 공자께 부끄럽고
나라 떠남은 왕찬과 같다.
내 삶 괴로이 떠돌아

지나는 곳마다 한탄한다.

사홍현에서 통천역을 지나 통천현으로 가면서 산수를 유람하고 그 경물과 자신의 처지를 읊었다. 아름다운 산수 앞에서도 고단한 신세를 떨칠 수 없는 시인의 역경이 잔잔하게 나타난다. 앞의 시 〈조발사홍현남도중작早發射洪縣南途中作〉과 같은 때에 지었다.

《보주두시》 《구당서》에 통천은 한나라 광한현 지역이며, 수나라 때 설치한 현이라고 하였다. 《신당서》에 대력 2년 수주에 소속시켰다고 하였다. 이 시는 보응 원년 11월에 지었다. 그러므로 시에서 "겨울 따뜻하여 도기가 모인다"고 하였다.(舊史, 通泉漢廣漢縣地, 隋縣也. 新史, 大曆二年屬遂州. 此詩作於寶應元年十一月, 故詩云, 冬溫蚊蚋集.)

《두시상주》 이 시는 사홍에서 통천으로 가면서 지었다. 노은은 "《지리지》에 통천현은 재주 동남쪽 130리에 있고, 현에서 15리 떨어진 곳에 아름다운 산수가 있어 속칭 '심가갱'이라고 부르며, 공이 이곳에 와 산수를 둘러보고 지었다"고 하였다. 《구당서》에 통천은 한나라 광한현 땅으로 수나라 현이라고 하였다. 《환우기》에 통천산은 현의 서북 20리에 있고, 동으로 부강에 접하며, 절벽이 20여 장으로 물이 산꼭대기에서 솟아나와 부강으로 흘러들어간다고 하였다. 《신당서》에 대력 2년에 수주에 한 달간 소속시켰다고 하였다. 살펴보건대 당나라 통천현은 지금은 사홍현에 병합되었다.(此自射洪之通泉而作也. 魯訔曰, 地理志, 通泉縣, 在梓州東南百三十里, 去縣十五里有佳山水, 俗號沈家坑, 公至此眺覽山水而作. 舊唐書, 通泉, 漢廣漢縣地, 隋縣也. 寰宇記, 通泉山, 在縣西北二十里, 東臨涪江, 絶壁二十餘丈, 水從山頂湧出, 下注涪江. 新書, 大曆

二年屬遂州一月. 按, 唐通泉縣, 今併入射洪縣.)

주석

1 溪行(계행)- 시내. 또는 시냇가를 걷다.

2 亭午(정오)- 정오. '正午'와 같다. 氣(기)- 습기.

3 蚊蚋(문예)- 모기. 集(집)- '在'로 된 판본도 있다.

4 人遠(인원)- 사람이 멀다. 인적이 드물다는 뜻이다. 鳧鴨(부압)- 오리.

5 登頓(등돈)- 오르내리다. 가다 쉬다. 生(생)- '坐'로 된 판본도 있다. 曾陰(층음)- 겹겹 쌓인 구름. '曾'은 '層'과 같다.

《두시상주》 '등돈'은 오르다가 또 쉰다는 뜻이다.(登頓, 登而且頓.)

《두시언해》 '등돈'은 오르내리다는 뜻이다.(登頓, 上下.)

6 攲傾(기경)- 길이 구불구불하다. 험하고 기구한 모양. 또 몸을 기울이다라고도 풀이한다.

#《두시상주》: 이 단락은 산행의 자취를 기록하였다. 새벽에 출발하여 안개에 젖고, 정오에 이르러 비로소 마른다. 모기가 모이니 땅이 따뜻함을 알겠다. 오리가 어지러우니 그윽한 지역임을 알겠다. 오르내리고 구불구불하니 온 길이 기구한 것이다.(此記山行之跡. 曉行霑霧, 至午方收. 蚊蚋集, 見地暖. 鳧鴨亂, 見境幽. 登頓攲傾, 來路崎也.)

7 驛樓(역루)- 역참의 누각.

8 縣郭(현곽)- 현의 성곽. 輕烟(경연)- 옅은 구름, 안개, 이내.

9 一川(일천)- 한 줄기 시내. 綺麗(기려)- 아름답다.

10 盡日(진일)- 종일. '日'은 '目'으로 된 판본도 있다. 窮(궁)- 다 보다.

11 山色(산색)- 산의 모습, 경치. 遠(원)- 멀리. 멀리서 바라봄을 말한다.

12 江光(강광)- 강물의 빛. 滋漫(자만)- 넘쳐나다.

#《두시상주》: 이 단락은 역 앞의 풍경을 기록하였다. 역에서 성곽을 바라보니 통천이 매우 가깝다. 시내는 산에서 강으로 흘러든다. 그러므로 그 아름다움이 드러난다. '원적막'은 멀리 바라보니 아득하다는 말이다. '석자만'은 저녁 햇빛이 광휘를 더한다는 뜻이다.(此記驛前之景. 從驛望郭, 通泉已近也. 川自山而注江, 故見其騎麗. 遠寂寞, 遙望悠然. 夕滋漫, 晩照增輝.)

13 傷時(상시) - 시절을 아파하다. '傷'은 '知'로 된 판본도 있다. 孔父(공보) - 공자

《구가집주두시》 공자께서 봉새가 오지 않는다고 탄식한 것, 시냇가에서 흐르는 물을 보고 탄식하신 것, 산속 다리의 까투리를 보고 탄식하신 것은 모두 시절을 아파하심이다.(孔子之歎鳳鳥不至, 子在川上, 山梁雌雉, 皆傷時.)

《두시상주》에 인용된 두수가 설 "공자가 봉황을 탄식하고 기린에 운 것은 모두 시대를 아파하는 뜻이다"라고 하였다.(杜修可曰, 孔子歎鳳泣麟, 皆傷時之意.)

《논어·자한子罕》 공자께서 말씀하셨다. "봉새는 오지 않고 하수에서는 그림이 나오지 않는구나. 나는 끝났구나."(子曰, 鳳鳥不至, 河不出圖, 吾已矣夫.)

《논어·자한》 공자께서 시냇가에서 말씀하였다. "가는 것이 이와 같구나. 밤낮을 쉬지 않으니."(子在川上曰, 逝者如斯夫. 不舍晝夜.)

《논어·향당鄕黨》 산속 다리의 까투리여, 때를 만났구나, 때를 만났어.(山梁雌雉, 時哉時哉.)

14 去國(거국) - 경사를 떠나다. 王粲(왕찬) - 후한 말기 및 위나라의 정치가, 시인. 건안칠자建安七子의 한 사람.

《구가집주두시》 왕찬은 자가 중선이며 산양 사람이다. 형주로 피난 갔다가 다시 위나라 시중이 되었다. 형주에 있을 때 날마다 돌아가기를 생각하여 누각에 올라 〈등루부登樓賦〉를 지었다.(王粲, 字仲宣,

山陽人. 避地荊州, 復爲魏侍中. 在荊州日嘗思歸, 因登樓作賦.)

《구가집주두시》 조언재 주 왕찬은 한 헌제가 서쪽으로 천도하자 따라서 장안으로 갔다가 서경이 어지러워지자 형주로 가서 유표에게 의탁하였다. 그의 〈칠애시〉에 "서경이 어지러워 형편없고, 이리와 범이 환난을 만든다. 다시 경사를 버리고 떠나 멀리 몸은 형만으로 간다." 고 하였다. 이를 일러 '거국'이라고 한다.(王粲, 漢獻帝西遷, 粲從至長安, 以西京擾亂, 乃之荊州依劉表. 其七哀詩云, 西京亂無象, 豺虎方搆患. 復棄中國去, 遠身適荊蠻. 此之謂去國.)

《보주두시》에 인용된 사씨 주 옛날 위나라 왕찬이 수도를 떠나 유표에게 의탁하였다. 두보는 두호를 떠나 촉을 떠도니 어찌 왕찬이 경사를 떠남과 같지 않겠는가.(昔魏王粲去國來依劉表. 甫去杜鄠而遊蜀, 豈不同王粲之去國乎.)

15 我生(아생) - 나의 삶. 나의 인생. 苦(고) - 매우. 飄零(표령) - 떠돌다.

16 所歷(소력) - 거쳐 가는 곳. 嗟嘆(차탄) - 한탄.

#《두시상주》: 마지막 단락은 자신의 감정을 읊었으니 산수로 시름 펼기에 부족함을 알겠다.(末敘己情, 見山水不足以舒憂也.)

##《독두심해》: 윗 시와 연작이다. 첫 4구는 아침 여정으로부터 벗어났다. 1, 2구는 산수간의 기상으로서 그림으로도 그릴 수 없다. 가운데 8구는, 산을 나와서 역정에 이르고, 역정을 지나서 성곽을 바라보니 강을 따라 구불구불하여 몸소 지나온 듯하다는 말이다. 이와 같으니 또한 마음을 펴기에 족하다. 끝 4구는 역시 자기의 본색으로 마무리한다.(與上篇連作. 起四句, 從早行脫下. 一二山水間氣象, 畵不能到. 中八句, 出山及驛, 過驛望郭, 緣江迤邐, 恍若身歷. 如此亦足怡情矣. 後四, 仍收本色.)

(**이창숙**)

34. 過郭代公故宅

곽대공 고택을 들르다

豪俊初未遇[1] 其迹或脫略[2] 代公尉通泉[3] 放意何自若[4]
及夫登袞冕[5] 直氣森噴薄[6] 磊落見異人[7] 豈伊常情度[8]
定策神龍後[9] 宮中翕淸廓[10] 俄頃辯尊親[11] 指揮存顧託[12]
群公有慚色[13] 王室無削弱 迥出名臣上 丹靑照臺閣[14]
我行得遺跡[15] 池館皆疏鑿[16] 壯公臨事斷 顧步涕橫落
精魄凜如在[17] 所歷終蕭索 高詠寶劍篇[18] 神交付冥漠[19]

호걸도 당초 불우했을 때는
그 행적이 혹 경솔하기도 하니
대공이 통천의 현위였을 때
멋대로 함이 어찌 그리 태연자약했던가.
곤면의 자리에 오르게 되자
바른 기운 삼연하게 발산하여
씩씩한 그 모습이 기인을 보는 듯하니,
어찌 상정으로 이를 헤아리겠는가?

신룡 후에 책략을 정하니
궁중이 일치하여 깨끗이 하였다.
곧 존친의 의리가 분변되었으니
지휘함에 부탁한 일을 유의하였음이라.
여러 공경이 부끄러워하였고
왕실은 약화되지 않았다.

멀리 명신을 넘어서니
단청이 대각을 비춘다.

길가다 남긴 자취를 만나게 되었는데
못과 집이 모두 도랑이 되었으니,
공이 일을 할 때 단호했음을 장하게 여기어
돌아보고 걸으면서 눈물을 이리저리 떨어뜨린다.
정백이 늠연하게 있는 듯하나
지난 곳은 끝내 쓸쓸하여,
높이 〈보검편〉을 읊조리며
정신의 사귐을 저승에 부친다.

보응 원년에 통천현에서 곽대공의 고택을 보고 감회를 읊은 시이다. 곽대공은 이름이 진震이고 자가 원진元振이다. 일찍이 통천현위를 지냈다. 뒤에 현종을 도와 태평공주를 제거하여 공을 세우고 대국공에 봉해졌다.

《보주두시》 곽공은 위주 귀향 사람으로 집이 선양리에 있다. 두보가 위주에 간 적이 없으니 의당 통천에서 현위를 할 때 거처했던 집을 가리켜 말한 것이다. 보응 원년 11월 사홍에서 통천으로 갔을 때에 지었다. 그래서 시에서 "내 가다가 남긴 자취를 찾게 되었는데 못과 집이 모두 도랑이 되었다"라고 하였다.(郭公, 魏州貴鄉人也, 宅在宣陽里, 而未嘗至魏, 當是指作尉通泉時所居而言. 寶應元年十一月, 自射洪之通泉時作, 故詩云, 我行得遺跡, 池館皆疏鑿.)

《두시전주》 장열이 지은 행장에서 다음과 같이 말하였다. 공은 어려서부터 뛰어나서 큰 뜻을 가지고 있었다. 열여섯에 태학에 들어가 설직, 조언소와 학업을 같이 하였다. 열여덟에 진사에 급제하고 그 해 판사判事가 우등에 들었다. 외직을 청하여 재주 통천위를 제수하였다. 자유분방하여 작은 예절에 구애를 받지 않아서, 돈을 주조한 한 적이 있으며 양인의 재물을 약탈하여 사방 사람을 구제하니 온 세상에서 그에 동조한 자가 천만에 이르렀다. 측천이 그의 이름을 듣고 역마로 불러 보아 밤이 될 때까지 이야기를 하고 아주 기특하게 여겼다. 촉에서의 행적을 물으니 대답하여 감추지 않았고, 예전의 글을 적어보라 하니 〈고검가〉를 올렸다. 측천이 보고서 가상히 여겨 수십 본을 베끼게 하여 학사에게 두루 하사하였다. 선천 2년에 정사를 관장하였다. 태평공주와 두회정이 흉당을 몰래 결성하여 황제를 폐할 것을 모의하였다. 예종이 머뭇거리며 결단하지 못하고 여러 재상이 모두 아부하여 뜻을 따랐는데 공만이 조정에서 쟁론하고 조칙을 받지 않았다. 거병하여 두회정 등을 주살할 때에 궁성이 크게 어지러워지자 예종이 숙장문으로 걸어가 변란을 보니 여러 재상이 모두 외성으로 숨었는데 공이 홀로 봉천문 누각에 올라 몸소 모셨다. 예종이 동궁의 군사가 이르렀다는 말을 듣고 누락 아래로 투신하려 하였는데 공이 몸소 황제의 몸을 부축하고 간곡히 권하니 이에 그만두었다. 주상이 즉위하자 중서성에서 14일을 묵으며 홀로 정무를 관장하였다. 조서를 내려 대국공에 봉하였다.(張說撰行狀云, 公少倜儻, 廓落有大志. 十六, 入太學, 與薛稷趙彦昭同業. 十八, 擢進士第, 其年判入高等. 請外官, 授梓州通泉尉. 落拓不拘小節, 常鑄錢, 掠良人財, 以濟四方, 海內同聲合氣, 有至千萬者. 則天聞其名, 驛徵引見, 語至夜, 甚奇之. 問蜀川之蹟, 對而不隱. 令錄舊文, 乃上古劍歌, 則天覽而佳之, 令寫數十本, 遍賜學士. 先天二年, 知政事. 太平公主竇懷貞潛結兇黨, 謀廢皇帝. 睿宗猶豫不決, 諸相皆阿諛順旨, 惟公廷爭不受詔. 及擧兵誅懷貞等, 宮城大亂, 睿宗步肅章門觀變, 諸相皆竄外省, 公獨登奉天門樓躬侍. 睿宗聞東宮兵至, 將欲投於樓下, 公親扶聖躬, 敦勸乃止. 及上卽位, 宿中

書十四日, 獨知政事. 下詔封代國公.)

주 석

1 豪俊(호준) - 호걸. 준걸. '俊'이 '雋'으로 된 판본도 있다.

2 脫略(탈략) - 행동이 경솔하다.

《두시언해》 '탈략'은 작은 예절에 구애받지 않는다는 뜻이다.(脫略, 不拘小節之意.)

3 尉通泉(위통천) - 통천에서 현위를 하다. 통천은 현 이름이다. '通泉尉'로 된 판본도 있다.

4 放意(방의) - 마음대로 하다.

《두시상주》에 인용된 《당서·곽원진전》 곽진은 자가 원진이고 자로 널리 알려졌다. 통천위를 제수받았는데 협기를 부리고 작은 예절을 팽개쳤다.(郭震, 字元振, 以字顯. 授通泉尉, 任俠使氣, 撥去小節.)

5 袞冕(곤면) - 황제나 상공上公의 예복과 예관. 여기서는 곽진이 재상이 된 것을 뜻한다.

《두시상주》에 인용된 《신당서》 선천 2년에 원진이 병부상서로서 동중서문하삼품이 되었다.(先天二年, 元振以兵部尙書, 同中書門下三品.)

6 噴薄(분박) - 격탕하며 솟아나다.

7 磊落(뇌락) - 의태가 씩씩하고 큰 모습. 마음이 넓고 큰 모습.

8 度(탁) - 헤아리다.

#《두시상주》: 이 단락은 그의 재능과 품격이 비범함을 말한다. 현위 노릇은 잘 못하였지만 조정에서는 잘 하였으니 바로 큰 일을 담당할 사람은 작은 일로 알 수 없다는 사실을 보여준다.(此言其才品不凡. 疏於作尉而長於立朝, 正見大受不可小知.)

9 定策(정책)- 책략을 정하다. 神龍(신룡)- 중종의 연호. 이 구절은 태평공주의 화란禍亂의 단초가 중종 때부터 있었음을 말한다.

10 翕(흡)- 협조하다. 일치하다. 淸廓(청확)- 깨끗해지다. 깨끗하게 하다

11 俄頃(아경)- 얼마 후. 辯尊親(변존친)- 존귀한 지위를 부자간에 전하는 도리가 밝혀졌다는 뜻이다.

《구가집주두시》 조언재 주 군신 간으로는 명황이 존위를 얻었고 부자간으로는 명황이 친자로 전한 것이 된다.(君臣之間, 明皇得尊位, 父子之間, 明皇爲親傳.)

12 存(존)- 유의하다. 顧託(고탁)- 부탁하다.

13 有(유)- '見'으로 된 판본도 있다.

14 丹靑(단청)- 곽진의 화상畫像을 말한다. 이 구는 곽진이 현종의 묘에 배향된 것을 의미한다.

《두시상주》에 인용된 《당회요》 곽원진이 현종의 묘에 배향되었다.(元振配饗玄宗廟.)

#《두시상주》: 이 단락은 그가 나라 사직에 공이 있음을 말하였다. 조차공이 말하기를 "대공이 책략을 정한 것은 예종 선천 2년으로 중종이 신룡으로 개원한 때로부터 무릇 8년인데, 지금 시에서 '신룡 후에 책략을 정하였다'라 한 것은 태평공주가 총애를 홀로 받은 것이 중종 때에 시작되어 화란의 단서가 신룡에서 내려왔기 때문이리라. '아경' 2구는 태평공주가 주살되자 존위가 제자리로 돌아가고 친자에게 전하는 도리가 상실되지 않아 예종이 부탁한 뜻을 이루게 되었음을 말한다"라고 하였다.(此言其功在社稷, 趙次公曰, 代公定策, 在睿宗先天二年, 去中宗神龍改元, 凡八年. 今詩云, 定策神龍後, 蓋太平擅寵, 始中宗朝, 則禍胎在神龍而下也. 俄頃二句, 謂太平旣誅, 則尊位有歸, 親傳不失, 所以成睿宗付託之意.)

15 遺跡(유적)- 곽진의 옛 집을 가리킨다. '跡'이 '址'로 된 판본도 있다.

16 疏鑿(소착)- 원 뜻은 땅이나 산을 파서 물길을 내는 것이지만 여기서는 이리저리 파헤쳐진 것을 뜻하는 것으로 보인다.

17 精魄(정백)- 정신과 혼백. 如在(여재)- 있는 듯하다.

〔精魄 2구〕 판본에 따라서는 이 2구가 '噴薄' 아래에 있다.

18 寶劍篇(보검편)- 곽진이 지은 〈보검가寶劍歌〉를 말한다.

《두시상주》에 수록된 〈보검가〉 그대는 보지 않았는가? 곤오의 단련된 철이 붉은 연기를 날리고 붉은 빛 보라 기운이 모두 선명한 것을. 뛰어난 장인이 단련하기 무릇 여러 해, 보검을 만들어 용천이라 이름했다. 용천의 빛은 눈서리 같아 장인이 비할 데 없는 그 기이함에 감탄하였네. 유리 옥갑은 연꽃을 토하는 듯, 조각한 금 고리에 밝은 달이 뜬 듯. 마침 풍진 없는 세상을 만나고 다행히 군자의 몸을 만나게 되었네. 어슴푸레한 정광은 푸른 뱀 빛이요, 조각조각 무늬는 푸른 거북 등딱지라. 유협과 사귐을 맺었을 뿐만 아니라 영웅과도 가까이 하였다. 어찌 중도에 버려지리라 생각했으리? 떠돌다 오랜 감옥 옆에 팽개쳐졌네. 비록 묻혀서 쓸 데 없어도 여전히 밤마다 그 기운이 충천하는구나.(君不見昆吾鐵冶飛炎烟, 紅光紫氣俱赫然. 良工鍛鍊凡幾年, 鑄作寶劍名龍泉. 龍泉顔色如霜雪, 良工咨嗟歎奇絶. 琉璃玉匣吐蓮花, 錯鏤金環生明月. 正逢天下無風塵, 幸得相逢君子身. 精光黯黯靑蛇色, 文章片片綠龜鱗. 非直結交遊俠子, 亦曾親近英雄人. 何言中路遭棄捐, 零落飄淪古獄邊. 雖復沈埋無所用, 猶能夜夜氣衝天.)

19 神交(신교)- 정신의 사귐. 冥漠(명막)- 저승을 뜻한다.

#《두시상주》: 이 단락은 옛집을 지나며 옛일을 추모하는 뜻으로 시를 마무리하였다. 오견사의 《두시논문》에서 앞의 시인 〈진습유고택陳拾遺故宅〉은 옛집에 대해 먼저 말하고 습유를 뒤에 말하였는데 이 시는 대공에 대해 먼저 말하고 옛집을 뒤에 말하였으니 각각 작법이 보인다.(此經過故宅, 以弔古意收. 吳論, 前作先故宅而後拾遺, 此作先代公

而後故宅, 各見作法.)

##《독두심해》: 순전히 논단체로 구절구절이 적확하고 탁월하다. 앞의 8구는 생애를 총괄하였고 다음 8구는 공적을 특별히 표창하였고 뒤의 8구는 애도하며 시제의 뜻으로 돌아갔는데, 격조가 또 엄숙하고 장중하다.(純是論斷體, 筆筆堅卓. 前八句, 總挈生平, 中八句, 特表勳伐, 後八句, 憑弔還題, 格復峻整.)

(**이영주**)

35. 觀薛稷少保書畫壁
태자소보 설직의 글씨와 벽화를 보다

少保有古風[1] 得之陝郊篇[2] 惜哉功名忤[3] 但見書畫傳
我遊梓州東[4] 遺跡涪水邊 畫藏青蓮界[5] 書入金榜懸[6]
仰看垂露姿[7] 不崩亦不騫[8] 鬱鬱三大字[9] 蛟龍岌相纏[10]
又揮西方變[11] 發地扶屋椽[12] 慘澹壁飛動[13] 到今色未塡[14]
此行疊壯觀 郭薛俱才賢[15] 不知百載後 誰復來通泉

소보에게 고풍이 있으니
섬교편에 그것이 드러나 있다.
애석하구나, 공명이 어긋나
다만 서화만 전해지는 것을 보게 되다니.
나는 재주 동쪽을 노닐고 있는데
남은 자취가 부강 가에 있구나.
그림은 사찰에 보관되어 있고
글씨는 걸린 금빛 편액에 들어있다.

이슬이 드리운 듯한 글씨체를 올려다보니
무너지지도 이지러지지도 않았거니와,
힘찬 세 개의 큰 글자를
교룡이 높이 서로 휘감고 있다.
또 서방 변상變相을 그려
땅에서부터 서까래를 떠받치고 있는데,
고심하여 그려 벽이 날아 움직이는 듯하고

지금까지 색은 아직 메워지지 않았다.

이번 여행길에 장관이 겹쳤으니
곽진郭震과 설직 다 재주가 뛰어남이라.
모르겠다, 백 년 뒤에
누가 다시 통천에 오르는지.

이 시는 보응 원년 통천현 혜보사慧普寺에서 설직이 쓴 편액과 그가 그린 벽화를 보고 나서 감회를 써낸 것이다. 설직의 자는 사통嗣通이고 벼슬은 태자소보, 예부상서에 이르렀다. 태평공주를 따르며 현종에 반대하다가 만년현萬年縣의 옥에서 사사되었다. 글씨와 그림에 정통하여 구양순歐陽詢, 우세남虞世南, 저수량褚遂良과 함께 초당 4대 서법가로 불린다.

《보주두시》 시에 "나는 재주 동쪽에서 노니는데 남은 자취가 부강 가에 있다"고 하였고 또 "백년 뒤에 누가 다시 통천에 올는지 모르겠다"고 하였으니 보응 원년 통천에서 지은 것이 분명하다.(詩云, 我遊梓州東, 遺跡涪水邊. 又云, 不知百載後, 誰復來通泉. 當是寶應元年在通泉作.)

《두시상주》에 인용된 왕수 주 설직은 자가 사통이고 설수의 조카이다. 옛것을 좋아하였으며 학식이 풍부하고 품행이 단정하였다. 정관, 영휘 연간에 우세남과 저수량이 글씨로 일가를 이루었는데 후에 아무도 이를 계승할 수 없었다. 외조부 위징의 집에는 우세남과 저수량의 옛 묵적墨跡을 많이 보관하고 있었다. 설직은 예리하고 정확하게 이것들을 고방하여 서체가 씩씩하고 아름다웠다. 마침내 글씨로 천하에 이름을 떨쳤으며 그림 또한 절품이었다. 예종이 태자로 있을 때 문학에 뜻을 두어 일찍이 그를 좋아하였고, 즉위하게 되자 황문시랑으로 옮겼으며 태자소보를 지냈다. 공교롭게도 두회정이 태평공주를 따랐다는 이유로 죽임을 당하자 설직은 계획을 알고 있었다는 것으로 연좌되어 만년현의 옥에서 사사되었다.(稷, 字嗣通, 收之從子, 好古博雅. 貞觀永徽間, 虞世南褚遂良以書顯家, 後莫能繼. 外祖魏徵家, 多藏虞褚舊跡, 稷銳精模倣, 結體遒麗, 遂以書名天下, 畫又絕品. 睿宗在藩, 留意文學, 嘗喜之. 及卽位, 遷黃門侍郞, 歷太子少保. 會竇懷貞以附太平公主伏誅, 稷坐知謀, 賜死萬年獄.)

주 석

1 少保(소보)- 태자소보를 지낸 설직을 말한다. 古風(고풍)- 고체시. 오언고시를 말한다.

2 陝郊篇(섬교편)-《전당시》에 실려 있는 설직의 시 14수 가운데 '수레를 몰아 섬교를 넘는다(驅車越陝郊)'로 시작하는 〈추일환경섬서십리작秋日還京陝西十里作〉을 가리키는 것으로 보인다.

3 忤(오)- 거스르다. 어긋나다. '誤'로 된 판본도 있다.

4 梓州東(재주동)- 재주의 동쪽. 재주의 동남쪽에 있는 통천을 가리킨다.

5 青蓮界(청련계)- 절을 말한다. 불가에서는 연꽃이 청정하다고 여겨 이로써 불교와 관련된 사물을 지칭하였다.

《구가집주두시》 조언재 주 '청련계'는 불가의 사찰이다. 불서에 보인다.(青蓮界, 佛寺也. 見佛書.)

6 金榜(금방)- 금빛의 편액.

#《두시상주》: 첫 단락은 시 작품을 가지고 서화를 이끌어내었다. '고풍'은 시체를 말하며, '섬교편'은 설직이 지은 것이다.(首將詩篇引起書

畫. 古風, 謂詩體. 㚒郊篇, 稷所作.)

7 垂露(수로)- 수로서垂露書. '수로서'는 서체 이름.

《두시상주》에 인용된 왕음王愔의 《문자지文字志》 '현침'은 소전의 서체이다. '수로서'는 현침과 같지만 기세가 굳세지 않고 짙은 이슬이 드리운 것처럼 부드럽기 때문에 그렇게 명명한 것이다.(懸針, 小篆體也. 垂露書, 如懸針而勢不遒勁, 阿那如濃露之垂, 故名.)

8 騫(건)- 이지러지다.

9 鬱鬱(울울)- 왕성한 모양. 아름다운 모양. 三大字(삼대자)- 세 큰 글자. 통천현 경선사에 설직이 해서로 쓴 '혜보사'라는 세 글자가 있는데 직경이 석자 남짓이라 한다.

《두시상주》에 인용된 《여지기승輿地紀勝》 설직이 '혜보사' 세 자를 썼는데 직경이 석자 남짓이며 통천현 경선사 취고당에 있다.(薛稷書慧普寺三字, 徑三尺許, 在通泉縣慶善寺聚古堂.)

10 岌(급)- 높은 모양.

〔鬱鬱 2구〕

《구가집주두시》 조언재 주 설직이 쓴 '혜보사' 비의 세 자는 글자가 사방 직경 석자 남짓으로 필획이 씩씩하고 굳세다. 곁에 커다란 거북이 휘감아 받들고 있으니 바로 용과 뱀이 높이 서로 휘감고 있다는 것이다. 지금 통천현 경수사 취고당에 있는데 내가 일찍이 절에 가서 그것을 보았다. 세 글자 옆에 커다란 거북이 휘감아 받들고 있으니 시인은 실제의 일을 말하여 대단한 볼거리에 대한 구를 만든 것일 뿐이다.(稷書惠普寺碑上三字, 字方徑三尺許, 筆畫雄勁. 傍有贔屭纏捧, 乃龍蛇岌相纏也. 今在通泉縣慶壽寺聚古堂, 余嘗到寺觀之. 三字之傍有贔屭纏捧, 詩人道實事爲壯觀之句耳.)

11 揮(휘)- 휘두르다. 붓을 휘둘러 그리는 것을 가리킨다. 서방변(西方變)- 서방 제불諸佛의 변상變相.

《두시상주》 '서방변'은 그가 그린 서방 제불의 변상을 말한다. 《유양잡조》에 "당나라 사람들은 그림을 일러 또한 변이라고 하였다"고 하였다.(西方變, 言所畫西方諸佛變相. 酉陽雜俎, 唐人謂畫亦曰變.)

12 發地(발지) - 땅에서부터 시작하다. 扶屋椽(부옥연) - 지붕의 서까래를 떠받치다.

《두시상주》에 인용된 장원 주 '발지부옥연'은 서방의 상이 지면에서부터 시작하여 곧게 지붕 서까래에까지 이른 것을 말한다.(發地扶屋椽, 謂西方之像, 起自地面, 直至屋椽.)

13 慘澹(참담) - 참담경영慘澹經營의 뜻으로, 고심하여 그린 것을 말한다. 壁飛動(벽비동) - 벽이 날아 움직이다. 벽에 그린 화상이 마치 날아 움직이려는 듯하다는 말이다.

14 色未塡(색미전) - 색이 아직 메워지지 않았다. '塡'은 '메우다'의 뜻으로, 색칠한 것이 벗겨지거나 탈색 혹은 먼지 등 다른 것으로 인하여 원래의 색이 메워져버린 것을 말하는 것으로 보인다. 또 '塡'은 '오래되다'의 뜻으로 보기도 하는데 이때는 음이 '진'이다.

《시·대아·첨앙瞻卬》"孔塡不寧"의 모전毛傳 '진'은 오래라는 뜻이다.(塡, 久.)

〔又揮 4구〕

《구가집주두시》 조언재 주 그가 그린 서방 변상은 오늘날 없어졌다. 그런데 공의 시에서 말한 '우휘서방변'에서 '도금색미전'에 이르기까지는 당일에 본 것을 가리켜 말한 것이다. '전'자는 바로 '전寘(전寘과 같은 자)'자로, 자서에서는 "'메우다'의 뜻이며, 또 '오래되다'의 뜻으로 풀기도 한다"고 하였다. 지금 '색미전'이라고 말하였으니 색이 아직 희미해져 없어지지는 않았다는 뜻일 텐데, 출전이 어디인지는 자세하지 않다. 그 색이 오래되지 않고 아직도 새 것과 같다는 말일 것이다.(所畫西方變相, 今亡矣. 而公詩云又揮西方變, 至到今色未塡, 指言當日所見. 塡字卽寘字. 字書云, 塞也, 又訓久. 今云色未塡,

則色未昏滅之意. 未詳所出. 豈言其色未久, 而尙如新邪.)

#《두시상주》: 이 단락은 글씨와 그림의 남아 있는 자취를 기록하였다. '수로' 4구는 글씨를 말하였고 '서방' 4구는 그림을 말하였다.(此記書畫遺跡. 垂露四句, 言書. 西方四句, 言畫.)

15 郭薛(곽설)- 곽진郭震과 설직. 곽진은 자가 원진元振이다.

《두시상주》에 인용된 채몽필 주 《조언소전》에 이르기를 "곽진, 설직과 사이가 좋았다"고 하였고《곽진전》에서는 "설직, 조언소와 함께 태학에서 공부하였다"고 하였으니 아마도 곽진과 설직은 옛날에 태학의 동사이었다가 뒤에 또 통천에서 만났던 것 같다.(趙彦昭傳云,與郭元振薛稷善. 元振傳云, 與薛稷趙彦昭同遊太學. 蓋郭與薛舊爲同舍, 後又會於通泉也.)

〔不知 2구〕

《두시경전》 여전히 곽진, 설직처럼 사람을 감동시켜 부러워하게 할 자가 있을까라는 말이다. 말이 감개를 띠고 있다.(言尙有如郭薛之動人欣慕者乎. 語帶感慨.)

#《두시상주》: 제목 밖에서부터 미루어나가 결말을 맺었다. 곽진과 설직이 쓴 것이 남아 있어 모두 장관을 이루었으니 장래 누가 다시 이곳에 이르러 그 운치 있는 일을 계승할 것인가? 말에 자부하는 뜻이 포함되어 있다.(從題外推開作結. 郭薛題留, 皆成壯觀矣, 將來誰復到此, 而繼其韻事乎. 語含自負意.)

##《독두심해》: 처음 4구는 시의 재능을 가지고 글씨와 그림을 이끌어내었다. 그리고 또 공명을 가지고 뒤집어 드러내었으니 또한 직설적인 필치를 보인 것이다. 가운데 12구는 '글씨'와 '그림'을 함께 제기하면서 나누어 그려내었으니 기율과 법도가 가지런하다. 마지막 4구는 곽공을 둘러 표현하고 있는데 변화가 많고 경쾌하다. 결어에 대하여 구조오는 "자부하는 뜻이 포함되어 있다"고 하였다.(起四, 以詩才引書畫, 而又以功名作翻剔, 亦見直筆. 中十二句, 將書畫並提分寫, 紀法

整齊. 末四, 縈帶郭公, 波瀾輕便. 結語, 仇云, 含自負意.)

《두억》: '벽비동'은 말이 기이하다. 천년 뒤에 통천에 올 사람까지 생각하였으니 자부함이 작지 않고 어의가 함축적이다.(壁飛動語奇. 想到千載後來通泉者, 自負不小而語意含蓄.)

(이석형)

36. 通泉縣署壁後薛少保畫鶴

통천현 관서 건물 벽 뒤 설소보의 학 그림

薛公十一鶴　皆寫青田眞[1]　畫色久欲盡[2]　蒼然猶出塵[3]
低昂各有意[4]　磊落如長人[5]　佳此志氣遠　豈惟粉墨新[6]
萬里不以力　群遊森會神　威遲白鳳態[7]　非是倉鶊鄰[8]
高堂未傾覆　常得慰嘉賓[9]　曝露牆壁外[10]　終嗟風雨頻
赤霄有眞骨[11]　恥飮洿池津[12]　冥冥任所往[13]　脫略誰能馴[14]

설공의 열한 마리 학
모두가 청전의 참모습을 그렸다.
그림의 색깔은 오래되어 다 바래가지만
고색창연하여 먼지를 벗어났다.

고개 숙이나 드나 제각기 뜻이 있어
우뚝하니 마치 키 큰 사람 같다.
이처럼 원대한 뜻과 기상을 아름답다 여기니
어찌 한갓 분묵이 새로워서이겠는가?
만 리를 가도 힘을 쓰지 않고
무리 지어 노닐 때는 엄숙히 신기가 모인 듯.
줄 지어 늘어선 것이 흰 봉황의 자태이니
꾀꼬리의 이웃이 아니로다.

높은 대청은 아직 무너지지 않아
좋은 손님을 늘 위로할 수 있건만,
담장 밖에 그대로 드러나 있어

비바람 잦은 것이 못내 안타깝다.
붉은 하늘에 진골이 있어
웅덩이 물을 마시는 일 부끄러워하거니와,
아득히 날아가는 곳에 내맡긴 채
벗어나 버린다면 누가 길들일 수 있으리오?

이 시는 앞의 시와 마찬가지로 보응 원년 통천현을 방문했을 때 지은 것으로 추정된다. 통천현의 관서에서 설직薛稷이 그린 학 그림을 보고, 이를 통해 자유분방한 기상을 표현하고 있다. 설직은 학을 잘 그렸다고 전해진다. '소보'는 설직이 맡았던 관직의 이름으로, 태자소보太子少保를 가리킨다.

《보주두시》 제목에 '통천현의 관서'라고 했으니, 보응 원년 11월에 재주에서 통천현으로 갔을 때 지은 것이 분명하다.(題云, 通泉縣署, 當是寶應元年十一月, 自梓州之通泉時作.)

《두시전주》 《명화기》에 "설직은 꽃, 새, 인물 등 다양한 그림을 잘 그렸는데, 학 그림으로 이름을 떨쳤다. 병풍 6폭에 학 그림을 담은 것은 설직에게서 비롯되었다"고 하였다. 《명화록》에서는 "지금 비서성에 설직이 그린 학 그림이 있는데 당시 일절이라 불렸다. 또 촉군에도 학 그림이 있어 불상 보살 청우 등과 함께 세상에 전하는데, 모두가 신품의 위치를 차지한다"고 하였다. 《봉씨견문록》에는 "지금 상서성 고공원외랑 청사에 설직이 그린 학 그림이 있는데, 송지문이 거기에 찬문을 지었다. 공부상서 청사에는 설직이 그린 나무와 바위 그림이 있고, 동경 상서방 기왕의 저택에도 설직이 그린 학 그림이 있으며, 모두가 빼어난 걸작으로 칭송받는다. 미불에게는 소씨에게서 얻은 설직의 두 마리 학 그림에 대해 쓴 시가 있다"고 하였다.(名畫記, 稷尤善花鳥人物雜畫, 畫鶴知名, 屛風六扇鶴樣, 自稷始也. 名畫錄, 今秘書省有稷畫鶴, 時號一絶. 又蜀郡亦有鶴, 幷佛像菩薩靑牛等, 傳於世, 並居神品. 封氏見聞錄, 今尙書省考功員外郎廳, 有稷畫鶴, 宋之問爲讚. 工部尙書廳, 有稷畫樹石, 東京尙書坊岐王宅, 亦有稷畫鶴, 皆稱精絶. 米芾有題所得蘇氏薛稷二鶴詩.)

주 석

1 靑田(청전) - 지명.

《두시상주》에 인용된 《진영가군기晉永嘉郡記》 목계야는 청전에서 9리 떨어져 있다. 여기에는 한 쌍의 백학이 있어 해마다 새끼를 낳는데, 자라면 바로 곁을 떠나 단지 아비와 어미 한 쌍만 남는다. 고결하고 깨끗하며 사랑스러워 많은 이들이 신선이 키우는 거라고들 말한다.(沐溪野, 去靑田九里. 此中有雙白鶴, 年年生子, 長大便去, 只餘父母一雙在耳. 精白可愛, 多云神仙所養.)

2 欲盡(욕진) - 다하려고 하다. 즉 색깔이 희미해져 가는 것을 말한다.

3 蒼然(창연) - 고색창연한 모양. 出塵(출진) - 탈속적인 분위기를 가리킨다.

#《두시상주》: 첫 단락은 설공의 학 그림을 제기한 것이다.(首提薛公畫鶴.)

4 低昂(저앙) - 머리를 숙이고 든 그림 속의 학들을 가리킨다. 有意(유의) - 화가의 의도가 담겨 있다는 말이다.

《구가집주두시》 설직은 학을 그릴 때 고개를 숙이고 드는 데 모두 의도를 담았다. '돌아와 먹이를 쪼다' '깃을 씻다' '하늘을 보고 울다' '이슬을 경계하다'와 같은 부류가 모두 그에 따라 명명한 것이다.(薛

公畫鶴, 低昂皆有意, 如返啄踈翎唳天警露之類, 皆隨而名之.)

5 磊落(뇌락) - 빼어난 모습.

6 粉墨(분묵) - 그림을 그릴 때 쓰는 백분白粉과 흑묵黑墨. 이 구절은 그림의 외형적인 모습만 볼 것이 아니라는 뜻이다.

〔低昂 4구〕

《보주두시》에 인용된 사師씨 주 학이 우뚝하다는 것은 현인이 세속적인 기운이 없는 것을 비유한다. 두보는 학에게 원대한 뜻이 있는 것을 기이하게 여긴 것이니, 어찌 그 그림의 새롭고 아름다운 점만을 좋아했겠는가?(鶴磊落, 比之賢人无塵俗氣象. 甫奇其有遠志, 豈特悅其粉墨之新麗哉.)

7 威遲(위지) - 길게 늘어선 모양. 白鳳(백봉) - 흰 봉황. 학을 비유한다.

《두시상주》에 인용된 《금경禽經》 흰 봉황을 '숙'이라고 한다.(白鳳謂之鷫.)

《보주두시》 《산해경》에 "단혈산에 새가 있는데 그 모양이 학 같으면서 다섯 가지 색깔에 무늬가 있어 '봉'이라고 이름하였다"고 하였다. 따라서 봉황의 자태라고 하면서 그 앞에 '백'자를 보탠 것은 그것이 마치 흰 봉황과 같기 때문이다.(山海經曰, 丹穴之山有鳥焉, 其狀如鶴, 五彩而文, 名曰鳳. 故云鳳態而加白字於其上, 以其如白鳳也.)

8 倉鶊(창경) - 꾀꼬리. 여기서는 하찮은 새를 상징한다.

《구가집주두시》 《시경》〈칠월〉편에 "창경이 운다"는 구절이 있는데, 주에 "'창경'은 꾀꼬리이다"라고 하였다.(詩七月, 有鳴倉鶊, 注, 倉鶊, 黃鸝也.)

《두시상주》에 인용된 《이아소爾雅疏》 꾀꼬리를 일명 '창경'이라 하기도 하고, '상경'이라 하기도 한다.(黃鸝留, 一名倉庚, 一名商庚.)

#《두시상주》: 이 단락은 붓놀림이 신묘한 것을 자세히 묘사한 것이다. '저앙' 2구는 그 형체를 모사하였고, '만리' 2구는 그 정신을 생각한 것이다. '저앙'은 날거나 엎드린 자태이고, '뇌락'은 빼어나고 신기한

모습이다. '기세가 만 리를 갈 수 있다'는 말은 바로 뜻과 기세가 원대함을 보여 준다. '삼연히 신기가 모였다'는 말은 물감의 흔적에 달려 있지 않다는 것이다. '백봉'과 '창경'은 겉모양을 빌어 형상을 그려낸 것이다.(此詳寫畫筆神妙. 低昂二句, 摹其形體. 萬里二句, 想其精神. 低昂, 飛伏之致. 磊落, 英奇之狀. 勢可萬里, 正見志氣之遠. 森然會神, 不在粉墨之迹矣. 白鳳倉鶊, 乃借外象以相形.)

9 常(상)- '幸'으로 된 판본도 있다.

10 曝露(폭로)- 드러나다. 밖에 노출되어 햇빛을 쬐고 이슬에 젖는 것을 말한다.

《두시상주》 '폭로'는 낮에는 햇빛을 쬐고 밤에는 이슬에 젖는다는 말이다.(暴露, 晝則暴日, 夜則露濕也.)

11 赤霄(적소)- 붉은 하늘. 저녁 무렵 노을이 지는 상태를 말한다.

12 洿池津(오지진)- 웅덩이나 연못의 물. '진津'은 물을 뜻한다.

《보주두시》에 인용된 사師씨 주 두보는 뜻을 기탁하여 현자들이 무도한 군주의 봉록을 받는 것을 부끄럽게 여기니 당시에 현자들을 등용하지 않는 잘못을 비난한 것이다.(甫託意, 譏賢者羞食汚君之祿, 時不用賢之咎也.)

혜강嵇康의 〈잡체시雜體詩·언지言志〉 아침에는 낭간목의 열매를 먹고, 저녁에는 옥지의 물을 마신다.(朝食琅玕實, 夕飮玉池津.)

〔赤霄 2구〕

《두시경전》 이는 진짜 학으로 그림 속의 학을 비유한 것이다.(此以眞鶴比畫鶴也.)

13 冥冥(명명)- 아득히 높고 먼 모양. 任所往(임소왕)- 가는 곳에 맡기다. 즉 가고 싶은 대로 가는 것을 뜻한다.

《보주두시》에 인용된 왕수 주 어떤 사람이 지둔에게 학을 주자, 지둔은 "너는 하늘에 날아오르는 동물이니 어찌 이목을 즐겁게 하는 놀이

감으로 삼겠느냐?"라고 말하고는 마침내 풀어주어 가고 싶은 대로 가게끔 하였다.(有遺支遁鶴者, 遁曰, 爾冲天之物, 寧爲耳目之玩. 遂放之, 任所往.)

《두시경전》 《법언》에 "기러기가 아득한 하늘을 날면 사냥꾼이 어떻게 잡으리오?"라고 하였다. 곧 하늘에 새가 마음 놓고 날도록 한다는 뜻이다.(法言, 鴻飛冥冥, 弋人何篡焉. 卽天空任鳥飛意.)

14 脫略(탈략) - 벗어나다, 구애받지 않다. 馴(순) - 길들이다.

〔赤霄 4구〕

《두시경전》 이 땅에 알아 줄 사람이 없기에 학도 벽을 깨고 날아갈 것이라는 말로, 자신을 기탁하려는 뜻이 아울러 담겨 있다. 이 네 구에 대한 옛 해석은 대부분 사리에 맞지 않는다.(言此地旣無人知賞, 鶴亦將破壁而飛去矣, 兼帶自寓意. 此四句舊解亦多未合.)

#《두시상주》: 이 단락은 그림이 있는 벽을 보고 감개가 생긴 것이다. 벽이 비바람을 거치면 학 그림은 결국 흔적이 다 없어지고 만다. 그러나 붉은 하늘에 아득히 날아오르는 모습을 보면 진짜 학일지라도 모습을 감추는 때가 있다. 무릇 사물은 모두 폭넓게 보아야 한다. 주학령은 "본래 학 그림을 읊은 것이나 진짜 학으로 끝맺고 있다. 이는 매 그림을 읊으면서 진짜 매를 언급하고, 송골매 그림을 읊으면서 진짜 송골매를 언급하며, 말 그림을 읊으면서 진짜 말을 언급하는 것과 같다. 두보의 시 격식은 왕왕 이와 같다"고 하였다.(此從畫壁生慨. 壁經風雨, 在畫鶴終當滅迹. 然看赤霄冥擧, 卽眞鶴有時遁形. 凡物皆當曠觀矣. 朱云, 本咏畫鶴, 以眞鶴結之, 猶之咏畫鷹而及眞鷹, 咏畫鶻而及眞鶻, 咏畫馬而及眞馬也. 公詩格往往如是.)

《독두심해》: 뛰어난 학 그림을 무너져 가는 건물 벽에서 보고 감개하여 지은 것이다. 첫 4구는 내용을 총괄한 것이다. 중간 단락은 '열한 마리' '청전의 참모습'을 거듭 설명하고 있고, 뒷 단락은 '그림이 오래 되었는데도 속기를 벗어났음'을 거듭 설명하고 있다. '미경'은 쓰러져

간다는 뜻이다. '적소' 4구는 본래 건물이 쓰러져 가는 것으로부터 감개를 펴면서도, 도리어 진짜 학이 모습을 감추는 것으로 자신을 위로하는 비유를 설정하였으니 초연하고도 심원하다.(畵鶴名蹟, 見之敗屋壁間, 慨然有作也. 起四句, 總領. 中一段, 申十一靑田眞. 後一段, 申畵久猶出塵. 未傾, 將傾也. 赤霄四句, 本由將傾發慨, 卻以眞鶴之隱形, 設一解譬, 超然以遠.)

(김만원)

37. 陪王侍御宴通泉東山野亭
왕시어를 모시고 통천 동산의 야정에서 잔치하다

江水東流去[1]　淸樽日復斜　異方同宴賞[2]　何處是京華[3]
亭景臨山水[4]　村烟對浦沙　狂歌遇形勝[5]　得醉卽爲家

강물은 동쪽으로 흘러가고
맑은 술잔엔 해가 다시 기운다.
이역에서 잔치를 함께함이여
어느 곳이 장안이런가.
정자 그림자 산수에 임하고
마을 연기 강가 모래밭을 마주하여 피어오른다.
빼어난 경치를 만나 미친 듯 노래하나니
취할 수 있으면 그곳이 집이 아닌가.

이 시는 보응 원년 통천현에 있을 당시 지은 것이다. 왕시어는 경사에서 온 생평 미상의 인물로 현령이 그를 위해 잔치를 배설하였고 두보에게 함께 참석해주기를 요청한 것으로 보인다. 두보는 잔치자리에서 이 시를 지어 장안으로 돌아가고 싶은 마음을 표현하였다.

《보주두시》 통천현은 이름이 재주에 속해있으니 보응 원년 겨울 11월 공이 통천에 갔을 때 지은 것이 분명하다. 양권도는 광덕 원년에 편재하고 있으나 틀렸다. 오직 채흥종과 노은의 연보만이 보응 원년에 편재하고 있다.(通泉縣名屬梓州, 當是寶應元年冬十一月, 公至通泉時作. 梁權道編在廣德元年, 非. 惟蔡興宗魯訔年譜編

在寶應元年.)

《두시상주》에 인용된 《전촉총지全蜀總志》 '야정'은 사홍현 치소의 동북쪽에 있다. 두시에서 말한 '정자의 그림자 산수에 임해 있다'고 한 것이 바로 이곳이다.(野亭, 在射洪縣治東北, 杜詩亭景臨山水, 卽此地.)

주 석

1 江水(강수) - 여기서는 부강涪江을 가리킨다.

2 異方(이방) - 이역. 타향. 이 구절은 현령이 베푼 잔치 자리에 왕시어와 함께 참석하게 되었음을 말한 것이다.

3 京華(경화) - 경도. 장안을 가리킨다.

4 亭景(정영) - 정자의 그림자. '景'은 '影'과 같다.
《두시경전》 '영'으로 읽어야 한다.(當讀影.)

5 遇(우) - '過'로 된 판본도 있다. 形勝(형승) - 뛰어난 경치. '形'을 '于'로 쓴 판본도 있다.

#《두시상주》: 위 4구는 경치를 묘사하고 마음을 말하였으니 감상적인 말이다. 아래 4구는 (전반부의) 구절을 좇아서 나누어 호응한 것으로 스스로를 위로한 말이다. 정자가 산수에 임했다는 것은 강이 흘러가는 것을 이은 것이요, 연기가 포구 모래밭을 마주하고 있다는 것은 해가 기우는 것을 이은 것이다. 이 절경을 만나게 되었으니 타향을 잊게 된다. 취하면 곧 그곳이 집이니 옛 경사는 묻지 말라는 것이다.(上四, 寫景言情, 乃感傷語. 下四, 逐句分應, 作自解語. 亭臨山水, 承江流. 烟對浦沙, 承日斜. 遇此形勝, 則異地相忘. 醉卽爲家, 故舊京莫問耳.)

《독두심해》: 상하절번수격을 썼다. 위에서 질문 하나를 하고 아래에서 해답 하나를 내었다. '이방'을 개탄한 것은 바로 '형승'이 이끌어낸 것이다. '형승'을 감상하는 것은 또 '이방'이 위로하고 깨우쳐주는 것이다.(作上下截翻手格. 上送一難, 下還一解. 慨異方者, 正爲形勝挑逗, 賞形勝者, 仍爲異方慰譬也.)

(**김성곤**)

38. 陪王侍御同登東山最高頂宴姚通泉晚攜酒泛江

왕시어를 모시고 동산의 최고 정상에 함께 올라 잔치를 베풀었는데 요통천이 저녁에 술을 가져와 강에 배를 띄우다

姚公美政誰與儔[1] 不減昔時陳太丘[2]
邑中上客有柱史[3] 多暇日陪驄馬遊[4]
東山高頂羅珍羞[5] 下顧城郭銷我憂[6]
淸江白日落欲盡 復攜美人登綵舟[7]
笛聲憤怒哀中流[8] 妙舞逶迤夜未休[9]
燈前往往大魚出[10] 聽曲低昂如有求[11]
三更風起寒浪湧[12] 取樂喧呼覺船重[13]
滿空星河光破碎[14] 四座賓客色不動[15]
請公臨深莫相違[16] 廻船罷酒上馬歸[17]
人生歡會豈有極[18] 無使霜露霑人衣[19]

요공의 아름다운 정치에 그 누가 짝이 될까
옛날의 진태구에게 덜하지 아니하네.
고을 안 상객 중에 주사가 계시니
한가함 많은지라 날마다 총마 모셔 노닌다네.

동산 높은 마루에 귀한 음식 늘어놓고
성곽을 내려 보며 내 근심 삭였는데
맑은 강에 밝은 해가 저물어갈 무렵에

또 미인을 데리고서 그림배에 올랐다네.
젓대소리 분노하여 물 가운데 애처롭고
아리따운 춤 덩실덩실 밤이 돼도 쉬지 않네.
등불 앞엔 빈번히 굵은 고기 튀어나와
노래 듣느라 오르내려 바라는 게 있는 듯.

삼경에 바람 일어 찬 물결 솟아나고
즐기고자 소리치니 배의 무게 느껴지네.
하늘 가득 은하에서 별빛이 부서지니
자리의 빈객들은 낯빛에 동요 없네.
깊은 물 조심하란 말 거스르지 마시게나
배 돌리고 술 끝내고 말 타고 돌아가소.
인생에 즐거운 모임 어찌 다함이 있겠소만
서리와 이슬이 사람 옷을 적시지 않게 하소.

이 시는 앞의 시 〈배왕시어연통천동산야정陪王侍御宴通泉東山野亭〉과 같이 보응 원년 11월 통천에 갔을 때의 작품이다. 왕시어를 모시고 동산의 가장 높은 봉우리에 올라가 잔치를 즐기고 요통천이 저물녘에 술을 가지고 강에 배를 띄워 늦게까지 노닌 일을 쓰고 있다. 동산은 동천주의 동쪽 4리에 있으며, 요통천은 통천현의 현령 요씨이다.

《보주두시》 시에 '삼경에 바람 일어 찬 물결 솟아오른다'라 하였고, 또 '서리와 이슬이 사람 옷을 적시지 않게 하라'고 하였으니 마땅히 보응 원년 11월 공이 통천에 갔을 때의 작품이다. 양권도는 광덕 원년이라 하였는데, 그 해 초봄 공은 당시 재주에 있었으니 앞에서 말한 찬 물결 서리이슬과 맞지 않으며 또 그 해 봄에는 통천까지 간 적이 없었다.(詩云, 三更風起寒浪湧, 又云, 無使霜露霑人衣, 當是寶應元年十一月, 公至通泉時作. 梁權道云, 廣德元年, 其年春初, 公時在梓而前所謂寒浪霜露不合, 又其春不曾至通泉.)

《두시상주》에 인용된 《일통지一統志》 동산은 동천주의 동쪽 4리에 있다. 부강을 격하여 층을 이룬 바위와 높은 언덕으로 그 형세가 마치 장성과 같다. 두보에게 이를 읊은 시가 있다.(東山在潼川州東四里, 隔涪江, 層巖修阜, 勢若長城, 杜甫有詩.)

주석

1 誰與儔(수여주)- 누구와 더불어 짝이 될까? 견줄 사람이 없을 정도라는 말이다.

《두시상주》 〈예장왕억전〉에 "유량 이래로 형주에 다시는 이러한 아름다운 정치가 없었다"는 기록이 있다.(豫章王嶷箋, 庾亮以來, 荊州無復此美政.)

2 不減(불감)- 못하지 않다. 陳太丘(진태구)- 후한後漢 진식陳寔을 가리킨다. 그는 태구太丘의 현령을 지내면서 선정으로 이름이 높았다.

《두시상주》 《후한서》에 "진식은 문희현의 장관에 보임되었다가 다시 옮겨 태구현의 장관에 제수되었다. 덕을 닦아 청정한 다스림을 펴니 백성이 안정되었다"고 하였다. 《지리지》에 "태구는 패국에 속한다"고 하였다.(後漢書, 陳寔補聞喜長, 再遷, 除太丘長, 修德清靜, 百姓以安. 地理志, 太丘屬沛國.)

《보주두시》에 인용된 왕수 주 《세설》에 "진기의 자는 원방이다. 나이 열한 살 때에 원소를 찾아뵈었다. 원공이 '그대의 부친께서 태구에 계시는 동안 원근에서 칭송이 자자하던데 대체 무슨 일을 하셨는가?' 라고 물으니, 원방이 '아버지께서는 태구에서 강한 사람은 덕으로 안정시키고 약한 사람은 인으로 어루만져 그들이 편안히 여기는 바를 마음껏 하게 하셨는데, 오래 되어도 더 공경하였습니다'라고 답하였다. 원공이 말하기를 '나도 예전에 일찍이 업현의 현령을 지내며 바로 이러한 일들을 실천하였네만, 그대의 부친께서는 또 누구를 스승으로 삼았는지 모르겠군'이라고 하자, 원방은 '주공은 공자를 스승으로 하지 않았고, 공자는 주공을 스승으로 하지 않았습니다'라고 하였다"는 기록이 있다.(世說, 陳紀字元方, 年十一時候袁紹, 袁公問曰, 卿家君在太丘 遠近稱之, 何所履行. 元方曰, 老父在太丘, 强者綏之以德, 弱者撫之以仁, 恣其所安, 久而益敬. 袁公曰, 孤往者嘗爲鄴令, 正行此事, 不知卿家君復何師. 元方曰, 周公不師孔子, 孔子不師周公.)

3 上客(상객) - 존객. 귀빈. 柱史(주사) - 주하사柱下史. 주진周秦의 관명이다. 여기서는 왕시어를 가리킨다.

《보주두시》에 인용된 왕수 주 노자가 주하사를 지냈는데, 구설에 총마어사라 하였다.(老子爲柱下史, 舊說驄馬御史.)

《구가집주두시》 조언재 주 '상객'에 대하여,《전국책》에 "육국은 소진과 장의를 상객이라 불렀다"고 하였다. '주사'는 왕시어를 지적하여 말한 것이다.(上客, 戰國策, 六國呼蘇秦張儀爲上客. 柱史, 指言王侍御.)

4 多暇(다가) - 여가가 많다. 日陪驄馬遊(일배총마유) - 날마다 총마를 모시고 노닐다. 총마는 청색과 백색의 털이 섞여 있는 말로 후한의 환전의 고사로부터 어사御史를 가리키는 말로 쓰인다. 요공에게 한가한 시간이 많아 날마다 왕시어를 모시고 노닐었다는 말이다.

《두시상주》에 인용된 오견사吳見思 〈두시논문杜詩論文〉 여가가 많아 바야흐로 유람한 것에서 술에 탐닉하여 정치를 버려두지 않았음이 드러난다.(多暇方遊, 見不以耽酒而廢政.)

《보주두시》 황희 주 총마어사는 바로 후한의 환전이다. 시어사로서 정도를 견지하여 논박함에 피하는 바가 없었고 늘 총마를 타고 다녔다. 경사에서는 그를 두려워하여 그를 두고 말하기를 "길을 가다가 잠시 멈춰 총마어사를 피한다"고 하였다.(驄馬御史乃是後漢桓典, 爲

侍御史, 執正無所避, 常乘驄馬. 京師畏之, 爲之語曰, 行行且止, 避驄馬御史.)

《독두심해》 시어를 가리킨다.(指侍御.)

#《두시상주》: 첫 단락에서는 잔치를 베푼 연유를 썼다. 동산에서의 잔치는 시어가 주인이 되고 요공에 대하여는 날마다 모시고 노닌다고 말한 것은 아마도 이전에 이미 번갈아 손님과 주인이 되었기 때문일 것이다.(首敍設宴之由. 東山之宴, 侍御爲主, 而曰姚日陪遊者, 蓋前此已迭爲賓主矣.)

5 東山(동산) - 동산. 사안謝安의 동산東山과 연결하여 이해하기도 하지만 취하지 않는다. 珍羞(진수) - 진귀한 음식.

《보주두시》에 인용된 왕수 주 진 사안은 비록 신분이 귀했으나 동산에 은거하겠다는 뜻은 쇠하지 않았다.(晉謝安, 雖貴而東山之志不謝.)

《구가집주두시》 조언재 주 동산은 곧 제목에서 동산의 가장 높은 꼭대기에 오른다고 할 때의 동산이지 사안의 동산이 아니다.(東山卽題所謂登東山最高頂, 非謝安東山.)

6 下顧城郭(하고성곽) - 아래로 성곽을 내려다보다. 銷我憂(소아우) - 나의 근심을 삭이다.

《구가집주두시》 조언재 주 《시경》(〈패풍邶風·천수泉水〉)에 "나의 근심을 씻어낸다"라 하였다.(詩, 以寫我憂.)

7 美人(미인) - 미인. 관기를 가리킨다. 彩舟(채주) - 채색하여 아름답게 꾸민 배.

《두시상주》 미인은 관기이다. 한 무제의 〈추풍사〉에 "가인을 가슴에 품어 잊을 수 없는데, 흐름 가운데를 가로질러 흰 물결을 드날리네"라 하였다.(美人, 官妓也. 漢武帝秋風詞, 懷佳人兮不能忘, 橫中流兮揚素波.)

《구가집주두시》 조언재 주 '미인'은 《시경》(〈국풍國風·정풍鄭風·야유만초野有蔓草〉)의 '유미일인'에서 비롯되었으며 문사들이 '미인'을 사용한 경우로는 (장형張衡의) 〈사수시四愁詩〉에 '미인이 나에게 금착도를 주었다'라 한 것이 있다.(美人起於詩有美一人, 而文士用美人. 如四愁云, 美人贈我金錯刀.)

8 笛聲(적성)- 피리 소리. 憤怨(분원)- 분노와 원망의 마음을 품다. '怨'은 '怒'로 된 판본도 있다. 哀中流(애중류)- 흐름 가운데서 애달파하다.

9 妙舞(묘무)- 아름답게 추는 춤. 逶迤(위이)- 춤추는 자태의 아름다움을 형용하는 말이다. 夜未休(야미휴)- 밤이 되어도 그치지 않다. 어두워져도 놀이가 계속되고 있다는 말이다.

10 大魚出(대어출)- 커다란 물고기가 물에서 튀어 오르다.

《두시상주》에 인용된 《순자荀子》 "옛날 호파(초나라 사람으로 거문고의 명수)가 큰 거문고를 연주하자 물고기가 나와서 들었다.(昔者瓠巴鼓瑟, 而遊魚出聽.)"

11 低昂(저앙)- 오르내리다. 물고기가 수면 위로 오르내리는 것을 두고 한 말이다. 혹 수면 아래에서 부침하는 모습으로 보기도 한다. 如有求(여유구)- 구함이 있는 듯하다.

#《두시상주》: 산에 오르는 것에서부터 강에 배를 띄우기까지 주인의 호방한 흥치를 다하고 있다.(自登山而泛江, 曲盡主人豪興.)

《보주두시》에 인용된 사씨 주 여기까지 잔치를 열어 즐기는 흥치를 이야기하다가 마침내 마지막 장에 이르러 경계의 뜻을 두었다. '삼경에 바람 일어 찬 물결 솟아오른다' 이하는 모두 경계하는 말이다.(自此以上, 旣陳宴樂之興, 遂於末章有警戒之意. 自三更風起寒浪湧以下, 皆警戒之辭.)

12 寒浪湧(한랑용)- 찬 물결이 솟아오르다.

13 取樂(취락)- 쾌락을 취하다. 喧呼(훤호)- 소란스럽게 떠들어대다. 覺船重(각선중)- 배가 무거움을 느끼다.

〔三更 2구〕- 한밤중 놀이에 취하여 떠들썩한 가운데 바람이 일고 찬 물결이 용솟음쳐 배가 나아가지 않음이 느껴졌다는 말이다.

《두시경전》 물결이 솟아올라 나아가지 않는 것을 말한다.(謂浪湧不行.)

14 星河(성하)- 은하. 破碎(파쇄)- 부서지다. 별빛이 빛나는 것이 부서져 내리는 것 같다는 말이다.

15 色不動(색부동)- 안색이 움직이지 않다. 얼굴색을 바로하고 두려움을 느끼게 되었다는 말이다.

16 臨深(임심)- 깊은 물을 임하다. '深'은 '江'으로 된 판본도 있다. 莫相違(막상위)- 서로 어기지 말라. 깊은 물에 임하여 조심하라는 뜻이다.

《두시경전》 깊은 물에 임해서의 경계를 어기지 말라는 말이다.(謂毋違臨深之戒也.)

17 罷酒(파주)- 술을 끝내다. 잔치를 마치다.

18 歡會(환회)- 즐거운 모임. 豈有極(기유극)- 어찌 끝이 있으랴?

19 無使(무사) 구- 서리와 이슬이 사람의 옷을 적시지 않게 하라. 지나치게 오래 놀지 말라는 충고이다. '露'는 '過'로 된 판본도 있다.

《두시경전》 밤을 새우기까지는 하지 말라는 말이다.(謂無至竟夜也.)

《보주두시》에 인용된 왕수 주 이 부분은 즐거움이 지극하면 슬픔이 온다는 말이다.(此言樂極則悲來矣.)

《보주두시》에 인용된 두수가杜修可 주 이것은 사희일의 〈월부〉 가운데 "달이 이미 잠기고 이슬은 말라가네. 한해가 저물건만 더불어 돌아갈 이 없네. 아름다운 때에 돌아가도록 해야지. 무서리가 사람의 옷을 적실 수 있으니"를 본떴다.(此倣謝希逸月賦, 月旣沒兮露欲晞, 歲方晏兮无與歸, 佳期可以還, 微霜霑人衣.)

#《두시상주》: 즐거움이 지극하면 슬픔이 생겨난다는 것으로부터 마지막

에 규풍의 뜻을 써냈다. 배가 무겁다는 것은 물결이 솟아올라 가지 못하는 것이다. 부서진다는 것은 은하의 별빛 그림자가 흔들리는 것이다. 낯빛이 움직이지 않는다는 것은 얼굴색을 바로하고 두려움을 느낀다는 것이다. 서로 어기지 말라는 것은 경계를 잊지 말라는 것이다. 그대에게 청한다는 것은 자리에 있는 손님과 주인을 가리킨다.(從樂極悲生, 結出規諷之意. 船重, 浪湧不行. 破碎, 星河影蕩. 色不動, 斂容知懼. 莫相違, 毋忘警戒也. 請公, 指在座賓主.)

《구가집주두시》에 인용된 조언재 주: 이 한 단락은 바로 안자가 흠뻑 빠져들어 노는 즐거움을 경계한 뜻이다. 구절은 또한 사희일의 〈월부〉를 본떴다. '임심'자는 공자의 "깊은 연못을 임하고 있는 듯이 하고 얇은 얼음을 밟고 있는 듯이 하라"는 구법의 뜻으로 그대에게 청하노니 '깊은 물에 임하여 조심하라는 경계'를 거스르지 말라고 말하는 것 같다. 그리하여 아래 구의 부탁이 있는 것이다.(此一段, 乃晏子戒流連之樂之義. 其句亦倣謝希逸月賦. 臨深字, 孔子如臨深淵如履薄氷句法之義, 如言請公莫違戾臨深之戒, 所以有下句之囑.)

##《독두심해》: 요통천이 주인이 되고 왕시어가 손님이며 공은 배객이다. 처음 4구가 대의를 통관한다. 다음 8구에서는 먼저 동산 꼭대기에서의 연회를 쓰고 난 다음 술을 가지고 강에 배를 띄운 일을 썼는데 연속적으로 이어받는 방식으로 써내려갔다. '삼경' 4구는 바람의 기세를 빌려 한 물결을 차 일으켰다. 말 4구는 바람의 기세를 좇아 바로 거두는 장면을 지어놓았다.(姚爲主, 王爲賓, 公爲陪客. 起四句, 總領大意. 次八句, 先敍東山頂宴, 次敍攜酒泛江, 蟬聯而下. 三更四句, 借風勢蹴起一波. 末四句, 趁風勢就作收局.)

(이남종)

39. 漁陽
어양

漁陽突騎猶精銳[1]　赫赫雍王都節制[2]
猛將翻然恐後時[3]　本朝不入非高計[4]
祿山北築雄武城[5]　舊防敗走歸其營
繫書請問燕耆舊[6]　今日何須十萬兵

어양의 돌격 기병 여전히 날래고 용맹스럽지만
빛나는 옹왕께서 도두 통솔하시게 되었다네.
사나운 장수들도 도리어 뒤쳐질까 두려워하니
본조에 들어오지 않는 것은 좋은 계책이 아니라네.
안녹산은 북쪽에서 웅무성을 쌓아 놓고
패주할 때 본영으로 돌아갈 것을 진작부터 대비했는데
화살에 묶은 편지로 연지방의 원로께 묻노니
지금 10만 군사가 무슨 필요가 있습니까.

이 시는 두보가 관군의 승전보를 듣고서 아직 귀순하지 않는 사람들에게 빨리 귀순할 것을 풍자하고 설득한 것이다. 어양은 사사명 반군의 거점이 있던 곳이다. 저작 시기는 보응 원년 늦겨울에서 광덕 원년으로 보인다.

《두시상주》 이 시는 마땅히 보응 원년 늦겨울 재주에서 지은 것이다. 조언재는 "공이 재주에 있을 때 옹왕이 병권을 잡은 일을 듣고서 이 시를 지어 여러 장수들을 풍자한 것이다"라고 하였다.(此當是寶

應元年冬晚在梓州作. 趙傁曰, 公在梓州, 聞雍王授鉞, 作此詩以諷諸將也.)

《보주두시》 광덕 원년 작품이다. 사서에 따르면 보응 원년 8월 을해일에 노왕 괄이 옹왕으로 옮겨 봉해졌고, 이듬해인 광덕 원년 10월 임신일에 옹왕이 관내 병마원수로 되었다가 광덕 2년 정월에 황태자가 되었다. 《구당서》에서는 광덕 3년 2월 기사일 초하루에 천하병마원수 겸 상서령 옹왕 괄을 황태자로 봉했다고 하였다. 이 시에서 "빛나는 옹왕께서 모두 통솔하셨다"고 하였으니, 마땅히 광덕 2년 이전에 지은 것이다. 양권도는 영태 원년에 편재하였는데, 이 해라면 옹왕이 황태자가 된 지 이미 일 년이 지난 때이다. 왕수는 한 판본에는 '전절제'로 되어 있으니 영태 원년에 지은 것으로 볼 수도 있다고 하였는데, "사나운 장수들도 돌연 뒤쳐질까 두려워하니, 본조에 들어오지 않는 것은 좋은 계책이 아니다" 등의 구절과 맞지 않는다.(廣德元年作. 按史寶應元年八月乙亥, 魯王适徙封雍王, 明年廣德元年十月壬申雍王爲關內兵馬元帥, 二年正月爲皇太子. 舊史廣德三年二月己巳朔冊天下兵馬元帥尙書令 雍王适爲皇太子. 此詩云赫赫雍王都節制, 當是廣德二年前作. 梁權道編在永泰元年, 是年雍王爲皇太子已一年. 王洙以爲一作前節制, 則可以爲在永泰元年作, 却與猛將飄然恐後時, 本朝不入非高計等句不合.)

주 석

1 漁陽(어양) - 지명. 突騎(돌기) - 돌격 기병. 적진에 돌진하는 정예 기병을 말한다. 여기서 어양의 돌기는 안녹산의 반군을 지칭하는 것으로 본다. 또는 조정의 관군으로 보는 설도 있다.

《독두심해》 (어양은) 사씨 집안의 자식(사조의)이 점거하여 근거지로 삼던 곳으로, 범양과 서로 연결되어 되었다. 지금의 직예성 밀운 등의 지역이다.(史孽所據爲根本, 與范陽相連屬, 今直隸密雲等處.)

《구가집주두시》 조언재 주 어양의 돌격 기병은 옹왕이 통솔하는 군사를 가리킨다.(漁陽突騎, 指雍王所統兵.)

《두시상주》에 인용된 《후한서》 오한이 어양에 망명하고서 태수인 팽총에게 "어양의 돌격 기병은 천하에 이름이 났습니다"라고 하였다.(吳漢亡命在漁陽, 說太守彭寵曰, 漁陽突騎天下所聞也.)

《두시상주》 〈조조전〉 '경거돌기'에 대한 안사고 주에 "날래고 용맹하여 적진에 돌진할 때 사용할 수 있음을 말하였다"고 하였다.(晁錯傳, 輕車突騎. 師古注, 言其驍銳, 可用衝突敵陣也.)

2 赫赫(혁혁)- 밝게 빛나는 모습. 여기서는 옹왕의 위세가 성대함을 비유하였다. 雍王(옹왕)- 노왕 괄. 뒤에 황태자를 거쳐 덕종으로 즉위한다. 都(도)-'前'으로 된 판본도 있다. 節制(절제)- 다스리다. 통솔하다.

《두시상주》에 인용된 《당서》 보응 원년 9월 노왕 괄이 옹왕으로 옮겨 봉해졌다. 겨울 10월에는 옹왕을 천하병마원수로 삼아 하북, 삭방과 여러 도의 행영, 회흘 등 10여 만의 병사를 총괄하고 사조의를 토벌하러 진격하여 섬주에 군사를 집결시켰다. 왕은 곧 덕종이다.(寶應元年九月, 魯王适改封雍王. 冬十月, 以雍王爲天下兵馬元帥, 統河北朔方及諸道行營回紇等兵十餘萬, 進討史朝義, 會軍於陜州. 王, 即德宗也.)

3 猛將(맹장)- 용맹한 장수. 여기서는 반군 측의 장수를 가리킨다. 翻然(번연)- 급히 바꾸어. 급히 태도를 바꾸는 모양. 여기서는 반군을 지지하던 방향을 바꾸어 관군에 귀순함을 말한다. '翻'은 '飄'로 된 판본도 있다. 後時(후시)- 때를 놓치다. 실기하다.

《두시상주》 맹장은 하북의 항복한 장수이다. 당시 설숭은 4개의 주로써 항복하였고, 장충지는 5개의 주로써 항복하였다.(猛將, 指河北降將, 時薛嵩以四州來降, 張忠志以五州來降.)

4 本朝(본조)- 자신이 속한 조대나 조정을 지칭한다. 여기서는 당조를

가리킨다. 非高計(비고계)- 훌륭한 계책이 아니다. 즉 정부에 빨리 귀순하는 것이 최고의 선택이라는 말이다.

〔猛將 2구〕 '맹장'이 누구를 지칭하는가에 관해서 여러 설이 존재한다. 안녹산의 뒤를 잇는 장수로 보는 경우도 있고, 훨씬 이후 이회선, 주도 등으로 보는 설도 있으나 모두 시기적으로 적절치 않다. 여기서는 옹왕 당시의 하북 여러 장수로 보지만, 다만 참고로 여러 설을 소개한다.

《두시경전》 2구는 귀순자를 빌어서 그들을 움직이려 한 것이다.(二句又假歸順者以動之.)

《구가집주두시》 안녹산을 이미 격파하였지만 조정에서는 쌓인 폐단을 혁파할 수 없어 다시 노룡을 번진에게 주었으니 이회선, 주도 등의 무리가 발호할 수 있게 되어 마침내 조정의 소유가 되지 못했다. (祿山已破, 而朝廷不能革其積弊, 復以盧龍授藩鎭, 故李懷仙朱滔之屬, 得以跋扈, 竟不爲朝廷所有.)

《구가집주두시》 조언재 주 《편년통재》에 의하면 10월에 옹왕 괄이 사조의를 토벌하여 갑술에 횡수에서 그를 크게 격파하고 하양동군을 취하였고 그 장수 장헌성이 변주로써 항복하였다. 11월에 설숭이 상, 위, 명, 형의 4개의 주로써 항복하였으며, 장지충은 조, 정, 심, 상, 역의 5개 주로써 항복하였다고 했다. 이때 공은 재주에서 옹왕의 승전 소식을 들었지만, 또한 하북에서는 여전히 귀순하지 않는 자가 있다는 소식을 듣고서 여러 장수들에게 빨리 돌아와도 이미 늦은 것이니 조정에 귀순하지 않는 것이 어찌 좋은 계책이겠는가라고 깨우쳐 준 것이다. 옛주에서는 그 설을 모호하게 하여서 옹왕 괄이 범양, 노룡을 맡아 다스리게 되었으면서도 봉국으로 나아가지 않았다고 하였다가, 또 안녹산이 이미 격파되었다는 등등의 말을 하는데 모두 잘못된 것이다. 안녹산은 지덕 원년에 세상을 떠났고 그 아들 안경서가 뒤를 이었으며 다시 사사명과 사사명의 아들인 사조의로 이어졌다. 안녹산이 천보 14년에 반란을 일으킨 뒤로 광덕 원년 정월에 이르러 안녹산과 사사명의 무리가 모두 제거되었다. 지금 옹왕이 병마원수가 되었을 때 안녹산과 사사명의 무리가 모두 제거되었다고 하는 것은 가능하지만 어떻게 단지 안녹산을 평정했다고만 할 수 있겠는가. 주도의 반란은 또한 덕종 건중 3년 때의 일이고, 이회광의 반란은 또한 덕종 흥원 원년 때의 일이니 어찌 이른바 '본조에 들어오지 않는' 일이겠는가.(編年通載, 十月雍王适討史朝義, 甲戌大敗之於橫水, 克河陽東郡, 其將張獻誠以汴州降. 十一月薛嵩以相衛洺邢降, 張志忠以趙定深常易降. 是公在梓, 聞雍王之勝, 尙聞河北猶有未入朝者, 乃諭諸將, 苟飄然而來, 已自後時, 而不入本朝, 豈高計乎. 舊注模稜其說, 以雍王适領范陽盧龍節制, 而不出閤. 又云, 祿山已破云云, 皆非. 祿山死在至德元載, 繼有子慶緖, 又繼之以史思明, 思明子朝義. 自祿山天寶十四載反, 至廣德元年正月安史倂滅, 今於雍王爲兵馬元帥時, 謂之安史倂滅可也, 豈得止爲祿山平乎. 朱滔反, 又是德宗建中三年時事, 李懷光反, 又是德宗興元元年時事, 豈所謂不入本朝耶.)

5 祿山(녹산) - 안녹산. 雄武城(웅무성) - 안녹산이 범양 북쪽에 축성했던 성의 이름.

〔祿山 2구〕

《두시상주》에 인용된 《구당서》 안녹산이 반란을 일으켰을 때 범양 북쪽에 보루를 쌓아서 웅무성이라고 이름하였고 병기를 세우고 군량을 비축하였다.(祿山反時, 築壘范陽北, 號雄武城, 峙兵聚糧.)

《보주두시》에 인용된 조언재 주 이 시의 위 2구는 지난 일을 거론하여 꾸짖고 경계한 것이다. 안녹산의 경우 당초에 달아날 계책을 세웠음에도 불구하고 끝내 보전하지 못했음을 말하였다.(此篇上兩句, 擧往事以懲警之也, 言祿山初爲走計, 而竟不保耳.)

6 繫書(계서) - 화살에 묶어 보내는 편지. 급박한 소식을 전하는 편지를 가리키는 것으로 본다. 耆舊(기구) - 원로. 나이가 지긋하고 신망이 두터운 사람.

《두시상주》 '계서'는 노중련이 화살에 묶어 요성에 쏘아 보냈던 일을 사용하였다.(繫書, 用魯仲連約矢射聊城事.)

〔祿山 4구〕

《두시경전》 안녹산이 창궐할 때도 오히려 물러나 지킬 것에 대비했는데, 하물며 지금은 안녹산의 때와 비교할 수도 없음에랴. 마지막에서는 한 층 더 나아가 발을 얽어매고 있다.(言以祿山之猖獗, 尙防退守, 況今更不比祿山時耶. 末用進一層繳足.)

#《두시상주》: 위 4구는 반군의 귀순을 깨우쳤다. 아래 4구는 연나라 사람들의 귀화를 부추기고 있다. 관군은 날래고 용맹하며 제대로 통솔할 수 있는 사람을 얻어서, 저 하북의 여러 장수들은 급히 방향을 바꾸어 찾아와서 오히려 뒤쳐질까 두려워하고 있으니 만약 조정에 들어오지 않는다면 참으로 잘못된 계책이 될 것이다. 또한 연나라 사람들을 위로하고 깨우치면서 당시 안녹산이 창궐했을 때도 오히려 보루를 쌓아 물러나 달아날 것에 대비했는데 지금 왕의 군대는 파죽지세이며 사사명은 조만간 달아나 숨기에 바쁠 것이니, 여러 원로들도 마땅히 이를 알고 있는가라고 말하였다.(上四, 諷賊黨之歸順. 下四, 慰燕人之向化. 官軍精銳, 節制得人, 彼河北諸將, 翻然而來, 猶恐後時, 若不入本朝, 眞失計矣. 又爲慰諭燕人之詞曰, 當時祿山猖獗, 尙築壘以防退走, 今王師破竹, 思明旦夕奔竄, 諸耆老當亦知之否耶.)

《두시경전》에 인용된 주학령 주: 이 시는 공이 옹왕이 병권을 잡았다는 소식을 듣고서 이를 지어 하북의 여러 장수를 깨우친 것으로 마땅히 빨리 조정에 귀순하여 안녹산의 전철을 밟아서는 안된다는 것을 말하였다.(此公聞雍王授鉞, 作此以諷河北諸將, 言當急歸本朝, 無蹈祿山之覆轍也.)

《독두심해》: 내가 살펴보건대 첫 구는 홀로 떨어져 있고, 다음구가 이 시의 기둥을 세웠다. 단지 한 구에 불과하지만 이미 여러 반당들을 압도하고 있다. 이하는 모두 첫 구를 받들어서 이야기를 하고 있다. 3, 4구는 귀순자를 빌어서 그들을 설득한 것이다. 5, 6구는 또한 지난 일을 거론하여 그들을 깨우친 것이다. 7, 8구는 단지 힐난하는 말인데,

매우 매섭다. 이 시를 읽으면 마치 초나라 노래가 사방으로 퍼지는 듯하다.(愚按, 首句放單, 次句立一詩之柱. 只一句, 已足壓倒羣兇. 以下都頂首句說. 三四, 假歸順者以動之. 五六, 又授往轍以曉之. 七八, 只作詰詞, 冷甚. 讀此如楚歌吹散矣.)

(**박홍준**)

40. 花底

꽃 아래

紫萼扶千蘂[1] 黃鬚照萬花[2] 忽疑行暮雨[3] 何事入朝霞[4]
恐是潘安縣[5] 堪留衛玠車[6] 深知好顏色[7] 莫作委泥沙[8]

자줏빛 받침 일천 술을 받치고
노란 수염 일만 꽃을 비춘다.
문득 의심커던 저녁비 속을 걷는가,
무슨 일로 아침노을에 들었느냐.
반악의 고을이런가,
위개 수레도 멈춤 직하다.
좋은 빛깔 깊이 아니
진흙에 떨어지지는 말거라.

비에 젖은 듯 촉촉하고 고운 꽃을 읊으며 빨리 지지 않기를 바랬다. 인물 좋기로 유명한 반악과 위개의 고사를 이용하여 꽃의 아름다움을 더욱 드러내었다. 매화 또는 도화를 읊었다고 본다. 광덕 원년에 지었다.

《보주두시》 〈견우〉 시 앞에 있어야 한다. 광덕 원년 봄에 〈유변〉과 함께 재주에서 지었다.(當在遣憂之前. 廣德元年春, 同柳邊在梓州作.)
《두시경전》 이하 4수(〈화저〉, 〈유변柳邊〉, 〈제처현곽삼십이명부모옥벽題郪縣郭三十二明府茅屋壁〉, 〈봉송최도수옹하협奉送崔都水翁下峽〉)는 시집에 수록되지 않은 시로서 모두 곽지달의 《구가집주두시》와 황학의 《보주두시》에 보인다.(下四首集外詩, 並見郭知

達黃鶴本.)

주석

1 紫萼(자악) - 자주색 꽃받침. 蕊(예) - 꽃술.

2 黃鬚(황수) - 노란 꽃술을 말한다.

〔紫萼 2구〕

《두시상주》에 인용된 고신 주 '악'은 꽃의 받침이다. '예'는 꽃술 끝의 점이며, 꽃술은 대부분 노란색이다. (萼, 花蒂也. 蕊, 鬚頭之點也, 花鬚多是黃色.)

3 行暮雨(행모우) - 저녁비 속을 걷다. 저녁비가 내리다. 꽃잎이 비를 맞은 듯 젖어 있음을 말한다.

4 入朝霞(입조하) - 아침노을 속에 들다. 꽃이 아침노을처럼 곱게 빛난다는 말이다.

〔忽疑 2구〕

《두시언해》 이 구는 신녀처럼 저녁에 비로 내렸다가 다시 아침노을 속에 들었느냐는 말로서 모두 꽃의 아름다움을 찬미한다.(此言如神女行雨於暮, 而又入朝霞之中, 皆美花色之艷也.)

5 恐是(공시) - 아마도 …이다. 潘安縣(반안현) - 반악이 다스리던 고을. 반악은 하양현을 다스릴 때 고을에 꽃나무를 많이 심었다. '반안'은 반악으로 반악은 자가 안인安仁이다.

《독두심해》 하양현의 일이다.(河陽事.)

6 堪留(감류) - 머무르게 할 만하다. 衛玠車(위개거) - 위개가 탄 수레. 위개는 서진西晉의 명사로 청담과 현학으로 유명하다.

《진서晉書·위개전衛玠傳》 개는 자가 숙보이다. 나이 다섯에 풍채가 빼어나 조부 위관이 "이 아이는 남들과 다르나 내 나이를 생각하니 그 장성함을 보지 못할 뿐이로다"라고 하였다. 총각이 되어 작은 수레를 타고 저자에 가니 보는 사람들이 모두 옥인이라고 여겼다. 온 도읍사람들이 그를 구경하였다.(玠字叔寶. 年五歲, 風神秀異. 祖父瓘曰, 此兒有異於衆, 顧吾年老, 不見其成長耳. 總角乘羊車入市, 見者皆以爲玉人, 觀之者傾都.)

〔恐是 2구〕 꽃이 아름답게 만발하여 반악이 다스리던 하양현 같기도 하고, '옥인'이라 불리던 위개도 수레를 멈추고 구경하리라는 뜻이다. 《구가집주두시》 반악은 하양 현령이 되어 복사꽃과 오얏꽃을 심어 사람들이 "하양현은 온통 꽃"이라고 불렀다. 위개는 무리 중에서 달랐다. 흰양이 끄는 수레를 탔으며, 가는 곳마다 구경꾼이 둘러쌌으며, '벽인'이라고 불렀다.(潘岳爲河陽令, 植桃李花, 人號曰, 河陽一縣花. 衛玠, 在羣伍中有異, 乘白羊車, 所至看者如堵, 號爲璧人.)

7 顔色(안색)- 색깔, 빛깔. 여기서는 꽃의 색이다.

8 莫作(막주)- …하지 말라. …하게 하지 말라. 委泥沙(위니사)- 진흙에 떨어지다.

#《두시상주》: 이 시는 꽃을 읊었다. 곱고 화려한 것이 쉬 진다는 유감이 있다. 앞 4구에서는 꽃을 보고 놀라고 기뻐하며, 아래는 꽃을 아쉬워함에 뜻이 있다. 자주색 꽃받침은 꽃술 밖을 싸고, 노란 술은 꽃 안에서 비치니 꽃의 안팎이 모두 아름답다. '행모우'라고 하여 꽃이 젖었음을 알겠고, '입조하'라고 하여 꽃이 고움을 알겠다. '반안현'이라 하여 꽃이 많음을 알겠고, '유위개'라고 하여 꽃이 아름다움을 알겠다. 진흙에 버리지 말라고 하니 그 시들어 떨어짐을 차마 보지 못한다. 이 시는 매화를 읊었으며, 다음 〈유변〉 시에서 분명히 밝혔다. 《만출좌액》 시에서도 '화저'를 말한 바, 이는 바로 도화를 가리키니 〈봉화가지사인조조대명궁奉和賈至舍人早朝大明宮〉 시의 "(구중궁궐의) 춘색에 복숭아꽃 취한 듯 붉구나"라는 시구로 증명할 수 있다.(此詩咏花, 有妍華易謝之感. 上四句, 對花驚喜, 下則意在惜花也. 紫萼包乎蕊外,

黃鬚映自花中, 花之內外俱麗矣. 行暮雨, 見花潤. 入朝霞, 見花鮮. 潘安縣, 見花多. 留衛玠, 見花美. 莫委泥沙, 不忍覩其零落耳. 此詠梅花也, 在下章點明. 晩出左掖詩亦言花底, 乃指桃花, 有春色醉仙桃可證.)

《독두심해》: 구조오는 매화를 읊었다고 하였으나, 나는 도화를 읊었다고 생각한다. '반악의 고을'과 '위개의 수레'에는 역시 낙양을 그리워하는 마음이 들어 있다.(仇云詠梅, 愚謂詠桃也. 潘縣衛車, 亦以洛陽爲憶.)

《두억》: 〈화저〉〈유변〉 시 2수는 공이 자신을 비유하여 모두 결말에 뜻이 드러난다. 〈화저〉 시에서 앞 4구는 그 좋은 빛깔을 극도로 형용하고, 진흙에 버리지 말라는 말로 이었으니 높은 재능을 지녔으나 끝내 세상에 버림 받는 자신을 비유하였다. '행모우'는 무산巫山 신녀의 일을 이용하였다.(二詩乃公自況, 而俱於結尾見意. 花詩, 前四句極形容其好顔色, 而承以莫委泥沙, 自比負高才而終見棄於世也. 行暮雨, 用神女事.)

(**이창숙**)

41. 柳邊
버들가

只道梅花發[1] 那知柳亦新[2] 枝枝總到地 葉葉自開春[3]
紫燕時翻翼[4] 黃鸝不露身 漢南應老盡[5] 霸上遠愁人[6]

매화꽃 피었다 말했을 뿐
버들 새로 싹이 났음을 어찌 알았으리?
가지가지 모두 땅까지 늘어졌고
잎새마다 절로 봄을 열었는데.
보랏빛 제비는 시시로 날개를 뒤집고
노란 꾀꼬리는 몸을 드러내지 않네.
한남에서 응당 다 늙어버릴 터
파교의 버들이 멀리서 사람을 시름겹게 하네.

광덕 원년 봄에 지은 시이다. 버드나무를 소재로 하여 세월이 빨리 지나가는 것에 대한 탄식과 장안에 대한 그리움을 담고 있다.

> 《보주두시》 시에서 '한남에서 응당 다 늙을 터'라고 하였으니 응당 재주에서 지은 것이다. 광덕 원년 봄이다.(詩云, 漢南應老盡, 當是在梓州作, 廣德元年春.)

주 석

1 道(도) - 말하다.

2 那(나)- 어찌. '誰'로 된 판본도 있다.

3 葉葉(엽엽)- '蕊蕊'로 된 판본도 있다.

4 紫燕(자연)- 제비의 일종. 몸체가 비교적 작고 턱 아래가 보랏빛이다.

5 漢南(한남)- 한수 남쪽. 이 구는 〈고수부〉의 이야기를 전고로 하여 객지에서 시절을 보내는 두보 자신의 신세를 탄식한 것이다.

〈고수부枯樹賦〉 대사마 환온桓溫이 듣고서 탄식하여 말하기를 "전년에 버들을 심어서 한남에서 부드럽게 자랐는데, 지금 보니 시들어 강담에서 처량하다. 나무도 오히려 이와 같으니, 사람이 어찌 견디랴?"라고 하였다.(桓大司馬聞而歎曰, 昔年種柳, 依依漢南, 今看搖落. 凄愴江潭, 樹猶如此, 人何以堪.)

6 霸上(파상)- 장안 부근의 지명. 이곳에 파교灞橋가 있는데 예로부터 버들가지를 꺾어주며 이별하는 곳으로 유명하다. 이 구는 장안에 돌아가지 못하는 것을 슬퍼한 것이다.

〈삼보황도三輔黃圖〉 파교는 장안 동쪽에 있는데 한인이 객을 전송함에 여기에 이르러 손으로 버들을 꺾어 주었다. 소혼교라는 별명이 있다.(灞橋在長安東, 漢人送客至此, 手折柳贈, 別名曰銷魂橋.)

#《두시상주》: 고신 주에서 "이 시는 버들을 읊었는데 시간이 빨리 지나는 것에 대한 느낌이 담겨 있다"라고 하였다. 첫 2구는 초봄의 버들이니, 가지가 부드럽고 잎이 푸르러서, 바로 그것의 새로움을 보인다. 5,6구는 늦봄의 버들이다. '한남'과 '파상'은 버들을 빌어 감개를 기탁하였다. 가지가 움직여서 제비를 날게 하고, 잎이 빽빽하여 꾀꼬리를 숨겨 준다. 한남의 버들이 응당 다 늙어버릴 것이란 것은 오래 체류하는 자신을 비유한다. 파상의 버들이 멀리서도 사람을 시름겹게 하는 것은 멀리서 장안을 그리워하기 때문이다. 고신 주에서 "2구에서 버들의 일을 사용한 것이 음조는 온당하고 의미는 심장하다"라고 하였다.(顧注, 此詩咏柳, 有時光迅速之感. 首二, 初春之柳. 枝嫩葉青, 正見其新.

五六, 暮春之柳. 漢南灞上, 借柳寄慨. 枝動, 故翻燕. 葉密, 故藏鸝. 漢南之柳, 應且老盡, 自況淹留. 灞上之柳, 遠亦愁人, 遙憶長安也. 顧注, 兩句用柳事, 調穩而味長.)

《독두심해》: 공의 윗대는 한남 양양 사람이고, 파상은 또 예전에 놀던 곳이다.(公上世漢南襄陽人, 霸上又舊遊也.)

(**이영주**)

42. 聞官軍收河南河北

관군이 하남과 하북을 수복했다는 소식을 듣다

劍外忽傳收薊北[1] 初聞涕淚滿衣裳
却看妻子愁何在[2] 漫卷詩書喜欲狂[3]
白首放歌須縱酒[4] 青春作伴好還鄕[5]
卽從巴峽穿巫峽[6] 便下襄陽向洛陽[7]

검문관劍門關 밖으로 문득 계북 수복 소식이 전해져
처음 소식을 듣고는 눈물로 옷을 흠뻑 적셨다.
고개 돌려 처자식 바라보는데 시름은 어디에 있는가?
대충 《시경》과 《서경》을 말아두니 기뻐서 미치려 하네.
머리는 세었지만 목청껏 노래 부르고 맘껏 술을 마셔야 할 터
푸른 봄을 벗삼으니 고향에 돌아가기 딱 좋구나.
곧 파협에서부터 무협을 뚫고 나아가
바로 양양으로 내려갔다가 낙양으로 향해야지.

이 시는 광덕 원년 봄 재주에서 지은 것이다. 이 해 정월, 관군이 안녹산, 사사명의 반군을 소탕하여 하남, 하북의 땅을 수복하였는데 이 소식을 전해 듣고 기뻐하는 작가의 마음이 시에 잘 드러나 있다. 시제의 '河南河北'은 '兩河'로 된 판본도 있다.

《보주두시》《통감》에 의하면 사조의가 보응 원년 겨울에서 광덕 원년에 이르는 기간에 누차 패하자 전승사는 사조의를 설득하여 친히 유주에 가서 군대를 일으켜 돌아와 막주를 구원하게 하고

자신은 막주에 머물러 수비할 것을 청하였다. 사조의가 떠나고 나자 전승사는 곧 성을 가지고 투항하고 사조의의 어미와 처자식을 관군에 보냈다. 또 범양절도사 이회선은 이미 궁중에서 파견한 사절 낙봉선을 통하여 투항할 것을 청하였다. 사조의가 온천역에 이르자 이회선은 군대를 보내어 그를 추격하였다. 사조의는 곤궁해져서 어찌할 도리 없이 숲 속에서 목을 매었다. 지금 시에 "검문관 밖으로 문득 계북 수복 소식이 전해졌다"는 것은 바로 이러한 상황을 말한 것이다. 또 "푸른 봄 벗 삼으니 고향으로 돌아가기 좋다"고 하였으니 광덕 원년 봄에 지은 것이다.(按通鑑, 史朝義屢敗於寶應元年之冬至廣德元年, 田承嗣說令親往幽州發兵, 還潁(救의 오자)莫州, 請自留守莫州. 朝義旣去, 承嗣卽以城降, 送朝義母妻子於官軍. 又范陽節度使李懷仙已因中使駱奉仙請降, 至溫泉驛, 懷仙遣兵追之, 朝義窮蹙, 縊於林中. 今詩云, 劍外忽傳收薊北, 正謂此也. 又云, 青春作伴好還鄉, 乃廣德元年春作.)

《두시상주》 이는 광덕 원년 봄 재주에서 지었다.《당서》에 "보응 원년 겨울 10월, 복고회은 등이 누차 사조의의 군대를 쳐부수고 동경을 격파하니 그 장수 설숭은 상주 위주 등을 가지고 항복하고 장지충은 항주 조주 등을 가지고 항복하였다. 이듬해 봄 정월 사조의가 도망하여 광양에 이르러 목을 매자 그 장수 전승사는 막주를 가지고 항복하였고 이회선은 유주를 가지고 항복하였다.(此廣德元年春在梓州作. 唐書, 寶應元年冬十月, 僕固懷恩等屢破史朝義兵, 進克東京, 其將薛嵩以相衛等州降, 張志忠以恒趙等州降. 次年春正月, 朝義走至廣陽自縊, 其將田承嗣以莫州降, 李懷仙以幽州降.)

주 석

1 劍外(검외)- 검문관劍門關 밖. 즉 검문관 이남의 촉 땅으로 여기서는 재주를 가리킨다. 薊北(계북)- 계주薊州의 북쪽. 하북河北 북부의

땅으로 안사安史 반군의 오랜 근거지였다.

2 却看(각간) - 고개를 돌려 바라보다. 愁何在(수하재) - 근심이 어디에 있는가? 근심이 사라졌다는 말이다.

3 漫卷(만권) - 대충 말다. 당시 서책은 두루마리 형태였으므로 말아서 정리하였다. 詩書(시서) - 《시경》과 《서경》. 喜欲狂(희욕광) - 기뻐서 미치려 하다. 미칠 듯이 기쁘다.

〔却看 2구〕

《구가집주두시》 조언재 주 공은 매번 동란을 당하여 처자식이 흩어져 떠도는 것을 걱정하였는데 계북을 수복하였다는 소식을 듣고 나니 천하가 평정될 이치가 있게 되었으므로 고개를 돌려 처자식을 바라보면서 그 시름이 어디로 갔는지를 알지 못한 것이다. 아래 구는 책을 읽고 있을 때 이미 계북을 수복하였다는 소식을 듣고 처자식과 더불어 길이 함께 모여 사는 기쁨을 갖게 되었으므로 책을 대충 말아두고 기뻐서 미치려 하였다는 말이다.(公每憂喪亂而妻子流離, 旣聞收薊北, 則天下有平定之理, 所以却看妻子而不知其愁之所在. 下句謂讀書之際聞已收薊北, 得與妻子有長聚之慶, 所以漫卷之而喜欲狂也.)

4 白首(백수) - 흰 머리. 두보 자신이 늙었음을 말한다. '首'는 '日'로 된 판본도 있다. 放歌(방가) - 소리 질러 노래하다.

5 靑春作伴(청춘작반) - 푸른 봄을 벗하다. 푸른 봄날에 처자식과 함께 한다는 의미로 볼 수도 있다.

6 巴峽(파협) - 파현巴縣에 있는 협 이름. 巫峽(무협) - 무산현巫山縣에 있는 협 이름. 장강 삼협의 하나.

7 便下(변하) - 바로 내려가다. 襄陽(양양) - 지금의 호북성 양번시襄樊市에 해당하며 두보의 선조들이 이곳에 적관籍貫을 두고 있었다. 洛陽(낙양) - 지금의 하남성 낙양. 두보의 적관은 하남 공현鞏縣인데 3세 때 낙양으로 이사하여 낙양을 고향으로 여겼다.

《두시상주》에 인용된 고신顧宸 주 공의 선조는 양양인이었는데 증조부 두의예가 공령이 되어 하남으로 옮겼고, 부친 두한이 봉천령이 되어 두릉으로 옮겼지만 전원은 여전히 낙양에 있었다.(公先世爲襄陽人, 祖依藝爲鞏令, 徙河南. 父閑爲奉天令, 徙杜陵, 而田園尙在洛陽.)

《두시상주》 원주에 "내 전원은 동경(즉 낙양)에 있다"고 하였다.(原注, 余田園在東京.)

〔卽從 2구〕

《두시상주》 옛 주에 "파현에 파협이 있고 무산현에 무협이 있다. 양양은 초에 속하고 낙양은 하남에 속한다"고 하였다.(舊注, 巴縣有巴峽, 巫山縣有巫峽, 襄陽屬楚, 洛陽屬河南.)

《구가집주두시》 조언재 주 이는 공의 뜻이 촉을 떠나 고향으로 돌아가고자 한 것이다.(此公之意欲離蜀還鄕矣.)

#《두시상주》: 위 4구는 수복 소식을 듣고 기뻐한 것이요, 아래는 급히 고향에 돌아갈 것을 생각한 것이다. 처음 소식을 듣고 눈물을 흘린 것은 난리를 통절히 생각하였기 때문이요, 시름을 거두고 기뻐한 것은 집에 돌아갈 날이 얼마 남지 않았기 때문이다. 맘껏 술을 마신다는 것은 미칠 듯 기쁘다는 것을 이은 것이요, 고향에 돌아간다는 것은 처자식을 이은 것이다. 마지막은 고향으로 돌아가면서 지나갈 길이다. 고신 주에 "'홀전' 2자는 놀라 기뻐함이 정신이 나갈 정도다. '수하재'는 더 이상 슬퍼하지 않는 것이다. 대충 말아 챙긴 것은 책을 내던지고 일어났기 때문이다"라고 하였다. 황생 주에 "이는 전편이 서사의 문체이다. '검외'는 장소를 나타내고 '청춘'은 때를 나타낸다. '벗 삼는다'고 말한 것은 바람이 온화하고 경치가 청명하여 행색을 도울 수 있기 때문이다.(上四, 聞收復而喜. 下思急還故鄕也. 初聞而涕, 痛憶亂離. 破愁而喜, 歸家有日也. 縱酒, 承狂喜. 還鄕, 承妻子. 末乃還鄕所經之路. 顧注, 忽傳二字, 驚喜欲絶. 愁何在, 不復愁矣. 漫卷者, 抛書而起也. 黃生注, 此通首敍事之體. 劍外見地, 青春見時. 曰作伴者, 風和景明,

能助行色也.)

《독두심해》: 8구시인데 그 빠르기가 나는 듯하다. 일에 대해 쓴 것은 단지 한 구이고 나머지는 모두 정을 묘사하였다. 힘을 얻은 것은 전부 둘째 구에 있으니, 신리에 있어서는 묘함이 핍진함에 있고 문세에 있어서는 묘함이 반대로 떨쳐냄에 있다. 3,4구는 전으로 승을 삼았으니 제5구는 이에 느긋하게 받을 수 있었고 제6구는 위아래로 맥을 이끌어내었다. 7,8구는 고향에 돌아가는 뜻을 긴밀하게 거듭 말하였다. 생애 제일가는 쾌시이다.(八句詩, 其疾如飛. 題事只一句, 餘俱寫情. 得力全在次句, 於神理妙在逼眞, 於文勢妙在反振. 三四, 以轉作承. 第五, 仍能緩受. 第六, 上下引脈. 七八, 緊申還鄉. 生平第一首快詩也.)

(이석형)

43. 遠遊

멀리 외지에 가다

賤子何人記[1]　迷方著處家[2]　竹風連野色　江沫擁春沙
種藥扶衰病[3]　吟詩解嘆嗟　似聞胡騎走[4]　失喜問京華[5]

천한 몸을 누가 기억해 줄까?
방향을 잃어 발길 닿는 곳이 집이로다.
대나무에 부는 바람은 들빛을 잇고,
강물에 이는 거품은 봄 모래톱을 보듬는다.
약초 심어 늙고 병든 몸을 돕고
시를 읊조리며 한탄을 푸는데,
오랑캐 기병이 달아났다고 들은 것 같아
기뻐서 엉겁결에 경사를 묻노라.

이 시는 두보가 광덕 원년 봄에 멀리 외지로 나갔다가 반군이 도주했다는 소식을 듣고서 느낀 감회를 읊은 것이다.

《보주두시》 시에서 '대나무에 부는 바람은 들빛을 잇고, 강물에 이는 거품은 봄 모래톱을 보듬었다'고 하고, 아래에서 다시 '오랑캐 기병이 달아났다고 들은 것 같다'고 하였다. 보응 원년 겨울 10월에 모든 군대가 섬주를 출발하여 사조의를 공격하자, 사조의가 누차 패하여 기병 수백을 거느리고 동쪽으로 도주하였고, 복고회은이 동경과 하양으로 진격하여 승리하였으며, 11월에 승전보가 경사에 이르자, 사조의가 복주 북쪽에서 황하를 건너 위주의 병사들을 데리고 와 싸움을 걸었다가 또다시 패하여 도주하였던 것이니, 이 시는 광덕 원년 봄에 지은 것이 분명하다. 이전에는 패주했다는 소식을 듣지 못했으니, 옛 차서와 양권도는 모두 2년에 편재한 것은 잘못인 듯하다.(詩云, 竹風連野色, 江沫擁春沙, 而下又云, 似聞胡騎走, 爲寶應元年冬十月, 諸軍發陝州, 攻史朝義, 朝義屢敗, 將輕騎數百東走, 僕固懷恩進克東京及河陽. 十一月, 露布至京師, 朝義自濮州北渡河, 帥衛州兵來戰, 又敗走. 此詩當是廣德元年春作. 前此不聞其敗走, 而舊次幷梁權道編在二年, 似非.)

《두시상주》 이 시는 광덕 원년 봄에 지은 것이다. 보응 원년 사조의가 싸움에서 패하고 북으로 황하를 건너 위주의 병사들을 데리고 와 싸움을 걸었다가 다시 패주한 것이 이른바 '오랑캐의 기병이 달아났다'는 말이다.(此詩乃廣德元年春作. 寶應元年, 史朝義戰敗, 北渡河, 帥衛兵來戰, 又敗走, 所謂胡騎走也.)

주 석

1 賤子(천자)- 두보 자신을 낮추어 한 말이다. 이 구절은 두보가 친구들과 헤어진 상황임을 말하고 있다. 혹 천자가 자신을 기용하지 않는다는 뜻으로 보기도 하나, 취하지 않는다.

《보주두시》에 인용된 사師씨 주 '천자'는 두보 자신을 지칭한다. '하인기'는 임금이 자신을 등용하지 않는다는 말이다.(賤子, 甫自稱. 何人記, 猶言君不錄用之也.)

2 迷方(미방)- 방향을 잃다. '方'은 '芳'으로 된 판본도 있는데, 조언재는 잘못이라고 하였다. 著處家(착처가)- 닿는 곳이 집이다. 즉 발길 가는 대로 몸을 맡긴다는 말이다.

《구가집주두시》 조언재 주 《예기》에 "갈 때는 반드시 방향이 있어야 한다"고 하였다. '미방'은 내키는 대로 가서 멈출 곳을 모르는 것이다.(記曰, 所遊必有方. 迷方, 則漫行而不知所定止也.)

《두억》 '미방착처가'는 "갈 때는 반드시 방향이 있어야 한다"는 말을 사용한 것인데, '착처가'는 '원유'의 고통을 묘사하였다.(迷方著處家, 用遊必有方語, 而著處家寫出遠遊之苦.)

《보주두시》에 인용된 왕수王洙 주 이르는 곳이 곧 편안하다는 말이다.(言所至卽安.)

3 衰病(쇠병) - 늙고 병들다. 두보 자신의 처지를 가리킨다.

4 似聞(사문) - 들은 듯하다. 확신하지 못하겠다는 말이다. 胡騎走(호기주) - 오랑캐 기병이 도주하다. 사조의의 반군이 패하여 도주한 것을 가리킨다.

《두시경전》 감히 확신할 수 없다는 뜻이다.(猶未敢確信也.)

《구가집주두시》 조언재 주 '호기주'는 사조의의 군대가 점차 쇠약해진 것을 말한다.(胡騎走, 謂史朝義之兵稍衰者也.)

《독두심해》 정월에 사조의가 하북으로 도주하였다.(正月, 史朝義走河北.)

5 失喜(실희) - 기뻐서 엉겁결에. 즉 '자신도 모르게'란 뜻이다. 問京華(문경화) - 경사를 묻다. 도읍인 장안이 어떻게 되었는지 궁금해 한다는 말이다.

《구가집주두시》 '실희'는 자신도 모르는 사이에 나왔다는 말이다.(失喜, 言出於不自覺.)

#《두시상주》: 첫째 연은 멀리 유람 나간 행적을 적었다. 3, 4구는 경치에 대해 말한 것이고, 5, 6구는 멀리 유람 나간 일을 적었다. 마지막 두 구는 감정을 말하였다. '하인기'는 친구들이 이미 소원해졌다는 말이다. '착처가'는 행적이 일정하지 않다는 말이다. '바람 부는 대나무'와 '강가의 모래톱'은 여기저기 떠도는 자신의 신세를 비유하였으니, 경치에다가 감정을 기탁하여 변화를 잘 주었다. 전해지는 말이 불확실하기에 '들은 듯하다'고 하였다. 자신도 모르게 '실희'하였다는 것은 '엉겁결에 말을 꺼내다'나 '자신도 모르게 웃음 짓다'는 말과

같다. 고신 주에서는 "'실'자를 붙여서 종전에 추측하며 근심하던 것과, 당일에 놀라 의아해하며 펄쩍 뛰는 갖가지 모습이 그림을 보는 듯하다"고 하였다.(首聯, 遠遊之迹. 三四, 言景. 五六, 遠遊之事. 末二, 言情. 何人記, 言舊交已疏. 著處家, 謂行踪無定. 風竹江沙, 自況飄搖流蕩. 卽景寓情, 善於變化. 傳言未確, 故云似聞. 不覺失喜, 猶云失聲失笑. 顧注, 着一失字, 從前之揣摩憂慮, 當日之驚疑踴躍, 種種如畫.)

《독두심해》: 고향에서 반군이 퇴각하였다는 말을 듣고서도 직접 보지를 못하였기에 '원유'라 제목을 붙인 것이지, 행역시가 아니다. 감개하는 뜻이 적고, 기뻐하는 뜻이 많다.(聞故鄕賊退, 而不得親見, 故以遠遊命題, 非行役詩也. 慨意少, 喜意多.)

(**김만원**)

44. 春日梓州登樓二首

봄날 재주에서 누각에 오르다

行路難如此[1] 登樓望欲迷[2] 身無却少壯[3] 跡有但羇栖[4]
江水流城郭[5] 春風入鼓鼙[6] 雙雙新燕子 依舊已銜泥[7]

인생길의 어려움이 이와 같을까
누각에 올라 바라보니 정신이 혼미해지려 하네.
몸은 젊고 힘찬 구석이란 외려 없는데
자취는 그저 떠돌며 살고 있어라.
강물은 성곽으로 흐르고
봄바람은 북소리에 스미는데,
쌍쌍이 나는 새 제비는
옛날처럼 벌써 진흙을 물었구나.

광덕廣德 원년 봄 재주에서 지은 시이다. 나그네 삶에 대한 시름과 촉을 떠나고 싶은 바램을 적었다.

《보주두시》 시에서 "강물은 성곽으로 흐르고, 봄바람은 북소리에 스민다"라고 했으니 의당 광덕 원년 봄에 지은 것이다. 또 "전장은 이제 비로소 안정되었네"라고 했는데 아마도 사조의가 이미 죽어서일 것이다.(詩云, 江水流城郭, 春風入鼓鼙, 當是廣德元年春作. 又云, 戰場今始定, 蓋以史朝義已死.)

《두시상주》 황학은 광덕 원년 봄 재주에 있을 적에 지은 것으로 편재하였다. 시에서 "봄을 따라 고향에 들다", "전장은 이제 비로소 안정되었다"고 했으니 아마도 이해 봄에 사조의가 막 죽은 것 같다.(黃鶴編在廣德元年春在梓州時作. 詩云, 隨春入故園, 戰場今始定, 蓋是年春史朝義初滅也.)

주 석

1 行路難(행로난) - 인생길에서의 어려움. 옛 악부 제목에 〈행로난〉이 있다.

2 欲迷(욕미) - 혼미할 듯하다. 인생의 많은 어려움 속에 봄날 누각에 올라보니 바라다 보이는 경치가 모두 정신을 어지럽게 한다는 말이다.

〔行路 2구〕

《두시경전》 돌아갈 방향을 모른다는 말이다.(言不知所歸向也.)

3 少壯(소장) - 젊고 힘차다.

4 有但(유단) - '但有'로 쓴 판본도 있다. 羈栖(기서) - 나그네로 살아가다.

〔身無 2구〕 제3구의 '却'을 '돌아가다'의 뜻으로 보고 '젊음으로 돌아가다'로 해석하기도 하지만, 여기서는 《두시상주》의 견해를 좇아 3,4구에서 도치법을 쓴 것으로 보고 '却無', '但有'로 해석하였다.

《두시상주》 늙은 나이에 정처 없이 떠도니 이 몸은 젊고 힘찬 구석이란 외려 없는데 정처 없는 자취를 돌아보면 오직 나그네로 떠돌며 살아갈 뿐이다. 두 구에서 모두 한 글자씩 도치하여서 말이 참신하고 성률이 잘 맞게 되었다.(衰年流落, 此身却無少壯, 而浪迹但有羈栖, 兩句各倒轉一字, 便語新而聲協矣.)

《두시경전》에 인용된 고신 주 '각'은 '거듭하다'는 '중'자의 뜻과 같다.(卻猶重字意.)

5 江水(강수) - 여기서는 재주梓州를 흘러가는 부강涪江을 가리킨다. 城郭(성곽) - 재주의 성곽을 가리킨다.

6 鼓鼙(고비) - 전장에서 쓰이는 북.

〔江水 2구〕

《두시상주》 강물이 성 아래로 흐르는 것은 누각에 올라 바라본 것이요, 바람이 북소리를 전해주는 것은 누각에 올라 들은 것이다.(水流城下, 登樓所見, 風送鼓鼙, 登樓所聞.)

7 銜泥(함니)- 진흙을 입에 물다. 제비가 집을 짓는 모습을 가리킨 것이다.

〔雙雙 2구〕

《두시상주》에 인용된 〈고시십구수〉 쌍쌍이 나는 제비 되어 진흙 물고 그대 집에 둥지를 지었으면 좋겠네.(思爲雙飛燕, 銜泥巢君室.)

《두시경전》 경물을 보고 자신은 집이 없음을 탄식한 것이다.(感物歎己之無家.)

《두시상주》 새로 온 제비는 누각에 집을 짓는데 나그네는 정처가 없다. 경물을 대하여 마음이 상한 것으로 시어의 뜻이 쌍관이다.(新燕巢樓, 而旅人無定, 對景傷情, 語意雙關.)

#《두시상주》: 이 장은 누각에 올라 나그네의 감개를 일으킨 것이다. 수련에서는 정과 경을 함께 제시하였다. 둘째 연에서는 '행로'를 이어받았고, 아래 4구에서는 '등루'를 이어받았다……여러 구 중에 재주도 있고 봄도 있고 누각도 있는데, 경물을 써서 정을 말한 것이 서로 녹아들어 조화의 경지에 들었다.(此章登樓而興羈旅之感. 首聯, 情景並提. 次聯, 承行路. 下四, 承登樓……數句中, 有梓有春有樓, 寫景言情, 相融入化.)

《두억》: 인생길의 험난함을 '여차'라는 두 글자를 써서 개괄하였다. 봄바람이 이제 북소리에 스미니 살기가 바뀌어 생기가 되었다. 제비가 진흙을 물고 가니 떠돌며 사는 사람이 느낌이 일어 집을 생각한 것이다.(行路之難用如此二字, 該括. 春風今入鼓鼙, 轉殺氣爲生氣矣. 燕銜泥, 故羈棲者感而思家.)

《독두심해》: 두 시는 모두 나그네로 떠돌며 돌아가지 못하는 마음을 말한 것으로 한 가지 뜻을 두 층차로 나눈 것이다. 첫 장은 공연스레 나그네 살이를 묘사하여 다음 장을 이끌어내고 있다. 첫 구는 표연하니 고향 그리는 마음이 이미 전체를 지배하게 되었다. '바라보니 혼미할 듯하다'는 것은 정신이 벌써 고향으로 향하고 있는데도 도리어 돌아감은 아직 드러내지 않았다. 3,4구는 '난'자를 거듭 쓴 것이요, 5,6구는 '망'자를 거듭 쓴 것이다. 결련은 그 묘함이 또 단지 봄날의 정서를 엮어낸 것일 뿐인데도 나그네의 심사가 보이는 듯하다는 점이다.(二詩皆羈旅阻歸之感, 以一意爲兩層. 首章, 空寫羈旅, 爲下章引子也. 起句飄然, 思鄕之感, 已全領矣. 望欲迷, 神已注着故園, 卻還未露. 三四, 就難字申寫. 五六, 就望字申寫. 結聯, 妙又只將春意點綴, 而客懷如見.)

其二

天畔登樓眼[1]　隨春入故園[2]　戰場今始定[3]　移柳更能存[4]
厭蜀交遊冷　思吳勝事繁[5]　應須理舟楫[6]　長嘯下荊門[7]

하늘 끝 누각에 올라 바라보는 눈길
봄을 따라 고향으로 들어가는데,
전장은 이제야 비로소 안정되었으니
옮겨 심은 버들이 설마 살아있으랴.
촉 땅의 싸늘한 사귐이 싫나니
좋은 일 많은 오 땅이 그립기만 하다.
응당 배를 수리하여
길게 휘파람 불며 형문으로 내려가야지.

주 석

1 天畔(천반)- 하늘 끝.

2 隨春(수춘)- 봄을 따르다. '春'을 '風'으로 쓴 판본도 있다. 故園(고원)- 두보의 고향 낙양을 가리킨다.

3 戰場(전장) 구- 안사의 난리가 막 평정되었음을 말한다.

《두시경전》 당시 동경이 새로 수복되었다.(時東京新復.)

4 移柳(이류)- 옮겨 심은 버드나무. 두보 고향집에 심은 버들을 가리킨다. '移'를 '栘'로 쓴 판본도 있다. 更(갱)- 어찌. 설마. '豈'로 된 판본도 있다.

〔戰場 2구〕

《구가집주두시》 조언재 주 '고원' 아래에서 '전장'을 말했으니 또 동경을 가리켜 말한 것이다. 이 당시 사조의가 이미 죽어서 전장은 비록 안정되었지만 고향은 도적들이 거쳐 갔으니 옮겨 심은 버들이 어찌 남아있을 수 있겠느냐는 것이다. '경'은 의혹을 나타내는 말이다.(故園之下云戰場, 則又指東京而言. 是時, 史朝義已滅, 戰場雖定而故園經盜賊, 所移之柳豈更能存乎. 更字, 乃疑辭也.)

《두시경전》 난리가 비록 평정되었으나 고향집이 꼭 남아있지는 않을 것이라 말한 것이다. 그래서 아래에서 다시 다른 곳으로 갈 생각을 한 것이다.(言亂雖定, 而家未必存, 故下復思他適也.)

5 勝事(승사)- 좋은 일.

《두시경전》 공은 젊어서 오월 지역에서 노닌 적이 있다.(公少曾遊吳越.)

6 舟楫(주즙)- 배와 노. 배를 가리킨다.

7 荊門(형문)- 지명. 삼협을 나와 오 지역으로 가자면 이곳을 거쳐서 간다.

#《두시상주》: 둘째 장은 누각에 올라 촉을 떠나고자 하는 마음을 먹은 것이다. 위 4구는 멀리 고향을 바라본 것이요, 아래 4구는 오 지역에서의 모임을 추억한 것이다. 아마도 북으로 돌아갈 수 없음을 걱정하여 동쪽에서 노닐려는 생각으로 바꾼 것이다.(次章, 登樓而動去蜀之懷. 上四, 遙望故園. 下四, 追思吳會. 蓋恐北歸未能, 轉作東遊之想也.)

《두억》: 마음이 가는 곳에 눈도 따라가는 법이다. 누각에 올라 한번 바라보니 하늘 끝 눈길이 아득히 고향으로 들어간다. 인하여 전장이 비로소 안정되었으니 고향의 버들이 설마 살아있겠는가 생각한 것이다. 3,4구는 윗 구절을 긴밀하게 이어받았다. 촉을 싫어하고 오를 그리워함은 평소의 뜻이 이와 같다는 것이요, 지금 비로소 '길게 휘파람 불며 형문으로 내려갈' 수 있게 되었는데, 아마도 고향으로 가는 길일 것이다.(心之所至, 目亦隨之, 故登樓一望, 而天畔之眼, 遙入故園. 因思戰場始定, 而故園之柳更存否也. 三四緊頂上句. 厭蜀思吳, 平日之意如此, 今始得長嘯下荊門 蓋故園所繇之路也.)

《독두심해》: 다음 장은 돌아갈 길이 막혔음을 밝히 서술하여 앞 장을 위해 길을 내었다. '천반'은 '기서'를 이은 것이요, '등루', '수춘'은 제목과 관련된 것이며, '입고원'은 '안'을 지적한 것이다. 3,4구는 '고원'을 이어서 '전'을 삼은 것으로 난리가 비록 안정되었지만 고향집이 어찌 남아있겠냐고 말한 것이다. 하반부에서는 또 다른 곳으로 갈 것이라고 뒤집어 말하여 생각을 깨우고 있다. 아마도 고향은 파괴되어 이미 돌아갈 수 없는데다가 촉에서는 냉대하여 또한 의지할 곳이 없으니 장차 오로 가기 위해 삼협을 나설 뿐이라는 것이다. 나그네의 마음이 모두 언외에 있다.(次章, 明寫阻歸, 爲前章出路也. 天畔, 躡羈栖. 登樓隨春, 帶題目. 入故園, 點眼. 三四, 承故園作轉, 言亂雖定矣, 家豈存乎. 下又翻出他往以醒之. 蓋家園殘破, 旣不可歸, 而蜀中冷落, 又無可倚, 則且遊吳出峽而已. 客感都在言外.)

(**김성곤**)

45. 有感五首
유감 다섯 수

將帥蒙恩澤[1] 兵戈有歲年[2] 至今勞聖主[3] 何以報皇天[4]
白骨新交戰[5] 雲臺舊拓邊[6] 乘槎斷消息[7] 無處覓張騫[8]

장수가 은택을 입었으나
전쟁은 여러 해 이어지네.
지금까지 훌륭하신 임금께 걱정 끼치니
무엇으로 하늘에 보답할 것인가?
백골이 널려 있는 새 전장은
운대에 그려진 옛 공신들이 개척한 변경이네.
뗏목 타고 나가 소식이 끊겼으니
장건을 찾을 곳 없다네.

이 시의 저작시기에 대하여는 광덕 원년 봄, 광덕 원년 가을, 광덕 원년 겨울, 광덕 원년 이후 감회가 있을 때마다, 광덕 원년이나 2년 봄에, 광덕 2년 봄 경사를 수복한 이후 등 여러 견해가 있다. 여기서는 광덕 2년 봄 경사를 수복한 이후로 본다. 당시 토번이 물러갔지만 여러 번진의 장수들은 당 황실에 신복하지 않고 있었다. 두보는 그들이 장차 난리를 일으키게 될 것이라는 우려를 갖고 있었고 이 시들은 바로 이러한 염려를 반영한 것이다. 제1수는 번진이 외적의 침략을 막지 못하는 것에 대한 개탄이고, 제2수는 번진의 장수들이 병력을 지니고 힘을 키워가는 것에 대한 우려이며, 제3수는 낙양에 천도하는 것이 나라를 흥기시키는 계책이 아님을 설파한 것이고, 제4수는 종번

宗藩을 분봉하여 번진세력을 억제하게 하라는 건의이고, 제5수는 당시 조정에서 번진의 장수를 우대하고 지방관을 경시하는 것에 대한 개탄이다.

《보주두시》 이 시는 5수이다. 첫 수는 장수들이 모두 상을 받았으나 토번에 사신 간 사람은 오히려 돌아오지 못하고 있음을 말하였다. 둘째 수는 하북이 아직 모두 복종하지 않고 토번을 토벌하는 일이 아직 끝나지 않았음을 말하였다. 셋째 수는 하남이 비록 평정되었으나 도적을 염려하지 않을 수 없음을 말하였다. 넷째 수는 번진이 해를 끼치고 있으니 봉건을 지키지 않을 수 없음을 말하였다. 다섯째 수는 반군이 멸망한 뒤에 여러 장수가 의심이 많아진 것을 말하였다. 모두 광덕 초의 일인데, 양권도는 대력 2년에 편재하였다. 그러나 이때는 토번이 아직 사신을 억류한 적이 없었으니 "뗏목 타고 나가 소식이 끊겼다"는 구절이 있을 수 없다. 이것은 아마도 이지방이 광덕 원년 토번에 사신으로 가서 오랑캐에게 억류되었다가 2년에 돌아온 것을 가리킬 것이다. 시에서 또 "부월을 받고 종친과 현능한 사람이 가고, 황제는 멀리 비궁에서 조서를 내리신다"라고 하였는데, 역시 옹왕 괄이 광덕 원년 원수가 된 것을 가리켜 말한 것이다. 다섯째 수에서 "오랑캐 멸망하니 사람들은 다시 어지럽고, 병사가 조금 남게 되자 장수들이 스스로 의심한다"라고 한 것은 비록 사조의가 멸망된 뒤에 복고회은이 의심으로 인하여 다른 마음을 품고 반란을 일으킨 것을 가리키지만, 역시 광덕 연간의 일이다. 그리고는 끝에서 "스스로를 책하는 조서를 내리시고, 엄숙히 조정에 임하시어 백성의 어려움을 물으신다는 소식을 듣게 되기를 바랍니다"라고 말하였으니 추측컨대 광덕 원년 이후, 때에 따라 감개가 있어 지은 것이며 단지 일시에 이룬 것은 아닌 것으로 보인다.(此詩五首, 其一, 言將帥俱受賞而使吐蕃者乃不歸. 其二, 言河北未盡服

而討吐蕃者猶不已. 其三, 言河南雖平而盜賊不可不慮. 其四, 言藩鎭爲害而封建不可不守. 其五, 言胡滅之後, 諸將多疑. 皆廣德初事, 而梁權道編在大曆二年. 然是時吐蕃未嘗留使, 不應有乘槎消息斷之句. 此殆是指李之芳廣德元年使吐蕃爲虜所留, 二年乃得歸也. 詩又云, 受鉞親賢往, 卑宮制詔遙, 亦指雍王适廣德元年爲元帥而言. 第五首云, 胡滅人還亂, 兵殘將自疑, 雖指史朝義滅後, 僕固懷恩以疑貳而叛, 亦是廣德中事, 而末云, 願聞哀痛詔, 端拱問瘡痍, 意是廣德元年已後, 逐時有感而作, 非止成於一時.)

《두시상주》 황학의 주에 "이 시가 광덕 원년 때에 따라 감개가 있어 지은 것이지 일시에 이룬 것은 아니다"라고 하였다. 노원창의 주에 "다섯 수는 곧 경사를 수복한 뒤에 당년의 시사를 되짚어 서술한 것이다. 대체로 전의 일들을 아파하고, 또 나중의 일을 면려한 것이다"라고 하였다.(鶴注, 此廣德元年逐時有感而作, 非止成於一時. 盧注, 五章乃收京後追述當年時事, 蓋痛其前, 又勉其後也.)

《두시경전》 이 시는 혹 광덕 원년 봄에 편재되어 있는데, 이는 이미 사적이 많은 경우 들어맞지 않는다. 혹자는 이해 겨울에 편재하고 있는데 바야흐로 번진 오랑캐가 발호해 황제가 피난을 떠난 상황에서 어찌 '삼가 청해를 삼키지 말라'는 말이 있을 수 있겠는가? 또한 이때에 봉건에 대하여 의론하고자 한다면 역시 우원한 것이 된다. 그 말뜻을 자세히 살펴보면 마땅히 경사를 수복한 뒤인 광덕 2년 봄의 작품이다. 대체로 토번이 비록 물러갔다고 하지만 여러 번진은 대부분 발호하여 신하로 복종하지 않았다. 공이 다시 그들이 난리를 일으킬까 걱정하여 지난 일에서 교훈을 찾고 훗날을 경계하는 이 글을 지은 것이다. 얼마 되지 않아 복고회은이 마침내 토번과 회흘을 끌어들여 쳐들어왔으니, 역시 이미 선견이 있었던 것이다. 이른바 편차가 잘 되면 시의 의미가 절로 분명해진다는 것이다.(此詩或編在廣德元年之春, 事跡旣多不合, 或編在是年冬, 方當蕃寇猖獗, 乘輿播越, 豈宜有愼勿呑靑海語, 且此時而欲議封建,

則亦迂矣. 詳其語意, 當是收京後廣德二年春作. 蓋吐蕃雖退, 而諸鎭多跋扈不臣, 公復憂其致亂, 作此懲前毖後之詞, 未幾僕固懷恩遂引吐蕃回紇入寇, 亦已有先見. 所謂編次得, 則詩意自明者也.)

《두시경전》 살펴보건대, 《당서·토번전》에는 "광덕 원년, 산기상시 이지방과 태자좌서자 최륜을 사신으로 파견했는데, 토번은 붙잡아 두고 보내지 않다가 이듬해 사신 이지방 등을 돌려보냈다"라 하였다. 그렇다면 이지방이 돌아온 것은 본디 광덕 2년이다. 《구당서》에서도 역시 "이지방이 토번에 사신으로 갔다가 억류되어 2년에 겨우 돌아왔다"라 하였다. 고신의 《연보》에 이지방이 토번에서 돌아온 것을 광덕 원년에 편재하여 시와 사적이 완전히 착오를 일으키게 만들었다.(按唐書吐蕃傳, 廣德元年, 使散騎常侍李之芳太子左庶子崔倫往聘, 吐蕃留不遣, 明年還使人李之芳等. 則之芳之歸, 本在廣德二年, 舊書亦云, 之芳使吐蕃被留, 二年乃得歸. 顧宸年譜誤以之芳歸自吐蕃編在廣德元年, 以致詩與事蹟, 全然錯誤.)

《독두심해》 혹자는 광덕 원년 봄에 편재하고 있는데, 이 경우에는 '바람 세차고 오동이 시든다'는 말이 붙여질 곳이 없게 된다. 혹자는 원년 겨울에 편재하고 있는데 이 경우에는 토번이 10월 장안을 함락한 일이 시 가운데에 보이지 않기에 원년 가을에 편재하는 것이 마땅하다.(或編廣德元年之春, 則風急梧凋之語無着, 或編元年之冬, 則吐蕃以十月陷長安, 詩中不見. 宜在元年之秋.)

《구가집주두시》 조언재 주 시의 뜻으로 볼 때에 (저작시기는) 마땅히 광덕 원년 정월 사조의가 멸망된 뒤로부터 10월 토번이 경사를 함락하기 전까지이다. 구 가운데 '호멸'이라고 한 것은 사조의를 가리킨다. '신교전'은 토번을 가리킨다. '멱장건'은 왕명을 받들어 토번에 사신으로 나간 것을 가리킨다. '여사시'는 하북의 반장들을 가리킨다. '호랑'과 '도적'은 원조를 가리키는 것이다. '불신조'는 또 하북의 반장을 가리키는 것이다. '친현'은 옹왕 괄과 곽자의를 가리킨다. '장자의'는 복고회은을 가리킨다.(詩意, 當是廣德元年.

史朝義正月已滅之後, 吐蕃十月未陷京師之前. 句有言胡滅, 則指史朝義也. 新交戰, 則指吐蕃也. 覔張騫, 則指奉使吐蕃者. 餘蛇豕, 則指河北叛將也. 虎狼盜賊, 則以指袁晁也. 不臣朝, 又以指河北叛將也. 親賢, 則指雍王适與郭子儀也. 將自疑, 則指僕固懷恩也.)

《독두심해》 다섯 수 시의 대의는 전체적으로 하북의 번진으로 인하여 펴내졌다. 이해 봄 복고회은은 항복한 장수들을 남겨두라고 주청하였는데 의도가 반군을 꾀어 이용하자는 데에 있었다. 조정에서는 전쟁에 염증을 내고 있었고, 이로 인하여 벼슬을 주었다. 위박과 노용은 형세가 연락되었고, 또 안녹산과 사사명의 지난 일들을 익숙히 보아왔다. 호령을 멋대로 내려 절제를 받지 않을 형세가 이미 이루어졌으니, 공에게는 그것을 걱정함이 있었다. 1장은 "운대에 예전 변경을 개척한 공이 전하고 있음"을 말하였고, 2장은 "제후들이 봄철에 공물을 바치지 않음"을 말하였고, 3장은 "도적은 본디 왕의 신하였음"을 말하였고, 4장은 "신복하여 조정에 나오지 않는 경우가 없었음"을 말하였고, 5장은 "반군이 멸망했으나 인심이 아직 어지러움"을 말하였으니, 모두 분명히 하북을 가리키고 있으며 전혀 토번에 미치지 않는다. 전겸익과 구조오 등 제인이 증거를 끌어댐이 분분하고 '蕃'과 '藩'이 뒤섞여 나오고 있으니 거의 헝클어진 실이 정리되기 어려운 것과 같다. 어찌 그리도 잘못되었는가? 당시 비록 토번이 오래지 않아서 침입했다 하여도 시에서는 본시 각기 가리키는 바가 있는 것이다.(五詩大意, 總爲河北藩鎭而發. 是年春, 僕固懷恩奏留降將, 意在豢賊. 朝廷厭苦兵革, 因而授之. 魏博盧龍, 形勢連絡, 又習見安史已事, 擅命之勢已成, 公有憂之. 一章言雲臺舊拓邊, 二章言諸侯春不貢, 三章言盜賊本王臣, 四章言未有不臣朝, 五章言胡滅人還亂, 皆明指河北, 全不及吐蕃. 錢仇諸人援據紛紛, 蕃藩錯出, 幾如亂絲難理, 何其過歟. 時雖吐蕃不久入寇, 然詩固各有所指也.)

주 석

1 將帥(장수)- 장수. 변경의 장수, 절도사 등을 가리킨다. 蒙恩澤(몽은택)- 은택을 입다. 천자의 은택을 입고 있다는 말이다.

2 兵戈(병과)- 병기. 여기서는 전쟁을 뜻한다. 有歲年(유세년)- 오랜 세월 지속되고 있음을 뜻한다. '세년'은 세월과 같은 의미이다.

《독두심해》 개원 천보 연간에 변경의 장수들을 지나치게 총애하니 변경의 장수들이 무례하고 사납게 행동하며 조정을 가볍게 여겨 더욱 반란의 국면을 조성하였다.(開元天寶之間, 過寵邊將, 邊將驕悍而輕朝廷, 致滋叛亂.)

3 勞聖主(노성주)- 성명한 군주를 수고롭게 하다. 대종代宗이 섬주陝州로 출분한 일을 두고 한 말이다.

4 皇天(황천)- 본디 하늘 또는 천신에 대한 존칭이나 여기서는 임금을 가리켜 한 말이다.

《두시상주》 '황천'은 임금을 비유한다.(皇天, 比君.)

《두시경전》 임금의 은혜에 보답할 수가 없다는 말이다.(言無以答君恩也.)

5 白骨(백골)- 백골. 토번과의 전쟁으로 희생된 사람들을 가리킨다. 하북 반장들과의 교전과정에서 죽은 사람들을 가리키는 것으로 보기도 한다.

《두시경전》 토번의 난을 말한다.(謂吐蕃之亂.)

6 雲臺(운대)- 동한東漢 남궁南宮 중의 고대高臺이다. 후한 명제明帝 때에 이곳에 공신과 명장들을 그려 넣었다. 여기서는 능연각凌烟閣을 가리킨다. 당 태종 정관 17년 염립본閻立本에게 명하여 개국탁변開國拓邊 공신 24인을 이곳에 그려 넣도록 하였다. '雲'이 '輪'으로 된 판본도 있다. 拓邊(탁변)- 변경을 개척하다. 영토의 확장을 의미한다.

《두시상주》 전겸익 전箋에 "당은 무덕 이래로 변경을 개척하여 땅이

서역에 잇닿게 되었으며 모두 도독부와 주, 현을 설치하였다. 개원 중에는 삭방 등지에 절도사를 두고 통할하게 하였다. 안녹산이 반란을 일으킨 뒤 수년간 서북 수십 주가 잇달아 함락되어 하서와 농우 지역을 다 빼앗아가니, 봉상 이서와 빈주 이북으로부터는 모두 오랑캐 땅이 되었다"라고 하였다. '운대'라고 한 것은 개국공신을 생각한 것이다. 《통감》에 의하면 "한무제가 '윤대는 거사에서 서쪽으로 천여 리에 있다"라고 하였다. 두우는 "윤대는 거리의 땅이다. 지금 교하와 북정의 지역 가운데에 있는데, 그 땅은 서로 잇닿아있다"라고 하였다.(錢箋, 唐自武德以來, 開拓邊境, 地連西域, 皆置都督府州縣. 開元中, 置朔方等處節度使以統之. 祿山反後數年間, 西北數十州, 相繼淪沒, 盡取河西隴右之地, 自鳳翔以西邠州以北, 皆爲左衽矣. 曰雲臺, 思開國功臣也. 通鑑, 漢武帝曰, 輪臺西於車師千餘里. 杜佑曰, 輪臺, 渠犁地, 今在交河北庭界中, 其地相連.)

《두시경전》 운대는 당나라 초기의 공신을 말한다.(雲臺, 謂唐初功臣.)

《독두심해》 《통감》에 "지난해 겨울 사조의를 토벌하였다. 낙양 북쪽 교외에 이르러 신속히 진격하니 사조의가 달아났다. 복고회은 및 그의 아들 창은 승세를 타고 그를 뒤쫓았다. 이에 적장 설숭, 이포옥, 장충지 등이 각각 하북의 여러 주를 가지고 항복했다. 광덕 원년 봄에 전승사 역시 항복하였다. 범양 이회선은 사조의를 죽이고 항복하였다"라 하였다. 살펴보건대, 운대에 새겨진 공신들이 개척했던 옛 변경은 조정의 옛 물건이라고 하는 것과 같다.(通鑑, 上年冬, 討史朝義. 至洛陽北郊, 驟擊之, 朝義走. 僕固懷恩及其子瑒乘勝逐之. 於是賊將薛嵩李抱玉張忠志等, 各以河北諸州降. 廣德元年春, 田承嗣亦降. 范陽李懷仙殺朝義以降. 按, 雲臺舊邊, 猶云朝廷舊物.)

7 乘槎(승사) 구- 뗏목을 타고 가서 소식이 끊어졌다는 말이다. 토번에 사신으로 나갔던 이지방 등이 억류된 일을 가리킨다. 백성을 교화하는 임금의 교화, 즉 통치력이 미치지 않게 되었다는 말로 보기도 한다.

《두시경전》 당시 어사대부 이지방 등이 토번에 사신으로 가서 돌아오지 못하였기에 그렇게 말한 것이다.(時御史大夫李之芳等使吐蕃未歸, 故云.)

《독두심해》 뗏목을 타는 일이 끊어졌다는 것은 성교가 끊어졌다는 말과 같다. 유견오의 〈봉사강주〉시에 "한나라 사신이 모두 나그네 되어, 은하를 오가는 뗏목 타고 함께 흐름을 좇고 있다"라고 하였다. (乘槎斷, 猶言聲敎斷. 庾肩吾奉使江州詩, 漢使俱爲客, 星槎共逐流.)

8 張騫(장건)- 서한 사신使臣. 일찍이 서역 각국에 사신으로 나갔다가 도중에 흉노에게 억류된 바 있다. 여기서는 광덕 원년 4월 토번에 사신으로 갔다가 억류되었던 어사대부 이지방을 가리킨다.

〔乘槎 2구〕 한漢 장건張騫이 왕명을 받들고 서역으로 나가 황하의 근원을 탐사하였는데 뗏목을 타고 가다가 한 성읍에 이르러 한 여인이 베를 짜고 있는 것과 한 남자가 소를 끌고 황하의 물을 먹이고 있는 것을 보게 되었다는 양梁 종름宗懍의 《형초세시기荊楚歲時記》에 실린 전설에 바탕을 두고 있다.

《두시상주》 《한서·장건전》에 "장건은 낭관으로 모집에 응하여 월지에 사신으로 나갔다. 흉노 지역을 지나게 되었는데 흉노는 장건을 10여 년간 억류하였다. 뒤에 도망하여 한으로 돌아왔다"고 하였다. 주학령 주에 "장건이 황하의 근원을 탐사함에 있어 뗏목을 탔다는 설은 없다. 장화의 《박물지》에 '바닷가에 어떤 사람이 있었는데 매년 8월이면 뗏목을 타고 은하에 이르렀다'라고 하였지만 아직 장건을 지적하여 말한 것은 아니다. 종름의 《형초세시기》에서 비로소 '무제가 장건으로 하여금 황하의 근원을 탐사하도록 하여서 뗏목을 타고 갔다'고 하였다. 조언재와 채몽필은 모두 종름이 와전한 것이라 의심하였다. 혹자는 말하기를 '장건이 뗏목을 탔다는 것은 《동방삭내전》에 나오지만 지금 이 책은 실전되었다. 유견오의 〈봉사강주〉시에 "한나라 사신이 모두 나그네 되어, 은하를 오가는 뗏목 타고 모두 물결 따라 가네"라 하였는데 바로 이 일을 쓴 것이다'라고 하였다"는 기록이 있다.(漢張騫傳, 騫以郎應募使月氏, 經匈奴, 匈奴留騫十餘載, 後亡歸漢. 朱注, 張騫窮河源, 無乘槎之說. 張華博物志, 海上有人, 每年八月, 乘槎到天河, 未嘗指言張騫. 宗懍歲時記乃云, 武帝令張騫尋河源, 乘槎而去. 趙蔡俱疑懍爲訛. 或云, 張騫乘槎, 出東方朔內傳, 今此書失傳. 庾肩吾奉使江州詩, 漢使俱爲客, 星槎共逐流. 正用此事也.)

〔白骨 4구〕

《보주두시》에 인용된 조언재 주 새로 교전을 치렀던 병사들이 바야흐로 백골이 되어 나뒹굴고 있음을 말하고 있다. 장군은 필시 변경의 개척에 뜻을 두고 있었으나 공을 아직 세우지 못하였다. 운대에 초상을 그려 공을 논의한 것은 곧 예전에 변경을 개척했던 공로 때문이다. 토번에 사신을 보냈는데 아직 돌아오지 못하고 있기에 장건이 뗏목을 탔던 일을 사용하여 비유하였다.(言新戰之兵, 方横白骨, 將軍必有意於柘〔拓의 잘못〕邊而功未立. 其在雲臺畫像議功者, 則是舊拓邊之功也. 遣使吐蕃未還, 所以用張騫乘槎爲喩.)

《보주두시》 《구당서》에 "광덕 원년 7월, 토번이 하서와 농우 지역에 대거 침략하여 우리의 진주, 성주, 위주의 세 개 주를 함락하고 대진관으로 들어와 곽주, 하주, 선주, 조주, 민주 등의 주를 함락하고 농우 지역을 훔쳤다"고 하였다. 《통감》에도 또한 "광덕 원년 7월에 토번이 대진관으로 들어와 곽주, 하주, 선주, 조주 등의 주를 함락하고 농우 땅을 모조리 차지하였다"고 하였다. 당은 무덕 이래로 변경을 개척하여 땅이 서역에 닿게 되었으며 모두 부와 주, 현을 두었다. 안녹산이 반란을 일으킨 후에 봉상 이서 빈주 이북은 모두 오랑캐 땅이 되었다. 당시 전쟁을 치렀던 땅에는 당연히 백골이 많았을 것이다. 예로부터 줄곧 변경을 개척한 사람은 그 공으로 인하여 운대에 화상을 그렸는데 지금은 오히려 싸움의 단초를 열어서 여러 성이 연합하여 침입해오니 지난 일의 허물을 따지자면 누가 마땅히 책임을 져야할까? 이리하여 '운대엔 예전 변경을 개척한 공이 전한다'는 구절이 있게 되었고 이로써 감개를 깊이 드러낸 것이다. 《통감》에는 또 "광덕 원년 어사대부 이지방 등을 토번에 사신으로 보냈는데 오랑캐에게 억류되었다가 광덕 2년에 돌아올 수 있었다"고 하였으니 이 시는 필시 원년이나 2년 봄에 지었을 것이다. 그래서 '뗏목 타고 나가 소식이 끊겼다'라고 하였다.(舊史廣德元年七月, 吐蕃大冠河隴, 陷我秦成渭三州, 入大震關, 陷廓河鄯洮岷等州, 盜有隴右之地. 通鑑亦云, 廣德元年七月, 吐蕃入大震關, 陷廓河鄯洮等州, 盡有隴右之地. 唐自武德以來, 開拓邊境, 地連西域, 皆置府州縣. 祿山反後, 鳳翔以西邠州以北, 皆爲左衽. 當時戰爭之地, 宜多白骨. 向來拓邊之人, 以功畫像雲臺, 而今乃開其釁端, 連城入冠, 追咎旣往, 誰當任責, 故有雲臺舊拓邊之句, 乃所以深致其感也. 通鑑又云, 廣德元年, 遣御史大夫李之芳等使吐蕃, 爲虜所留, 二年乃得歸. 是詩必作於元年或二年之春, 故云, 乘槎消息斷.)

#《두시상주》: 첫 수는 절도사가 설치된 중진이 외적을 막을 수 없음을 탄식한 것이다. 당시 장수들이 은혜를 저버려 마음을 다하여 나라에 보답할 줄 몰랐기 때문에 변경의 사졸들이 전쟁에 휘말리고 칙사가 돌아오지 못하는 결과를 낳았다. 뒤 4구는 곧 전쟁과 화의의 두 가지 뜻이다. '노성주'는 '병과'를 받는다. '보황천'은 '은택'을 받는다. 새로 싸우는 땅은 곧 예전에 개척한 변경이니 지금을 슬퍼하고 옛날을 생각한 것이다. 당시 이지방이 토번에 사신으로 가서 억류되어 해를 넘겼기에 장건이 뗏목을 탔다는 고사를 써서 비유하였다.(首章, 歎節鎭不能禦寇. 當時將帥負恩, 不知盡心報國, 以致邊士爭戰, 而敕使不歸. 後四句, 乃戰和兩意. 勞聖主, 承兵戈. 報皇天, 承恩澤. 新戰之地, 卽舊拓之邊, 傷今思昔也. 時李之芳使吐蕃, 被留經年, 故用張騫乘槎爲喩.)

《독두심해》: 첫 장은 대의를 전체적으로 이끌고 있다. 위 4구가 한결같이 곧바로 내려오면서 재앙의 시초를 되짚어 규명하고 있다. "여러 해 동안 독을 흘려 지금의 근심을 빚어냈으니 어떻게 뒷날을 위해 잘 대비할 수 있겠느냐"는 말이니, 이는 전체를 통괄하는 것이다. 아래에서 바로 당시의 일에 나아가 미루어 말함으로써 강개하였으니 "이것은 사사명의 아들이 새로 도륙을 자행한 구역이 원래 여러 조대를 내려오며 오래 된 강역인데 지금 성교가 다시 막히게 되어 장차 통하게 할 방책이 없다"는 말이다. '몽은택'은 결단코 지난날 안녹산을 지나치게 총애했던 일을 가리키니, 그래야 비로소 둘째 구 및 '지금'자와 함께 서로 연관이 된다. '황천에 보답한다'는 것은 조치가 마땅함을 얻어 위로 천심에 합당하다는 말이며 뒤에 남는 문제들을 잘 처리하는 계책을 생각한 것이니, 곧 아랫 글 '검덕을 행한다' '종번을 봉건한다' '군의 수직을 무겁게 한다' 등의 일로서 여전히 임금과 관련한 이야기에 붙게 된다. '소식이 끊어졌다'라고 한 것은 곧 아래에서 말한 '봄에 공물을 바치지 않는다', '장수들이 절로 의심한다' 등의 뜻이다. 유견오는 강주에 사신간 것을 '성사'라 하였는데, 서역의 일에만 관련을 가지고 있는 것이 아님을 알 수 있다. 옛 주에서는 이지방이 토번에 사신 가서 억류된 것이라 하였는데, 그렇다면 위와 아래 종지가 각기 떨어지게 되어 뒤섞여 조리가 없어진다.(首章, 總領大旨. 上四一直下, 追原禍始, 流毒多年, 釀成今患, 何以善後哉. 是個統冒. 下乃就時事推言以致慨, 謂此史孽新殄之區, 原係累朝舊境, 而今聲敎復阻, 將無由可通矣. 蒙恩澤, 斷指昔日過寵祿山. 始與次句及至今字相貫. 報皇天者, 措置得宜, 上當天心之謂, 思善後之圖也. 卽下文行儉德建親藩重郡守等事, 仍貼君說. 斷消息, 卽下所云春不貢將自疑等意. 庾肩吾以使江州爲星槎, 可知不坐煞西域事. 舊注指李之芳使蕃被留, 則上下宗旨各別, 雜亂無章矣.)

其二

幽薊餘蛇豕[1] 乾坤尙虎狼[2] 諸侯春不貢[3] 使者日相望[4]

愼勿呑靑海[5] 無勞問越裳[6] 大君先息戰[7] 歸馬華山陽[8]

유주 계주에 뱀과 돼지가 남았고
천지에 범과 이리가 아직도 있다네.
제후들이 봄에 조공하지 않으니
사자가 날마다 서로 바라본다네.
삼가 청해를 삼키지 말고
월상을 묻는 수고도 하지 마오.
임금이 먼저 전쟁을 그치고
말을 화산의 남쪽에 돌려보냈소.

주 석

1 幽薊(유계) - 유주幽州와 계주薊州. 蛇豕(사시) - 뱀과 돼지. 안녹산과 사사명 이후의 잔존세력을 가리킨다. '蛇'가 '封'으로 된 판본도 있다.

《보주두시》에 인용된 왕수 주 사사명이 아직 평정되지 않은 때문이다.(爲史思明未平也.)

《독두심해》 여러 번진이 모두 안녹산과 사사명의 잔당이다.(諸鎭皆安史餘孽.)

《보주두시》에 인용된 조언재 주 유주와 계주에 뱀과 돼지가 남아있다는 것은 올해인 광덕 원년 정월에 사조의는 비록 없어졌으나 아직 신하로 복종한 자는 없었다는 말이다.(餘蛇豕於幽薊, 則今歲廣德元年正月, 史朝義雖滅而未有臣服者.)

2 虎狼(호랑) - 범과 승냥이. 도적. 토번과 강이羌夷를 말한다. 여러 번진으로 보기도 한다.

《보주두시》에 인용된 왕수 주 도적이 많다는 것이다.(盜賊充斥也.)

《독두심해》 곧 여러 번진을 일컫는다.(卽謂諸鎭.)

〔幽薊 2구〕

《구가집주두시》 조언재 주 《좌전》에 "오나라는 큰 돼지와 긴 뱀과 같은 탐악하고 포학한 존재로 끊임없이 상국을 먹어삼킨다"라 하였다. 사조의가 비록 멸망했으나 신복하지 않은 자들이 있는 것이다. '여사시'는 하북의 반장叛將을 가리킨다. '상호랑'은 도적이 아직 많다는 것이다. 《편년통재》를 살펴보건대 전 해인 보응 원년에 태주의 도적 원조가 난리를 틈타 절동을 점거하였다는 내용이 실려 있다. (左傳曰, 吳爲封豕長蛇, 荐食上國. 史朝義雖滅而有未臣服者. 餘虵豕, 指河北叛將. 尙虎狼, 則盜賊猶自充斥也. 按編年通載, 於前歲寶應元年, 載台州賊袁晁乘亂據浙東.)

3 諸侯(제후) - 하북의 항장으로 이미 임용된 자들을 가리킨다. 春不貢(춘불공) - 봄에 공물을 바치지 않다. 납공은 신하로서 복종함을 나타내는 의례가 된다.

《보주두시》에 인용된 왕수 주 번진이 절제를 받지 않고 멋대로 명령을 내는 것은 이것에서 비롯한다.(藩鎭擅命, 基兆於此.)

《독두심해》 이회선과 전승사의 무리는 명분으로는 비록 와서 항복했다고 하지만 결코 아직껏 입조하여 귀순하지 않았다.(李懷仙田承嗣之徒, 名雖來降, 並未入朝歸命.)

4 使者(사자) - 사신. 相望(상망) - 서로 보다. 신복하지 않는 세력에게 귀순을 종용하는 사신들이 서로 바라볼 정도로 빈번히 파견되고 있다는 말이다.

《독두심해》 하북 등의 번진은 절도사나 방어사 등에 임명할 때에 모두 사자를 임명하여 부절을 지니고 진에 나아가 제수하도록 하였다.(河北等鎭, 凡拜節度防禦等使, 皆命使持節就鎭授之.)

5 青海(청해) - 지명. 당시에 토번이 차지하고 있었다.

《수경주》 금성군 남쪽에 황수가 있는데 새외로 나갔다가 또 동남쪽으로 비화와 강해를 지난다. 세상에서는 이를 청해라고 부른다.(金城郡南有湟水, 出塞外, 又東南經卑禾羌海, 世謂之靑海.)

《독두심해》 토번을 말한다.(謂吐蕃.)

6 越裳(월상) - 남방의 옛 나라 이름. 당대에 월상현越裳縣이었다. 여기서는 남조南詔를 가리킨다. 천보 이후 남조는 당에 반기를 들고 토번에 붙어있었다.

《구가집주두시》 조언재 주 '삼가 청해를 삼키지 말라'라고 한 것은 서강을 정벌하지 달라고 경계한 것이고, '월상을 묻는 일로 수고롭지 말라'라고 한 것은 동이를 정벌하지 말라고 경계한 것이다.(愼勿呑靑海, 戒以無有事于西羌. 無勞問越裳, 戒以無有事于東夷.)

《두시상주》 주학령 주에 "천보 후에 남조가 당을 배반하고 토번에 귀부하여 여러 차례 변경의 근심을 일으켰다. 이 시에서 청해는 토번을 가리키고 월상은 남조를 가리킨다"라고 하였다. 《남사》에 "임읍국은 본디 한 일남군 상림현으로 옛 월상의 지경이다"라 하였다. 두우杜佑의 《통전》에 "교지 남쪽에 월상국이 있다. 주공이 6년간 섭정하자 월상이 여러 단계 통역을 거쳐 흰 꿩을 바쳤다"라 하였다.(朱注, 天寶後, 南詔叛唐歸吐蕃, 屢爲邊患. 此詩靑海指吐蕃, 越裳指南詔也. 南史, 林邑國, 本漢日南郡象林縣, 古越裳界也. 杜氏通典, 交趾之南有越裳國, 周公居攝六年, 越裳重譯而獻白雉.)

《두시경전》 남조를 가리킨다. 천보 이후 남조가 당에 반기를 들고 토번에 귀부하여 여러 차례 변경의 근심을 일으켰다. 서남방면을 치지도외해도 좋다는 말이 아니다. 조정이 오직 구차스럽게 잠시의 편안함만을 숭상하여 가까운 내지조차도 공물을 바치지 않고 있는데 하물며 멀리 떨어진 곳에 대한 책략에 힘쓸 수 있겠는가?(指南詔. 天寶以後, 南詔叛唐歸吐蕃, 屢爲邊患. 非謂西南可置度外, 以朝政惟尙姑息, 近在內地不修貢職, 何況能勤遠略乎.)

《독두심해》 (월상에 대하여) 살펴보건대 지금 운남 노과의 지경이다.(按, 今爲雲南老撾境.)

7 大君(대군)- 천자. 息戰(식전)- 전쟁을 그치다.

8 歸馬(귀마) 구- 말을 화산의 남쪽으로 돌려보내다.
《보주두시》에 인용된 왕수 주 《상서·무성》에 "군마를 화산의 남쪽에 돌려보내서 다시는 쓰지 않을 것임을 천하에 보였다"라는 내용이 보인다.(書武成, 歸馬於華山之陽, 示天下弗復用也.)

〔大君 2구〕 전쟁을 쉬고 말을 돌려보낸다고 한 것에 대한 다양한 해석이 있다. 일찌감치 전쟁을 쉬고 말을 돌려보내면 더 이상의 재앙이 없다고 보는 견해, 전쟁을 쉬고 말을 돌려보냈다고 한 것은 더 이상 용병할 수 없게 된 대종에 대한 기롱이라는 견해, 번진의 병사를 거두어 관중을 채우게 하고자 한 것이라는 견해, 전쟁이 일어나지 않기만을 구차스럽게 바란 행동에 대한 폭로라는 견해 등이 그것이다.

#《두시상주》: 이 장은 절진의 장수가 병사를 옹유하고 있는 것을 탄식한 것이다. 위 2구는 내용을 나누어 제기하였으며, 3, 4구가 첫 구를 받고, 5, 6구가 차구를 받고, 끝 2구가 총결하고 있다. '사시'는 하북의 항복한 장수를 가리킨다. '호랑'은 토번과 강이를 가리킨다. 제후들이 공물을 바치지 않아 조정에서 파견하는 사신이 번거로이 황제의 유지를 알리는 상황을 만들었다. 가까운 내지에 아직 깊은 우려가 있거늘, 하물며 청해와 월상에 대해 멀리 경략하는 일에 힘쓸 수 있겠는가? 이는 아마도 임금이 전쟁을 멈추는 일을 서둘러서 국가의 위신이 떨쳐지지 못하는 상황을 초래했기 때문일 것이다.(此章, 歎鎭將之擁兵. 上二分提, 三四承首句, 五六承次句, 末二總結. 蛇豕, 指河北降將. 虎狼, 指吐蕃羌夷. 諸侯不修職貢, 致煩朝使諭旨, 近在內地, 尙有隱憂, 況靑海越裳, 能勤遠略乎. 蓋由人君急於息戰, 以致國威不振也.)

《두시상주》: 이 시의 끝 2구는 종래 3가지 설이 있어 왔다. 옛 주에는 당시 이민족을 정벌한 일에 대하여 경계한 것이라 하였는데, 그 설은 우활하여 적절치 않다. 토번이 침입하자 곽자의는 겨우 2천의 기병으로 대처한 것을 살펴보면, 또한 어떻게 정벌할 겨를이 있었겠는가? 《두억》에는 "재앙의 뿌리를 따져보건대 현종이 변경에 전쟁의 단서를 크게 열어놓았기에 지금껏 근심을 끼치는 상황을 초래하였다. 만약 조기에 전쟁을 멈추고 말을 돌려보낼 수 있었다면 어찌 이러한 앙화가 있겠는가?"라고 하였는데, 시의 말뜻을 음미해보면 역시 서로 부합되지 않는다. 전겸익 전箋에는 "'전쟁을 쉬고' '말을 돌려보낸다'고 한 것은 더 이상 대종이 용병할 수 없게 된 것을 안타깝게 여겨서 표현을 완곡히 해서 기롱한 것이다"라고 하였다. 이 설이 사실에 가깝다. 다만 이때에는 백성들이 전쟁을 괴로워하고 있었는데, 또한 어찌 군사를 쓰라고 권할 수 있겠는가? 내 생각은 다음과 같다. 광덕 원년은 사조의가 이미 주멸되고 하북의 여러 장수들이 모두 항복했었다. 복고회은은 항복한 장수들을 남겨두고 하북을 나누어 거느리게 하라고 상주하였다. 당대 번진의 화는 실제로 여기에서 시작된다. 시에서 '전쟁을 쉬고' '말을 돌려보내다'라고 한 것은 대체로 번진의 병사를 거두어 관중을 채우게 하고자 한 것이리라. 당시 곽자의는 경사에 있어서 그들을 통할할 수 있었으니, 이렇게 하면 한편으로 북쪽을 돌아보는 걱정을 해소하고 한편으로 서쪽이 침략당하는 근심에 대비가 될 수 있었다. 이것은 당시를 위한 큰 계책으로서 최선의 것이었는데, 오직 이 계책이 행해지지 않아서 이후 토번이 경사를 함락하고 복고회은이 대궐을 범하는 일이 일어나는 등, 분분한 변란을 이겨낼 수 없게 되었다. 살펴보건대, 대력 8년 곽자의가 입궐하여 임금을 만나서 "하남 등지의 절진은 관가에서의 급식이 고갈되어 아직 군사를 모으지 못하고 있습니다. 청컨대 관중으로 다시 가서 보병의 대오를 정비하고 징과 북으로 지휘의 위엄을 보이시면 공격할 경우엔 반드시 깨뜨릴 수 있고 수비할 경우엔 반드시 온전할 수 있을 터이니 장구지책이 됩니다"라고 하였으니, 공의 시사에 대한 숙려는 바로 분양군왕 곽자의와 뜻이 같다(此詩末二句, 向有三說. 舊注謂, 戒當時生事外夷者, 其說迂而不切. 觀吐蕃入寇, 郭子儀僅以二千騎從事, 亦何暇生事

乎. 杜臆謂, 推原禍本, 因玄宗大開邊釁, 致貽患至今, 若早能息戰歸馬, 焉有此禍乎. 玩詩語意, 亦不相合. 錢箋謂, 息戰歸馬, 惜代宗不復能用兵, 而婉其辭以譏之. 此說近是. 但此時民苦兵革, 亦豈可勸之用兵乎. 愚按廣德元年, 史朝義旣誅, 河北諸將皆降. 僕固懷恩奏留降將, 分帥河北. 唐世藩鎭之禍, 實自此始. 詩言息戰歸馬, 蓋欲收鎭兵以實關內. 時子儀在京, 可爲統領. 一以銷北顧之憂, 一以備西侵之患. 此最當時大計, 唯此計不行, 而後有吐蕃之陷京, 懷恩之犯闕, 不勝紛紛多事矣. 考大曆八年, 子儀入對, 謂河南等鎭, 殫屈稟給, 未始蒐擇, 請追赴關中, 勒步隊, 示金鼓, 則攻必破, 守必全, 久長之策也. 公之熟籌時事, 正與汾陽意同.)

《독두심해》: 둘째 수는 하북을 분명히 말하면서 조정을 넌지시 풍자하고 있다. 1,2구는 항복한 장수들이 군사를 갖고 있어 나라의 근심이 한창 크다는 말이다. 3,4구는 그것을 거듭 진술한 것이다. '봄철에 공물을 바치지 않았다'는 것은 저들이 우리에게 대항하는 것이고, '날로 서로 바라보다'라고 한 것은 우리가 저들의 아래가 되어 있는 것이다. 이와 같으니 사람을 물 형세가 염려할 만하니 발분하여 죄를 묻는 것이 마땅하다. 아래에서는 이에 거듭 크게 탄식하여 말하기를, "지금 멀리 떨어진 곳을 경략한다는 과장된 말을 하지 마라. 이 하남과 하북 가까운 땅으로 가셔서 임금께서 지금 휴식을 바라고 계시다"라고 하였다. 다만 그 심사를 더듬어보고 단정의 말을 놓지 않았으니, 사서에서 말한 '구차히 일이 없기를 바랐다'는 것이 모조리 드러났다. 서남을 치지도외해도 좋다는 말이 아니다. 다만 이를 빌어 하북을 부각시켰을 따름이다. 문사를 가지고 작가의 뜻을 해치지 말아야 한다. 구조오는 '호랑'이 토번을 가리킨다고 하였으나 전혀 붙여질 곳이 없다. 그는 아마도 청해 2구에 얽매였기 때문일 것인데, 어찌 그리도 심히 사려 깊지 못한가? 기왕에 '호랑'이라 하였다면 몰아내는 일에 늦춰짐이 없도록 하는 것이 마땅한데, 어찌 도리어 병탄하지 말라고 하고 또 도리어 묻지 말라고 한단 말인가? 이것이 친필襯筆이라는 점을 어찌 알기나 했겠는가?(二章明點河北, 隱諷朝廷也. 一二, 言降將擁兵, 國患方大. 三四申之. 春不貢, 則彼爲我抗, 日相望, 則我爲彼下. 如此, 則噬人之勢可虞, 宜發憤問罪矣. 下乃重爲太息曰, 今勿侈言遠略也, 卽此兩河近地, 大君方以休息爲期耳. 直探其心事, 而不下斷詞. 史所謂苟冀無事者, 和盤託出. 非謂西南可置度外, 特借來襯起河北耳. 勿以辭害志. 仇注以虎狼指吐蕃, 全無着落. 渠蓋泥於靑海兩句耳, 何弗思之甚也. 旣曰虎狼, 則宜驅之莫緩, 何反云勿呑, 反云無問. 豈知此爲襯筆耶.)

其三

洛下舟車入[1]　天中貢賦均[2]　日聞紅粟腐[3]　寒待翠華春[4]
莫取金湯固[5]　長令宇宙新[6]　不過行儉德[7]　盜賊本王臣[8]

낙하에 배와 수레가 들어가니
천하 가운데라 공물의 수송 거리가 균평해졌네.
근자에 듣자니, 붉게 조가 썩어가고
추위 속에 취화의 봄을 기다리고 있다네.
금탕의 굳음을 취하지 말고
길이 세상을 새롭게 하시오.
그저 검박의 덕을 행하십시오
도적도 본디 왕의 신하랍니다.

주 석

1 洛下(낙하) - 낙양洛陽을 가리킨다.

2 天中(천중) - 천하의 한가운데. 낙하, 즉 낙양을 일컫는다. 실제로는 장안을 가리켜 말한 것이라고 보기도 한다. 貢賦均(공부균) - 공부貢賦는 토공土貢과 부세賦稅. 각 지역에서 토공과 부세를 운반하는 거리가 균등해졌다는 말이다.

《두시상주》에 인용된 《사기》 성왕이 소공을 보내서 다시 낙읍을 경영하게 하면서 '이곳은 천하의 중심으로 사방에서 공물을 들일 적에 거리가 균등하다'라고 하였다.(成王使召公復營洛邑, 曰, 此天下之中, 四方入貢, 道里均焉.)

3 日聞(일문) - 최근에 들었다는 말이다. 매일 듣는다로 해석할 수도 있다. 紅粟(홍속) - 저장한지 오래되어 붉게 변색한 묵은 곡식. 여기서는 양식이 풍족함을 뜻한다.

《구가집주두시》 조언재 주 '일문홍속부'는 쌓아둔 것이 많음을 말한다.(日聞紅粟腐, 則言其儲蓄之多.)

4 翠華(취화) - 천자의 의장儀仗 가운데 물총새의 깃털로 장식한 수레덮개. 천자의 깃발로 보기도 한다. 천자가 임행하여 물자를 사급하는 것이 마치 봄날의 화창한 기운이 미치는 것과 같다고 보기도 한다. 이때 '취화'는 천자와 봄날을 함께 가리키는 중의적 표현이 된다.

《보주두시》에 인용된 왕수 주 ('취화'는) 천자의 수레덮개이다.(天子車蓋.)

《보주두시》에 인용된 조언재 주 폐백을 후하게 내려줌이 실로 아름다운 봄의 화창한 기운이 미치는 바와 같다는 말이다. 〈상림부〉에 '물총새 깃으로 장식한 깃발을 세운다'는 구절이 있는데, 대체로 천자의 깃발이다.(言賜予幣帛之厚, 實翠華之春和氣所及也. 上林賦曰, 建翠華之旗. 蓋天子之旗也.)

〔洛下 4구〕 수운이 회복되어 낙양이 이전처럼 넉넉해진 모습을 그리고 있다. 창작 시기를 광덕 원년 10월 토번의 경사 함락 이전으로 잡고 있는 조언재는 모반한 장수 사조의가 섬멸된 뒤 일시적으로 물류가

회복된 상황을 그리고 있으며 실제로는 장안을 가리킨다고 하였다. 창작시기를 광덕 원년 때에 따라 지은 것으로 한 때에 지은 것이 아니라는 황학의 설과 경사 수복 후 과거의 일을 추억하여 서술한 것이라는 노원창의 설을 겸하여 취하고 있는 구조오는 토번의 경사 함락으로 대종이 낙양으로 가 있을 때에 아예 수도를 낙양으로 정하자는 논의가 일게 되었고 그들의 논의 가운데 이 부분에 묘사된 것처럼 수운이 복구되어 예전의 모습을 되찾은 낙양의 모습이 들어 있었는데 이것을 두보가 전해 듣고 쓴 것이라고 하였다. 창작 시기를 광덕 원년 10월 경사 함락 이전으로 보고 있는 포기룡은 유안劉晏이 탁지度支를 맡으면서(보응 원년) 대신들 사이에 수운회복 정책이 논의되고 있음을 듣고서 쓴 것이라고 하였다. 한편 창작시기를 광덕 2년 경사 수복 이후로 보고 있는 양륜은 지난해(광덕 원년) 낙양으로 천도하자는 의론이 있었다고 하였는데, 그 역시 미래의 모습으로 파악한 듯하다.

《구가집주두시》 조언재 주 틀림없이 사조의가 멸망되고 도로 또한 막히지 않게 되어 배와 수레가 들어오고 토공과 부세를 운반하는 거리가 균등해졌다는 말일 것이다. 이것은 장안을 가리켜 한 말인데, 다만 낙양이 천지의 중심이라는 사실을 써서 비유하였다. 이러한 내용을 말해서 하삭의 여러 장수들 중에 공물을 들이지 않는 사람이 있음을 책망하고 있다.(應是史朝義旣滅, 道路亦不阻絶矣. 故舟車入而貢賦均. 此指言長安, 特用洛陽爲天地之中爲譬也. 言此以責河朔諸將有不貢者.)

《두시경전》 지난 겨울 낙양으로 천도하자는 의론이 있었다.(去冬有遷都洛陽之議.)

5 金湯(금탕) - 금성탕지金城湯池. 쇠로 쌓은 성과 끓는 물이 흐르는 호성하護城河로 험고한 성지城池를 뜻한다. 여기서는 '낙하'를 가리킨다.

《보주두시》에 인용된 왕수 주 가의는 "금성과 탕지는 제왕의 만세의 사업이다"라고 하였고, 왕융王融의 〈영명구년책수재문永明九年策

秀才文〉에 "금성과 탕지도 곡식이 아니면 지키지 못한다"라고 하였다.(賈誼, 金城湯池, 帝王萬世之業. 王元長策, 金湯, 非粟不守.)

6 宇宙(우주) 구- 세상으로 하여금 길이 새롭게 되도록 하라는 말이다.
《구가집주두시》 조언재 주 또 경계한 것이다. 《장자소》에 "천지를 높이 들어 새로움으로 나아가고, 산악을 등에 지고 이전 것을 버린다. 우주가 새로워지면 하늘과 땅을 한 차례 씻어내서 그 명이 새롭게 된다"라고 하였다.(又以戒之. 莊子疏云, 揭天地以趨新, 負山岳而舍故. 宇宙新則一洗乾坤而其命維新矣.)

7 儉德(검덕)- 검약의 품덕.

8 盜賊(도적)- 신복하지 않는 번진의 장수를 가리켜 한 말이다. 토번 또는 원조袁晁를 가리킨다고 보기도 한다. 원조는 태주台州의 하급관리 출신으로 조정으로부터 부세 추징의 압력에 저항하여 보응 원년 반란을 일으켰다. 농민들의 호응하에 급속히 세력을 확장하였으나 이듬해 보응 2년 4월 이광필이 이끄는 관군에 의하여 진압되었다.
王臣(왕신)- 군왕의 신민.
《두시상주》 《시詩 · 소아小雅 · 북산北山》에 "누구도 임금의 신민이 아닌 사람이 없다"라 하였다. 양덕주는 "'도적은 본디 임금의 신하이다'에는 통제와 위무가 모두 그 가운데에 있다"라고 하였다.(詩, 莫非王臣. 楊德周曰, 盜賊本王臣, 駕馭撫綏, 俱在其中.)
《구가집주두시》 조언재 주 도적은 또 원조를 가리킨다.(盜賊則又指袁晁者矣.)

〔莫取 4구〕 대종이 낙양으로 천도하는 문제에 대하여 두보가 의견을 제시한 것이다. 전겸익은 토번의 경사 함락으로 대종이 낙양으로 가 있을 때에 장안으로 다시 돌아오지 말고 그곳에 도읍하라는 건의가 있었던 시점에 지어진 것으로 보았다. 그에 의하면 "금성탕지의 견고함에 의지하려 들지 말고 세상에 새로운 기상을 불어넣어야 되는데 그 방법으로는 검약의 덕을 행하는 것이다. 그리하면 내란도 종식되게

된다"라는 뜻이 된다. 왕도준은 대종이 낙양으로 임행할 것임을 듣고서 쓴 것이라고 하였다. 그는 광덕 2년 3월 강남강회전운사에 임명된 유안이 버려진 물길을 복구하여 낙양에 물자가 모이게 되었는데, "이 때를 틈타 협소하여 지켜낼 만한 금성탕지가 없다고 하지말고 그곳 낙양으로 순행巡幸하여 천하에 호령함으로써 세상을 길이 새롭게 할 것이며, 공검恭儉의 덕을 실천하면 세상의 백성이 모두 신하이니 도적 또한 염려할 것이 없게 된다"는 뜻으로 보았다. 주학령도 왕도준과 의견을 같이 한다. 구조오는 위의 두 가지 설 중에서 천도를 극력 반대한 곽자의의 상주문이 근거할 만하다고 하여 전겸익 쪽을 긍정하였다. 그리고 그는 "전반부에 드러나 있는 낙양의 은부한 모습은 단지 논자들의 과장된 말일 따름이다. 국가가 금성탕지를 견고히 하고자 하지만 세상을 새롭게 하는 일이란 실제로 이것에 달려 있지 않다는 것을 어찌 알겠는가? 만약 검소한 덕을 행하여 백성을 사랑한다면 도적은 본디 임금의 신하일 따름이니 수도를 옮길 필요가 있겠는가"라는 말이라고 보았다. 한편 포기룡은 전반부에 보이는 풍요로운 낙양의 모습이 실현된 사실이 아니라 조정 대신들 사이에 그때까지 버려져 있던 물길의 복원과 효과 및 낙양 천도가 함께 고려되고 있다는 사실을 전해 듣고 나라의 재용이 다시 확충될 것이라는 사실에 대하여 기뻐하면서 한편으로 근본이 가벼이 움직이는 것과 이익만을 도모하는 일이 점차 늘어날 것에 대한 두려운 감정으로 이 시를 썼다고 하였다. 그에 의하면 두보의 뜻은 "금성과 탕지의 험고한 낙양을 취하지 마십시오. 길이 세상을 새롭게 해야 하는데, 그 방법은 다른 것이 아니라 다만 검박함을 실천하는 일이고 그리하면 반란은 멎게 됩니다"라고 보았다.

《두시상주》 전겸익은 다음과 같이 말했다. "토번이 침입하여 거가가 동쪽으로 행차하자, 정원진은 낙양에 도읍하여 토번의 난리를 피하라고 권하였고 곽자의는 그에 대하여 부장附章하여 논하였다. (곽자의 주장의) 대략은 다음과 같다. '동주 땅은 오랫동안 반군의 수중에 빠져 있었기에 궁실은 불에 타서 열 중에 하나도 남지 않았다. 하물며 토지가 협소하여 겨우 수백 리 사이에 동쪽에 성고가 있고 남쪽에 이실이 있지만 험고함을 의지하기에 충분하지 않아 다만 전쟁터가 될 뿐이다. 밝고 밝으신 천자께서 검소함을 몸소 실천하여 비용을 절약하여 만약 수조와 역아와 같은 권세가를 억제하고 거원과 사추와 같은 강직한 사람을 임용한다면 백성들은 절로 다스려지고 도적은 절로 멎게 될 것이다.' 공의 이 시에서의 뜻은 바로 분양 곽자의가 올린 상주문의 대의를 손질한 것이다." 주학령은 다음과 같이 말했다. "당의 장강과 회하 연안의 곡식은 모두 낙양으로 보낸 뒤에 경사 장안으로 옮겼다. 당시 유안이 조운을 주관하면서 변하汴河를 준설하여 물길을 소통시켰다. 그리하여 낙양에 배와 수레가 막힘이 없고 공물과 부세가 크게 모이니 서둘러 봄날과 같은 따스한 정치를 펴고 쌓인 곡식을 흩어서 궁핍한 백성을 구휼해야 한다고 말하였다." 왕도준은 《두시박의杜詩博議》에서 다음과 같이 말했다. "〈상춘〉시에 '최근 왕이 낙양에 계시다 들었다' 및 '동쪽으로 순행하여 바닷가까지 가시리' 구가 있는데, 그렇다면 이 시는 대종이 장차 동도로 갈 것이라는 소식을 전해듣고 지은 것이다. 사서에는 다음과 같은 내용이 보인다. '난리 이래로 변수가 막힌 채 버려져 조운은 강수와 한수를 통해 양양梁洋에 다다르니 험한 곳을 둘러가느라 비용을 소모하게 되었다. 광덕 2년 3월 유안을 하남강회전운사로 삼았다. 당시 전란을 겪은 뒤라서 중앙과 지방 할 것없이 모두 양식이 턱없이 모자랐다. 유안은 이에 변수를 소통시키고 한 해에 쌀 수십만 석을 관중에 공급하였다.' 공의 뜻은 '당이 동도를 세운 것은 본디 황제의 순행에 대비한 것이다. 지금 변수와 낙수 사이에 공물과 부세를 운반하는 길이 균등하고 게다가 또한 조거가 이미 뚫리고 창고의 곡식이 모자라지 않으니, 다만 물총새 깃발을 앞세우고 임금이 임하기만을 기다릴 뿐이다. 낙양이 협소하여 지켜낼 만한 금성과 탕지가 없다고 하지 말 것이요, 이 때를 타서 성대히 동쪽으로 순행하여 천하를 호령한다면 우주가 오래도록 새롭게 될 것이다. 대체로 공손하고 검박한 덕을 행할 수 있다면 온 땅의 사람들이 모두 신하들이니, 도적을 어찌 염려할 만하겠는가?'라는 것이다. 왕도가 도읍을 옮기는 문제를 논하여 '능히 위문공이 백포관白布冠을 썼던 뜻을 넓힐 수 있다면 어디를 가더라도 되지 않는 일이 없을 것이고, 만약 그 삼을 길쌈하지 않는다면 낙토가 폐허가 될 것이다'라고 하였는데, 공의 뜻은 바로 이러한 뜻이다." 살펴보건대, 이상 두 설은 같지 않다. 지금 전씨를 위주로 하니 곽자의의 대책이 근거할 만한 점이 있어서이다.(錢謙益曰, 自吐蕃入寇, 車駕東幸, 程元振勸帝都洛陽以避蕃亂. 郭子儀附章論奏, 其略曰, 東周之地, 久陷賊中, 宮室焚燒, 十不存一. 矧其土地狹隘, 纔數百里間, 東有成皋, 南有二室, 險不足恃, 適爲戰場. 明明天子, 躬儉節用, 苟能抑豎刁易牙之權, 任蘧瑗史鰌之直, 則黎元自理, 寇盜自息. 公此意, 正檃括汾陽論奏大意. 朱鶴齡曰, 唐江淮之粟, 皆輸洛陽, 轉運京師. 時劉晏主漕, 疏浚汴渠. 故言洛下舟車無阻, 貢賦大集, 當急布春和, 散儲粟以贍窮民. 王道俊博議曰, 傷春詩有近傳王在雒, 及滄海欲東巡之句, 則此詩爲傳聞代宗將幸東都而作也. 史稱喪亂以來, 汴水湮廢, 漕運自江漢抵梁洋, 迂險勞費. 廣德二年三月, 以劉晏爲河南江淮轉運使. 時兵火之後, 中外艱食. 晏乃疏汴水, 歲運米數十萬石以給關中. 公之意, 唐建東都, 本備巡幸. 今汴洛之間, 貢賦道均, 且漕渠已通, 倉粟不乏, 只待翠華之臨耳. 勿謂洛陽陿阸, 無金湯可守. 乘此時而赫然東巡, 號令天下, 則宇宙長新矣. 蓋能行恭儉之德, 則率土皆臣, 盜賊豈足慮哉. 王導論遷都云, 能弘衛文大帛之冠, 無往不可. 若不績其麻, 則樂土爲墟. 公意正此意也. 按, 已上兩說不同, 今主錢氏, 有子儀籌策可據也.)

《두시경전》 나라를 세움은 지세의 이로움에 있지 아니하며, 다만 덕을 닦아 스스로를 강하게 만들고 절약과 검박함으로 백성을 사랑할 수 있다면 세상은 새로워지는 기상이 절로 생기게 된다는 말이다.(言立國不在乎地利, 但能修德自强, 節儉愛民, 宇內自有更新氣象也.)

#《두시상주》: 이 장은 낙양에 도읍하는 것이 제대로 된 계책이 아님을 탄식한 것이다. 위 4구는 시의時議를 서술하였고, 아래 4구는 시사時事를 풍자하였다. 의론하는 사람들은 황제가 동도에 임행하면 그 땅엔

배와 수레가 모두 모여들고 공물과 부세를 수송하는 거리가 균등해질 것이라 하고, 또한 창고에는 쌓아둔 곡식이 많아 봄철에 어가가 임하시기를 기다린다는 말을 전하고 있는데, 이는 단지 진언한 사람의 과장된 말일 따름이다. 국가가 금성탕지를 견고하게 하고자 하지만 세상을 새롭게 하고자 하는 것은 실제로 여기에 달려있지 않다는 사실을 어찌 알겠는가? 만약 검덕을 행하여 사람을 사랑할 수 있다면 도적은 본디 우리 임금의 신하일 따름이니, 어찌 꼭 이렇게 도읍을 옮기는 일을 할 필요가 있겠는가? 선복單復의 주에 "'도적은 본디 임금의 신하이다'라는 말은 곧 '우리를 어루만져주면 임금이고 우리를 학대하면 원수이다'라는 말이다"라고 하였다. 고신의 주에는 "이 해 천흥성절에 여러 도의 절도사가 황금장식의 기물, 진기한 노리개, 준마를 바쳤는데, 모두 24만 민전의 값이 나갔다. 상곤常袞이 상언하여 그것들을 물리치기를 청했으나 듣지 않았다. 대종은 점차 사치하려는 뜻이 생겼는데, 이런 까닭에 검박한 덕으로써 규풍한 것이다"라고 하였다.(此章, 歎都洛之非計. 上四述時議, 下四諷時事. 議者謂帝幸東都, 其地舟車咸集, 貢賦道均, 且傳倉多積粟, 春待駕臨, 此特進言者之侈談耳. 豈知國家欲固金湯而新宇宙, 實不係乎此. 若能行儉德以愛人, 則盜賊本吾王臣耳, 何必爲此遷都之役耶. 單復注, 盜賊本王臣, 卽撫我則后, 虐我則讐之謂也. 顧注, 是年天興聖節, 諸道節度使獻金飾器用珍玩駿馬, 共值緡錢二十四萬. 常袞上言請却之, 不聽. 代宗漸有奢侈之志, 故以儉德規之.)

《두시경전》: 먼저 정원진은 황제에게 낙양으로 천도하기를 권하였는데, 곽자의가 부장附章으로 이를 논해 상주하기를 "밝고 밝으신 천자께서 몸소 검소를 실천하고 비용을 절약하신다면, 백성들은 절로 다스려지고 도적은 절로 멎어서 태평의 공효를 단시일 안에 바랄 만합니다"라고 하였다. 시의 뜻이 바로 이와 부합된다.(先程元振勸帝遷都洛陽, 郭子儀附章論奏, 有曰, 明明天子, 躬儉節用, 則黎元自理, 寇盜自息, 太平之功, 旬日可冀. 詩意正與之合.)

《독두심해》: 이 아래 3수는 모두 이른바 '황은에 보답한다'는 것으로, 곧 뒷날을 위해 잘 대비하는 계책을 조목별로 진언한 것이다. 전겸익의 전에서는 "이 장이 토번을 피하여 섬주로 갔는데 정원진은 낙양에 도읍하라고 권하였고 곽자의는 그에 대하여 부장附章하여 논하기를 '동주의 험고함은 의지하기에 부족합니다. 천자가 몸소 검박함을 실천한다면 도적은 절로 멎을 것입니다'라고 하였는데, 공이 바로 그 뜻을 손질해서 쓴 것이다"라고 하였다. 내 생각에 전겸익이 인용한 바와 같다면 마땅히 10월 이후에 지어졌을 것인데, 어찌하여 토번이 경사를 함락한 일을 한마디도 언급하지 않았는가? 한 번 상고해보았는데, 낙양은 관중에 조운하는 입구로서 전쟁이 일어나 함몰되고부터는 길이 막히고 비용이 들어가 관중 백성들은 벼이삭을 훑어 금군에 공급하였으니 공과 사 양쪽이 고갈된 지 오래였다. 때는 동경이 다시 수복되었고 원재와 유안이 재상으로서 탁지를 관령하면서 재리에 대하여 말하기를 꽤나 좋아하였으니 필시 예전의 운송체계를 회복하기를 의론하면서 도읍을 옮겨 양식이 있는 곳으로 가자는 견해를 진언한 일이 있었을 것이다. 비록 변수를 준설하여 조운을 통하게 한 일은 오히려 다음 해에 있었지만 여러 신하들이 미리 나라를 위한 계책을 마련하는 것은 반드시 그렇게 해야 할 일이다. 공은 전하는 소식을 듣고 기쁨과 두려움을 함께 가졌으니, 나라의 재용이 다시 확충되는 것은 기뻤으나 근본이 가벼이 움직이는 것과 이익만을 도모하는 하는 일이 점차 늘어나는 것은 두려웠던 것이다. 위 4구는 들은 바를 전하여 서술한 것이고, 아래 4구는 정세를 조목별로 진술한 것으로, 구절마다 귀속됨이 있다. '일문'은 근일에 들은 바가 있다는 말이다. 이 두 글자가 두 구를 바로 꿰뚫고 있는데, 어가가 장차 동쪽으로 행차할 것임을 전해 들었다는 말이다. '금탕'은 낙하를 가리킨다. '우주신'은 아래의 '검박함을 실천하여' 반란을 안정시킨다는 내용을 일으키고 있다.(自此以下三章, 皆所謂報皇天者, 乃條陳善後之圖也. 錢箋以此章爲避吐蕃, 幸

陝州, 程元振勸都洛陽, 郭子儀附章論之, 謂東周險不足恃, 天子躬儉節用, 則寇盜自息, 公正隱括其意. 愚謂如錢所引, 則詩當作於十月以後矣, 何無一語及吐蕃陷京事耶. 蓋嘗攷之. 洛陽爲關中漕運咽喉, 自兵興陷沒, 道梗迂費, 關中百姓, 捼穗以給禁軍, 公私兩竭久矣. 時則東京再收, 而元載劉晏以宰相領度支, 頗好言財利. 必有議復舊運, 而以遷都就餉之說進者, 雖浚汴通漕之事, 尙在明年, 而諸臣預籌國計, 所必然也. 公得之傳聞, 喜與懼交至焉, 喜國用之復充, 而懼根本之輕動, 及專利之漸長也. 上四, 傳述所聞, 下四, 條陳理勢, 句句有下落. 日聞, 言近日有聞. 此二字直貫兩句, 謂傳聞駕將東幸也. 金湯指洛下. 宇宙新, 起下行儉以安反側.)

其四

丹桂風霜急[1]　靑梧日夜凋[2]　由來强幹地[3]　未有不臣朝[4]
授鉞親賢往[5]　卑宮制詔遙[6]　終依古封建[7]　豈獨聽簫韶[8]

붉은 계수나무에 바람과 서리 급하고
푸른 오동은 밤낮으로 시드네.
예로부터 줄기를 강하게 한 땅에는
조정에 신복하지 않음이 없었네.
부월을 주어 종실 어진 이를 가게 했고
궁궐을 낮추고 멀리 조서를 내리셨지.
끝내 예전의 봉건제도를 따른다면
어찌 다만 소소를 들으실 뿐이겠나?

주석

1 丹桂(단계) - 계수나무의 한 종류로 껍질이 붉은색이다. 본디 한漢나라의 상징이나 여기서는 당唐 왕실에 대한 비유이다.

《두시상주》 《한서·오행지》에 "성제 때 동요에 '계수나무 꽃이 열매 맺지 아니하고, 노란 참새가 그 꼭대기에 둥지를 틀었네'라 하였다"고 하였는데, 주에서 "계수나무는 붉은색으로 한실의 상징이다"라 하였다.(漢五行志, 成帝時童謠, 桂樹華不實, 黃雀巢其顚. 注, 桂, 赤色, 漢家象.)

2 青梧(청오) - 오동나무의 한 종류로 줄기가 푸른색이다. 종번宗藩, 즉 천자가 분봉한 종실 제후를 비유한다.

〔丹桂 2구〕 전겸익, 구조오, 양륜은 단계와 청오가 각각 왕실과 종번을 비유한다고 하였다. 포기룡은 가을 경치로서 비比가 될 뿐이라고 하였다. 왕실이 불안한 것은 종번이 약해졌기 때문임을 뜻한다는 견해, 단계는 바람과 서리를 견디고 청오는 시들기 쉬운 것인데 단계가 빠른 바람과 서리를 맞고 있는 것이 청오가 낮과 밤으로 시들어 떨어지는 까닭임을 말한 것이라는 견해 등이 있다.

《두시경전》 상관의의 〈책은왕욱륜위선우대도독문冊殷王旭輪爲單于大都督文〉에 "경사를 드러내려 오동을 심고, 덕이 이루어진 것을 가래나무에서 보노라"라 하였다. 단계는 왕실을 비유하고, 청오는 종번宗藩을 비유한다. 왕실이 불안한 것은 종번이 약해졌기 때문이라는 말이다.(上官儀冊殷王文, 慶表栽梧, 德成觀梓. 丹桂喩王室, 青梧喩宗藩. 言王室不安, 由於宗藩削弱也.)

《독두심해》 1,2구는 곧 가을 경치로서 비比로 삼은 것이다. 전겸익처럼 굳이 계수나무와 오동나무를 왕실과 종번에 나누어 짝지을 것은 없다.(一二, 卽秋景爲比, 不必如錢氏以桂梧分配王室宗藩也.)

3 由來(유래) - 예로부터. 強幹(강간) - 줄기를 강하게 하다. 중앙 역량의 강화를 의미한다.

《두시상주》 후한 정공의가 "옛날 제후를 봉건함에 있어 백 리를 넘지 않았습니다. 줄기를 강하게 하고 가지를 약하게 하는 것이 다스리는 방법입니다"라고 하였다.(後漢丁恭議, 古者封建諸侯不過百里, 強幹弱枝, 所以爲治也.)

4 臣朝(신조)- 신하로서 천자를 조현朝見하다. 중앙정부에 신복함을 이른다.

〔丹桂 4구〕

《구가집주두시》 조언재 주 처음 두 구는 대체로 비유한 것이다. 단계는 바람과 서리를 견디는 물건이다. 〈초사〉에 "계수나무가 겨울에 피어나 아름답네"라 했는데 바로 이것이다. '청오'는 시들기 쉬운 물건이다. 〈초사〉에 또 "흰 이슬이 뭇 풀들에 내려, 이 오동나무 시들게 하네"라 하였는데, 바로 이것이다. 저 '단계'가 빠른 바람과 서리를 맞고 있는 것이 '청오'가 낮과 밤으로 시들어 떨어지는 것이 된다. 이로써 아래 구를 끌어내고 있다. 만약 줄기가 강장하다면 가지는 줄기를 이겨낼 도리가 없으니, 이는 주군이 강하다면 신하가 절로 귀복하여 조회하는 것과 같다. '강간지'는 장안이 존귀하고 중요함을 가리켜 말한 것이다. '미유불신조'는 위 (1장의) 구 '제후가 봄철에 공물을 바치지 않는다'는 일과 같이, 지금 반대로 이야기하여 그것을 기대한 것이다.(首兩句, 蓋以爲譬也. 丹桂, 耐風霜之物. 楚辭云, 麗桂樹之冬榮, 是已. 青梧, 易凋之物. 楚辭又云, 白露下衆草兮, 奄凋此梧楸, 是已. 彼丹桂而值風霜之急, 所以青梧日夜凋落矣, 以引下句. 若幹之强壯, 則枝無勝幹之理, 猶主强則臣自歸服而朝也. 强幹地, 則指言長安之尊重也. 未有不臣朝, 則如上句諸侯春不貢事, 今反言以期之也.)

5 授鉞(수월)- 도끼를 주다. 대장이 출정할 때에 병권을 일임한다는 뜻으로 임금이 도끼를 주어 보냈다. 親賢(친현)- 동성의 현신. '친'은 종실, '현'은 현능한 신하를 각각 가리킨다고 보기도 한다.

《두시상주》에 인용된 《육도六韜》 무릇 나라에 어려움이 있으면 임금이 장수를 불러 부월을 준다.(凡國有難, 君召將, 授以斧鉞.)

6 卑宮(비궁) - 궁전을 낮게 한다는 뜻으로 현종이 촉에 몽진하여 급히 세웠던 행궁이라는 견해, 대종 즉위 후 당시 여러 장수들이 사는 집을 사치스럽게 꾸미자 사는 '집을 검소하게 하라'는 조서를 내린 것을 가리킨다는 견해, 우임금의 고사에 착안하여 아들에게 권한을 물려준 것을 뜻한다고 보는 견해, 단순히 궁전의 대칭으로 보는 견해 등이 있다. 制詔(제조) - 황제의 명령.

《구가집주두시》 우임금이 궁실을 낮게 지었다. 한대에 내리는 칙명을 제조라 하였다.(禹卑宮室. 漢以所降敕命爲制詔.)

〔授鉞 2구〕 논자에 따라 현종 때의 일, 숙종 때의 일, 대종 때의 일이라고 하여 견해를 달리하고 있다. 구조오는 현종이 촉으로 몽진하여 소박한 임시 행궁에서 정사를 보며 태자 이형〔李亨, 숙종〕을 천하병마원수로 삼고, 삭방, 하동, 하북, 평로절도사에게 남쪽으로 장안과 낙양을 취하라는 조서를 내린 것을 말한다고 보았다. 조언재는 보응 원년 대종이 즉위하고 나서 5월에 응왕을 천하병마원수로 삼고 곽자의를 부원수로 삼은 일을 가리킨다고 하였다. 왕수는 숙종이 장자 이예〔李豫, 대종〕를 병마대원수로 임명한 일로 보았다. 황학은 대종이 즉위한 해에 장자 이괄〔李适, 덕종〕을 천하병마원수로 임명했던 일로 보았으며, '비궁의 제조'에 대하여는 당시 여러 장수들이 사는 집을 사치스럽게 꾸미자 금지하는 조서를 내린 일이 있을 것이라고 추정하였다. 양륜은 '비궁'에 대하여 우임금의 고사에 주의하여 아들에게 권한을 전하는 것이라 하면서 현종이 숙종에게 자리를 전해준 것이라는 이전 설은 취하지 않는 대신 숙종과 대종이 모두 장자를 원수로 삼았던 일을 가리킨다고 보았다. 포기룡은 이 시가 현종의 일을 다룬 것이 아니라고 주장하면서 '비궁'은 단순히 '조정朝廷'과 같은 말이라고 보았다.

《두시상주》 《좌전》의 "分茅列土, 親賢並建"에 대한 주注에 "'친현'은 동성同姓이다"라고 하였다. 진무제의 조서에 "익주는 평소 다스리기 어려운 곳이라고 하니 중책을 맡고 있는 친현으로 안무하는 것이 마땅하다"고 하였다. 살펴보건대, 천보 15년 7월 정묘에 상황이 태자 이형으로 하여금 천하병마원수를 맡게 하였고, 삭방, 하동, 하북, 평로절도사에게 남쪽으로 장안과 낙양을 취할 것을 명하였다. 이것이 곧 친현에게 병권을 일임한 제조이다. 당시 상황이 촉중에 갓 도착하여 행궁을 창건하였기에 '비궁'이라고 하였다. 전겸익 전에 "상황이 제왕을 분봉한 것은 우임금이 아들에게 한 것과 같아서 '비궁'으로 그것을 말하였다. 〈장유〉시에 '우임금이 공업을 또 자식에게 전하였다'라 하였는데, 이것이 그 증거이다"라고 하였다.(左傳, 分茅列土, 親賢並建. 注, 親賢, 同姓也. 晉武帝詔, 益州素號難治, 宜以重鎭親賢撫之. 按, 天寶十五載七月丁卯, 上皇制以太子亨充天下兵馬元帥, 朔方河東河北平盧節度使, 南取長安洛陽, 此卽親賢授鉞之制詔也. 時上皇初幸蜀中, 行宮草創, 故曰卑宮. 錢箋, 上皇分封諸王, 如禹之與子, 故以卑宮言之. 壯遊詩云, 禹功亦命子, 此其證也.)

《두시상주》 〈위도부〉에 "하우에게서 궁을 낮춘 것을 살핀다"라 하였다. 유협이 "옛날에는 왕의 말은 똑같이 '명命'이라고 일컬었는데 진나라가 천하를 아우르고 '명命'을 '제制'로, '영令'을 '조詔'로 고쳤다"라고 하였다. 숙종 건원 2년 조왕 계를 병마원수로 삼고서 조서를 내리기를 '변란과 재난의 평정은 반드시 무력에 도움을 받아야 하고, 군대를 통솔하고 규율을 부여하는 것은 실로 친현에게 의지한다'라 하였다. 보응 원년 대종이 즉위하여 옹왕 괄을 원수로 삼고 조서를 내리기를 '나라의 대사는 병마가 우선이다. 조정에 옛날의 전장이 있으니 친현에게 부탁한다'라고 하였다. 이것은 숙종과 대종 양조에서 친현에게 병권을 맡긴 것으로 연습沿襲하여 정해진 제도가 되었다.(魏都賦, 察卑宮於夏禹. 劉勰曰, 古者王言, 同稱爲命, 秦幷天下, 改命曰制, 令曰詔. 肅宗乾元二年, 以趙王係爲兵馬元帥. 詔曰, 靖難平兇, 必資於金革. 總戎授律, 實仗於親賢. 寶應元年, 代宗卽位, 以雍王适爲元帥. 詔曰, 國之大事, 兵馬爲先. 朝有舊章, 親賢是屬. 此肅代兩朝, 授鉞親賢, 相沿爲定制矣.)

《보주두시》에 인용된 왕수 주 당시 대종이 원수가 되었다.(時代宗爲元帥.)

《구가집주두시》 조언재 주 지난해 보응 원년 대종이 즉위하고 나서 5월에 옹왕을 천하병마원수로 삼고 곽자의를 부원수로 삼았다. 이것이 친지와 현신이 갔다는 말이다. 옛 주에는 당시 대종이 원수가 되었다고 했는데 오히려 숙종 때가 된다.(去歲寶應元年, 代宗既卽位, 五月以雍王爲天下兵馬元帥, 郭子儀副之. 此親與賢之往也. 舊注云, 時代宗爲帥, 却是肅宗時矣.)

《보주두시》 살펴보건대,《구당서·대종기》에는 보응 원년 4월 봉절군왕 괄을 천하병마원수로 삼았고 5월에 노왕에 가봉하였다가 광덕 원년에 다시 옹왕에 봉하였다고 하였다. 그런데 〈덕종기〉에 대종이 즉위한 해 5월에 천하병마원수가 되고 다시 노왕에 봉해졌다가 8월에 다시 옹왕에 봉해졌다고 하였으니 내부적으로 다름이 있다.《통감》에는 또 보응 원년 10월 원수가 되었다고 하였다. 비궁의 조서는 아마도 여러 장수들이 사는 집을 사치스럽게 꾸미자 일찍이 금지하는 조서를 내렸기 때문에 그렇게 말했을 것이다.(按, 舊史代宗紀, 寶應元年四月, 奉節郡王适爲天下兵馬元帥, 五月進封魯王, 廣德元年改封雍王. 而德宗紀云, 代宗卽位之年五月爲天下兵馬元帥, 改封魯王, 八月改封雍王. 自爲異同. 通鑑又以爲寶應元年十月爲元帥. 卑宮之詔, 蓋以諸將侈其居第, 嘗下詔禁止之故云.)

《두시경전》 두 구는 권위가 아래로 옮겨가지는 않았기에 성교가 능히 멀리까지 전해질 수 있음을 말하였다. '비궁'은 아들에게 전한다는 의미를 취하고 있으며, 또한 앞의 '검덕'을 받아서 쓴 것이다. 예전에는 현종이 숙종에게 자리를 전해준 것을 가리킨다고 했는데 지나치게 멀게 느껴진다. 살펴보건대, 숙종이 양경을 수복하고 광평왕을 원수로 삼았고, 대종이 즉위하고 10월에 옹왕 괄을 천하병마원수로 삼았는데, 이 모두가 이른바 '수월친현'이다.(二句言威權不至下移, 聲敎故能遠訖也. 卑宮取傳子意, 亦承前儉德來. 舊指玄宗傳位肅宗, 似覺太遠. 按, 肅宗收兩京以廣平王爲元帥, 代宗卽位十月以雍

王适爲天下兵馬元帥, 皆所謂授鉞親賢也.)

《독두심해》 전겸익 전에 "상황이 제왕을 분봉한 것이 우임금이 아들에게 한 것과 같아서 '비궁'으로 말한 것이다."고 하였다. 내가 살펴보건대, 시에는 상황의 일을 말하지 않았다. '비궁'은 '조정'이라고 하는 것과 같다. '제조요'는 부신, 황제의 조서와 같은 것이다.(錢箋, 上皇分封諸王, 如禹之與子, 故以卑宮言之. 愚按, 詩不言上皇事. 卑宮猶云朝廷, 制詔遙, 如符劵璽書之類.)

7 封建(봉건)- 봉건제도. 제왕이 작위와 토지를 친척이나 공신에게 하사하여 해당지역에 방국을 세워 중앙에 대한 의무를 다하게 했던 제도로서, 황제黃帝가 처음 시작하고 주周나라에 이르러 전면적으로 시행되었다.

《구가집주두시》 작위를 봉해주고 나라를 세우게 한 것이다. 《후한서·광무기》에 의하면, 태상이 상주하여 의론하기를 '옛날 제후를 봉건하여 경사의 울타리로 삼았습니다'라 하였다.(封爵建國. 漢光武紀, 太常奏議曰, 古者, 封建諸侯以藩屏京師.)

8 簫韶(소소)- 순舜임금의 음악 이름.

《두시상주》에 인용된 《서書·우서虞書·익직益稷)》에, "소소를 아홉 번 연주했다"라 하였다.(虞書, 簫韶九成.)

〔授鉞 4구〕 조정에 단지 원수와 부원수를 임명하는 것으로 그치지 말고 최종적으로 봉건을 통하여 친현을 대우하도록 권하는 내용이라고 보는 견해가 있다. 이 경우 위급한 상황에 임하여 임시로 친현에게 병권을 내려주는 것에 대한 폄의가 깔려있다. '종의' 2구에 대하여는 순임금의 음악 소소를 듣는 것, 즉 문치의 고원한 경계에 이르기를 고집하지 말고 무를 겸용하는 봉건의 뜻을 따르라는 견해, 봉건제를 시행하면 순임금의 음악뿐 아니라 예상우의곡과 같은 선계의 음악을 누릴 수 있었을 것이라고 보는 견해가 있다.

《두시경전》 예악과 실제가 빠져있는 조문만을 닦아서는 안 된다는 사실을 말하고 있으며, 또한 강포한 번진에 대하여 일찍이 제어할 방책이 있으니 묘민이 명을 거슬렀을 때 교화로써 바로잡을 수 있었던 것과는 같지 않다는 점을 드러내고 있다.(言不可徒修禮樂文具也, 亦見强藩嘗有制馭之策, 非如苗民逆命, 可以干羽格之耳.)

《구가집주두시》 조언재 주 이는 단지 조정에 원수와 부원수를 임명하기를 권하는 것만은 아닌 듯하다. 끝내 봉건제로써 친현을 대우한다면 천자 된 사람이 어찌 다만 소소의 음악을 들으며 편안히 즐길 뿐이겠는가? 생각하건대, 대종은 여전히 예상우의곡을 연주하였을 것이다.(蓋勸朝廷非特任元帥副帥而已, 終以封建之制待夫親賢, 而爲天子者, 豈獨聽簫韶之樂宴樂而已. 意者, 代宗猶奏霓裳羽衣之曲乎.)

#《두시상주》: 이 장은 조정이 종번을 세워 반신들을 으르도록 하라고 풍권한 것이다. 위 2구는 경물에 감흥을 기탁한 것으로 '강간'을 이끌어 일으켰다. 아래 글 '친현'과 '봉건'은 곧 이러한 뜻을 거듭 밝힌 것이다. 계수나무는 왕실을 비유하고, 오동나무는 종번을 비유한다. '급'이라 하고 '조'라 하여 침범을 당하고 쇠약해짐을 드러냈다. 국가의 뿌리와 줄기가 강고하다면 절도사의 중진은 절로 신복하게 된다. 옛날 상황이 촉에 있으면서 한 차례 친현을 명하여 진으로 가게 하자 임금의 명령이 마침내 멀리 전해지기에 이르렀다. 이것은 이미 행하여 이루어진 효험이다. 지금 만약 옛날의 봉건제도를 따른다면 앉아서 난리의 싹을 없앨 수 있을 것이니 어찌 순임금의 음악인 소소를 듣기를 기다려서야 비로소 태평시대를 보겠는가"라 하였다.(此章, 諷朝廷建宗藩以懾叛臣. 上二, 即景托興, 引起强幹. 下文, 親賢封建, 卽申明此意. 桂, 比王室. 梧, 比宗藩. 曰急, 曰凋, 見其侵陵削弱矣. 惟國家本幹强固, 則節鎭自然臣服. 昔上皇在蜀, 一命親賢往鎭, 而制詔遂至遙傳, 此當時已行之成驗也. 今若依古封建之制, 可以坐銷亂萌, 何待聽簫韶而始見太平哉.)

《두시상주》에 인용된 전겸익 전: 천보 15년 7월, 방관이 진鎭을 나누어 적을 토벌하자고 건의하자, 상황이 조서를 내려 원자로 하여금 북쪽으로 삭방을 경략하게 하고, 제왕에게 명하여 중진을 나누어 지키게 하였다. 조서가 내려지자 멀리서나 가까이서나 서로 축하하고 모두 나라를 일으켜 회복시키는 일에 충성을 바칠 것을 생각하니 안녹산은 가슴을 치면서 "나는 천하를 얻지 못하게 되었다"라고 하였다. 숙종이 즉위하고서 비록 여러 아들을 써서 군대를 통솔하기는 하였지만 모두 경사를 나서지 아니하고 멀리서 통제했을 뿐이었으니 종족의 지파가 약화되고 번진이 신복하지 않았다. 공은 조정이 방관의 건의를 채용하지 않아 강간약지의 뜻을 잃어버렸던 지난 일을 탄식하고 있다.(天寶十五載七月, 房琯建分鎭討賊之議, 上皇詔曰, 令元子北略朔方, 命諸王分守重鎭. 詔下, 遠近相慶, 咸思效忠於興復. 祿山撫膺曰, 吾不得天下矣. 肅宗卽位, 雖用諸子統師, 然皆不出京師, 遙制而已. 宗支削弱, 藩鎭不臣. 公追歎朝廷不用琯議, 失强幹弱支之義也.)

《독두심해》: 이 시에 대하여 구조오는 종번을 세워 반란한 신하를 으르게 하라고 조정에 권면한 것이라고 하였다. 내가 살펴보건대 이 시의 경치 묘사를 보면 토번이 아직 침략하기 이전에 지어진 것임을 알 수 있다. 1,2구는 곧 가을 경치로서 비比이니, 전씨처럼 군이 계수나무와 오동나무를 왕실과 종번에다 분배할 것은 없다. 3,4구는 잇는 법이 민첩하다. '강간'자를 써서 능히 지시하고자 하는 대상과 비유로 사용된 사물이 서로 비추어 드러나도록 하였고, '불신'구를 붙여 긴밀히 번진과 조응하게 하였다. 5,6구는 계속하여 이어서 내려왔다. '수월'은 넌지시 '불신'을 잇고, '제조'는 곧바로 '봉건'을 일으킨다. 친현으로 하여금 정벌을 오로지 할 수 있게 하고 조정은 멀리서 절제함을 말하고 있으니, 봉건의 사리를 깊이 통달하여 옛것에 얽매어 꼼짝못하는 우활한 선비의 의론에 떨어지지 않았다. 결미의 말은 "이와 같은 경우라면 어찌 다만 군비를 멈추라고 떠벌이며 태평을 분식하는 것으로 그칠 뿐이겠는가?"라는 것이니, 바로 '대군식전'과 서로 강하게 조응하지만 표현을 완약하게 하여 더욱 필치의 묘함이 드러나고 있다.

이 구에 대하여 여전에는 역시 제대로 이해하지 못했었다. 노원창의 주에 "공의 〈위왕낭주진론안위표〉에서 친현이 반석이라는 뜻을 거듭 진술하고 있으니 이것과 서로 표리가 된다"라고 하였다.(此章, 仇云, 勸朝廷建宗藩以懾叛臣也. 愚按觀此詩寫景, 知作於吐蕃未入寇之前. 一二, 即秋景爲比. 不必如錢氏以桂梧分配王室宗藩也. 三四, 接法敏捷. 用强幹字, 能令正喻交映. 着不臣句, 緊與藩鎭對針. 五六, 仍蟬聯而下. 授鉞, 暗頂不臣. 制詔, 直起封建. 謂使親賢得專征伐, 而朝廷遙爲節制. 深達封建事宜, 不落迂儒泥古議論. 結言如此則豈獨虛談偃武, 粉飾太平而已哉. 正與六君息戰相激射, 而婉約其詞, 愈見筆妙. 此句舊亦不得解. 盧注, 公爲王閬州進論安危表, 屢申親賢磐石之義, 與此相表裏.)

其五

胡滅人還亂[1] 兵殘將自疑[2] 登壇名絶假[3] 報主爾何遲[4]
領郡輒無色[5] 之官皆有詞[6] 願聞哀痛詔[7] 端拱問瘡痍[8]

오랑캐 섬멸되었어도 백성들은 여전히 어지럽고
병사들 줄어드니 장수는 스스로 의심하네.
단에 올라 벼슬을 받아 이름에 거짓이 없거늘
임금께 보답함이 너희 어찌 더딘가?
고을을 거느리면 곧 기쁜 낯빛 없어지고
관직에 부임하면 모두 말들이 있네.
듣기를 바라는 것은, 슬퍼하고 아파하는 조서 내려
단정히 손 모으고 백성의 어려움 물어주심이라네.

주 석

1 胡滅(호멸) - 오랑캐가 멸망하다. '胡'가 '盜'로 된 판본도 있다. 人還亂(인환란) - 사람들이 여전히 어지럽다.

《구가집주두시》 조언재 주 안녹산은 영주 유성의 오랑캐이고 사사명은 영이주 돌궐의 종족이니, 모두 오랑캐이다. 계묘년인 광덕 원년 정월 사조의가 스스로 목매어 죽었다. 천보 14년으로부터 이때까지 9년 만에 안녹산과 사사명의 무리가 섬멸되었다.(安祿山營州柳城胡, 史思明寧夷州突厥種, 皆胡也. 癸卯廣德元年正月, 史朝義自縊死. 自天寶十四載至是, 凡九年而安史滅矣.)

2 兵殘(병잔) - 병졸이 쇠잔하여 소수만 남아있다는 말이다. 將自疑(장자의) - 장수들이 스스로 의심하다. 휘하 병사가 적어지니 절진의 장수들이 조정에 대하여 의심을 하기에 이르렀다는 말이다.

《두시상주》 '殘'은 곧 '殘少'의 '殘'으로 '殘害'의 '殘'이 아니다. 《후한서·공손술전》에 "광무제가 조서를 내려 "내흡과 잠팽이 해를 받았다고 스스로 의심하지 말라"라고 하였다.(殘, 乃殘少之殘, 非殘害之殘. 後漢公孫述傳, 光武下詔曰, 勿以來歙岑彭受害自疑.)

《보주두시》에 인용된 왕수 주 이 시는 안사의 난이 평정되고 나서 복고회은이 반란을 일으킨 것을 말하고 있다.(此詩, 言安史既平而僕固懷恩反側也.)

〔胡滅 2구〕

《두시상주》에 인용된 《두억》 복고회은이 적이 평정되면 총애가 쇠해질까 염려하여 설숭 등을 남겨 하북을 나누어 통솔케 하라고 상주하였는데, 이것이 "병사가 조금 남으니 장수가 스스로 의심한다"라는 것이다. 전승사가 관할 지역 호구 중에 장정을 들어 모두 명부에 올려 병사로 삼고 또 날랜 기병 만 명을 뽑아 자신을 호위하게 하고는 아병이라 일컬었는데, 이것이 "오랑캐 섬멸되었어도 백성들은 여전히 어지럽다"는 것이다.(僕固懷恩恐賊平寵衰, 奏留薛嵩等分帥河北,

此兵殘將自疑也. 田承嗣擧管內戶口壯者, 皆籍爲兵, 又選驍騎萬人自衛, 謂之牙兵, 此胡滅人還亂也.)

3 登壇(등단)- 단에 오르다. 한 고조가 한신을 대장에 임명할 때에 단을 쌓고서 한신을 오르게 하였다. 여기서는 광덕 원년 제도의 절도사에게 실제의 봉호를 더해준 것을 의미한다. 名絶假(명절가)- 이름이 전혀 거짓이 아니다. 직함을 실제의 권한과 함께 주었다는 말이다.

《두시상주》에 인용된 소보 주 한 고조가 단을 쌓고서 한신을 대장에 임명하였다.(漢高帝築壇, 拜韓信爲大將.)

《두시상주》에 인용된 고신 주 광덕 원년 제도의 절도사에게 모두 실제의 봉호를 더해주었는데 이른바 이름이 전혀 거짓이 아니라는 것이다.(廣德元年, 諸道節度使並加實封, 所謂名絶假也.)

《두시상주》에 인용된 《한서·한신전》 한신이 사람을 시켜 "제는 초에 가까우니 가왕을 두어서 진수하도록 하지 않으면 그 형세가 진정되지 않을 것입니다"라고 하니, 황제는 "대장부가 제후를 정하는데 곧 진왕이다. 어찌 가왕을 두겠는가?"라 하였다.(信使人言曰, 齊邊楚不爲假王以鎭之, 其勢不定. 帝曰, 大丈夫定諸侯, 卽爲眞王耳, 何以假爲.)

《두시상주》에 인용된 조언재 주 '이름이 거짓을 끊었다'는 것은 진정으로 벼슬을 준 것으로 다만 가절일 뿐만이 아님을 말한다.(名絶假, 言眞拜之, 非特假節而已.)

《보주두시》에 인용된 조언재 주 제장이 총애를 입은 것이 이와 같다는 말이다. 그리하여 아래 구의 '주상에게 보답하라'는 말로 책망하고 있다.(言諸將蒙寵如此, 故責以下句之報主也.)

《독두심해》 훗날 가림이 성덕의 반장 왕무준에게 "대부께서는 단위에 올라 작위를 받으시던 날 가슴을 치고 좌우를 돌아보면서 말하기를 '나는 본디 충의를 따랐습니다'라고 하였습니다"라고 설득한 것은 이 구의 증거가 될 만하다.(後日賈林說成德叛帥王武俊曰, 大夫登壇之日, 撫膺顧左右曰, 我本徇忠義, 可證此句.)

4 報主(보주)- 주군께 보답하다. '執玉'으로 된 판본도 있다. 爾何遲(이

하지)- 그대들은 어찌하여 늦어지는가?

5 領郡(영군)- 군을 거느리다. 주의 자사에 임명되는 것을 가리킨다. 輒無色(첩무색)- 번번이 낯빛이 없다. 절도사의 권한이 무겁고 징세의 부담이 날로 더해져 자주적인 행정이 불가능한 까닭에 자사가 되어도 얼굴에 즐거운 기색이 없다는 말이다.

6 之官(지관)- 관직에 나아가다. 명을 받아 부임하는 것을 뜻한다. 皆有詞(개유사)- 모두 말이 있다. 명을 받들어 지방관으로 부임할 때에 하나같이 원망의 말이 있다는 뜻이다.

《두시경전》 여러 장수의 전제로 인하여 자사와 현령이 직분을 잃었기 때문에 사대부들이 모두 외직을 즐거워하지 않았다. 관리가 된 사람들은 대부분 현실을 견디면서 구차히 녹만 바라고 있었으니 백성들의 질고를 구휼하지 않을 것임을 알 만하다. 그리하여 조서를 내려 백성들의 어려움을 묻기를 바란 것이다.(因諸將專制, 致刺史縣令失其職, 士大夫皆不樂外任, 爲吏者類多隱忍苟祿, 不恤民瘼可知, 故欲下詔而問瘡痍也.)

〔領郡 2구〕

《보주두시》에 인용된 왕수 주 당시 사대부들이 모두 내관을 중히 여기고 외임을 달가워하지 않았기에 두보에게 '무색'과 유사'라는 풍자를 하였다.(時, 縉紳皆重內官而不樂外任, 故子美有無色有詞之譏也.)

《독두심해》 전겸익 전에 "《국사보》에 '개원 이전에는 외방에 일이 생기면 사신을 명하였고 그렇지 않은 경우에는 그 임무를 중지하였다. 8절도와 10채방을 두고부터 비로소 자리를 두고 사신을 임명하였는데 사신이 되는 것은 무겁게 여기고 관리가 되는 것은 가볍게 생각하였다'라 하였다"고 하였다. 살펴보건대, 훗날 오중윤이 임금에 올린 글에 "하삭이 능히 조정의 명령을 거역할 수 있었던 것은 대체로 자사가 그 직분을 잃고 반대로 절진의 장수로 하여금 군무를 담당하게 했던 때문입니다. 만약 자사가 각자 직분을 수행할 수 있었다면 절진의 장수들 중에 비록 안녹산과 사사명과 같은 사람이 있다고 해도 어찌 능히 반란을 일으킬 수 있었겠습니까? 60년간 명을 거역했던 것은 단지 절진의 장수들이 자사와 현령의 직책을 빼앗아 스스로 백성들에 대한 상벌의 권한을 행사하였기 때문입니다"라고 하였다. (錢箋, 國史補 開元以前, 有事於外, 則命使臣, 否則止. 自置八節度十采訪, 始有坐而爲使. 爲使則重, 爲官則輕. 按, 後日烏重胤上言, 河朔能拒朝命者, 蓋刺史失其職, 反使鎭將領兵事. 若刺史各得職分, 則節將雖有祿山思明, 豈能叛哉. 所以六十年拒命者, 祇以奪刺史縣令之職, 自作威福故也.)

7 哀痛詔(애통조) - 황제가 스스로를 책하는 조서. 재해가 자주 일어나 백성들이 어려움에 처할 때에 내렸다.

《두시상주》에 인용된 노원창 주 '애통조'는 곧 이 해 유항이 올린 소 가운데 '천하가 장차 짐이 스스로를 새롭게 함을 칭허할 것이다'라는 뜻이다.(哀痛詔, 卽是年柳伉疏中天下其許朕自新之意.)

《두시상주》에 인용된 소보 주 한무제는 말년에 애통조를 내려서 스스로 잘못을 뉘우쳤다.(漢武帝末年, 下哀痛之詔以自悔過.)

8 端拱(단공) - 단정히 앉아 두 손을 맞잡다. 임금이 엄숙한 태도로 정치에 임하는 것을 뜻한다. 瘡痍(창이) - 상처. 곤궁한 삶으로 고생하는 백성들을 뜻한다.

《구가집주두시》 조언재 주 또 주상이 백성들을 걱정하기를 바랐다. (又以望主上之卹民也)

#《두시상주》: 이 장은 당시 절진을 중시하고 군수를 가벼이 여긴 것을 개탄한 것이다. 위 4구는 제장의 발호를 꾸짖은 것이고, 아래 4구는 주와 군의 가렴주구를 상심한 것이다. 도적이 멸망했음에도 사람들은 여전히 어지러워졌다는 것은 병사가 적어 장수가 스스로 의심한 때문이다. 여러 장수들에게 실제로 관작과 토지가 봉해졌으니 잠시 직권을

대행하는 것과는 전혀 비할 바가 아닌데, 어찌하여 주군에게 보답하기를 생각하지 않고 도리어 두 마음을 품는가? 게다가 절진의 권세가 무거우면 징세가 날로 번다해지고 군수가 자주적 행정을 펼 수 없게 되니 군을 거느리게 되면 늘 기쁜 낯빛이 없게 되고 관직에 부임할 때엔 언제나 원망하는 말이 있다. 대종이 엄숙히 조정에 임하여 맑은 정사를 펴는 것이 바야흐로 새로우니 애통의 조서를 내려 곤궁한 백성들을 근심하지 않을 수 있겠는가? 백성들의 고통을 걱정해줄 줄 안다면 마땅히 목민관의 임무를 중시하여 절진의 견제에서 벗어나도록 해야 할 것이다.(此章, 慨當時重節鎭而輕郡守. 上四, 責諸將之跋扈. 下四, 傷州郡之誅求. 寇滅而人還亂者, 由兵少而將自疑也. 在諸將實封爵土, 絶非假攝者比, 何以不思報主, 而反懷貳心耶. 且節鎭權重, 則徵斂日繁, 郡守不得自主, 故領郡常無氣色, 而之官每有怨詞. 代宗端拱方新, 可不下哀痛之詔, 以恤窮民乎. 知恤民疾苦, 則當重司牧之任, 以免節鎭之牽制也.)

《독두심해》: 마지막 수는 번진의 폐해를 극진히 말하여 전체 시를 거두어 맺었다. 그 길을 돌이키고자 하는 일은 오직 군수의 권한을 무겁게 하고 백성들의 곤궁함을 풀어주는 데에 달려 있을 뿐이다. 백성들의 곤궁함이 풀리면 나라 근심도 역시 멎게 될 것이다. 1,2구는 도장구로서 교만하고 방자한 연유를 미루어 말한 것으로, 사사명의 아들이 섬멸되었는데 여러 항복한 사람들이 여전히 병사를 가지고 있는 것은 무장 사이에 반군이 평정되어 총애를 잃게 될까 의심하여 그들을 머물게 하라고 상주하였기 때문이라는 내용이다. 3,4구는 바로 험고한 것에 의지하는 죄를 꾸짖은 것이다. 5,6구는 군수가 오랫동안 경시되어온 정황을 형용하였는데, 매우 절실하다. 끝에서는 임금이 마음을 움직여 방침을 고칠 것을 바란 것이다. 대체로 당시 제진은 관내 호구의 장정을 전부 들어 명부에 올리고 병사로 삼았기에 그 잔약하고 곤고한 참상은 백성들을 사랑하는 관리를 얻지 못하면 더불어 진휼할 수 없기에, '문창이' 3자로 귀결하고 있다. 이른바 '백성은 나라의 근본이니, 근본이 견고하면 나라가 편안하다'는 것으로, 그 효과는 다만 절진의 권한을 혁파하는 것으로 그치지 않는다. 참으로 원대한 계획인 것이다. 황생은 "칠률의 〈제장〉은 신하를 꾸짖은 것이고, 오율의 〈유감〉은 임금을 풍권한 것이다"라고 하였다. 《두억》에 "이 다섯 수의 시를 읽어보니 자신을 직과 설로 평가한 것이 진실로 헛된 말이 아님을 알 수 있다"라고 하였다.(末章, 極言藩鎭之弊, 以收束全詩. 欲反其道, 惟在重守權以蘇民困, 民困蘇而國患亦息矣. 一二倒裝, 推言驕恣之由, 謂史孽殲矣, 而諸降人猶然擁兵者, 由於將臣有賊平失寵之疑, 而奏留之也. 三四, 直斥負固之罪. 五六, 形容郡守積輕之情狀, 最爲剴切. 末冀君人者動心改轍. 蓋是時諸鎭悉擧管內戶口壯者籍爲兵, 其孱弱顚連之慘, 非得親民之官, 莫與軫卹矣. 歸結到問瘡痍三字. 所謂民惟邦本, 本固邦寧, 其效不獨在鎭權之革而已. 洵碩畫哉. 黃生曰, 七律之諸將, 責人臣也. 五律之有感, 諷人君也. 杜臆曰, 讀此五詩, 自許稷契, 信非虛語.)

(**이남종**)

46. 春日戲題惱郝使君兄

봄날 장난삼아 시를 써서 학사군 형을 난처하게 하다

使君意氣凌靑霄[1] 憶昨歡娛常見招[2]
細馬時鳴金騕褭[3] 佳人屢出董嬌饒[4]
東流江水西飛燕[5] 可惜春光不相見
願攜王趙兩紅顏[6] 再騁肌膚如素練[7]
通泉百里近梓州[8] 請公一來開我愁[9]
舞處重看花滿面[10] 樽前還有錦纏頭[11]

사군의 의기는 푸른 하늘을 넘어
지난 날을 생각하면 기쁜 일에 매번 초대를 받았었지요.
금요뇨 멋진 준마 때때로 울 때면
동교요 아름다운 미인들이 자주 나왔었지요.

강물은 동으로 흐르고 제비 서쪽으로 나는데
애석하게도 이 봄빛에 서로 보지 못하는군요.
바라건대 왕씨와 조씨 성의 두 미인을 데려오셔서
다시 흰 비단처럼 고운 미인들을 달리게 했으면.

통천은 백리 길, 재주에서 가까우니
한 번 오셔서 내 시름을 달래주십시오.
춤추는 자리에서 다시 꽃 가득한 얼굴을 본다면
술자리에서 하사할 비단도 미리 준비해 두겠습니다.

이 시는 광덕 원년 봄 두보가 학사군에게 두 기녀를 데리고 방문해 줄 것을 부탁한 시이다. 당시 두보는 재주에 있었다. 학사군이 누구인지는 자세하지 않으나, 어느 지역의 장관을 지냈던 인물로 당시 통천에 거주하고 있었던 것으로 보인다. 당시 두보가 통천에 있었고 학사군이 재주에 있었다고 보는 설도 있으나 취하지 않는다. 당시 상황에서 기녀를 데리고 방문하는 것이 어려운 일이었기에 제목에서 장난삼아 난처하게 한다는 표현을 하였다. 시제에 '兄'이라는 글자가 없는 판본도 있다.

《보주두시》: 광덕 원년 봄 재주에서 지은 작품이다. 양권도의 편재도 같다. 공에게는 또한 〈춘일재주등루〉시가 있다. 학사군은 마땅히 통천에 거주하고 있었고, 공은 재주에 있으면서 이 시를 지어 그것을 희롱한 것이다.(廣德元年春在梓州作. 梁權道編亦同. 公亦有春日梓州登樓詩. 郝使君, 當是居通泉, 公在梓州, 作此以戲之.)
《구가집주두시》 조언재 주 공은 통천에 있었고 학사군은 재주에 있었기에, 학사군이 재주에서 두 기녀를 데리고 통천에 와주기를 바랬을 따름인 것이다.(公在通泉, 郝在梓州, 欲郝自梓州攜二妓來通泉耳.)

주 석

1 使君(사군)- 주군州郡의 장관長官에 대한 존칭. 여기서는 시제의 학사군을 지칭하는데, 통천 사람으로 다른 지역의 관리를 지냈던 사람인 듯한다. 意(의)- '佞'으로 된 판본도 있다. 靑霄(청소)- 푸른 하늘.
《독두심해》 통천은 재주의 속읍이니 사군이 있을 수 없다. 학씨는 아마도 통천 사람으로 일찍이 주의 사군을 지냈던 자일 것이다.(通泉, 梓屬邑, 不應有使君. 郝豈通泉人, 嘗爲州使者耶.)

2 歡娛(환오)- 기쁜 일. 見招(견초)- 초대를 받다. 학사군의 연회에 두보가 초대를 받았던 일을 말한다.

3 細馬(세마)- 준마. 金騕褭(금요뇨)- 준마의 이름.

《두시상주》에 인용된 《당서》 무릇 말에는 좌감과 우감이 있어 그 좋고 나쁜 것을 구별하였다. 준마는 좌라고 칭하고, 거친 말은 우라고 칭하였다.(凡馬有左右監, 以別其粗良. 細馬稱左, 粗馬稱右.)

《보주두시》에 인용된 황희 주 말을 가리켜 '금요뇨'라고 한 것은 대개 한무제가 금으로 기린의 발과 요의 발굽을 만든 것에서 기인하는데, 시인이 마침내 이를 사용한 것이다.(馬謂之金騕褭, 蓋因漢武帝鑄金爲麟趾褭蹄, 詩人遂用之.)

《구가집주두시》 조언재 주 '요뇨'는 신마의 이름이다. 한무제가 금으로 요의 발굽과 기린의 발을 만들어서 '금요제'가 있었고, 말을 언급할 때면 '금요뇨'라고 하게 된 것이다. 위에서는 말을 말하고 아래서는 부인을 말하였으니, 공의 지금 시에서는 이것으로 '동교요'에 대응하여 사용하였다.(騕褭, 神馬名. 漢武帝鑄金爲褭蹄麟趾, 故有金褭蹄, 而言馬則曰金騕褭也. 上言馬, 下言婦人, 故公今詩用對董嬌嬈.)

4 佳人(가인)- 미인. 董嬌饒(동교요)- '동교요'는 미인의 이름으로, 여기서는 학사군이 데리고 나온 가기를 비유한다. '饒'는 '嬈'로 된 판본도 있다.

《구가집주두시》 '교요'는 유명한 미인이다.(嬌嬈, 名姬.)

《두시상주》에 인용된 《옥대신영》 송자후에게 일찍이 〈동교요〉시가 있다.(宋子侯曾有董嬌饒詩.)

#《두시상주》: 이 단락은 통천에서의 연회를 추억하여 서술한 것이다. 학씨가 항상 초대한다는 것이 곧 그의 의기이다. 말은 미인이 탄 것이기에 아래에 '다시 달리게 한다'는 구절이 있는 것이다.(此追敍通泉之宴. 郝常見招, 卽其意氣. 馬乃佳人所乘者, 故下文有再騁之句.)

5 江水(강수)- 강물. 여기서는 재주의 사홍강을 가리킨다.

《두시상주》 강물은 곧 사홍강이다.(江水, 卽射洪江.)

《구가집주두시》 조언재 주 짐작컨대 흐르는 물로 스스로를 비유하고, 제비로 미인을 비유한 것일 게다.(意者流水以自比, 而燕以比佳人乎.)

6 王趙(왕조) - 왕씨와 조씨 성을 가진 학사군의 두 가기를 가리킨다.

《보주두시》 왕씨와 조씨는 통천의 기녀가 아니라 응당 학사군의 첩이다. 보응 원년 11월 공이 통천에 갔을 때 학사군이 연회에 초청하였고 두 여인을 내보내 술을 권하였다. 다음해 봄 공이 재주에 있을 때 이 시를 지어 그때 일을 희롱한 것이다.(王趙, 非通泉之妓, 當是郝使君之姬妾. 寶應元年十一月, 公至通泉時, 郝招公飮, 出二姬以侑樽. 明年春, 公在梓州, 因作此詩以戱之.)

《두시경전》 왕씨와 조씨는 필시 학사군의 가기일 것이다.(王趙必郝使君家妓.)

7 素練(소련) - 흰 비단. '素'는 '雪'로 된 판본도 있다. 여인의 고운 피부를 비유한 것이다.

#《두시상주》: 이 단락은 학사군이 기녀를 데리고 방문해주기를 바란 것이다. 통천에서 재주로 돌아왔기에 학사군은 동쪽에 공은 서쪽에 있었다. 그래서 흐르는 강물과 나는 제비를 빌어 흥을 일으켰다. 만나지 못한다는 것은 미인을 두고 한 말이고, '왕조'는 곧 학사군의 가기이다.(此望郝携妓而來. 自通回梓, 郝在東, 公在西, 故借水流燕飛以起興. 不相見, 指佳人而言. 王趙, 乃使君家妓.)

8 百里(백리) - 백리. 통천에서 재주까지의 거리를 두고 한 말이다.

《두시상주》에 인용된 《구역지九域志》 통천은 재주 동남쪽 130리에 있는데, 여기에서 백리라고 한 것은 그 성수를 들어 말했을 따름이다.(通泉在梓州東南百三十里, 玆云百里, 擧成數言耳.)

9 請(청) - '諸'로 된 판본도 있다.

〔東流 6구〕

《구가집주두시》 조언재 주 위 2구로써 초청을 받은 후 다시 미인을 보지 못한 뜻을 흥기하였기에 아래 구에서 다시 데리고 오기를 바라는 청을 한 것이다.(上兩句以興見招之後不復見佳人, 故下句復有願攜之請.)

10 花滿面(화만면) - 꽃이 얼굴에 가득하다. 화려하게 단장한 가기들의 모습을 형용한 것이다. 혹은 '花'를 화장의 한 장식으로 보는 설도 있다.

《두시상주》에 인용된 《유양잡조酉陽雜俎》 지금 부인들의 얼굴 장식에 '화자'를 쓴 것은 상관소용이 만들어 얼굴의 점을 가린 데서 비롯되었다.(今婦人面飾用花子, 起自昭容上官氏所製以掩點跡.)

11 錦纏頭(금전두) - 기녀에게 줄 비단. 가무 예인의 공연이 끝난 뒤 비단을 머리에 얹어주는 풍습이 있었는데, 후에는 기녀에게 주는 재물을 통칭하였다. 이 구는 학사군이 가기들을 데리고 방문한다면, 두보 역시 금전두를 준비하고서 기다리고 있겠다는 말이다.

《구가집주두시》 조언재 주 '금전두'라는 것은 당나라 사람들이 비단으로써 춤추는 예인에게 상을 내리던 것의 명칭이다.(錦纏頭字, 唐人以綵賞舞者之稱.)

#《두시상주》: 마지막 단락에서는 다시 한 번 기대하는 말을 하고 있다. 백리 길에 기녀를 데려온다는 것은 형편상 불가능한 일이고 역시 꽃 같은 얼굴이 생각나서였을 뿐이다. 그래서 '장난하다'라고 하고 '난처하게 한다'는 말을 한 것이다.(末再致盼望之詞. 百里攜妓, 勢所不能, 亦空想花容而已, 故曰戲曰惱也.)

##《독두심해》: 내가 살펴보건대 그 감정이 기녀를 내보낸 것에 의해서 움직였지만, 실제로는 학사군이 그것을 유인해 낸 것이라고 할 수 있다. 감정이 이미 끌렸는데 또한 다시 데리고 올 것을 기필하기 어려웠기에 난처하게 한다는 말을 한 것이다.(愚按, 情因出伎而動, 郝實牽引之也. 情既引矣, 而又難必其再攜, 故曰惱.)

(박홍준)

47. 題鄜原郭三十二明府茅屋壁

처원 곽명부의 초가 벽에 쓰다

江頭且繫船[1]　爲爾獨相憐[2]　雲散灌壇雨[3]　春靑彭澤田[4]
頻驚適小國[5]　一擬問高天[6]　別後巴東路[7]　逢人問幾賢[8]

강머리에 잠시 배를 매고
너를 위해 홀로 아파하노라.
구름은 관단의 비로 흩어지고,
봄은 팽택의 밭에 푸르구나.
작은 나라 감을 자주 놀라니
높은 하늘에 한 번 물어 보리라.
여읜 뒤 파동 길
사람 만나면 물으리, 몇이나 어진지.

광덕 원년 재주에서 처현의 곽명부와 이별하면서 그의 재능이 제대로 쓰이지 못함을 안타까와하며 지었다. 작고 외진 현에서 재능을 펴지 못하는 곽명부는 바로 시인 자신이기도 하다. 원래 시집에는 실리지 않았으며, 송나라 때 운안우員安宇가 넣었다. '原'은 '縣'으로 된 판본도 있다.

《보주두시》 시에서 "구름은 관단의 비로 흩어지고, 봄은 팽택의 밭에 푸르다"고 하였으니 당연히 재주에서 앞의 시(〈처성서원송이판관형무판관제부성도부鄜城西原送李判官兄武判官弟赴成都府〉)와 같은 때에 지은 작품이다.(詩云, 雲散灌壇雨, 春靑彭澤田, 當是

在梓州作與前篇同時.)

《두시상주》 고신 주에 "이 시는 광덕 원년 재주에서 낭주로 갈 때 지었다"고 하였다. 《당서·지리지》에 재주의 치소는 처현이라고 하였다. 《일통지》에 "폐지된 처현은 동천주 치소의 동쪽에 있었으며, 명나라 때 주에 함께 편입되었다. 주의 서쪽 100리에 폐지된 한나라 처현의 옛성이 있다"고 하였다. 노원창 주에 "'모옥벽'에서 청렴한 관리의 전모가 바로 드러난다"고 하였다.(顧注, 此廣德元年從梓州往閬州時作. 唐志, 梓州治郪縣. 一統志, 廢郪縣, 在潼川州治東, 明併入州. 州西一百里有漢廢郪縣故城. 盧注, 茅屋壁, 便見廉吏梗槩.)

《독두심해》 시집에 없는 시이다.(集外詩.)

주 석

1 江頭(강두) - 강머리. 강가. 繫船(계선) - 배를 묶다. 배를 정박시키다.

2 爲爾(위이) - 너를 위하여. 너 때문에. '이'는 곽명부를 가리킨다. 相憐(상련) - 아끼다. 애석히 여기다.

3 雲散(운산) - 구름이 흩어지다. 구름이 비가 되어 사라진다는 말이다. 灌壇雨(관단우) - 관단에 내리는 비.

《태평광기太平廣記》에 수록된 《박물지博物志》 문왕이 태공망을 관단의 수령으로 삼아 한 해가 지나니 바람도 잠잠하였다. 문왕의 꿈에 한 아름다운 부인이 나타나 길을 막고 울었다. 그 까닭을 물으니 부인은 "저는 동해 태산의 신녀로 시집가서 서해의 아낙이 되었습니다. 동쪽으로 돌아가려니 관단의 수령이 저의 길을 막고 있습니다. 태공은 덕이 있어 제가 감히 질풍폭우로써 지나가지 못합니다"라고 말하였다. 문왕이 꿈을 깨고 다음날 태공을 불러 사흘 밤낮을 지내니 과연 질풍과 폭우가 모두 서쪽에서 와서 지나갔다. 문왕은 이에 태공을 대사마에 임명하였다.(文王以太公望爲灌壇令, 朞年, 風不鳴條. 文

王夢見有一婦人, 甚麗, 當道而哭. 問其故, 婦人言曰, 我東海泰山神女, 嫁爲西海婦. 欲東歸, 灌壇令當吾道. 太公有德, 吾不敢以暴風疾雨過也. 文王夢覺, 明日召太公, 三日三夕, 果有疾風驟雨去者, 皆西來也. 文王乃拜太公爲大司馬.)

4 春靑(춘청) - 봄이 푸르다. 봄에 싹이 자라 푸르다는 말이다. 彭澤田(팽택전) - 팽택현의 농경지.

《진서晉書 · 도잠전陶潛傳》 (도연명이 팽택 현령이 되어) 현의 공전에 모두 수수를 심으라 명하고, "내가 늘 술에 취할 수 있으면 족하리라"라고 하였다. 처자가 벼를 심자고 완강히 청하므로 이에 1경 50무에는 수수를 심고, 50무에는 벼를 심게 하였다.(在縣公田悉令種秫穀曰, 令吾常醉於酒足矣. 妻子固請種秔, 乃使一頃五十畝種秫, 五十畝種秔.)

《보주두시》에 인용된 황희 주 팽택은 현의 이름으로 강주에 있지만, 곽명부가 현령이므로 도연명의 일을 인용하였다.(彭澤縣名, 雖在江州, 以郭明府爲縣令, 故用淵明事.)

〔雲散 2구〕

《구가집주두시》 사씨 주 도잠은 팽택 현령이고, 곽명부는 처현 현령이다. 관단과 팽택은 모두 현령의 일이므로 두보가 시에 나타내어 이별하며 주었다.(陶潛爲彭澤令, 郭明府乃郪縣令. 灌壇彭澤皆令事, 故子美見之於詩, 以贈行也.)

《두시상주》 이 구절에서 관단현과 팽택현을 인용하여 바로 현령을 비유하였다.(此引灌壇彭澤, 乃借比縣令.)

5 適小國(적소국) - 작은 지역으로 가다. 작은 지역의 행정을 담당하다. 여기서 '소국'은 작은 행정구역을 말한다. 곽명부가 재능은 크지만 맡은 일이 작다는 뜻이다.

《두시경전》 《좌전》에 "초나라 문왕이 신후에게 작은 나라로 가지 말라고 훈계하였다"고 하였다. 곽명부의 훌륭한 재능이 여러 차례 작은 고을에서 고생하고 있음을 말한다.(左傳, 楚文王戒申侯毋適小

國. 言郭之長才屢困小邑.)

6 一擬(일의) - 한 번(줄곧) …하리라. 한 번 흉내내리라. 問高天(문고천) - 하늘에 묻다. 굴원이 쫓겨난 후 〈천문〉을 지어 우주와 사회에 대한 의문을 하늘에 제기하였다.

《두시상주》 굴원에게 〈천문〉이 있다.(屈原有天問.)

〔頻驚 2구〕

《두시언해》 이는 두보의 자술이다.(此, 甫自述.)

7 巴東路(파동로) - 파동으로 가는 길. 파동은 파동현이다.

《두시경전》에 인용된 고신 주 재주에서 낭주로 갈 때 지었음을 말한다. 살펴보건대, 두안간의 《지지》에서 파동은 기주 충주, 파서는 면주 낭주라고 하였으니 낭주 또한 파동이라고 부를 수는 없는 바, 아마 이 때 진실로 남으로 내려갈 마음이 바로 있었으리라.(謂自梓往閬時作. 按杜安簡地志云, 巴東夔忠, 巴西綿閬, 則閬州亦不應稱巴東, 豈此時固卽有南下意耶.)

8 逢人(봉인) - 사람을 만나다. 가는 곳마다. 幾賢(기현) - 몇 명이나 어진가. 얼마나 어진가. 이 구는 사람을 만나면 몇 명이나 어진지 묻겠다는 뜻이다.

《두시상주》 '문기현'은 곽명부처럼 어진 이가 몇 명이냐고 묻는다는 말이다.(問幾賢, 問如郭之賢者幾人乎.)

〔別後 2구〕

《두시언해》 곽명부와 헤어진 뒤 또 어떤 사람을 만날까라고 여기니 그를 그리워하는 말이다.(謂別明府之後, 又逢何人, 慕之之辭.)

#《두시상주》: 첫 연은 이별을 맞는 정이요, 둘째 연은 처현의 풍경이며, 아래는 모두 곽명부를 아끼는 마음이다. 명부의 큰 재능을 작은 데에 시험하니 하늘의 뜻은 알기 어렵다고는 하지만 백성에 대한 사랑이 남아 있으니 사람들의 마음은 분명 모두 칭찬할 것이다. 하늘에게

묻고 사람에게 물으니 바로 호응하는 말이다. (首聯臨別之情, 次聯鄠縣之景, 下皆憐郭之意. 明府大才小試, 天意雖曰難知, 但有遺愛在民, 人情應共稱述, 問天問人, 乃互應之詞.)

《독두심해》: 위에서는 곽군의 치화를 드러내고, 아래에서는 뛰어난 인재가 매번 작은 자리에서 굴욕 당함을 보였다. 몇이나 어진가라는 물음은 작은 자리에도 왕왕 사람이 있다는 뜻이다. 말은 일반적인 감개인 듯하나 곽명부의 현명함이 잘 드러났다.(上表郭君治化, 下見賢才每屈於小位. 問幾賢者, 小位中往往有人也. 語似泛慨, 而郭之賢已顯.)

(이창숙)

48. 奉送崔都水翁下峽

최도수 옹이 삼협을 내려가는 것을 전송하다

無數涪江筏[1]　鳴橈總發時[2]　別離終不久　宗族忍相遺[3]
白狗黃牛峽[4]　朝雲暮雨祠[5]　所過憑問訊[6]　到日自題詩[7]

부강의 무수한 뗏목이
노를 울리며 모두 떠날 때.
이별은 끝내 오래지 않으리니
친척을 차마 버려두지 못해서입니다.
백구협과 황우협,
아침 구름과 저녁 비의 사당.
지나는 곳에서 대신 안부 물어주십시오.
도착하는 날 스스로 시를 쓰겠습니다.

이 시는 광덕 원년 봄, 재주에서 지은 것이다. 최씨는 도수사로서 공의 외숙이다. 때문에 옹이라고 칭한 것이다. 도수사는 관직이름으로 강이나 나루를 감독한다. 최씨가 삼협을 통하여 낙양으로 돌아가려고 하였기 때문에 두보가 이 시를 지어 그를 전송하였다.

《보주두시》 시에서 '부강의 무수한 뗏목'이라 하였으니 응당 광덕 원년 재주에서 지은 것이다. 끝구를 보면 공이 기주에 갈 뜻이 있었음을 알 수 있다.(詩云, 無數涪江筏, 當是廣德元年梓州作. 觀末句, 則知公有意於到夔矣.)

《두시상주》 최씨는 도수사이다. 공과는 생질과 외숙의 사이이기 때문에 '옹'이라 칭하였다. '강협江峽을 내려간다'는 것은 낙양으로 돌아가려는 것이다. 옛 주에서 장안으로 돌아가는 것이라 했는데, 그러면 도리어 길을 우회하게 된다. 공의 시에서 '곧 파협에서부터 무협을 뚫고 나가 바로 양양으로 내려갔다가 낙양으로 향한다'라 하였으니 이로써 증명할 수 있다. 《당서》에 의하면 도수감의 사자 2인은 정5품상으로 강이나 도랑, 여러 나루를 감독하는 부서를 총괄한다.(崔爲都水使, 與公爲甥舅, 故稱曰翁. 下峽, 將歸洛陽也. 舊注謂歸長安, 反紆途矣. 公詩, 即從巴峽穿巫峽, 便下襄陽向洛陽, 此可證也. 唐書, 都水監使者二人, 正五品上, 總河渠諸津監署.)

주석

1 涪江(부강) - 강이름. 筏(벌) - 뗏목.

《두시상주》 호하객이 말하기를 "삼협을 나가는 배는 대다수가 대나무로 만든 뗏목을 양 옆에 붙이는데, 지금도 여전히 그러하다"라고 하였다. 소보의 주에서 "대를 엮어 만든 것이 '부'인데, 큰 것을 '벌'이라 한다"라고 하였다.(胡夏客曰, 出峽之舟, 多以竹木之筏附於兩旁, 至今猶然. 邵注, 編竹爲桴, 大者曰筏.)

2 橈(요) - 작은 노.

《두시상주》 '요'는 작은 노이다.(橈, 短棹也.)

〔無數 2구〕

《두시상주》 뗏목이 많고 노가 울리는 것은 따라 가는 이가 많은 것이다.(筏多橈響, 從行者衆.)

3 宗族(종족) - 낙양에 있는 일가 친척을 가리킨다. 최씨를 가리키는 것으로 보는 설도 있으나 취하지 않는다.

《두억》 종족이라 칭했으니, 아마 최씨와 두씨가 성을 받을 때 조상이 같았던 것일까?(稱宗族, 豈崔杜受姓時同一祖耶.)

〔別離 2구〕

《두시상주》 이별이 오래지 않다는 것은 공도 또한 삼협을 나선다는 것이니 친척이 서울에 있어서 차마 버려둘 수 없기 때문이다.(別離不久, 公亦將出峽, 以親族在京, 不忍遺棄故也.)

4. 白狗(백구)- 협곡 이름이다. 黃牛(황우)- 협곡 이름이다. 이 구절은 최도수가 경유할 곳을 말한다.

《두시상주》에 인용된 《십도지十道志》 백구협은 귀주에 있다. 두 벼랑이 깎은 듯하고, 흰 바위가 높이 솟아 있는데 그 모양이 개와 같다. 황우협은 이릉주에 있다. 바위가 사람이 소를 끄는 모습인데 그 빛이 사람은 검고 소는 누렇다.(白狗峽在歸州, 兩崖如削, 白石隱起, 其狀如狗. 黃牛峽, 在夷陵州, 石色如人牽牛之狀, 人黑牛黃.)

《구가집주두시》 '백구'와 '황우'는 모두 협곡 이름이다. 최도수가 경유할 땅을 말한다.(白狗黃牛, 皆峽名, 言崔都水所經從之地.)

5. 朝雲(조운) 구- 무산의 신녀사를 가리키며, 최도수가 경유할 곳이다.

《두시상주》 송옥의 〈고당부〉에서 '아침에는 지나가는 구름이 되고 저녁에는 지나가는 비가 된다'라고 하였다. 이는 바로 무산의 신녀사이다.(宋玉高唐賦, 朝爲行雲, 暮爲行雨, 此即巫山神女祠也.)

〔白狗 4구〕

《두시상주》 협곡의 언저리와 사당의 앞은 모두 최옹이 경유할 곳이다.(峽畔祠前, 皆崔翁經過之地)

6 所過(소과) 구- 최옹이 지나가는 곳에 두보가 아는 사람이 있으면 최옹에 의지하여 안부를 묻겠다는 뜻이다.

7 自題詩(자제시)- 두보 스스로 시를 지어 주겠다는 뜻이다. 최옹이 시를 짓는 것으로 보는 설도 있다.

〔所過 2구〕

《두시상주》에 인용된 《두억》 지나는 곳에 아는 사람이 있으면 먼저 옹을 통해 안부를 묻고 장래에 도착하는 날 내 스스로 시를 지어 증정하겠다는 것이다.(經過之處, 有相知者在, 先憑翁問訊, 待將來到日, 我自題詩以贈也.)

《두시상주》 고신 주에서 "장래에 이를 통해 안부 소식 묻고자 하니 어찌 날에 따라 시를 지어 수적手跡을 남기지 않으시는가?"라고 하였다. 노원창 주에서는 "장적의 〈송원곡〉에 '원컨대 그대는 가는 곳마다 스스로 이름을 적으시라. 훗날 그대가 이곳을 따라 갔음을 알게 되리니'라고 하였는데 바로 끝 2구의 뜻이다"라고 하였다. 살펴보건대 두 설은 너무 왜곡되었으니 역시 《두억》을 따르는 것이 합당하다.(顧注, 將來欲憑此以問安信, 何不按日題詩留存手跡乎. 盧注云, 張藉送遠曲, 願君到處自題名, 他日知君從此去, 卽末二句意. 按, 二說太曲, 還從杜臆爲當.)

#《두시상주》: 위의 4구는 최씨를 전송하는 것을 서술하였고 아래 4구는 삼협을 내려가는 것을 기술하였다.(上四敍送崔, 下四記下峽.)

《독두심해》: 옹이 삼협을 내려가는 것은 생각컨대 응당 북으로 돌아갈 것이다. 그래서 배가 출발하자 마음이 놀란 것이다. 돌아가 친척을 보고자 하는 마음이 있어서 그에게 가는 곳마다 안부를 전하고 자기가 곧 도착할 것이라고 말해줄 것을 부탁한 것이다.(翁之下峽, 想當北歸, 故驚心橈發. 思欲歸見宗族, 人囑其隨處通問, 謂己卽到也.)

(**이영주**)

49. 郪城西原送李判官兄武判官弟赴成都府
처현 현성 서쪽 들판에서 이판관 형과 무판관 아우가 성도부로 가는 것을 전송하다

憑高送所親[1] 久坐惜芳辰[2] 遠水非無浪[3] 他山自有春[4]
野花隨處發 官柳著行新[5] 天際傷愁別 離筵何太頻[6]

높은 곳에 올라 친한 이를 보내며
오래 앉아 꽃다운 때를 아쉬워한다.
먼 강에 풍랑이 없지 않겠지만
다른 산도 절로 봄이겠구려.
들꽃은 곳곳에 피어나고
큰길가의 버들은 줄줄이 새로우리.
하늘 끝 슬픈 이별에 마음 아프거니와
전별 자리는 어찌 이리도 잦은가?

이 시는 광덕 원년 봄, 재주의 치소治所인 처현郪縣 현성縣城의 서쪽 높은 곳에서 성도로 가는 판관 이씨와 무씨를 전송하며 지은 시이다. 이판관, 무판관이 누구인지는 자세하지 않다. 시제에서 형, 아우라고 말하였으니 두보와 절친하게 지내던 인물로 추정된다.

《보주두시》 시에서 "들꽃은 곳곳에 피어나고 큰길가의 버들은 줄줄이 새롭다"고 하였으니 마땅히 광덕 원년 봄에 지은 것이다.(詩云, 野花隨處發, 官柳著行新. 當是廣德元年春作.)

《독두심해》에 인용된 《당지》 재주의 치소 처현은 지금 동천주에 병입

되었다.(梓州治郪, 今併入潼川州.)

주 석

1 憑高(빙고) - 높은 곳에 의지하다. '憑'은 '登'으로 된 판본도 있다.

2 芳辰(방신) - 아름다운 때. 봄철을 가리킨다.

3 遠水(원수) 구 - 이판관과 무판관이 뱃길을 이용하여 성도에 갔기 때문에 풍랑의 위험을 걱정한 것이다.

4 他山(타산) - 다른 지방의 산. 自有春(자유춘) - 저절로 봄 풍경이 나타나다.

〔遠水 2구〕

《구가집주두시》 조언재 주 '원수무비랑'으로써 그들이 길을 가는 것이 고생스러움을 말하였다. '타산자유춘'은 떠나가는 때가 봄철이어서 도처에서 모두 행락할 수 있다는 말로 그 때문에 아래 구가 있는 것이다.(遠水非無浪, 以言其行路之苦辛. 他山自有春, 言去當春時, 觸處皆可行樂, 故有下句.)

《두시경전》 가는 길 내내 풍랑이 걱정스럽지만 봄 경치는 또한 감상할 만하다는 말이다.(言一路風浪可憂, 而春光亦可賞也.)

《두억》 3,4구는 한번 이별한 뒤 강에는 험난함이 있지만 산에는 봄 경치가 나타났다고 말하였으니 근심과 즐거움을 절로 알 수 있다. 석별의 마음을 묘사함이 매우 핍진하다.(三四言一別後, 水有險, 山有春, 憂樂自知. 寫惜別之意甚眞.)

5 官柳(관류) - 관에서 심은 큰길가의 버드나무. '官'은 '妖'로 된 판본도 있다. 著行新(착항신) - 줄줄이 모두 새로 싹이 돋아나다. '항行'은 '줄'이란 뜻이다.

〔野花 2구〕

《두억》 '야화'구와 '관류'구는 '타산'의 봄이다.(野花官柳, 他山之春.)

6 離筵(이연) - 전별하는 자리.

#《두시상주》: 이 시는 '석방신' 세 자에 이별을 아쉬워하는 마음이 나타나 있다. 강의 풍랑은 걱정할만하지만 산의 봄 경치는 또한 즐길만하다. 꽃과 버들은 즐길만하지만 전별 자리는 또한 슬퍼할만하다. 모두가 '꽃다운 때'에서부터 슬픔과 기쁨이 번갈아 모이는 뜻을 써냈으니 석별의 정경에 있어서 슬픔을 배로 느끼게 된다. 이씨와 무씨를 형과 아우로 불렀기 때문에 '친한 이'라고 말한 것이다. 두 사람이 함께 촉으로 갔기 때문에 '너무 잦다'고 말한 것이다.(此章惜芳辰三字, 見戀別之情. 水浪可憂, 而山春又可樂, 花柳可娛, 而離筵又可悵, 皆就芳辰上寫出悲歡交集之意, 於惜別情景, 倍覺悲傷矣. 李武稱兄弟, 故曰所親. 兩人俱往蜀, 故云太頻.)

《독두심해》: 처음과 마지막은 석별을 묘사하였는데, 가운데 4구는 모두 떠나간 뒤의 길에서 본 경치에서 흥취를 취하여 앞과 뒤를 위하여 세차게 쏟아내었으니 격이 기이하다.(起結寫惜別, 而中四俱從去後途景取致, 爲前後激射, 格奇.)

(**이석형**)

50. 涪江泛舟送韋班歸京得山字

부강에서 배를 띄우고 경사로 돌아가는 위반을 배웅하며 '산'자를 운자로 얻다

追餞同舟日[1] 傷春一水間[2] 飄零爲客久[3] 衰老羨君還
花雜重重樹[4] 雲輕處處山 天涯故人少[5] 更益鬢毛斑[6]

배웅하러 따라가 배를 함께 타던 날
한 강에서 봄을 아파하노라.
정처없이 떠돌며 나그네 신세 된 지 오래되니
노쇠한 이 몸 돌아가는 그대가 부럽다오.
꽃은 겹겹이 선 나무에 섞여 있고
구름은 곳곳의 산에 가볍다.
하늘 끝에 친구가 적으니
희끗한 살쩍머리만 더 늘어나는구나.

이 시는 광덕 원년 봄에 재주에서 지은 것이다. 경사로 돌아가는 위반을 전송하며 타지에서 친구도 없이 쓸쓸히 지내야 하는 자신의 신세를 한탄하는 내용을 담고 있다.

《보주두시》 부강이 재주에 있기에 부성현이 있다. 시에 '한 강에서 봄을 아파한다'고 한 것으로 보아, 광덕 원년 봄 재주에 지은 것이 틀림없다.(涪江在梓州, 故有涪城縣. 詩云, 傷春一水間, 當是廣德元年春在梓州作.)

《독두심해》 초당을 지을 때 그에게 소나무 묘목을 부탁한 적이

있다.(築草堂時, 曾憑覓松樹子.)

주 석

1 追餞(추전) - 따라가 전송하다.

《구가집주두시》 조언재 주 배를 함께 타고 건넌 것이다.(同舟而濟.)

2 春(춘) - '心'으로 된 판본도 있다. 一水(일수) - 부강을 가리킨다.

3 飄零(표령) - 정처없이 떠돌다.

4 雜(잡) - '遠'으로 된 판본도 있는데, 조언재는 뒤의 '重重'이라는 말과 의미상 중복된다고 보아 '雜'으로 하는 것이 좋다고 보았다. 重重(중중) - 겹친 모양.

《보주두시》에 인용된 조언재 주 '화원'으로 된 판본도 있으나 잘못이다. '중중수'에 이미 멀다는 뜻이 들어 있으니, 중첩해서 쓰지 말아야 할 것이다.(一作花遠, 非. 蓋重重樹, 則已有遠意, 不可疊用也.)

〔花雜 2구〕

《두시경전》에 인용된 장약륙蔣弱六 주 5, 6구는 단지 경관을 묘사한 것임에도, 봄을 맞은 나그네를 혼비백산하게 만든다.(五六只是寫景, 卻令三春客子神魂飛去也.)

5 天涯(천애) - 하늘 끝. 여기서는 재주를 가리킨다.

6 益(익) - 더하다. '憶'으로 된 판본도 있다. 鬢毛斑(빈모반) - 살적머리가 희끗한 것을 뜻한다.

〔天涯 2구〕

《구가집주두시》 위반은 경사로 돌아가는데 두보는 오히려 촉에 남았으니, 하늘 끝에 친구가 드물게 되었고, 시름에 젖어 친구를 그리워하기에 살적머리가 희끗해지는 것이다.(韋班歸京, 公猶在蜀, 則天涯故人鮮少矣. 憂思朋舊, 而鬢斑也.)

#《두시상주》: 위 4구는 배를 띄워 송별하는 내용이고, 아래 4구는 경치를 대하고서 마음 아파하는 내용이다. 꽃 핀 나무와 구름 덮인 산은 돌아가는 길에 본 봄의 경치이다. '천애'는 '위객'과 호응하고, '고인'은 '군환'과 호응하며, '빈반'은 '쇠로'와 호응한다. 윗 반절에 비해 한걸음 더 나아가 가슴아픈 점을 더욱 느끼게 된다.(上四泛舟送別, 下四對景傷情. 花樹雲山, 歸途春色. 天涯應爲客, 故人應君還, 鬢斑應衰老, 比上截更進一步, 愈覺可傷.)

《독두심해》: 오래 객지생활한 사람으로서 경사로 돌아가는 사람을 전송하기에, 자연스레 정신은 그를 따라가게 되지만 자신은 여기서 마음 아플 수밖에 없는 것이다.(以久客人送還京客, 自應神往於彼, 而心傷於此.)

(**김만원**)

51. 泛舟送魏十八倉曹還京因寄岑中允參范郎中季明

배를 띄워 경사로 돌아가는 위창조를 전송하고 그 편에 태자중윤 잠삼과 낭중 범계명에게 부치다

遲日深江水[1] 輕舟送別筵 帝鄕愁緒外[2] 春色淚痕邊

見酒須相憶[3] 將詩莫浪傳[4] 若逢岑與范 爲報各衰年[5]

더딘 해 비치는 깊은 강물
가벼운 배에 베푼 송별연.
제향은 수심 밖이요
춘색은 눈물 자욱 언저리라.
술을 보거든 모름지기 날 기억해주고
시는 함부로 전하지 마옵시기를.
잠삼과 범계명을 만나거든
날 위해 모두에게 늙은 나이라 말해주오.

이 시는 광덕 원년 재주에 있을 때에 지었다. 경사로 돌아가는 위창조를 전송하며 아울러 태자중윤 잠삼과 낭중 범계명에게 소식을 전하는 시이다. '창조'는 창조참군倉曹參軍의 약칭이며, 위십팔과 범계명은 생평이 자세하지 않다.

《보주두시》 시에서 "제향은 수심 밖이요, 춘색은 눈물 자욱 언저리라"고 말한 것은 현종과 숙종을 장사지내려 하는 것을 가리키니 의당 광덕 원년 재주에서 지은 것이 틀림없다. 이 해 잠삼이 괵주장

사로부터 돌아와 태자중윤이 되었다.(詩云, 帝鄕愁緖外, 春色淚痕邊, 指玄宗肅宗將葬, 當是廣德元年梓州作. 是年岑參自虢州長史歸爲太子中允.)

《두시상주》에 인용된 《두확杜確》 잠삼은 괵주장사로 나갔다가 태자중윤으로 바뀌었고 전중시어사를 겸하였으며 관서절도판관에 충임되었다. 범계명은 고찰할 바가 없다.(岑參出爲虢州長史, 改太子中允, 兼殿中侍御史, 充關西節度判官. 范季明無考.)

《두시경전》 《당서》에 "여러 위부에는 각각 창조참군이 있다"고 하였다. 〈잠삼집서〉에 잠삼은 괵주장사로 나갔다가 태자중윤으로 바뀌었다.(唐書, 諸衛府各有倉曹參軍. 岑參集序, 參出爲虢州長史, 改太子中允.)

주 석

1 江水(강수) - 강물. '江'을 '春'으로 쓴 판본도 있다.

2 帝鄕(제향) - 경도京都. 愁緖(수서) - 걱정. 근심스러운 마음.

3 相憶(상억) - 나를 기억해주다.

4 浪傳(낭전) - 함부로 전하다.

〔見酒 2구〕

《구가집주두시》 조언재 주 술을 보거든 모름지기 나를 기억하라는 말은 이별 뒤 훗날의 일을 말한 것이다. 아래 구절을 보면 자신의 시에 대한 공의 자부심이 이와 같았을 것임을 알 수 있다.(見酒須相憶, 言別後他日事也. 下句公蓋自負其詩如此.)

5 爲報(위보) - 위하여 알리다. 各(각) - 각자에게. 잠삼과 범계명 모두에게. 두보와 잠, 범씨 양쪽을 모두 가리키는 것으로 보기도 한다. 衰年(쇠년) - 노쇠한 나이.

《두시상주》 '각쇠년'은 자신의 늙은 나이를 잠씨와 범씨에게 알리라는 것이다.(各衰年, 以己之衰年報岑范也.)

#《두시상주》: 위 4구는 경사로 돌아가는 위씨를 전송한 것으로 시사에 대한 감개가 있다. 아래 4구는 이별에 임하여 부탁한 것이며 아울러 잠삼과 범계명에게 부치고 있다. 황학은 "현종과 숙종을 이 해 3월에 장례하였다. 그래서 '제향수서'와 '춘색루흔'의 구절이 있게 된 것이다"라고 하였다. 공의 시에는 시절을 슬퍼하는 말이 많으므로 그가 함부로 시를 전하여 미움을 받지 말 것을 부탁한 것이다.(上四, 送魏還京, 有感時事. 下四, 臨別丁寧, 兼寄岑范也. 鶴曰, 玄肅二宗, 是年三月葬, 故有帝鄕愁緖春色淚痕之句. 公詩多傷時語, 故囑其莫浪傳以取忌.)

《독두심해》: 시는 앞의 시(〈부강범주송위반귀경득산자涪江泛舟送韋班歸京得山字〉)와 같은 부류이다. '늙은 나이를 알린다'는 말에 '각' 한 글자를 붙여 양쪽에서 멀리 생각하는 신정神情을 드러내었다.(詩與前篇一類. 報衰年, 着一各字, 顯出兩下遙意神情.)

(김성곤)

52. 送路六侍御入朝
입조하는 노시어를 보내다

童稚情親四十年[1] 中間消息兩茫然[2]
更爲後會知何地[3] 忽漫相逢是別筵[4]
不分桃花紅似錦[5] 生憎柳絮白於綿[6]
劍南春色還無賴[7] 觸忤愁人到酒邊[8]

아이 적 친한 정으로 사십년이 흘렀는데
그 사이 소식은 서로 간에 아득했네.
뒤에 다시 만남은 어느 곳이 될 것인지
우연히 만난 자리가 헤어지는 자리이네.
복숭아꽃이 비단처럼 붉을 줄은 생각지도 못했고
버들 솜이 솜보다 하얀 것도 사뭇 미워지네.
검남 봄빛이 여전히 무뢰하여
시름겨운 사람 거스르려 술자리까지 찾아왔네.

광덕 원년 봄 재주에서 입조하는 노시어를 송별한 시이다. 시어는 시어사이다. 두보는 노시어와 어린 시절부터 알고 지냈으나 소식이 끊어졌었다. 이제 다시 만나긴 했으나 또 곧장 이별하게 되어 이 시로써 아쉬운 정을 써냈다. 노시어에 대하여 따로 알려진 바는 없다.

《보주두시》 시에서 "검남 봄빛이 아직도 무뢰하여, 시름겨운 사람 거스르려 술자리까지 찾아왔다"라고 하였으니 마땅히 광덕 원년 봄 재주에서 지은 것이다.(詩云, 劍南春色還無賴, 觸忤愁人到酒邊,

當是廣德元年春梓州作.)

주 석

1 童稚(동치) - 어린 시절. 情親(정친) - 사귐의 정이 친밀했다는 말이다. 四(사) - '三'으로 된 판본도 있다.

《보주두시》에 인용된 왕수 주 어린 시절에 의기투합하였다는 말이다.(言相得於總角.)

2 中間(중간) - 사이. 어렸을 때 헤어진 뒤 지금까지의 세월을 뜻한다. 兩茫然(양망연) - 두 사람 모두 아득하다. 두 사람 사이에 내왕은 물론 소식도 전하지 못했다는 말이다.

3 後會(후회) - 나중에 다시 만나는 일. 知何地(지하지) - 어느 곳이 될 것인지 알 수 없다는 말이다.

4 忽漫(홀만) - 홀연히. 우연히. 別筵(별연) - 이별의 잔치자리.

《두시경전》 막 만났는데 곧바로 이별이라는 말이다.(言方逢而卽別也.)

5 不分(불분) - 생각지 못했다는 말로 '불료不料'와 같은 뜻이다. 《두시상주》에서는 '分'의 독음을 '問'이라 하고, 분별할 수 없다는 뜻으로 보았다. 혹 '불합(不合)', 즉 알맞지 않다는 뜻으로 보기도 한다. '分'은 '忿'으로 된 판본도 있다. 桃花(도화) - 복숭아꽃. 紅似錦(홍사금) - 붉기가 비단과 같다.

《보주두시》에 인용된 소蘇씨 설 이부인이 병이 나을 즈음, 남원의 복숭아꽃이 만개했지만 이부인은 기뻐하지 않았다. 무제가 그 까닭을 묻자, 이부인은 "생각지도 않게, 복숭아꽃이 비단과 같아서 사람으로 하여금 눈병이 나게 할 정도입니다"라고 말하였다. 무제가 그녀의 말에 느껴서 마침내 그 꽃을 없애니 온 나라의 웃음거리가 되었다.(李夫人病起, 南園桃花盛開, 李不悅. 武帝問其故, 李曰, 不分桃花如錦,

惱人病眼. 帝感其言, 遂去其花, 爲一國笑.)

《두시상주》 '불분'은 분변할 수 없다는 뜻이다.(不分, 不能分辨也.)

《두시경전》 '불분'은 '불합'이라고 말하는 것과 같다.(不分, 猶云不合.)

《두시상주》에 인용된 《환우기寰宇記》 도화계는 처현에서 30리 되는 곳에 있으며 남쪽으로 흘러 사홍현으로 들어간다.(桃花溪, 在郪縣三十里, 南流入射洪縣.)

6 生憎(생증) - 가장 밉다. 사뭇 한스럽다. '生'은 부사로서 '매우', '가장', '아주'의 뜻이다. 柳絮(유서) - 버들솜. 白於綿(백어면) - 솜보다 희다. '於'가 '如'로 된 판본도 있다.

《두시경전》 꽃과 버들은 본디 좋은 경치에 속하지만 이별의 자리에 있기에 모두 근심스런 상황이 되어버렸으니, 곧 이른바 무뢰한 춘색이라는 것이다.(花柳本屬好景, 以在離筵, 故皆成愁況, 卽所謂無賴春色也.)

《구가집주두시》 조언재 주 《천주금련》은 홍각범의 책인데 '불분도화홍승금, 생증류서백어면'을 비흥격이라 하였다. 또 말하기를 "비단과 목면은 빛깔이 붉고 흰 것으로 쓰임에 들어맞는 것이다. 조정에서 참된 재목을 쓰면 천하의 복이다. 오직 참된 재목만이 충성스럽고 정직하다. 소인은 아첨함이 충성스런 것 같이 보이고, 속임수로 남의 잘못을 폭로하는 것이 정직한 것 같이 보인다. 그래서 두보에 의해서 가리지 않고 미움을 받게 되었다"라고 하였는데, 복숭아꽃과 버들솜에 무슨 근거가 있어서 곧장 아첨하고 거짓으로 타인의 잘못을 폭로하는 소인에 견주었는지 모르겠다. 두보가 새 말을 만들면서 '불분' '생증'이라고 말하였는데, 이는 곧 그것이 붉고 하얀 것을 강조해서 말하고자 해서였다.(天廚禁臠者, 洪覺範之書也, 以不分桃花紅勝錦, 生憎柳絮白於綿, 謂之比興格, 且曰, 錦綿色紅白而適用, 朝廷用眞材, 天下福也. 惟眞材者忠正, 小人諂諛似忠, 訐訐似正, 故爲子美所不分而憎之. 不知於桃花柳絮何所據, 而便比諂諛訐訐之小人乎.

杜公造爲新語，其云不分生憎，乃所以深言其紅白也.)

7 劍南(검남)- 지명. 재주와 검각 남쪽 지역을 가리킨다. 無賴(무뢰)- 무뢰하다. 힘입을 바가 없다, 도움 될 것이 없다는 뜻으로 봄빛을 나무라는 말이다. 낭자하게 핀 모습으로 보기도 한다.

《두시상주》 당 정관 원년 천하를 10도로 나누었는데 아홉 번째가 검남도이다. '무뢰'는 그것이 낭자함을 말한다.(唐貞觀元年，分天下爲十道，九曰劍南道. 無賴，言其狼籍.)

8 觸忤(촉오)- 거스르다. 愁人(수인)- 시름에 겨운 사람. 到酒邊(도주변)- 봄빛이 술자리 주변까지 찾아왔다는 말이다. 봄빛이 시름겨운 사람을 거슬러 술자리로 가게 하였다고 보기도 한다.

《보주두시》에 인용된 사師씨 설 두보와 노시어는 어린 시절에 의기투합하였는데 중간에 소식을 얻을 수 없었고 다음 만남은 어디가 될지 알지 못한다. 지금 봄빛이 사람으로 하여금 근심과 번민에 들게 하니 술로써 풀어버림만 못하다는 말이다.(甫與路侍御，相得於總角之時，中間不得消息，未知後會在何處. 言今春色使人愁悶，不若以酒消遣之.)

《구가집주두시》 조언재 주 복숭아꽃의 짙은 붉은 색과 버들 솜의 새하얀 빛깔은 바로 봄빛이 방탕하여 도움 될 바가 없는 것인데 문득 수심에 찬 사람의 심사를 거슬러 짐짓 술자리로 데려가 그 시름을 풀게 만든다. 그러나 수심에 찬 까닭은 이별의 자리이기 때문이다.(桃花之深紅，柳絮之釃白，正是春色放蕩無所藉賴者，翻是觸忤愁人，斷送令到於酒邊以散其愁，然所以愁者，以別筵故也.)

#《두시상주》: 위 4구는 송별의 정이고, 아래 4구는 이별할 때의 경치이다. 지난 일을 추억하고 장래를 생각하며 현재를 슬퍼하면서, 만나기는 어려우나 헤어짐은 쉽다는 것을 써냈으니 몇 마디 말에 무한한 슬픔이 배어있다. 장연의 주에 "꽃과 버들은 봄빛 가운데 사랑스런 것이지만 언뜻 괴로움이 될 수 있는 것은 그것이 근심에 싸인 사람을 거스르려 곧바로 술자리까지 다다랐기 때문이다"라고 하였다.(上四

送別之情, 下四臨別之景. 追已往, 念將來, 傷現在, 寫出會難別易, 數語含無限悲傷. 張綖注, 花柳, 春色可愛者, 忽然可惱, 以其觸忤愁人, 直到酒邊也.)

《독두심해》: 홀연히 만났다가 곧바로 이별한다는 것, 이것이 주된 구절이다.(忽逢卽別, 是主句.)

(**이남종**)

53. 涪城縣香積寺官閣
부성현 향적사 관각에서

寺下春江深不流[1]	山腰官閣迥添愁[2]
含風翠壁孤雲細	背日丹楓萬木稠[3]
小院迴廊春寂寂[4]	浴鳧飛鷺晚悠悠[5]
諸天合在藤蘿外[6]	昏黑應須到上頭[7]

절 아래 봄 강은 깊어 흐르지 않고
산허리 관각은 멀어 시름을 더하는구나.
바람을 머금은 푸른 절벽에 외로운 구름이 가늘고
해를 등진 붉은 단풍 무수히 빽빽하구나.
작은 정원과 회랑에 봄은 적적한데
목욕하는 오리와 날아가는 해오라기는 저녁에 유유하구나.
여러 하늘의 부처는 모두 등나무 넝쿨 밖에 있으리니
해질 녘에는 응당 산 위에 당도해야겠지.

이 시는 부성현 향적사를 오르면서 도중의 관각에서 잠시 휴식하며 지은 것이다. 관각 주변의 경관과 시인의 정서가 자연스럽게 묘사되어 있다. 부성현은 재주 서북쪽 55리에 있고, 향적사는 부성현의 동남쪽 3리에 있다. 관각은 여행객이 쉴 수 있는 누각을 말한다. 저작 시기는 광덕 원년 봄이다.

《보주두시》 장안에도 또한 향적사가 있다. 대종이 원수로 있을 때 여러 군대를 거느리고 주둔한 향적사가 바로 이곳이다. 그렇지만 여기서의 절은 재주 부성현에 있기에 어쩔 수 없이 부성현이라는 글자를 절 이름 앞에 붙인 것이니, 우두사, 도솔사처럼 절 이름만을 말한 것과는 같지 않다. 부성현은 재주 서북쪽 55리에 있다. 시에서 "절 아래 봄 강은 깊어 흐르지 않는다"고 하였으니, 또한 마땅히 광덕 원년 봄에 지은 것이다.(長安亦有香積寺. 代宗爲元帥, 率諸軍屯於香積寺是也. 此寺, 在梓州涪城縣, 不得不以涪城縣冠寺名之上, 不如牛頭寺兜率寺, 直以寺言. 涪城在梓州西北五十五里. 詩云, 寺下春江深不流, 亦當是廣德元年春作.)

《두시상주》에 인용된 《환우기寰宇記》 향적산은 부성현 동남쪽 3리에 있는데, 북으로 부강을 베고 있고 절은 당연히 그 위에 있다.(香積山, 在涪城縣東南三里, 北枕涪江, 寺當在其上.)

주 석

1 春江(춘강) - 봄 강. 여기서 강은 부강涪江을 가리킨다.

《두시상주》 흐르지 않는다는 것은 강이 깊어 물이 고요해서이다.(不流者, 江深水靜也.)

2 添愁(첨수) - 시름을 보태다.

《두시상주》 '시름을 보탠다'는 것은 산이 높아 오르기 어려워서이다.(添愁者, 山高難上也.)

3 丹楓(단풍) - 붉은 나무. 여기서는 노을을 받아 붉게 물든 나무를 가리킨다.

《두시경전》 봄이어서 단풍은 없었을 것이고, 저녁 해가 반사되어 붉게 물든 것이다.(春無丹楓, 以反照映之, 故赤.)

〔含風 2구〕

《두시경전》 두 구절은 관각에서 올려다본 모습이다.(二句從閣仰觀.)

《두시상주》 가벼운 바람이 구름을 흩어놓아 점점 가늘어지고, 저녁 해가 단풍 나무에 비춰 더욱 빽빽한 것이다. 이 구절은 한 번은 담박하게 또 한 번은 농밀하게 표현하여 대조를 이루었다.(輕風散雲則漸細, 落日映楓則更稠, 此從一淡一濃對說.)

4 春(춘) - '深'이나 '淸'으로 된 판본도 있다.

5 鳧(부) - 오리. 鷺(노) - 해오라기

〔小院 2구〕

《두시경전》 두 구절은 관각의 주변을 묘사하였다.(二句就閣邊寫.)

《두시상주》 '적적'은 장소가 고요한 것이고, '유유'는 사물의 본성이 한가한 것이다.(寂寂, 境地之幽. 悠悠, 物性之閒.)

6 諸天(제천) - 불교 용어로 여러 차원의 하늘을 수호하는 천신을 가리킨다. 여기서는 향적사의 여러 신상을 가리키는 것으로 보인다. 藤蘿(등라) - 등나무 넝쿨.

《두시상주》 불서에는 3계의 제천이 있는데, 욕계 이상은 모두 제천이라고 한다.(佛書有三界諸天, 自欲界以上皆曰諸天.)

《두시상주》에 인용된 진陳씨 주 사천왕천에서부터 비유상천, 비무상천에 이르기까지 모두 제천이다. 여기서는 산 정상의 불전 신상을 가리킨다.(自四天王天, 至非有想天非無想天, 皆諸天也. 此指山頂殿像言.)

《구가집주두시》 불서에 나오는 '제천'이라는 글자는 모두 지극히 기쁜 일을 말하고 있으니, 공의 마지막 단락은 이로써 자신의 뜻을 드러낸 것이다.(釋書有諸天字, 皆言勝樂事. 公之末章, 因以見志也.)

《구가집주두시》에 인용된 조언재 주 그것이 높아서 하늘에 가깝다는 것을 말했을 따름이다.(蓋言其高而近天爾.)

7 昏黑(혼흑) - 어두운 저녁. 上頭(상두) - 위쪽. 여기서는 산 위쪽에 있는 향적사를 가리키는데, 길이 멀어 어두워져서야 도착할 수 있겠다는 말이다.

#《두시상주》: 먼 관각이 강을 임하고 있어서 시름을 일으키기 쉬운 것이다. 가운데 4구는 모두 관각에 올라 바라본 경치이다. 구름이 가늘고 나무가 빽빽한 것은 산 앞의 모습이고, 작은 정원과 회랑은 관각 안이며, 목욕하는 오리와 날아가는 해오라기는 강 가운데인데 날이 저물어 절에 이르면 그 승경을 모두 볼 수 있게 된다는 것이다. 세 층차로 보면 보다 분명하니, 산 아래 강이 있고, 산허리에 관각이 있으며, 산 위에 절이 있는 것이다.(迴閣臨江, 故易生愁. 中四, 皆登閣所見之景, 雲細木稠在山前, 小院迴廊在閣內, 浴鳧飛鷺在江中, 日晚到寺, 得以盡覽其勝矣. 作三層看, 便明. 山下有江, 山腰有閣, 山上則有寺也.)

《독두심해》: 절은 산 정상에 있고, 관각은 산 허리에 있는 것이다. 3, 4구는 관각에서 올려다 본 것이고, 5, 6구는 관각의 주변을 묘사한 것이며 7, 8구는 절 주변까지 서술한 것이다. 봄이어서 단풍은 없지만 저녁 해가 반사되어 붉게 물든 것이며, '배背'자 하나를 덧붙임으로써 저녁의 경관을 연상할 수 있도록 하였다. 저녁 무렵 관각에 이르러 머뭇거리다가 마지막 연에서는 그 이후까지를 연결시키고 있으니 무한한 정취가 있다.(寺在山頂, 官閣在山半. 三四, 從閣仰觀, 五六, 就閣邊寫. 七八, 寫到寺邊. 春無丹楓, 反照映之故赤, 著一背字, 晚景可想. 傍晚就閣盤桓, 結聯透後, 有不盡之致.)

(박홍준)

54. 泛江送客

강물 위에서 손을 보내다

二月頻送客[1] 東津江欲平[2] 烟花山際重[3] 舟楫浪前輕[4]
淚逐勸杯下[5] 愁連吹笛生[6] 離筵不隔日[7] 那得易爲情[8]

이월에 자주 손을 보내매
동쪽 나루 강이 평평해지련다.
이내 낀 꽃 산자락에 짙고
배는 물결 앞에 가볍다.
눈물은 권하는 잔을 따라 떨어지고
시름은 부는 젓대에 이어 인다.
이별 잔치 날을 거르지 않으니
어이 마음 쉬울까.

면주의 동진에서 매일 같이 손을 보내며 이별의 아픔을 노래하였다. 술을 마시고 젓대를 불어 즐거움으로 삼으려 하였으나 도리어 마음이 아프기에 어이 마음 쉬울까라고 뒤집어 표현하였다. 광덕 원년에 지었다.

《보주두시》 시에서 "이월에 자주 손을 보내매 동쪽 나루 강이 평평해지련다"라고 하였으니 당연히 광덕 원년 공이 면주 동부를 잠시 여행했을 때의 작품이다. 동진은 면주에 있다. 살펴보건대 〈관타어가觀打魚歌〉에서 "면주의 강물 동쪽 나루"라고 하였다.(詩云, 二月頻送客, 東津江欲平, 當是廣德元年, 公暫遊左綿時作. 東津, 在綿州.

按, 打魚歌云, 緜州江水之東津.)

《두시상주》에 인용된 전겸익 전 《여지기승》에 "동진은 처현 동쪽 4리에 있으며 부강물을 건넌다"고 하였다.(輿地紀勝, 東津在郪縣東四里, 渡涪江水.)

주 석

1 二月(이월) - 2월. 중춘. 頻(빈) - 자주.

2 東津(동진) - 면주의 나루. 江欲平(강욕평) - 강물이 평평해지려고 하다. 봄에 물이 불어 강의 수위가 강언덕과 평평해진다는 뜻이다.

《독두심해》 면주는 재주와 붙어 있다. 아마 당시에 왕래하였을 터이다.(緜與梓相隣, 或時往來也.)

3 烟花(연화) - 이내 속에 핀 꽃. 山際(산제) - 산자락. 重(중) - 농후하다. 무겁다.

《두시상주》 "연화산제중"에서 '중'은 농후하다는 뜻이다. 황생이 "'중'은 평성 '深' 자로서 바라보니 한 겹이 아니다는 말이다"라고 하였다.(煙花山際重, 重乃濃厚之意. 黃生云, 重卽平聲深字, 言望去非一重也.)

4 舟楫(주즙) - 배와 노. 배. 浪(랑) - 물결.

5 勸杯(권배) - 술을 권하는 잔. 下(하) - '落'으로 된 판본도 있다.

6 吹笛(취적) - 부는 젓대.

〔淚逐 2구〕

《구가집주두시》 새로 손을 보내기 때문에 술을 권하였고, 눈물이 그래서 떨어졌다. 젓대 연주는 즐거운 일이지만 지금은 젓대를 불어서 시름이 생기니 역시 이별의 정이 감동되었음이다. 마융이 경사를 떠나 해를 넘길 저 낙양의 객이 여사에서 젓대를 부니 잠시 듣고서 매우 비감해 하였다.(新添以送客之故而勸之酒, 淚所以下. 吹笛以爲

樂, 今吹笛而愁生, 亦是別情感動爾. 馬融去京踰年, 有洛客逆旅吹笛, 暫聞之, 甚悲感.)

7 離筵(이연)- 전별연. 不隔日(불격일)- 날을 거르지 않다. 하루도 빠짐이 없다.

《구가집주두시》 '이연'은 전별연이다.(離筵, 祖餞之筵也.)

8 那得(나득)- 어찌 …할 수 있으랴. 易爲情(이위정)- 정 되기 쉽다. 마음을 편히 하다.

#《두시상주》: 위 4구는 강에 배를 띄워 손을 보냄이요, 아래 4구는 이별하며 마음이 아픔이다. 봄에 물이 생기므로 강이 평평하다. '연화'는 '이월'을 잇고, '주즙'은 '동진'을 잇는다. '중'과 '경' 2자는 시안으로서 구의 끝에 있다. 잔을 잡고 젓대 소리를 들으나 다만 슬픔을 더할 수 있을 뿐이니 이별 잔치이기 때문이다. '불격일'은 위의 '빈송'과 호응한다.(上四, 泛江送客, 下四, 臨別傷情. 春水生, 故江平. 烟花承二月, 舟楫承東津. 重輕二字, 眼在句底. 把杯聞笛, 適足增悲, 離筵故也. 不隔日, 應上頻送.)

《독두심해》: 작시의 뜻은 모두 '빈송객'과 '불격일'에 있다.(作意都在頻送客不隔日上.)

《두억》: "이별 잔치 날을 거르지 않는다"에서 자주 손을 보냄이 바로 드러난다. 본래 '난위정'이지만 뒤집어 신이하게 표현하였다.(離筵不隔日, 正見送客之頻, 本是難爲情, 而翻得新異.)

(**이창숙**)

55. 雙燕

한 쌍의 제비

旅食驚雙燕[1] 銜泥入北堂[2] 應同避燥濕[3] 且復過炎涼[4]
養子風塵際 來時道路長 今秋天地在 吾亦離殊方[5]

나그네로 살다가 놀라게 된 것은 한 쌍의 제비가
진흙 물고 북쪽 마루에 들어와서라네.
응당 함께 마르고 습한 것 피하고
장차 또 여름과 가을을 지나게 되리.
풍진 시절에 새끼 기르느라
올 때 길은 멀기도 하였겠지.
올 가을에도 천지가 있으려니와
나 또한 이 낯선 지방 떠나게 되리.

이 시는 두보가 광덕 원년 봄에 지은 것이다. 작시 당시에 낭주에 있었다는 설이 있으나 확실하지 않다. 자신을 제비에 비유하면서 이곳을 떠나고 싶다는 뜻을 시 속에 담았다. 광덕 2년에 지었다는 설도 있다.

《보주두시》 시에서 '나그네로 살다가 한 쌍의 제비에 놀랐다'고 하였고 또 '올 가을에도 천지가 있으려니와 나 또한 이 낯선 지방 떠나게 되리'라고 하였으니 응당 광덕 2년 봄 낭주에 있을 때 지은 것이다. 공이 삼협을 나서려는 뜻이 있었으니 엄무가 다시 촉에 부임함을 아직 몰랐던 때문이다.(詩云, 旅食驚雙燕, 又云, 今秋天地

在, 吾亦離殊方, 當是廣德二年春在閬州作. 公有意於出峽, 未知嚴武再鎭蜀也.)

《두시상주》 응당 광덕 원년 봄 낭주에 있을 때 지은 것이다. 진흙을 물고 마루에 들어온다 하니, 이는 봄날의 일이다. '응당'이라 하고 '장차'라 하였으니 그 앞날을 따져본 것이다. 황학이 "마지막 구를 보니, 공이 삼협을 나설 뜻이 있었으니 아직 엄무가 촉에 부임한다는 소식을 듣지 못했기 때문이다"라 하였다.(當是廣德元年春在閬州作. 銜泥入堂, 此春日事. 曰應曰且, 乃計其將來也. 鶴曰, 觀末句, 公有意於出峽, 未聞嚴武鎭蜀之信也.)

주석

1 旅食(여식) - 객지 생활을 하는 것을 말한다. 驚雙燕(경쌍연) - '雙飛燕'으로 된 판본도 있다.

《두시상주》에 인용된 고신 주 봄날 제비는 짝지어 이른다. 그래서 《시경》에서 "제비들이 날아온다"라고 하였다.(春燕以其匹至, 故詩曰, 燕燕于飛.)

2 銜泥(함니) - 진흙을 물다. 北(북) - '此'로 된 판본도 있다.

3 同(동) - 제비 한 쌍이 함께함을 말한다. 사람이 제비와 함께 한다는 뜻으로 풀이할 수도 있다. 避燥濕(피조습) - 마르고 습한 곳을 피하다.

《두시상주》 '무더운 곳을 피한다'는 것은 제비가 밖에 둥지를 틀지 않는다는 것이다.(避燥濕, 燕不露巢.)

4 過(과) - '遇'로 된 판본도 있다. 炎涼(염량) - 더위와 서늘함. 여기서는 여름과 가을을 뜻한다.

《두시상주》 '더위와 서늘함을 지난다'는 것은 여름부터 가을까지 간다는 것이다.(過炎涼, 自夏徂秋.)

〔應同 2구〕

《두시경전》 좋은 일과 괴로운 일을 함께하려는 뜻이 보인다.(見甘苦相共意.)

《두시상주》에 인용된 《좌전》 자한이 말하기를 "우리들 소인이 모두 오두막집이 있어서 추위와 더위 무덥고 습한 것을 피한다"라고 하였다.(子罕曰, 吾儕小人, 皆有闔廬, 以避寒暑燥濕.)

5 殊方(수방) - 타향.

〔今秋 2구〕 제비는 하늘에 길이 있고 사람은 땅에 길이 있어서 떠날 수 있다는 뜻이다.

《두시언해》 두보가 가을에 이 땅을 떠나 고향으로 갈 것이 또한 제비가 돌아가는 것과 같음을 말한다.(言甫當秋去此地而歸故鄉, 亦如燕之歸也.)

《두시택풍당비해》 '천지재' 세 자는 여유로운 듯하면서도 원망하는 것이니, 세상이 바뀌지 않으면 혹 고향으로 돌아갈 것이라는 것이다.(天地在三字, 似緩而怨, 世界不改, 則或歸故國也.)

#《두시상주》: 이 시는 제비에 부쳐서 스스로를 비유한 것이니 머리 부분과 끝 부분에 뜻이 드러났다. 나그네 생활을 하다가 한 쌍의 제비에 놀란 것은 자신이 장차 떠나려 하는데 제비가 도리어 왔기 때문이다. 곳에 따라 떠돌이 생활하는 것이 애오라지 무더위를 피하는 일이다. 교유가 점차 차가워진 것이 여름 가을을 두루 지내는 일이다. 재주와 낭주에서 자식을 끌고 다니는 것이 풍진 속에 자식을 기르는 일이다. 장안에서 촉에 온 것이 올 때의 길인 것이다. 구절구절이 제비를 말하면서 도리어 구절구절이 자신을 감개하고 있으니, 모두 '여식' 2자와 서로 관계가 있다. 고신이 말한기를 "세상이 난리를 겪어도 천지는 여전히 있으니 '하늘은 제비가 나는 대로 둔다'라 말하는 것과 같다"라고 하였다.(此詩託燕自喩, 於首尾露意. 旅食而驚雙燕者, 爲身將去而燕反來也. 隨地羇棲, 聊避燥濕也. 交遊漸冷, 歷過炎涼也. 攜家梓閬,

養子風塵也. 長安赴蜀, 來時道路也. 句句說燕, 却句句自慨, 皆與旅食二字相關. 顧云, 世經亂離, 而天地仍在, 猶云天空任鳥飛.)

《두시상주》: 봄에서 서술하기 시작하고 가을에서 시상을 거두었다.(從春敍起, 從秋收結.)

《독두심해》: 한 쌍의 제비를 대하고서 감회를 말한 것이다. 공이 떠나려는 뜻을 가진 것이 오래되었으니 하필 가을이겠는가? 제비가 가을에 돌아가기 때문에 이를 빌려서 뜻을 보였을 뿐이다.(對雙燕以言懷也. 公之去志久矣, 何必在秋, 燕以秋歸, 假此見志耳.)

(**이영주**)

56. 百舌
백설

百舌來何處　重重祇報春[1]　知音兼衆語[2]　整翮豈多身[3]
花密藏難見[4]　枝高聽轉新[5]　過時如發口　君側有讒人[6]

백설은 어디서 왔는가?
거듭 울면서 다만 봄이 왔음을 알리네.
소리를 잘 알아 여러 새 울음소리 함께 내거니와
깃촉을 정돈하여 나는 것이 어찌 많은 몸이겠는가?
꽃 빽빽한 곳에 숨어 알아보기 어렵지만
가지 높은 곳에서 울어 들을수록 새롭구나.
시절이 지나서도 입을 열어 운다면
군왕 곁에 참소하는 사람 있는 것이리.

이 시는 앞의 〈쌍연〉 시와 같이 광덕 원년 봄, 낭주에서 지은 것이다. '백설'은 새 이름으로 반설反舌이라고도 하는데, 울기를 잘하며 울음소리가 다양하다. 이 시에서는 백설을 빌어 천자 측근의 간신들을 풍자하였다.

> 《보주두시》 시에 "거듭 울어 다만 봄이 왔음을 알린다"고 하여 옛날에는 낭주에서 지은 시 안에 편차하였는데 지금 어느 해에 지은 것인지는 자세하지 않다. 요컨대 광덕 원년, 2년을 벗어나지는 않을 것이다.(詩云, 重重秖報春, 而舊次在閬州詩內. 今未詳爲何年作. 要不出廣德元二年也.)

《두시상주》 이 역시 앞 〈쌍연〉 시와 같은 시기에 지은 것이다. 당시 정원진이 이미 폄적되었는데 공은 초봄에 아직 이 사실을 알지 못하였다. 그래서 백설 새를 빌려 감개를 기탁한 것이다. 왕십붕이 말하기를 "'백설'은 '반설'로 그 혀를 뒤집어 온갖 새의 소리를 따라할 수 있는데, 봄에 울다가 여름에 그친다"고 하였다. 《예기》에 "소서가 되면 반설은 울지 않는다"고 하였다. 《조야첨재》에 "백설은 지렁이를 잡아먹는데 정월에 지렁이가 나오면 왔다가, 10월에 지렁이가 숨으면 떠나간다"고 하였다.(此亦同時所作. 時程元振已貶斥, 公初春猶未知, 故借百舌以寄慨. 王十朋曰, 百舌者, 反舌也, 能反覆其舌, 隨百鳥之音, 春囀夏止. 禮記, 小暑至, 反舌無聲. 朝野僉載, 百舌, 食蚯蚓, 正月蚓出而來, 十月蚓藏而往.)

주 석

1 祗報春(지보춘) - 다만 봄이 온 것만을 알리다. 간신이 천자에게 좋은 소리만 하는 것을 비유한다.

《두시경전》 아첨을 잘한다는 뜻을 비유한다.(喩善取媚意.)

2 兼衆語(겸중어) - 백설이 여러 새 소리를 낼 수 있음을 말한다. 간신이 이런 저런 말로 천자에게 아부함을 비유한다.

3 整翮(정핵) - 깃촉을 정돈하다. 豈多身(기다신) - 어찌 많은 몸이겠는가? 이 구는 깃촉을 정돈하여 나는 것이 어찌 여러 마리의 새이겠는가라는 말이다. 《두시언해》에서는 날개를 정돈함은 어찌 몸을 중히 여김이 아니겠는가의 의미로 풀이하였으나 취하지 않는다.

〔知音 2구〕

《두시경전》 그 한 몸을 다르게 하여 여러 소리를 함께 낸다는 것이다.(異其一身而兼衆音也.)

4 藏難見(장난견) - 숨어 있어 보기 어렵다. '難相見'으로 된 판본도

있다.

5 聽轉新(청전신)- 들을수록 점점 더 새롭다.

6 讒人(참인)- 참소하는 사람. 간신을 말한다.

〔過時 2구〕

《두시상주》《급총주서》에 "망종의 날에 사마귀가 생겨난다. 또 5일이 지나면 때까치가 울기 시작한다. 또 5일이 지나면 반설이 울지 않는다. 사마귀가 생겨나지 않으면 이것을 일러 '음기가 그친다'고 말한다. 때까치가 울지 않기 시작하면 간사한 이가 궁색해진다. 반설이 울면 아첨하는 사람이 옆에 있다"고 하였다. 황산곡이 말하기를 "내가 《주서·월령》을 읽고서야 두보의 '과시여발구, 군측유참인' 구를 이해하게 되었다"고 하였다.(汲塚周書, 芒種之日, 螳螂生. 又五日, 鵙始鳴. 又五日, 反舌無聲. 螳螂不生, 是謂陰息. 鵙始不鳴, 令奸壅逼. 反舌有聲, 佞人在側. 黃山谷云, 予讀周書月令, 乃解老杜過時如發口, 君側有讒人之句.)

#《두시상주》: 이 시는 새를 빌어 풍자를 기탁한 것으로 마지막 2구에 뜻을 드러내었다. 첫 구에 곧 놀라는 뜻이 있으니 거듭 울어 봄을 알린다는 것은 그 시끄러운 것을 싫어한 것이다. 가운데 4구는 유창한 입에서 온갖 소리를 내는 것은 많은 사람에게 있지 않고 또 모습을 감춰서 보기 어렵지만 놀랄만한 소리를 쉽게 던진다는 것을 보여준다. 시절이 지나도록 입을 열어 걱정이 참소하는 사람에게 미쳤으니 결어에 크게 백설을 읊은 시작詩作의 원인이 있다.(此詩借鳥託諷, 在末二露意. 起句便有怪駭意 重重報春, 厭其聒耳. 中四, 見利口百出, 不在多人, 且匿形難見, 而聳聽易投. 過時發口, 慮及讒人, 結語大有關係.)

《두억》: 이 시는 스스로를 비유한 것이다. '거듭 울면서 봄이 왔음을 알린다'는 것은 그 말하는 바가 사물을 살리는 것에 중점을 두었고 일찍이 사물을 죽이지는 않았다는 말이다. 소리를 잘 아는 까닭에 여러 새 울음소리를 함께 내고, 늘 깃촉을 정돈하여 떠날 것을 생각하였으니 어찌 이 몸이 많음을 싫어하겠는가? 살면서 늘 참소를 만났기 때문에 마지막에 이로써 스스로를 경계하였다.(此詩自比. 重重報春, 謂其所言主於生物, 未嘗殺物也. 以知音, 故兼衆語, 常整翮而思去, 豈厭此身之多耶. 居常遭讒, 故末以自戒.)

《독두심해》: 백설의 울음소리를 듣고서 스스로를 경계한 것이다. 의론을 좋아하고 몸은 홀로 떠돌아다니는 신세라 행적을 감추고 드러내지 않는다 해도 시를 짓는 것이 지나치면 화를 불러오게 된다. 앞《범주송위십팔창조환경泛舟送魏十八倉曹還京》시에서 '시를 마음 내키는대로 전하지 말라'고 한 것이 바로 이 뜻이다. 시에서는 대체로《급총주서》를 인용하였는데 그 뜻은 달리 하였으니《급총주서》는 참소를 비유하였고 이 시는 스스로를 비유하였다. 옛 해석이 잘못 이해하여 곧 시 전체가 어긋나버렸다.(聞白舌以自警也. 好議論而身羈孤, 跡雖韜晦, 篇詠濫觴, 禍之招也. 前云, 將詩莫浪傳, 卽此志也. 詩蓋用汲冢書而不同其意, 書比讒, 詩自比也. 舊解誤會, 便通身齟齬.)

(이석형)

57. 上牛頭寺

우두산 절에 오르다

青山意不盡[1] 衮衮上牛頭[2] 無復能拘礙[3] 眞成浪出遊[4]
花濃春寺靜 竹細野池幽 何處啼鶯切[5] 移時獨未休[6]

청산의 뜻 다하지 않아
발걸음 연이어 우두산을 올랐는데,
더 이상 구속할 것이 없으니
진실로 마음껏 유람을 나선 것이라.
꽃 농염한데 봄 절은 고요하고
대나무 가늘어 들판 연못이 그윽하다.
어디서 꾀꼬리 절절하게 우는지
시간이 가도 유독 그치질 않는구나.

이 시는 광덕 원년에 재주의 우두산에 있는 절에 올라 주변 경관을 바라보며 느낀 감회를 읊은 것이다. 시제에서 '우두사'는 우두산의 장락사長樂寺를 가리키는 것으로 보인다.

《보주두시》 절이 재주에 있으니 광덕 원년에 지은 것이 틀림없다. 우두산은 재주에 있다. 《구주기》에 "갈선옹이 이곳에서 노닌 적이 있다"고 하였다. (寺在梓州, 當是廣德元年作. 牛頭山在梓州. 九州記云, 葛仙翁嘗遊於此.)

《구가집주두시》 사윤師尹 주에 인용된 《환우기寰宇記》 우두산은 재주 처현 서남쪽 2리 되는 곳에 있다. 높이가 1리에 생김새는 소머리 같다. 사방 언덕이 외로이 끊긴 채 재주 성곽을 굽어보고 있고, 위에 장락사가 있는데, 누각과 연화가 그 일대의 승경을 이룬다.(山在梓州郪縣西南二里, 高一里, 形如牛頭, 四岸孤絶, 俯臨州郭, 上有長樂寺, 樓閣煙花, 爲一方勝景.)

《독두심해》 《환우기》에 "산 아래 장락사가 있다"고 하였지만, 살펴보건대 이 시에서 읊은 것들은 산꼭대기에 있었을 것이다.(寰宇記云, 山下有長樂寺. 按, 此所詠乃在山頂.)

주 석

1 意不盡(의부진) - 뜻이 다하지 않다. 즉 산을 찾고 싶은 마음이 다하지 않았다는 뜻이다.

2 袞袞(곤곤) - 계속되는 모양.

《두시언해》 '곤곤'은 계속해서 끊이지 않는다는 뜻이다.(袞袞, 相繼不絶之義.)

〔青山 2구〕

《구가집주두시》 조언재 주 아마도 이미 청산을 유람한 것이 여러 차례여서 그 뜻이 다하지 않아 결국 계속해서 우두산에 오른다는 것을 말하는 것이리라.(蓋言已遊青山多矣, 其意不盡, 乃相續而上牛頭也.)

3 拘礙(구애) - 얽매이다. 속세에 얽매이는 것을 말한다.

4 眞成(진성) - 진실로, 확실히. 浪(낭) - 마음껏, 흔쾌히.

〔無復 2구〕

《두시경전》 '낭'은 방랑한다는 말이다. 마음이 이곳에 이르니 탁 트인다는 것이다. 2구에는 아울러 선취를 담고 있다.(浪謂放浪, 心目至此而一曠也. 二句中兼寓禪意.)

5 啼鶯切(제앵절) - 꾀꼬리 울음소리가 절절하게 들리는 것을 말한다.

《두시전주》《도경》에 "산 위에 새가 없다"고 하였으나, 두보의 시에 '꾀꼬리가 운다'는 구절이 있는 것으로 보아《도경》이 틀렸다.(圖經云, 山上無禽鳥, 而杜詩有鶯啼之句, 則圖經誤也.)

6 移時(이시) - 시간이 지나다.

#《두시상주》: 첫 번째 작품은 처음 절에 올라 지은 것이다. 위 4구는 산에 올라 심기와 시야가 탁 트인 것을 기뻐하고 있고, 아래 4구는 절에 들어가 경물의 아름다움을 읊고 있다. '산의 뜻 다하지 않았다'는 것은 산등성이가 층첩한 것을 말한다. '곤곤'은 연이어 오르는 모양이다. '무구애'는 경관이 시원스런 것이다. '낭출유'는 마음껏 승경을 구경하는 것이다. 꽃과 대나무 이하는 절이 조용하고 연못이 그윽한데 도리어 꾀꼬리 울음소리가 너무도 절절함을 느낀 것이니, 실로 묘사가 절묘하다.(首章, 初上寺而賦也. 上四登山, 喜心目之曠. 下四入寺, 詠景物之佳. 山意不盡, 謂巒嶂層疊. 袞袞, 連步登陟貌. 無拘礙, 觸景蕭灑. 浪出遊, 恣情覽勝. 花竹之下, 寺靜池幽, 反覺鶯啼太切, 眞是巧於形容.)

《독두심해》: '무구애'는 이곳에 이르러 마음 속으로 모든 인연을 끊었다는 것이고, '낭출유'는 잠시 몸이 홀가분해질 수 있다는 것이니, 이른바 '뜻이 다하지 않았다'는 말이다. '절의 고요함'과 '연못의 그윽함' 모두 사람을 한없이 끌어당길 수 있기에, 귀를 시끄럽게 하는 꾀꼬리 울음소리가 더욱 괴로운 것이다.(無拘礙者, 到此心斷諸緣, 浪出遊者, 且得身堪一散, 所謂意不盡者也. 寺靜池幽, 皆足引人不盡, 轉惱鶯聲聒耳矣.)

(**김만원**)

58. 望牛頭寺

우두사를 바라보다

牛頭見鶴林[1] 梯逕繞幽深[2] 春色浮山外[3] 天河宿殿陰[4]
傳燈無白日[5] 布地有黃金[6] 休作狂歌老 迴看不住心[7]

우두사 학림이 보이나니
돌계단 길이 유심한 곳을 두르고 있구나.
춘색은 산 밖에 떠있고
은하수는 불전 그늘에 잠자네.
등불은 밤낮없이 밝혀있고
땅에는 황금이 깔려있었네.
미친듯 노래부르며 늙어가지는 말아라
고개 돌려 매이지 않는 마음을 바라보자꾸나.

이 시는 광덕 원년 봄 재주 처현 서남쪽에 있는 우두사를 탐방할 당시에 지은 것이다. 우두사에서 다른 곳을 바라보며 지은 것으로 보기도 하나 여기서는 포기룡의 설을 따라 우두사 탐방을 마치고 절을 나와 길을 가다가 고개 돌려 우두사를 바라보는 것으로 이해하였다.

> 《보주두시》 시에서 "춘색이 산 밖에 떠있다"고 했고 앞 시 〈상우두사上牛頭寺〉에서 "짙은 꽃 속에 봄 절은 고요하다"고 했으니 앞 시와 같은 시기에 지은 것이다.(詩云, 春色浮山外, 而上篇云, 濃花春寺靜, 當是與之同時作.)

《두시상주》에 인용된 《두억》 제목에 필히 착오가 있으니 '망'자는 '사'자 아래에 있어야 한다. 지리지에 "주 남쪽 7리에 학림사가 있다"고 했고 우두산은 주 서남쪽 2리에 있으니 바로 서로 바라보고 있다.(題必有誤, 望字當在寺下. 地志, 州南七里有鶴林寺. 而牛頭山在州西南二里, 正與相望.)

《독두심해》 앞에서는 절에 올라갔다고 했다가 나중에 절을 바라본다고 하니 갑작스레 이해하기 어렵게 되었다. 《두억》에서는 제목에 착오가 있다고 여기고는 '망'자를 '사' 아래에 두고자 하였다. 그렇다면 도솔사에서 다시 착오를 범해 시를 풀이하는 자로 하여금 모두 틀리게 하지는 않았을 것이다. 시의 뜻을 음미해보면 '바라본다'는 것은 절을 나온 후에 뒤돌아본 것일 뿐임을 비로소 알게 된다.(先上寺, 後望寺, 猝然難解. 杜臆, 認爲題誤, 欲以望字置在寺下, 則兜率寺不應兩誤, 且使解詩都錯. 玩詩意, 始知望乃出寺後回望耳.)

주 석

1 鶴林(학림)- 불교 용어. 석가모니가 입적한 곳. 석가모니가 사라쌍수 사이에서 입적하자 숲이 하얗게 변해서 백학이 무리지은 듯하였으므로 '학림'이라 하였다. 절 주변의 숲을 가리키기도 한다. 여기서는 우두사 부근의 숲을 의미한다.

《두시상주》에 인용된 《열반후분涅槃後分》 부처께서 열반하시자 동서의 두 쌍수가 합하여 한 나무가 되고 남북의 두 쌍수도 합하여 하나가 되어 모두 가지를 드리워 여래를 덮었으며 나무들이 슬퍼하며 하얗게 변하였다. 불경에서는 나무 색이 학과 같이 하얗게 되었으므로 '학림'이라 칭하였다고 하였다.(佛入涅槃已, 東西二雙合爲一樹, 南北二雙亦合爲一, 皆垂覆如來, 其樹慘然變白. 經云樹色如鶴之白, 故名鶴林.)

2 梯逕(제경)- 돌계단으로 이루어진 작은 길. 이 구절을 '秀麗一何深'으로 쓴 판본도 있다.

3 浮(부)- 뜨다. '流'로 된 판본도 있다.

4 宿(숙)- 잠들다. '沒'로 된 판본도 있다. 殿陰(전음)- 불사의 그늘진 곳.

《구가집주두시》 조언재 주 불사가 높아서 은하수와 서로 연결된 듯하다는 말이다.(言殿之高, 若與天河相接.)

5 傳燈(전등)- 불상 앞에 켜놓는 장명등長明燈. 불법을 전한다는 의미를 담는다. 無白日(무백일)- 밤낮을 가리지 않고 늘 등불을 밝혀둔다는 말이다.

《두시상주》 《석가성도기》에 "한 등이 꺼지면 한 등이 잇는다"고 했는데, 주에 "등은 어둠을 비추어 몰아낸다는 뜻이 있다. 그래서 《유마힐경》에 '무진등'이 있다는 기록이 있다"라 하였다.(釋迦成道記, 一燈滅而一燈續. 注, 燈有照暗除昏之義, 故淨名有無盡燈.)

《구가집주두시》 불서에서는 등으로써 법을 비유하여 어둠을 파할 수 있음을 말한다. 여섯 조사가 한가지 법을 서로 전하였으므로 '전등'이라고 한다. 불서에 《전등록》이 있다.(釋書以燈喩法, 謂能破暗也. 六祖相傳一法, 故云傳燈, 釋書有傳燈錄.)

《구가집주두시》 조언재 주 장명등을 말한다. 불서의 '전등'자를 빌어 쓴 것일 뿐이다. 한낮에도 등을 밝혔으므로 '무백일'이라고 한 것이다.(謂長明燈也. 止借釋書傳燈字用. 白日亦有燈, 故云無白日.)

6 布地(포지)- 땅에 깔다. 이 구절은 급고장자가 황금을 땅에 깔아 태자의 원림을 사서 정사를 건립한 고사를 인용하여 절이 극히 화려한 것을 말한 것이다.

《두시상주》에 인용된 소보邵寶 주 급고장자가 황금을 곁에 깔아 국왕 태자의 기원 동산을 바꾸었다.(給孤長者以黃金側布易國王太子祇園.)

《두시상주》에 인용된 주학령 주 《미타경》에 "극락국에는 칠보연지가 있는데 연못 아래는 황금 모래로 바닥을 깔았다"는 기록이 있다.(彌陀經, 極樂國土有七寶蓮池, 池底以金沙布地.)

〔傳燈 2구〕 우두사의 정경을 추억한 것이다.

7 不住心(부주심) - 집착이 없는 허정虛靜한 마음.

《두시경전》 '부주'는 집착이 없다는 말과 같다. 《두억》에서는 "공은 나그네의 궁벽한 처지여서 진실로 부처를 배우고 싶은 생각이 있었으므로 뒤 시에서 거듭 언급하였다."고 하였다.(不住猶言無著也. 杜臆, 公以作客之窮, 眞有學佛之想, 後詩故屢言之.)

#《두시상주》: 둘째 수(구조오는 앞 〈상우두사〉를 첫 수로 보고 이 시를 둘째 수로 보고 있다.)는 이미 절에 오르고서 바라본 것이다. 위 4구는 바라본 경치요, 아래 4구는 바라보는 동안의 마음이다. 《두억》에서는 우두산이 높기 때문에 학림사가 보인다고 했다. 아래 3구는 학림사의 풍경이다. 그 절에는 필시 유명한 스님이 있어 부처의 심인을 전하니 장자가 그곳에 황금을 깔았을 것이다. 그래서 공이 이를 좇아 최고의 진리인 제일의를 구하고자 한 것이다. 유심은 길이 굽고 꺾어진 말한 것이다. 춘색은 낮에 본 것이요, 은하수는 밤에 본 것이다. 밤낮이 따로 없다는 말은 등이 항상 있다는 것이요, 황금이 있다는 것은 불전이 지극히 화려하다는 것이다. 돌이켜 집착하지 않음을 본다는 것은 자기의 마음이 허정하여 집착하지 않기를 바란 것이다.(次章, 旣上寺而有望也. 上四望中之景, 下四望中之意. 杜臆, 牛頭山高, 故望見鶴林. 下三句, 乃鶴林寺景, 其寺必有名僧傳佛心印, 而長者於此布金. 故公欲從之求第一義也. 幽深, 謂路逕曲折. 春色, 日所見. 天河, 夜所見. 無白日, 燈常在. 有黃金, 殿至華. 回看不住, 欲此心空虛無着.)

《독두심해》: 주해하는 자가 제목을 이해함이 분명치 못하더니 첫 구 또한 잘못 읽어서 지리지의 주 남쪽의 학림사를 인용하여 증거로 삼으니 크게 잘못되었다. 내 생각으로는 이 시는 저녁무렵에 절을 나왔다가 뒤돌아 바라보면서 지은 것일 뿐이다. '학림'은 절 부근의 숲으로 불문의 숲과 나무의 통칭이다. 숲이 깊어 절이 감춰지니 오직 학림만 보인 것이다. 3,4구는 경치가 더욱 드넓다. 은하수는 봄밤 초저녁에는 서쪽에 보이므로 절 그늘에 잠잔다고 하였다. 5,6구는 절을 바라보다가 절에서 본 것을 추억한 것이니 바로 길이 불 밝히는 등과 보배롭고 빼어난 절땅이다. 그 법륜이 환히 빛나고 경계가 맑고 화려함을 좋아하여 마침내 맹렬하게 스스로 뉘우치며 말한다. 나는 무엇 때문에 슬퍼하며 미쳐 노래하는가! 선심禪心을 돌아보니 어찌 이리도 조금도 매인 것이 없는가! 뒤돌아본 뜻은 분명하다. 오직 마음이 안선을 연모하여 뒤돌아서 바라본 것이다. 아래 4구는 실로 위 4구의 근거가 된다.(解者認題不淸, 又誤看首句, 遂引地志州南鶴林寺爲證, 大非也. 愚意此詩傍晚出寺, 回望而得耳. 鶴林, 卽寺旁之林, 乃佛門林木通稱也. 林深則寺藏, 但見鶴林矣. 三四, 景愈闊. 天河, 春夜初昏見西隅, 故曰宿殿陰. 五六, 由望而憶及寺中所見. 卽長明之燈, 寶勝之地, 而喜其法輪昭煥, 境界淸華, 遂猛然自悔曰, 吾何戚戚狂歌爲也. 回看禪心, 何其毫無繫著如此也. 回望之意了然矣. 要惟心戀安禪, 故爾回望. 下四實是上四之根.)

(**김성곤**)

59. 登牛頭山亭子

우두산 정자에 오르다

路出雙林外[1] 亭窺萬井中[2] 江城孤照日[3] 山谷遠含風[4]
兵革身將老[5] 關河信不通[6] 猶殘數行淚[7] 忍對百花叢

길이 쌍림 밖으로 나고
정자는 만정 가운데를 엿본다.
강성에는 외로이 해 비치고
산골짜기는 멀리 바람을 머금었다.
전쟁에 몸이 늙어가는데
관하엔 서신이 통하지 않는다.
아직 몇 줄기 눈물이 남아있으니
차마 온갖 꽃무더기를 마주할 수 있겠나?

우두산의 정자에 올라서 그 감회를 적은 작품이다. 저작시기는 앞의 시 〈상우두사上牛頭寺〉와 같이 광덕 원년이다.

> 《보주두시》 시에서 "아직 몇 줄기 눈물이 남아있으니, 차마 온갖 꽃무더기를 마주할 수 있겠나?"라 하였으니 마땅히 광덕 원년의 작품으로 〈상우두사〉와 같은 때에 지은 것이다.(詩云, 猶殘數行淚, 忍對百花叢, 當是廣德元年作, 與上牛頭寺同一時作.)

주 석

1 雙林(쌍림)- 석가모니가 열반에 든 곳. 여기서는 우두산의 장락사를

가리킨다.

《두시상주》에 인용된 주학령 주 《부대사전》에 "대사가 사는 집을 시주하여 소나무 아래에 절을 세우고는 나무가 있어서 쌍림이라고 이름을 지었다"라고 하였다. 서릉의 《동양쌍림사부대사비》에 "대사가 선禪을 수행하며 쉬던 곳이 홀로 높은 바위에 있었다. 이에 아름다운 나무가 뻗어 있는데, 이를 도수(檮樹, 소나무 잣나무 같이 굳은 나무)라고 한다. 높이 솟아 서로 마주하고 있어 마치 쪽문에 쌍 홰나무 같고, 줄기가 합쳐져 그늘을 이루니 빈 우물에 쌍 오동과 같도다"라 하였다.(傅大士傳, 大士捨宅於松下建寺, 因以樹名雙林. 徐陵東陽雙林寺傅大士碑, 大士熏禪所憩, 獨在高巖. 爰挺嘉木, 是名檮樹. 擢本相對, 似雙槐於俠門, 合幹成陰, 類雙桐於空井.)

2 萬井(만정) - 재주梓州 처현郪縣의 많은 인가를 가리킨다.

〔路出 2구〕

《구가집주두시》 조언재 주 불서에 "부처가 쌍림수 아래에서 설법하였다"라 하였다. 그래서 공은 사찰에서 시를 쓸 때에 매번 '쌍수', '쌍림' 등의 글자를 사용하였다. 아래 구는 정자가 높아서 처현의 옛집을 볼 수 있다는 말이다.(佛書云, 佛說法於雙林樹下. 故公題佛宇, 每用雙樹雙林字. 下句言亭之高可以窺井邑舊家也.)

3 江城(강성) - 부강涪江가의 성. 처현郪縣을 가리킨다.

4 山谷(산곡) - 산 골짜기. '山'이 '春'으로 된 판본도 있다.

5 兵革(병혁) - 병기와 갑옷 등의 총칭으로 무기를 포함한 군비를 뜻하는 말이다. 여기서는 전쟁을 가리킨다.

6 關河(관하) - 함곡관 등의 관문과 황하. 信不通(신불통) - 편지가 통하지 않다.

《두시상주》에 인용된 조방趙汸 주 토번이 여전히 세력이 성하여 함곡관 등의 관문과 황하의 물길이 아직 통하지 않았다.(吐蕃猶盛, 故關河未通.)

7 數行淚(수항루) - 몇 줄기 눈물.

《구가집주두시》 꽃을 대하고 눈물을 흘리니 역시 시절을 슬퍼하는 뜻이다. 〈항우전〉에 "노래 몇 가락을 부르고 흐느껴 몇 줄기 눈물을 흘렸다"라 하였다.(對花垂淚, 亦傷時之意也. 項羽傳, 歌數闋, 泣數行下.)

#《두시상주》: 이 시는 곧 산의 정자에 올라서 지은 것이다. 위 4구는 경치 묘사이고 아래 4구는 감회이며 8구 모두 완정한 대우를 갖추었다. 높은 곳에 의지해 멀리 바라보았기에 성이 햇빛에 비치어 그 외로움이 드러났고, 골짜기는 바람을 머금고 있어 그것이 멀다는 것을 느꼈다. 세상이 난리 통이라 집이 없어 다만 몇 줄기 눈물만이 남았을 뿐이니 차마 이 온갖 꽃들이 피어있는 꽃무더기를 대할 수 있겠는가? 상심함이 심하다.(此章, 乃登山亭而作也. 上四敘景, 下四感懷, 八句皆整對. 憑高遙望, 故城照日而見其孤, 谷含風而覺其遠. 世亂無家, 止餘數行之淚, 忍對此百花叢中乎, 傷心甚矣.)

《독두심해》: '고'자로 말미암아 '신'자를 비쳐내고 '원'자로 말미암아 '신'자를 비쳐냈다. 요컨대 몸은 외롭고 편지는 멀기에 경치를 쓰는 곳에다가 이 두 개의 글자('고'자, '원'자)권를 쓰게 되었다. 대체로 경과 정이 상생하고 있어 장법이 이에 혼융하다.(由孤字影出身字, 由遠字影出信字. 要是由身孤信遠, 纔於寫景處, 落得此兩字下也. 蓋景情相生, 篇法乃融.)

(**이남종**)

60. 上兜率寺
도솔사에 오르다

兜率知名寺[1] 眞如會法堂[2] 江山有巴蜀[3] 棟宇自齊梁[4]
庾信哀雖久[5] 周顒好不忘[6] 白牛車遠近[7] 且欲上慈航[8]

도솔은 유명한 사찰로
진여를 깨치는 법당이라.
강산은 파촉을 아우르고
용마루와 처마는 제량부터 있었구나.
유신처럼 슬퍼함이 비록 오래되었지만
주옹의 좋아함을 잊을 수 없네.
흰 소가 끄는 수레 멀고 가까운 곳 갈 수 있으니
또한 자애로운 배에 올라타고 싶구나.

이 시는 재주에 있는 도솔사에 오르며 지은 작품이다. 도솔사와 그 주변의 경관을 묘사하면서 불법을 얻고자 하는 뜻을 드러내었다. 저작 시기는 광덕 원년이다. 《두시상주》에서는 '솔'의 발음을 '율律'이라고 하였다.

《보주두시》 절이 재주에 있으니 마땅히 광덕 원년 작품이다.(寺在梓州, 當是廣德元年作.)

《두시상주》에 인용된 후규侯圭의 《동산관음사기東山觀音寺記》 재주에는 크고 작은 절이 12곳 있는데, 혜의사는 북쪽에 위치하고 도솔사는 남쪽에 있으며 우두사는 서쪽을 차지하고 관음사는 동쪽에 있다.(梓州浮圖大小十二, 慧義居其北, 兜率當其南, 牛頭據其西, 觀音距其東.)

《두시상주》에 인용된 전겸익 전 《도경》에 의하면 "도솔사는 재주 처현 남쪽 2리에 있다"고 한다.(圖經, 兜率寺在梓州郪縣南二里.)

《두시상주》에 인용된 《방여승람方輿勝覽》 도솔사는 남산에 있으며 일명 장수사라고 하는데 수나라 개황 연간에 세워졌다.(兜率寺在南山, 一名長壽寺, 隋開皇中建.)

주 석

1 兜率(도솔)- 불교 욕계欲界의 제 4천. 미륵보살이 설법하며 지상으로 내려갈 때를 기다리고 있다고 하며, 이상적인 불국 정토를 상징한다. 여기서는 재주에 있는 한 사찰의 이름을 가리킨다.

《두시상주》에 인용된 《석가성도기주釋迦成道記注》 범어에서 '도솔타'는 '도사타'라고도 하는 것인데, 만족함을 안다는 뜻으로 곧 욕계의 제 4천이다.(梵云兜率陀, 或云覩史陀, 此云知足, 卽欲界第四天也.)

《구가집주두시》 불서에 도솔천궁이 있어 그것으로써 절의 이름을 삼은 것이다.(佛書有兜率天宮, 故取以名寺.)

2 眞如(진여)- 불교 용어로 영원히 불변하는 우주 만물의 본체를 의미한다. 會法(회법)- 불법을 깨치다. 이 구절은 도솔사가 진여를 깨치는 법당이라는 뜻이다. 《두시언해》에서는 진리를 깨친 스님이 법당에 모여있다는 의미로 풀었으나 취하지 않는다.

《구가집주두시》 '진여'는 선의 이치이다.(眞如, 禪理也.)

《구가집주두시》 조언재 주 '진여'는 불서에서 '진제'라고 하였다. 두보는 매번 사찰을 두고 시를 짓거나 스님을 기록하는 시를 쓸 때면 불서의 용어들을 많이 사용하였다.(眞如, 佛書云, 眞際也. 公每題佛寺紀佛僧, 多用佛書中字.)

3 江山(강산) 구- 강산이 파촉의 경관을 지니고 있다. 절 주변의 빼어난

경관을 묘사한 것이다.

《구가집주두시》 조언재 주 강산은 파촉이 있을 때부터 곧 있었다. 이 말은 바로 양숙자가 말한 “우주가 있은 때부터 바로 이 산이 있었다”는 뜻을 사용한 것이다.(江山自有巴蜀時便有之. 此乃使羊叔子所謂自有宇宙來便有此山之義.)

《보주두시》 이 구절은 강산이 파군과 촉군의 땅을 점하고 있음을 말하였다. 대개 검남도는 예전 양주 지역으로 한나라 파군 촉군의 땅이었다. 절이 재주에 있기에 한 말이지 강산이 파촉이 있을 때부터 있었다는 말이 아니다.(此謂江山占巴郡蜀郡之地. 蓋劍南道, 古梁州之域, 漢巴郡蜀郡之地, 寺在梓州故云, 非謂江山自有巴蜀時便有之.)

《두시경전》 빼어난 경치를 둘러보아 얻을 수 있음을 말하였다.(謂形勝可覽而得.)

《두억》 본래는 ‘파촉유강산’인데 이를 뒤집어 말하여 이 강산이 파촉에만 국한되지 않음을 드러냈을 뿐이다.(本是巴蜀有江山而倒言之, 見此江山不囿於巴蜀耳.)

4 棟宇(동우)- 용마루와 처마. 절 건물을 지칭한다. 이 구는 도솔사의 역사가 오래되었음을 말한다.

《구가집주두시》 조언재 주 제량시기에는 불교를 좋아했으므로 절은 마땅히 제량시기에 지어졌을 것이다.(齊梁好佛, 佛宇當時(是의 잘못)齊梁時所建.)

《두시상주》에 인용된 주학령 주 왕발의 〈처현도솔사비〉에 “도솔사는 수나라 개황 연간에 세워졌다”고 하였다. 이 시에서 “제량시대에 시작되었다”고 한 것은 아마도 자세히 살펴보지 않았기 때문일 것이다.(王勃郪縣兜率寺碑, 兜率寺者, 隋開皇中之所建也. 此云自齊梁, 疑未詳考.)

〔江山 2구〕

《두시상주》에 인용된 섭몽득葉夢得 설 시인은 한 글자만 가지고도 빼어나게 할 수 있음은 세상이 다 아는 바이다. 다만 변화무쌍하게 열고 닫는 것과 끝없이 새로움을 만들어 내는 것은 겉모습으로 붙잡거나 따질 수 없는 경지일 것이다. '강산유파촉, 동우자제량'과 같은 경우 그 원근 수 천리와 상하 수 백 년이 모두 '유'와 '자' 두 글자 사이에 담겨 있으니 산천을 삼키고 뱉는 기운과 고금을 굽어보고 우러르는 회포가 모두 언외에 드러나 있다.(詩人以一字爲工, 世固知之, 唯變化開闔, 出奇無窮, 殆不可以形迹捕詰. 如江山有巴蜀, 棟宇自齊梁, 則其遠近數千里, 上下數百年, 盡在有自兩字間, 而呑吐山川之氣, 俯仰古今之懷, 皆見於言外者也.)

5 庾信(유신) - 남북조시기의 문학가. 남조 양나라의 문인이었으나, 나라가 망한 후 북조인 서위와 북주에서 벼슬을 지냈다. 고향을 그리워한 〈애강남부〉가 유명하다. 여기서는 고향을 떠나 온 두보 자신을 비유하였다.

《두시상주》에 인용된 《북사北史》 유신은 높은 지위에 올랐어도 항상 고향에 대한 그리움을 지니고 있었기에 〈애강남부〉를 지었다.(庾信位望通顯, 常有鄕關之思, 乃作哀江南賦.)

《구가집주두시》 조언재 주 그가 슬펐던 것은 금릉이 와해되어 거친 들에 몸을 숨겨야 했기 때문이다. 두보가 스스로를 비유하였다.(其所以哀者, 以金陵瓦解而竄身荒谷. 公自喩也.)

6 周顒(주옹) - 제당 때 사람으로 불법을 좋아하였다고 한다. '周'는 '何'로 된 판본도 있다. 여러 주석에서 '하옹'으로 파악하여 주를 달고 있으나 취하지 않는다.

《두시경전》에 인용된 《남사南史》 주옹은 말을 아름답게 잘 구사하였고 불교의 이치에 밝았으며 종산의 서쪽에 정사를 세웠다. 청빈하고 욕심이 적었으며 오래도록 채식을 하였는데 비록 처자가 있었으나 홀로 산의 집에서 살았다.(周顒音詞辯麗, 長於佛理, 於鍾山西立精舍, 淸貧寡欲, 終日長蔬, 雖有妻子, 獨處山舍.)

《두시상주》 공의 〈악록산도림이사행嶽麓山道林二寺行〉시에서도 이러한 시상을 사용하면서 또한 '하옹'이라 하였으니, 아마도 '주'자와

'하'자가 서로 비슷하여 생긴 오류인 듯하다.(公岳麓道林二寺詩用此, 亦作何顒, 蓋周何字相近而訛耳.)

〔庾信 2구〕

《두억》 유신과 하옹은 모두 시인 자신을 기탁한 것이다.(庾信何顒具自寓.)

7 白牛(백우) - 흰 소. 혹은 흰 소가 끄는 수레. 대승大乘을 의미한다.
車遠近(거원근) - 멀고 가까운 곳 모두를 수레로 갈 수 있다.

《구가집주두시》 조언재 주 《법화경》에 "커다란 흰 소가 있는데 육중하고 힘이 세며 그 모습이 아주 잘 생겼는데 보배로운 수레를 몬다"고 하였다. 대개 대승을 비유한 것이다.(法華經, 有大白牛, 肥重多力, 形體殊好, 以駕寶車. 蓋喩大乘也.)

《두시상주》 '거원근'은 멀고 가까운 곳 모두 이를 수 있음을 말한다.(車遠近, 謂遠近俱可到.)

8 慈航(자항) - 자애로운 배. 중생을 구제하는 불법을 비유한 것이다. 이 구는 자신도 불법에 귀의하여 해탈을 얻고자 하는 뜻을 드러낸 것이다.

《두시상주》에 인용된 청량선사淸涼禪師의 〈반야경서般若經序〉 '반야'라고 하는 것은 고통스런 바다에 떠있는 자애로운 배이며, 캄캄한 거리에 켜있는 커다란 촛불이다.(般若者, 苦海之慈航, 昏衢之巨燭.)

〔白牛 2구〕

《두시경전》 큰 법을 맡음에 아직 멀고 가까움이 어떠한지 모르고 있으니 그저 부처의 힘을 빌어서 고해를 벗어나고 싶은 뜻을 말하는 것이다.(言於任荷大法, 尙不知遠近何如. 聊欲籍佛力, 以脫離苦海也.)

〔庾信 4구〕

《두억》 비록 전란으로 인하여 먼 고장에 피신하였지만 불법을 좋아하는 마음은 잊지 못하고 있으며, 흰 소가 끄는 수레가 멀고 가까운 곳 모두 실어주니 또한 불법을 배워 생을 마치고 싶을 따름임을 말하였다.(謂雖因兵亂, 逃竄遠鄕, 而好佛之念不忘, 白牛車遠近具載, 且欲學佛以終身耳.)

#《두시상주》: 이 시는 처음 도솔사에 오르며 지은 것이다. 위 4구는 경치를 말하였고, 아래 4구는 정을 말하였다. 도솔이라는 유명한 절은 바로 진여의 불법을 깨치는 법당이니 이로써 그것이 선종임을 드러내었다. 강산은 파촉을 겸하였다고 하여 그 형세가 빼어남을 기록하였고, 용마루와 처마가 제량부터 비롯하였다고 하여 그 옛 자취를 회고하였다. 유신은 때를 슬퍼했고 주옹은 불법을 좋아했다는 것은 모두 스스로를 비유한 것이다. 마지막에서는 어떻게 하면 저 소 수레를 몰아 자애로운 배로 한 번 건너감을 얻을 수 있겠는가라고 말한 것이다.(此章初上兜率寺而作也, 上四言景, 下四言情. 兜率知名之寺, 乃眞如會法之堂, 見其爲禪宗也. 江山兼有巴蜀, 寫其形勝. 棟宇起自齊梁, 推其古迹. 庾信哀時, 周顒好佛, 皆屬自喩. 末言安得駕彼牛車, 以藉慈航之一渡乎.)

《독두심해》: 1, 2구는 대구이다. 3, 4구는 기상이 두루 덮고 있다. 5, 6구는 자신을 이리저리 끌어 붙였다. 7, 8구는 마지막에서 불법을 앙모하는 뜻을 드러내었는데 마무리가 깔끔하다. 마지막 구를 완미해 보면 이미 강에 배를 띄울 뜻을 품고 있으니 다음 작품과 자연스럽게 연결이 된다.(一二, 對體. 三四, 氣象函蓋. 五六, 將自身轉側牽搭. 七八, 結出仰法意, 收束完密. 翫末句, 已含泛江之意, 恰好接着下首.)

(**박홍준**)

61. 望兜率寺
도솔사를 바라보다

樹密當山徑　江深隔寺門　霏霏雲氣動[1]　閃閃浪花翻[2]
不復知天大　空餘見佛尊　時應淸盥罷[3]　隨喜給孤園[4]

나무 빽빽히 자라 산길에 있고
강 깊어 절 문을 격하였는데
너울너울 구름 기운이 움직이고
번쩍번쩍 물보라 뒤집힌다.
하늘이 크다는 것 다시 알지 못하고
부처의 존귀함 보았다는 것만 그저 남았네.
수시로 응당 맑은 물로 손 씻고 나서
급고원을 찾아 보리.

도솔사를 방문하고 돌아오는 길에 강에서 도솔사를 보며 지은 것이다. 절 앞에서 바라보며 지은 것이라는 설도 있으나 취하지 않는다. 저작시기는 광덕 원년이다.

《보주두시》 전편(〈상도솔사上兜率寺〉)과 같은 때에 지은 것이다. (與前篇同時作.)

《두시상주》에 인용한 《두억》 이 시 또한 절 앞에서 바라본 것을 가리킨다.(此, 亦指寺前望見者.)

《독두심해》 옛 풀이의 잘못은 앞 시와 같다. 이 시는 아마 강에 배를 띄우고 돌아보며 지은 것이리라.(舊解之誤同前, 此蓋泛江回望而作.)

주 석

1 霏霏(비비) - 구름이 성한 모습. 구름이 날리는 모습. 動(동) - '重'으로 된 판본도 있다.

2 閃閃(섬섬) - 여기서는 파도가 일렁이면서 빛을 반사하는 모습이다.

〔不復 2구〕 부처의 존귀함을 알게 되니 하늘이 크다는 사실을 모르게 되었다는 뜻이다. 구조오는 불가의 소견이 작음을 말한 것이라 하였는데, 이는 올바른 해석이 아니다.

《두시상주》에 인용된 주장유朱長孺 설 부처가 하늘보다 높음을 말한다.(言佛之尊於天也.)

《두시상주》 유자는 하늘을 공경하고 불가는 마음을 믿는다. 하늘을 공경하기 때문에 수시로 두려워하고 신독하여 낳게 해준 이에게 부끄러움이 없고자 하고, 마음을 믿기 때문에 언뜻 원각의 미묘하고 밝음을 보고 일체를 모두 빈 것으로 여긴다. 그 설을 확대하면 거의 기탄함이 없는 데에 흘러가면서도 스스로 알지 못한다. 이 시에서 "하늘이 크다는 것 다시 알지 못하고 부처의 존귀함 보았다는 것만 그저 남았다"라 한 것은 불도가 위대함을 높인 것이 아니라 그들의 소견이 작음을 바로 말했을 뿐이다.(儒者敬天, 佛氏信心. 惟敬天, 故時時戒懼愼獨, 求無忝於所生. 惟信心, 故乍見圓覺妙明, 視一切皆空幻. 充其說, 殆流於無忌憚而不自知也. 此詩云, 不復知天大, 空餘見佛尊, 非推尊釋道之大, 正言其所見之小耳.)

3 淸盥(청관) - 깨끗이 손을 씻다. '盥'이 '興'으로 된 판본도 있다.

4 隨喜(수희) - 불교 용어. 환희심歡喜心이 불상을 경배함에 따라서 생김을 의미한다. 인하여 사원을 찾아가는 것을 뜻한다. 給孤園(급고원) - 급고독원給孤獨園의 약칭. 절을 뜻한다.

#《두시상주》: 다음 수는 절에 오르고 나서 다시 바라본 것이다. 위의 4구는 절 앞의 경물을 읊은 것이고 아래 4구는 세속을 초탈하려는

생각이 있다는 것이다. '구름 기운'은 '나무가 빽빽하다'는 것을 받고 '물보라'는 '강이 깊다'는 것을 받는다. 이 선림의 묘한 경역에 도달하니 하늘이 크다는 사실은 다시 알지 못하고 오직 부처가 높다는 사실만 보게 되었다. 그래서 손을 씻고 가 곳곳에서 승지를 보았으면 한 것이다.(次章, 旣上寺而又望也. 上四詠寺前之景, 下四有超世之思. 雲氣承樹密, 浪花承江深. 到此禪林妙境, 不復知天之大, 而唯見佛爲尊矣, 因欲盥手而行, 隨處覽勝也.)

《독두심해》: 제1,2구는 몸이 강에 있으니 나무는 보이지만 절이 보이지 않는다는 것이다. 제3,4구는 저쪽에서 이쪽으로 오니 산 구름이 멀리서 움직이고 강의 물결이 가까이서 번득이는 것만 보일 뿐이라는 것이다. 이 때 경계가 광활하여 의당 하늘이 크다는 사실을 알아야 하지만 마음이 절에 의지하다보니 오히려 부처가 높다는 사실만 오직 보일 뿐이다. '여'자 한 자를 써서 절을 들른 뒤의 생각임을 드러내었다. 마지막 연에서 이를 이어 늘 절을 찾겠다는 뜻을 말하였는데, '시응' 자를 써서 계속 방문하는 도리를 드러내었다. 옛 풀이가 잘못임은 따져 밝히지 않아도 알 수 있다.(一二, 身在江間, 見樹不見寺也. 三四, 由彼及此, 但見山雲遠動, 江浪近飜而已. 此時境界曠闊, 宜知天大矣, 而心依初地, 猶然但見佛尊也. 着一餘字, 見過後之思. 結言嗣此常常隨喜. 着時應字, 見續叩之義. 舊解之失, 不辨可知.)

(이영주)

62. 甘園
밀감 농원

春日淸江岸　千甘二頃園[1]　靑雲羞葉密[2]　白雪避花繁
結子隨邊使[3]　開籠近至尊[4]　後於桃李熟　終得獻金門[5]

봄날 맑은 강 언덕
천 그루 밀감나무의 과수원 두 경.
푸른 구름이 무성한 잎사귀에 부끄러워하고
흰 눈이 많은 꽃을 피하는 듯.
열매 맺으면 변방 사신을 따라가리니
광주리 열어 지존께 가까이 나아가리.
복숭아나 오얏보다 늦게 익지만
끝내는 금문에 바칠 수 있다네.

이 시에서 읊은 밀감 농원은 재주 부근에 있었다. 대기만성의 뜻을 담은 시로, 광덕 원년 봄에 지었다. 시제의 '감'은 예전에 '감柑'자와 통용되었다.

> 《보주두시》 시에서 '봄날 맑은 강 언덕'이라 하고 또 '흰 눈이 많은 꽃을 피하는 듯하다'라 하였는데, 귤이 개화하는 것은 늦은 봄이니 응당 광덕 원년에 지은 것이다.(詩云, 春日淸江岸, 又云, 白雪避花繁. 橘之開花在春晚, 當是廣德元年作.)
> 《두시상주》 '감甘'은 예전에 '감柑'자와 통용되었다.(甘, 古通作柑.)
> 《두시상주》 황학은 광덕 원년 봄에 지은 것으로 편재하였다. 아마도

재주에 예전에 밀감 농원이 있었을 것이니 양서의 밀감 농원이 아니다.(黃鶴編在廣德元年春作. 蓋梓州舊有甘園, 非瀼西甘園也.)

《두공부시집집주杜工部詩集輯注》 《익부방물찬》에서 "밀감은 과주, 거주, 가주 등에서 생산되는데, 열매가 강남보다 크지만 맛은 조금 못하다"라고 하였다. 이실은 "밀감 농원이 재주 성 남쪽 10리에 있었는데, 지금도 여전히 감자포라고 이름 부르지만 밀감은 없어졌다"라고 하였다.(益部方物贊, 柑生果渠嘉等州, 結實埒於江南, 味差薄. 李實曰, 柑園在梓州城南十里, 今猶名柑子鋪, 柑廢.)

《두공부시집집주》에 인용된 《당서》 검남의 미주, 간주, 자주 등에서 해마다 밀감을 공물로 바쳤다.(劍南眉簡資等州, 歲貢柑.)

주 석

1 頃(경)- 넓이의 단위. 일반적으로 100무畝를 1경이라 한다.

2 羞(수)- '著'으로 된 판본도 있다.

〔靑雲 2구〕 푸른 잎이 무성하고 흰 꽃이 많이 피었음을 말한다.

《구가집주두시》 조언재 주 본래는 잎이 무성하기가 구름 같고 흰 꽃이 눈과 같다고 말할 것인데 그 말을 바꾸어 도리어 구름이 부끄러워하고 눈이 피한다고 하였으니, 이는 공의 새롭고 기이한 구이다.(本言密葉如雲, 白花如雪, 而變其語, 乃云雲羞雪避, 此公新奇之句.)

《두시상주》 '운수'와 '설피', 이들은 구절 속의 착안한 곳이다. 그러나 각각 근거한 것이 있다. 강엄의 〈연화부〉에서 '맑은 계화가 향기를 부끄러워하고 침향沈香이 향기를 부끄러워한다'라 하였는데, 이것이 '수'자가 근거한 것이다. 왕적의 〈춘일〉 시에서 '눈은 남쪽 헌함의 매화를 피하고 바람은 북쪽 뜰의 버들을 재촉한다'라 하였는데 이것이 '피'자가 근거한 것이다.(雲羞雪避, 此句中著眼處. 然各有所本, 江淹蓮花賦, 靑梧('淸桂'의 잘못)羞烈, 沉水慚馥, 此羞字所本, 王績春日詩, 雪避南軒梅, 風催北庭柳, 此避字所本也.)

3 邊使(변사) - 촉의 사신을 가리킨다.

《두시상주》에 인용된 고신 주 촉은 먼 지방이기 때문에 그래서 변방의 사신이라고 말하였다.(蜀爲遐方, 故稱邊使.)

4 籠(농) - '筒'으로 된 판본도 있다. 《두억》은 '筐'으로 하여야 한다고 했다.

《두억》 밀감을 어찌 대통에 담겠는가? 응당 '광'자이어야 할 것이다.(柑豈筒盛, 恐當作筐.)

5 金門(금문) - 금마문金馬門으로 한대漢代 궁문의 이름. 후대에 조정을 지칭하는 말로 쓰였다.

〔後於 2구〕 공의 감개를 기탁하였다.

《구가집주두시》 공이 말구에 자신의 뜻을 부쳤다.(公自託意於末句也.)

#《두시상주》: 이 시는 봄날의 밀감 농원을 읊었다. 그래서 잎과 꽃으로부터 말을 시작한 것이다. 열매를 위로 바치는 것은 가을이 되어 익었을 때이다. 끝 2구는 언외에 감개가 있으니, 큰 그릇은 늦게 이루어지니 일찍 영달하기를 구하지 않음을 드러낸다.(此詠春日甘園, 故從葉花說起. 結子上貢, 在秋來成熟時. 末二, 言外感慨, 見大器晚成, 不求早達也.)

《독두심해》: 공물을 바치는 것에서 느낌을 받았지만, 또한 멀리 있는 궁궐을 그리워한 것이다.(感意在奉貢, 亦遠闕之思.)

(**이영주**)

63. 陪李梓州王閬州蘇遂州李果州四使君登惠義寺

재주의 이사군, 낭주의 왕사군, 수주의 소사군, 과주의 이사군을 모시고 혜의사에 오르다

春日無人境　虛空不住天[1]　鶯花隨世界[2]　樓閣倚山巓[3]
遲暮身何得[4]　登臨意惘然[5]　誰能解金印[6]　瀟灑共安禪[7]

봄날 사람 없는 땅
텅 비어 그침이 없는 하늘.
꾀꼬리와 꽃은 대천세계를 따르고
누각은 산꼭대기에 기대어 있다.
늘그막에 이 몸 무엇을 얻겠는가?
높이 올라보니 정신이 아질하다.
누가 황금 인장을 풀어 버리고
맑고 고요히 함께 선정에 들 수 있을까?

이 시는 광덕 원년 봄에 지은 것이다. 당시 두보는 재주에 있었다. '혜의사'는 '혜의사慧義寺'라고도 쓰며 재주 북쪽에 있던 절이다. 시에서는 혜의사의 풍경과 나그네살이에 지친 나머지 불문에 귀의하려는 생각을 써내었다. 시제의 '李梓州'의 '李'자는 '章'으로 된 판본도 있다. '사군'은 자사의 경칭이다.

《보주두시》 시에 "봄날 사람 없는 땅"이라고 하고 또 "꾀꼬리와 꽃은 대천세계를 따른다"고 했으니 마땅히 광덕 원년 봄 재주에서

지은 것이다. 노은 연보에서도 이 해에 해당한다고 하였다.(詩云, 春日無人境, 又云, 鶯花隨世界, 當是廣德元年春在梓州作. 魯訔年譜亦云, 在是年.)

《두시상주》 황학 주에 "광덕 원년 봄에 지은 것이 틀림없다"고 하였다.《신당서》에는 낭주가 산남서도에 속하는 것으로 되어 있는데《구당서》에는 검남도에 속하는 것으로 되어 있다. 수주는 후주에서 설치한 것인데 당이 그것을 따랐으니 바로 지금 동천주의 수녕현으로 당대에는 재주와 이웃하고 있었다. 과주는 남충군으로 산남서도에 속하며 무덕 4년 융주를 나누어 설치한 것이다. 채몽필은 "지리지에 의하면 혜의사가 있던 장평산은 재주 처현 북쪽에 있었다"고 하였다.(鶴注, 當是廣德元年春作. 唐書, 閬州, 屬山南西道. 舊書, 屬劍南道. 遂州, 後周所置, 唐因之, 卽今潼川州之遂寧縣, 唐時與梓州爲隣. 果州南充郡, 屬山南西道, 武德四年析隆州置. 蔡曰, 地志, 惠義寺長平山, 在梓州郪縣北.)

주 석

1 不住天(부주천) - 그침이 없는 하늘. 계속 순환하여 사계절을 이루는 것을 말한다.

《보주두시》 두수가는 "불서의 '부주상'의 뜻을 취하였으며 하늘의 운행이 무상하여 사시를 이룬다는 말이다"라고 하였다. 홍각범이 말하기를 "'부주'란 고착이 없음을 말한다"고 하였다.(修可曰, 取佛書不住相意, 謂天運無常以成四時. 覺範曰, 不住者言無著也.)

2 世界(세계) - 불가어로 대천세계大千世界를 말하며 '세'는 시간을 가리키고 '계'는 공간을 가리킨다. 이 구는 봄날 혜의사 경내 곳곳에 꽃이 피고 꾀꼬리가 울고 있다는 말이다.

《구가집주두시》 조언재 주 봄이 되어 곳곳에 꾀꼬리와 꽃이 있다는 말이다. '세계'라는 글자는 또 불서 가운데의 말을 취한 것이다.(言當

春時, 處處有鶯花. 世界字, 又取佛書中語也.)

3 倚(의) - 기대다. '寄'로 된 판본도 있다.

4 遲暮(지모) - 만년. 늘그막.

《보주두시》에 인용된 왕수 주 노쇠하여 얻을 바가 없다는 말이다.(言衰老而未有所得也.)

5 惘然(망연) - 정신이 몽롱하고 아득한 모양. 뜻을 이루지 못한 모양.

6 解金印(해금인) - 황금 인장을 풀다. 관직을 그만둔다는 말이다.

7 瀟灑(소쇄) - 맑고 고요한 모양. 安禪(안선) - 불가어로 조용히 앉아 선정에 드는 것을 말한다.

〔誰能 2구〕'三車將五馬, 若個合安禪'으로 된 판본도 있다.

《구가집주두시》 조언재 주 이 2구는 대체로 네 자사를 풍자한 것으로 누가 차고 있는 황금인장을 풀어버리고 서로 더불어 선성의 경지를 편안히 여길 수 있을까라는 말이다.(此二句蓋諷四刺史, 誰能解所佩之金印而相與安禪聖.)

#《두시상주》: 위 4구는 절을 읊었고 아래 4구는 감회이다. '무인경'은 그것의 그윽함을 말한 것이고, '부주천'은 그것의 광활함을 말한 것이다. '앵화'구는 봄날의 경물이고, '누각'구는 절 가운데의 형세이다. '지모' 2구는 도에 들어온 것이 이미 늦었음을 스스로 슬퍼한 것이요, '수능' 2구는 네 사군이 해탈할 것을 아울러 권한 것이다. 《두억》에서는 "공은 나그네살이가 궁해지자 정말로 불학을 배우려는 생각을 가지게 되었다. 그래서 뒤에 지은 시에서 누차 그것을 언급하였다"라고 하였다.(上四咏寺, 下四感懷. 無人境, 言其幽. 不住天, 言其曠. 鶯花, 春時景物. 樓閣, 寺中形勢. 遲暮二句, 自傷入道已晚. 誰能二句, 幷勸四公解脫. 杜臆, 公以作客之窮, 眞有學佛之想, 故後詩屢及之.)

《독두심해》: '무인경' '부주천'은 고요하고 초탈한 것이다. '앵화'는 그 번화함을 내버려두고, '누각'은 스스로 유벽함을 이루었으니 또한 속세와의 인연을 끝낼 수 있다. 전체가 하반절을 위하여 정신을 이끌고 있다. '수능해인'은 비웃는 것도 아니고 권하는 것도 아니라 바로 세상의 굴레를 벗어나기 어렵다는 것을 보여준다. 네 사군을 빌려서 자신을 투영한 것으로 여전히 깨끗하게 나아가지 못함을 스스로 탄식하고 있다.(無人境不住天, 靜而超也. 鶯花聽彼繁華, 樓閣自成幽僻, 亦可以了俗緣矣. 全爲下半領神. 誰能解印, 非笑之, 亦非勸之, 正見世網難脫. 借四君以影己, 仍自歎不能灑然相就也.)

(이석형)

64. 數陪李梓州泛江有女樂在諸舫戲爲艷曲二首贈李

재주자사 이공을 자주 모시고 강에 배를 띄웠는데, 기녀들이 배마다 있어 장난삼아 〈염곡〉 2수를 지어서 이공에게 드리다

上客廻空騎[1]　佳人滿近船[2]　江淸歌扇底[3]　野曠舞衣前
玉袖凌風並[4]　金壺隱浪偏[5]　競將明媚色[6]　偸眼艷陽天[7]

상객께서 빈 말을 돌려보내고 나니
미인들이 가까운 배에 가득하다.
노래 부르는 기녀의 부채 아래 강물이 맑고
춤옷 앞에 들판이 드넓은데,
아름다운 소매는 바람을 타고서 나란히 움직이고
금빛 술동이는 물결에 가려진 채 한쪽에 치우쳤다.
다투어 아름다운 용모로
따듯한 봄날을 훔쳐보는구나.

이 시는 두보가 광덕 원년 봄에 재주자사와 함께 배를 타고 유람을 나갔다가 흥이 나서 재미삼아 지은 것으로, 가기歌妓들을 너무 가까이 하지 말라는 권계의 뜻이 담겨 있다. 재주자사 이씨李氏가 누구인지는 자세하지 않다. '여악女樂'은 가기를 뜻한다. 제목에서 '李'는 '章'으로 된 판본도 있는데, 조언재는 당시 재주자사를 이씨가 아니라 장씨로 보는 것이 옳을 것이라고 하였다. 또 '諸舫'은 '渚舫'으로 된 판본도 있다.

《보주두시》 시에서 "다투어 아름다운 용모로 따듯한 봄날을 훔쳐본다"고 한 것으로 보아, 광덕 원년 봄에 지은 것이 분명하다.(詩云, 競將明媚景, 偸眼艶陽天, 當是廣德元年春作.)

《구가집주두시》 조언재 주 '이재주'로 된 판본도 있는데 옳지 않다. 아마도 뒤에 장유후를 모시며 쓴 시가 있어서일 것이다.(一本作李梓州, 非是. 蓋後有陪章留後也.)

주 석

1 上客(상객)- 귀한 손님. 여기서는 재주자사를 가리킨다. 空騎(공기)- 텅 빈 기마. 즉 사람이 내린 말을 가리킨다.

《구가집주두시》 조언재 주 손님이 배에 오르고 나서 말을 빈 채로 돌려보낸 것이다.(客旣登船, 遣騎空回也.)

2 佳人(가인)- 미인. 가기들을 가리킨다.

《두억》 '가까운 배에 가득하다'고 하였으니 가기들이 건너편 배에서 가무를 하는 것이다. 그래서 "노래 부르는 기녀의 부채 아래 강물이 맑다"고 하였다.(云滿近船, 則女樂隔船歌舞, 故云江淸歌扇底.)

《구가집주두시》 조언재 주 '바람을 타고 나란히' 서 있다는 말에서 가기가 한 사람이 아니라는 것을 상상할 수 있다. 그래서 '가인만근선'이라는 구절이 이루어지는 것이다.(凌風並立, 想女樂不一其人矣, 所以成佳人滿近船之句.)

3 歌扇(가선)- 노래할 때 얼굴을 가리기 위해 사용하는 부채.

《구가집주두시》 부채로 자신을 가리고서 노래하기에 이를 '가선'이라고 한다.(以扇自障而歌, 故謂之歌扇.)

〔江淸 2구〕

《두시상주》에 인용된 홍매洪邁 설 당대 사람들은 '가선'으로 '무의'와 대를 이루는 것을 좋아하였다.(唐人好以歌扇對舞衣.)

4 玉袖(옥수)- 흰 옷소매에 대한 미칭. 혹은 옥이 장식된 소매로 보기도 한다. '袖'는 '燕'으로 된 판본도 있다. 凌風並(능풍병)- 기녀들이 소매를 바람에 날리며 나란히 줄지은 모양을 뜻한다. '凌'은 '臨'으로 된 판본도 있다.

《보주두시》 황희 주 '옥수'는 〈곽광전〉에서 말한 '옥의', 〈자허부〉에서 말한 '옥수'라는 말처럼 아마도 옥으로 장식했을 것이다.(玉袖, 如霍光傳所謂玉衣, 子虛賦所謂玉綏, 蓋以玉爲飾也.)

《두시상주》 양 간문제의 시에 "바람이 불어 옥 같은 소매에 향기가 난다"는 구절이 있고, 하손의 시에 "현소리에 놀라 흰 소매가 더디다"는 구절이 있는데, 옥과 눈은 모두 소매 색깔이 하얀 것을 말하는 것일 뿐이다. 만약 옥으로 소매를 장식했다면 어찌 바람을 탈 수 있겠는가?(梁簡文帝詩, 風吹玉袖香. 何遜詩, 驚絃雪袖遲. 玉雪, 皆言袖色之白耳. 若以玉飾袖, 豈能凌風乎.)

5 金壺(금호)- 금항아리. '壺'는 '鳧'으로 된 판본도 있다. 隱浪偏(은랑편)- 술동이가 파도에 반쯤 가려진 채 한쪽에 치우쳐 있는 모양을 가리킨다. 혹은 술동이가 파도를 따라 기우는 것으로 풀이할 수도 있다. 한편 '隱'은 '引'으로 된 판본도 있는데, 이를 따른다면 항아리로 물을 긷는다는 뜻으로 풀이할 수 있다.

《두시상주》 '은랑편'에 대해 구주에서는 파도가 술동이의 반쪽을 비춘다고 하였는데, 위와 아래의 시구와 어울리지 않는다. 황생이 조언재본에 따라 '인랑'으로 한 것이 옳다.(隱浪偏, 舊注謂浪映金壺之半偏, 於上下文不合. 黃生從趙本作引浪爲是.)

〔玉袖 2구〕

《두시상주》에 인용된 《두억》 '옥수'와 '금호'는 아마도 오류가 있는 듯하다. 시에서 미인을 읊고 있으니 '금호'를 섞으면 안 될 것이고, 앞에 '무의'가 있으니 중복해서 '옥수'를 써서는 안 될 것이다. 이제 '옥수'를 '옥연'으로, '금호'를 '금부'로 바로잡는다. 제비가 바람을 타는 것은 춤을 본뜨는 것이고, 오리가 파도에 숨는다는 것은 노래소리를 피하는 것으로 역시 장난기 섞인 말이다. 양 간문제 시의 "옥빛 제비가 푸른 가라말에 다가선다"는 구절과 《습유기》의 "사광에게 때로 흰 제비가 찾아와서 둥지를 틀었다"는 기록, 《명황잡록》의 "명황에게 금부등이 있었다"는 기록과 하손 시의 "은빛 바다에 끝내 파도가 없으니, 금빛 오리가 마침 날지를 않는다"는 구절 모두 그 증거로 삼을 만하다.(玉袖金壺, 疑其有誤. 蓋詩詠佳人, 不應參入金壺, 上有舞衣, 不應複用玉袖. 今定玉袖爲玉燕, 金壺爲金鳧. 燕凌風者, 學其舞也. 鳧隱浪者, 避其歌也, 亦戲詞也. 梁簡文帝詩, 玉燕貼青驪. 拾遺記載師曠時有白燕來巢. 明皇有金鳧燈. 何遜詩, 銀海終無浪, 金鳧會不飛, 皆可證.)

《독두시설》 이제 살펴보건대, 여기(《두시상주》)에서는 '옥연'이 색깔이 흰 것을 형용한 것이라고 설명하였지만, 흰 제비는 자주 볼 수 있는 것이 아니다. 하손의 시와 《명황잡록》에서 말한 '금부'는 모두가 금부등으로 금을 가지고 오리 형상을 만든 것이니, 어찌 물에 띄울 수 있으며 "물결에 가려진 채 한쪽에 치우쳐 있다"고 말할 수 있겠는가? 만약 '옥연'과 마찬가지로 단지 그 색깔을 형용한 것이라면, 오리의 색깔은 황금에 견줄 수 없으니, 모두가 부합하지 않는다. 두 구절은 여전히 '옥수'와 '금호'라고 하는 것이 옳을 듯하다. '옥수'는 위의 '무의'를 이어받는다. 간문제 시의 '풍취옥수향'이 바로 이 시의 근거이다. 가기가 배에 있으면 배에서는 필히 잔치를 벌일 것이고, '금호'는 잔치 때 있는 것인데 꼭 실제 금으로 그것을 만들지는 않을 것이니, 단지 잔치의 성대함을 가정하여 말하는 것일 뿐이다. '은랑편'은 파도가 일고 배가 기울어서 자리의 술항아리도 그에 따라 치우친 것을 말한다. '은'은 '따를 수' 자의 뜻이다.(今按此說玉燕, 是形容色白, 然白燕已不常見, 何遜詩及明皇雜錄, 所言金鳧, 皆金鳧燈, 以金爲鳧形也, 豈可泛水而謂隱浪偏乎. 若亦同玉燕, 第形容其色, 則鳧色不可比金, 是皆不合矣. 二句似仍作玉袖金壺爲是. 玉袖, 卽承上舞衣, 簡文帝詩, 風吹玉袖香, 正此詩所本. 女樂在船, 船必設宴, 金

壺乃宴時所有, 不必果以金爲之, 第設言其盛耳. 隱浪偏, 謂浪起船側, 座上之壺亦隨偏也. 隱, 卽隨字之意.)

6 明媚色(명미색) - 아름다운 용모.

7 偸眼(투안) - 몰래 훔쳐보다. 艶陽(염양) - 따듯한 봄기운을 말한다. 天(천) - '年'으로 된 판본도 있다. 이 구절은 가기들이 봄날에 서로 훔쳐보는 뜻으로 볼 수도 있을 듯하다.

〔競將 2구〕

《구가집주두시》 조언재 주 이제 두보의 의도는, 아마도 "미인들이 스스로 아름다운 용모를 뽐내며 흘깃 봄빛을 보면서 누가 서로 뛰어난지 다툰다"는 뜻을 말하려는 것일 게다.(今公意, 蓋謂佳人自衒其美色, 偸眼視春光, 以爭相勝之意.)

《두시상주》에 인용된 소邵씨 주 미인들이 봄빛을 흘깃 보면서 아름다움을 다투는 것이다.(佳人偸眼春光, 以爭姸媚也.)

#《두시상주》: 첫째 수는 이공으로부터 가기로 내용 전개를 하면서, 한때 가기의 성대함을 형용하였으니, 이것이 이른바 '염곡'이다. 배 위의 미인들 가운데는 노래하는 이가 있고, 춤추는 이가 있으며, 바람을 맞으며 나란히 선 이가 있고, 항아리를 들고 물을 긷는 이가 있으니, 이는 미인의 모습을 나누어 묘사한 것이다. 또 서로 눈길을 모아 아름다운 눈이 봄빛에 비치는 것을 보여주니, 이는 미인의 정취를 모아서 묘사한 것이다. 황생은 주에서 "첫 구의 상객은 이 시에 호응하지 않고 아래 시의 결말과 호응하고 있으니, 두 시를 통괄하는 것으로 장법을 삼았다"고 하였다. '능풍'은 '야광'을 이어받고, '인랑'은 '강청'을 이어받는다. '경장' 두 자는 가기가 배에 가득함을 보여준다.(首章從李公說到女樂, 形容一時聲妓之盛, 所謂艶曲也. 舫上佳人, 有歌者, 有舞者, 有迎風並立者, 有提壺引水者, 此分寫佳人景態也. 又見彼此凝眸, 媚眼交映於春光, 此合寫佳人情致也. 黃生注, 首句上客, 不應於本章, 而應於下章結處, 乃通二首爲章法. 凌風承野曠, 引浪承江淸.

競將二字，見女樂滿船.)

其二

白日移歌袖[1]　青霄近笛牀[2]　翠眉縈度曲[3]　雲鬢儼成行[4]
立馬千山暮　迴舟一水香[5]　使君自有婦[6]　莫學野鴛鴦[7]

태양은 기녀의 소매에 움직이고
맑은 하늘은 피리를 가까이한다.
비취빛 눈썹이 빙둘러 노래를 부르고
구름같은 머리카락이 가지런히 줄을 짓는다.
말을 세우니 온 산이 저물고
배를 돌리니 강물이 향그럽다.
사군 스스로 부인이 있으니
야생 원앙새를 본받지 마소서.

주 석

1 袖(수) - '裏'로 된 판본도 있다.

2 青霄(청소) - 하늘. 笛牀(적상) - 피리.
《두시상주》에 인용된 고신顧宸 주 이는 메아리가 흘러가는 구름을 막아 하늘이 마치 피리와 가까운 것처럼 느껴진다는 말이다. 《석명》에 "'상'은 '담는다'는 뜻이다. 담는 데 쓰는 것을 모두 '상'이라고 한다. 예를 들어 '쌀지게미통' '음식통' '북통' '붓통'이란 말들이 모두 이러한 뜻이다"라고 하였다. 《수훤록》에 "남조 때에는 붓대를 '상'이라고 하였다"고 하였는데, '적상'은 의당 바로 이러한 부류일 것이다.(此言響遏行雲, 覺靑霄若與笛牀相近. 釋名, 牀, 裝也. 凡所以裝載者皆謂之牀, 如糟牀食牀鼓牀筆牀, 皆此義. 樹萱錄云, 南朝呼筆管爲牀, 笛牀當卽其類.)

《두시경전》 피리소리가 구름을 꿰뚫는다는 말이다.(謂笛聲穿雲也.)

3 度曲(도곡)- 악보에 따라 노래 부르는 것을 뜻한다.

《두시상주》 《한서·원제기》에 "황제 스스로 노래 순서를 정해 주었다"는 말이 있는데, 신찬臣瓚 주에 "노래가 끝나고 다시 그 다음 곡을 정해 주는 것을 '도곡'이라 한다"고 하였다.(漢元帝紀, 帝自度曲. 瓚云, 歌終更授其次, 謂之度曲.)

4 雲鬢(운빈)- 기녀들의 구름같은 머리카락을 말한다. 儼(엄)- 아름다운 모양. 혹은 잘 정돈된 모양. 成行(성항)- 줄을 이루다. '成'은 '分'으로 된 판본도 있다.

5 一水香(일수향)- 강물이 향그럽다. 강에 여인의 향기가 감도는 것을 뜻하는 말로 보인다. 한편 강물에 꽃향기가 감도는 뜻으로 보기도 한다.

6 使君(사군)- 자사에 대한 존칭. 여기서는 재주자사 이공을 가리킨다.

7 莫學(막학)- 본받지 말라, 흉내내지 말라. 이 구절은 기녀들과 과하게 놀지 말라는 권고의 뜻이 담겨 있다.

《두시상주》에 인용된 노원창盧元昌 주 원앙새는 본래 정해진 짝이 있으나, 야생 원앙의 경우는 아무렇게나 무리짓는다.(鴛鴦本有定耦, 若野鴛, 則亂群矣.)

《구가집주두시》 사윤師尹 주 고악부 〈맥상상나부행〉에 "사군 본인도 부인이 있고, 저 자신도 지아비가 있습니다"라는 구절이 있다. 재주자사 이공이 기녀들을 거느렸기에, 두보가 이 말로 농을 한 것이다.(古

樂府, 陌上桑羅敷行, 使君自有婦, 羅敷自有夫, 李梓州有女樂, 故公以此戲之.)

《두시언해》 미인들을 사랑하지 말라고 권계하는 것을 말한다.(謂戒勿愛佳人也.)

#《두시상주》: 둘째 수는 가기로부터 이공으로 내용 전개를 하고 있다. '백일'은 '염양'을 받아 앞의 시와 뒤의 시가 서로 연결된다. '해가 옮겼다'는 것은 하루종일 술에 취해 노래했다는 것이다. '하늘이 가깝다'는 것은 노래소리가 하늘에까지 닿는다는 것이다. '돌아가며 노래를 부른다'는 것은 앞의 노래가 끝나간다는 것이고, '가지런히 서서 줄을 짓는다'는 것은 뒷 노래가 이어지는 것이다. '입마'는 사람이 안 탄 기마가 기다리며 맞이하는 것이고, '회주'는 가기들이 배에 가득한 것이다. 말련은 비록 농담 섞인 말이긴 하지만, 권계에 들어맞는다. 황생은 "재주자사 이공이 가기에 탐닉하여 두보가 부러 염곡을 지었으니, 비록 장난삼는다고 했지만 실은 그를 권계하는 것이다. 노래가 우아한 연주로 끝나고 그 노래가 아름다우면서 법도가 있으니, 《시경》에 있는 노래의 뜻에 바탕을 둔 것이다. 이 어찌 《옥대신영》이나 《향렴집》의 시체들이 도를 넘어 외설에 가까운 것과 같은 수준에 놓고 얘기할 수 있겠는가?"라고 하였다.(次章從女樂說到李公. 白日承艷陽來, 前後自相聯絡. 移白日, 酣歌終日也. 近靑霄, 聲徹雲霄也. 縈迴度曲, 前歌將盡也. 儼立成行, 後歌將繼也. 立馬, 卽空騎之候迎者. 回舟, 卽女樂之滿舫者. 末聯雖涉戲詞, 而却合規諷. 黃生曰, 李梓州耽於女樂, 公故撰爲艷曲, 雖曰戲之, 而實所以規之. 曲終雅奏, 其詞麗以則, 本詩人作賦之義. 此豈玉臺香奩諸體淫而近褻者所可同日語哉.)

《두억》: 가무를 날이 저물도록 했기에 "태양이 기녀의 소매에 움직인다"고 하였고, 강물이 드넓게 하늘과 닿았기에 "맑은 하늘이 피리통을 가까이한다"고 한 것이다. 고시에 "노래 부르느라 푸른 눈썹이 낮아진다"고 하였는데, 이제 '영'자로 '저'를 대신하였으니 광경이 더욱 기묘하다. ‘엄분항’은 가기가 많음을 말하니, 제목에서 ‘제방’이라고 한 것을 알 수 있다. ‘입마’는 앞 시의 ‘회공기’와 상호 조응하여 아침에 말로 배웅하고 저녁에 말로 마중하는 것이다. ‘회주’와 ‘수향’은 지극히 아름답다. 마지막 말은 농담이면서 또한 권계이다.(歌舞竟日, 故云白日移歌袖, 江闊連天, 故云清霄近笛床. 古詩度曲翠眉低, 今以縈易低, 光景更妙. 儼分行言其多也, 題云諸舫可見. 立馬與前章回空騎相照, 早以馬送, 暮以馬迎也. 迴舟水香艷極. 末語亦戲亦規.)

##《독두심해》: 보아하니 가기는 스스로 여러 배에 있었던 것이지, 본디 사군이 태운 것은 아니다. 첫째 수는 가기에 대해서만 묘사한 것으로, 피차 아직 서로 접하지 않았다가 다음 시에서 비로소 서로 가까이하게 된다. 첫 구에서는 단지 사군이 말에서 내려 배에 오르는 것을 대략 건드리고, 다음 구절에서 바로 여러 배에 타고 있는 가기 얘기로 들어선다. 3, 4구는 눈으로 본 광경이다. 5, 6구는 배가 한 척이 아님을 보여준다. 7, 8구는 가기의 자태를 절묘하게 다 묘사하여 이쪽(재주자사)과의 관계를 미묘하게 이끌어내고 있다. 둘째 수는 가까이 다가서서 묘사하고 있다. 1, 2구는 낮에서 밤으로, 떨어져 있다가 합치는 상황을 나타냈는데 제기한 바가 또렷하다. 3, 4구는 앞 시의 ‘강청’ ‘야광’ 구와 크게 달라서, 이는 바로 사군을 둘러싸게 된다. 아래 4구는 다시 이합집산을 묘사하여 생동감이 넘친다. ‘천산모’는 맞이하는 기마가 오래 기다리는 것이다. ‘일수향’은 꽃무더기에서 비롯된 것이다. 두 구절은 그림으로 나타낼 만하다. 결말은 우아하면서 운치가 있는데, 말투는 마치 가기들을 깨우쳐 주는 듯하지만 오히려 사군을 권계한 것으로, 농담기가 배어 있다.(看來女樂自在諸舫, 本非使君所載. 首章單就女樂點染, 彼此尚未相接, 下章始相狎近. 首句, 只將使君下馬登舟略逗. 次句, 徑入諸舫女樂. 三四, 寓目. 五六, 見不一舫. 七八, 妙盡女郎之態, 與此微相引動矣. 次章, 近而即之. 一二, 由日而夜, 由離而合, 提掇清醒. 三四, 與上章之江清野曠大別, 此直圍遶使君矣. 下四, 更離

合生動. 千山暮, 候騎久待也. 一水香, 花叢裏出也. 二句可畫. 結雅而韻, 語氣似曉彼女郎, 卻以諷使君也, 帶戲.)

《두시경전》에 인용된 장張씨 설: 처음에는 배로 내려섰기에 기마를 되돌렸다가, 이제는 배를 되돌리고 다시 말에 오르려고 한다. 그래서 말을 세우고 기다리는 것이다. 두 수가 단지 한 수처럼 보이니, 정경이 그림 같다.(初下船則廻騎, 今廻船又將上馬, 故立馬以待也. 兩首只如一首, 情景如畫.)

(**김만원**)

65. 送何侍御歸朝
조정으로 돌아가는 하시어를 전송하다

舟楫諸侯餞[1] 車輿使者歸[2] 山花相映發 水鳥自孤飛
春日垂霜鬢[3] 天隅把繡衣[4] 故人從此去[5] 寥落寸心違[6]

배에서 제후가 전송하니
수레 탄 사자가 돌아가누나.
산꽃은 서로 비추어 피었건만
물새는 제 홀로 나느니.
봄날 서리 같은 귀밑머리 드리운 채
하늘 끝에서 비단옷을 부여잡네.
친구가 이제 가버리면
쓸쓸히 마음 둘 곳 없겠지.

이 시는 광덕 원년 봄 조정으로 돌아가는 하시어를 전송하며 지은 것이다. 당시 두보는 재주에 있었다. 원주에 "재주자사 이공이 배를 띄워 차린 송별연에서 지었다(李梓州泛舟筵上作.)"는 기록이 있다. 이 원주에 대해 노은은 '李'를 '章'으로 쓰고 있다. 먼 타향에서 친구를 보내는 시인의 서글픈 마음이 경물에 의탁되어 잘 드러나 있다.

《보주두시》 시에서 "배에서 제후가 전송한다"고 했고, 또 "봄날 서리 같은 귀밑머리 드리웠다"고 했으니 마땅히 광덕 원년 강에 배를 띄워 지은 것이다.(詩云, 舟楫諸侯餞, 又云, 春日垂霜鬢, 當是廣德元年泛江作.)

《두시상주》 이 시는 광덕 원년 봄에 지은 것이 분명하다.(此當是廣德元年春作.)

주 석

1 舟楫(주즙)- 배. 諸侯(제후)- 재주 자사를 가리킨다. 餞(전)- 전별하다. 송별잔치를 열다.

2 車輿(거여)- 수레. 使者(사자)- 하시어를 가리킨다.

〔舟楫 2구〕

《구가집주두시》 조언재 주 상구는 재주자사 장공이 배를 띄워 잔치함을 가리킨 것이고, 하구는 하시어가 조정으로 돌아감을 말한 것이다.(上句指言章梓州作泛舟之筵也, 下句言何侍御歸朝也.)

3 霜鬢(상빈)- 흰머리. 두보를 가리킨다.

4 繡衣(수의)- 수를 놓아 만든 시어사의 복장으로 하시어를 가리킨다.

《구가집주두시》 조언재 주 전한의 포승지는 수놓은 옷을 입고 도끼를 들고 직지사자가 되었다. 또 한나라 시어사도 수놓은 옷을 입고 도끼를 들었다. 하시어와 옷깃을 잡고 이별하는 것을 말한다.(前漢暴勝之, 衣繡衣, 持斧, 爲直指使者. 又漢侍御使, 繡衣持斧, 言與何侍御把衣爲別也.)

5 去(거)- '遠'으로 된 판본도 있다.

6 寥落(요락)- 쓸쓸한 모양. 寸心(촌심)- 마음. 違(위)- 어그러지다. 마음이 불편하다.

#《두시상주》: 위 4구는 송별의 풍경이요, 아래 4구는 이별을 슬퍼하는 마음이다. '주즙'은 배를 띄워 물에서 전별한 것이고, '거여'는 수레를 타고 육로로 떠나간다는 것이다. 제후는 이씨를 가리키고 사자는 하씨를 가리킨다. 산꽃이 비추어 피어나는 것은 아래의 '수의'와 '고인'을

일으켜 시어사가 조정으로 돌아가는 즐거움을 드러낸다. 물새가 홀로 나는 것은 아래 '상빈'과 '촌심'을 일으켜 타향에서 나그네된 곤궁함을 드러낸다. '흥' 중에 '비'가 있으니 두시는 이 법을 잘 쓴다.(上四送別之景, 下四悵別之情. 舟楫水餞, 車輿陸行, 諸侯指李, 使者指何. 山花映發, 起下繡衣故人, 見侍御歸朝之樂. 水鳥孤飛, 起下霜鬢寸心, 見異方作客之窮. 興中有比, 杜詩善用此法.)

《독두심해》: 3, 4구는 한차례 시끌벅적하다가 한차례 조용해진 것으로 경물 중에 비유를 담고 있으니 하반부의 내용은 이로부터 이끌어 낸 것이다.(三四, 一喧一寂, 景中帶比, 下半從此領出.)

(김성곤)

66. 江亭送眉州辛別駕昇之得蕪字

강정에서 미주 별가 신승지를 전송하며 '무'자를 얻다

柳影含雲幕[1]　江波近酒壺　異方驚會面[2]　終宴惜征途[3]
沙晩低風蝶[4]　天晴喜浴鳧　別離傷老大　意緒日荒蕪[5]

버들 그림자는 구름 장막을 머금고
강 물결은 술병에 가깝다.
타향에서 만남을 놀라워했는데
술자리 마치매 가는 길을 안타까워한다.
백사장에 날 저물어 바람결에 나비들 나직히 날고
하늘 맑아 목욕하는 오리들 즐거워한다.
헤어짐에 늙음을 슬퍼하니
마음은 날로 거칠어진다

이 시는 광덕 2년 봄 낭주에 있을 때 강정에서 미주 별가 신승지를 전송하여 지은 작품이다.

《보주두시》 황희 주 광덕 원년 작품이다.(廣德元年作.)

《보주두시》 공에게 〈강정왕랑주연전소수주〉가 있으니 강정은 낭주에 있는 것이 된다. 마땅히 광덕 2년 봄 공이 낭주에 있을 때에 지은 것이다. 양권도는 재주 작품에 편재하였는데, 잘못인 듯하다.(公有江亭王閬州筵餞蕭遂州, 則江亭在閬州, 當是廣德二年春公在閬州作. 梁權道編在梓州作, 恐非.)

《두시경전》 미주는 촉주의 남쪽에 있다.(眉在蜀州之南.)

주 석

1 雲幕(운막) - 장막. 전별을 위해 야외에 설치한 장막이다. '幕'이 '重'으로 된 판본도 있다.

《두시상주》 '운막'이란 장막이 구름처럼 높다는 말이다.(雲幕, 幕高如雲也.)

2 異方(이방) - 타향. 驚會面(경회면) - 만나게 되어 놀랍다. 타향에서 만나게 되어 놀랍다는 말이다.

《구가집주두시》 조언재 주 이소경의 편지에 "타향에서의 즐거움은 다만 사람을 슬프게할 뿐이다"라고 하였다.(李少卿書云, 異方之樂, 祇令人悲.)

3 終宴(종연) - 잔치를 마치다. 惜征途(석정도) - 떠나는 길을 안타까워하다. 멀리 길을 떠나게 된 것이 안타깝다는 말이다.

4 沙晚(사만) - 강가 모래판에 날이 저물다. 低風蝶(저풍접) - 바람결에 나비가 나직이 날다.

5 意緒(의서) - 마음. 기분. 荒蕪(황무) - 거칠다. 어지럽다.

《두시상주》에 인용된 소보 주 '황무'는 어지럽다는 뜻이다.(荒蕪, 撩亂也.)

#《두시상주》: 첫 연은 전별한 일이다. 다음 연은 석별의 정회이다. 셋째 연은 이별에 임해서의 경치이다. 끝 연은 이별을 추억하는 정회이다. 버들 그림자가 드리우고 강 물결이 치는 곳에 장막을 치고 술자리를 차려두었다고 한 것이니 서사에 속한다. 아래 부분의 바람결에 나는 나비와 목욕하는 오리는 모두 당시의 경치를 쓴 것으로 뜻이 중복되지 않는다. 《두억》에 "술자리가 끝나면 곧 이별하기에 '술자리를 마치니 가는 길이 안타깝다'라고 하였다. 말이 천근하지만 맛이 있다. 5,6구의 '저', '희' 두 글자는 허자이지만 실자로 사용되었다.(首聯, 餞別之事. 次聯, 惜別之情. 三聯, 臨別之景. 末聯, 憶別之懷. 柳影江波之處,

設幕置酒, 故屬敘事. 下面風蝶浴鳧, 全寫時景, 意非重複. 杜臆, 宴終卽別, 故云終宴惜征途. 語淺而有味. 五六低喜二字, 虛字實用.)

《독두심해》: 1구는 '정'자에 맞추었고 2구는 '강'을 드러내고 있으니, 곧 전별의 술자리를 마련한 의미를 띠고 있다. 3,4구는 전환으로 아래의 내용을 일으키고 있다. 5,6구는 곧 경치로서 3구를 받는다. 7,8구는 정회를 말한 것으로 4구를 받는다. 기뻐한다는 것은 오리가 스스로 기뻐하는 것이다.(一, 切亭. 二, 映江, 卽帶設餞. 三四, 轉側, 起下. 五六, 卽景, 承三. 七八, 言懷, 承四. 喜, 鳧自喜也.)

(**이남종**)

67. 行次鹽亭縣聊題四韻奉簡嚴遂州蓬州兩使君咨議諸昆季

염정현을 들러 그저 4운시를 지어 엄수주, 엄봉주 두 사군과 엄자의참군 여러 형제분에게 받들어 편지하다

馬首見鹽亭[1]　高山擁縣青　雲溪花淡淡[2]　春郭水泠泠[3]
全蜀多名士　嚴家聚德星[4]　長歌意無極[5]　好爲老夫聽[6]

말 머리에서 염정현을 바라보니
높은 산이 고을을 푸르게 두르고 있군요.
구름 낀 계곡에 꽃은 담담하고
봄 성곽에 물은 맑고 시원하군요.
온 촉 땅에 뛰어난 인물 많다는데
엄씨 집안에 덕성이 모인 듯합니다.
길게 노래하면 뜻이 끝이 없으니
이 늙은이를 위해 잘 들어 주시기 바랍니다.

광덕 원년 두보가 염정현을 지날 때 그 고을의 엄씨 형제들에게 보낸 시이다. 염정현은 재주 동쪽 90리에 있다. 수주자사와 봉주자사의 자세한 생평은 알려져 있지 않다. 자의참군은 엄진이라고 알려져 있으며, 그 여러 형제에 엄려를 포함시키기도 한다.

《보주두시》 염정현은 재주에 속해 있으니 마땅히 광덕 원년 두보가 재주에서 염정현에 갔을 때 지은 것이다. 두보는 이 해 봄과 여름 재주에 있었고, 염정현은 재주 동쪽 90리에 있었다. 수주와 재주는

서로 이웃하였고, 봉주는 낭주 옆에 있는데 낭주와 재주는 또한 이웃하고 있었다. 엄씨가 재주 사람이 아닌데 다스리는 고을이 재주와 가깝기 때문에 두보가 이 시를 쓰게 된 것이다.(鹽亭縣, 屬梓州. 當是廣德元年, 公自梓州至鹽亭時作. 公是年春夏在梓, 鹽亭縣在梓州東九十里, 遂州與梓州爲鄰, 蓬州則鄰於閬州, 而閬與梓又爲鄰也. 嚴非梓州人, 則所領州近梓, 故公有此詩.)

《구가집주두시》 조언재 주 세 엄씨에 대해 혹자는 엄진의 형제라고 여겼다. 《당서》에 의하면 엄진은 재주 염정 사람으로, 서천절도사 엄무가 압아로 삼았다. 엄무가 죽자 그만두고 돌아왔다. 지금 두보는 엄무가 다시 촉지역에 진수했다는 소식을 듣고 낭주에서 성도로 돌아가는 길에 여기에 들려 엄씨를 만났으니, 곧 엄진의 집안은 아니다. 다시 박식한 사람을 기다려야 할 것이다.(三嚴, 或以爲嚴震之昆季. 按唐史, 震, 梓州鹽亭人, 西川節度使嚴武署押衙. 武卒, 罷歸. 今公聞嚴武再鎭蜀, 自閬歸成都過此而見嚴氏, 則非嚴震家矣. 更俟博聞.)

《두시상주》에 인용된 고신 주 《구당서》에 "엄진은 자가 하문이며 재주 염정 사람이다. 지덕과 건원 연간에 여러 차례 집안의 재산을 내서 군수 물자를 도와 주의 장사와 왕부 자의참군의 벼슬을 받았다. 엄무가 서천으로 옮기면서 압아로 삼았다. 덕종 조에 여러 벼슬을 거쳐 동평장사검교상서좌복야에 이르렀다. 엄려는 엄진의 집안 사람으로 여러 벼슬을 거쳐 산남서도절도사에 이르렀다"고 하였다. 《환우기》에 "엄진과 그 아우 엄려의 묘는 부대산 아래에 있는데, 현 서쪽 1리에 있다"고 하였다. 이에 의거하면 자의참군의 여러 형제는 아마도 엄진과 엄려일 것이다. 엄수주와 엄봉주 두 사군의 이름은 고찰할 수 없다.(顧注, 舊唐書, 嚴震, 字遐聞, 梓州鹽亭人, 至德乾元間屢出家財以助軍需, 授州長史王府諮議參軍. 嚴武移西川, 署爲押衙. 德宗朝累官至同平章事檢校尙書左僕射. 礪, 震之宗人也, 累官至山南西道節度使. 寰宇記, 嚴震及弟礪墓在負戴山下,

去縣西一里. 據此則諮議諸昆季, 蓋嚴震及礪也. 其嚴遂州蓬州二使君名, 不可考矣.)

《두시경전》에 인용된 주학령 주 두 사군에 대해서는 고찰할 수 없으며, 자의에 대하여 혹자는 바로 엄진이라고 하였다.(兩使君無考, 咨議或云卽嚴震.)

주 석

1 鹽亭(염정) - 염정현.

《두시상주》 전겸익 전에서 《환우기》에 "염정현은 그 우물로 인하여 이름이 붙여졌다. 부대산은 현의 서쪽 1리에 있고 높이는 2리인데, 검문 남쪽에서 검주를 지나 이 고을로 들어왔다. 용이 서리고 호랑이가 웅크린 듯 높아졌다 낮아지며 400 여리를 지나와 여기에 이르러 멈추었다. 산에는 비룡천이 있는데 물이 뿜어 나와 남으로 흘러 재동강으로 들어간다. 물빛이 맑고 깨끗하며 그 맛이 달고 좋아 당시에 경장수라고 하였다"고 하였으니, 곧 이 시에서 말하고 있는 '봄 강의 물이 맑고 시원하다'는 것이다.(錢箋, 寰宇記, 鹽亭縣, 因井爲名. 負戴山在縣西一里, 高二里, 自劍門南來, 過劍州入當縣, 龍盤虎踞, 起伏四百餘里, 至此却蹲. 山有飛龍泉, 噴下南流入梓潼江, 水色淸泠, 其味甘美, 時以爲瓊漿水, 卽此詩所云春水泠泠也.)

2 淡淡(담담) - 색깔이 희미하다. '漠漠'으로 된 판본도 있다.

《구가집주두시》 조언재 주 '꽃이 희미하다'는 것은 그것이 구름 낀 계곡에 있기에 그런 것이다.(花淡淡, 以其在雲溪故也.)

3 泠泠(영령) - 물이 맑고 시원하다.

〔全蜀 2구〕 엄씨 형제들이 촉 지역의 빼어난 인재라고 칭송한 것이다.

좌사의 〈촉도부蜀都賦〉 가까이로는 강산의 영기가 사람에게 내려 대대로 빼어난 인재들 역사서에 그 이름을 올렸다. 울창하기로는 사마상여요, 맑은 것으로는 엄준이 있다. 왕포는 빛나고 빼어나며,

양웅은 문재가 있으며 출중하다.(近則江漢炳靈, 世載其英. 蔚若相如, 皭若君平, 王褒曄曄而秀發, 揚雄含章而挺生.)

《두시상주》 '온 촉 땅에 뛰어난 인물이 많다'는 것은 여기에 근거한다.(全蜀多名士, 本此.)

《보주두시》에 인용된 조언재 주 '다명사'는 당시 사람들을 가리킨 것이다.(多名士, 指言當日之人.)

《두공부초당시전》 '명사'는 엄씨를 칭송한 것으로, 아래 구를 이끌고 있다.(名士, 美嚴氏也, 以引下句.)

4 聚德星(취덕성) - 덕성이 모이다. '덕성'은 나라에 경사가 있거나 어진 현사가 출현하였을 때 뜬다고 믿었다. 전하여 어진 선비에 대한 비유로 사용되었다.

《두시상주》에 인용된 《이원異苑》 진중궁이 여러 아들 조카와 함께 순계화 부자를 방문했는데, 이 때 덕성이 모여들었다. 태사는 오백리 안에 어진 사람들이 모였다고 상주하였다.(陳仲弓與諸子姪造荀季和父子, 於時德星聚, 太史奏五百里內有賢人聚.)

《두공부초당시전》 '덕성'은 다시 엄씨를 비유한 것이다.(德星, 復以比嚴氏也.)

5 長歌(장가) - 노래를 길게 읊조리다.

6 老夫(노부) - 두보 자신을 가리킨다.

#《두시상주》: 위 4구는 염정의 경물이고, 아래 4구는 엄씨 형제에게 편지를 보낸 것이다. 처음 2구는 곧 멀리서 바라본 것이고, 다음 2구는 가까이에서 본 것이다. 5, 6구는 땅이 영험하여 인물이 뛰어나다고 하였다.(上四鹽亭之景, 下四簡嚴昆弟. 首二乃遠望, 次二乃近見, 五六言地靈而人傑.)

《두시상주》에 인용된 고신 주: 제목에서는 단지 4운이라고 하면서 긴 노래라고 한 것은, 반복해서 길게 읊조려보면 뜻이 무궁하기 때문이다.(題止四韻, 而曰長歌, 反覆長吟, 意思無窮也.)

《두억》: 높은 산이 고을을 감쌌다는 것이 다음 2구까지 이어지면서 그 땅의 빼어남을 드러내고 있다. 5, 6구는 땅이 빼어나서 인물 또한 뛰어나다는 것을 말하였다. '의무극' 세 글자는 함축이 무한하다.(高山擁縣, 連下二句, 見其境地之勝. 五六言地勝而人亦賢也. 意無極三字, 無限含蓄.)

《독두심해》: 여러 속읍을 왕래함에 여러 지주들에게 바라는 것이 없지 않았을 것이다. '담담'과 '영령'은 경치가 특히 삭막하다. 이른바 '뜻이 끝이 없다'는 것은 이것 때문이다. 고신 주에서는 "이 4운시를 길게 읊조리게 한다"고 하였는데, 이렇게 본다면 밀랍을 씹는 것과 무엇이 다르겠는가.(往來諸屬邑, 不無望於諸地主也. 淡淡泠泠, 景象殊落莫矣. 所謂意無極者以此. 顧注謂, 欲其長吟此四韻, 何異嚼蠟.)

(**박홍준**)

68. 倚杖

지팡이를 짚다

看花雖郭內[1] 倚杖卽溪邊[2] 山縣早休市[3] 江橋春聚船[4]
狎鷗輕白浪[5] 歸雁喜青天[6] 物色兼生意[7] 淒涼憶去年[8]

꽃 보려고 성곽 안이나
지팡이 짚으니 바로 시냇가.
산마을 일찍 시장 거두고
강 다리 봄에 배 모였다.
친한 갈매기 흰 물결에 가볍고
돌아가는 기러기 푸른 하늘에 즐겁다.
물색 두루 생기로우니
처량히 지난 해 생각한다.

염정현에서 시냇가로 꽃구경 가서 풍경과 감정을 읊었다. 두루 생기발랄한 봄의 사물을 보면서 처량한 마음이 일어 지난 해 염정에서 난을 피한 기억을 되살렸다. 광덕 원년 봄에 지었다. 원주에 "염정현에서 지었다"(鹽亭縣作)고 하였다.

> **《보주두시》** 시에서 "산마을 일찍 시장 거두고, 강 다리 봄에 배 모였다"고 하였으니 분명히 광덕 원년 봄에 지었다.(詩云, 山縣早休市, 江橋春聚船, 當是廣德元年春作.)
> **《보주두시》에 인용된 조언재 주** 포조에게 "지팡이 짚고 닭과 돼지를 친다"는 시구가 있다. 그러므로 공이 따라서 제목으로 삼았다.(鮑

照有倚杖牧雞豚之句, 故公倚以爲題.)

《두시상주》 시를 쓴 다음 '의장' 2자를 골라 제목으로 삼았지, 지팡이 짚음을 읊은 것이 아니다.(詩成後拈倚杖二字爲題, 非詠倚杖也.)

주 석

1 郭內(곽내) - 성곽 안. '內'는 '外'로 된 판본도 있다.

《독두심해》 '곽내'는 근교를 말한다. 반드시 성 안인 것은 아니다.(郭內, 謂近郊. 未必定是城內也.)

《두시상주》 첫 구에 '수'자 1 자를 썼으니 자연히 '곽내'가 되어야 한다.(首句用一雖字, 自當作郭內.)

2 倚仗(의장) - 지팡이에 기대다. 지팡이를 짚고 건다. 卽(즉) - 닿다. 이르다.

〔看花 2구〕

《두시경전》 풍경이 교외와 꼭 같음을 말한다.(言風景一如郊外也.)

3 山縣(산현) - 산악 지역의 고을. 休市(휴시) - 파시하다.

《구가집주두시》 조언재 주 "산 마을 일찍 시장 거두다"는 일을 말한 것이 마치맞다. 〈제충주용홍사소거원벽題忠州龍興寺所居院壁〉 시의 "작은 시장에서 항상 쌀을 다툰다"는 구와 같다.(山縣早休市, 道事的當. 蓋如小市常爭米矣.)

4 江橋(강교) - 강에 놓은 다리. 聚船(취선) - 배가 모이다. '聚'는 '近'으로 된 판본도 있다.

5 狎鷗(압구) - 가까이하여 놀 수 있는 갈매기. '狎'은 '野'로 된 판본도 있다. 輕(경) - 가볍다. 가벼이 여기다. 갈매기가 경쾌하다, 갈매기가 흰 물결을 가벼이 여긴다는 뜻이다. 白浪(백랑) - 흰 물결. '浪'은 '日'로 된 판본도 있다.

《구가집주두시》 《열자》에 갈매기와 노는 노인 이야기가 있다. 기심機心을 잊어서 사물도 그를 두려워하지 않음을 말한다.(列子有狎鷗翁, 言忘機, 故物亦不懼.)

《구가집주두시》 조언재 주 가까이하여 놀 수 있는 갈매기가 한낮에 유영하면서 시간 아까운 줄 모름을 말한다.(言可狎之鷗遊泳乎白日之中, 而不知光景之可重也.)

6 歸雁(귀안)- 돌아가는 기러기. 喜(희)- 기쁘다. 기뻐하다. 靑(청)- '淸'으로 된 판본도 있다.

7 物色(물색)- 사물의 외양. 兼(겸)- 두루. 모두. 生意(생의)- 생기.

8 淒涼(처량)- 처량하다. 봄에 사물의 생기를 보니 자신의 신세가 처량하다, 또는 지난 겨울 난을 피할 때 처량하였다는 뜻이다. 去年(거년)- 작년. 지난 해에 두보는 염정현에서 난을 피하였다.

《두시경전》 작년 이곳에서 난을 피했음을 말한다.(謂去年避亂於此.)

〔物色 2구〕

《독두심해》 만물이 생기를 띠고 있으나 자기 홀로 처량하다. 작년 이 때는 마침 엄무에게 의지하고 있었다.(物皆生意, 己獨淒涼. 去年此時, 方仗嚴武.)

《두시언해》 이 구는 이들 사물의 생기를 보고 지난 겨울의 처량함을 생각한다는 말이다.(此, 言見此物色之有生意, 憶去冬之淒涼也.)

#《두시상주》에 인용된 《두억》: 앞의 시 〈행차염정현료제사운봉간엄수주봉주량사군자의제곤계行次鹽亭縣聊題四韻奉簡嚴遂州蓬州兩使君咨議諸昆季〉를 보니 현에는 산도 있고 시내도 있음을 알겠다. 그러므로 '곽내' '계변' 구가 있다. '조휴시'에서 풍속이 소박함이 드러나고, '춘취선'에서 인구가 조밀함이 드러난다. '압구'와 '귀안'은 모두 물색으로서 생기를 띤 존재이다. 염정은 재주에 속하며, 아마 지난 해에 이곳으로 피난 왔을 터이다.(閱前詩, 知縣中有山有溪, 故有郭內溪邊之句. 早休市, 見俗樸. 春聚船, 見民稠. 狎鷗歸雁, 俱物色而兼生意者.

鹽亭屬梓州, 蓋去年避亂於此也.)

《두시상주》: '시'는 '곽'을 잇고, '선'은 '계'를 잇는다. '구'와 '안'은 '춘'을 잇고, '물색'과 '생의'는 또 '구'와 '안'을 이어 층차를 따라 아래로 연결됨이 매우 분명하다. 근래의 주에 '생의'와 '물색'이 가운데 2 연을 각각 받는다고 하나 확실하지는 않다.(市承郭, 船承溪. 鷗雁承春, 物色生意又承鷗雁, 逐層接下甚明. 近注將生意物色, 分頂中二聯者, 未確.)

(**이창숙**)

69. 惠義寺送王少尹赴成都得峰字

혜의사에서 성도로 가는 왕소윤을 보내며 '봉'자를 얻다

苒苒谷中寺[1] 娟娟林表峰[2] 闌干上處遠[3] 結構坐來重[4]
騎馬行春徑[5] 衣冠起暮鐘[6] 雲門靑寂寂[7] 此別惜相從[8]

울창하다 골짜기 안의 절,
어여쁘다 숲 밖의 봉우리.
난간은 오르는 곳이 멀고
돌계단 앉으니 겹겹이로다.
말 타고 봄길 가려니
의관 차린 이들 저녁 종에 일어선다.
구름 서린 산문 푸르러 적적하고
이제 여의니 따르지 못해 아쉽다.

혜의사에서 왕소윤을 전별하면서 절의 경치와 석별의 정을 읊었다. 소윤은 부府와 주州의 부직副職으로서 당나라 초기 군郡에 사마司馬를 두었고, 개원開元 원년에 소윤으로 바꾸었다. 광덕 원년 재주에서 지었다. 원래의 시집에는 들어 있지 않으며, 송나라 때 운안우가 수록하였다.

《보주두시》 공이 일찍이 재주자사 이공과 네 사군을 모시고 혜의사에 올랐으니 곧 절은 재주에 있다. 지금 시에서 "말 타고 봄길 간다"고 하였으니 분명 광덕 원년 봄에 지었다.(公嘗陪李梓州四使君, 登惠義寺, 則寺在梓州. 今詩云, 騎馬行春徑, 當是廣德元年春作.)

《독두심해》 시집에 수록되지 않은 시이다.(集外詩.)
《두시언해》 운안우員安宇가 수록한 작품.(員氏所收.)
《두시경전》 아래 3수(〈혜의사송왕소윤부성도득봉자〉, 〈혜의사송신원외惠義寺送辛員外〉, 〈우송又送〉)는 모두 시집에 수록되지 않은 시로서, 이 시는 곽지달, 황학의 판본에 보인다.(下三首, 皆集外詩, 此首見郭知達黃鶴本.)

주 석

1 苒苒(염염)- 그윽하고 울창한 모양. 초목이 우거진 모양. 谷中寺(곡중사)- 골짜기에 있는 절. 혜의사를 가리킨다.
《두시경전》에 인용된 《집운集韻》 '염'은 풀이 무성한 모양이다.(苒, 草盛貌.)

2 娟娟(연연)- 어여쁜 모양. 林表(임표)- 숲의 바깥.

3 闌干(난간)- 난간欄杆. 돌계단의 난간을 말한다. 절집의 난간으로 보기도 한다. 上處(상처)- 오르는 곳.

4 結構(결구)- 건축물의 구조. 여기서는 돌계단 길의 구조를 말한다. 坐來(좌래)- 앉다. 重(중)- 겹. 층.

5 騎馬(기마)- 말을 타다. 왕소윤이 말을 타고 간다는 말이다. 또는 시인과 왕소윤 등 전별연에 참여한 사람들이 말을 타고 왔다고 보기도 한다. 春徑(춘경)- 봄길.

6 衣冠(의관)- 의관을 차려 입은 사람. 전별연에 참여한 이들 또는 절의 승려를 가리킨다. 起(기)- 일어서다. 종이 울리다, 종을 울린다는 뜻으로 보기도 한다. 暮鐘(모종)- 저녁 예불 때 치는 종. '暮'는 '晩'으로 된 판본도 있다.
《두시경전》 저녁 종이 울리자 의관을 차린 이들이 모두 일어난다는 말이다.(言暮鐘動, 衣冠皆起也.)

《두시상주》에 인용된 신함광申涵光 설 절의 승려가 귀한 손님이 오자 의관을 갖추고 종을 울린다.(寺僧見貴客至, 故衣冠鳴鐘.)

7 雲門(운문) - 구름 서린 문. 혜의사의 산문을 말한다. 성도의 어떤 곳으로 보기도 한다. 靑(청) - '春'으로 된 판본도 있다. 寂寂(적적) - '寂寞'으로 된 판본도 있다.

8 此(차) - 이제. 여기. 相從(상종) - 서로 따르다. 이 구는 성도로 가는 왕소윤을 따라 함께 가지 못함이 아쉽다는 말이다.

#《두시상주》: 위 4구는 절에 오르면서 경물을 묘사하고 사건을 서술하였다. 아래 4구는 왕소윤을 보내면서 경물을 보고 감정을 말하였다. …… 밖에 난간을 설치하고, 가운데 돌계단이 있으니 이른 바 '결구'이다. 앞의 〈비선각〉 시의 "잔도에 구름 덮혀 난간이 험난하고, 사다리는 바위라서 구조가 견고하다"는 구로 증명할 수 있다. 오르는 곳이라고 하여 그 요원함이 보이고, 앉았다 온다고 하여 그 중첩함이 보이니 산길 높고 가파른 줄을 알겠다. 전별 후 소윤은 말을 타고 가고, 승려는 의관을 차리고 저녁종을 울린다. 산문이 적막하니 그와 함께 가지 못함을 아쉬워한다.(上四登寺, 寫景敍事. 下四送王, 卽景言情. …… 外設闌干, 中有石級, 所謂結構也, 前飛仙閣詩, 棧雲闌干峻, 梯石結構牢, 可證. 上處見其遙遠, 坐來見其重疊, 山路之高峻可知. 餞別之後, 少尹騎馬而行, 僧人衣冠而起暮鐘矣. 山門闃寂, 惜不與之偕行也.)

《독두심해》: 위 4구는 절뿐만 아니라, 절에 함께 머물러 노님을 묘사하였다. 제5구에서는 노정을 예측하였고, 제6구에서는 이별의 정황을 나중에 묘사하였다. 7, 8구에서는 자신의 머무름에 귀착하였다. 성도에 초당이 있으니 깊이 아쉬워하지 않을 수 있는가.(上四, 不獨寫寺, 寫寺中相與流連也. 第五, 預擬程圖, 第六, 倒拈別況. 七八接落自己稽留. 成都草堂在焉, 能無深惜.)

《두억》: '염염'은 절이 그윽하고 울창함을 형용하고, '연연'은 산이 높고 빼어남을 형용한다. 기록을 살펴보건대 절은 북쪽 산에 있으니 이름이 장평산이다. 양형에게 〈혜의사명〉이 있어 "장평산이여, 첩첩 누각을 세웠네. 위는 불룩 솟았고 아래는 끝이 없구나"라고 하였으니 절은 높고 길은 먼 줄 알겠다. 그러므로 절 앞의 난간은 바라볼 수 있으나 올라서 쉬자니 길을 돌아서 매우 멀다. 도중의 정자와 누관 건축이지만 발걸음을 잡는 것이라 자주 앉았다가 뒤에 도착한다. 말 타고 봄길 가서 절에 이르러 의관을 갖추고 전별연 자리에 임하니 벌써 저녁종이 울린다. 봄길을 가니 무성함을 알겠고, 저녁종이 울리니 멀리 올라왔음이 드러난다. 운문은 성도에 있을 터이나 지금은 고찰할 수 없다. 오늘의 이별에 도리어 함께 좇던 일로써 아쉬워함은 사람에게 고향 생각을 일으키기 때문이다.(苒苒, 狀寺之幽蔚, 娟娟, 狀山之高秀. 按志, 寺在北山, 名長平山. 楊炯有惠義寺銘曰, 長平山兮建重閣, 上穹窿兮下磅礴, 可知寺之高, 路之遠. 故寺前闌干, 可望而見, 而上處繞道甚遠. 雖中途亭館結構, 可以停足者, 屢坐而後到也. 騎馬行春徑, 而到寺具衣冠臨餞席, 已起暮鐘矣. 行春徑, 則苒苒可知. 起暮鐘, 見上來之遠也. 雲門當在成都, 今不可考. 今日之別, 反以相從爲惜, 令人起故園之思也.)

(이창숙)

70. 惠義寺園送辛員外

혜의사 밭에서 신원외를 전송하다.

朱櫻此日垂朱實[1]　　郭外誰家負郭田[2]
萬里相逢貪握手[3]　　高才仰望足離筵[4]

이 날 앵두나무 붉은 열매 드리웠거니와
성곽 밖 이곳은 뉘 집의 밭인가?
만리 멀리서 서로 만나 오래 손을 잡고
이별 자리에서 높은 저주 맘껏 우러러 보았네.

이 시는 광덕 원년 봄, 두보가 낭주에서 재주로 돌아가는 길에 재주성 북쪽 혜의사 앞에 있는 밭에서 신원외를 송별하며 지은 것이다. 시제의 '園'자가 없는 판본도 있다.

《보주두시》 혜의사는 재주에 있으니 마땅히 광덕 원년에 지은 것이다.(惠義寺在梓州, 當是廣德元年作.)
《두시상주》 황학의 주에 "이 역시 광덕 원년에 지었다"고 하였다. 주학령 주에 "이 아래의 2수는 모두 변환, 오약, 황학의 판본에 보인다"고 하였다. 앵두가 열매를 맺는 것은 봄이고 4월에 익는다. 지금 '열매 드리웠다'고 하였으니 대체로 봄의 끝머리에 해당한다.(鶴注, 此亦廣德元年作. 朱注, 以下二首, 俱見卞圜吳若黃鶴本. 櫻桃結子在春, 而熟於四月, 今云垂實, 蓋在春末矣.)

주석

1 朱樱(주앵) - 앵두나무의 일종.

《두시상주》에 인용된 《영휘도경永徽圖經》 앵두는 낙양 가운데 있는 것이 아름다운데 짙은 홍색을 주앵이라 하고 밝은 황색을 납앵이라 한다.(櫻桃洛中者勝, 深紅色曰朱櫻, 明黃色曰蠟櫻.)

2 負郭田(부곽전) - 성곽 가까이에 있는 근교의 기름진 밭. 일반적으로 밭을 가리킨다.

《사기史記 · 소진열전蘇秦列傳》의 '負郭田'에 대한 사마정司馬貞의 《색은索隱》 '부'라는 것은 등지다, 베다의 뜻이다.(負者, 背也, 枕也.)

3 貪握手(탐악수) - 악수를 탐하다. 오래 손을 잡고 있는 것을 말한다.

4 高才(고재) - 높은 재주. 신원외를 가리킨다.

#《두시상주》: 이 시는 절 앞의 시절과 경치로부터 전별의 아픈 마음을 써내었다. '족'은 다한다는 뜻으로 무궁하게 우러러 보는 마음이 짧은 이별 자리에서 다하였다는 말이다. (此章從寺前時景, 寫出餞別傷情. 足, 盡也, 言仰望無窮之意, 盡於離筵頃刻之間.)

(**이석형**)

71. 又送

거듭 배웅하다

雙峰寂寂對春臺 萬竹靑靑照客杯[1]
細草留連侵坐軟[2] 殘花悵望近人開
同舟昨日何由得 並馬今朝未擬迴[3]
直到綿州始分首[4] 江邊樹裏共誰來

두 봉우리가 쓸쓸히 봄 누대를 마주하고,
수많은 대나무 푸릇푸릇 나그네 술잔에 비친다.
가녀린 풀이 미련이 있어 자리 가까이 여리게 자라 있고,
남은 꽃들 슬피 바라보며 사람 가까이 피어 있다.
어찌하면 어제처럼 배를 함께 탈 수 있을까?
나란히 말 모는 오늘 아침에는 돌아가고 싶지 않구나.
곧장 면주에 이르면 비로소 헤어지리니
강가 숲 속을 누구와 함께 돌아올까?

이 시는 앞의 시(〈혜의사원송신원외惠義寺園送辛員外〉)와 마찬가지로 광덕 원년 봄에 원외랑 신씨를 거듭 배웅하며 지은 것이다. 그러나 이 시를 두보의 작품이 아닌 위작으로 보기도 한다.

《보주두시》 노은의 《연보》에 "두보가 신원외를 배웅하면서 잠시 면주에 이르렀다"고 하였는데, 이제 시에서 "곧 면주에 이르면 비로소 헤어진다"고 한 것으로 보아 노은의 설이 맞다. 광덕 원년 작품이다.(魯訔年譜云, 公送辛員外暫至綿, 今詩云, 直到綿州始分首, 則魯

之說爲是. 廣德元年作.)

《두시경전》에 인용된 주학령 주 내가 본 것은 모두 일시로서 그다지 믿을 것이 못된다.(所見皆逸詩, 未可深信.)

《두시상주》 주한은 "이 시는 1, 2가 죽은 구이고, 3, 4는 맥락이 없으며, 5, 6은 메마르고 졸렬하고, 7, 8구는 운치가 없으니, 위작이라는 것을 알겠다"고 하였다. 이제 살펴보건대, 누대에서 술을 따르는데 화초가 마음을 아프게 하니 4구는 그런대로 맥락이 이어진다. 다만 아래 네 구절은 생기가 없기에 두보의 작품이 아닐 것이란 의심이 든다.(朱瀚曰, 此詩, 一二死句, 三四無脈, 五六枯拙, 七八不韻, 故知其爲贋作也. 今按, 臺上酌酒, 而花草傷情, 四句亦自聯絡. 唯下四語, 生意索然, 疑非少陵手筆耳.)

주 석

1 照(조)- '送'으로 된 판본도 있다.

〔雙峰 2구〕

《두시상주》 '적적'은 '청청'과 대구를 이루는데, 차대('寂'이 '赤'과 음이 같아 차용한 것을 말함)이다.(寂寂對靑靑, 是借對.)

2 留連(유련)- 미련을 지니다.

〔細草 2구〕 '유연'과 '창망'의 주체를 두보 자신으로 보아 '자리 가까이 여리게 자란 가녀린 풀에 머물며, 사람 가까이 피어 있는 남은 꽃들을 바라본다'로 해석할 수도 있다.

3 擬(의)- 하고 싶다.

《두시언해》 아래 구절은 함께 돌아가고 싶다는 뜻이다.(下句, 欲隨歸也.)

4 分首(분수)- 헤어지다. '首'는 '手'로 된 판본도 있다.

〔直到 2구〕

《두시경전》 혼자서 길을 돌아가는 것을 말한다. 2구는 이별을 아쉬워하는 말을 미리 한 것이다.(謂獨自歸途也. 二句乃預道惜別之詞.)

#《두시상주》: 이 시는 이별하는 연회의 정경으로부터 송별의 정을 거듭 서술하였는데, 4구에서 나뉜다. '쌍봉'은 먼 경치이고, '만죽'은 가까운 경치이다. '세초'와 '잔화'는 경치를 보고서 시름이 일어난 것이다. 면주에 함께 갔다가 강가에 혼자 온다고 하여, 마음이 난감함을 표현하였다. 조대강은 "'유련'은 풀의 입장에서 말한 것이고, '창망'은 꽃의 입장에서 말한 것이다. 구양수의 시에 '들꽃이 나그네를 향해 미소짓듯 피었고, 향초가 사람을 머물게 하니 뜻이 절로 한가롭다'고 한 것도 이러한 뜻이다. 그러나 오로지 사람만이 미련을 갖기에 풀도 미련을 갖는다고 보았고, 사람만이 슬피 바라보기에 꽃도 슬피 바라본다고 본 것이다"라고 하였다.(此章從離筵之景重敍送別之情, 在四句分截. 雙峯遠景, 萬竹近景. 細草殘花, 觸景生愁矣. 綿州同往, 江上獨來, 說得情緒難堪. 趙大綱曰, 留連就草言, 悵望就花言. 歐公詩, 野花向客開如笑, 芳草留人意自閒, 亦同此意. 然唯人留連, 故見草亦留連, 唯人悵望, 故見花亦悵望耳.)

《두시경전》: 전반부는 경치 속의 정감을 묘사하였고, 후반부는 이별의 정서를 묘사하였는데, 간곡하고 진지함을 더욱 느낄 수 있다.(前半景中之情, 後半寫別緖, 尤覺綢繆懇摯.)

《독두심해》: 이 시는 다시 혜의사에서 지은 것이 아니라, 도중 헤어질 즈음에 구술로 기증한 것이다. '송객배' 세 자가 전체 시를 이끈다. '미의회'는 정말로 돌아가지 않는다는 것이 아니다. '직도면주'는 정말로 그곳까지 배웅한다는 것이 아니라, 만약 정말로 도착한다면 돌아가는 길에 함께 할 사람이 없기에 차라리 이곳에서 작별하는 것이 낫다는 말이다. 융통성 있게 보아야 할 것이다.(此非復惠義寺中作, 乃中途臨分口贈也. 送客杯三字全領. 未擬迴, 非眞不迴. 直到綿州, 非眞送到, 言若果到, 則歸路誰同, 不如就此作別耳. 須活看.)

(**김만원**)

72. 巴西驛亭觀江漲呈竇十五使君二首

파서역 정자에서 불어난 강물을 보며 두사군께 드리다

宿雨南江漲[1] 波濤亂遠峰 孤亭凌噴薄[2] 萬井逼春容[3]
霄漢愁高鳥[4] 泥沙困老龍[5] 天邊同客舍[6] 攜我豁心胸

오랜 비로 남강에 물이 불어
파도에 먼 봉우리 어지럽구나.
외론 정자에는 거칠게 솟구치는 물결이 오르고
천가만호에는 격하게 부딪는 소리가 다가든다.
하늘에는 높이 나는 새 근심하고
진흙 모래에 늙은 용이 곤고한데,
하늘 끝 객사에 함께 있어
나를 이끌어 마음을 넓게 하심이여.

이 시는 광덕 원년 봄 면주에서 지은 것이다. 파서역 역정에서 두사군과 술잔을 마주하고 불어난 강물을 감상하며 즐거운 마음을 적은 것이다.

《보주두시》 면주는 파서군으로 불린다. 시에서 "천가만호에는 격하게 부딪는 소리가 다가든다"고 했으니 보응 원년 여름에 지은 것이 아니라 광덕 원년 봄 재주로부터 신원외를 전송하며 잠시 면주에 들렀을 때 지은 것이다. 뒤에 〈우정두사군〉시가 있어 역시 이르기를 "세월이 다가고 봄은 저물녘이네"라 했는데, 양권도는 〈우정두사군〉시를 광덕 원년 작으로 보면서 오히려 이 시와 〈우일

수(제이수를 가리킴)〉시는 보응 원년에 지었다고 하였으니 어째서 살펴보지 않은 것인가.(綿州號巴西郡. 詩云, 萬井逼春容, 則非寶應元年夏作, 當是廣德元年春, 自梓州送辛員外, 暫至綿州時作. 後有又呈竇使君詩, 亦云, 日兼春有暮. 梁權道以又呈詩爲廣德元年作, 却以此詩幷又一首爲寶應元年作, 何不考也.)

《두시상주》 보응 원년 여름 공은 엄무를 전송하러 면주에 이르렀었다. 광덕 원년 봄, 공은 재주에 있어 〈혜의사송신원외〉 시를 지었는데 그 중에 '부드러운 풀과 지는 꽃'이라고 했으니 봄날이었을 것이다. 마지막에서 '곧장 면주에 도달하다'라고 했으니 아마도 다시 면주에 이르렀을 것이다. 이 시의 마지막 장(〈우정두사군〉시를 가리킴)에서 '봄이 저문다'고 했으니 바로 그 때이다. 이제 황학을 따라 광덕 원년 봄 면주에서 지은 것으로 편재한다. 황학은 연보에서 빠져있다고 했는데 옳다.(寶應元年夏, 公送嚴武至綿州. 廣德元年春, 公在梓州, 有惠義寺送辛員外詩, 中云, 細草殘花, 蓋春候也. 末云, 直到綿州, 蓋重至綿州矣. 此詩末章言春暮, 正其時也. 今依黃鶴編在廣德元年春綿州作. 黃謂年譜脫漏, 是也.)

주 석

1 宿雨(숙우) - 오랫동안 내린 비. 南江(남강) - 민강岷江을 가리키는 것으로 보인다.

《두시상주》에 인용된 황희 주 남강은 민강일 것이다. 민강은 무주에서 발원하는데, 무주는 면주와 이웃이다.(南江, 蓋岷江也. 岷江出茂州, 而茂與綿爲隣.)

《두시경전》 옛 주에서는 남강이 면강이라고 하였다.(舊注, 南江卽綿江.)

2 孤亭(고정) - 역정을 가리킨다. 凌(능) - 오르다. 올라타다. 噴薄(분박) - 물결이 솟구치며 격렬하게 요동치다.

3 萬井(만정) - 천가만호千家萬戶. 여기서는 파군巴郡 전체를 가리킨다. 逼(핍) - 다가들다. 舂容(용용) - 격렬하게 부딪쳐서 나는 소리를 형용한 말. 여기서는 땅을 진동하며 급하게 흐르는 강물 소리를 가리킨다.

《예기·학기學記》의 '待其從容'에 대한 정현鄭玄 주 '종'은 '부보용과'의 '용'과 같이 읽는다. '용용'은 거듭 치는 것이다.(從, 讀如富父舂戈之舂. 舂容, 謂重撞擊也.)

《두시상주》 《예기·학기》의 '待其從容'에 대한 주에서 "'종'은 '용'으로 읽으니 '친다'는 뜻이다. 종을 치는 자는 매번 한 번 치고 한 번 머무나니 그런 후에야 그 소리를 다하게 된다. 여기서는 (그 뜻을) 빌어 물이 세차게 부딪치는 모습을 말한 것이다.(學記, 待其從容. 注, 從, 讀如舂, 謂擊也. 擊鐘者每一舂爲一容, 然後盡其聲, 此借言水勢衝擊之狀.)

4 霄漢(소한) - 은하수. 여기서는 '하늘'의 뜻으로 사용되었다.

《두시경전》 강물의 기세가 하늘을 친다는 뜻이 드러난다.(見水勢拍天意.)

5 泥沙(니사) - 진흙과 모래.

《두시경전》 물에 부딪친다는 받는다는 말이다.(謂爲水所衝擊.)

6 同客舍(동객사) - 객사에 함께 있다. 두사군도 두보와 마찬가지로 나그네 신세임을 말한 것이다.

《구가집주두시》 조언재 주 두사군 역시 나그네여서 함께 역정에 있었으므로 이렇게 말한 것이다.(竇使君亦是客, 同在驛亭中者, 故云.)

#《두시상주》: 이 시는 강물이 불어난 경치를 즐기면서 두사군과 함께 감상한 것을 적은 것으로 여섯 구에서 나누어진다. 파도가 높이 솟구치니 강물에 비친 먼 봉우리들이 어지러이 흔들리는 듯하다. '고정'은 역정을 가리키고, '만정'은 파군을 말한다. '분박'은 침식하는 기세요, '용용'은 부딪치는 소리이다. 물이 불어 드넓으니 새가 근심하고, 물이 불어 넘실대니 용이 곤고하다. '천변'은 '면주'를 가리키고, '동사'는

'두사군'을 가리킨다. 첫 시에서 "하늘 끝 객사에 함께 있다"고 했고, 마지막 시(〈우정두사군又呈竇使君〉을 가리킴)에서 "모두 한 줄기 부평초로다"고 말한 것으로 보아 두사군은 면주에서 객거하고 있었던 사람으로 보인다. 황학은 (두사군竇使君이) 면주자사가 되어 두사군杜使君을 계승하여 임지로 간 것이 아닌가 하였는데 잘못이다. 《두억》에서는 (제이수의) "작은 섬현에 관심을 두다"라는 구절로 인하여 두사군이 분명 섬현에서 벼슬을 하였을 것이라 하였는데 역시 천착이다.(此章, 喜江漲之景, 記與竇同觀, 在六句分截. 波濤高湧, 而水映遠峯, 有似搖亂. 孤亭, 指驛亭. 萬井, 謂巴郡. 噴薄, 侵蝕之勢. 舂容, 衝擊之聲. 水漲而闊, 故鳥愁. 水漲而蕩, 故龍困. 天邊, 指綿州. 同舍, 指竇使君. 按首章曰天邊同客舍, 末章曰同是一浮萍, 竇使君蓋寄迹於綿州者. 黃鶴疑爲綿州刺史繼杜使君之任者, 誤矣. 杜臆因關心小剡縣句, 謂竇必官於剡, 亦鑿矣.)

《독두심해》: 위 4구는 단지 강물이 불어난 것에 대해서 그 기세를 묘사했을 뿐이고, 5,6구에서 뜻을 썼으니 멀리 가는 것을 겁내고, 머물러 지체하는 것을 괴로워하는 마음이 담겨있다. 7,8구는 같은 처지임을 빌어 마음을 위로한 것으로 여전히 불어난 강물을 보는 일과 관련짓고 있다.(上四, 祇就江漲寫勢. 五六寫意, 有怯遠擧苦稽留之感. 七八, 假同病以自寬, 仍顧觀漲.)

其二

轉驚波作惡[1]　卽恐岸隨流[2]　賴有杯中物[3]　還同海上鷗[4]
關心小剡縣[5]　傍眼見揚州[6]　爲接情人飮[7]　朝來減片愁[8]

파도가 험해짐에 갈수록 놀라나니
기슭이 물결에 떠내려갈까 두려움이라.
잔 속에 좋은 술 있으니
또 바닷가 갈매기와 함께 하리라.
마음이 찾아가는 자그만 섬현
눈앞에는 양주가 보이는데,
다정한 사람과 함께 술을 마심이여
아침나절 작은 근심 하나 줄었다네.

주 석

1 轉驚(전경)- 더욱 놀라다. 갈수록 놀라다. 波作惡(파작악)- 파도가 험해지다. '惡'을 '怒'로 쓴 판본도 있다.

2 岸隨流(안수류)- 강 언덕이 강물에 휩쓸려가다.

3 賴(뇌)- 다행히. 杯中物(배중물)- 술.

4 還(환)- 또. 다시. 同(동)- 함께 하다.

《두시상주》에 인용된 《열자》 바닷가에 한 사람이 갈매기와 친하였더니 그 아비가 그것들을 갖고자 하였다. 다음날 바닷가에 가보니 갈매기들이 춤을 추며 아래로는 내려오지 않았다.(海上人好鷗鳥, 其父欲取之, 明日之海上, 鷗鳥舞而不下.)

〔轉驚 4구〕

《두억》 '갈수록 놀라다'는 말은 전편을 이어받은 것으로 강물이 더욱 험해져서 강기슭이 물결에 휩쓸려갈까 걱정이 된다. 다행이 술이 있어 근심을 풀었으니 설사 물결에 휩쓸려가더라도 또 바닷가 갈매기와 짝을 하면 그뿐이다. 이는 농담이다.(轉驚承前篇來, 水愈作惡, 恐

岸隨流以去, 賴有酒以解之, 卽隨流去, 還與海鷗爲侶耳. 此詭辭也.)

5 剡縣(섬현) - 지금의 절강성 승현嵊縣. 두보가 젊은 시절 오월吳越을 여행하던 시기에 이 지역에서 노닐었다.

《독두심해》 《구역지》에는 "월주에 섬현이 있다"고 하였고, 《일통지》에 "지금 소흥부 승현 지역이다"라 하였는데, 살펴보건대 이곳이 바로 왕자유가 대안도戴安道를 방문한 곳으로 바다와 가깝다.(九域志, 越州有剡縣. 一統志, 今紹興府嵊縣地. 按, 此卽王子猷訪戴處, 地近海.)

6 傍眼(방안) - 눈앞.

《두시상주》 양주는 장강이 지나가는 곳이다.(揚州, 大江所經.)

《독두심해》 양주의 지경은 동쪽으로 바다와 연결되어 있다.(揚州境東連海門.)

〔關心 2구〕

《두시상주》에 인용된 장원 주 공은 젊어서 오월을 노닐었는데 오래토록 잊지 못했다. 강물의 기세가 큰 것을 한번 보고는 마침내 조석간에 도달할 수 있을 것 같다고 생각한 것이다. 그래서 '관심'이니, '방안'이니 말한 것이다.(公少遊吳越, 久不能忘, 一見水勢之大, 遂疑旦夕可達, 故曰關心, 曰傍眼.)

《보주두시》에 인용된 황희 주 섬계는 한나라 때 설치한 것으로 회계군에 속하였고 양주는 회남에 있다. 공이 파서 역정에 강물이 불어나는 것을 보고는 이 곳 섬계와 양주를 언급한 것은 대체로 이를 빌어 강물의 기세가 큰 것을 비유한 것이다.(剡溪, 漢置, 屬會稽郡, 而揚州在淮南. 公觀江漲於巴西驛亭而及此者, 蓋借以喩水之大也.)

《두시언해》 섬현과 양주가 아마도 물에 잠길까 걱정함을 말한 것이다.(言剡縣揚州恐爲水之沈沒也.)

7 情人(정인) - 다정한 사람. 여기서는 두사군을 가리킨다.

《두시상주》 '정인'은 두사군을 가리킨다.(情人, 指竇.)

8 朝來(조래) - 아침 내내. 片愁(편수) - 작은 근심. '片'은 '半'으로 된 판본도 있다.

#《두시상주》: 둘째 시는 강물이 불어난 기세를 두려워하고, 두사군과 함께 술을 마신 일을 기록한 것으로 4구에서 나뉘어진다. 파도가 험해져 강언덕이 유실되고 불어난 강물이 잔잔하지 않음은 눈앞의 실경이다. 술잔의 술과 바닷가 갈매기로 물에 빠질 것을 잊게 되었다. 섬현과 양주는 강물이 불어남을 비유한 것으로 상상 속의 보조 경치이다. 마주하여 술을 마셔 근심을 풀게 되니 두사군에게 감사하고 있다.(次章畏江漲之勢, 記與竇同飮, 在四句分截. 波惡岸流, 江漲未平, 此眼前實景. 杯酒海鷗, 忘其淪溺矣. 剡縣揚州, 比擬江漲, 此意中客景. 對飮銷愁, 感在使君.)

《독두심해》: 이 시는 앞 시의 5, 6구의 뜻을 바꾸어 굴린 것이다. 강물이 불어 바다에 배 띄우고 싶은 흥이 고무되었는데, 머물러 있을 수밖에 없으니 잠시 광달한 말을 한 것이다. 1, 2구에서는 일부러 '작악'이니 '수류'라는 글자를 써서 바로 본심을 펼쳐내었다. 3, 4구는 뜻을 드러내었다. 구중에 짝이 있으니 곧 이미 두사군과 함께 있음이다. 5, 6구는 '해'자와 긴밀히 연결되는데 '작다'라고 말한 것은 그런 것 같다는 말이다. 7, 8구는 주인이 손님을 이끈 것으로 바다에 배를 띄울 때 짝이 없는 것은 아니라는 언외의 뜻이 보인다. '정인'이라는 글자는 속되다.(此就前首五六意翻轉. 因水漲以鼓浮海之興, 亦因留滯而姑爲曠語也. 一二, 故下作惡隨流字, 正以撥動本懷. 三四, 露意, 而句中有伴, 便已帶着竇君矣. 五六, 緊接海字, 小之云者, 似之也. 七八, 以主挈賓, 言外見浮海非無伴矣. 情人字俚.)

(김성곤)

73. 又呈竇使君

또 두사군에게 드리다

向晚波微綠[1] 連空岸却靑[2] 日兼春有暮[3] 愁與醉無醒
漂泊猶杯酒[4] 踟躕此驛亭[5] 相看萬里外 同是一浮萍

저물녘에 물결은 살짝 푸르고
허공에 잇닿은 언덕은 다시 파래지네.
해는 봄과 함께 저물어가건만
시름은 취함과 더불어 깨지 않네.
표박하면서도 여전히 잔술
머뭇거리는 이 역정.
만 리 밖에서 보니
똑같이 일개 부평초.

앞의 시 〈파서역정관강창정두십오사군이수巴西驛亭觀江漲呈竇十五使君二首〉와 같은 시기인 광덕 원년 봄에 지어진 작품이다. 자신과 마찬가지로 객지를 떠돌고 있는 상대방 두사군에 대한 동병상련의 정회가 표출되어 있다.

《보주두시》 시에 '저물녘에 물결은 살짝 푸르다'라고 하였고, 또 '해는 봄과 함께 저물어간다'라고 하였으니, 모두 봄을 말하고 있다. 마땅히 광덕 원년 봄에 지은 것이다.(詩云, 向晩波微綠, 又云, 日兼春有暮, 皆是言春, 當是廣德元年春作.)

《두시상주》 《두억》에서는 이 시가 앞의 2장과 더불어 같은 시기에 지어진 것이라 하였다. 수구의 '향만' 2자를 보면 알 수 있다. 전겸익 전에는 "앞의 시의 제 2수 및 이 장은 운안우가 수습하여 정리한 책에 보인다"라고 하였다.(杜臆謂此詩與前二章, 乃同時作. 觀首句向晚二字, 可見. 錢箋, 前詩第二首及此章見員安宇所收.)

주 석

1 向晚(향만) - 저물어가다. 波微綠(파미록) - 물결이 약간 푸른 빛을 띠다. '微'가 '猶'로 된 판본도 있다.

2 連空(연공) - 하늘에 이어지다. 岸却青(안각청) - 강언덕이 더욱 파래지다. '却'이 '脚'으로 된 판본도 있다.

《독두심해》 '卻(却)'은 '더욱'이란 뜻이다.(卻, 轉也.)

《두시상주》에 인용된 《두억》 푸른 물결이 광활하여 마치 푸른 하늘과 잇닿아 언덕을 이룬 듯하다는 말이니, 경관의 묘사가 또한 빼어나다.(綠波曠闊, 似連靑天爲岸脚, 寫景亦奇.)

3 兼春(겸춘) - 봄과 함께.

4 漂泊(표박) - 표박하다. 정처없이 떠돌다.

5 踟躕(지주) - 머뭇거리다. 주저하다. 驛亭(역정) - 나그네가 머물러 휴식할 수 있도록 역참에 설치된 숙소.

#《두시상주》: 이 시는 역 정자에서 이별을 적은 것으로 또 두사군과 더불어 함께 강개한 것이다. 수련은 경치를 서술하고 차련은 정회를 서술하였다. 아래 4구는 한 연씩 이어 받았다. 물결이 푸르고 언덕이 파랗다는 것은 물은 평온해졌고 비가 그쳤다는 것이다. 날이 저물고 봄이 다했기에 모두 '저물었다'고 하였다. 시름이 일고 술에 취해 피곤하였기에 깨어날 수 없었다. 역 정자에서 잔술을 마신 것, 이것이 봄날 시름 속에 취하게 된 연유이다. 만 리에 부평초, 이것이 떠돌면서 머뭇거리는 감회이다. '파미록'이 '안각청'과 대가 되니 '기슭이 파랗

다'로 해석할 것은 없다. 조방의 주에 "시에서 '겸'과 '여'를 쓰고 있으니 한 글자로써 두 일을 꿰고 있다"라고 하였다. 《두억》에는 "강이 불은 것을 대하고 말한 것이기에 똑같이 하나의 부평이라고 말하였다"라고 하였다.(比詩在驛亭誌別, 又與竇同慨. 首聯敍景, 次聯敍情, 下四逐聯相承. 波綠岸青, 水平雨止矣. 日晩春盡, 故皆云暮. 愁來醉倦, 故不能醒. 杯酒驛亭, 此春日愁醉之由, 萬里浮萍, 此飄泊躊躕之感. 波微綠對岸却青, 不必作脚青解. 趙汸注, 詩用兼與, 以一字而貫兩事. 杜臆, 對江漲言, 故云同一浮萍.)

《독두심해》: 물결이 푸르러진 것은 점차 맑아진 것이다. 언덕이 파래진 것은 점차 줄어든 것이다. 그런데 저물녘 시름에서 깨어나지 않은 것은 자취에 부평초와 같음이 있기 때문이다. 유탁은 3,4구가 지나치게 조탁하였으니 본받아서는 안된다고 하였다.(波綠, 則漸澄矣. 岸青, 則漸殺矣. 而暮愁不醒, 則以跡有浮萍故也. 劉逴謂三四刻削, 不當傚.)

(**이남종**)

74. 陪王漢州留杜綿州泛房公西湖

면주 두자사를 머물게 하고 방공의 서호에 배 띄운 한주 왕자사를 모시다

舊相恩追後[1] 春池賞不稀 闕庭分未到[2] 舟楫有光輝
豉化蓴絲熟[3] 刀鳴鱠縷飛[4] 使君雙皀蓋[5] 灘淺正相依

예전 재상 왕의 명령 받아 불려간 후에도
봄 연못을 완상함이 드물지 않네.
대궐 뜰에는 아직 당도하지 못했을 터인데
배에서는 빛이 나네.
된장에 절인 순채는 잘 익었고
회칼이 울 때마다 가는 회 조각들이 나는데
사군의 두 수레 덮개가
옅은 여울에서 마침 서로 붙어있네.

이 시는 광덕 원년 봄 한주에서 지은 것이다. 시제에서 밝히고 있듯이 한주 왕자사가 면주 두자사를 초청한 연회에 두보도 함께 초대받아 연회의 모습과 아울러 조정으로 떠난 방관에 대한 그리움을 표현하였다. 방관은 바로 직전에 한주자사를 역임하였으며, 왕자사는 바로 방관의 후임이었던 것으로 보인다.

《보주두시》 서호는 한주에 있으며 앞에서 언급한 '성의 서쪽 연못'이다. 틀림없이 두보가 광덕 원년 다시 한주에 갔기 때문에 이 시를 짓게 된 것이다. 만약 보응 원년 여름 한주에 갔을 때 지은 것이라면 시에서 "봄 연못 완상함이 드물지 않다"라고 말할 수는 없었을 것이고, 또한 그 해에는 면주의 두자사가 아직 파서(즉 면주를 말한다)를 떠나지 않았다. 두보와 엄무가 일찍이 두자사와 함께 누대에 올랐었는데, 지금 한주에 온 것은 아마도 두자사의 임기가 만료되어 성도에 가는 것 때문이리라. 그래서 두보에게는 또한 〈파서역정관강창정두십오사군巴西驛亭觀江漲呈竇十五使君〉시와 〈우정두사군又呈竇使君〉시가 있는 것이다. 파서는 면주에 있다. 모두 봄에 지은 것이다.(西湖, 在漢州, 卽前所謂城西池也. 當是公廣德元年再至漢州, 故有此作. 若以爲寶應元年夏到漢時作, 則詩不應云春池賞不稀, 又其年杜綿州未去巴西. 公與嚴武嘗同登樓, 今至漢州, 意是受代而之成都. 故公又有巴西驛亭觀江漲呈竇使君詩, 及又呈竇使君詩. 巴西邑, 卽在綿州. 皆春作也.)

《구당서·방관전房琯傳》 상원 원년 4월 예부상서로 있다가 진주자사로 나갔고, 8월에는 한주자사로 옮겼다. 보응 2년 4월 특진 형부상서에 제수되었다.(上元元年四月, 以禮部尙書出爲晉州刺史, 八月改漢州刺史. 寶應二年四月, 拜特進刑部尙書.)

《구가집주두시》 조언재 주 《신당서》에 따르면 방관은 건원 원년 재상에서 폄적되어 빈주자사로 나가게 되었다. 정사를 잘 돌본다는 소문이 퍼져 다시 불려 태자빈객의 벼슬을 받았고 예부상서로 옮겼다가 진주와 한주의 자사를 지냈다.(按新唐書, 房琯於乾元元年以宰相貶出爲邠州刺史. 政聲流聞, 召拜太子賓客, 遷禮部尙書, 爲晉漢二州刺史.)

《두시상주》 전겸익의 전에서 "《방여승람》에서 '방공의 호수는 또 서호라고도 부른다'고 하였다. 《벽기》를 살펴보건대 '방공은 상원 초에 이 지역을 다스렸는데 그 때 호수를 파기 시작했고 그에 관한 시도 남아 있다'"고 하였다. 주학령은 "이 시와 아래 시는 모두 방공이 부름을 받은 일을 언급하고 있으니, 곧 광덕 원년 봄 두보가 일찍이 한주에 간 것이다. 옛 연보에서는 이러한 기록을 하지 않았으니 생략한 것이다"라고 하였다. 이제《당서》에 따르면 방관을 소환한 것이 보응 2년 여름이라고 하였으니, 이는 곧 광덕 원년이다. 그런데 여름에 소환했다고 한 것은 아마도 오류인 듯하다. 이 시에 따른다면 적어도 늦봄에는 이미 불려갔을 것이기 때문이다.(錢箋, 方輿勝覽, 房公湖, 又名西湖. 按壁記, 房相上元初牧此邦, 其時始鑿湖, 有詩存焉. 朱云, 此詩與下詩, 俱及房公赴召, 則廣德元年春公嘗至漢州矣. 舊譜不書, 略也. 今按唐書謂召琯在寶應二年之夏, 是即廣德元年也. 其云夏召, 恐誤, 據此詩, 春末蓋已赴召矣.)

《독두심해》 한주는 지금의 성도부에 속하며 면주의 서남쪽에 있고 재주에서는 또 조금 먼 거리에 있다.……살펴보건대 한주자사 왕씨는 아마도 방관의 후임으로 온 자인 듯하다.(漢州今隸成都府, 在綿州西南, 去梓又稍遠.……愚按, 王漢州蓋繼房之任者.)

주 석

1 舊相(구상)- 예전 재상. 여기서는 방관을 가리키는데, 그가 원래 재상의 직에 있었기 때문이다. 恩追(은추)- 왕의 명령으로 조정에 불려가다. 방관이 한주자사를 지내다가 중앙의 특진 형부상서의 관직을 받은 일을 가리키는 것이다.

《독두심해》 방관이 전에 재상을 지냈기에 옛 재상이라고 한 것이다. 은명을 따라간다는 것은 중앙으로 부른 것이다.(房先爲相, 故云舊相. 恩追, 內召也.)

〔舊相 2구〕 방관이 조정의 부름을 받아 떠난 후에 남은 사람들이 여전히 뱃놀이를 즐기며 노는 것을 말한 것이다. 방관이 아직 길을 떠나기 전에 함께 어울린 것으로 보는 설도 있으나 취하지 않는다.

《구가집주두시》 조언재 주 '은추후'는 왕의 은명을 받고 아직 떠나지 않았을 때 그가 필시 자주 호수에서 놀았던 일을 가리켜 말한 것이다. 여기서는 그 사실을 회상하여 말하였다.(恩追後, 則指言於恩追而未

行之間, 其必數數遊湖. 此追道其實也.)

2 闕庭(궐정)- 대궐의 뜰. 조정을 가리킨다. 分(분)- 생각하다. '분수'나 '본분'의 뜻으로 보기도 한다.

《두시상주》 대궐 뜰에 도착하지 않았다는 것은, 곧 자기에 대한 말이기에 '분'자를 사용하였다.(闕庭未到, 就自己言. 故用分字.)

〔闕庭 2구〕

《두시상주》 제3구는 '은추'를 받아 방공과 함께 가지 못한 것을 탄식하였다. 제4구는 '지상'을 받아 왕자사, 두자사와 함께 놀 수 있음을 기뻐하고 있다.……3구와 4구의 대구법이 뒤섞여있으니 또한 율시 가운데 고풍을 띤 경우이다.(三項恩追, 歎不與房相偕往. 四項池賞, 喜得與王杜同遊.……三四對法錯綜, 亦律中帶古.)

《구가집주두시》 조언재 주 아직 천자의 뜰에 가지 않고 잠시 여기의 호수에서 놀았지만, 은명을 받을 때에는 곧 배가 그 때문에 빛이 나게 되었음을 말하고 있다.(言未到天子闕庭, 且於此遊湖, 而當承恩命時, 則舟楫爲有光輝矣.)

3 豉化(시화)- 된장으로 양념을 하다. 蓴(순)- 순채.

《두시상주》 《설문해자》에 "'시'는 소금을 쳐서 콩을 절이는 것이다"라고 하였다. 《세설신어》에서 "육기가 왕무자를 찾아갔다. 왕무자 앞에 양락이 있었는데, 그가 '오중 지방에 이것에 대적할 만한 것이 있는가'라고 물었다. 이에 육기가 '천리호의 순채국이지만, 아직 소금과 된장을 넣지 않았을 때 입니다'"라고 대답하였다고 하였다. 사씨가 이르기를 "《본초》에 순채는 물에서 나는데 3월에서 8월까지 가는 줄기가 비녀의 몸통과 같고 통상 '사순'이라고 한다"라고 하였다.(說文, 豉, 配鹽幽菽也. 世說, 陸機詣王武子, 武子前有羊酪, 問吳中何以敵此. 機曰, 千里蓴羹, 但未下鹽豉耳. 師氏曰, 本草, 蓴生水中, 三月至八月莖細如釵股, 通名爲絲蓴.)

4 鱠縷飛(회루비)- 회가 실처럼 날다. 즉 요리사의 칼질에 의해서 물고

기의 회가 아주 가늘게 떠지는 것을 가리킨다.

〔鼓化 2구〕

《두시상주》 순채와 가는 회는 방공의 호수에서 나는 것이다.(蓴絲鱠縷, 房湖所産.)

5 雙皂蓋(쌍조개)－두 개의 검은 색 수레 덮개. 자사의 수레를 뜻한다. 여기서는 왕사군과 두사군이 타고 온 수레를 가리키는 것이다.

《구가집주두시》 조언재 주 '쌍조개'는 왕사군과 두사군을 말한다.(雙皂蓋, 言王杜二使君也.)

《두시상주》 두 수레는 물가 언덕에 있고 띄운 배는 못 가운데 있었는데, 물이 가득하고 여울이 얕아서 배와 수레가 서로 이어지게 된 것이다.(雙蓋在岸上, 泛舟在池中, 水滿灘淺, 故舟與蓋相依.)

〔使君 2구〕

《두시상주》 두 수레가 서로 이어져 있다는 것은 배석한 연회가 이미 오래되었다는 것이다.(雙蓋相依, 陪宴已久也.)

#《두시상주》: 이 시에 대해서는 예전부터 두 가지 설이 있었다. 그 하나는 방공이 소환되었을 때를 가리킨다는 것으로 '은추'는 은명을 받아 나아가는 것이며 이른바 '분미도'는 방공이 아직 도중에 있는 것이다. 다른 한 설은 방공이 이미 세상을 떠난 후를 가리킨다는 것으로 이 경우 '은추'는 은혜를 받아 추증된 것이며 '분미도'는 방공이 도중에 세상을 떠난 것이다. 이제 살펴보건대 방관이 소환된 것은 광덕 원년의 일이고 세상을 떠난 것은 여름이다. 이때 방관이 다시 기용되었기에 호수에 배 띄우고 축하의 말을 한 것이고, 다음 시(〈득방공지아得房公池鵝〉)에서 "거위들이 왕우군을 따르고 있다고 전해주시오"라고 한 것을 살펴볼 때에 방관이 도중에 있기 때문에 그러한 것이다. 만약 2년 봄이라면 두보가 다시 한주에 가지 않았으니 어떻게 또 서호에 배를 띄우는 일이 가능했겠는가.(此詩舊有兩說, 一指房公應召時, 則恩追乃恩命追赴, 所謂分未到者, 房在中途也. 一指房公既歿後, 則恩追

乃恩賜追贈, 所謂分未到者, 房卒中途也. 今按房琯見召, 屬廣德元年事, 其卒在夏. 此時房復起用, 故泛湖而有喜詞, 觀下章云爲報鵝(籠의 오기)隨王右軍, 以琯在途次故也. 若二年之春, 公不復至漢州, 焉得復有西湖之泛乎.)

《두시상주》: 혹 어쩌면 위 4구를 전적으로 방공의 호수를 위주로 말한 것일지 모르다. '은추', '미도', '광휘'라고 한 것들은 지기를 위한 마음을 재삼 표현한 것이다. 그렇지만 이 시는 본래 왕사군과 두사군의 뱃놀이 때문에 지은 것이니 방공의 일을 많이 서술해서는 안될 것이다.(或將上四句全主房湖說者, 曰恩追, 曰未到, 曰光輝, 爲知己之感, 故三致意焉. 但此詩本爲王杜泛湖而作, 不應多叙房事也.)

《독두심해》: 호수는 방공의 옛 유적이고 방공은 또 두보의 지기이기에 시에서 저절로 가장 먼저 언급하게 된 것이다. 그러나 현재 함께 배를 띄워 노는 것은 새로운 사군이니 이 가운데서 도리어 손님과 주인으로 나뉘게 된다. 그 헤아려 글을 쓴 뜻을 살펴보면 말마다 마땅한 체를 얻고 있다. 먼저 옛 재상을 언급하여 멀리 방공을 축하하면서 도리어 아래의 말들을 풀어가고 있다. 다음 구에서는 곧 사군을 칭송하면서 이전 정치에도 빛을 더할 수 있게 하였다. 3구와 4구는 나누어 이어가면서 결국 자신에게로 귀착되니 조정을 따르는 것에는 몫이 없지만 잔치에 배석하는 것에는 실로 빛이 있음을 말하고 있다. 양쪽에 대한 우의를 모두 드러내면서도, 붓은 다시 한쪽으로 치우치고 있다. 5, 6구는 또한 방공 호수의 물산으로 왕사군의 연회를 설명하는 것으로 삼았으니 더욱이 융화되어 조화에 들어갈 수 있게 되었다. 마지막 연은 아주 교묘하게 잔치 자리에서 사군을 결말짓고 있으니, '쌍조개'라고 하여 면주자사를 빼놓지 않았고, '정상의'라고 하여 여전히 뱃놀이의 뜻과 연결시켰으니 참으로 법도에 딱 들어맞는 경우라 하겠다. (湖爲房公舊蹟, 而房又公之知己, 篇中自宜首及. 然現在同泛者, 新使君也, 此中卻分賓主. 看其落筆斟酌, 言言得體. 首提舊相, 遙爲房賀也,

卻是遞下語. 次句, 則歸美使君, 能增輝前政矣. 三四分頂, 着到自身, 言隨朝則無分, 而陪宴實有光. 兩邊氣誼俱現, 筆復側注. 五六, 又卽以房湖物產作王宴鋪排, 更能融洽入化. 結聯恰好就宴上收合使君, 而曰雙皁蓋, 則不漏綿州, 曰正相依, 則仍綰陪泛, 洵是規重矩疊.)

(**박홍준**)

75. 得房公池鵝

방공 연못의 거위를 얻다

房相西池鵝一羣[1]	眠沙泛浦白於雲[2]
鳳凰池上應回首[3]	爲報籠隨王右軍[4]

방재상의 서호에 거위 한 무리
모래에 자고 물가에 떠 구름보다 희구나.
봉황지에서 분명 고개 돌리리니
바구니 담겨 왕희지 따라갔다 알려 주시길.

한주의 서호, 즉 방관이 판 연못에서 기르는 거위를 보고 장난기를 실어 읊었다. 거위를 좋아한 왕희지에 자신을 비유하여 궁궐로 불려간 방관에게 거위를 아까워하지 말라는 해학이 재미있다. 광덕 원년 한주에서 지었다.

《보주두시》 방관은 상원 원년 8월에 한주자사가 되어 성의 서쪽 연못을 팠다. 보응 2년 4월 특진 및 형부상서에 임명되었는데, 도중에서 병에 걸려 8월 낭주에서 죽었다. 공에게 제문이 있다. 이 해 연호를 광덕으로 바꾸었으며, 이 시는 그 해 특진에 임명되었을 때 지었다. 그러드로 "봉황지에서 분명 고개 돌리리라"라는 시구가 있다. 아마 다시 궁중에 들어가기를 바랐음이다.(房琯上元元年八月, 爲漢州刺史, 鑿城西池. 寶應二年四月, 拜特進刑部尙書, 在路遇疾, 八月薨於閬州, 公有祭文. 是年改廣德, 此詩當作於其年拜特進時, 故有鳳凰池上應回首. 蓋期之再入也.)

《독두심해》 상원 보응 연간에 방관은 한주자사가 되어 연못을 파고 서호라고 불렀으니 바로 이 호수이다. (두보는) 보응 2년 봄 재주에서 한주로 갔으며, 방관은 이미 소환되어 북쪽으로 갔다.(上元寶應間, 房琯爲漢州刺史, 鑿池曰西湖, 卽此. 寶應元(二의 잘못)年春, 由梓至漢州, 房已被召北去.)

《두시상주》 이 시도 한주에서 지었다.(此亦在漢州作.)

주 석

1 房相(방상) - 방씨 재상. 방관房琯을 말한다. 西池(서지) - 서쪽 연못. 한주漢州의 서호西湖.

2 眠沙(면사) - 모래 위에서 자다. 泛浦(범포) - 물 위에 떠 있다. 白於雲(백어운) - 구름보다 희다. '於'는 '如'로 된 판본도 있다.

3 鳳凰池(봉황지) - 궁중의 정원에 있는 연못. 가까이에 중서성이 있으므로 중서성을 봉황지라고도 한다.

《두공부초당시전》 진나라 순욱이 중서령을 그만두고 상서가 되었다. 사람들이 축하하니 바로 말하였다. "나에게서 봉황지를 빼앗았는데 왜 나를 축하하는가."(晉荀勗罷中書令爲尙書, 人賀之. 乃曰, 奪我鳳凰池, 何賀我也.)

《독두심해》 방관은 이전에 중서성에 있었으며, 이 때 다시 궁궐로 불려 갔다.(房向在中書, 玆復內召.)

4 爲(위) - 위하여. 籠(농) - 바구니에 담다. 거위를 바구니에 담는다는 뜻이다. 王右軍(왕우군) - 왕희지王羲之. 우군장군右軍將軍을 지냈다.

《두시상주》에 인용된 《두억》 공은 평소에 글씨를 잘 썼으므로 자신을 왕우군에 비겼다. 공의 〈장유壯遊〉 시에 "아홉 살에 큰 글자를 쓰다"라고 하였으니 알 수 있다.(公素善書法, 故自比王右軍, 公詩云, 七(九의 잘못)齡作大字, 可見.)

《두시상주》에 인용된 《법서요록法書要錄》 왕희지는 거위를 좋아하였다. 산음의 담양촌에 좋은 거위 십여 마리를 기르는 도사가 있어 왕희지가 가서 사려고 하였다. 도사는 부군께서 《도덕경》을 2장씩 써 주시면 거위를 모두 드리겠다고 하였다. 왕희지는 한 나절을 머물러 그에게 다 써 주고, 거위를 바구니에 담아서 돌아갔다.(王羲之性好鵝, 山陰曇(石襄)村有道士養好者十餘, 王往求市易. 道士言府君若能自屈書道德經各兩章, 便合群以奉. 羲之住半日, 爲寫畢, 籠鵝而歸.)

〔鳳凰 2구〕

《두시언해》 윗 구는 방관이 봉황지에서 고개 돌려 이 거위를 바라본다는 말이다. 왕희지는 도사에게 《도덕경》을 써 주고, 거위를 바구니에 담아 갔으니 두보가 왕우군을 본받으려 한다는 말이다.(上句言房琯在鳳池而回望此鵝也. 王羲之爲道士寫道經, 籠鵝而去, 言甫欲效右軍也.)

《독두심해》 아래 2구는 적절하며, 우아한 운치이다.(下二, 切貼而雅韻)

#《두공부초당시전》: 공이 스스로 즐거워하였다.(公以自興也.)

《두억》: 방공의 연못은 당연히 방공이 팠거나 혹 그가 자주 놀던 곳이라 당시 이 이름을 붙였을 것이다. 연못에 거위를 길렀고, 제목에 '득아'라고 하였으니 반드시 잡아서 준 이가 있었을 것이다. 방공은 일찌기 중서성에 있어 공과는 아는 사이이다. 따라서 그대는 봉황지에서 고개 돌려 이 거위를 아까워하지 마시라, 왕우군이 벌써 바구니에 담아 갔다고 알려 달라고 장난스레 말하였다. '우군'은 공이 스스로를 부른 말이다.(房公池當是房公所鑿, 或其所習游, 而當時以爲名也. 池中養鵝, 而題云得鵝, 必有取而餉之者. 房公常在中書, 而與公相知, 因戲言公在鳳池, 休得回首而顧惜此鵝, 爲報右軍已籠而去矣. 右軍, 公自謂也.)

(이창숙)

76. 答楊梓州

양재주에게 답하다

悶到房公池水頭[1]　　坐逢楊子鎭東州[2]
却向靑溪不相見[3]　　迴船應載阿戎遊[4]

울적하여 방공지 물가에 왔다가
양자가 동쪽 주를 다스리러 가는 것을 만났네.
도리어 청계로 가느라 보지 못했으니
배를 돌려 그대를 싣고서 놀아야 하리.

광덕 원년에 한주에서 지은 것으로 보인다. 포기룡은 재주에서 지은 것으로 보았다. 양재주가 누구인지 확실하지 않고, 시에서 말하는 뜻에 대해서도 제가의 설이 분분하다.

《보주두시》 시에서 "울적하여 방공지 물가에 왔다가 양자가 동쪽 주 다스리러 가는 것을 만났다"라고 하였으니 대체로 공이 한주에서 양씨를 만난 것을 말하니 응당 광덕 원년 재차 한주에 갔을 때 지은 것이다.(詩云, 悶到房公池水頭, 坐逢楊子鎭東州. 蓋謂公在漢州遇楊也, 當是廣德元年再至漢州時作.)

《두시상주》 선복은 한주 시 안에 편재하였다. 앞에 이재주가 있었고 뒤에 장재주가 있었는데 여기에 또 양재주가 있는 것으로 보아, 한 해에 세 재주자사가 있은 셈이니, 교체를 어찌 그리도 빨리했는가?(單復編在漢州詩內. 據前有李梓州, 後有章梓州, 此又有楊梓州, 一歲而有三梓州, 何更代之速耶.)

《독두심해》 공이 재주에 있을 때 길을 가다 염정에 머물며 쓴 시가 있으니, 이 해에 염정에 간 적이 있었던 것이다. 그 때 양씨가 혹시를 부쳐 약속하기를, 고을을 순행하다 지나게 될 곳이니 같이 양계에서 놀자고 하였을 것이다. 그러나 양씨가 끝내 다른 곳에 가느라 오지 않았다. 그래서 답시를 지어 약속을 한 것이다.(公在梓時, 有行次鹽亭詩. 是年嘗至鹽亭也. 其時楊或嘗寄詩相約, 以行縣所經, 同遊揚溪. 楊竟他往不至, 故作答以訂耳.)

주 석

1 房公池(방공지)- 못 이름. 한주에 있는 호수 이름. 구본에는 양공지楊公池로 되어 있었는데 곽지달이 고쳤다. 포기룡은 양공지가 옳다고 하고, 그것이 재주에 있었을 것으로 추정하였다. 그러나 다음 구의 '동주'가 동쪽 주라는 뜻으로 재주를 가리키기 때문에 재주에서 쓴 시로 보는 것은 무리하다. 재주가 한주의 동쪽에 있기 때문에 한주에서 재주를 가리켜 동주라 할 수는 있어도, 재주에 있으면서 재주를 동주라 칭할 만한 근거가 달리 보이지 않기 때문이다.

《두시상주》 구본에는 '양'으로 되어 있었는데 곽지달 본에서 '방'으로 정하였다.(舊作楊, 郭知達本定作房.)

《독두심해》 《일통지》에 의하면 재주 염정현에 양계가 있는데, 어쩌면 이것이 바로 양공지일 수도 있다.(一統志, 梓州鹽亭縣有揚溪, 疑卽楊公池.)

2 坐(좌)- 인하여. 逢(봉)- 상황을 만나다. 楊子(양자)- 양씨를 높여서 한 표현. 東州(동주)- 동쪽 주. 재주를 가리킨다. 이 구는 양씨가 재주 자사로 부임하는 도중에 방공지를 지나게 되는 상황을 만났다는 뜻이지, 양씨를 대면했다는 뜻이 아니다.

3 青溪(청계)- 시내 이름으로 추정된다. 푸른 시내라는 뜻으로 풀이하는 설도 있다. 이 시내는 아마도 방공지에 연결되어 있었을 것이다. 이 구는 두보가 청계로 가느라 양 재주를 만나지 못한 것을 뜻한다.

《구가집주두시》 조언재 주 청계라는 말은 응당 지명과 우연히 같았을 뿐이고 실제는 그렇지 않다. 녹수와 백수의 뜻처럼 물이 푸른 것을 가리켜 청계라 했을 것이다.(青溪應地名偶同, 不然, 指水之青碧爲青溪, 若綠水白水之義.)

4 應(응)- '因'으로 된 판본도 있다. 阿戎(아융)- 종제를 뜻하거나 남의 집 자제를 미칭할 때 쓴다. 구조오는 양재주의 조카를 가리킨다고 하였는데 틀린 말이다. 포기룡은 양재주가 당시 아우와 함께 있었을 것이라고 추정하였으나 역시 납득하기 어려운 설이다. 단언할 수 없으나 문의상 양재주를 가리킬 가능성이 있다. 그렇다면 두보가 양재주의 부친과 교분이 있어서 그의 아들인 양재주를 아융이라 부른 것이리라.

《두시상주》 ('應'은) 평성이다. 곽지달은 '인'으로 하였다.(平聲, 郭作因.)

《두시상주》 아융은 양재주의 조카를 가리킨다. 《진서》에서 "완적이 왕혼에게 말하였다. '경과 말하는 것은 아융과 말하는 것만 못하다'" 라고 하였는데 아융은 왕혼의 아들 왕융이다.(阿戎指梓州之姪, 晉書, 阮籍謂王渾曰, 與卿語不如與阿戎談. 阿戎, 渾子戎也.)

《독두심해》 양씨가 필시 그 아우와 함께 관에 있었을 것이다.(楊必偕其弟在官.)

#《두공부초당시전》: 양재주의 선인이 예전에 재주를 다스리면서 못 100경을 파서 물을 끌어들여 농사에 유리하게 하였는데 재주 청계의 서쪽에 있었고 양공지라 불렀다. 이제 그 아들이 또 이 주를 다스리게 되었다. 그래서 두보가 '응당 아융을 싣고서 놀겠다'는 구로써 찬미한 것이다.(楊梓州之先人, 昔嘗守梓州, 鑿池一百頃引水, 爲農田之利, 在梓州青溪之西, 號爲楊公池. 今乃子又守此州, 故甫有應載阿戎遊之句以美之.)

《두시상주》: 양씨를 만났으나 못에 노는 흥을 다하지 못하였다. 그래서 시를 지어 답한 것이다. 이것은 단지 한 편의 짧은 편지와 같을 뿐이다.(遇楊而未盡遊池之興, 故作詩以答之. 此只如一首短札耳.)

《독두심해》: 머리 구에서 한 번 멈춘다. '좌봉'이란 바로 그가 주의 장관이 된 상황을 만났다는 것이지 못가에서 만났다는 것이 아니다. 일반적인 해설은 못에 놀다가 만난 것이라 하는데 그러면 아래 구를 설명해 나갈 수 없다. 또 곽지달은 '양공'을 '방공'으로 고쳤는데 방공지는 한주에 있고 한주와 재주는 각기 다른 주가 되니 '그로 인하여 만나다'라고 말할 수가 없게 된다. 말구에서 부탁의 말을 하였다.(首句一頓. 坐逢者, 正値其爲州長, 非逢於池頭也. 俗解作遊池而逢, 則下句說不去矣. 又郭知達改楊公作房公. 房池在漢州, 漢與梓各爲一州, 不得云坐逢矣. 末句囑之.)

(**이영주**)

77. 舟前小鵝兒

배 앞의 작은 거위 새끼

鵝兒黃似酒[1] 對酒愛新鵝 引頸嗔船逼[2] 無行亂眼多[3]
翅開遭宿雨 力小困滄波 客散層城暮[4] 狐狸奈若何[5]

거위 새끼 누런 것이 술과 같으니
술 마주하여 햇 거위를 사랑한다.
목을 펴서 배가 접근함에 성을 내는데
줄이 없어 눈을 어지럽히는 것이 많다.
날개 편 것은 밤비를 만나서인데
힘이 약하여 물결에 시달리는구나.
나그네 흩어지고 층층 성에 해 저무니
여우와 이리여 그대들을 어찌하랴?

이 시는 〈득방공지아得房公池鵝〉 시와 같이 광덕 원년 한주에서 지었다. 호수의 배에서 노닐다가 곁에 있는 거위를 묘사하면서 자신의 회포를 써내었다. 원주에 "한주의 서북 모퉁이에 있는 관지에서 지었다(漢州西北角官池作.)"라고 하였다. 관지는 바로 방공호房公湖이다.

《보주두시》 옛 주로 보건대 틀림없이 보응 원년에 지었다.(以舊注, 當是寶應元年作.)
《구가집주두시》 조언재 주 관지는 바로 방공호이다. 방관이 한주자사가 되기 전까지는 다만 관지라고 불렀는데 후인들은 그 못이 방공의 정비를 거쳤다고 하여 방공호라고 이름하였다.(官池, 卽房

公湖也. 琯未爲漢州刺史, 止謂之官池, 後人以其池經房公修之, 故名之曰房公湖.)

주 석

1 鵝兒(아아) - 거위 새끼.

〔鵝兒 2구〕 거위 새끼들이 술과 같이 노란 색을 띠고 있어 술잔을 마주하니 갓 태어난 거위 새끼들이 특별히 사랑스럽게 느껴진다는 말이다.

《두시상주》 구본에는 모두 '신아'라고 되어 있었는데 주학령 만이 홀로 '아황'이라고 하여 '가' 운에 맞지 않는다.(舊本俱作新鵝, 朱氏獨作鵝黃, 不協歌韻.)

《두시상주》 《방여승람》에 "'아황'은 한주의 술 이름으로 촉 가운데는 이에 미칠만한 것이 없었다"라고 하였다. 노조린 〈장안고의長安古意〉 시에 "이마에 아황색 화장을 하고 얼굴에 하얀 분을 바른 미인이 수레 가운데서 나온다"고 하였고 배경여 시에 "이마 가득 아황색의 화장을 하고 금루의를 입었다"라고 하였는데 모두 담황색을 말한다. 두보 시는 술 빛깔을 말한 것이다. 소식蘇軾 〈승주과가수수각乘舟過賈收水閣〉의 두 번째 시에 "작은 배 압록에 떠 있어 큰 국자로 아황을 쏟는다"고 하였고 육유陸遊의 〈유한주서호遊漢州西湖〉 시에 "양천의 명주가 아황을 피한다"고 하였는데 모두 두보의 시어를 사용한 것이다.(方輿勝覽, 鵝黃乃漢州酒名, 蜀中無能及者. 盧照鄰詩, 鵝黃粉白車中出. 裴慶餘詩, 滿額鵝黃金縷衣. 皆言淡黃色也. 杜詩則言酒色. 東坡詩, 小舟浮鴨綠, 大杓瀉鵝黃. 陸放翁詩, 兩川名醞避鵝黃. 此皆用公語耳.)

2 引頸(인경) - 목을 길게 펴다. 거위가 화내는 모습을 말한다. 逼(핍) - 접근하다. '過'로 된 판본도 있다.

《두시상주》 황희 주에 "거위는 일명 서안이라고 하는데 왕희지는 그 굽은 목을 좋아하였다"고 하였다. 목을 구부리고 잠을 자는 것은 거위의 본성인데 지금은 목을 길게 폈다고 했으니 거위가 성을 내는 때인 것이다.(希注, 鵝一名舒雁, 王羲之愛其宛頸. 宛頸而宿, 鵝之常性, 今云引頸, 則鵝嗔怒時也.)

3 無行(무항) - 줄이 없다. 거위들이 헤엄쳐 가는데 차례가 없음을 말한다. 亂眼多(난안다) - 눈을 어지럽히는 것이 많다. 이 구절은 무질서한 거위의 모습이 무척 어지럽다는 말이다.

4 客散(객산) - 배에서 놀던 사람들이 흩어짐을 말한다. 層城(층성) - 높은 성.

5 奈若何(내약하) - 그대들을 어찌하랴? 이 구절은 여우와 이리의 습격에 어떻게 대처해야 하겠는가라는 말이다.

#《두시상주》: 위 2구는 술을 마주하고 거위를 바라본 것이다. '진선' '난안'은 시제의 '주전'에 딱 들어맞고, '시개' '역소'는 시제의 '소아'에 들어맞는다. 마지막 2구는 애석해하는 뜻을 깊이 드러냈다. …… 노원창 주에서는 동정란 등을 풍자한 것이라고 하였으나 틀린 것이다. 공은 방관에 대하여 종래 기롱하고 풍자하는 말이 없었다.(上二對酒觀鵝. 嗔船亂眼, 切舟前. 翅開力小, 切小鵝. 末二, 深致愛惜之意. …… 盧注謂諷董廷蘭輩, 非也, 公於房相, 從無譏刺語.)

《독두심해》: 수련은 섬세한 듯하다. '비를 만나다' '물결에 시달리다'에는 난리를 피하여 돌아다니느라 곤궁해지게 되었다는 뜻을 기탁하였다. '호리'는 여러 도적을 가리키며 바로 5, 6구와 호응한다. 대체로 장강의 '어찌 여우와 너구리를 따지겠는가'라는 말을 사용한 것이다.(起聯似纖. 遭雨困波, 寓言避亂而致羈窮也. 狐狸, 指羣寇, 正與五六應, 蓋用張綱安問狐狸語也.)

(**이석형**)

78. 官池春雁二首

관가 연못의 봄 기러기 2수

自古稻粱多不足[1]　　至今鸂鶒亂爲羣[2]
且休悵望看春水　　更恐歸飛隔暮雲

예로부터 곡식이 늘 부족하건만
이제 자원앙은 어지러이 무리를 이루었다.
슬픈 눈으로 봄 물을 바라보지 말아야 하거니와
날아 돌아가려 해도 저녁 구름에 막힐까 또 두렵다.

이 시는 보응 원년에 한주漢州의 서지西池에서 지은 것으로, 기러기를 통해 고향으로 돌아가고 싶은 심정을 기탁하고 있다. 한편 방관房琯이 일찍 은퇴하여 화를 면하기를 바라는 심경을 기탁한 것으로 보는 설도 있다.

《보주두시》 한주성의 서지는 방관이 판 것이다. 이제 '관지'라고 하였으니 한주성의 서지이다. 두보가 면주까지 엄무를 배웅하다가 길이 한주로 났기에 관지에 이른 것이다. 《구역지》에 의하면, 성도에서 북쪽으로 한주까지는 백 리가 되지 않고, 한주에서 동북쪽으로 면주까지는 이백 리가 되지 않는다. 아마도 한주는 성도와 면주 사이에 있었을 것이다. 의당 보응 원년 5월일진대 이제 시에서 "봄이 다하려 한다"고 한 것은 어째서일까?(漢州城西池, 乃房琯所鑿. 今曰官池, 卽城西池也. 公送嚴武至綿, 道出漢, 故至官池. 按九域志, 成都北至漢, 不滿百里, 而漢東北至綿, 不滿二百里, 蓋漢在成都綿

州之間. 當是寶應元年五月, 而今詩云, 青春欲盡, 何也.)

《독두심해》 두보에게는 〈주전소아아〉시가 있는데, 자주에 "한주성 서북쪽 구석의 관지에서 지었다"고 하였다. 아마도 방관이 만든 호수일 것이다.(公有舟前小鵝兒詩, 自注云, 漢州城西北角官池作. 蓋謂房公湖也.)

주 석

1 稻粱(도량) - 벼와 기장. 곡식을 가리킨다.

2 鸂鶒(계칙) - 자원앙.

《보주두시》에 인용된 사師씨 주 기러기는 질서가 있어 형제를 비유한다. 반군이 난을 일으켜 형제들이 흩어져서 떨어지게 되었기에 "날아 돌아가려 해도 저녁 구름에 막힌다"고 한 것이다.(鴈有序, 喩兄弟. 寇亂, 諸弟離散有阻隔, 故云, 歸飛隔暮雲.)

#《두시상주》: 이 시는 봄 기러기에 뜻을 기탁한 것이다. 위 2구는 처소를 잃은 것을 한탄하였고, 아래 2구는 돌아가지 못하는 것을 애석해 하였다. '간춘수'는 당시 머물 수 없다는 뜻이고, '격모운'은 멀어서 도달할 수 없다는 뜻이다. 《두억》에서는 "첫 시는 나그네 신세로 의지할 데가 없다는 것을 비유하였는데, 가장 괴로운 심경은 '난위군' 세 자에 들어 있다"고 하였다.(此詩寓意於春雁也. 上二歎其失所, 下二惜其未歸. 看春水, 時不能留. 隔暮雲, 遠不能達. 杜臆, 首章比逆旅無依, 最苦在亂爲羣三字.)

《독두심해》: 두 절구 모두 뜻을 기탁한 말이다. 첫째 수에서는 나그네 생활하면서 돌아가지 못하는 감흥을 드러내고 있다. 둘째 구는 굴원屈原이 닭과 오리들이 음식을 다툰다고 말한 것과 같다. '먹을 것을 마련하느라 이들과 무리를 짓지만 의당 이들을 떠나 돌아가야 하는데, 길이 막히고 머니 또 어찌하리오?'라는 뜻이다.(二絶皆寓言也. 此章見旅食阻歸之感. 次句, 猶屈子言雞鶩爭食也. 謀食而與此輩爲羣, 亦宜

去此而歸矣. 道阻且長, 當復奈何.)

其二

青春易盡急還鄉[1] 紫塞寧論尙有霜[2]
翅在雲天終不遠 力微矰繳絶須防[3]

푸른 봄은 쉬 지나기에 서둘러 고향으로 돌아가야 하리니
붉은 변새에 아직 서리가 있다고 어찌 따지랴?
날개가 있으니 하늘도 결국 멀지 않건만
힘이 없으니 주살을 한사코 막아야 하리라.

주 석

1 易(이)- 쉽다. 구본舊本에는 '欲'으로 되어 있다. '易'를 택할 경우는 '현재 봄이다'라는 뜻이 되고, '欲'을 택할 경우는 '봄이 거의 다 지났다'는 뜻으로 해석된다. 이에 대해《두시상주》에서는《두억》을 따라 '易'로 하는 것이 마땅하다고 보았지만,《독두시설》에서는 굳이 고칠 필요가 없다고 보았다.

《두시상주》에 인용된《두억》 기러기가 돌아가는 것은 초봄 때이다. 만약 봄이 다 지난다면 서리가 없게 된다. 첫 구절의 '욕진'은 의당 '이진'으로 해야 할 것이다.(雁歸在初春, 若春盡, 則無霜矣. 首句欲盡, 當作易盡.)

《독두시설》 이제 '急' 자의 의미를 살펴보면, '欲'자를 꼭 고쳐야 하는 것은 아니다. 봄이 다 지나려고 하기에 고향으로 돌아가는 것을

더욱 서둘러야 할 것이다. 아래 구절의 '어찌 따지랴'라는 말은 바로 그 당시 이미 서리가 없기 때문에 반어법을 쓴 것이다. 서리가 있든 없든 상관없이 결국 서둘러 돌아가야 한다는 것일 뿐이다. 소장형은 북쪽 땅은 추워서 아직 서리가 있다고 하였는데, 이 또한 시의 뜻에 부합하지 않는다.(今按急字意, 則欲字不當改, 惟春欲盡, 故還鄉尤宜急也. 下句甯論, 正因其時已無霜, 故作反語, 言無論有與無, 總宜急還耳. 邵長蘅說, 北地寒, 故尙有霜, 亦不合詩意.)

2 紫塞(자새) - 변새. 장성이 있는 북쪽의 흙빛이 붉은 색을 띠는 데서 비롯되었다고 한다.

《구가집주두시》 조언재 주 기러기는 추위를 피하여 따듯한 곳을 찾는다. 기러기가 올 때는 북쪽 땅의 추위를 피해 왔다가 봄이 되면 북쪽으로 돌아간다. '새'는 곧 북쪽 땅의 요새이다. 최표의 《고금주》에 "진나라가 장성을 축조하였는데, 흙 색깔이 자주빛이어서 '자새'라고 한다"고 하였다.(鴈違寒就溫. 其來也, 避北地之寒而來, 至春而歸北. 塞, 卽北地之塞也. 崔豹古今注曰, 秦築長城, 土色皆紫, 故云紫塞.)

《두시상주》에 인용된 소장형邵長蘅 주 '자새'는 태원부 안문관 아래에 있다. 북쪽 땅은 춥기에 아직 서리가 있는 것이다.(紫塞, 在太原府雁門關下. 北地寒, 故尙有霜.)

〔青春 2구〕

《두시경전》 세상이 아직 평온하지 못하다는 뜻을 반영하고 있다.(影世未平意.)

3 矰繳(증작) - 주살.

《구가집주두시》에 인용된 정현鄭玄 설 화살에 줄을 묶은 것을 '증'이라 한다.(結繳于矢, 謂之矰.)

《보주두시》에 인용된 사師씨 주 '증작'은 줄로 화살을 묶어서 쏜다는 말이다.(矰繳, 言以繩繫矢而射之.)

〔翅在 2구〕

《두시상주》 '시재'와 '역미'는 각 두 자씩 따로 읽어야 한다.(翅在力微, 各兩字另讀.)

《구가집주두시》 여기서는 두보가 환난을 피하려는 뜻이 드러난다.(此見公避患之意.)

#《두시상주》: 앞 시의 '날아 돌아간다'는 말을 이어받아서 말하고 있다. 위 2구는 돌아가고 싶은 생각이 간절함을 담았고, 아래 2구는 돌아가는 길이 어려움을 담고 있다. '종불원'은 기러기를 위로하는 말이고, '절수방'은 기러기를 위태롭게 여기는 뜻이다. 《두억》에 "아래 시는 돌아가고 싶어도 방법이 없다는 것을 비유하였는데, 가장 괴로운 심경은 '역미' 두 자에 들어 있다"고 하였다.(承前章歸飛說來. 上二歸思之急, 下二歸路之難. 終不遠, 慰之也. 絶須防, 危之也. 杜臆, 下章比欲歸無資, 最苦在力微二字.)

《독두심해》: 이 시에서는 돌아가려는 마음이 가장 긴박하면서 또한 가장 결연하다는 뜻을 보여 주는데, 마지막 구절에서 여전히 '격모운'의 뜻을 거듭 펼치고 있다. '봄이 다하려 한다'는 말은 격발시키는 것이다. '변새에 서리가 있다'는 말은 비록 하북 땅에 아직 항명하는 일이 많지만 고려하지 않는다는 뜻이다. '시재' 구는 위의 뜻을 충족시킨다. '역미' 구는 거듭 움추려드는 뜻을 담았다. 그러므로 의지는 비록 결연하지만 길이 끝내 막혀버렸다.(此章見歸心最緊, 亦最決, 而末句仍申隔暮雲意. 春欲盡, 激之也. 塞有霜, 雖河朔尙多拒命, 弗顧也. 翅在句, 足上意. 力微句, 仍縮住. 然則志雖決而路終阻矣.)

##《구가집주두시》 조언재 주: 두보의 '자원앙'을 읊은 앞 시는 자신을 비유하였기에 그 몸의 무늬를 취하였고, 이제 '봄 기러기'를 읊은 시는 기러기를 높이고 자원앙을 낮추었기에 다시 기러기의 고고함을 취하였다. 시인의 변화에 어찌 구애가 있겠는가?(公前溪鷘篇以自況, 則取其身之文采. 今春雁詩, 乃尊雁而鄙溪鷘, 則又取雁之孤高. 詩人變化, 豈有拘礙哉.)

《두억》: 이 시는 관지의 기러기에 감응하고서 이를 빌어 스스로 돌아가고 싶지만 그러지 못하는 뜻을 펴고 있다.(此感官池之雁, 而借以發己欲歸未得之意.)

《두시경전》: 두 시에 대해 옛 해석에서는 자신을 비유한 것으로 보았지만, 그 말뜻을 자세히 음미해 보면 방관을 위한 것인 듯하다. 그가 일찍 은퇴하여 몸을 잘 보전할 계책을 마련하기를 바란다는 말이다. 아마도 당시 세상을 구하는 것이 비록 급하긴 하지만, 다시 참언과 시기를 당할까 막상 걱정이 된다는 뜻일 것이다.(二詩舊解作自比, 詳其語意, 似是爲房公, 言欲其早退以爲善全之計, 蓋救時雖急, 正惟恐復遭讒妬也.)

(**김만원**)

79. 投簡梓州幕府兼簡韋十郎官

재주 막부에 편지를 보내며 아울러 위 낭관에게 전하다

幕下郎官安隱無[1]	從來不奉一行書[2]
固知貧病人須棄[3]	能使韋郎跡也疏

막부의 낭관들은 평안하신지요?
줄곧 편지 한 줄을 받들지 못하였습니다.
가난하고 병들어 남에게 필시 버림받겠지만
위 낭관의 발걸음도 소원할 리야 있겠습니까?

이 시는 광덕 원년 한주에 있을 때 지은 작품이다. 재주 막부의 관료들과 위낭관에게 시로써 편지를 써서 소식도 없고 왕래가 뜸한 것에 대한 서운한 맘을 전하였다.

> 《보주두시》 양권도는 보응 원년 재주에서 지은 것으로 편재하였으나 시에서 "막부의 낭관들은 평안하신지요? 줄곧 편지 한 줄을 받들지 못하였습니다"라고 했으니 재주에서 지은 것이 아니다. 의당 한주에 있을 때이니, 뒤에 지어진 작품(〈답양재주答楊梓州〉)으로 이를 알 수 있다.(梁權道編在寶應元年梓州作, 然詩云, 幕下郎官安穩無, 從來不奉一行書, 則不在梓州作, 當是在漢州, 以後篇知之.)
> 《두시상주》 황학은 한주시 안에 편재하였다.(黃鶴編在漢州詩內.)
> 《두시상주》 황학 본에는 ('위십낭관'의) '관' 자가 없는데, 곽지달은 새로 첨가된 것이라 말하였다.(黃本無官字, 郭云新添.)

주 석

1 幕下(막하)- 막부. 여기서는 재주의 막부를 가리킨다. 郎官(낭관)- 여기서는 재주 막부의 여러 관리들을 가리킨다. 安隱(안온)- 평안하다. '隱'은 '穩'과 같다.

《보주두시》 황희 주 막부 낭관은 위씨가 낭관으로서 재주 막부에 들게 된 것을 말한다. 당조에서는 조정의 인사들이 주의 막부에 들어간 경우가 많았다.(幕下郎官謂韋十以郎官而入梓州之幕. 唐多以朝士入州幕.)

《두시상주》 ('隱'은 발음이) '오곤절烏袞切'이다. '穩'으로 쓴 판본도 있다.(烏袞切. 一作穩.)

《두시상주》에 인용된 주학령 주 《설문해자》에 의거하면 '은'은 편안하다는 뜻이다. 또 '온'과 통한다. 《자치통감》에 "현종이 궁중의 사자를 범양으로 파견하였더니 안녹산이 평상에 걸터앉은 채로 절도 하지 않으며 '황제께서 평안하신가' 하였다"는 기록이 있는데 그 주석에서 '은'은 '온'으로 읽는다고 하였다. 또 당조의 서첩에는 '온'을 '은'으로 쓰는 경우가 많다.(說文, 隱, 安也. 又與穩通. 通鑑, 玄宗遣中使至范陽, 祿山踞牀不拜, 曰, 聖人安隱. 注, 隱讀曰穩. 又唐帖多寫穩爲隱.)

2 一行書(일항서)- 한 줄 편지. 이 구절은 재주의 막부 관료들로부터 소식이 없음을 말한 것이다. 편지를 보내지 못했다는 것으로 보기도 한다.

《두시상주》 '편지를 받들지 못했다'는 것은 편지가 온 것을 받지 못했다는 뜻이다.(不奉書, 不接來書也.)

3 固知 구- '不知貧病關何事'로 된 판본도 있다.

〔固知 2구〕 '고지'를 제4구까지 한정하는 것으로 보기도 하나 《독두심해》의 견해을 좇아 '고지'를 제3구만 한정하는 것으로 보고 제4구를 "위낭관이야 발걸음 또한 소원해지겠는가"로 풀이하였다.

#《두시상주》: 위 2구는 막부의 여러 관료들을 풍권한 것이요, 아래 2구는 위낭관을 풍권한 것이다.(上二諷幕府諸公, 下二諷韋十郎官.)

《독두심해》: 옛 주석에서는 "'불봉서'는 편지를 받지 못한 것이다"로 하였다. 내 생각에 이렇게 이해한다면 전체적으로 대놓고 업신여기는 꼴이 된다. '편지를 받들지 못하였다'는 것은 아마도 내가 감히 억지로 통교할 수는 없다는 말일 것이다. 그런데 위낭관은 범속한 무리들과는 사뭇 다르니 내가 대략 세정의 소홀함으로써 그를 헤아릴 수가 있겠는가. 어조가 특별히 완곡하다.(舊云, 不奉書, 不接來書也. 愚謂如此解, 則通首面謾矣. 不奉一書者, 蓋云我固不敢强通也. 然韋郎迥異凡流, 吾能概以世情之疏略料之乎. 語致殊婉.)

(김성곤)

80. 漢川王大錄事宅作

한천의 녹사인 왕씨 첫째 집에서 짓다

南溪老病客[1] 相見下肩輿[2] 近髮看烏帽[3] 催蓴煮白魚[4]
宅中平岸水[5] 身外滿牀書[6] 憶爾才名叔[7] 含悽意有餘[8]

남쪽 시내 사는 늙고 병든 나그네가
그대 만나서 가마에서 내렸네.
다가가 머리에 쓴 검은 모자를 보노라니
순채국에 피라미 섞어 끓이라 재촉하네.
집 안엔 언덕까지 차오른 물이 보이고
몸 밖에는 서상 가득한 책들뿐이네.
재주와 명망있던 그대의 숙부 생각으로
슬픈 생각 들어 그 마음 하염없네.

광덕 원년 한주에서 우연히 왕녹사를 만나 그의 집에 들러 지은 시이다. 제목의 '한천'은 '한주'로 쓰는 것이 옳다는 견해가 있다. 왕녹사가 손님을 좋아할 뿐 아니라 고아한 성품을 지니고 있음을 칭송하고, 아울러 세상을 떠난 왕녹사의 숙부를 슬퍼하는 내용을 담고 있다. 왕녹사의 숙부를 한주자사 왕씨로 보는 설이 있으나 취하지 않는다.

《두시상주》 주학령 주에 "이 시는 곽지달 본에 보이며 다른 각본에는 모두 실려 있지 않다"라고 하였다. 살펴보건대, 성도에는 한천이라는 이름이 없으니 마땅히 광덕 원년 한주에서 지은 것이다. 《삼국지·위지·장노전》에 의하면 장노가 한중을 점거하고 있을 때에 공조 염포가 말하기를 '한천의 백성들은 집집마다 십만 량을 낼 정도로 재물이 넉넉하고 토지가 비옥합니다'라고 하였는데, 그렇다면 한천은 곧 한중이 된다. 주학령은 "공에게 〈왕녹사허수초당자부도료소힐王錄事許修草堂貲不到聊小詰〉시가 있는데 아마도 바로 그 사람인 듯하다"라고 하였는데, 잘못이다. 살펴보건대, 시에서 '재명숙'이라 말하였으니 아마도 공의 선배였을 것이다. 뒤의 시(〈왕녹사허수초당자부도료소힐王錄事許修草堂貲不到聊小詰〉)에서는 다만 '왕녹사에게 화를 낸다'라고 하였으니, 그가 별도의 인물임을 알겠다.(朱注, 此見郭知達本, 他刻皆不載. 按, 成都無漢川之名, 當是廣德元年漢州作. 魏志張魯傳, 魯據漢中, 功曹閻圃曰, 漢川之民, 戶出十萬, 財富土沃. 則漢川卽漢中也. 朱氏謂公有詰王錄事許修草堂貲詩, 疑卽其人, 非也. 按此詩言才名叔, 蓋公尊行也, 後詩直云, 爲嗔王錄事, 知其別爲一人矣.)

《독두심해》 '한천'은 마땅히 '한주'로 써야 할 듯하다. 《위지》의 '한천의 백성들은 집집마다 십만금을 낸다'고 한 것을 살펴보건대, 이는 아마도 장로가 차지하고 있던 한중을 가리켜 말한 것인 듯하다. 공은 아직껏 한중에 머물렀던 적이 없다. 왕녹사는 곧 앞의 시(〈배왕한주류두면주범방공서호陪王漢州留杜綿州泛房公西湖〉)에 보이는 왕한주의 조카일 것이라 생각된다.(漢川疑當作漢州. 攷魏志, 漢川之民, 戶出十萬. 蓋指張魯所據漢中爲言, 公則未嘗留止漢中也. 王錄事, 疑卽前詩王漢州之姪.)

주 석

1 南溪(남계) - 남쪽 시내. 완화계를 가리킨다. 老病客(노병객) - 늙고 병든 나그네.

《두시상주》 공의 〈송위랑사직귀성도送韋郎司直歸成都〉시에 "나를 대신해 남계의 대나무를 살펴봐주게나. 마땅히 가지 돋아나 담장을 넘었을 것이니"라고 하였으니 남계는 곧 완화계임을 알겠다.(公送韋司直歸成都詩, 爲問南溪竹, 抽梢合過牆. 知南溪卽浣花溪.)

2 肩輿(견여) - 가마의 하나. 평견여平肩輿. 두보의 〈우雨〉시에 "어찌 가마가 없겠는가마는 고향을 바라보는 길을 알지 못한다(豈無平肩輿, 莫辨望鄕路.)"는 구절이 있다.

《두시상주》에 인용된 《진서》 왕헌지가 평견여를 타고 곧바로 고벽강의 원림에 들어왔다.(王獻之乘平肩輿, 徑入顧辟疆園.)

3 近髮(근발) - 머리를 가까이 하다. 烏帽(오모) - 검은 빛깔의 모자. 본디 신분이 귀한 사람들이 평상시에 쓰는 모자였으나 수당 이후로 서민이나 은자가 흔히 착용하였다. 왕녹사의 노쇠한 모습을 말한 것이다. 두보의 노쇠한 모습을 왕녹사가 안타까워하는 것으로 보는 견해도 있다.

《두시상주》 두보 시(〈이완은거貽阮隱居〉)에 '희어져 더욱 모발이 예스럽다'라고 한 것은 흰 머리에 대하여 분명히 말한 것이고, '가까이 다가가 머리에 쓴 검은 모자를 본다'는 것은 흰 머리를 넌지시 감춘 것이니, 동일한 일을 두고 구법을 잘 변화시켰다.(杜詩, 白益毛髮古, 是明說白頭, 近髮看烏帽, 是暗藏白頭, 同一事而句法善化.)

4 催蓴(최순) - 순채국을 끓이라고 재촉하다. 煮(자) - 삶다. 白魚(백어) - 피라미. 왕녹사가 두보를 대접하기 위해 피라미를 넣고 순채국을 끓이게 하는 모습을 서술한 것이다.

5 平岸水(평안수) - 강둑 높이로 가득차서 흐르는 물. 왕녹사의 집에서 바라다보이는 경치이다.

6 身外(신외) - 신외지물身外之物. 신체 이외의 물건. 신외지물은 흔히 명예, 지위, 재산 등을 가리킨다. 滿牀書(만상서) - 서상을 가득 채우고 있는 책. 왕녹사에게 신외지물은 오직 서상을 가득 채울 정도의 책밖에 없다는 말로, 왕녹사의 담박한 풍모가 드러나 있다.

7 憶(억)- 생각하다. 爾才名叔(이재명숙)- 그대의 재주와 명망을 갖추고 있던 숙부. 이미 세상을 떠난 왕녹사의 숙부가 생각난다는 말이다. 이 구절로 미루어 드보는 예전에 왕녹사의 숙부와 친한 사이였음을 알 수 있다.

8 含悽(함처)- 슬픔을 머금다. 意有餘(의유여)- 뜻에 남음이 있다. 슬픈 뜻이 넘쳐난다는 말이다.

《두시상주》 타향에서 만났기에 슬픔을 머금었다고 하였다.(異鄕相遇, 故曰含悽.)

《두시경전》 왕녹사에게는 마땅히 이미 작고한 숙부가 있었을 것이다.(王當有叔已沒.)

#《두시상주》: 수련에서는 자신에 대하여 썼고, 아래 여섯 구절에서는 왕녹사에 대하여 썼다. 3,4구에 늙었으면서도 손님을 좋아함이 드러나 있고, 5,6구에 그 집의 청아함이 드러나 있다.(首聯自敍, 下六敍王, 三四見其老而好客, 五六見其宅之淸雅.)

《독두심해》: 마침 서로 만나게 되어 그의 집으로 불러들인 듯하다. 집은 아마도 잠시 머물러 사는 집인 듯하다. '늙고 병든 나그네'는 공 자신을 말한다. '가까이 머리에서 모자를 본다'는 왕녹사가 공이 늙은 것을 안타까워한 것이다. '재주와 명망이 있던 숙부'는 마땅히 곧 왕한주를 가리키는 것으로 조카에게 감격하여 아울러 그 숙부까지 생각한 것이다. 구조오의 해석은 잘못된 것이라 여겨진다.(似是適相値而邀入其宅者. 宅恐是寓舍. 老病客, 公自謂. 近髮看帽, 錄事惜公老也. 才名叔, 當卽指王漢州, 感其姪而兼憶其叔也. 仇解疑非.)

(**이남종**)

81. 短歌行送祁錄事歸合州因寄蘇使君

단가행- 합주로 돌아가는 기녹사를 전송하며 그 김에 소사군에게 부치다

前者途中一相見　人事經年記君面[1]
後生相勸何寂寥[2]　君有長才不貧賤[3]
君今起舵春江流[4]　余亦沙邊具小舟
幸爲達書賢府主[5]　江花未盡會江樓[6]

전에 길에서 한 번 만난 적 있었는데
살다보니 여러 해 지났으나 그대 얼굴은 생각이 나는구려.
후생이 권면하니 어찌 쓸쓸하겠는가
그대는 뛰어난 재주를 지녀 빈천하지 않을 것이외다.
그대 이제 배를 움직여 봄 강을 따라 흘러가는데
나 역시 모래 가에 작은 배 준비해뒀다오.
바라건대 나를 위해 어진 사군에게 편지를 전해
강 꽃이 다 지기 전 강루에서 만나자 해주시게.

이 시는 합주의 기녹사를 전송하면서 아울러 합주자사 소사군에게 안부를 전하는 내용이다. 기녹사의 재주를 칭송하면서 봄이 다 가기 전 합주의 강루에서 소사군과 만나자는 약속을 하고 있다. 저작 시기는 광덕 원년 설을 취한다.

《보주두시》 시에서 "그대 이제 배를 움직여 봄 강을 따라 흘러간다" 고 하였고 또한 "나 역시 모래 가에 작은 배 준비해두었다"라고

하였으니, 광덕 원년 재주에서 지은 작품인 듯하다. 공이 재주에서 지은 시에 "응당 배를 수리하여, 길게 휘파람 불며 형문으로 내려가야지"(〈춘일재주등루이수春日梓州登樓二首〉)라는 구절이 있는데, 바로 이 때이다. 이 시는 예전 편차에서 〈초당〉 〈사송〉의 앞에 두었고, 양권도는 영태 원년 난리 후 성도에 돌아와서 지은 것으로 편재하였다. 살펴보건대 이 해 4월에 엄무가 죽고 공은 5월에 충주와 유주로 내려갔으며 가을에는 이미 운안에 이르렀다. 그런데 지금 시에서 "그대 이제 배를 움직여 봄 강을 따라 흘러간다"고 하였으니, 영태 원년에 지은 것이 아님은 매우 분명하다. 하물며 최간의 난은 대력 원년에 이르러서야 비로소 대강 평정이 됨에 있어서랴. (詩云, 君今起柂春江流. 又云, 余亦沙邊具小舟. 意是廣德元年梓州作. 公在梓州有詩云, 應須理舟楫, 長嘯下荊門, 正是時也. 故此詩舊次在草堂四松之前, 而梁權道編在永泰元年亂後還成都作. 考是年四月嚴武死, 公五月下忠渝, 秋已至雲安, 而今詩云君今起柂春江流, 則非永泰元年所作甚明. 況崔旰之亂, 至大曆元年方粗定.)

《두시상주》 《당육전》에 "양제가 주를 폐하고 군을 설치하였는데, 동서 조연과 주부를 두었다. 본조에서 주부를 없애고 녹사참군을 두었는데, 개원 초에 사녹참군사 3인으로 바꾸었다"고 하였다. 《당서》에 "합주 부릉군은 검남동도에 속한다"고 하였다. 주학령의 주에 "기녹사는 곧 합주의 녹사이다. 그래서 시에서 소사군을 '현부주'라고 한 것이다. 노은이 공주녹사라고 한 것은 잘못이다.(唐六典, 煬帝罷州置郡, 有東西曹掾及主簿. 皇朝省主簿, 置錄事參軍, 開元初改司錄參軍事三人. 唐書, 合州涪陵郡, 屬劍南東道. 朱注, 祁錄事乃合州錄事, 故詩稱蘇使君爲賢府主. 魯訔作邛州錄事, 誤也.)

《두공부초당시전보유》 소사군은 두보의 친구로서 합주자사이다. (蘇使君, 甫故人也. 爲合州刺史.)

주 석

1 記君面(기군면)- 그대의 얼굴을 기억하다. 이 구는 몇 년 만에 만났지만 기녹사의 얼굴을 기억하고 있다는 말로 기녹사에 대한 각별한 관심과 애정을 표현한 것이다.

《두시상주》에 인용된 신함광申涵光 설 이 늙은이는 진실로 하나를 기억하면 열을 잊어버리는데 해를 넘겨서도 얼굴을 기억할 수 있게 하는 것은 또한 쉬운 일이 아니다.(此老固記一不記十者, 得令經年記面, 亦非易事.)

《보주두시》에 인용된 조언재 주 여러 해 동안 다만 그대의 얼굴을 기억할 뿐 다시 만날 수는 없었다.(經年之中, 徒記君面而已, 不得再相見也.)

2 後生(후생)- 젊은이. 여기서는 기녹사를 가리킨다. 寂寥(적료)- 쓸쓸하다. '勸'은 '動'으로 된 판본도 있다. 이 구에 대해서는 여러 설이 분분한데 여기서는 후생이 나를 권면해주니 내가 어찌 쓸쓸하겠는가의 뜻으로 보았다. 이 외에 후생의 재주가 사람을 감동시킨다는 뜻으로 본 것도 있고, 여러 사람이 후생을 권면한다고 보는 설도 있는데 취하지 않는다.

3 長才(장재)- 뛰어난 재주. 여기서는 기녹사의 빼어난 재주를 가리키다.

《두시상주》에 인용된 《사기·진평전陳平傳》 진평과 같이 빼어난 재주를 지니고서 오래도록 빈천하게 지내는 자가 어찌 있겠는가.(豈有美好如陳平而長貧賤者乎.)

4 起舵(기타)- 키를 올리다. 배를 출발하는 것을 가리킨다.

《두시상주》 '기타'는 배를 움직이게 하는 것이다.(起舵, 所以行舟.)

《구가집주두시》 조언재 주 '타'는 큰 배를 움직이게 하는 것이다.(柂, 所以行大舟.)

5 賢府主(현부주)- 어진 사군. '부주'는 주군의 장관을 말하는데, 여기

서는 합주자사인 소사군을 가리킨다.

《구가집주두시》 조언재 주 합주의 소사군을 가리켜 말하였다.(指言合州蘇使君.)

6 江樓(강루) - 합주에 있는 누각.

《두시상주》에 인용된 《방여기승方輿紀勝》 강루는 합주의 주 치소 앞에 있는데, 조어산 학사산 무산이 앞에 가로놓여 있고 아래로는 한수에 임하여 있다.(江樓在合州州治之前, 釣魚山學士山巫山橫其前, 下臨漢水.)

《두시경전》 이 때 공은 또한 삼협으로 내려갈 뜻을 지니고 있었다.(時公亦有下峽之志.)

#《두시상주》: 위 4구는 기녹사를 칭송한 것이고, 아래 4구는 돌아가는 이를 전송하며 소사군에게 부친 것이다. 서로 후생에게 권면하니 어찌 적료함을 걱정하는가, 이렇게 뛰어난 재주를 지녔으니 끝내는 현달할 것이다. 2구는 위로하는 말이다. '현부주'는 소사군을 가리킨다. 꽃 피는 계절로 약속을 하였으니 공 또한 합주로 내려가겠다는 것이다.(上四稱祁録事, 下四送歸寄蘇. 相勸後生, 何憂寂寥, 具此長才, 終當顯達矣. 二句慰詞. 賢府主, 指蘇使君. 花期相訂, 公亦將往合州也.)

《독두심해》: '상동'은 재주가 사람을 움직이기에 충분하다는 것이다. 그래서 여러 해 세상살이에 시달리면서도 여전히 그 얼굴을 기억하고 있었다. 기녹사가 먼저 떠나고 뒤따라 바로 도착하겠다고 약속하였는데, 합주는 재주의 동쪽에 있으니 또한 삼협으로 내려갈 뜻인가.(相動, 謂才足以動人. 所以人事經年, 猶記其面. 祁先行, 約以隨後卽到, 合在梓東, 亦下峽之志歟.)

(**박홍준**)

82. 送韋郎司直歸成都
성도로 돌아가는 사직 위랑을 보내다

竄身來蜀地[1] 同病得韋郎[2] 天下兵戈滿[3] 江邊歲月長[4]
別筵花欲暮[5] 春日鬢俱蒼[6] 爲問南溪竹[7] 抽梢合過牆[8]

몸을 숨겨 촉 땅에 와
같은 병 앓는 위랑을 얻었소.
천하에 전란이 가득하니
가람 가에 세월이 길군요.
이별 잔치 꽃이 저물려 하고,
봄날 귀밑머리 모두 희구려.
날 위해 남쪽 시내 대나무 찾으시길,
뻗은 가지 담 넘었으리다.

광덕 원년 재주에 있을 때 성도로 돌아가는 위랑과 이별하며 지었다. 위랑은 누구인지 알 수 없으며, 사직은 탄핵을 담당한 동궁의 관속이다. 손수 가꾼 초당에 대한 그리움이 들어 있다.

> 《보주두시》 시에서 "이별 잔치 꽃이 저물려 하고, 봄날 귀밑머리 모두 희다"고 하였고, 또 "날 위해 남쪽 시내 대나무 찾으시길, 뻗은 가지 담 넘었으리다"라고 하였으니 광덕 2년 낭주에서 지은 시가 아니다. 그 해 봄이 저물 때 공은 이미 성도로 돌아갔으며, 낭주를 떠나지 않았다고 하더라도 역시 엄무가 다시 촉을 진수하는 줄을 알고 가서 의지하려 하였으나, 이 시에는 이런 뜻이 전혀 없다.

광덕 원년 재주에서 지은 듯하다. 양권도의 편차 역시 이 점을 살피지 않았다.(詩云, 別筵花欲暮, 春日鬢俱蒼, 又云, 爲問南溪竹, 抽梢合過牆, 則非廣德二年閬州詩. 蓋其年春暮, 公已歸成都, 縱未離閬州, 亦當已知嚴武再鎭蜀, 行往依之, 而此詩殊無此意. 疑是廣德元年梓州作. 梁編亦不考.)

《구가집주두시》 공이 직접 단 주에 "나의 초당은 성도 서곽 완화리에 있다"고 하였다.(公自注, 余草堂在成都西郭浣花里.)

주 석

1 竄身(찬신)- 몸을 숨기다.

《구가집주두시》 두보는 난을 피하여 촉으로 달려 들어갔으므로 '찬신'이라고 하였다.(甫以避難奔走入蜀, 故言竄身.)

2 同病(동병)- 같은 병을 앓다. 같은 처지에 있다.

《구가집주두시》 위랑도 피난 온 사람이므로 '동병'이라고 하였다.(韋亦避難者, 故言同病.)

3 兵戈(병과)- 전쟁. 전란. '兵'은 '干'으로 된 판본도 있다.

4 歲月長(세월장)- 타향에 오래 머물렀다는 뜻이다.

5 別筵(별연)- 이별의 잔치. 暮(모)- 저물다. 여기서는 꽃이 시든다는 뜻이다.

6 春日(춘일) 구- 봄날 시인과 위랑이 모두 머리가 세었다는 뜻이다. '日鬢'은 '鬢色'으로 된 판본도 있다.

7 爲(위)- 위하여. 南溪(남계)- 성도 서쪽 교외의 완화계를 말한다. 竹(죽)- '笋'으로 된 판본도 있다.

《구가집주두시》 '남계'는 완화계의 남쪽이다.(南溪, 卽浣花溪之南也.)

《보주두시》 조언재가 "공이 직접 단 주에 '나의 초당은 성도 서곽에 있다'고 하였다"고 하였으니 남계는 또 초당 부근의 지명이다.(趙曰,

公自注, 余草堂在成都西郭, 則南溪者, 又草堂傍近之名.

《두시상주》 남계는 바로 완화계이다.(南溪, 卽浣花溪.)

8 抽梢(추초)- 가지가 뻗다. 合(합)- 반드시. 過牆(과장)- 담장을 넘다.

〔爲問 2구〕: 성도로 돌아가는 위랑에게 자신의 초당을 찾아 살펴보아 달라는 부탁이다.

《두시언해》 남계는 두보의 초당 완화계로 위랑이 가서 보기를 원하였다.(南溪, 甫草堂莞花溪, 欲韋郎尋見也.)

#《두시상주》: 위 4구는 촉에 남은 감정이요, 아래 4구에서는 위랑을 성도로 보내는 일이다.(上四, 留蜀之感, 下四, 送韋成都.)

《두시상주》에 인용된 《용재수필容齋隨筆》: 도연명의 시에 "우리집은 남산 아래, 이제 몇 떨기 국화 돋았네. 장미잎은 벌써 뻗었고, 추란은 향기 다시 진하리"라고 하였다. 왕유의 시에 "그대는 고향에서 왔으니 고향 소식 알겠지. 오던 날 비단 창 앞에 한매가 피었던가"라고 하였다. 두공은 〈송위랑사직귀성도〉 시에서 "날 위해 남쪽 시내 대나무 찾으시길, 뻗은 가지 담 넘었으리다"라고 하였다. 또 〈기초당〉 시에서 "아직도 어린 네 그루 소나무 생각커니 덩굴풀이 쉬 휘감으리라"라고 하였다. 고금의 시인들은 두고 온 집에 대한 그리움을 시편에 나타내 읊으며 반드시 소나무 대 매화 국화로 비유하고 흥취를 일으키니 모두 문인의 아취가 드러난다.(陶淵明詩, 我屋南山下, 今生幾叢菊. 薔薇葉已抽, 秋蘭氣當馥. 王摩詰詩, 君自故鄉來, 應知故鄉事. 來日綺窗前, 寒梅著花未. 杜公送韋郎歸成都云, 爲問南溪竹, 抽梢合過牆. 又寄草堂云, 尙念四小松, 蔓草易拘纏. 古今詩人, 懷想故居, 表之篇詠, 必以松竹梅菊爲比興, 皆見文人雅致.)

《독두심해》: 위랑은 생각건대 역시 떠돌다가 타향에 머무는 사람이다. 시에서는 손과 주인이 융화되었다. 그러나 '동병'이란 글자를 구사한 것은 오로지 자신의 관점으로서만이다. 세월이 길다 함은 오래 머물렀음을 말하니 얼마나 함축적인가. 결련은 '별연'과 '춘일'에서 뽑아내었다. 위랑에게 찾아가 보기를 부탁하였고, 시냇가의 대나무는 자신에게 돌아오니 이른 바 손과 주인이 융화되었지만 자신의 관점에서만 구사하였다는 것이다. 색깔은 또 전체가 창경蒼勁하고 수려하다.(韋郎, 想亦流寓者. 篇中賓主融化, 然着同病字, 則純以自身驅駕. 歲月長, 言久淹也, 何等蘊藉. 結聯從別筵春日內抽出. 囑問在韋, 而溪竹仍歸自身, 所謂融化而驅駕者也. 色復通體蒼秀.)

(이창숙)

83. 寄題江外草堂

강 밖 초당에 부쳐서 쓰다

我生性放誕[1] 雅欲逃自然[2] 嗜酒愛風竹[3] 卜居必林泉[4]
遭亂到蜀江 臥痾遣所便[5] 誅茅初一畝[6] 廣地方連延[7]
經營上元始 斷手寶應年[8] 敢謀土木麗 自覺面勢堅[9]
亭臺隨高下[10] 敞豁當淸川 惟有會心侶[11] 數能同釣船
干戈未偃息 安得酣歌眠 蛟龍無定窟[12] 黃鵠摩蒼天
古來賢達士[13] 寧受外物牽 顧惟魯鈍姿[14] 豈識悔吝先[15]
偶攜老妻去 慘澹凌風烟[16] 事跡無固必[17] 幽貞貴雙全[18]
尙念四小松[19] 蔓草易拘纏[20] 霜骨不堪長[21] 永爲隣里憐

내 평생 성품이 방탄하여
늘상 자연으로 달아나고자 하였고,
술 즐겨 마시고 바람 부는 대를 사랑하여
집을 정할 때면 반드시 임천이었다.

난리를 만나 촉의 강에 와서는
병들어 누우니 편한 곳에서 마음을 풀려 하여,
풀을 베어 처음에는 한 무였는데
땅 넓혀가는 일이 바야흐로 이어졌다.
경영한 것이 상원 처음이더니
손을 멈춘 것이 보응 연간,
감히 집이 아름답기를 꾀하랴만
스스로 형세가 튼실함을 알았다.

정자와 대는 땅의 높낮이를 따르고
훤하여 맑은 내를 마주하였으며,
마음에 맞는 짝이 있어
자주 낚싯배를 함께 할 수 있었다.

전쟁이 아직 그치지 않으니
어찌 취하여 노래하다 잠들 수 있으리?
교룡은 일정한 굴이 없고
누런 고니는 푸른 하늘을 스쳐 나니
예로부터 현달한 선비가
어찌 외물에 얽매이겠는가?
돌이켜 보면 노둔한 자질이라
어찌 재앙의 징조를 알아보았으리?
우연히 늙은 처를 데리고
슬프게 풍연風煙 속에 들어갔다만,
자취란 고집하고 기필할 게 없으니
조용하고 바름 이 둘을 온전히 함을 귀히 여기는 법.

오히려 네 그루 어린 소나무가
만연하는 풀에 쉬이 얽혀서
상골霜骨이 자라기 어려워
길이 이웃 사람들이 가련히 여길까 염려된다네.

광덕 원년 재주에서 초당을 생각하며 지은 시이다.

《보주두시》 보응 원년에 공이 서지도의 난을 피하여 재주에 갔다. 지금 시에서 "다만 노둔한 자질이라 어찌 재앙의 징조를 알아보았으리? 우연히 늙은 처를 데리고 슬프게 풍연 속에 들어갔다"라고 하였는데, 아마 미리 서지도의 난을 알 수 없었음을 말한 것이리라. 시에서 "경영한 것이 상원 처음이더니 손을 멈춘 것이 보응 연간이다"라 하였으니 이 시는 응당 광덕 원년에 지었다.(寶應元年, 公避徐知道之亂, 至梓州. 今詩云, 顧惟魯鈍姿, 豈識悔吝先, 獨攜老妻去, 慘淡凌風煙, 蓋謂不能前知徐知道之反也. 詩云, 經營上元始, 斷手寶應年, 則此詩當是廣德元年.)

《두시상주》에 인용된 이태백李泰伯 설 공이 재주에서 초당을 그리워하며 이 시를 지었다.(公在梓州, 懷思草堂而作是詩.)

주 석

1 放誕(방탄) - 방광放曠하고 허탄虛誕하다. 멋대로 하며 구속받지 않는 것을 뜻한다.

2 雅(아) - 평소에. 항상. 自然(자연) - 자연. '도道'를 가리키는 것으로 보기도 한다.

《두시상주》 '아'는 '항상'의 뜻이다.(雅, 常也.)

《두시언해》 도는 자연이다. 불가에서는 선으로 도피한다고 말하고 유자는 자연으로 도피한다고 한다.(道, 自然也. 釋氏謂逃禪, 儒者謂逃自然.)

3 風竹(풍죽) - 바람 부는 대나무. '風'이 '修'로 된 판본도 있다.

4 必(필) - '此'로 된 판본도 있다.

#《두시상주》: 이전에 집을 정한 것을 추억한 것이다. 신함광이 "술을 즐겨 마시고 바람부는 대를 사랑한다는 말에서 명사의 풍류를 상상할 수 있다"고 하였다.(憶前此卜居. 申涵光曰, 嗜酒愛風竹, 可想名士風流.)

5 臥痾(와아) - 병들어 눕다. 즉 와병臥病의 뜻이다. 遣所便(견소편) - 자기 편한 곳에서 병든 시름을 풀며 지낸다는 뜻이다. '遣'이 '遺'로 된 판본도 있다.

《두시택풍당비해》 편하고 조용한 곳에서 지내는 것이다.(消遣於便靜之地.)

《두시경전》 고요하고 편해야 비로소 병으로 생긴 시름을 풀 수 있음을 말한다.(言靜便方可遣病.)

6 誅茅(주모) - 풀을 제거하다. 집을 짓는 것을 뜻한다. 一畝(일무) - 작은 땅을 말한다. '무'는 넓이의 단위이다.

《예기·유행儒行》 유자에게는 한 무의 집이 있다.(儒有一畝之宮.)

7 方(방) - '必'로 된 판본도 있다. 連延(연연) - 연이어지다. 땅이 계속 넓어지는 것을 뜻한다.

8 斷手(단수) - 일을 마치는 것을 뜻한다.

9 面勢堅(면세견) - 초당이 튼실하게 지어졌음을 말한다. '면세'는 집과 주위 환경의 형세, 외관, 위치 등을 뜻한다. '堅'이 '賢'으로 된 판본도 있다.

《주례·고공기考工記》 재료의 곡직과 방향, 형세의 마땅함을 살핀다.(審曲面勢.)

10 亭臺(정대) - 정자와 대. '臺亭'으로 된 판본도 있다. 이 구는 정자와 대가 지형에 따라 잘 배치되었음을 뜻한다.

11 惟(유) - '雖'로 된 판본도 있다. 會心侶(회심려) - 마음이 맞는 짝.

#《두시상주》: 이 단락은 초당을 지을 때의 전말을 돌이켜 서술하였다. 위 4구는 집을 짓게 된 이유이고, 가운데 4구는 경영한 일이고, 아래 4구는 집의 빼어난 경치이다. 장원 주에서 "숙종 건원 2년 12월에 공이 성도에 이르렀다. 상원 원년은 바로 처음 초당을 지은 때이고, 또 (상원) 2년이 보응 원년이 되는데 바로 초당을 완성한 때이다"라고

하였다. 《두억》에서 "'대와 정자는 땅의 높낮이를 따르고 훤하여 맑은 내를 마주하였다'고 하였으니 집 지은 것이 결코 엉성하지 않은 것이다"라고 하였다.(此追敍草堂始末. 上四構堂之由, 中四營堂之事, 下四堂景之勝. 遠注, 肅宗乾元二年十二月, 公至成都, 上元元年, 乃建草堂之始, 又二年爲寶應元年, 乃成草堂之日. 杜臆, 臺亭隨高下, 敞豁當淸川, 結構殊不草草.)

12 定窟(정굴) - 정해진 굴.

〔蛟龍 2구〕 일정한 거처에서 머물지 못하는 두보의 신세를 비유한 것이다. 무엇에 매이지 않고 자유로운 선비의 모습을 비유한 것이라는 설도 있다.

《두시언해》 이는 두보가 스스로 난리를 피해 옮겨 다님이 일정하지 않음을 비유한다.(此, 甫自比避亂遷徙不常.)

《구가집주두시》 조언재 주 비유하여 현달한 선비는 일정한 거처가 없음을 말한다. 국량이 작은 자라면 구속되는 것이 있을 것이다.(譬諭以言賢達之士無常居止, 齷齪者則有所拘矣.)

13 賢達士(현달사) - '賢達志'로 된 판본도 있고 '達士志'로 된 판본도 있다.

〔古來 2구〕

《두시언해》 두보가 현달한 선비는 몸 밖의 물건에 얽매이지 않으니 내가 어찌 감히 초당을 아껴서 피난을 가지 않겠는가라고 말한 것이다.(甫言賢達之士, 不牽於身外之物, 我安敢愛草堂而不避亂也.)

14 顧惟(고유) - 돌아보며 생각하다.

15 悔吝(회린) - 재화災禍를 의미한다. 先(선) - 여기서는 앞서서 나타나는 조짐이나 기미를 뜻한다.

16 慘澹(참담) - 슬픈 모습. 凌風烟(능풍연) - 재주로 가게 된 것을 말한다.

17 固必(고필) - 집착하고 기필期必하다.

《논어·자한子罕》 선생님께서는 네 가지가 없으셨으니, 사사로운 뜻이 없으셨으며 기필하는 일이 없으셨으며 집착하는 마음이 없으셨으며 이기심이 없으셨다.(子絶四, 毋意, 毋必, 毋固, 毋我.)

18 幽貞(유정)-《주역》에 나오는 표현으로 흔히 은자를 뜻할 때 쓰인다. 貴(귀)-'媿'로 된 판본도 있다. 雙全(쌍전)- 조용하고 바름, 이 둘을 온전히 한다는 뜻이다. '몸과 이름 둘을 온전히 하다'라고 풀이하는 설도 있다.

《주역·이履》 행하는 도가 평탄하니, 그윽한 사람이라야 정고貞固하고 길하리라.(履道坦坦, 幽人貞吉.)

#《두시상주》: 이 단락은 초당을 떠난 연고를 서술하였다. 4구마다 뜻을 바꾸어, "난리를 피해서 집을 옮기는 것이 교룡이나 황혹이 마음껏 노니는 것과 같다. 전에 먼저 기미를 알아 멀리 떠나지 못한 것이 애석하여 고인에 부끄러운 점이 있다. 단 몸과 이름을 둘 다 온전히 하고자 하여 부득불 가족을 데리고 다른 곳으로 갔을 뿐이다"라고 말하였다. '간과'는 서지도의 난을 가리킨다. '풍연'은 추위를 무릅쓰고 간 것을 말한다. '유정'은 은거하여 바름을 지키는 것을 말한다.(此述去草堂之故. 各四句轉意, 言避亂播遷, 如蛟龍黃鵠之縱遊, 惜前此不能先幾遠去, 覺有愧於古人, 但欲身名兩全, 不得不攜家他適耳. 干戈, 指徐知道之亂. 風烟, 謂冒寒而行. 幽貞, 謂隱居守正.)

19 四小松(사소송)- 두보가 초당에 심은 네 그루 어린 소나무를 말한다. 두보 시에 〈사송四松〉시가 있다.

《구가집주두시》 조언재 주 공에게 〈사송〉시가 있는데, "네 그루 소나무를 처음 옮겨 심었을 때 대략 세 자 조금 더 되었는데, 헤어진 후 홀연 삼 년 나란히 선 것이 사람 키만하다"라고 하였다. 지금 그 소나무를 그리워한 것이다. (公有四松詩云, 四松初移時, 大抵三尺强, 別來忽三歲, 離立如人長, 今此懷念之.)

20 易(이)-'已'로 된 판본도 있다. 拘纏(구전)- 얽어서 감다. 감아 두르다.

21 霜骨(상골) - 소나무를 말한다. 堪(감) - '甚'으로 된 판본도 있다.

#《두시상주》: 이 단락은 옛 집의 경물을 추억하였다.(此回憶故園景物也.)

《두억》 공이 소나무 네 그루를 심었으니 아마도 그것을 빌어 스승으로 삼았을 것이다. "상골이 자라기 어려워 길이 이웃 사람들이 가련히 여길까 염려된다"는 말은 바로 자신을 비유한 것이다.(公種四松, 蓋借爲師保, 霜骨不堪長, 永爲隣里憐, 正自況也.)

##《독두심해》: 처음 4구는 초당을 지은 이유를 밝힌 것이다. 다음 12구는 구조오가 "초당을 지을 때의 전말을 두루 서술하였다"고 하였다. 그 다음 12구는 구조오가 "초당을 떠난 연고를 서술하였다"고 하였다. 끝 4구는 단지 식물을 그리워하고 초당을 말하지 않아, 편의 머리와 장법을 이룬다. 대체로 처음과 끝을 모두 소나무 대나무에 정을 부치는 것으로 뜻을 세우니 중간 부분의 초당의 위치나 가고 머문 것이 바로 태허에 뜬 구름 같아 전혀 막힘이 없어서 흉금이 탁 트이게 되었다. '간과' 1단락은 2구로 시상을 이끌며 시작한다. '교룡' 4구는 '현달한 선비'의 고매하고 초월함을 말하고, '고유' 4구는 집을 옮기는 얽매임을 말하여, 두 층이 한 층은 날리고 한 층은 눌렀다. 그리고 마무리하는 2구는 또 바꾸어 경지를 높게 할 수 있었다. 구조오의 풀이는 4구마다 뜻을 바꾸었다고 하였는데, 명료하지 않다.(起四, 原卜築草堂之由. 次十二, 仇云, 歷敍草堂始末, 又次十二, 仇云, 述去草堂之故. 末四, 但憶植物, 而不言草堂, 與篇首作章法. 蓋起訖皆以寄情松竹立意, 則中間草堂之位置去留, 直如太虛浮雲, 了無凝滯, 胸襟曠絶矣. 干戈一段, 用兩句領起, 蛟龍四句, 言賢達之高超. 顧惟四句, 言播遷之拖帶, 兩層一揚一抑. 束兩句, 又轉得地步高. 仇解謂各四句轉意, 不淸楚.)

(이영주)

84. 陪章留後侍御宴南樓得風字

장유후시어를 모시고 남루에서 잔치하며 '풍'자를 얻다

絶域長夏晩[1] 玆樓淸宴同[2] 朝廷燒棧北[3] 鼓角漏天東[4]
屢食將軍第[5] 仍騎御史驄[6] 本無丹竈術[7] 那免白頭翁
寇盜狂歌外[8] 形骸痛飮中 野雲低度水 簷雨細隨風
出號江城黑[9] 題詩蠟炬紅[10] 此身醒復醉 不擬哭途窮[11]

절역에 긴 여름 저물어 가는데
이 누각 맑은 잔치에 동석하였다.
조정은 불탄 잔도 북녘에 있고
고각 소리는 누천 동녘에서 난다.

자주 장군의 집에서 밥을 먹고
거듭 어사의 총마를 탔다.
본시 연단의 기술 없으니
머리 세어 늙음을 어찌 면하겠는가.

도적은 맘껏 부르는 노래 밖에 있고
몸은 통음하는 가운데 있는데,
들의 구름은 나지막이 물을 건너가고
처마의 비는 가늘게 바람을 따르는구나.

호령을 내는데 강성은 어둡고
시를 쓰는데 밀 등불이 붉구나.
이 몸은 술 깨면 다시 취하여
길 막혔다고 통곡하지는 않으리.

이 시는 광덕 원년 6월 재주성 남루에서 재주자사 장이章彝가 베푼 연회에 배석하여 지은 것이다. 상원 2년 말 엄무는 임시로 양천절도사를 겸하고 있었는데 보응 원년 6월 엄무가 조정에 소환되자 서천절도사는 고적이 대리하고 동천절도사는 비워 둔 채 장이를 유후로 삼았다.

《보주두시》《구당서》에 의하면 재주자사 장이는 처음에 엄무의 판관이 되었는데 이때에 이르러 조금 (엄무의) 뜻에 부합하지 않아 성도로 불러들였다. 그를 죽인 것은 광덕 2년 재차 성도를 다스릴 때이다. 그런즉 앞에서 말한 이재주라는 사람은 보응 원년 및 광덕 원년 봄에 재주에 있었고, 이해 여름에서 광덕 2년에 이르기까지는 장시어가 재주를 다스린 것이 된다. 이 시에서 "조정은 불탄 잔도 북쪽에 있다"고 하였는데 이 일은 또한 광덕 원년에 있었다. 마땅히 그해 여름이 끝날 무렵에 지은 것이다.(按舊史, 梓州刺史章彝初爲武判官, 及是小不副意, 召赴成都. 殺之乃在廣德二年再鎭成都時, 則前所謂李梓州者乃寶應元年及廣德元年之春在梓州, 而是年之夏至二年則章侍御守梓州也. 此詩云朝廷燒棧比(北의 잘못), 事亦在廣德元年, 當是其年夏末作.)

《독두심해》 황학의 주에 의하면 보응 및 광덕 원년 봄에 재주를 다스린 사람은 이사군이고, 이 해 여름 재주를 다스린 사람은 장시어이다. 살펴보건대 양천이 나뉘고 나서 재주는 동천절도의 치소가 되었다. 이보다 앞서 엄무가 함께 겸직하고 있었는데 이 때에 이르러 장이가 재주자사로 유후가 되었다. 《통전》에 의하면 절도사가 조현하러 가면 유후를 두었다. 광덕 원년 재주에서 지은 시이다.(鶴注, 寶應及廣德元年之春, 守梓州者, 李使君也. 是年夏, 守梓州者, 章侍御也. 按, 兩川旣分, 梓爲東川節度治所. 前此嚴武兼攝, 至是章彝以梓守爲留後. 通典, 節度使朝覲, 則置留後. 廣德元年梓州詩.)

주 석

1 絶域(절역)- 멀리 떨어져 있는 지역. 여기서는 촉 땅을 말한다. 長夏(장하)- 음력 6월.

2 玆樓(자루)- 남루를 말한다. 이 구절은 장이와 남루의 잔치에 함께 한 것을 말한다.

3 燒棧(소잔)- 잔도를 태우다. 잔도를 불태워 통행을 끊어버린 것으로 당시 아직 전란이 그치지 않았음을 알 수 있다.

《독두심해》 《한서》에 장양이 고조를 설득하여 잔도를 불태워 끊었다고 하였다. 살펴보건대 지난 해 노랄 등이 침입해 들어오자 대진관을 불태웠다. 그러나 이 구에서는 단지 나라에서 멀리 떨어져있음을 말하고 있다.(漢書, 張良說高祖燒絶棧道. 按, 上年奴剌等入寇, 燒大震關. 然本句只是言去國之遠.)

4 鼓角(고각)- 군대에서 시간을 알리거나 호령할 때 쓰이던 북과 나발. 漏天(누천)- 지명. 그 지역에 하늘이 새는 듯이 비가 많이 내려서 붙여진 이름이다. '漏'는 '滿'으로 된 판본도 있다.

《두시상주》 《환우기》에 "공도현의 누천은 가을과 여름 늘 비가 내린다. 북도현에는 대루천 소루천이 있다"고 하였다. 조언재는 "누천은 아주에 있다"고 하였다. 황학은 "광덕 원년 토번이 농우의 여러 주를 함락하자 조를 내려 대산관을 불태웠다. 이 때 사조의는 이미 주멸되고 동도에는 사변이 없어 고각 소리가 하늘에 가득한 상황에는 이르지 않았으니 마땅히 옛 주에 의거하여 '누천'으로 해야 한다. 아주는 서천에 속하고 재주는 동천이기 때문이다"라고 하였다.(寰宇記, 邛都縣漏天, 秋夏長雨, 僰道有大漏天小漏天. 趙曰, 漏天在雅州. 鶴曰, 廣德元年, 吐蕃陷隴右諸州, 詔焚大散關. 是時史朝義已誅, 東都無事, 鼓角不至於滿天, 當依舊注作漏天, 雅州屬西川, 而梓州爲東川故也.)

《두억》 누천은 아주에 있고 고각 소리가 누천의 동녘에서 났으니 아마도 토번이 침입하여 노략질하고 또 아주를 넘어 동으로 간 것이리라.(漏天在雅州, 鼓角在漏天之東, 豈吐蕃入寇, 又踰雅州而東耶.)

《독두심해》 《양익기》에 아주 서북쪽에 대루천 소루천이 있다고 하였다. 살펴보건대 아주는 서쪽으로 토번 땅과 접하고 있다. '누천동'이라고 말한 것은 토번에 대비함이 바야흐로 급하다는 것을 보인 것이다.(梁益記, 雅州西北, 有大小漏天. 按, 雅州, 西接蕃境. 曰漏天東, 見備蕃方急.)

〔朝廷 2구〕

《두시상주》에 인용된 주학령 주 《통감》에 의하면 상원 2년 2월 노랄 당항이 보계에 쳐들어오자 대진관을 불태웠다. 광덕 원년 가을 7월 토번이 대진관으로 들어와 난주, 곽주, 하주, 선주, 조주, 민주, 진주, 성주, 위주 등을 함락시켰다. 이 때문에 잔도를 불태웠다는 2구가 있는 것이다.(通鑒, 上元二年二月, 奴剌党項寇寶雞, 燒大震關. 廣德元年秋七月, 吐蕃入大震關, 陷蘭廓河鄯洮岷秦成渭等州, 故有燒棧二句.)

《구가집주두시》 조언재 주 남루에서 잔치가 벌어진 것으로 인하여 장안을 바라본 것이다.(因宴南樓而望長安也.)

#《두시상주》: 이 단락은 남루에 올라 세상이 어지러운 것에 대하여 마음이 움직인 것이다. 조정은 불탄 잔도 북쪽에 있다고 하여 장안이 아직 평안하지 않음을 탄식하였고, 고각 소리가 누천 동녘에서 난다고 하여 재주에 일이 많음을 두려워하였다.(此登樓而有感世亂. 朝廷在燒棧之北, 嘆長安未平. 鼓角在漏天之東, 恐梓州多事.)

5 將軍(장군)- 장이를 말한다. 第(제)- 집. '邸'로 된 판본도 있다.
《독두심해》 장이가 절도의 일을 대리하고 있어서 장군이라고 부른 것이다.(章攝節度事, 故稱將軍.)

6 仍(잉)- 거듭. 騎(기)- 타다. '驕'로 된 판본도 있다. 驄(총)- 총마. 청색과 백색이 섞인 말로 어사가 타는 말이다.

7 丹竈(단조)- 연단煉丹에 쓰이는 부뚜막. 術(술)- 기술. '訣'로 된

판본도 있다.

〔本無 2구〕

《보주두시》에 인용된 왕수 주 수명을 연장할 연단의 기술이 없음을 말한 것이다.(言無丹竈之術以延年也.)

#《두시상주》: 이 단락은 잔치에 배석하여 스스로 연로함을 슬퍼한 것이다. '자주'라고 말하고 '거듭'이라고 말하여 잔치가 한번이 아님을 보였다. '장군제'는 시제의 '유후'에 들어맞고 '어사총'은 '시어'에 들어맞는다.(此陪宴而自傷年老. 曰屢, 曰仍, 見宴非一次. 將軍第, 切留後. 御史驄, 切侍御.)

8 狂歌(광가) - 마음껏 노래하다.

〔寇盜 2구〕

《두시경전》 위 구는 어지러움에 대해 잠시 걱정하지 말라는 말로 '조정' 2구를 이었고, 이 구는 늙음에 대해 잠시 신경 쓰지 말라는 것으로 '단조' 2구를 이었다.(上句謂亂且勿憂, 承朝廷二句. 此句謂老且莫管, 承丹竈二句.)

#《두시상주》: 이 단락은 즐겁게 잔치하는 정경을 기록하였다. 맘껏 노래하는 밖에 도적을 부치니 어지러움에 대해 잠시 걱정이 없고, 통음하는 가운데 몸을 맡기니 늙음을 잠시 잊을 수가 있다. 2구가 한 쌍으로 위 글을 끌어당기고 있다. 나지막한 구름과 가는 비는 이 누각 앞에서 본 경치다.(此記歡宴情景. 寇盜付狂歌之外, 亂且莫愁. 形骸寄痛飮之中, 老可暫忘. 二句雙挽上文. 低雲細雨, 此樓前所見之景.)

9 出號(출호) - 호령을 내다. '호'를 암호로 보는 견해도 있다. 江城(강성) - 재주를 가리킨다. 부강涪江은 재주를 지난다.

《구가집주두시》 조언재 주: 밤에 호령을 전하는 것으로 이것은 절도부의 일이다.(夜傳號令, 此節度府之事也.)

《두시상주》에 인용된 주학령 주 《통감》에 "현종이 위후를 죽였는데 밤이 되자 갈복순 이선부가 모두 이르러 호를 청하여 갔다"고 하였는데 주에 "무릇 군대를 군영에 내려보내거나 공습할 때는 주장에게 나가 호를 취하여 급한 일에 응할 것에 대비한다"고 하였다.(通鑑, 玄宗誅韋后, 逮夜, 葛福順李仙鳧皆至, 請號而行. 注, 凡用兵下營及攻襲, 就主帥取號以備緩急相應.)

10 蠟炬(납거) - 밀로 만든 등불. '炬'는 '燭'으로 된 판본도 있다.

11 不擬(불의) - 본받지 않겠다. 이 구는 완적阮籍이 길이 막히자 통곡한 것을 본받지 않겠다는 말이다.

〔此身 2구〕

《보주두시》에 인용된 왕수 주 완적은 술로 자신을 숨겼기 때문에 재난을 면할 수 있었는데 집밖에 나가서는 제대로 된 길로 가지 않다가 길이 막히게 되면 통곡하고 되돌아왔다. 공은 완적이 자신을 술에 숨긴 것은 취하되 그가 막힌 길에서 통곡한 것은 본받지 않겠다고 스스로 말한 것이다.(阮籍以酒自隱, 故得免難, 出不由徑, 遇途窮則慟哭而反. 公自言取籍之自隱於酒, 而不倣其哭窮途也.)

#《두시상주》: 이 단락은 잔치가 끝나고 나서의 감정과 일을 기록하였다. 《두억》에서는 "한편으로는 호령을 내고 한편으로는 시를 읊으니 조조가 창을 비껴 잡고 시를 짓는 기풍이 있다"고 하였다. 막힌 길에서 통곡하지 않음은 취한 상태에 몸을 맡긴 때문이다.(此記宴畢情事. 杜臆, 一面出令, 一面吟詩, 有孟德橫槊賦詩之風. 窮途免哭, 身托醉鄉也.)

##《독두심해》: 시는 마땅히 취한 뒤에 완성한 것이다. 다만 스스로 불평을 써내면서 결코 세속적인 표현법을 사용하지 않아 광방狂放하고 호매한 자태가 눈에 보이는 듯하다. 둘로 나누어 보면, 앞에서는 자신이 세상의 난리를 멀리하여 다른 사람에게 의지하여 늙어간다는 것으로 서사에 해당하고, 뒤에서는 몸과 세상 둘 다 잊고 하나같이 술에 맡기겠다는 것으로 술회에 해당한다. 잔치에 배석하여 시를 쓴 뜻은 앞뒤에 대략적으로 곁들였을 뿐이다. 그렇기 때문에 취한 뒤에 쓴

시라고 한 것이다. '소잔북'은 불탄 잔도의 북에 있는 것이다. 아래 구도 이에 준한다. 총마를 탔다는 것은 장이가 공에게 말을 준 것을 말한다.(詩當是醉後所成. 但自寫牢騷, 絶不周旋世法, 狂豪之態如見. 分兩截看, 前言身遙世亂, 而依人以老, 是敍事, 後言身世兩忘, 一託之於酒, 是述懷. 其陪宴賦詩, 前後略帶而已, 故曰醉後詩也. 燒棧北, 在燒棧之北也. 下句倣此 騎驄, 謂章授公以馬也.)

(**이석형**)

85. 臺上得涼字

누대 위에서 '양'자를 얻다

改席臺能迥[1]　留門月復光[2]　雲霄遺暑濕[3]　山谷進風涼
老去一杯足　誰憐屢舞長[4]　何須把官燭[5]　似惱鬢毛蒼

자리를 옮기니 누대라서 멀리 볼 수 있는데
문 열려 있고 달이 다시 빛난다.
구름에 닿는 곳이라 습한 더위를 잊고
산골짜기에서 시원한 바람이 불어든다.
늙어서 술 한 잔이면 족하거늘
뉘라서 잦은 춤사위 긴 것을 좋아하랴?
어찌 관아의 촛불을 잡을 필요가 있으랴?
귀밑머리 희끗함에 번뇌할 듯하나니.

이 시는 광덕 원년 6월 재주성 남루에서 재주자사 장이章彝가 베푼 연회에 참석하였다가 누대로 자리를 옮겨 연회를 이어가며 지은 것이다. 연회 중에 느낀 인생무상의 감회를 담고 있다.

《보주두시》 시에 "자리를 옮기니 누대라서 멀리 볼 수 있다"고 하였으니, 남루에서 연회를 가진 뒤 다시 누대 위에서 연회를 열고서 지은 것이 분명하다.(詩云, 改席臺能迥, 當是自南樓復宴臺上而作也.)

《두시상주》 이 시와 앞의 시(〈배장유후시어연남루득풍자陪章留後侍御宴南樓得風字〉)는 같은 때 지은 것이다. 처음에 남루에서 연회를 열었다가 뒤에 누대 위로 옮긴 것이다.(此與上章同時之作, 初宴南樓, 後移臺上也.)

주 석

1 改席(개석) - 자리를 바꾸다. 남루에서 누대로 자리를 옮긴 것을 말한다. 能(능) - '爲'로 된 판본도 있다. 迥(형) - 멀다. 여기서는 멀리까지 바라볼 수 있다는 말이다.

《구가집주두시》 조언재 주 '개석'은 곧 남루에서 누대 위로 이동했다는 뜻이다.(改席則自南樓移於臺上也.)

2 留門(유문) - 문이 열려 있는 것을 말한다. 혹은 달이 성문 위에 머무는 것을 뜻하는 말로 보기도 한다.

《구가집주두시》 조언재 주 '유문'은 아직 성문을 닫지 않았다는 말이다.(留門, 且未閉城門也.)

《두시상주》 소종의 시에 "겹문에 달빛이 이미 비친다"는 구절이 있는데, 이것이 이른바 "문에 머문 달이 다시 빛난다"는 말이다. 옛 주에 '성문을 열어 둔다는 뜻이다'라고 한 것은 옳지 않다. 주인이 손님에게 연회를 베풀면 문을 열어 둘 필요가 없는데, '성문을 열어 두었는데 달이 다시 빛난다'고 말한다면, 어찌 이런 구법이 있을 수 있겠는가?(蕭琮詩, 重門月已映, 卽所謂留門月復光也. 舊云留住城門者, 非是. 主將燕客, 不待留門, 且言留城門而月復光, 豈有此句法乎.)

《독두시설》 이제 시의 뜻을 살펴보건대 옛 설을 따라야 할 것 같다. 주인이 손님에게 연회를 열기에 문을 열어 두고 기다리는 것이다. 달이 다시 빛나는 것은 문 위에 근거해서 말한 것이 아니라, 밤이 비록 이미 깊긴 하지만 성문도 열려 있고 달빛도 아름답기에 즐거운 연회에 계속 머물 만하다는 말이다. 소종의 시는 달이 문 위를 비추는 것을 말한 것이라서, 이 시의 의미와는 전혀 맞지 않는다. **《두시상주》**에서는 달이 다시 빛나는 것을 문 위에 근거해서 말하는 것이라고 보았기에 잘못된 해석을 초래하였다.(今按詩意, 似當從舊說, 惟主將宴客, 故留門以待. 月復光, 非就門上說, 言夜雖已深, 城門旣留, 而月色又佳, 正可流連歡宴也. 蕭琮詩, 是言月映門上, 與此詩意殊不合. 注以月復光就門上說, 故致誤解.)

3 雲霄(운소)- 구름 낀 하늘. 누대가 매우 높다는 것을 나타낸다. '霄'는 '行'으로 된 판본도 있다. 遺(유)- 사라지다. 더위를 느낄 수 없다는 말이다.

《구가집주두시》 누대가 높아 구름 사이에 있기 때문에 자신도 모르게 더위가 사라진 것이다.(以臺高而在雲霄之間, 不知暑氣之失去也.)

《두시경전》 잊는다는 뜻이다.(忘也.)

〔雲霄 2구〕

《두시경전》 위의 구절은 누대가 높은 것을 말하고, 이 구절은 누대가 넓은 것을 말한다.(上句臺之高, 此句臺之曠.)

4 屢舞(누무)- 잦은 춤.

〔老去 2구〕

《두시상주》 '노거' 2구는 바로 〈강정왕낭주연전소수주江亭王閬州筵餞蕭遂州〉시에서 말한 "늙으니 노래 소리 이어지는 것이 두렵고, 시름은 춤곡 따라 길어진다"는 말이다.(老去二句, 卽所謂老畏歌聲繼, 愁隨舞曲長也.)

5 官燭(관촉)- 관청에서 켜는 촛불을 가리킨다. 장유후章留後가 마련한 연회이기 때문에 한 말이다.

《구가집주두시》 후한 때 파지는 양주자사를 지내면서 관청의 촛불을 켜지 않았다. 여기서는 장유후의 연회이기 때문에 '관촉'이라고 한 것이다.(後漢巴祗爲揚州刺史, 不然官燭, 以章留後之宴, 故云官燭也.)

〔何須 2구〕

《두억》 '어찌 관촉이 필요하랴'고 한 것은 달빛 때문인데, 도리어 '귀밑머리 희끗함에 고민스러울 듯하다'고 말하였으니 절로 변화가 넘친다.(何須官燭, 以月光故, 却云似惱鬢毛蒼, 故自變幻.)

#《두시상주》: 이 시는 누대 위에서 밤에 술을 마시며 지은 것이다. 위 4구는 풍월의 아름다움을 읊었고, 아래 4구는 노쇠해지는 감회를 읊었다. 구름을 가까이하고 바람을 맞았다는 것은 누대가 높고 넓다는 뜻이고, 술잔과 악무는 자리에 마련했다는 뜻이다. '초를 잡는다'는 구는 다시 달빛과 서로 호응하는데, 이는 단지 편한 대로 말한 것이지만 맥락은 이처럼 분명하다.(此臺上夜飮而作也. 上四風月之佳, 下四衰老之感. 近雲納風 臺上高曠也. 酒杯樂舞, 席間供設也. 把燭句, 又與月光相應, 此只隨意說來, 而脉理淸析如此.)

《독두심해》: 위는 누대의 경관이고 아래는 술자리에서의 감회로 이 작품의 격식이다. '자리를 옮긴다'는 말은 앞 시의 '누각의 연회'와 짝을 이루고, '달이 머문다'는 말은 앞 시의 '강이 어둡다'는 말과 짝을 이룬다. 3, 4구는 앞 시의 '구름이 낮다' '비가 가늘다'는 말과 짝을 이루고, 5, 6구는 앞 시에서 '술에 취하다' '길이 막히다'라는 말과 짝을 이룬다. 마지닥 연은 앞 시의 '백두옹'과 짝을 이룬다. 이것이 두 작품의 맥락이니 함께 보아야 할 것이다.(上, 臺景, 下, 酒懷, 本篇之格法也. 改席, 對前樓宴. 留月, 對前江黑. 三四, 對前雲低雨細, 五六, 對前取醉窮途, 結聯對前白頭翁. 此兩篇之脈理也, 須合看.)

(**김만원**)

86. 送王十五判官扶侍還黔中得開字

모친을 모시고 검중으로 돌아가는 왕판관을 전송하며 지은 '開'자를 운자로 쓴 시

大家東征逐子回[1] 風生洲渚錦帆開
靑靑竹笋迎船出[2] 日日江魚入饌來[3]
離別不堪無限意[4] 艱危深仗濟時才[5]
黔陽信使應稀少[6] 莫怪頻頻勸酒杯[7]

대고께서 아들을 좇아 동쪽으로 돌아가시니
바람이 물가에 일어 비단 돛을 펼쳤구나.
파릇파릇 죽순은 배를 맞아 돋아나고
매일매일 강 물고기 반찬으로 들어오네.
이별에 가없는 마음 견딜 수 없는 것은
위난을 당해 시절 구할 재능에 깊이 기댄 때문이라.
검양엔 소식 전하는 사람 응당 드물려니
자꾸자꾸 술 권한다고 탓하지 마시게.

이 시는 광덕 원년 여름 재주에 있을 때 지은 것이다. 촉에서 벼슬을 하다가 모친을 모시고 고향 검중으로 돌아가는 왕판관을 전송하여 지은 시이다.

> 《보주두시》 시에서 "대고께서 아들을 좇아 동쪽으로 돌아간다"고 하였고 또 "파릇파릇 죽순은 배를 맞아 돋아난다"고 하였으니 의당 왕판관이 모친을 모시고 초여름에 돌아갔을 것이다. 검중군은 검주

채방사가 다스리는 곳이다. 옛 편차는 광덕 원년이다.(詩云, 大家東征逐子回, 又云 靑靑竹笋迎船出, 當是王侍母於夏初歸. 黔中郡卽黔州採訪使之所治. 舊次廣德元年.)

《두시상주》에 인용된 고신 주 왕판관은 본래 검양인으로 촉에서 벼슬을 하던 사람인데, 당시 모친을 모시고 돌아가 봉양하고자 하였으므로 이 시를 지어 전송한 것이다.(王判官, 本黔陽人, 而宦於蜀者, 時奉母歸養, 故作詩以送之.)

《두시상주》에 인용된 《당서》 검주 검중군은 강남서도에 속한다. 본래 삼국시대 오국의 검양군이었는데, 북주에는 검주가 되었다가 당 정관 4년에 도독부를 설치하였다.(黔州黔中郡, 屬江南西道, 本三國吳黔陽郡, 周爲黔州, 貞觀四年, 置都督府.)

주 석

1 大家(대고)- 여자에 대한 존칭. '대고大姑'와 같다. 東征(동정)- 동쪽으로 가다. 逐子回(축자회)- 아들을 따라 돌아가다. '逐'을 '將' 혹은 '隨'로 쓴 판본도 있다.

《후한서·열녀전列女傳·반소班昭》 황제가 자주 궁궐로 불러들여 황후와 제 귀인들로 하여금 스승으로 섬기게 하였으며 '대고'라고 불렀다.(帝數召入宮, 令皇后諸貴人師事焉, 號曰大家.)

《두시상주》에 인용된 주학령 주 조대고의 〈동정부〉에 "영초 7년에 나는 아들을 따라 동쪽으로 갔다"는 말이 있다. '축자'는 아들을 따라 간다는 뜻이다.(曺大家東征賦, 維永初之有七兮, 余隨子乎東征. 逐子, 卽隨子義也.)

《두시상주》에 인용된 고신 주 부인에게는 삼종지도가 있는데, 그 하나가 아들을 따르는 것이다. '축'은 '종'의 뜻이다. 양신楊愼은 고악부의 '일모장구추'에 의거하여 '축'을 '장'으로 고치려 했다. '장자'는 아들을 거느린다는 뜻이다. 택주 진총재의 주에서는 〈동정부〉

에 의거하여 응당 '수자'로 써야한다고 했다.(婦人三從, 其一從子. 逐卽從義. 楊用修因古樂府有一母將九雛, 欲改逐爲將. 將子, 領子也. 澤州陳冢宰注, 依賦直當作隨子.)

2 靑靑(청청) 구- 맹종孟宗이라는 효자의 이야기를 빌어 왕판관의 효심을 칭송하였다.

《두시상주》에 인용된 《초국선현전楚國先賢傳》 맹종은 효성이 으뜸이었다. 모친이 죽순을 좋아하였으나 겨울이라 구할 수 없자 숲 속으로 들어가 슬피 호곡하였더니 죽순이 그를 위하여 돋아났다.(孟宗最孝, 母好食筍, 冬月無之, 宗入林中哀號, 筍爲之生.)

3 日日(일일)- 매일. '白白'으로 된 판본도 있다.

《두시상주》에 인용된 《동관한기東觀漢記》 강시는 부인과 함께 품팔이를 하면서 모친을 봉양하였다. 모친이 강물을 즐겨 마시고 물고기회를 좋아하였더니 얼마 후에 집 옆에서 샘물이 솟았는데 물맛이 강물과 같았으며 매일 아침 잉어 두 마리가 나왔다.(姜詩與婦傭作養母, 母好飮江水, 嗜魚鱠, 俄而湧泉舍側, 味如江水, 每旦出雙鯉魚.)

《두시전주》 오증의 《만록漫錄》에서는 '일일'로써 쓰고 있고, 한자창은 '백백'으로 쓰고 있다. 후한 《열녀전》에 "강시의 모친이 물고기회를 좋아하였는데 매일 아침이면 잉어 두 마리가 나왔으므로 항상 그것을 모친의 반찬으로 드렸다"고 했다. '매일 아침'이라 했으니 '일일'이 옳다.(吳曾漫錄作日日. 韓子蒼作白白. 後漢烈女傳, 姜詩母嗜魚鱠, 每旦輒出雙鯉, 常以供母膳. 曰每旦, 則以日日爲是.)

《두시상주》 내 생각에 '일일'로써 '청청'을 대한 것은 바로 차대법이다. 앞의 시 〈우송又送〉에서 '쌍봉적적'과 '만죽청청'이 대를 이루고 있으니, 역시 청과 백으로 짝을 삼는 것에 얽매이지 않았다.(按, 日日對靑靑, 乃借對法. 前詩雙峰寂寂對萬竹靑靑, 亦不拘於靑白作配也.)

《독두심해》 '일일'로 쓴 판본도 있으나 잘못이다.(一作日日, 非.)

4 不堪(불감)- 견딜 수가 없다.

5 艱危(간위)- 힘들고 위태로운 시절. 仗(장)- 의지하다. 濟時才(제시재)- 시절을 구할 재주. 왕판관의 재능을 높이 칭송한 것이다.

6 信使(신사)- 사자. 소식을 전하는 사람.

7 頻頻(빈빈)- '猆煩'으로 된 판본도 있다.

#《두시상주》: 위 4구는 왕판관이 모친을 봉양하러 돌아감이요, 아래 4구는 검중으로 돌아감을 전송한 것이다. 대고가 함께 돌아간다는 것은 (제목의) '부시'를 제기하여 밝힌 것이다. 바람이 물가에 인다는 것은 돌아가는 배의 정경이다. 죽순과 물고기는 배 안에서 모친께 드리는 것이다. 이별에 임하여 시절의 위난을 탄식한 것은 왕판관의 재주가 촉을 구할 수 있기 때문이다. 빈번하게 술잔을 권하는 것은 이별하려 해도 차마 그러하지 못한다는 뜻이다.(上四王歸養, 下四送還黔. 大家同回, 提明扶侍. 風生洲渚, 還舟之景. 竹笋江魚, 舟中供母. 臨別而歎時危, 以其才堪濟蜀也. 頻勸酒杯, 欲別不忍之意.)

《독두심해》: 의미가 대우 천근하다. 오직 3,4구만이 '용사화부추진지법用事化腐推陳之法(진부한 전고를 잘 활용하는 법)'을 가장 잘 얻었다. 살펴보면 단지 경치를 묘사한 것 같으니 매우 기묘하다. 만약 '청청맹순영선출, 백백강어입선래'라고 고쳐 말한다면 전혀 생동하는 맛이 없게 될 것이다. 양신은 '청청'은 절로 좋지만, '백백'은 속됨에 가까우니 동요의 '새하얀 거위 한 무리' 구절과 같다고 말했다. 나는 바로 이 두 글자가 있어 시가 생동감이 있다고 생각한다. 강 물고기가 '새하얗다'고 하면 뛰어오르며 번쩍이는 것이 살아 있는 듯하지만, 거위 무리가 '새하얗다'그 하면 너무 판에 박힌 표현이니 속되다.(意味殊淺, 只三四最得用事化腐推陳之法. 看去但似寫景, 故妙. 若改云, 青青孟笋迎船出, 白白姜魚入饌來, 便了無生趣矣. 楊愼曰, 青青自好, 白白近俗, 有似童謠白白一群鵝之句. 愚謂正好在此兩字活潑. 江魚白白, 跳躍閃爍如生, 群鵝白白, 則呆而俚矣.)

(김성곤)

87. 喜雨

비를 기뻐하다

春旱天地昏[1] 日色赤如血[2] 農事都已休[3] 兵戎況騷屑[4]
巴人困軍須[5] 慟哭厚土熱[6] 滄江夜來雨[7] 眞宰罪一雪[8]
穀根小蘇息[9] 沴氣終不滅[10] 何由見寧歲[11] 解我憂思結[12]
崢嶸羣山雲[13] 交會未斷絶[14] 安得鞭雷公[15] 滂沱洗吳越[16]

봄 가뭄에 천지가 어둡고
햇빛은 피처럼 붉었다.
농사는 다 이미 그만
싸움이 하물며 소란함에랴.

파 땅 사람들 군수물자에 괴로워했고
두터운 대지의 열기에 통곡했는데
창강에 밤 사이 비가 내려서
하늘이 그 죄를 한 번 씻었다.
곡식 뿌리는 조금 살아났으나
재앙의 기운은 끝내 가시지 않는다.
어떻게 하면 편안한 세월을 만나
내 맺힌 시름을 풀까?

여러 산 위의 높다란 구름들
끊임없이 모여드는구나.
어떻게 하면 뇌공을 채찍질해서
주룩주룩 오월 땅을 씻을 수 있을까?

광덕 원년 재주에서 지은 시이다. 오랜 가뭄 끝에 내린 비를 기뻐하면서 더 많은 비가 내려 멀리 절동 지역의 반란까지 잠재울 수 있기를 바라는 내용이다. 저작 연대가 영태 원년, 상원 2년이라는 설도 있다.

《보주두시》 사서를 살펴보건대, "영태 원년 4월 기사일에 봄부터 비가 내리지 않다가 이때가 되어서야 비가 내렸다"라고 하였으니, 마땅히 영태 원년일 것이다. 그런데 양권도는 상원 2년에 편재하였지만 사서에는 이 해에 가뭄이 들었다는 말이 없다. 아울러 창강은 바로 기주 운안을 가리킨다.(按史, 永泰元年四月己巳, 自春不雨, 至是而雨, 當是永泰元年, 而梁權道編在上元二年, 而史不言是年有旱. 兼滄江是指夔州雲安.)

《두시상주》 원주에 "절동에 도적이 많다"는 구절이 있는 것에 의거하여 주학령은 주에서 "《구당서》에 '보응 원년 8월에 태주 사람 원조가 반란을 일으켜 절동의 주와 군을 함락하자, 광덕 원년 4월 이광필이 그를 토벌하였다'고 하였다. 이 시 끝에 보이는 자주의 내용은 바로 원조를 가리킨다. 이때 공은 재주와 낭주 사이에 있었는데, 그 때문에 '파 땅 사람들 군수물자에 괴로워했다'는 구절이 있는 것이다. 여러 판본의 편차는 모두 잘못이다"라고 하였다.(據原注有浙右多盜賊句, 朱注謂, 舊唐書寶應元年八月, 台州人袁晁反, 陷浙東州郡. 廣德元年四月, 李光弼討之. 此詩末自注語, 正指袁晁也. 是時公在梓閬間, 故有巴人困軍須之句. 諸本編次皆失之.)

주 석

1 春旱(춘한) - 봄 가뭄. 天地昏(천지혼) - 천지가 어둡다.

2 日色(일색) - 햇빛. 赤如血(적여혈) - 붉기가 피와 같다. 피처럼 붉다. **《보주두시》에 인용된 조언재 주** 공이 한발이 들 때의 태양이 두려워할 만한 것임을 심하게 말한 것이다. 구주는 전한 하평 원년의 '햇빛이

붉기가 마치 피와 같았다'는 내용을 인용하였다. 살펴보건대, 〈성제본기〉 및 〈천문지〉에 모두 그러한 내용이 없다. 오히려《진서晉書》에 "광희 원년 5월 임진일과 계사일에 햇빛이 사방으로 퍼지는데 붉기가 피가 흐르는 것과 같아서 땅에 비추는 빛이 모두 붉었다. 갑오일에 또 그와 같았다"라고 되어 있다. 구주의 잘못된 인용이 후학을 그르치는 점이 있다.(公極言旱日之可畏. 舊注引前漢河平元年日色赤如血. 按成帝本紀及天文志, 皆無之, 乃晉光熙元年五月壬辰癸巳, 日光四散, 赤如血流, 照地皆赤, 甲午又如之. 舊注妄引, 有誤後學.)

3 已休(이휴) - 이미 쉬게 되다. '已'가 '未'로 된 판본도 있다.

4 兵戎(병융) - 전쟁. 전란. 騷屑(소설) - 어지러움. 동란. 불안한 모습을 뜻하는 말이다.

《두시상주》 '소설'은 불안한 모습이다.(騷屑, 不安貌.)

#《두시상주》: 한발이 들고 전쟁이 일어나는 두 가지 뜻을 아울러 제기하고 있다.(歲旱兵興, 兩意並提.)

5 巴人(파인) - 파 지역 사람들. 파는 파군巴郡, 파동巴東, 파서巴西로, 지금의 사천성 가릉강과 기강綦江 동쪽에 해당한다. 困軍須(곤군수) - 군수로 인하여 곤란을 당하다. '軍須'는 '軍需'와 같은 뜻으로 군중에서 필요한 일체의 물자를 가리킨다.

《보주두시》 황희 주 파인은 마땅히 삼파 사람이다. 그들이 군수물자에 괴로웠다는 것은 엄무가 비록 한 해 걸러 토번을 당구성에서 패퇴시키고 또 염천성에서 토번을 이겼지만 아직 그 군비를 철수하지 않은 것을 말한다.(巴人當是三巴之人. 其困軍須者, 謂嚴武雖隔年敗吐蕃于當狗城, 又克吐蕃鹽川城而未撤其備也.)

《두시경전》 마땅히 토번과의 싸움을 가리킨다.(當指吐蕃之役.)

6 厚土熱(후토열) - 두터운 대지가 뜨겁다. 가뭄으로 대지가 더워진 것을 말한다.

7 滄江(창강) - 강물을 일컫는 보통명사. 강물이 창색滄色, 즉 푸른빛을

띠기 때문에 그렇게 불렀다. 여기서는 재주梓州에 있는 강을 말한다. 혹 기강夔江이라는 설도 있다.

《두시상주》 '창강'은 곧 재주의 강이다. 황학은 기강을 가리킨다고 하였는데 옳지 않다. 임방의 〈유동려〉시에 '창강 길이 여기서 다하였네'라 하였으니 창강은 일반적으로 사용할 수 있는 말임을 알겠다.(滄江, 卽梓州之江, 黃鶴指爲夔江, 非是. 任昉遊桐廬詩, 滄江路窮此, 知滄江可槪用.)

《보주두시》 황희 주 '창강'은 기주 운안을 가리킨다. 살펴보건대 공에게 〈뇌雷〉시가 있는데 '무협을 한밤에 출발하나니, 창강 시월에 우레가 치네'라 하였고 또 '우르릉쾅 초왕의 양대'라 하였으니, 여기에서 창강이 기주의 운안, 즉 기주 지역임을 알겠다.(滄江指夔州雲安而言. 按, 公有雷詩云, 巫峽中宵動, 滄江十月雷. 又云, 霹靂楚王臺, 於以知滄江之爲夔州雲安卽夔之境.)

8 眞宰(진재)- 우주를 주재하는 자. 罪一雪(죄일설)- 죄가 한 번 씻어지다.

9 穀根(곡근)- 곡식의 뿌리. 小蘇息(소소식)- 조금 살아나다. '蘇息'은 소생의 뜻이다. '小'가 '少'로된 판본도 있다.

10 沴氣(여기)- 재해를 일으키는 나쁜 기운.

《구가집주두시》 조언재 주 '여기'는 음양이 잘못 섞인 기운이다. '沴'의 음은 '려'이다. 《장자》에 "음양의 기운에 '려'가 있다"라 하였다.(沴氣, 陰陽錯謬之氣也. 沴音戾. 莊子曰, 陰陽之氣有沴.)

11 寧歲(영세)- 평안한 세월.

12 憂思(우사)- 우수. 걱정

#《두시상주》: 이 단락은 파 땅 사람들의 곤궁함을 걱정한 것이다. 앞 4구는 오랫동안 가뭄이 들다가 비를 얻은 것을 기뻐한 것이고, 뒤 4구는 전쟁이 아직 멎지 않은 것을 걱정한 것으로 첫 단락에 나누어 응하고 있다. 가뭄이 포악을 일삼는 것, 이는 조물주의 허물인데, 단지

한 차례의 비로도 씻어내기에 충분하다. 공의 시(검문〈劍門〉)에 '내가 장차 조물주에게 죄를 묻겠다'라 하였다.(此憫巴人之困窮. 前四喜久旱得雨, 後四憂兵戈未息, 分應起段. 旱災爲虐, 此造化之罪愆也, 惟一雨足以洗雪之. 公詩, 吾將罪眞宰.)

13 崢嶸(쟁영) - 높은 모양. 群山雲(군산운) - 여러 산들 위에 피어오르는 구름. '羣'이 '東'으로 된 판본도 있다.

14 交會(교회) - 모이다.

《구가집주두시》 조언재 주 '교회'자는 《주례》의 "음과 양이 사귀고, 바람과 비가 모인다는 것에서 합성된 것이다.(交會字, 周禮, 陰陽之所交, 風雨之所會而合成.)

15 雷公(뇌공) - 우레를 치는 신.

《두시상주》 《초학기》에 "《역전》에 '우레소리를 뇌공이라고 한다'라는 기록이 있다"라 하였다.(初學記, 易傳曰, 雷聲曰雷公.)

16 滂沱(방타) - 큰 비가 내리는 모습. 주룩주룩. 洗吳越(세오월) - 오월을 씻다.

〔安得 2구〕

《보주두시》에 인용된 사師씨 주 '천지혼'은 연기와 먼지가 사방에서 일어남을 말한다. '소설'은 불안한 모습이다. 당시 영왕 인이 반란을 일으키니 한중과 오월 사이에 도적들이 그를 틈타 일어나고 파협 사이의 사람들은 물자의 운송에 시달려 원한의 기운이 위로 감응하니 농사철에 그로 인하여 극심한 가뭄이 들었다. 그래서 두보는 뇌공을 채찍질하여 주룩주룩 비가 내리도록 하여 오월지역의 난을 한 차례 씻어내고자 하였다. 오월이 평정되면 사람들이 편안히 살 수 있고 천시가 절로 얻어질 것이니 어찌 가뭄을 걱정하겠는가?(天地昏, 言煙塵四起. 騷屑, 不安貌. 時永王璘反, 漢中吳越之間, 盜賊乘之而起, 巴峽間困於醜輓. 怨氣上感, 農月爲之大旱. 故甫意欲鞭雷公, 滂沱下雨, 一洗吳越之亂. 吳越平, 則人獲安居, 天時自得, 何憂旱乾哉.)

《보주두시》 "구주에서는 '오월'을 영왕 인의 난이라 하였다. 사서를 살펴보건대 영왕 인은 지덕 원년 겨울에 반란을 일으켰는데 공은 이 때에 반군의 진영에 있었으니 파 사람들을 언급할 리가 없다. 마땅히 영태 원년 이 시를 지었을 것이다. 사서에 "4월 기사일에 봄부터 비가 내리지 않다가 이에 이르러서야 비가 내렸다"라고 하였다. 그래서 시에 '춘한'이라 하였다. 7월이 되자 또 오랜 가뭄으로 가까운 신하를 보내서 수감자들의 정상을 살펴보게 하였다고 하였으니, 이 해에는 봄부터 가을까지 가뭄이 많았었다. '세오월'이란 원조가 태주에서 반란을 일으켜 신주, 명주 등을 함락한 뒤 막 처형되었고 흡주 사람이 또 그곳 자사를 죽인 것을 두고 말한다. 이해 봄 공은 엄무의 막부 가운데 있다가 가을에 기주 운안현에 우거하였다.(舊注, 以吳越爲永王璘之亂. 按史, 永王璘至德元年冬反, 而公是時在賊營, 不應及巴人, 當是永泰元年作此. 史云, 四月己巳有春不雨, 至是而雨, 故詩云, 春旱及七月. 又以久旱, 遣近臣錄囚, 則是年自春至秋多旱. 洗吳越者, 謂袁晁自台州反, 陷信明等州, 方伏誅, 而歙州人又殺其刺史, 是年春公在嚴武幕中, 秋寓夔州雲安縣.)

#《두시상주》: 원주에 "이때 절동에 도적이 많았다"라 하였다. 촉 땅 안에서 오월까지 생각이 미쳐 시절에 대한 감개로 결말지었다.(原注, 時浙右多盜賊. 從蜀中想到吳越, 以感時意收結.)

##《독두심해》: 시는 농사와 병사의 두 가지 뜻을 겸하고 있다. 그러나 농사의 뜻은 가볍고, 병사의 뜻은 무거워 어세가 모두 치우쳐 내려가고 있다. 전편이 병사에 대한 통괄적인 이야기이다. 결미는 따로 들은 바를 적은 것이다. '적여혈' 3자가 눈을 부시게 한다. 다만 심한 가뭄을 형용했을 뿐인데 전체의 뜻이 모두 드러난다.(詩兼農事兵事兩意. 然農事意輕, 兵事意重. 語勢俱側下. 通篇兵事統說. 結另誌所聞. 赤如血三字奪目. 但形容亢陽, 而全旨都顯.)

(**이남종**)

88. 述古三首

옛날을 말한 시 3수

赤驥頓長纓[1] 非無萬里姿[2] 悲鳴淚至地 爲問馭者誰[3]
鳳凰從東來[4] 何意復高飛 竹花不結實[5] 念子忍朝饑[6]
古來君臣合[7] 可以物理推 賢人識定分[8] 進退固其宜[9]

긴 끈에 묶여 고생하는 준마
만 리를 달릴 재주 없어서가 아니라네.
슬피 울며 눈물 땅에 쏟고 있으니
위하여 묻노니 말 모는 자 누구인가.
봉황은 동쪽으로부터 와서
무슨 생각에 다시 높이 날아가는가.
대나무꽃 열매 맺지 않으니
그대 아침에 주릴 것을 생각하노라.
예부터 임금과 신하의 만남도
이러한 사물의 이치로 헤아릴 수 있나니
어진 사람은 정해진 분수를 알아
나아가고 물러남이 참으로 마땅하다네.

이 시는 옛날의 일을 서술하여 당시의 일들을 풍자하였다. 주로 인재를 제대로 등용하지 못하는 것과 지나치게 이익만을 탐하는 세태, 그리고 무신만을 중용하여 중흥을 이루지 못하는 것을 지적하였다. 시에서 예로 들고 있는 것은 주로 한대의 인물과 사건이지만, 두보

당시의 일을 풍자하고 있다. 저작 시기는 보응 원년인데 《두시상주》에서는 황학의 설을 인용하면서 광덕 원년이라고 하였는데 잘못인 것으로 보인다.

《보주두시》 시에서 "중흥을 이루는 업을 경륜하는데, 어느 시대에 뛰어난 인재가 없겠는가"라고 하였으니, 마땅히 보응 원년 대종이 즉위한 후에 지은 것이다. 공은 이 때 재주에 있었고, 시의 뜻은 어진 이를 등용하는 것을 위주로 했다.(詩云, 經綸中興業, 何代無良才, 當是寶應元年代宗即位後作. 公時在梓州, 詩意主於任賢耳.)

《두시상주》 황학의 주에서 "이 시는 마땅히 광덕 원년 대종이 즉위한 후에 지은 것이며, 이 때 공은 재주에 있었다"고 하였다. 조차공은 "'술고'라고 하는 것은 옛일을 가져다가 지금을 풍자하는 것이다"라고 하였다.(鶴注, 此當是廣德元年代宗即位後作, 時公在梓州. 趙次公曰, 述古者, 引古事以諷今也.)

주 석

1 赤驥(적기) - 준마. 본래는 주목왕周穆王의 여덟 준마 가운데 하나인데, 후에는 준마를 가리키는 말로 통용되었다. 頓(돈) - 고생하다. 애쓰다. 長纓(장영) - 가슴걸이. 말의 목에 씌우는 가죽 끈이다.

《두시상주》 《목천자전》에서 "우측 곁마는 적기이고 좌측은 백의이다"라고 하였다. '장영'은 말의 가슴걸이이다.(穆天子傳, 右驂赤驥而左白義. 長纓, 馬鞅也.)

2 萬里姿(만리자) - 만 리를 달릴 수 있는 자질.

《두공부초당시전》 '비황'은 신마로서 하루에 만 리를 간다.(飛黃, 神馬, 日行萬里.)

3 爲問(위문) - 위하여 질문하다. 이 구는 말을 모는 사람에 대한 힐난의

뜻이 담겨 있다.

《두시상주》 '위문'은 이를 위하여 묻는 것이다.(爲問, 爲此而問也.)

《두시상주》에 인용된 《전국책》 준마인 '기'가 소금수레를 매고 태항산을 오르는데 땀이 흘러 땅에 쏟아졌다. 비탈에서 미적대며 수레를 메고서 오를 수 없었다. 백락이 이 말을 만나서는 수레에서 내려 어루만지며 슬피 울고 모시옷을 벗어 덮어주었다. '기'가 이에 머리 숙여 콧바람을 불고 머리를 들고 우는 것은 어찌해서인가? 저 말이 백락이 자기를 알아주는 것을 알았기 때문이다.(驥服鹽車上太行, 漉汗灑地, 中阪遷延, 負轅而不能上. 伯樂遭之, 下車攀而哭之, 解紵衣以冪之. 驥於是俯而噴, 仰而鳴者何也. 彼見伯樂之知己也.)

4 東(동) - '天'으로 된 판본도 있다.

《두시상주》에 인용된 《한시외전韓詩外傳》 황제가 즉위하자 봉황이 해를 가리고 내려와 황제의 동원에 머물며 황제의 오동에 모여 황제의 죽실을 먹었다.(黃帝即位, 鳳凰蔽日而至, 止帝東園, 集帝梧桐, 食帝竹實.)

5 竹花(죽화) - 대나무 꽃.

《구가집주두시》 조언재 주 《장자》에 "원추(봉황의 일종)는 오동이 아니면 거하지 않고, 연실이 아니면 먹지 않으며 예천의 물이 아니면 마시지 않았다"고 하였다. 곽상의 주에서 "연실은 죽실인데, 그 빛깔이 명주처럼 희다"고 하였다.(莊子曰, 鵷鶵非梧桐不栖, 非練實不食, 非醴泉不飮. 郭象注, 練實, 竹實也, 其色白如練.)

6 朝饑(조기) - 아침 공복에 느끼는 허기.

7 來(내) - '時'로 된 판본도 있다.

8 定分(정분) - 정해진 분수.

9 退(진퇴) - '用'으로 된 판본도 있다. 固(고) - '因'으로 된 판본도 있다.

《구가집주두시》 큰 신하는 도로써 군주를 섬기는데, 가하면 나아가고 불가하면 자신의 몸을 지켜 물러난다.(大臣以道事君, 可則進, 否則奉身以退.)

〔古來 4구〕

《두시경전》 마지막 4구에서 시의 본의에 들어갔다. 윗사람을 책망하지 않으면서 분수에 만족해하는 것으로 충후한 도이다.(末四入正意, 不責上而安分, 忠厚之道也.)

#《두시상주》: 이 시는 어진 선비가 때를 만나지 못함을 슬퍼한 것이다. 조언재의 주에 "숙종이 처음 즉위하여 이필, 장호, 방관 등 여러 어진 인재를 등용했는데, 후에 혹은 파면되고 혹은 배척되었으며 혹은 귀은하였으니 군신 간의 친분이 끝까지 가지 못하였다. 그래서 준마는 잘 모는 사람이 아니면 줄에 묶여 고생하고 봉황은 죽실이 없으면 곧 날아간다고 하였다. 군신의 만남이 이처럼 어려운 것이니 현명한 자들이 진퇴의 도리에 밝지 않을 수가 있겠는가.(此傷賢士不遇也. 趙次公注, 肅宗初立, 任用李泌, 張鎬, 房琯諸賢, 其後或罷或斥或歸隱, 君臣之分不終, 故言驥非善馭則頓纓, 鳳無竹實則飛去, 君臣遇合其難如此, 賢者可不明於進退之義乎.)

《구가집주두시》 조언재 주: 4구로써 한 편의 뜻을 결론짓고 있다. 준마는 잘 모는 사람이 없기에 줄에 묶여 고생하고, 봉황은 죽실이 없어 날아가버린다는 것은 참으로 현명한 사람의 진퇴의 도리이다.(四句以結一篇之義. 驥以無善馭而頓纓, 鳳以無竹實而飛去, 實賢者進退之義也.)

《보주두시》에 인용된 사고 주: 준마는 만 리를 달릴 수 있는 능력이 있지만 제대로 된 사람이 몰지 않으면 반드시 긴 줄에 묶여 고생을 한다. 봉황은 세상에 조응하는 상서로움을 지니고 있는데, 대나무 꽃이 열매를 맺지 않으면 반드시 굶주림에 시달린다. 이는 군자가 어진 임금을 만나지 못하면 그 녹을 제대로 먹지 못하는 것을 비유한 것이다. 옛날부터 군신의 만남은 이러한 사물의 이치로써 알 수 있다. 그러므로 어진 사람은 예로써 나아가고 의로써 물러나며, 정해진 명운의 소재를 알아 구차하게 임금의 총애를 욕심내지 않으니 어찌 준마와 봉황이 매임과 주림 달가워하는 것과 견줄 수 있는 일이 아니겠는가.(驥有萬里之姿, 御非其人, 則必困頓於長纓. 鳳有應世之瑞, 竹花不實, 則必困於飢餒, 譬君子不逢賢聖之君, 不食其祿. 古來君臣遇合, 可以物理知之. 是以賢人進以禮, 退以義, 知分命之所在, 不苟於貪冒寵榮, 豈非驥鳳甘於困頓飢餒之比乎.)

《독두심해》: 내가 살펴보건대 "말 모는 자 누구인지 물어보네"가 이 편의 핵심이다. 두 가지 비유를 잇달아 사용하고 있는데, 시의 주제를 앞 비유의 끝부분에서 드러내고 엇섞어 옛일로 들어갔다. 뒤의 4구에서는 시의 본의를 드러내고 있는데, 윗사람을 책망하지 않으면서 분수에 만족하고 도를 갖춘 자의 말이다.(愚按, 爲問馭者誰, 篇之主. 連用兩喩, 而主意逗在前喩之末, 錯綜入古. 後四露正意, 不責上而安分有道之言.)

《두억》: 옛일을 말하여 지금은 그렇지 않은 것을 아파하였다. 첫 번째 수는 신하는 있으나 임금이 없는 것을 아파한 것이다. 임금이 어진 이를 등용할 수 있어야 그런 연후에 어진 이가 등용된다. 그렇지 않으면 발을 멈추고 물러나는 것이니, 준마와 봉황을 빌려 펼쳐내었다.(述古, 以傷今之不然也. 其一, 傷有臣而無君. 君能用賢, 然後賢爲之用, 不然則裹足而退矣, 故借驥鳳以發之.)

其二

市人日中集[1] 於利競錐刀[2] 置膏烈火上[3] 哀哀自煎熬[4]
農人望歲稔[5] 相率除蓬蒿[6] 所務穀爲本[7] 邪赢無乃勞[8]
舜擧十六相[9] 身尊道何高 秦時任商鞅[10] 法令如牛毛[11]

시장 사람들 한낮에 모여
이익이라면 작은 칼만큼을 두고서도 다투지.
기름을 뜨거운 불 위에 올려놓은 듯
슬프게도 스스로를 태우고 있구나.
농부들은 풍성한 수확을 기대하며
서로 이끌며 잡초를 제거한다.
힘쓸 바는 곡식이 근본이 되고
속임수로 이익을 구하는 것은 헛된 수고가 아니겠는가.
순임금은 열여섯 재상을 등용하여
몸이 존귀해졌으니 그 방법 얼마나 고상한가.
진나라 때는 상앙에게 맡겨
법령이 소의 털처럼 번다했었지.

주석

1 市人(시인)- 시장 사람. 혹은 성에 거주하는 평민. 日中(일중)- 정오.
《두시상주》에 인용된 《역》 한낮에 시장을 열다.(日中爲市.)

2 錐刀(추도)- 작은 칼. 작은 이익을 비유한다.
《두공부초당시전》 '추'는 이익이 미세한 것이다.(錐, 利之微細也.)

3 置膏(치고)- 기름을 두다. 烈火(열화)- 뜨거운 불.
《구가집주두시》 조언재 주 사람들이 이익을 다투는 것이 마치 기름과 불이 스스로를 태우는 것과 같다.(人之爭利, 如膏火自煎.)

4 哀哀(애애)- 슬픈 모양. 煎熬(전오)- 달이고 볶다.

〔置膏 2구〕
《두시상주》 이익을 도모하는데 급급한 것이 마치 기름과 불이 서로 태우는 것과 같기에 아래에서 "속임수로 이익을 구하는 것은 헛된 수고가 아니겠는가"라고 하였다.(汲汲營利, 猶膏火相煎, 故下云邪贏無乃勞.)

5 歲稔(세임) - 풍성한 한 해의 수확.

6 蓬蒿(봉호) - 쑥. 여기서는 일반적인 잡초를 가리킨다.

7 穀(곡) - '農'으로 된 판본도 있다.

8 邪贏(사영) - 속임수로 이익을 추구하다. 상업에 종사하는 것을 가리킨다. 無乃勞(무내로) - 헛된 수고가 아니겠는가.

《두시상주》 《서경부》에서 "무엇하러 수고로운 일에 힘쓰는가. 속임수로 이익을 구하면 넉넉하고 믿음직한데"라고 하였는데, 설종의 주에서 "'혼'은 힘쓰는 것이고, '사'는 거짓된 것이며 '우'는 넉넉한 것이다"라고 하였다.(西京賦, 何必昏於作勞, 邪贏優而足恃. 薛綜注, 昏, 勉也. 邪, 僞也. 優, 饒也.)

《구가집주두시》 조언재 주 농부들만이 오로지 근본에 힘써 농사를 지으니, 시장 사람들이 열심히 이익을 추구하는 것은 헛된 일임을 지적한 것이다. 장형의《서경부》에서 "무엇하러 수고로운 일에 힘쓰는가. 속임수로 이익을 구하면 넉넉하고 믿음직한 것을"이라고 하였는데, 주에서 "'혼'은 힘쓰는 것이고, '사'는 거짓된 것이며 '우'는 넉넉한 것이다"라고 하였다. 무엇하러 힘쓰며 수고하는 일을 맡는가, 속임수를 쓰면 저절로 이익이 남고 넉넉하여 믿을 만하다. 장형의 부에서는 시장의 이익을 미화하는 것을 위주로 하였기에 농부의 농사짓는 수고를 비하하였다. 지금 시에서는 근본에 힘쓰는 것을 위주로 하였기에 장형의 표현을 뒤집어 사용하여 "속임수로 이익을 구하는 것은 헛된 수고가 아니겠는가"라고 하였다.(農人專在務本種穀, 故指市人之孳孳爲利爲勞矣. 張衡西京賦云, 何必昏於作勞, 邪贏優而足恃. 注云, 昏, 勉也, 邪, 僞也, 優, 饒也. 何必當勉力作勤勞之事乎. 欺爲之事自餘贏豐饒足恃也. 當衡作賦, 以美市利爲主, 故鄙農夫種田之勞.

今詩以務本爲主，故翻用衡賦，邪贏無乃勞也.)

9 十六相(십륙상) - 16명의 재상. 순임금이 요임금에게 추천했던 인재들이다. 후에 큰 업적을 쌓아 성씨를 하사받았기에 '16족'이라고도 한다.

《구가집주두시》에 인용된 《좌전·문공 18년》 예전 고양씨에게 재주 있는 사람 8명이 있었는데 천하 사람들이 '팔개'라고 불렀다. 고신씨에게도 8명의 재자가 있었는데 천하 사람들이 '팔원'이라고 불렀다. 이들이 16족이다. 요임금은 등용할 수 없었는데 순임금은 그들을 천거하였기에 천하 사람들이 모두 한마음으로 순을 천자로 추대하였다. 이는 그가 16명의 재상을 천거하였기 때문이다.(文十八年傳，昔高陽氏有才子八人，天下之人謂之八愷. 高辛氏有才子八人，天下之人謂之八元. 此十六族也. 堯不能擧而舜擧之，天下如一同心，戴舜以爲天子，以其擧十六相故也.)

10 商鞅(상앙) - 춘추전국시대 진나라의 정치가. 법가를 신봉하여 엄한 법령을 시행하였다.

《두시상주》에 인용된 《사기》 상앙은 위나라의 서공자로 진나라의 재상을 지냈으며 상군에 봉해졌다. 천성이 각박하고 모질었으며 진나라의 법령을 바꾸어 소의 털처럼 조밀하게 하였다. 종실과 귀족들 가운데 원망하는 사람이 많았다. 후에 상앙의 집안을 멸족시켰다.(商鞅，衛之庶公子，相秦，封商君，天資刻薄少恩，變秦法令，密如牛毛，宗室貴戚多怨望者. 後滅商鞅之家.)

11 牛毛(우모) - 소의 털. 번다하게 많은 것을 비유한다.

《구가집주두시》 조언재 주 소의 털과 같다는 것은 그것이 많은 것을 말한다.(如牛毛者，言其多也.)

〔舜擧 4구〕

《구가집주두시》 조언재 주 정치의 근본은 사람을 쓰는데 있으니, 나라를 다스리는 사람은 근본을 아는 것을 귀하게 여긴다. 상업은 이익을 업으로 삼으니, 지극히 작은 것이며 근본이 되는 것은 아니다. 농사는 기르는 것을 업으로 삼으로 그런대로 근본에 가깝다. 그렇지만 곡식을 근본으로 삼는 것이 급선무는 아니니 맹자가 요순의 도를 펼쳐서 허행과 진상을 깨우친 것이다. 대개 곡식에 힘쓰는 것은 농사의 근본이며, 사람에 힘쓰는 것은 정치의 근본이다. 제대로 된 인재를 얻으면 잘 다스려지니 순임금 때의 16명의 재상이 바로 그것이다. 제대로 된 사람을 얻지 못하면 어지러워지니 진나라에서 상앙을 등용한 것이 바로 그것이다. 당 현종 초에 요숭姚崇과 송경宋璟을 등용한 것이 앞의 경우와 같고, 마지막에 이임보와 양국충을 등용한 것이 뒤의 경우와 같은 것이다. 이것이 그 징험이라고 하겠다.…… 대저 사람을 등용하는 것은 군주이니 어찌 장사나 농사와 더불어 우열을 따질 수 있겠는가. 이 시는 다만 상업으로 상앙을 비유하고 농사로 16명의 재상을 비유했을 따름이다. 식자들은 마땅히 이것을 잘 살펴야 한다.(治亂之本在任人, 故爲國者貴知本. 商以利爲業, 甚末爾, 非本也. 農以稼爲業, 差似近本. 然以穀爲本非先務, 故孟子陳堯舜之道以闢許行陳相, 蓋務穀者農之本, 務人者治之本. 得其人則治, 如舜之擧十六相是也, 非其人則亂, 如秦任商鞅是也. 明皇初用姚宋, 猶前, 終用林甫國忠, 猶後. 此其驗也.……夫任人者, 君也, 豈可與商農爲甲乙哉. 此詩止是以商比商鞅, 以農比十六相耳, 識者宜審之.)

#《두시상주》: 이 수는 당시에 재정을 다스리던 자들을 풍자한 것이다. 장사는 이익을 다투는 것이고 농사는 곡식을 심는 것이니, 이것이 근본과 말단의 구분이다. 순임금은 현자를 들어 치세를 이루었으니 근본이 되는 계책을 안 것이다. 진나라는 가혹한 법으로 백성을 수탈하였으니 다만 말단만을 따랐을 뿐이다. 나라를 다스리는 자들이 어찌하여 이러한 사실을 거울삼을 줄 모르는가. 위의 두 단락은 또한 도입부에 해당하며, 본의는 결말에 있다. 주학령 주에서 "이 때 제오기, 유안이 모두 재상으로서 탁지 염철사를 맡고 있었는데 징세가 여러 방면에서 나왔고 그 이익은 작은 칼만큼도 모두 구하였으니 정치의 도가

근본을 도탑게 하고 말단을 누르는 것에 있다고 하였던 것이다"라고 하였다. 노원창 주에서 "보응 연간에 원재가 유안을 대신하여 재무를 전담하였는데 호적에 의거하여 8년 간 토지세와 호구세를 내지 않았던 자들에게 그 대략적인 수를 계산하여 그 소유에 세금을 부구하였으니 이를 '백착'이라고 하였다"고 하였다. 그러므로 시에서 말하는 상앙은 유안과 제오기를 전적으로 가리키는 것이 아니다.(此諷當時理財者. 市爭利, 農藝穀, 此本末之辯. 舜擧賢致治, 知本計也. 秦苛法斂民, 但趨末耳. 謀國者奈何不知鑒哉. 上兩段亦屬引端, 正意在結末. 朱注, 是時第五琦, 劉晏, 皆以宰相領度支鹽鐵使, 榷稅四出, 利悉錐刀, 故言爲治之道, 在乎敦本而抑末. 盧注, 寶應間, 元載代劉晏, 專判財利, 按籍擧八年租調之逋負者, 計其大數, 籍其所有, 謂之白著. 故曰商鞅不專指劉晏第五琦也.)

《구가집주두시》 조언재 주: 시정의 이익으로 상앙이 말단에 힘쓰는 것을 비유하였고, 경농의 이익으로 '8원과 8개'가 근본에 힘쓰는 것을 비유하였다. (市井之利, 以譬商鞅之任末也. 耕農之利, 以譬元凱之務本也.)

《보주두시》 사고 주: 예전에는 근본에 힘쓰고 말단을 물리쳤는데, 시장 사람들은 송곳 같이 작은 이익도 다투어서 마치 기름을 불 위에 올려놓은 듯 스스로 지지고 볶는다. 현종 때 이권을 챙기는 온갖 방법이 생겨서 세금을 걷는 관리들이 백성들의 고혈을 짜내었으니 이로부터 이익을 가지고 정치를 하면 어지럽게 되지 않은 적이 없었음을 알 수 있다. 우와 후직은 몸소 농사를 지으며 천하를 차지하였으니 농사에 힘쓰고 곡식을 중시하는 것을 나라를 다스리는 근본이 된다. 순은 16명의 재상을 천거하여 오로지 어진 사람을 가까이하는 것을 급하게 여겼다. 어진 사람이 등용되면 백성들은 그 생업을 편안히 여기게 되고, 백성들이 생업을 편안히 여기게 되면 몸은 존귀해지고 도가 고상해져서 무위의 정치를 끝내 누리게 되는 것이다. 저 진시황은 상앙에게 정치를 맡겨 정전의 제도를 파괴하고 사람의 머릿수를 기준으로 키로 긁듯이 세금을 거두니 백성들이 명령을 감당할 수 없었다. 비록 소의 털처럼 많은 법령을 지니고 있더라도 어찌 사람들이 난리를 일으키지 않도록 금할 수가 있겠는가. 두보의 의도는 근본에 힘쓰며 각종 요역과 세금은 가볍게 하고자 하는 것으로, 이렇게 한다면 천하도 가히 다스릴 수 있다.(古者敦本而抑末, 市人競錐刀之利, 如置膏火上, 自取煎熬. 玄宗之時, 利孔百出, 聚斂之臣削民膏血, 是知以利爲政, 未有不爲亂也. 禹稷躬稼而有天下, 則務農重穀爲國之本. 舜擧十六相, 惟急親賢, 賢人用則民安其業, 民安其業, 身尊而道高, 終享無爲之治. 彼始皇任商鞅, 壞井田之制, 頭會箕斂, 民不堪命, 雖法令之密如牛毛, 然果安能禁人之不爲亂乎. 甫意欲敦本輕徭薄賦, 此天下可得而治也.)

《두억》: 두 번째 수는 다스림을 도모하는 일은 재상을 선택하는데 있음을 말하고 있다. 어진 사람에게 재상을 맡기면 덕을 숭상하여 천하가 잘 다스려지지만, 어질지 못한 사람에게 재상을 맡기면 형벌에 의지하여 천하가 어지러워지니 이것이 근본과 말단의 차이이다. 시장 사람들은 이익을 추구하고 농부들은 근본에 힘쓰기에 이 두 가지 실마리를 빌어서 시상을 펼쳤다.(其二, 言圖治在於擇相. 相賢則尙德而天下治, 相不賢則任刑而天下亂, 本末之辨也. 市人逐末, 農人務本, 故借二端以發之.)

《독두심해》: 이익을 풍자한 것이 곡진하다. 대신들이 이익만을 오로지 추구하면 정체를 잃어버리고 백성들은 병들게 된다.……살펴보건대 처음에 '시장 사람'으로써 비하하였고, 이어서 '스스로 볶는' 것으로 두렵게 하였으며 또한 '몸이 존귀해지는' 것으로 추천하였고 끝에는 진나라의 법으로 비교하였다. 국가를 가진 자들이면 가히 깨달을 수 있을 것이다.(刺利盡也. 大臣專利, 政體失而民病矣.……愚按, 首以市人鄙之, 繼以自煎惕之, 又以身尊推之, 終以秦法擬之. 有國家者, 可以悟矣.)

其三

漢光得天下[1]　祚永固有開　豈惟高祖聖　功自蕭曹來[2]
經綸中興業　何代無長才　吾慕寇鄧勛[3]　濟時信良哉[4]
耿賈亦宗臣[5]　羽翼共徘徊[6]　休運終四百[7]　圖畫在雲臺[8]

한 광무제 천하를 얻으니
복이 영원한 것 진실로 처음 연 사람이 있었지.
어찌 한 고조만이 위대해서였겠는가.
공은 소하와 조참에게서 온 것이지.
중흥의 업을 경륜하는데
어느 시대인들 뛰어난 인재가 없겠는가.
나는 구순과 등우의 업적을 사모하노니
시대를 건지는데 진실로 뛰어났도다.
경엄과 가복 또한 종신이었으니
임금을 보좌하여 함께 돌아다녔지.
큰 운이 끝내 4백 년을 갔는데
공신들의 초상화가 운대에 걸려 있었네.

주석

1 漢光(한광) - 한 광무제.

2 蕭曹(소조) - 소하와 조참.
《두시상주》에 인용된 《한서》 소하와 조참은 문서를 담당하던 하급관리에서 일대의 종신이 되었다.(蕭何曹參, 起刀筆吏, 爲一代宗臣.)

〔漢光 4구〕

《보주두시》 황희 주 숙종이 중흥하여 이보국을 임명하였는데 그로 인하여 어두어져서 부자지간의 윤리에서도 또한 어그러짐이 있었다. 이제 대종이 즉위하였기에 마땅히 어진 재상을 등용하여 더불어 중흥의 위업을 경륜해야 하기에 한대 광무제를 들어 비유한 것이다.(肅宗中興, 以任李輔國, 而爲其昏蔽, 故於父子之倫, 且有所虧. 則代宗之立, 正宜任賢相, 與經綸中興之業, 所以舉漢光武以爲喩.)

3 寇鄧(구등) - 구순寇恂과 등우鄧禹. 동한 중흥의 명신이다.

《두시경전》 '구등'은 구순과 등우를 말한다.(寇鄧, 謂寇恂鄧禹.)

4 信(신) - '亦'으로 된 판본도 있다.

5 耿賈(경가) - 경엄耿弇과 가복賈復. 동한의 명장이다.

《두시경전》 '경가'는 경엄과 가복을 말한다.(耿賈謂耿弇賈復.)

6 羽翼(우익) - 보좌하는 사람. 여기서는 군주를 도와 중흥을 도모하는 신하를 가리킨다.

7 四百(사백) - 한대 400년의 통치 기간을 가리킨다.

8 雲臺(운대) - 한대 궁궐의 누대. 한 명제가 전대의 공신들을 기념하여 28인의 신하들의 초상을 그려 넣었다.

《두시상주》에 인용된 《동관한기東觀漢記》 현종(한 명제)이 전대의 공신을 추모하여 남궁 운대에 28명의 장수의 초상을 그려 넣었다.(顯宗追感前世功臣, 圖畫二十八將於南宮雲臺.)

#《두시상주》: 이 수는 중흥의 여러 장수들을 생각한 것이다. 광무제의 중흥을 논하다가 한고조의 인재로 거슬러 올라갔고 태종의 창업 명신들을 생각하였다. 구순, 등우, 경엄, 가복을 끌어다가 숙종이 회복하는데 도움을 준 여러 장수들을 비유하였다. 그렇지만 예전에는 운대에 초상화가 그려져 살아서는 작위와 복록을 누리고 죽어서는 아름다운 이름을 남겼는데, 지금은 공신들을 의심하고 질투하여 이광필과 곽자

의 같은 충신들도 오히려 참언과 나무람을 두려워하니 한대의 일을 빌려서 당대를 풍자한 것이다.《두억》에서 "고조가 창업하는데 소하는 백성을 길러 현명한 이들을 불렀고 조참은 성을 공격하고 땅을 빼앗는데 공을 세웠다. 광무제가 중흥을 하는데 있어 구순과 등우는 소하의 역할을 맡았다면 경엄과 가복은 전공으로써 그를 보필했으니 조참과 흡사하다"고 하였다. 이것은 문과 무를 병용해야한다는 뜻을 보인 것이다.(此念中興諸將也. 論光武中興, 而推本高祖人才, 思太宗創業名臣也. 其引寇鄧耿賈, 比肅宗恢復諸將, 但昔則圖畫雲臺, 生享爵祿, 而沒垂令名, 今則功臣疑忌, 忠如李郭, 尚憂讒畏譏, 故借漢事以諷唐. 杜臆, 高祖創業, 蕭何養民以致賢, 曹參有攻城略地之功. 及光武中興, 有寇鄧以當蕭何, 而耿賈以戰功羽翼之, 猶之曹參也. 此見文武並用之意.)

《구가집주두시》 조언재 주: 이 수의 대의는 중흥하려는 자는 반드시 그 사람을 얻어야한다는 것을 말했을 따름이다.(此篇大意, 言中興者必得其人耳.)

《보주두시》: 사고가 말하기를 "숙종의 중흥은 또한 광무제의 경우와 비슷하지만 어찌하여 여러 장수들이 공을 구하여 도적들을 기르고 스스로 자봉하는가? 그들이 구순, 등우, 경엄, 가복 같은 공신과는 (그 차이가) 아득하도다"라고 하였다. 두보는 숙종이 인재를 부릴 방책이 없음을 가슴 아파하여 이 시를 지은 것이다.(師曰, 肅宗中興, 是亦光武之倫, 奈何諸將邀功養冦以自封, 其與冦鄧耿賈輩, 遠矣. 甫意傷肅宗無駕御英豪之策, 而作是詩也.)

《독두심해》: 당시의 군주에게 공신들을 후대할 것을 권하였다.…… 살펴보건대 먼저 한 광무제를 거론한 것은 그 뜻이 수도를 수복한 여러 장수들에게 있는 것이다. 그리고 고조를 그 사이에 집어넣어 다시 중흥과 연결시킨 것은 문기가 끊어졌다 이어진 것이 아니다. 한 광무제를 언급하며 단지 복록의 장구함에 비롯됨이 있다고 하였고 아직 공신들을 구체적으로 지적하지는 않았다. 공신은 나라를 연다는 것에서 드러났으니 창업에서도 또한 그들의 힘을 입은 것을 보였으니 하물며 중흥의 경우에 있어서랴. 논의도 이미 근본적인 문제를 탐색했을 뿐만 아니라, 그 표현도 또한 단조롭지는 않다. 결말에서 큰 운을 언급하였으니 이는 여전히 '조영'과 호응하면서 가장 군주들의 마음을 사로잡는 방법을 얻었다.(勸時君厚勳臣也.……愚按, 首提漢光, 意在收京諸將矣. 而間以高祖, 再接中興者, 非文氣斷續也. 提漢光, 祇言祚永有自, 尙未實拈功臣. 功臣就開國上擡出. 見創業且賴之, 況中興乎. 論旣探本, 筆復不平. 結到休運, 仍應祚永, 最得欣動人主之道.)

(**박홍준**)

89. 陪章留後惠義寺餞嘉州崔都督赴州

장유후를 모시고 혜의사에서 고을로 가는 가주 최도독을 전송하다

中軍待上客[1] 令肅事有恒[2] 前驅入寶地[3] 祖帳飄金繩[4]
南陌旣留歡[5] 茲山亦深登[6] 淸聞樹杪磬[7] 遠謁雲端僧[8]
迴策匪新岸[9] 所攀仍舊藤[10] 耳激洞門飆[11] 目存寒谷冰[12]
出塵閟軌躅[13] 畢景遺炎蒸[14] 永願坐長夏[15] 將衰棲大乘[16]
羇旅惜宴會[17] 艱難懷友朋[18] 勞生共幾何[19] 離恨兼相仍[20]

중군이 높은 손을 모셔
호령이 엄숙하고 일에 법도 있도다.
앞길 여는 사람 보배로운 땅에 들어가니
전별연 장막에 금줄이 나부낀다.

남녘 두덕에 머물러 즐거웠거니와
이 산에 또 깊이 오르노라.
나뭇가지 너머로 경 소리 맑게 듣고
구름 끝 스님 멀리서 뵙는다.
채찍 휘두르니 새 언덕이 아니요,
잡은 것 다시 옛 등나무로다.
귀에 동굴 바람이 부딪치고
눈에 찬 골짜기 얼음이 든다.

홍진 떠나 수레바퀴 자국 끊기고
해 져서 찌는 더위 사라진다.

길이 바라거니 긴 여름 앉아서
늙으매 대승에 깃들고자 하노라.
떠돌매 연회를 아끼고
간난에 벗들 그리노라.
힘든 삶 모두 얼마나 될까
여의는 슬픔조차 거듭 이으니.

장유후를 따라 혜의사에서 가주로 가는 최도독을 전송하며 지었다. 광덕 원년 여름에 지었다. 당 중엽 후 번진이 점점 커져서 절도사에게 사고가 있을 때 종종 자제나 측근에게 직무를 대행하게 하였다. 이를 절도유후 또는 관찰유후라고 불렀다. 장유후는 재주자사 장이章彝이다.

《보주두시》 살펴보건대 당나라 절도에게는 유후가 있었다. 장경 4년에 유후를 비로소 지원관이라고 바꾸었다. 또《당서·지리지》에 가주는 당나라 때 검남의 중군으로서 수주, 여주, 치주, 융주, 송주와 달리 도독에 열입되지는 않았지만,《구역지》에 가주는 당나라의 중도독이라고 하였으니 이 시의 제목과 부합한다.《당서·지리지》가 잘못임이 분명하다. 공은 보응 원년에 재주에 이르기는 하였으나 가을과 겨울 사이였다. 이 시에 "해 져서 찌는 더위 사라진다", "길이 바라거니 긴 여름 앉아서"라고 하였으니 광덕 원년 작품임이 분명하다. 공은 보응 원년 가을부터 성도로 돌아가 재주로 가족을 맞아들였고, 다음해 가을에 이르러 비로소 낭주로 가서 방관房琯을 제사 지냈다. 노은의 연보에도 이 해에 있었다고 여겼으며, 오직 양권도만 보응 원년에 편차하였다.(按唐節度有留後. 長慶四年, 留後始改爲知院官. 又唐志, 嘉州在唐爲劍南中郡, 不與巂黎稚戎松列

都督, 而九域志云, 嘉州唐中都督, 與此詩題合, 當是志誤. 公寶應元年, 雖至梓州而在秋冬間, 此詩云, 永願坐長夜, 畢景遺炎蒸, 當是廣德元年作. 蓋公自寶應元年秋歸成都迎家于梓, 至次年秋方往閬祭房相國. 魯訔年譜亦以爲在今年, 獨梁權道編在寶應元年.)

《두시상주》 황학의 주에 혜의사는 재주에 있으니 이 시는 광덕 원년 여름 재주에서 지었음이 분명하다고 하였다. 장유후는 바로 장이이다. 두우杜佑의 《통전》에 절도사가 조근하면 유후를 두고 적임자를 골라 맡긴다고 하였다. 《신당서》에 가주 미산군은 검남동도에 속한다고 하였다. 《구당서》에 건원 원년 검남절도사 노원유가 청하여 가주를 중도독으로 승격시켰다가 곧 그만두었다고 하였다. (鶴注, 惠義寺在梓州, 此當是廣德元年夏梓州作. 章留後卽章彝. 杜氏通典, 節度使若朝覲, 則置留後, 擇其人以任之. 唐書, 嘉州眉山郡屬劍南東道. 舊書, 乾元元年劍南節度使盧元裕, 請升嘉州爲中都督, 尋罷.)

《독두심해》 절은 재주 북산에 있다.(寺在梓州北山.)

《두시경전》 장유후는 재주자사 장이이다. 엄무가 조정으로 돌아간 뒤 서천절도사는 고적이 대리하고, 동천절도사는 비워 두고, 장이를 유후로 삼았다.(章留後, 梓州刺史章彝也. 嚴武還朝後, 西川節度高適代之, 東川節度虛懸, 以章彝爲留後.)

주 석

1 中軍(중군) - 주장主將, 지휘부. 장유후를 가리킨다. 上客(상객) - 귀한 손. 최도독을 가리킨다.

2 令肅(영숙) - 호령이 엄숙하다. 恒(항) - 규율. 법칙.

〔中軍 2구〕

《구가집주두시》 조언재 주 '중군'으로 장유후를 가리키고, '상객'으로 최도독을 가리킨다. 《좌전》에서 아무개 '중군'이라고 하면 모두 주장主將을 말하는 것이다. 육국에서는 소진과 장의를 '상객'이라고 불렀다. '영숙사유항'은 장유후의 호령이 엄숙하고 일에 법도가 있음을 말한다.(中軍以指章留後, 上客以指崔都督. 左傳凡言某人中軍則以言主將也. 六國呼蘇秦張儀爲上客. 令肅事有恒, 言章留後號令嚴肅而事有定式.)

3 前驅(전구)- 전도前導. 앞에서 길을 인도하는 사람. 寶地(보지)- 귀중한 땅. 혜의사를 가리킨다.

《보주두시》에 인용된 왕수 주 현령이 쇠뇌를 지고 앞에서 길을 인도한다.(縣令負弩前驅.)

4 祖帳(조장)- 멀리 가는 사람을 보낼 때 교외에서 전별하기 위해 치는 장막. 전별연을 가리키기도 한다. 金繩(금승)- 금줄. 불경에 이구국離垢國에서는 황금 끈으로 경계를 나눈다고 하였다. '금승'은 불세계를 뜻한다. 여기서는 이를 빌어 절에서 전별연을 베풂을 말한다. 이 구는 전별연 장막이 금줄에 나부끼다, 또는 전별연 장막에 금줄이 나부끼다라고 볼 수 있다.

〔前驅 2구〕

《구가집주두시》 조언재 주 전별연을 조도라고 하니 '조'는 제사 이름이다.《한서·소광전》에 벗과 동향들이 그를 위하여 전별연을 열고 장막을 제공하였다고 하였다. 불사는 부처의 거처로 칠보로 땅을 삼는다.(餞席謂之祖道. 祖蓋祭名也. 前漢疏廣傳, 故人邑子爲張祖道供帳. 佛寺, 佛居以七寶爲地.)

#《두시상주》: 첫 단락은 전송하는 일을 서술하였다. '중군'은 장유후를 가리키고, '상객'은 최도독을 가리킨다. 명령은 엄숙하고 일은 정해졌다 함은 연석 설치에 대해 한 말이다. '보지'와 '금승'은 혜의사에 잘 어울린다.(首段敘餞送之事. 中軍指章, 上客指崔. 令嚴事定, 就設席言. 寶地金繩, 切惠義寺.)

5 南陌(남맥)- 남쪽 길, 둔덕. '陌'은 '伯'으로 된 판본도 있다.

《두시상주》에 인용된 장원張遠 주 '남맥'은 절 앞 전별연석을 설치한 곳이다.(南陌乃寺前設祖處.)

6 茲山(자산) - 혜의사가 있는 산.

《구가집주두시》 조언재 주 혜의사는 재주의 남쪽에 있으므로 남맥에서 머물러 즐거운 잔치를 열고, 다시 이 산을 올랐다.(惠義寺在梓州之南, 故於南陌留爲歡宴而復登此山也.)

7 樹杪磬(수초경) - 나뭇가지 사이로 보이는 풍경風磬.

8 雲端僧(운단승) - 구름 속의 스님. 혜의사가 산 높은 곳에 있으므로 이렇게 말하였다.

9 迴策(회책) - 채찍을 휘두르다. '책'은 지팡이로 보기도 한다. 匪新岸(비신안) - 초행이 아님을 말한다. '신안'은 새로 보는 언덕. 또는 장유후의 행차를 위해 새로 닦은 길로 보기도 한다.

《보주두시》에 인용된 사씨 설 '회책'은 채찍을 휘두른다는 말이다. (回策, 回鞭也.)

10 仍舊藤(잉구등) - '구등'은 전에 산을 오를 때 잡아당겼던 등나무. 옛 등나무를 거듭 당김은 역시 초행이 아님을 말한다.

〔迴策 2구〕

《두시상주》에 인용된 《두억》 공의 혜의사 등정은 시에 보이는 것이 두 번이다. 그러므로 '비신', '잉구'라고 하였다.(公登惠義寺, 見於詩者兩次矣, 故云匪新仍舊.)

11 耳激(이격) - 귀에 부딪치다. 洞門飆(동문표) - 동굴에서 이는 회오리 바람.

12 目存(목존) - 눈에 남다. 寒谷冰(한곡빙) - 차가운 골짜기의 얼음.

#《두시상주》: 이 단락은 산 위에서 유람하는 광경이다. 위 4구는 등산으로 지경이 높음을 말한다. 아래 4구는 하산으로 기운이 서늘함을 말한

다.(此山上遊覽之景. 上四登山, 言境之高. 下四下山, 言氣之涼.)

13 出塵(출진)- 세속을 벗어나다. 闕軌躅(비궤촉)- 수레바퀴 자국이 멎다. 즉 인적이 없음을 말한다.

《두시상주》 '비궤촉'은 수레바퀴 자국과 사람 자취가 없음을 말한다.(閟軌躅, 無車轍人蹤也.)

《두시경전》 속세의 인적이 이르지 않음을 말한다.(謂塵跡所不至.)

14 畢景(필영)- 해가 지다. 저녁을 말한다. 炎蒸(염증)- 찌는 더위.

《두시상주》 '필영'은 하루 해가 짐을 말한다.(畢景, 謂盡一日之影.)

15 坐長夏(좌장하)- 여름에 좌선하다. 하안거를 하다. '장하'는 낮이 긴 여름을 말한다.

《독두심해》 선가에 '해제'(하안거를 마치다), '휴하'(여름 휴가)라는 말이 있다.(禪家有解制休夏之名.)

16 棲(서)- 의탁하다. 귀의하다. 大乘(대승)- 대승 불교.

《두시상주》 《전등록》에 "돈오하면 내 마음이 바로 부처이니 이를 따라 수도하는 것이 가장 높은 선이다"라고 하였다. 이옹의 〈대승부서〉에 "대승이란 여래의 도량이다. 그러므로 연각과 성문을 소승이라고 한다"고 하였다.(傳燈錄, 若頓悟自心卽佛, 依此而修者, 是最上乘禪. 李顒, 大乘賦序, 大乘者, 如來之道場也. 故緣覺聲聞, 謂之小乘.)

17 羈旅(기려)- 떠돌다. 나그네.

《두시상주》에 인용된 신함광申涵光 설 '기려석연회'는 하나는 정을 아쉬워함이요, 하나는 사물을 아쉬워함이니 오랜 나그네가 아니면 모른다.(羈旅惜宴會, 一是惜情, 一是惜物, 非久客不知.)

18 友朋(우붕)- 붕우. 벗.

19 勞生(노생)- 괴로운 삶.

20 離恨(이한)- 이별의 한. 兼(겸)- 동시에. 함께. 相仍(상잉)- 거듭되다.

#《두시상주》: 이 단락은 절 앞 석별의 정이다. 이 곳이 맑고 그윽하여

더위를 식힐 수 있지만 자리에 손들이 흩어져 슬픔이 배가함을 어찌할 수 없다는 말이다.(此寺前惜別之情. 言此地淸幽, 可以銷暑, 無如席中客散, 倍增悵恨耳.)

##《보주두시》에 인용된 사씨 설: 장이가 잠시 동천절도를 맡았으므로 '중군'이라고 하였다. '중군'은 대장이다. '상객'은 최도독을 말한다. 장이가 군사를 통솔함에 명령이 엄숙하고, 지금 상객을 접대함에 예악을 쓰지 않은 것이 없을 정도로 그 주도면밀함을 말한다. '보지'는 절이다. '조'는 전별연이다. 전별하는 자리에 장막을 치므로 '조장'이라고 하였다. '자산'은 바로 절이다. '회책'은 채찍을 휘두름이다. '신안'은 바로 새로 길을 닦아 장사군의 거마를 대비함이다. 두보는 돌아가는 최도독을 보내고, 다시 옛길을 따라 넝쿨을 잡아당기며 산에 오르니 산수를 즐기는 흥치이다. 산간에 있어 종적이 그윽하고 여름해도 지며, 이 절에 머물러 무더위를 식힌다. 따라서 아래에 '영원좌장하'라는 구가 있다. 불교에는 대승이 있고, 소승이 있다. 여래를 대승교라고 하고, 아라한과阿羅漢果를 소승교라고 한다. 두보는 노년에 대승에 마음을 맡기려고 하였다. '석연회'는 석별을 말한다.(章彝權東川節度, 故云中軍. 中軍大將也. 上客指崔都督. 言章彝持軍令嚴, 今待上客, 禮樂無所不用, 其周至. 寶地, 寺也. 祖, 餞也. 祖餞之地, 陳設帳幕, 故云祖帳. 玆山, 卽寺也. 回策, 回鞭也. 新岸, 卽新修路以備章使君車馬也. 甫旣送崔都督回, 復從舊路攀援藤蘿, 蓋樂山水之興也. 居山間, 蹤跡幽閟盡夏景, 欵留此寺遺却炎蒸之氣, 故下文有永願坐長夏之句. 釋氏有大乘有小乘, 如來謂之大乘教, 羅漢果謂之小乘教. 甫以衰老之年欲棲心於大乘. 惜宴會, 謂惜別也.)

《독두심해》: 이 시는 고시이기도 하고, 배율이기도 하다. 앞 4구는 표제를 언급하고, 뒤 4구는 이별의 정을 서술한다. 가운데 12구는 등람을 자세히 서술하였다. 가운데 단락에서 첫 4구는 산에 올라 절로 감을 설명적으로 언급하였고, 다음 4구는 돌길이 구불구불하고 암석이 서늘한 흥취를 실제 묘사하였고, 마지막 4구는 절에 이르러 머무르는 일을 깊이 표현하였다. 예전에는 '회책' 이하를 몸을 돌려 하산한다고 풀었으나 잘못이 천 리나 된다.(此詩可古可排. 前四句, 點題面, 後四句, 敘別情. 中十二句, 詳述登覽. 中段, 四虛提登山向寺也. 四實摹磴道盤紆, 巖磯凉冷之趣也. 四深致到寺留戀之事也. 舊以廻策以下作廻身下山解, 謬以千里.)

《두억》: 공은 전에 왕소윤을 보내면서 이 절에 오른 적이 있으므로 '비신안' '잉구등'이라고 하였다. 앞 시 1수(〈혜의사송왕소윤부성도득봉자惠義寺送王少尹赴成都得峰字〉)는 여기서 '출진비궤촉' 5자로 개괄하였다.(公前送王少尹曾登此寺, 故云匪新岸仍舊藤. 前詩一首, 此以出塵閟軌躅五字括之.)

(**이창숙**)

90. 送竇九歸成都

성도로 돌아가는 두씨를 전송하다

文章亦不盡　竇子才縱橫[1]　非爾更苦節[2]　何人符大名

讀書雲閣觀[3]　問絹錦官城[4]　我有浣花竹[5]　題詩須一行

문장도 다함이 없거니와
두자의 재능은 종횡무진이다.
그대처럼 또 절조를 굳게 지키지 않는다면
어떤 사람이 큰 명성에 부합하리?
운각관에서 글을 읽더니
금관성에서 비단을 묻겠구나.
나에게 완화계의 대나무가 있으니
시 지으려면 한 번 가보셔야겠지.

성친하러 성도로 돌아가는 두구를 전송하며 쓴 시이다. 그를 송찬하는 한편 떠나온 초당에 대한 그리움도 담겨 있다. 두구에 대해서는 자세히 알려진 게 없다. 광덕 원년 재주에서 지었다. 운안우員安宇가 수록한 집외시이다.

《보주두시》 두구는 아마 검찰 두시랑일 것이다. 그래서 시에서 '부절을 지녔다'고 말하였다. 광덕 원년 재주에서 지었다.(竇九, 意是檢察竇侍郎者, 故詩云持節. 廣德元年梓州作.)
《두시상주》 두구는 아마 성도 두소윤의 아들일 것이다. 그래서 '문견' 고사를 썼다. 이 때 아마도 성친하러 성도로 돌아가려는 것이리라.(竇九, 恐是成都竇少尹之子, 故用問絹事. 時蓋以省覲歸成都耶.)

《두시상주》 원씨가 수록한 것이다.(員氏所收.)

《독두심해》 집외시이다.(集外詩.)

주 석

1 竇子(두자) - 두구를 말한다.

〔文章 2구〕 두구의 재능이 종횡무진일 뿐만 아니라 문장도 또한 그러하다는 뜻이다.

2 苦節(고절) - 절조를 굳게 지키는 것을 뜻한다. '苦'가 '持'로 된 판본도 있다.

3 雲閣觀(운각관) - 대관臺觀 이름. 성도에 있었던 것으로 보는 설도 있고 현재 머무는 곳으로 보는 설도 있다.

《두시상주》 운각관은 의당 성도에 있었을 것이니, 바로 평소에 독서하던 곳이다.(雲閣觀當在成都, 乃平日讀書處.)

《독두심해》 소재를 확실히 알 수 없다. 바로 두구가 현재 우거하는 관소로, 성도를 가리키는 것이 아니다. 구조오의 주는 틀렸다.(未詳所在. 乃是竇九現在寓館, 不指成都也, 仇注非.)

4 問絹(문견) - 비단에 대해 묻다. 호위의 고사에서 유래한 말로 흔히 성친을 뜻한다.

《두시상주》에 인용된 《삼국지·위지魏志》 호질이 형주자사일 때 아들 위가 서울로부터 성친을 가면서 스스로 나귀를 몰았고 역사에 머물지 않았다. 십여 일 머물다가 돌아갈 것을 고하자 아버지가 비단 한 필을 주었다. 호위가 무릎을 꿇고 "대인께서는 청빈하신데 어떻게 이것을 얻었습니까?"라고 묻자 호질이 "이것은 나의 봉록의 일부로 애오라지 너의 양식을 보조하려는 것일 뿐이다"라고 답하였다.(胡質

爲荊州刺史, 子威自京師往省, 自驅驢, 不止傳舍, 留十餘日告歸, 父賜縑一疋. 威跪問曰, 大人淸貧, 何以得此. 質曰, 此吾俸餘, 聊助汝糧耳.) 錦官城(금관성)- 성도를 말한다.

5 浣花竹(완화죽)- 완화계의 대. 초당에 심은 대를 뜻한다.

#《두시상주》: 위의 4구는 두씨의 재능과 명성을 칭송하고, 아래는 성도로 돌아가는 것을 전송하는 내용이다. 문장과 재략이 있으면서 또 절조를 닦아 이름을 세웠으니 그의 인품이 비범함을 알 수 있다.《두억》에서 "시상의 시작이 급작스러우면서 특이하고 전환도 또한 변화가 심하여 한 자 깊이의 물에서 큰 파도가 이는 듯하다"고 하였다. '고절' 2자는 다른 판본에서 성률이 조화롭지 않다 하여 '지절'로 고쳤는데, 황학이 이에 천착하여 마침내 두구를 검찰 두시어로 여겼으니 잘못이다.(上四稱竇才名, 下則送歸成都. 有文章才略, 而又砥節立名, 知其人品不凡. 杜臆, 起得突兀, 轉亦頓挫, 似尺水興波. 苦節二字, 他本因聲律不諧, 改作持節, 黃鶴泥此, 遂以竇九爲檢察竇侍御, 誤矣.)

《독두심해》: 두자가 비범한 재능을 가지고 있었으나 배움은 혹 뛰어나지 못했으리라. 그래서 '문장이 다함이 없다'는 말로 제기하였으니 그를 독려하려는 듯하다. '절조를 굳게 지키다'는 '뜻을 단련하다'라는 말과 같다. '독서' 구는 위를 받으면서 아래 구와 짝한다. '문견'에 대해 구조오는 "두소윤의 아들인 듯하다"라고 말하였는데 이치가 혹 그럴 법하다. 결련은 또 피차가 딱 합쳐지며 '시를 짓다'는 여전히 문재의 뜻을 반영한다.(竇子有異才, 而學或未優, 故以文章不盡提起, 意若勗之. 苦節猶云苦志也. 讀書句, 蒙上陪下. 問絹, 仇云, 恐是竇少尹之子, 理或然也. 結又彼此切合, 而題詩仍映文才.)

(**이영주**)

91. 章梓州水亭
장재주 수정

城晚通雲霧[1] 亭深到芰荷[2] 吏人橋外少[3] 秋水席邊多
近屬淮王至[4] 高門薊子過[5] 荊州愛山簡[6] 吾醉亦長歌

성은 저물어 운무 가득하고
정자는 깊어 마름과 연蓮에 맞닿았네.
다리 밖에는 관속들 적고
자리 곁에는 가을 물 많구나.
가까운 친속인 회왕께서 오시고
높은 가문인 계자께서 들르셨네.
형주 사람들 산간을 사랑하거니와
나도 취하여 또한 길게 노래하노라.

이 시는 광덕 원년 가을 재주에서 지은 것이다. 재주자사 장이가 연못 가운데 지은 정자에서 연회를 베풀었을 때 두보가 연회에 참가하여 그 정경을 써내었다. 원주에 "당시 한중왕과 도사 석겸이 모임에 함께 하였으며 모두 '하'자운을 썼다(時漢中王兼道士席謙在會, 同用荷字韻.)"고 하였다.

《보주두시》 노은과 양권도는 모두 광덕 원년에 지은 것으로 보았다. 그러나 이 해 봄의 재주자사는 이사군이었고 여름에 비로소 장이가 재주자사가 되었다. 시에 "자리 곁에는 가을 물 많다"고 하였으니 마땅히 그 해 가을에 지은 것이다.(魯訔梁權道皆以爲在廣德元年.

然是年春梓州是李使君, 夏方是章彝爲刺史. 詩云, 秋水席邊多, 當是其秋作.)

《두시상주》 《오군지》에 "석겸은 오군 사람으로 재주 숙명관의 도사이며 바둑을 잘 두었다"고 하였는데 공의 절구(〈존몰구호이수存沒口號二首〉)의 "석겸이 요사이 바둑알 치기 놀이하는 것을 보지 못했다"는 것은 이를 두고 한 말이다.(吳郡志, 席謙, 郡人, 梓州肅明觀道士, 善棋, 公絶句席謙不見近彈棋是也.)

주 석

1 通雲霧(통운무)- 운무에 통하다. 성에 운무가 가득하다는 말이다.

2 亭深(정심)- 정자가 연못 가운데로 깊이 들어가 있음을 말한다. 到芰荷(도기하)- 마름과 연蓮에 이르다. 정자가 마름과 연이 있는 곳까지 이르렀다는 말이다.

《두시경전》 정자가 마름과 연 가운데 있다는 말이다.(謂亭在芰荷中也.)

3 吏人(이인) 구- 수행하는 관속을 물리쳤다는 말이다.

《보주두시》에 인용된 소蘇씨 주 윤백길이 단양령이 되었는데 술 마시기를 좋아하여 친구에게 말하기를 "함께 다리를 건너가 마시는 것이 좋겠소. 그곳은 관속이 적으니"라고 하였다.(尹伯吉爲丹陽令, 好飮, 語友人曰, 可同過橋飮, 彼處吏人少.)

《두억》 말을 모는 시종들을 줄이고 손님에게 주연을 베풀었기 때문에 '이인교외소'라고 한 것이다.(減騶從而宴客, 故云吏人橋外少.)

〔吏人 2구〕

《독두심해》 사람들이 '가을 물이 많다'는 것이 마음을 넓게 해준다는 것은 알겠지만 어찌 '관속이 적다'는 것이 마음을 편안하게 함을 알겠는가? '교외'는 멀리서 묘함을 얻었고 '석변'은 가까이서 묘함을 얻었다.(人知秋水多之曠懷, 豈知吏人少之適意. 橋外遠得妙, 席邊近

得妙.)

4 近屬(근속)- 혈통관계가 가까운 친속. 천자와 가까운 친속을 말한다. 淮王(회왕)- 회남왕淮南王 유안劉安. 여기서는 한중왕 이우李瑀를 비유한다.

《두시상주》《세설》에 "양왕 조왕은 나라의 '근속'으로 당시에 귀하게 여겨졌다"고 하였다.《회남왕안전》에 "무제가 유안이 제부에 속하고 박학하고 문장을 잘 지었으므로 그를 매우 존중하였다"고 하였다.(世說, 梁王趙王, 國之近屬, 貴重當時. 淮南王安傳, 武帝以安屬爲諸父, 辯博善爲文辭, 甚尊重之.)

5 高門- 높은 가문. 고귀한 가문. 薊子(계자)- 계자훈薊子訓. 여기서는 도사 석겸을 비유한다.

《두시상주》에 인용된《신선전神仙傳》 계자훈이 경사에 이르자 여러 귀인들이 자훈을 맞이하려고 각각 손님을 끊고 집안청소를 하였는데 모두 스물 세집이었다. 동시에 각각 자훈 한 사람씩 나타나 그들의 집으로 갔다. 다음날 아침 조정에 이르러 서로 물어보았다. 23인이 만나 본 사람은 모두 같았는데 다만 그가 한 말은 주인의 뜻에 따라 답하여 같지 않았다. 그의 신기한 변화가 이와 같았다.(薊子訓至京師, 諸貴人各絶客灑掃, 凡二十三家, 並時各有一子訓到其家. 明朝至朝, 相問, 二十三人所見皆同, 唯所言話隨主人意答乃不同也. 其神變若此.)

〔近屬 2구〕

《구가집주두시》 조언재 주 전한 회남왕 유안은 천자의 가까운 친속 가운데 가장 어질고 학문이 있는 사람이었으므로 한중왕에 비유하였다. 후한 계자훈은 신비하고 기이한 도가 있어 경사에 이름을 날렸으며 사대부들이 모두 가르침을 받고 그를 흠모하였다. 여기서는 석도사를 말하면서 또 이로써 장재주가 기이한 사람을 불러올 수 있음을 높인 것이다.(前漢淮南王劉安於近屬中最賢而有學者, 故以比漢中王. 後漢薊子訓有神異之道, 流名京師, 士大夫皆承風嚮慕之. 此言席道士,

又以尊章梓州能致異人也.)

6 山簡(산간)- 진晉의 정남장군征南將軍이다. 여기서는 재주자사 장이를 비유한다.

《두시상주》 진 산간이 양양을 다스릴 때 매번 습씨 집안의 연못에 나가 유람하였는테 아이들이 이를 노래로 불렀다.(晋山簡鎭襄陽, 每出遊習家池, 有兒童歌.)

〔荊州 2구〕

《구가집주두시》 조언재 주 형주로써 재주를 비유하였다. 산간은 형주, 상주, 교주, 광주의 여러 군대 일을 다스렸는데 형주 땅의 호족에게 연못이 딸린 아름다운 원림이 있었다. 산간이 나가 놀 때는 연못가로 가는 경우가 많았는데 주연을 베풀면 언제나 술에 취하였다. 아이들은 그에 대하여 이렇게 노래하였다. "산공께서 어디로 나가시나? 고양지로 가시지. 해 저물어 거꾸로 실려 돌아오는데 대취하여 아는 바가 없네. 때때르 말을 탈 수 있지만 백로 깃 장식 모자를 거꾸로 쓴다네. 채찍을 들고 갈강을 향해 '병주 아이와 비교해서 어떤가?' 라고 말하네." 갈강은 집이 병주에 있었고 산간이 아끼는 장군이었다. 내가 취하여 또 길게 노래한다는 말은 아이들이 노래하였던 것을 흉내 내고자 한 것일 뿐이다.(荊州以比梓州. 山簡都督荊湘交廣四州諸軍事, 荊土豪族有佳園池, 簡出嬉遊, 多之池上, 置酒輒醉. 兒童歌之曰, 山公出何許, 往至高陽池. 日夕倒載歸, 酩酊無所知. 時時能騎馬, 倒著白接䍦. 舉鞭向葛强, 何如并州兒. 葛强家在并州, 簡愛將也. 吾醉亦長謌, 則欲效兒童之爲謌爾.)

#《두시상주》: 위 4구는 물에 있는 정자의 경물이고 아래 4구는 동석하여 정을 나누는 것이다. 조방의 주에 "첫 구에서는 정자가 성 곁에 있는 것을 보이고, 다음 구에서는 정자가 물가에 임해 있다는 것을 보였다" 고 하였다. '관속이 적다'는 것은 시종하는 사람들을 줄였다는 말이다. '가을 물이 많다'는 것은 앞쪽으로 맑고 넓은 물에 임해있다는 말이다.

《두억》에 "후반부에서는 손님과 주인 네 사람을 병렬시켰는데 도리어 매끄럽고 딱딱하지 않다"고 하였다. '또한 길게 노래한다'는 것은 형주 사람이 산간을 노래한 것과 같다.(上四水亭景物, 下四同席交情. 趙汸注, 首見亭在城傍, 次見亭臨水上. 吏人少, 略去儀從. 秋水多, 前臨淸曠. 杜臆, 後半並列賓主四人, 却流利不板. 亦長歌, 如荊人之歌山簡.)

(**이석형**)

92. 章梓州橘亭餞成都竇少尹得凉字

재주자사 장공의 귤정에서 성도소윤 두공을 전별하며 '양'자를 얻다

秋日野亭千橘香　　玉杯錦席高雲凉
主人送客何所作[1]　　行酒賦詩殊未央[2]
衰老應爲難離別[3]　　賢聲此去有輝光
預傳籍籍新京兆[4]　　青史無勞數趙張[5]

가을날 들판 정자에 천 그루 귤나무 향기롭고
옥술잔과 비단 방석에 높은 구름 서늘하다.
주인이 손님을 전송하며 무엇을 하는가?
술 돌리고 시 짓는 일 유난히 끝나지 않는다.
노쇠하여 의당 이별이 힘들지만
어진 명성 이곳을 떠나면 빛을 발할 것이라.
자자한 새 경조윤의 명성을 미리 알리니
청사에서 힘들게 조씨와 장씨를 꼽지 마소.

이 시는 광덕 원년 가을에 재주자사 장이章彝가 귤정에서 두소윤을 전별하기 위해 마련한 연회에 참석하였다가 지은 것이다. 두소윤이 누구인지는 알려진 바 없다.

《보주두시》 이 시는 어떤 판본에는 두 수로 되어 있어, '쇠로응위난이별' 이하부터는 〈장류〉라는 제목이 달리기도 하였다. 그러나 하나로 합치는 것이 옳다. 광덕 원년 가을에 지은 것이 분명하다.

그 해 9월에 두보는 낭주에 도착했다.(此詩一本作兩首, 自衰老應爲難離別已下, 題曰長流, 然合爲一者, 是. 當在廣德元年秋作, 是年九月公至閬.)

《독두심해》 장씨는 이름이 이이고, 재주자사로서 동천유후를 맡았다.(章名彝, 以梓州守爲東川留後.)

주 석

1 主人(주인) - 재주자사 장이를 가리킨다.

2 行酒(행주) - 술자리를 주재하다. 殊(수) - 유난히, 전혀. 央(앙) - 다하다, 끝나다.

3 應爲難離別(응위난이별) - '難爲應離別'로 된 판본도 있다.

4 籍籍(자자) - 명성이 널리 알려진 모양. 京兆(경조) - 경조윤. 여기서는 두소윤을 가리킨다. 성도가 지덕 2년에 성도부로 바뀌면서 윤尹이 설치되었기에 한 말이다. 혹은 뒤에 삼보대윤三輔大尹에 오를 것을 예상했기에 한 말이라고 보는 설도 있다. '兆'는 '尹'으로 된 판본도 있다.

《두시언해》 '자자'는 명성이 성대함을 말한다.(籍籍, 言聲名之盛也.)

《보주두시》 황희 주 성도가 이전에 남경이라 불리웠기에 두보가 일부러 경윤의 고사를 빌어 쓴 것이다.(成都前號南京, 公故借京尹事用.)

《두시상주》 《당서》에 "지덕 2년에 성도부로 바꾸고 윤을 설치하였다"고 하였는데, 두 경사인 장안과 낙양에 비견되기에 경조라는 말로 비유한 것이다.(唐書, 至德二載, 改成都府, 置尹, 視二京, 故以京兆比之.)

5 靑史(청사) - 역사. 數(수) - 헤아리다, 찾다. '缺'로 된 판본도 있다. 趙張(조장) - 한나라 때 경조윤을 지낸 조광한과 장창을 가리킨다. 이 구절은 사서에서 조광한이나 장창 같은 사람을 찾을 필요 없이 두소윤을 보면 훌륭한 정사를 알 수 있다는 말이다.

《두시상주》 《한서·예문지》에 "《청사자》는 57편으로 되어 있다"는 말이 있다. 고인들은 대나무로 죽간을 만들어 글을 쓰면서 푸른 껍질을 없앴기에 '청사'라고 하였다.(漢藝文志, 青史子五十七篇. 古人以竹爲簡, 寫書, 殺其青, 故曰青史.)

《보주두시》 황희 주 전한 때 조광한은 경조윤을 대행하다가 해를 채우고 정식으로 임명되었고, 장창 역시 경조윤을 지냈다. 그래서 관리나 백성들 말에 "앞에는 조광한과 장창이 있었고, 뒤에는 왕존王尊, 왕장王章, 왕준王駿 세 사람이 있다"는 얘기가 있었다.(前漢趙廣漢行京兆尹, 滿歲爲眞, 張敞亦爲京兆尹, 故吏民語曰, 前有趙張, 後有三王.)

《두억》에 인용된 장백성張伯成 설 두소윤은 이미 남경소윤이 되었으니 분명 삼보대윤에 오를 것이다. 그래서 조광한과 장창 두 경조윤을 가지고 미리 기대를 한 것이다.(竇尹旣爲南京少尹, 必陞三輔大尹, 故以趙張京兆預期之.)

#《두시상주》: 귤정의 전별연에서 두보는 배석한 손님이었다. 그래서 위 4구에서는 재주자사의 두터운 정을 칭술하였고, 하반부에서는 소윤의 새로운 정사를 축원하였다. 다만 다섯 번째 구절은 자서의 성격을 띤다. 노원창은 주에서 "동천은 외진 곳이라서 자사가 매번 호사한 행사를 많이 열었다. 이를테면 재주자사 이씨는 '옥수'와 '금호'의 염려艶麗함이 있고, 재주자사 장씨는 '옥배'와 '금석'의 화려함이 있으니, 역시 외지고 험한 곳이라서 전쟁이 미치지 않아 관리들이 여유있게 벼슬자리를 즐길 수 있었다는 사실을 알 수 있다. 이 때문에 고숭문이 '동천 땅은 재상이 노니는 땅이다'라고 말한 것이다"라고 하였다.(橘亭之餞, 公屬陪賓, 故上四稱梓州厚情, 下截祝少尹新政, 唯第五句帶自敍. 盧注, 東川絶域, 刺史每多豪擧, 如李梓州有玉袖金壺之艶, 章梓州有玉杯錦席之華, 亦足見天隅斗絶, 戎馬不交, 作宦者得優游膴仕. 此高崇文謂川中乃宰相回翔之地也.)

(**김만원**)

93. 隨章留後新亭會送諸君
장유후의 신정 모임에 배석하여 제공을 전송하다

新亭有高會[1] 行子得良時[2] 日動映江幕[3] 風鳴排檻旗[4]
絶葷終不改[5] 勸酒欲無辭[6] 已墮峴山淚[7] 因題零雨詩[8]

신정에 성대한 연회가 열리고
길 떠나는 이들 좋은 때를 얻었네.
햇살은 강에 비친 장막에 움직이고
바람은 난간에 배열한 깃발에서 우는데,
훈채 끊은 것이야 끝내 고치지 않겠으나
술 권하는 것이야 사양치 않으려 하네.
현산의 눈물 벌써 떨어지니
인하여 이별 시 한 수 짓노라네.

이 시는 광덕 원년 두보가 재주에 있을 당시 재주 자사 장이章彝를 모시고 이임하는 관리의 송별연에 참석해서 지은 것이다. 포기룡, 양윤 등은 이 시를 집외시로 분류하였다.

《보주두시》 '제군諸君'은 '제군諸軍'으로 되어있는 판본이 있으나 '군君'으로 쓴 것이 옳다. 신정은 재주에 있으니 의당 광덕 원년에 지은 것이다.(諸君一本作諸軍, 然作君者爲是. 新亭在梓州, 當是廣德元年作.)

주석

1 高會(고회)- 성대한 연회.

2 行子(행자)- 행객. 나그네. 良時(양시)- 좋은 시절.

3 映江幕(영강막)- 강에 비치는 장막.

4 排檻旗(배함기)- 정자 난간에 배열되어 있는 깃발. 혹은 정자 난간을 밀치는 깃발.

5 絶葷(절훈)- 파, 마늘과 같이 특이한 냄새가 나는 훈채를 끊다. 혹은 비린내가 나는 고기를 먹지 않다. 이 구절은 두보가 훈채를 먹지 않기로 작정했다는 말이다. 이 구절을 모임에 참석한 사람 중에 훈채를 먹지 않는 사람이 있었기에 한 말로 보기도 한다.

6 勸酒(권주)- 술을 권하다. '酒'를 '醉'로 쓴 판본도 있다. 欲無辭(욕무사)- 사양하지 않으려 하다.

7 峴山淚(현산루)- 현산에서의 눈물. 이 구절은 양호羊祜의 타루비墮淚碑 전고를 인용하여 이곳에서 벼슬하다가 이임하는 사람을 이곳 재주의 백성들이 오래토록 사모할 것이라고 송양한 것이다.

《두시상주》에 인용된 《진서》 양호가 일찍이 현산에 올라 술자리를 베풀었다. 양호가 죽자 양양 백성들이 그 곳에 비석을 세웠는데 그것을 보는 자마다 눈물을 흘리지 않는 자가 없었으므로 두예는 '타루비'라고 이름지었다.(羊祜嘗登峴山置酒. 祜沒, 襄陽百姓建碑其上, 見者莫不流涕, 杜預因名爲墮淚碑.)

8 零雨詩(영우시)- 증별시를 뜻한다. 진晉나라 손초孫楚의 증별시 〈정서관속송우척양후작征西官屬送于陟陽候作〉의 '새벽바람은 갈림길에 불고, 부슬비만 가을 풀을 덮고 있다(晨風飄岐路, 零雨被秋草.)'라는 구절로부터 '영우시'는 증별시의 뜻으로 활용되었다.

#《두시상주》: 위 4구는 신정의 모임에서 전송하는 것이니 경이요, 아래

4구는 제공을 석별하는 것이니 정이다. 좌중에 필시 훈채를 먹지 않는 자가 있었을 것이므로 시에서 이를 언급한 것이다. 고신 주에서는 한중왕을 가리키는 것이라고 말했는데 혹 그럴 수도 있겠다. 또한 여러 손님 중에는 재주에서 벼슬을 하다가 이임하는 자가 있었을 것이니 그래서 현산의 타루비를 인용하여 백성들이 떠나가는 관리를 사모함을 적은 것이다. 옛 주석에서는 양양으로 가는 객을 전송하는 것이라고 했는데 너무 얽매인 것이다.(上四新亭會送, 是景. 下四惜別諸君, 是情. 座客必有絶葷者, 故詩中及之. 顧注謂指漢中王者, 或然. 且諸客中當有仕梓而去者, 故用峴山碑以誌去思. 舊注謂送客至襄陽者, 太泥.)

《독두심해》: '제군'은 모두 재주에서 벼슬하다가 떠나는 자들인 듯하다. '행자'는 '제군'에 붙는다. '강에 비치는' 장막은 전송연에 친 장막이다. '난간에 배열한' 깃발은 출행에 쓰는 깃발이다. 아래 4구는 옛 주석이 모두 분명치 않다. 내 생각에는 공이 재주에 온 이래로 자주 여러 절에서 노닐었는데 자주 왕래하다 보니 실제로 부처를 배울 생각이 들었을 것이다. 지금 '절훈'이라고 말한 것은 과감히 육식을 끊겠다는 것이 아니고, 이렇게 이미 결심하였으니 인사를 거의 사절할 것인데, 이제 함께 술에 취하는 일은 사양치 않는 것은 이임하는 친구들과 갈림길에서 송별함에 감상에 젖은 때문이니 이 마음을 가눌 길 없다는 것일 뿐이다.(諸君疑皆是仕梓而去者. 行子貼諸君. 映江之幕, 祖帳也. 排檻之旗, 行旌也. 下四, 舊都鶻突. 愚意公自入梓以來, 頻遊諸寺, 往復依依, 實有學佛之想, 今云絶葷, 非果斷肉, 謂此志已決, 幾幾謝絶人事矣. 玆乃不辭共醉者, 爲感於解組之知交, 臨岐之送別, 此情有難自禁耳.)

(**김성곤**)

94. 客舊館

전에 묵던 관소에 나그네 되다

陳迹隨人事[1] 初秋別此亭[2] 重來梨葉赤[3] 依舊竹林青[4]
風幔何時卷[5] 寒砧昨夜聲[6] 無由出江漢[7] 愁緒日冥冥[8]

옛 자취는 사람 일을 따른 것
초가을 이 정자를 이별했었지.
다시 오니 배나무 잎 붉게 물들었으나
옛 그대로 대숲이 푸르네.
바람막이 휘장은 언제 말아두었나?
추위 속에 다듬이질 소리 어제 밤에 울렸지.
장강과 한수로 나갈 길이 없기에
시름이 날로 깊어져가네.

운씨員氏가 수습한 시이다. 이 시의 저작 연대는 일반적으로 광덕 원년 재주에서 지은 작품으로 본다. 초가을 재주를 떠났다가 가을이 다할 무렵 재주로 돌아와 전에 묵던 관소館所에 들렀을 때의 감회를 적고 있다.

《두시상주》 구본에 따라 광덕 원년 재주시 안에 편재하였다. 〈연보〉에 "가을에 낭주에 갔다가 겨울이 저물 무렵 다시 재주로 돌아왔다"고 하였다. 이 시에 의거하면 이는 초가을에 재주를 떠났다가 가을이 다할 무렵 다시 돌아온 것이다.(依舊編廣德元年梓州詩內. 年譜謂秋往閬州, 冬晩復回梓州. 據此詩, 則是初秋別梓, 秋盡復回也.)

《독두심해》 구조오는 재주시에 편재하였다. 당시에 혹 근처 고을들을 두루 다니다가 다시 이곳에 돌아온 듯하다.(仇編梓州, 時或周流近邑, 復歸於此.)

주 석

1 陳迹(진적)- 옛 자취. 隨人事(수인사)- 사람일을 따르다. 사람의 삶을 따라서 자취가 묵은 것이 되어버린다는 말이다.

2 初秋(초추)- 초가을. 此亭(차정)- 이 정자. 제목의 '구관舊館'을 두고 한 말이라 생각된다.

3 重來(중래)- 다시 오다. 梨葉赤(이엽적)- 배나무 잎이 붉어지다.

4 依舊(의구)- 예전 그대로. 竹林靑(죽림청)- 대숲이 푸르다.

5 風幔(풍만)- 바람과 햇빛을 막기 위해 치는 휘장. 何時卷(하시권)- 언제 말아두었나? '何'가 '前'으로 된 판본도 있다.

6 寒砧(한침)- 서늘한 가을철의 다듬이질 소리. 昨夜聲(작야성)- 어제 밤 소리가 났다. '聲'이 '聽'으로 된 판본도 있다.

7 無由(무유)- 방도가 없다. 江漢(강한)- 장강과 한수.

8 愁緖(수서)- 시름. '秋渚'로 된 판본도 있는데, 《두시상주》에서는 잘못이라 하였다. 冥冥(명명)- 깊어지다.

#《두시상주》: 위 4구는 '구관'의 가을 경치이고, 아래 4구는 사물에 감촉되어 마음이 슬퍼진 것이다. '수인사'는 자취가 일을 따라 변함을 말한다. 《두억》에 "바람막이 휘장은 예전에 있었으나 지금은 없는 것이다. 추위 속에 다듬이질 소리는 예전에는 없었으나 지금은 있는 것이다. '성'자는 운부에서 벗어난다. 만약 '청'자로 쓴다면 '권'자와 대를 이루는 데에도 온당하다. 두보의 오언율시에는 실운의 예가 없다"라고 하였다.(上四舊館秋景, 下四觸物傷情. 隨人事, 謂跡隨事往. 杜臆,

風幔, 是昔有今無者. 寒砧, 是昔無今有者. 聲字出韻, 若作聽字, 對卷字亦穩. 杜詩五律, 無失韻者.)

《독두심해》: 첫 구가 홀로 전편의 뜻을 제시하고 있다. 휘장을 말아두었으니 더위가 없는 것이고, 다듬질소리를 들었으니 추위가 가까운 것이다. 절기가 바뀌었는데 나그네 시름은 전 그대로이다.(起句單提通首. 卷幔則無熱, 聞砧則近寒, 節改而羈愁依舊也.)

(**이남종**)

95. 戲作寄上漢中王二首

장난삼아 지어 한중왕께 부치는 시 2수

雲裏不聞雙雁過[1]　　掌中貪看一珠新[2]
秋風嫋嫋吹江漢[3]　　只在他鄉何處人[4]

구름 속 기러기 한 쌍 지나는 소리 듣지 못했으니
손바닥 가운데 새 구슬을 욕심내어 보시기 때문인가?
선들선들 가을바람 장강과 한수에 불어오는데
그저 타향에 있을 뿐이니 도대체 어디 사람인가?

이 시는 한중왕이 새로 아들을 얻은 것을 축하하면서 폄적되어 처량하게 지내는 것을 위문한 것이다. 한중왕의 이름은 우이고, 당시 봉주자사로 지내고 있었다. 원주에 "한중왕이 새로 아들을 낳았다(王新誕明珠)"고 하였다. 광덕 원년 가을 재주에서 지은 것이다. 대력 2년 가을 기주에서 지었다는 설도 있으나 취하지 않는다.

《보주두시》 시에서 "선들선들 가을바람 장강과 한수에 분다"고 하였으니, 마땅히 재주에서 지은 것이다. 〈완월정한중왕玩月呈漢中王〉시와 같은 때이니, 바로 광덕 원년이다.(詩云, 秋風嫋嫋吹江漢, 當是在梓州作. 與翫月詩同時, 乃廣德元年.)
《두억》 한중왕의 이름은 우이다. 황학의 주에 따르면 봉주자사를 지냈다.(王名瑀. 據鶴注, 爲蓬州刺史.)
《구가집주두시》 조언재 주 '장강과 한수에 분다'고 하였으니 공이 이 시를 지을 때 기주에 있었던 것이다. 공이 매번 '강한'이란 말을 사용하면, 곧 두 강물이 흘러 형주의 물가에 모이는 것이다.(吹江漢,

公作此詩時在夔州也. 故每用江漢, 則二水所經, 會於荆渚之下.)

주 석

1 雙雁(쌍안) - 기러기 한 쌍. 기러기는 서신을 가리킨다. 이 구는 그동안 소식이 없었음을 두고 한 말이다. 그런데 쌍 기러기가 형제를 비유한다고 생각하여 이 구를 한중왕이 그 형제를 잃었음을 가리키는 것으로 보는 설도 있으나 취하지 않는다.

《두시경전》에 인용된 범운范雲의 〈증장서주속贈張徐州謖〉 시 구름 사이 기러기에게 편지를 부치니, 나를 위해 서북쪽으로 날아 가다오. (寄書雲間雁, 爲我西北飛.)

《두공부초당시전》 기러기는 형제를 비유한다. 한중왕의 형은 곧 여양왕 진이다. 당시 진이 이미 먼저 세상을 떠났기에 두보가 이런 말을 한 것이다.(鴈喩兄弟也. 漢中王兄, 乃汝陽王璡. 時璡已先卒, 故甫有是句.)

《두억》 '불문쌍안과'에 대해서 양신은 "그가 편지를 부치지 않음을 괴이쩍게 여긴 것이다"라고 하였는데, '쌍 기러기'라는 말에서 좀 막힌 것 같다. 옛 주석에서 형제를 비유하였다고 한 것이 비교적 타당하다.(不聞雙雁過, 用脩云, 訝其不寄書, 似於雙雁有礙, 舊註喩兄弟較穩.)

《두시상주》 채몽필의 주에서 "쌍 기러기는 여양왕 진의 죽음을 비유한다"고 하였는데, 형제 안행의 뜻을 취한 것이다. 여양왕이 천보 9년에 세상을 떠난 것을 고려한다면 시간이 너무 떨어져있어 사실과 부합되지 않는다.(蔡注, 以雙雁比汝陽王璡之亡, 取兄弟雁行之義也. 考汝陽卒於天寶九載, 年歲隔遠, 情事不符.)

2 貪看(탐간) - 욕심내어 보다. '看'은 '見'으로 된 판본도 있다. 너무나 소중한 것이어서 자꾸 보게 된다는 말이다. 一珠新(일주신) - 새 구슬 하나.

《두공부초당시전》 한중왕에게서 새로 아들 한 명이 태어난 것을 말한다.(謂王新誕一子也.)

《두억》 '구슬 하나'에 '신'자를 더하였으니, 처음으로 아들을 얻은 것인 듯하다. '탐견'은 놀리는 것이다.(一珠加新字, 似初得子者, 貪見, 戲之也.)

《두시상주》에 인용된 《삼보결록三輔決錄》 공융이 위원장, 위중장을 만나 보고서 그 부친에게 편지를 써서 이르기를 "쌍 구슬이 늙은 조개에서 나오리라고는 생각지도 못했습니다"라고 하였다.(孔融見韋元將仲將, 與其父書曰, 不意雙珠, 生於老蚌.)

〔雲裏 2구〕 오래도록 소식이 없었던 이유는 한중왕이 새로 아들을 얻었기 때문이라는 것이다.

3 嫋嫋(요뇨)- 가을바람이 서늘하게 부는 모양. 江漢(강한)- 장강과 한수. 여기서는 한중왕이 폄적되어 있는 지역을 상상하여 말한 것이다.

《두시상주》에 인용된 소보邵寶 주 강수는 무주 민산에서 나와 동쪽으로 기주에서 형주까지 흘러가 한수와 만난다. 한수는 한중부 면현 파총산에서 나와 동으로 흘러 양양에 이르고 다시 남으로 흘러 형주에서 강수와 만난다.(江水出茂州岷山, 東流自夔州至荊州, 與漢水合. 漢水出漢中府沔縣嶓冢山, 東流至襄陽, 又南流至荊州, 與江水合.)

4 何處人(하처인)- 어느 지역 사람. 이 구는 한중왕이 봉주에 폄적되어 있는 상황을 말한 것이면서, 동시에 여기 저기 떠돌아다니는 자신의 신세를 한탄한 것으로 보인다.

《두시경전》 자신은 떠도는 신세이고 한중왕 또한 폄적되어 있어 오직 타향에만 있을 뿐이니 마침내 마땅히 어디 사람으로 여겨야 할까라는 말이다.(言己飄泊而王亦謫居, 只在他鄉, 究當爲何處人耶.)

〔秋風 2구〕

《구가집주두시》 조언재 주 가을 바람이 선들선들부는데 이는 어디 사람이기에 이 타향에 있는가라는 것으로 스스로를 말한 것이다.(秋

風嫋嫋, 是何處人在此他鄉, 所以自述也.)

《두억》 가을바람이 장강과 한수에 불어오는데 그것을 맞는 자는 그저 타향 어딘가에 있는 사람이니, 이것은 스스로를 말한 것이면서, 또한 장난하는 뜻이 담겨 있다.(秋風吹江漢, 而當之者只是他鄕何處人, 此自謂也, 亦有戲意.)

#《두시상주》: 첫 수는 자신의 떠돌이 신세를 가엾어 한 것이다. 기러기 편지가 당도하지 않은 것이 아마도 새 구슬을 욕심내어 보았으리라. 그런데 가을바람이 강 위에 불어올 때 타향에서 떠돌아다는 사람이 어느 곳 사람인지 아시는가. 제 2구가 장난하는 말에 해당한다. 기러기 다리에 편지를 묶는다는 것은 옛날부터 자주 써오던 말이다. 또한 고시에서 "나에게 잉어 한 쌍을 주었네"라고 하였으니, 여기에서 '기러기 한 쌍'이라고 한 것은 또한 근거가 있는 것이다.(首章, 憐己之飄泊. 雁書不至, 豈爲貪看新珠之故乎. 抑知秋風江上, 流落他鄕者, 爲何處人耶. 第二句屬戲詞. 雁足繫書, 從來襲用. 且古詩云, 寄我雙鯉魚, 此稱雙雁, 亦有所本.)

《두시경전》: 이 수는 그가 멀리 폄적된 것을 불쌍히 여긴 것이다.(此首憐其遠謫.)

其二

謝安舟楫風還起[1]　　梁苑池臺雪欲飛[2]
杳杳東山攜妓去[3]　　泠泠修竹待王歸[4]

사안의 배에는 바람이 또 일어나는데
양원의 연못과 누대에는 눈이 날리려 합니다.

아득한 동산으로 기녀를 데리고 가시니
맑은 수죽원에서 왕손께서 돌아오시길 기다리고 있습니다.

주 석

1 謝安(사안) - 동진의 명사名士로 호는 동산東山이다. 여기서는 한중왕을 비유한 것으로 풍랑에도 아랑곳없이 태연하게 행동했던 사안의 풍모에 빗대고 있다.

《두시상주》에 인용된 〈사안전謝安傳〉 사안이 일찍이 손작 등과 배를 타고 바다를 항해하는데 바람이 일어 파도가 물결이 솟구치니 모든 사람이 두려워하였다. 사안이 시를 읊으며 태연자약하게 있자 뱃사공은 계속 나아가며 멈추지 못하였다. 바람이 더욱 거세지자 사안이 천천히 "이렇게 되면 어찌 돌아가지 않겠는가?"라고 말하였다. 이에 뱃사공이 말을 받들어 즉시 배를 돌렸고, 여러 사람들은 모두 그 도량에 감복하였다.(安嘗與孫綽等泛海, 風起浪湧, 諸人並懼, 安吟嘯自若, 舟人猶去不止, 風轉急, 安徐曰, 如此, 將無歸耶. 舟人承言卽回, 衆咸服其雅量.)

《구가집주두시》 조언재 주 사안으로 한중왕을 비유하였다.(謝安以比漢中王.)

《두시경전》 이 구는 한중왕이 봉주에 있음을 말하고 있다.(句言王在蓬州.)

2 梁苑(양원) - 양효왕의 궁원. 토원이라고도 불렸다. 이 구는 한중왕이 살던 경사의 옛집에 대하여 말한 것이다.

《두시상주》 《한서》에 "양효왕이 동원을 축조하였는데 사방이 300리요, 휴양성을 70리로 넓혀 크게 궁실을 짓고, 복도를 만들었는데 궁궐에서부터 평대로 이어진 것이 30여 리나 되었다"고 하였다. 진작이 "혹은 평대가 성의 동북쪽에 있다고도 하며, 또한 토원이 평대의 옆에 있다고도 한다"고 하였다. 여순이 "지금 성의 동쪽 20리에 누대가 있는데 폭이 넓고 그렇게 높지는 않다. 민간에서는 이를 평대라고 부른다"고 하였다.(漢書, 梁孝王築東苑, 方三百里, 廣睢陽城七十里, 大治宮室, 爲複道, 自宮連屬於平臺, 三十餘里. 晉灼曰, 或說平臺在城中東北角, 亦或言兎園在平臺側. 如淳曰, 今城東二十里有臺, 寬廣而不甚高, 俗謂之平臺.)

《두공부초당시전》 양원은 곧 토원이다.(梁苑, 卽兎園也.)

《구가집주두시》에 인용된 사혜련謝惠連의 〈설부雪賦〉 한 해가 저물어가고 때는 황혼 무렵, 차가운 바람 쌓이고 수심의 구름 짙으니 양왕은 기분이 울적하여 토원에서 놀았다. 잠시 후 작은 싸래기 눈이 내리더니 폭설이 쏟아졌다.(歲將暮, 時卽昏, 寒風積, 愁雲繁, 梁王不悅, 遊於兎園. 俄而微霰零, 密雪下.)

《두시경전》 이 구는 경사의 옛집을 말한 것이다.(句言京中舊第.)

3 杳杳(묘묘)- 아득한 모양. 妓去(기거)- '漢妓'로 된 판본도 있다. 이 구는 한중왕이 폄적지에 있으면서도 여전히 풍류를 즐기는 흥취가 있음을 두고 말한 것이다.

《두시상주》에 인용된 〈사안전〉 사안은 동산에 거하면서 매 번 놀러갈 적이면 반드시 기녀를 데리고 다녔다.(安居東山, 每遊賞, 必以妓女從.)

《구가집주두시》 조안재 주 앞 구는 한중왕이 이제 배에 있는데 기녀를 데리고 동산에서 노니는 흥취가 아직도 아득하다는 것을 장난삼아 말한 것이면서, 또한 사안의 배를 언급한 첫 구의 내용을 완성하고 있다.(上句戲言漢中王方在舟中, 其攜妓東山之興尙杳杳然, 又所以成謝安舟楫之句.)

《두억》 '휴한기'란 말은 이해할 수 없다. 엄우가 '휴기거'라고 하였는데, 이것이 옳다.(携漢妓, 不可解, 嚴羽作携妓去, 是.)

4 泠泠(영령)- 맑은 모습. '陰陰'으로 된 판본도 있다. 修竹(수죽)- 긴 대나무. 양효왕의 궁원 이름이다. 待王歸(대왕귀)- 왕손이 돌아오길 기다리다. 한중왕이 빨리 돌아오기를 바란 것이다.

《두공부초당시전》 한중왕을 양효왕에 비긴 것이다.(以漢中王比梁孝王也.)

《두억》 한중왕이 당시 나그네 신세로 있었기에 '왕손이 돌아오길 기다린다'는 구절이 있는 것이다.(漢中王時亦作客, 故有待王歸之句.)

《두시상주》에 인용된 《사기정의史記正義》 《서경잡기》에 "양효왕의 궁원 가운데는 기이한 과실과 아름다운 수목, 진귀한 금수들이 갖추어지지 않은 것이 없었는데, 세상 사람들은 양왕의 죽원이라고 불렀다"고 하였다.(西京雜記, 梁孝王苑中, 奇果佳樹, 瑰禽異獸, 靡不畢備, 世人言梁王竹園也.)

《보주두시》 두수가가 말하기를 "수죽은 양효왕의 궁원 이름이다"라고 하였다. 《속한서》에 "양왕의 토원에는 대나무를 많이 심었으니 이른바 수죽원이다"라고 하였다.(修可曰, 修竹, 梁孝王園名也. 續漢書, 梁王兔園, 多植竹, 卽所謂修竹園.)

《구가집주두시》 조언재 주 '수죽대왕귀'는 또한 '양원지대'를 완성하는 것이다.(修竹待王歸, 又所以成梁苑池臺之句.)

#《두시상주》: 둘째 수는 한중왕이 멀리 폄적된 것을 가련하게 여긴 것이다. '사안의 배'는 왕이 봉주에 있음을 말한 것이고, '양원의 못과 누대'는 경사에 옛집이 있음을 가리킨 것이며. 바람이 일고 눈이 날리는 것은 늦가을의 풍경과 기후이다. '동산'은 '사안'을 받고, '수죽'은 '양원'을 받았다. 뒤의 2구가 희롱하는 말이다.(次章憐王之遠謫. 謝安舟楫, 王在蓬州. 梁苑池臺, 京有舊第. 風起雪飛, 深秋景候也. 東山, 承謝安. 修竹, 承梁苑. 後二句, 屬戲詞.)

《독두심해》: 자신의 마음에 돌아가고 싶은 뜻이 있음을 말하지는 않았다. 한중왕에 대하여 그 돌아가고 싶은 뜻을 써낸 것인데, 자신의 마음이 또한 드러나 있다.(不言己心思歸. 就王寫出歸思, 而己意亦顯.)

《두시경전》: 이 수는 그가 조정에 돌아가기를 축원한 것이다.(此首祝其還朝.)

(박홍준)

96. 椶拂子

종려나무 불자

椶拂且薄陋[1] 豈知身效能[2] 不堪代白羽[3] 有足除蒼蠅[4]
熒熒金錯刀[5] 濯濯朱絲繩[6] 非獨顏色好[7] 亦由顧盼稱[8]
吾老抱疾病[9] 家貧臥炎蒸[10] 咂膚倦撲滅[11] 賴爾甘服膺[12]
物微世競棄[13] 義在誰肯徵[14] 三歲淸秋至[15] 未敢闕緘縢[16]

종려나무 불자 이제 초라하니
사람 몸에 쓰임을 어이 알리오.
흰깃 부채 대신하지 못해도
파리는 없앨 수 있다네.
번쩍번쩍 금 무늬 칼,
반질반질 붉은 실 노.
한갓 빛깔 좋을 뿐 아니라
또한 돌아볼 만하기 때문이라.

내 늙어 질병 안고서
집이 가난해 찌는 더위에 누웠다.
살 물어도 때려잡기 지쳤다가
네게 기댔으니 기꺼이 품에 두노라.
물건이 미천하면 사람들 다투어 버리니
정의 있어도 뉘 거두려 하겠는가.
세 해 동안 맑은 가을 오면
싸서 갈무리하기 빠뜨리지 않았노라.

가을이 오자 종려나무 불자拂子를 싸서 보관하면서 그 쓰임새와 세태를 읊었다. 볼품 없고 쓸모 없으면 곧 버리는 세태와 오랜 물건을 아끼는 시인의 용심이 대비된다. 광덕 원년 여름에 지었다.

《보주두시》 양권도는 보응 원년 재주에서 지은 시에 편차하였다. 살펴보건대 공은 이 해에 재주에 갔으나 이미 9월이었다. 지금 시에 "집이 가난해 찌는 더위에 누웠다", "네게 기댔으니 기꺼이 품에 두노라"라고 하였다. 사물에 의거하여 뜻을 맡긴다고는 하지만 역시 여름에 지었음을 알 수 있다. 광덕 원년 여름 끝머리에 지은 작품이 분명하다.(梁權道編在寶應元年梓州詩內. 按, 公是年至梓, 已是九月, 今詩云, 家貧臥炎蒸, 賴爾甘服膺, 雖曰因物以託意, 亦可以考其爲夏作, 當是廣德元年夏末間作.)

《구가집주두시》 조언재 주 이 시는 물건이 미미하지만 쓰임이 있음을 말하였으니 특히 여름에는 파리가 많으므로 불자로 쫓을 수 있다. 동계는 "명황이 어리석어 현인이 버림 받아 쫓겨나므로 이 시를 지어 풍자하였다"고 하였다. 시는 재주에서 광덕 원년 여름에 지었으니 바로 대종 때이다. 어찌 명황과 관계가 있겠는가.(此篇言物微而有用, 特以夏月多蠅, 而拂子能除之. 東溪云, 明皇不明, 賢人棄逐, 故作是詩以諷焉. 詩作於梓州廣德元年之夏, 乃是代宗時, 豈干明皇邪.)

주 석

1 椶拂(종불)- 종려棕櫚 나무 잎 또는 껍질로 만든 불자拂子. 薄陋(박루)- 너덜하다. 보잘것없다.

《두시언해》 '종불'은 종려나무 껍질로 만든 불자로서 파리와 모기를 쫓는다.(椶拂, 椶木皮作拂子, 驅蠅蚊.)

2 身(신)- 사람의 몸. 效能(효능)- 기능을 바치다.

3 白羽(백우) - 흰 깃. 여기서는 백우선白羽扇, 즉 흰 깃으로 만든 부채를 말한다.

《두시언해》 '백우'는 부채이다.(白羽, 扇也.)

《두시상주》에 인용된 《촉지蜀志》 제갈량은 백우선으로 군대를 지휘하였다.(諸葛亮以白羽扇指揮軍事.)

4 有足(유족) - 충분하다. 除(제) - 제거하다. 쫓다. 蒼蠅(창승) - 파리. 참언을 일삼는 소인배에 대한 비유로 보기도 한다. '蒼'은 '靑'으로 된 판본도 있다.

《시경·소아·청승靑蠅》 윙윙 쉬파리, 울타리에 앉았네. 도타우신 군자여, 참언을 믿지 마시길.(營營靑蠅, 止於樊. 豈弟君子, 無信讒言.)

《보주두시》에 인용된 황희 주 비구들이 풀벌레를 꺼리니 부처가 듣고서 불자 만들기를 허락하였다. 그러므로 시에서도 "파리는 없앨 수 있다"라고 하였다.(比丘患草蟲, 佛聽作拂子. 故詩亦云, 有足除蒼蠅.)

5 *熒熒*(형형) - 번쩍번쩍. 빛나다. 金錯刀(금착도) - 금으로 무늬를 새긴 칼. 칼 모양의 돈.

《두시상주》에 인용된 시청신의 《계고총편》 금착도는 하나의 이름에 두 가지 물건이 있으니 돈이 첫째요, 칼이 둘째이다. 《한서·식화지》에 "왕망이 다시 큰 돈을 만들고 또 착도를 만들어 금으로 '칼 한 자루가 오천'이라는 문자를 새겼다"고 하였고, 장형의 〈사수시〉에 "미인이 나에게 금착도를 주누나, 무엇으로 보답할까, 쌍경요"라고 하였으니 이는 돈을 말함이다. 《속한서·여복지》에 "패도와 수레는 전체를 아로새기는데 제후는 황금으로 새긴다"고 하였고, 《동관한기》에 "등통에게 금착도를 내렸다"고 하였으니 이는 칼을 말한다. 지금 살펴보건대 두보의 시(〈대설對雪〉) "금착도 주머니 한갓 비었고, 은항아리 술 외상 사기 쉽다", 한유의 시(〈담주박선정제공潭州泊

船呈諸公〉) "솔막걸리 싸다 들었으니 금착도 왜 아끼리"는 모두 돈을 가리켜 말하였다. 두보의 시 "번쩍번쩍 금무늬 칼, 반질반질 붉은 실 노", 맹호연의 시(〈현담작峴潭作〉) "미인이 금착도 달래서 두 손으로 붉은 비늘 회를 친다"는 칼을 가리켜 말하였다. 두보의 시(〈호아행虎牙行〉) "금무늬 깃대 구름 가득 곧다"는 깃대에 금을 새긴 것이다. 한나라 진가의 처는 금을 새긴 주발을 남편에게 바쳤으니 이는 주발에 금을 새긴 것이다. 옛사람들은 기물에 황금을 아로새기는 일이 많았다.(施青臣, 繼古叢編, 金錯刀, 一名而二物, 錢一也, 刀二也. 漢食貨志, 王莽更造大錢, 又造錯刀, 以金錯其文曰, 一刀直五千. 張衡四愁詩, 美人贈我金錯刀, 何以報之雙瓊瑤. 此言錢也. 續漢書輿服志, 佩刀乘輿, 通身雕錯, 諸侯黃金錯. 東觀漢記, 賜鄧通金錯刀. 此言刀也. 今按, 杜詩, 金錯囊徒罄, 銀壺酒易賒, 韓昌黎詩, 聞道松醪賤, 何須吝錯刀, 皆指錢言. 杜詩, 熒熒金錯刀, 濯濯朱絲繩, 孟襄陽詩, 美人騁金錯, 雙手膾紅鱗, 此皆指刀言. 杜詩, 金錯旌竿雪滿霜(滿雲直의 잘못), 此以金錯於旌竿也. 漢秦嘉妻以金錯碗奉其夫, 此以金錯於碗上也. 古人於器物多以黃金錯之.)

《두시상주》 '형형'은 빛나는 모양이다.(熒熒, 光明貌.)

6 濯濯(탁탁)- 반질반질. 깨끗하다. '擢擢'으로 된 판본도 있다. 朱絲繩(주사승)- 붉은 실로 꼰 노. 현악기의 현으로 보기도 한다.

《두시상주》 '탁탁'은 깨끗한 모양이다.(濯濯, 鮮潔貌.)

7 非獨(비독)- …뿐만이 아니다. 顏色(안색)- 색깔.

8 由(유)- …때문에. '用'으로 된 판본도 있다. 顧盼稱(고반칭)- 돌아볼 만하다. 아낄 만하다. '고반'은 아끼다 또는 용모의 뜻이며, '칭'은 어울리다, 할 만하다는 뜻이다. '盼'은 '眄'으로 된 판본도 있다.

〔熒熒 4구〕 '금착도'와 '주사승'은 종려나무 불자의 장식물로 보기도 하고, 초라한 종려나무 불자와 대조되는 화려한 물건으로 보기도 한다.

《구가집주두시》 조언재 주 종려나무 불자 자루가 소박하여 장식이 없으니 번쩍이는 금무늬 칼과는 다르고, 종려나무 불자의 실이 흩어져 길지 않으니 반질거리는 붉은 실 노와는 다름을 말한다. 저 두 물건의 이름을 일컬을 만함은 역시 한갓 금과 붉은색의 예쁜 색깔 때문만은 아니다. 칼은 차는 데 쓰고, 현은 튕기는 데 쓰니 모두 사람들이 애호하는 것이다.(言椶拂之柄朴而無飾, 非若金錯刀之熒熒, 椶拂之絲散而不長, 非若朱絲繩之擢擢. 彼二物之名可稱, 亦非特以其金朱之好顔色耳. 刀用以佩, 弦用以彈, 皆係乎人之顧眄焉.)

《두공부시집》 '금착도'와 '주사승'은 모두 종려나무 불자의 장식물이다.(金錯朱絲, 皆椶拂之飾.)

#《두시상주》: 이 단락은 사물에는 적절한 쓰임새가 있으면 사람 마음이 모두 아낄 줄 안다는 말이다. 불자는 파리를 쫓기에 족하니 이는 그것이 사람 몸에 효능이 있는 것이다.(此言物當適用, 人情皆知顧惜. 拂足驅蠅, 此其效能於人身者.)

9 抱疾病(포질병) - 병을 앓다.

10 炎蒸(염증) - 찌는 더위.

11 咂膚(잡부) - 피부를 빨다. 倦(권) - 지치다. 撲滅(박멸) - 때려잡다.

《두억》 '잡부'는 파리를 말하니 앞의 '창승'을 이어 나왔다.(咂膚, 蠅也, 頂前蒼蠅來.)

《두시상주》 '잡부'는 파리가 빨아먹음을 가리킨다. 깨물다는 말과 같으니 물어뜯음이다. (咂膚, 指蠅咂, 與噆同, 齧也).

12 賴爾(뇌이) - 너에게 기대다. 종려나무 불자의 덕을 입었다는 뜻이다. 甘(감) - 기꺼이 服膺(복응) - 가슴에 품다. 간직하다.

《중용中庸》 "拳拳服膺" 구의 주희 집주集注 '복'은 '착'과 같다. '응'은 가슴이다. 받들어 가슴에 댄다는 뜻으로 간직할 수 있음을 말한다.(服, 猶著也. 膺, 胸也. 奉持而著之心胸之間, 言能守也.)

《두시상주》 '복응'은 불자를 가슴 앞에 지닌다는 뜻이다.(服膺, 持拂於胸前也.)

13 物微(물미)- 물건이 미미하다, 보잘것없다. 競棄(경기)- 다투어 버리다.

14 義在(의재)- 정의情義가 있다. '의'는 종려나무 불자를 대하는 의리를 말한다. 의로운 기능이 있다는 뜻으로 풀이하기도 한다. 徵(징)- 찾다.

《두시언해》 종려나무 불자가 미미하지만 그것으로 모기와 파리를 쫓는 데 의가 있다. 세상사람들은 그 의리를 찾으려 하지 않고 버린다.(椶拂雖微, 義在於用之除蚊蠅, 世人不肯徵其義而棄之也.)

15 三歲(삼세)- 3년. 시인이 3년 동안 종려나무 불자를 쓰고 보관해 왔음을 말한다.

16 闕(궐)- 빠뜨리다. 緘縢(함등)- 봉하다. 싸다.

《구가집주두시》 조언재 주 말구는 가을이 와 파리가 없어지지만 여전히 잘 보관하여 봉함이 찢어지지 않게 함을 말한다.(末句蓋言秋至而無蠅矣, 仍珍藏之, 未敢使緘縢之滅裂也.)

《보주두시》에 인용된 사씨 주 당나라 역사를 살펴보니 현종이 이임보를 장구령 대신 재상으로 삼았다. 장구령은 임용되지 않자 〈백우선부〉를 지어 자신의 뜻을 직접 밝혔다. 종려나무 불자는 질박하여 백우선을 대신하지는 못하지만 그래도 파리를 쫓을 수는 있다. 당시 이임보는 자질구레한 재능으로 장구령을 대신하였으니 그 재능은 조정에 전혀 쓸모가 없어 종려나무 불자보다 못하였다. 종려나무 불자는 물건으로서는 미미하지만 의리가 있으니 파리를 쫓는 데 쓴다. 세상사람들이 그 의를 찾아 믿으려 하지 않고 다투어 버리니 어이 하리. 두보는 맑은 가을에 버려서 쓰지 않음을 아파하고, 싸서 보관하는 일에 게으르지 않으니 훗날 다시 쓰고자 함이다.(按唐史, 玄宗以李林甫代張九齡相, 九齡旣不見用, 因作白羽扇賦, 以自見其志. 椶拂其質薄, 雖不堪代白羽, 猶足以驅除蒼蠅. 時林甫以瑣陋之材而代九齡, 其材能全無用於朝廷, 曾椶拂之不若也. 椶拂爲物雖微, 有理義在, 蓋可用之除蠅, 奈何世人不肯徵信其義而競棄之. 甫傷淸秋廢置不

用, 不敢怠於緘藏, 冀其他時之復用也.)

〔三歲 2구〕

《두시경전》 3년 동안 싸서 보관하며 때가 지났다고 차마 버리지 못함을 말하니 물건을 쓰는 의리상 당연한 일이다.(言三歲緘藏, 不忍以過時而棄之, 用物之義當然也.)

#《두시상주》: 이 단락은 평소 공을 세우면 사후에 차마 가벼이 버리지 못함을 말한다. 불자가 오래 기능을 바쳐 정과 의리가 아직 있지만 때가 지나면 바로 잊으니 누가 거두려는가. 공이 세 해를 싸서 보관하였으니 옛것을 버리지 않는 뜻이 있다. 이 시는 사물을 빌어 뜻을 담았다. 군자는 옛 사귐을 버리지 않으니 의리가 바로 이와 같다.(此言功在平時, 事後不忍輕棄. 拂久效能, 情義猶在, 但過時則忘, 誰肯徵收乎. 公之三歲緘藏, 有不棄著簪之意. 此詩借物寓言, 君子不遺舊交, 義正如此.)

##《독두심해》: 이 시는 헤진 불자를 싸서 보관할 때 지었음이 분명하다. 앞 8구는 쓰임이 있어 아끼기에 충분함을 포괄적으로 말하였다. 뒤 8구는 그 쓸모에 기댄 적 있으므로 차마 버리지 못한다는 뜻이다.(此當是緘藏敝拂時所作. 前八, 泛言其用, 有足顧惜. 後八, 嘗賴其用, 故不忍棄捐.)

《두억》: 이 시 역시 비흥이지 종려나무 불자를 읊은 것이 아니다. 종려나무 불자는 가난한 집에서 사용하는 것으로, 그 효능은 백우선과 다름이 없으므로 3년 동안 가을이 오면 싸서 보관하는 일을 빠뜨리지 않아 그 알맞은 쓸모를 중시하였으니 옛것을 버리지 못하는 뜻이 있다. 돌봄이 이와 같으니 아로새긴 금무늬나 붉은 실인들 어찌 훨씬 나을까.(此亦比興, 非詠椶拂也. 椶拂, 貧家所用, 當其效能與白羽無異, 故三歲秋至而不闕緘縢. 重其適用, 有不棄著簪之意. 顧盼若此, 卽金錯朱絲, 豈能遠過耶.)

(이창숙)

97. 送陵州路使君之任

능주 노사군이 부임하는 것을 전송하다

王室比多難[1] 高官皆武臣[2] 幽燕通使者[3] 岳牧用詞人[4]
國待賢良急[5] 君當拔擢新[6] 佩刀成氣象[7] 行蓋出風塵[8]
戰伐乾坤破[9] 瘡痍府庫貧[10] 衆寮宜潔白 萬役但平均[11]
霄漢瞻佳士[12] 泥塗任此身 秋天正搖落 回首大江濱

왕실이 근래 환난이 많아
고관이 모두 무신이더니,
유연 땅에 사자가 가게 되어
악목으로 문인을 등용했다.

나라에서 현량賢良을 급히 기다려
그대가 새로 발탁되었지.
차고 있는 칼이 기상을 이루며
순시하는 수레가 풍진으로 나선다.
전쟁으로 천지가 깨지고
백성의 고통으로 창고가 궁핍하다.
뭇 관료는 청렴해야 할 것이고
갖가지 부역은 오직 공평해야 할 터.

하늘에 있는 아름다운 선비 바라보며
진흙 길에 이 몸 맡겨두고
가을 날 한참 초목 떨어질 제
큰 장강 물가에서 고개 돌려 본다.

이 시는 재주에 있을 때, 능주자사 노씨의 부임을 전송하기 위하여 지은 시이다. 저작 시기는 광덕 원년이다. 노씨에 대해서는 자세히 알려져 있지 않다. 능주는 지명으로 검남 동도에 속하였다. 시제의 '之'가 '赴'로 된 판본도 있다.

《보주두시》 "유련 땅에 사자가 가게 되었다"는 것은 사조의가 광덕 원년 정월에 목대어 죽고 하북이 모두 평정된 것을 말한다. 시에서 또 "가을 날 한참 초목 떨어질 제"라고 하였으니 응당 광덕 원년 가을 재주에서 지은 것이다. 능주는 당나라 때 동천에 속하였다.(幽燕通使者, 謂史朝義廣德元年正月縊死, 而河北盡平. 詩又云, 秋天正搖落, 當是廣德元年秋在梓州作. 陵州, 唐屬東川.)

《두공부시집》에 인용된 《당서》 능주 인수군은 검남 동도에 속한다. 본래 융산군이었는데 천보 원년에 이름을 바꾸었다.(陵州仁壽郡, 屬劍南東道. 本隆山郡, 天寶元年更名.)

주 석

1 比(비)- 근래. '此'로 된 판본도 있다. 多難(다난)- 환난이 많다. 변란이 많다.

《구가집주두시》 조언재 주 안사의 난으로부터 모두 9년이니 역시 다난하다고 말할 수 있다.(自安史之亂, 通九年, 亦可謂多難矣.)

2 高官(고관) 구- 당시 무장이 자사의 직책을 겸직한 것을 말한다.

《두공부시집》 사서를 살펴보면 이 때 여러 주에 군대를 오래 주둔시켜 무장이 자사 직을 겸한 경우가 많아서 법도가 해이해지니 사람들이 이를 폐단으로 생각하였다. 그래서 고관이 모두 무신이라는 탄식을 한 것이다.(按史, 是時諸州久屯軍旅, 多以武將兼領刺史, 法度廢弛, 人甚弊之, 故有高官皆武臣之嘆也.)

3 幽燕(유연) - 유주와 연주. 하북 지역으로 안녹산의 본거지였다.

《구가집주두시》 조언재 주 건원 2년에 안녹산 부자가 참칭하여 무릇 3년만에 멸망하였고, 광덕 원년에 사사명 부자가 참칭하여 무릇 4년만에 멸망하였다. 안사가 평정되어 유주와 연주 길이 통하게 되니 사신이 왕래할 수 있었다.(乾元二年, 祿山父子僭號, 凡三年而滅. 廣德元年史思明父子僭號, 凡四年而滅. 安史旣平, 幽燕路通矣, 使命可以往來也.)

《두시경전》 당시 하북이 이미 평정되었기에 그렇게 말하였다.(時河北已平, 故云.)

4 岳牧(악목) - 지방관을 뜻한다. 詞人(사인) - 문인을 뜻한다.

《두시상주》 요순 때에 4악과 12목이 있었다.(唐虞時有四岳十二牧.)

#《두시상주》: 시사로 서술하기 시작했다. 당시 나라가 평정되어 다시 문인을 썼다. 그래서 노군이 이 임무를 맡게 되었다.(從時事敍起. 時平復用詞人, 故路君得膺此任.)

5 待賢良(대현량) - 어진 신하를 기다리다.

6 當拔擢(당발탁) - 발탁되다.

7 佩刀(패도) - 차고 있는 칼. 여건의 고사를 빌어서 노씨가 자사가 되었음을 말한다.

《두시상주》에 인용된 《진서晉書》 여건이 자사가 되었을 때 패도가 있었다. 관상쟁이가 반드시 삼공이라야 찰 수가 있다고 하자, 여건이 이에 별가 왕상에게 주면서 "경이 공보가 될 가능성이 있으니 그대에게 준다"고 하였다.(呂虔爲刺史, 有佩刀, 相者以爲必三公可服, 虔乃贈別駕王祥, 曰卿有公輔之望, 故相與也.)

8 行蓋(행개) - 수레 덮개, 즉 수레를 말한다. 風塵(풍진) - 병란을 비유한다. 이 구를 토번의 침략과 연관 지어 보는 설이 있다.

《두공부초당시전보유》 당시 한창 토번의 난리가 있었는데 노사군이 풍진을 무릅쓰고 갔다.(時方有吐蕃之亂, 路使君冒風塵而往也.)

9 乾坤破(건곤파) - 온 세상이 피폐해진 것을 비유한다.

《구가집주두시》 '천지가 깨졌다'는 것은 모든 곳이 피폐해졌다는 뜻이다.(乾坤破, 所在殘弊也.)

10 瘡痍(창이) - 백성의 질고疾苦를 의미한다. 府庫貧(부고빈) - 군수물자가 부족한 것을 뜻하는 것으로 볼 수도 있다.

《두시언해》 군수물자가 부족함을 말한다.(言軍用匱乏也.)

11 萬役但(만역단) - '萬物役'으로 된 판본도 있다.

〔衆寮 2구〕 노씨에게 충고하는 말이다.

《두억》 '중료' 1연은 친구의 충고이고 또한 난리를 구하는 좋은 방법이다.(衆寮一聯, 友朋之忠告, 亦救亂之良方.)

#《두시상주》: 이 단락은 사군의 첫 정무를 면려한 것이다. 여건이 칼을 찬 것은 자사의 일이다. 검은 수레 덮개로 현을 순시하는 것은 태수의 일이다. 노씨가 아마 군을 맡았기 때문에 두 가지 일을 사용하였으리라. 난리 후라 백성이 궁핍하니 의당 몸을 깨끗이 하여 관속을 거느리고 부역을 공평하게 하여 백성을 사랑해야 한다.(此勉使君初政, 呂虔佩刀, 刺史之事. 皀蓋行縣, 太守之職. 路殆郡守, 故兩用之. 亂後民貧, 當潔身以率屬, 平役以愛民.)

12 佳士(가사) - 노씨를 뜻한다. '家事'로 된 판본도 있다.

#《두시상주》: 이 단락은 전송하는 정을 서술하였다. 하늘과 진흙 길이니 피차간에 멀리 떨어지게 되었다. 강가에서 머리 돌려 보는 것은 그가 나를 생각해주기를 바라는 것이다.(此述送行之情. 霄漢泥塗, 彼此懸隔矣. 回首江濱, 望其見憶也.)

##《두공부시집집주》: 고적이 촉에 있을 때 동천과 서천을 합치기를 청하는 소에서 "가릉 지역이 근래 오랑캐에 의해 함락되었는데. 지금 비록 조금 안정되었으나 백성의 고통이 아직 회복되지 못했습니다"라고

했다. 이로써 능주가 먼저 외적의 난리를 겪었음을 증명할 수 있는데, 애석하게도 두《당서》에서 그 일을 기재하지 않았다. 이 시에서 자기를 깨끗이 하고 부역을 공평하게 하라는 것은 대개 문신이 난리를 구하는 도리가 의당 이와 같아야 함을 말해 준 것이리라.(高適在蜀, 請合東西川疏云, 嘉陵比爲夷獠所陷, 今雖小定, 瘡痍未平. 可証陵州先經寇亂, 惜二史不載其事. 此詩潔已平役, 蓋告以文臣救亂之道當如是耳.)

《독두심해》: 첫 4구는 뽑혀서 쓰인 연유를 서술하였다. 하나는 옛일이고 하나는 지금 일로서 현종, 숙종, 대종 3대의 국면을 종합하여 천년토록 명료하게 하였으니 사서 몇 책을 읽는 것이 이 4마디 말을 보는 것만 못하다. 가운데 8구는 바로 사군에게 고한 것이니 이는 시의 배 부분이다. 그 중 위 4구는 그의 예기銳氣를 진작하고 그의 가는 일을 씩씩하게 하였고 아래 4구는 적절하고 간곡하여 당시의 폐단과 정무의 법에 대해 한 자 한 자가 금석과 같다. 끝 4구는 증송의 뜻을 표한 것으로, 결어는 그가 나의 떠돌이 생활을 염려해주기를 바라면서 바로 나의 충고를 생각해 달라는 것이다. 군수의 벼슬을 하는 자들이 각각 의당 자리 옆에 한 통씩 새겨두어야 할 것이다. 예전에는 능주가 난리를 겪은 일은 상고할 수 없다고 여겼는데, 이는 '전벌'이란 것이 시에서 원래 능주를 가리킨 것이 아니라는 사실을 몰라서이다. 전쟁이 일어난 이후 모든 곳이 물자 공급을 지탱할 수 없었으니 비록 침략을 당하지 않았더라도 또한 모두 어렵고 부족했던 것이다.(起四句, 述簡用之由. 一往一今, 綜括玄肅代三朝之局, 令千載了然, 讀史歷數冊, 不如此四語也. 中八句, 正告使君, 是詩腹. 上四, 作其銳, 壯其行. 下四剴切懇到, 時弊政經, 字字金石. 末四句, 致贈送之意. 結語, 望其念我流寓, 正欲其思我箴規也. 官郡守者, 各宜銘一通於座右. 舊謂陵州經亂無攷, 不知戰伐者, 詩原不指陵州. 蓋自兵興以來, 所在供應不支, 雖未被寇, 亦皆困竭.)

(이영주)

98. 送元二適江左
강동으로 가는 원이를 전송하다

亂後今相見　秋深復遠行　風塵爲客日　江海送君情
晉室丹陽尹[1]　公孫白帝城[2]　經過自愛惜[3]　取次莫論兵[4]

난리 후 오늘에야 서로 만나게 되었는데
가을 깊어가는 시절 또 먼 길 떠나는구려.
풍진 속에서 나그네르 떠도는 날
강과 바다로 그대를 보내는 마음.
진나라 왕실의 단양윤이요
공손술의 백제성이니
지나갈 때 스스로 몸을 아껴서
내키는 대로 군대 일을 논하지 마시게.

이는 광덕 원년, 재주에서 강동으로 가는 원씨를 전송하여 지은 시이다. 이별의 아픔을 묘사하면서 또한 떠나가는 이에게 근신하기를 부탁하고 있다. 시제의 '원이'가 누구인지는 자세하지 않다. '강좌'는 강동으로 장강 하류의 동쪽 지역에 해당한다.

《보주두시》 시에서 '풍진 속에서 나그네로 떠도는 날'이라고 한 것은 광덕 원년 9월 토번이 침입해 들어온 것을 말한다. 이 시는 이 때 지었다.(詩云, 風塵爲客日, 謂廣德元年九月吐蕃入寇. 此詩是時作.)

《두시상주》 황학은 광덕 원년에 편재하였는데 지금 잠시 그것을 따르기로 한다. 주학령 주에 "《왕우승집》에 〈안서로 가는 원이를 전송하다〉 시가 있는데 바로 이 사람인 것 같다"고 하였다. 옛 주에서는 '원이'가 원결이라고 여겼는데 전겸익 전에서 그것이 오류임을 밝혔다. 원결의 본전을 살펴보면 원결은 촉에 간 적이 없고 강동에 간 적도 없다.(黃鶴編在廣德元年, 今姑仍之. 朱注, 王右丞集有送元二適安西詩, 疑卽此人. 舊注以元二爲元結, 錢箋辯其謬誤. 考本傳, 結未嘗至蜀, 亦未嘗適江左也.)

《독두심해》 '강좌'는 당대에는 강남동도이다.(江左, 於唐爲江南東道.)

주 석

1 晉室(진실) 구- 진나라의 남도 초기에 나라가 어지러웠던 상황을 두고 한 말로서, 원이가 가는 강동지역에 번진이 발호하고 있음을 비유한다.

《두공부시집》에 인용된 《송서宋書》 한 건봉 2년에 단양군을 세웠는데 치소가 지금 선성의 완릉현이었다. 진 무제 태강 2년, 단양을 나누어 선성군을 만들고 완릉에 치소를 두었으며 단양은 건업으로 치소를 옮겼다. 원제 태흥 원년에 윤으로 고쳤는데 거느리는 현은 여덟이었다.(漢元封二年, 立丹陽郡, 治今宣城之宛陵縣. 晋武帝太康二年, 分丹陽爲宣城郡, 治宛陵, 而丹陽移治建業. 元帝太興元年, 改爲尹, 領縣八.)

《두시상주》 양 원제 〈단양윤전서〉에 "두 경사가 혼란해지자 사마씨司馬氏의 다섯 왕이 남으로 건너왔다. 이리하여 위로 천문을 살피고 아래로 지리에 응하여 바로 회해를 바꾸어 신주로 하고 또한 단양을 경윤으로 삼았다"고 하였다. 유겸의 《삼진기》에 "소준이 조약을 불러 반역하였는데 조약은 허유로 하여금 무리를 이끌고 가서 소준과 만나게 하였다. 경사를 함락하자 허유를 단양윤에 임명하였는데 뒤에 죄를 지어 죽임을 당하였다"고 하였다"고 하였다.(梁元帝丹陽尹傳

序, 自二京板蕩, 五馬南渡, 因乃上燭天文, 下應地理, 卽變淮海爲神州, 亦卽丹陽爲京尹. 劉謙三晋記, 蘇峻召祖約爲逆, 約遣許柳以衆會峻, 克京師, 拜丹陽尹, 後以罪誅.)

2 公孫(공손) 구- 동한 초에 공손술公孫述이 백제성의 험준함을 근거지로 하여 칭제하였다. 이 구 역시 당시 번진이 발호하고 있는 것을 비유한다.

《두시상주》에 인용된 《원화군현지元和郡縣志》 백제성은 적갑산과 서로 접해 있다. 처음 공손술이 어복에 이르자 백룡이 우물 가운데서 나왔다. 이리하여 어복을 백제성이라 불렀다.(白帝城, 與赤甲山相接, 初公孫述至魚復, 有白龍出井中, 因號魚復爲白帝城.)

〔晉室 2구〕

《두시상주》 호효원이 말하기를 "'단양윤'은 진나라 누구라고 지정할 필요는 없다. (진나라) 남도 초기에 온교, 유외 같은 이들이 경사를 다스렸는데 대체로 왕돈이 난을 일으킬 때에 해당하고 공손술公孫述이 험준한 지형을 의지하여 백제라고 칭한 것은 숙종, 대종 조에 번진이 나누어 할거하던 상황과 매우 흡사하다. 이 두 가지 말을 앞에 둔 것은 바로 '논병'이란 말의 맥락으로 삼은 것이다"라고 하였다. …… 오견사 주에 "숙종 때 절도사와 번진이 발호하니 소준이 석두에서 난을 일으키고 공손술이 험준함을 의지하여 칭제하였던 기상이 아주 농후하였다. 먼저 이 2구를 깔아 놓았으니 바로 '막론병'의 복선이 된다"고 하였다.(胡孝轅曰, 丹陽尹, 不必指定晋何人. 南渡初, 如溫嶠劉隗尹京, 多在王敦倣擾際, 而子陽負劍(劍은 險의 잘못)稱白帝, 大似肅代朝節鎭分據景象, 用此二語先之, 正爲論兵語脈也. …… 吳注, 肅宗時, 節鎭跋扈, 大有蘇峻倣擾石頭, 子陽負險稱帝氣象. 先伏此二句, 正爲莫論兵張本.)

3 經過(경과) 구- 단양이나 백제성을 지날 때 조심하라는 말이다.

4 取次(취차)- 내키는 대로. 마음대로. '머무는 곳에서' '여유롭게' '차

례대로'의 뜻으로 보는 견해도 있으나 취하지 않는다. 論兵(논병)-군대 일을 논하다. 원이는 손오과孫吳科라고 하는 무과武科에 응시한 적이 있었다.

《두시상주》 소씨 주에 "'취차'는 '머무는 곳'이라는 말과 같다"고 하였다. 황생의 주에 "이는 당시의 방언으로 '여유롭게'의 뜻과 같다"고 하였다. 지금 살펴보건대, 마땅히 이것은 '차례대로'의 뜻이다.(邵注, 取次, 猶言卽次之處. 黃生注, 此當時方言, 猶從容之意. 今按, 當是次第之意.)

#《두시상주》: 원주에 "원씨는 일찍이 손오과에 응시한 적이 있다"고 하였다. 위 4구는 송별함에 슬퍼하는 마음이고 아래는 그가 앞길에 신중하라고 부탁한 것이다. '풍진'구는 '난후'를 잇고 '강해'구는 '원행'을 이었으니 2구에는 무궁한 슬픔이 있다. 백제에서 단양까지는 바로 강동으로 가는데 거쳐 지나는 곳으로 이것은 〈봉송최도수옹하협奉送崔都水翁下峽〉의 '백구협과 황우협, 아침 구름과 저녁 비의 사당'과 똑같이 아래를 일으키는 말이다. 당시 번진 중에 발호하여 관망하는 자가 많았으므로 원씨가 군대 일을 말하여 화를 부르지 말라고 경계한 것이다. 조방의 주에 "난리의 때에 나그네로 있으면서 나그네를 전송하니 마음을 추스르기가 배나 어렵다"고 하였다.(原注, 元嘗應孫吳科擧. 上四送別傷情, 下則囑其前途愼密也. 風塵承亂後, 江海承遠行, 二句有無窮之悲. 自白帝而丹陽, 乃江左經過處, 此與白狗黃牛峽, 朝雲暮雨祠, 同是起下語. 時藩鎭多跋扈觀望者, 故戒其毋談兵以賈禍. 趙汸注, 亂離之際, 作客送客, 倍難爲情.)

《두억》: 난리 후에 서로 만나 다행으로 여기고 있는데 가을이 깊어가는 때에 또 먼 길을 떠나니 마음은 이미 견딜 수 없다. 하물며 풍진 속에서 나그네로 떠도는 날임에랴? 3, 4구에는 끝없는 슬픔이 있고 뜻은 말 밖에 있다. 5, 6구는 평론이나 주석에서 이미 밝혔거니와 바로 은어이다. 결구에 대하여는 유신옹이 말하기를 "어찌 번진, 절도에 대해 말하기 어려운 것이 있지 않겠는가?"라고 하였다.(亂後相見, 方以爲幸, 至秋深又遠行, 情已不堪矣. 况當風塵爲客之日乎. 三四有無窮之悲, 意在言外. 五六評註已明, 乃是隱語. 結句, 劉云, 豈非藩鎭節度有難言者乎.)

《독두심해》: 원이는 필시 의기意氣를 믿고 남에게 굽히려 하지 않으며 군대 일을 말하기 좋아하면서 제후들 사이를 떠돌던 사람일 것이다. 한유의 〈송동소남서〉는 이 시의 뜻과 비슷하다. 위 4구는 조방이 이르기를 "난리의 때에 나그네로 있으면서 나그네를 전송하니 마음을 추스르기가 배나 어렵다"고 하였다. 내가 살펴보건대 '단양윤' '백제성'은 당시 번진이 발호한 것을 비유한다. 당시 비록 강회 이남에 조정의 명에 따르지 않는 자는 없었지만 연과 제가 연결된 것을 늘 보면서 어떤 이는 관망하며 딴 마음을 품으려고 하였다. 또 원이가 진실로 강동에서 뜻을 얻을는지 혹은 하북에서 스스로를 천거하여 벼슬을 구하게 될는지는 모두 알 수가 없다. 완곡하게 따지고 슬쩍 풍자하니 뜻이 심원하다.(元二必負氣好談兵, 遊諸侯間者. 昌黎送董邵南序, 彷彿此詩語意. 上四, 趙汸云, 亂離之際, 作客送客, 倍難爲情. 愚按, 丹陽尹白帝城, 比當時藩鎭跋扈. 時雖江淮以南未有擅命者, 然習見燕齊連結, 或將觀望生心. 且元二苟得志於江左, 或至呈身河北, 是皆不可知. 婉商微諷, 意深遠矣.)

(**이석형**)

99. 九日
중양절

去年登高郪縣北[1] 今日重在涪江濱[2]
苦遭白髮不相放[3] 羞見黃花無數新[4]
世亂鬱鬱久爲客[5] 路難悠悠常傍人[6]
酒闌却憶十年事[7] 腸斷驪山淸路塵[8]

작년에 처현 북쪽 산에 올랐는데
오늘 다시 부강 물가에 있다.
괴롭게도 백발이 나를 내버려두지 않건만
부끄럽게도 노란 국화 무수히 새롭구나.
세상 어지러운데 오래도록 나그네 신세여서 울적하고
길 험난한데 늘 남에게 기대어 시름이 깊도다.
술자리 끝나가자 오히려 10년 전 일 떠오르니
여산에 천자가 납시어 애간장 끊어졌었지.

이 시는 두보가 광덕 원년 중양절에 재주 부강가에서 과거 안녹산의 난이 발발했을 때의 일을 떠올리며 느낀 감회를 읊은 것이다.

《보주두시》 시에서 '작년에 처현 북쪽 산에 올랐다'고 하였으니, 광덕 원년에 지은 것이 분명하다.(詩云去年登高郪縣北, 當是廣德元年作.)

주석

1 去年(거년)- 작년. 지난해 중양절을 가리킨다. 郪縣(처현)- 고을 이름. 재주의 치소가 있던 곳이다.

《보주두시》 재주는 처현에 치소를 두었다.(梓州治郪縣.)

2 涪江(부강)- 강 이름.

《두시상주》《수경》에 "부강 강물은 동남쪽으로 사강과 합쳐지는데, 사강은 재주에 있다"고 하였다. 고신顧宸 주에 "부강은 처현 서쪽 200리 되는 곳에 있다. 부성현 동남쪽에서 현의 경계로 흘러든다"고 하였다.(水經, 涪江水東南合射江, 射江在梓州. 顧注, 涪江在郪縣西二百里, 自涪城縣東南流入縣界.)

3 不相放(불상방)- 나를 놓아주지 않다.

《두시상주》 '불상방'은 사람을 내버려두지 않는다는 말이다.(不相放, 謂不饒人.)

4 黃花(황화)- 국화.

《예기·월령月令》 늦가을에… 국화는 노란 꽃이 핀다.(季秋之月,… 鞠有黃花.)

5 鬱鬱(울울)- 울적한 모양.

6 悠悠(유유)- 시름이 깊은 모양. 혹은 험로가 멀거나, 세월이 오래도록 지속되는 모양으로 볼 수도 있을 듯하다. 傍人(방인)- 사람을 가까이 하다. 즉 남에게 의지하는 것을 말한다.

7 酒闌(주란)- 술자리가 끝나가는 것을 뜻한다. '闌'은 '다하다', '끝나다'란 뜻.

《사기·고조본기高祖本紀》 배인집해裴駰集解 '난'은 드물다는 말이다. 술을 마시는 자 중에서 반은 파하고 반은 남은 것을 말한다. 이를 '난'이라 한다.(闌言希也. 謂飮酒者半罷半在, 謂之闌.)

8 驪山(여산)- 산 이름. 淸路塵(청로진)- 길의 먼지를 깨끗이 하다.

천자가 행차하는 것을 뜻하는 말로, 여기서는 10년 전 현종이 여산의 화청궁에 행차했다가 안녹산이 반란을 일으키자 경사로 돌아간 일을 가리킨다.

《두시상주》 '청로진'은 천자의 수레가 나서기에 길을 청소하는 것이다.(淸路塵, 輦出而淸道也.)

《두시언해》 명황이 여산에 행차한 것을 회상한 것이다.(追想明皇遊幸驪山也.)

〔酒闌 2구〕

《보주두시》에 인용된 왕수王洙 주 명황의 태평하던 시절을 떠올린 것이다. 분명히 지적해서 말할 수 없기에 여산에다 뜻을 기탁한 것이다.(憶明皇太平之時也. 不敢明指, 故致意驪山也.)

《보주두시》에 인용된 설창서薛蒼舒 주 두보는 시절이 가슴 아파 근심과 울분이 일어나면 글로 써 내어 득실을 명확히 진술하였는데 늘 절실하고 지극하였다. 그런데 왕수 주에서는 두보가 분명히 지적해서 말할 수 없었다고 하였다. 아! 틀린 생각이다.(子美傷時憂憤, 發爲辭章, 指陳得失, 莫不切至, 而此注謂其不敢明指. 嗚呼, 謬哉.)

《두억》 천보 14년 겨울에 두보는 경사에서 봉선현으로 돌아가며 도중에 여산을 지났다. 현종은 당시 화청궁에 행차했다가 안녹산이 반란을 일으킨 뒤에야 경사로 돌아갔다. 그보다 앞서 안녹산이 상소를 올려 말을 바치겠다고 요청하였는데, 황제는 이미 그가 반란을 일으키려 한다는 것을 알면서도 태만하여 대비를 하지 않고, 또 여산에서 유람하기까지 하였다. 이는 실로 (맹자가 말한) '위기에 안주하고 재난을 이롭게 여긴다'는 격이다. 이제는 광덕 원년, 이때까지 10년이 된다. 두보는 그래서 이를 떠올리며 슬픔을 못이기는 것이다.(天寶十四年冬, 公自京師歸奉先, 路經驪山, 玄宗時幸華淸宮, 祿山反, 然後還京. 先是祿山表請獻馬, 帝已知其欲反, 漫不爲備, 且爲驪山地遊, 此眞安其危利其災者. 至今廣德元年, 至此十年矣, 公所以憶之而腸斷也.)

《독두시설》 이제 살펴보건대, 이 2구는 '세상이 어지럽다'와 '길이 험난하다'는 두 구절을 분명히 이어받아서 말한 것이다. 천보 14년에 안녹산이 반란을 일으켰는데, 이것이 세상이 어지럽게 된 시발점이다. 이때까지 10년이 된다. 그래서 술자리가 끝나가자 나그네로서 남에게 기대는 신세에 생각이 미쳐 애간장 끊어지는 슬픔을 이기지 못하는 것이다. 태평성대의 일에 대해 추억했다고 하는 것도 물론 틀린 말이지만, 화의 근본을 따졌다고 하는 것도 틀린 말이다. 두보의 시에서 꼭 관련성을 찾고자 한다면 천착하고 견강부회하는 폐단이 생기게 된다.(今按此二句, 明承世亂路難說. 天寶十四載, 安祿山反, 此世亂之始也. 至此十年, 故酒闌憶及作客依人, 不勝悲悼腸斷耳. 謂追思盛事, 固非, 謂推原禍本, 亦非. 公詩必求有關係, 則穿鑿附會之弊滋矣.)

#《두시상주》: 두보는 재주에 있으면서 두 차례 중양절을 보내게 된 것을 탄식하였다. 위 4구는 중양절의 정황과 일을 읊었고, 아래 4구는 나그네로서의 감회를 읊었다. '백발'과 '황화'는 본래 늘 보는 경관인데도, 단지 허자를 몇 개 보태자 시어의 뜻이 새로워졌다. 세상이 어지러운데 오래도록 나그네 되었으니 더욱 우울함이 쌓이고, 길이 험난한데 늘 남에게 기대었기에 배로 수심이 느껴지는 것이다. 2구 속에 얼마나 많은 슬픔이 담겼겠는가! 술자리가 끝난 뒤에 갑자기 여산의 지난 일이 떠올랐다. 아마도 명황의 지나친 유람이 도를 넘어 세상이 어지러워지고 길이 험난하게 되었다고 한탄한 것일 게다. 끝은 화의 근본을 따진 것으로 보아야 비로소 관련성이 있게 된다. 만약 단지 태평성대의 일에 대한 추억만 말한다면, 시의는 도리어 천박해질 것이다.(公在梓州, 自歎兩度重九也. 上四九日情事, 下四旅中感懷. 白髮黃花, 本屬常景, 只添數虛字, 語意便新. 世亂而久爲客, 愈增鬱鬱. 路難而長傍人, 倍覺悠悠. 兩句中, 含多少悲傷. 酒闌以後, 忽憶驪山往事, 蓋歎明皇荒遊無度, 以致世亂路難也. 末作推原禍本, 方有關系, 若徒說追思盛事, 詩義反淺矣.)

《독두심해》: 나그네가 된 연유를 회고하였다. 그래서 난이 일어난 것을 마음 아파한 것이다.(回思作客之由, 是以傷心亂始.)

(**김만원**)

100. 對雨

비를 대하다

莽莽天涯雨[1]　江邊獨立時[2]　不愁巴道路[3]　恐濕漢旌旗[4]
雪嶺防秋急[5]　繩橋戰勝遲[6]　西戎甥舅禮[7]　未敢背恩私[8]

하늘 끝 비는 하염없이 내리는데
강변에 홀로 서있는 때.
파 땅의 길이야 무에 근심하랴
한나라 군기가 젖을까 걱정할 뿐.
설령에 가을을 방비함이 급한데
승교의 승전 소식은 더디기만 하네.
서융은 장인 사위의 예를 지키리니
감히 은혜를 저버리지는 않을 것이라.

광덕 원년 가을 지은 시이다. 당시 가을비 속에 낭주로 가려던 두보는 토번의 침략을 걱정하는 마음을 시에 담았다.

《보주두시》 이 시는 광덕 원년에 지었음이 분명하다. 양권도 역시 이 해에 편재하고 있다. 시에서 "설령에 가을을 방비함이 급하다"고 했는데 이 해 토번이 쳐들어왔음을 말한 것이다. 공은 낭주로 들어가고자 했으므로 "파 땅의 길이야 무에 걱정하랴"고 했다.(此詩當作於廣德元年. 梁權道亦編在此年. 詩云, 雪嶺防秋急, 謂是年吐蕃入寇. 公將入閬州, 故曰不愁巴道路.)

《두시상주》에 인용된 고신 주　이 시는 광덕 원년 가을에 지었다.

당시 공은 재주에서 장차 낭주로 가려고 하였다. 칠월에 토번이 하서와 농우를 모두 탈취하였으므로 변방을 지키는 일이 한창 엄중하였다. 그래서 "설령에 가을을 방비함이 급하다"고 한 것이다.(此廣德元年秋作. 時公從梓州將往閬州也. 七月, 吐蕃盡取河隴, 邊備正嚴, 故云雪嶺防秋急.)

주 석

1 莽莽(망망) - 끝없는 모양. 여기서는 비가 하염없이 내리는 모양을 가리킨다.

《구가집주두시》 조언재 주 비에 대해 '망망'이라고 말한 것은 신기하다 할 만하다. 마치 해에 대해 〈만성이수漫成二首〉에서 '들녘 해는 어슴푸레 희다'라고 말하는 것과 같다.(於雨言莽莽, 可謂新奇矣, 蓋猶於日言野日荒荒白.)

2 江邊(강변) - 강가. 재주梓州를 흘러가는 부강涪江의 강가를 가리킨다.

《구가집주두시》 조언재 주 강가에 홀로 서있게 되면 생각이 심원해지게 된다.(江邊獨立, 其所思者遠矣.)

3 巴道路(파도로) - 당시 두보가 왕래하였던 재주와 낭주閬州 사이의 길을 가리킨다.

4 濕(습) - 젖다. '失'로 된 판본도 있다. 漢旌旗(한정기) - 관군의 깃발을 가리킨다.

《두억》 이전에는 '공습'이라 했는데 유신옹劉辰翁이 쓸데없이 '실'로 고쳤다. 대군이 지나면 사람들이 누구나 다 알게 되는데 비에 젖으면 행군이 지체되므로 걱정하게 된 것이다. 제목에서 '비를 대하다'라고 한 것이 괜히 그렇게 말한 게 아니다.(舊作恐濕, 而須溪妄改爲失. 未有大軍過而人不知者, 雨濕則行遲, 故以爲恐, 而題云對雨, 非無爲也.)

〔不愁 2구〕

《구가집주두시》 조언재 주 파 땅의 길은 면주에서 동쪽으로 가는 길이다. 당시 관군을 움직여 토번을 방어하였으므로 공의 뜻은 비록 파산의 길을 왕래할지라도 걱정으로 여기지 않겠고 오직 관군의 깃발이 젖게 될 것만을 근심한다는 것이다.(巴道路, 自綿而東也. 時治兵禦吐蕃, 公之意謂, 雖往來巴山之道路而不以爲愁, 惟恐濕漢之旌旗矣.)

《두시경전》에 인용된 주학령 주 파 땅의 길이 가기 힘든 것은 걱정하지 않고 오직 수자리 병사들이 이 시기에 비에 젖는 것만을 심히 염려스러울 뿐임을 말한 것이다.(言不憂巴道難行, 特戍兵此時沐雨, 深可念耳.)

5 雪嶺(설령) - 지명. '서령西嶺', '서산西山'으로도 부른다. 당조에서는 이곳에 송松, 유維, 보保 3성을 건설해서 토번의 침입을 막았다.
防秋(방추) - 중국 서북 토번 등 유목민족이 가을이 되어 말이 살찔 무렵 남침하는 일이 잦았으므로 이 시기에 중국은 변방 경계를 강화했는데 이를 '방추'라고 하였다.

《구가집주두시》 조언재 주 설령은 송주, 유주의 밖에 있으니 바로 서산이다.(雪嶺, 在松維州之外, 卽西山也.)

《두시상주》에 인용된 사씨 주 변방의 이민족이 가을이 깊고 말이 살찌게 되면 늘 침입하였으므로 '방추'라고 말한 것이다.(邊人秋高馬肥常入寇, 故云防秋.)

6 繩橋(승교) - 지명. 서북 변방의 군사 요충지의 하나. 문자 그대로 '줄로 만든 다리'로 보기도 한다.

《보주두시》 《당서·지리지》 주에 의거하면 당흥에 양관전, 붕착, 승교 등 세 곳의 수착성이 있다고 했다. 승교는 아마도 세 성 중의 하나일 것이니 민강의 대나무 줄로 만든 다리를 가리키는 것이 아니다.(唐志注, 唐興有羊灌田玥笮繩橋三守捉城. 繩橋蓋三城之一, 非岷江竹橋也.)

《구가집주두시》 조언재 주 민강은 물살이 급해서 다리를 놓을 수가 없었다. 그래서 대나무로 꼰 줄로 다리를 만들고 공중으로 건넜으므로 승교라고 했다.(以岷江湍急, 不可爲梁, 乃以竹繩而爲之, 駕虛以渡, 故號繩橋.)

《두시경전》에 인용된 《여지기승輿地紀勝》 승교는 유주 보녕현 동쪽 15리에 있다. 대나무를 엮어서 줄을 만들고 그 위에 목판을 깔았는데 길이가 30장으로 중국과 토번을 이어주는 길이다.(繩橋在維州保寧縣東十五里, 辮竹爲繩, 其上施木板, 長三十丈, 通蕃漢路.)

《독두심해》 승교는 《원화군현지》에 의거하면 무주에 있다. 바로 송주와 유주의 사이이다. 황학은 팽주에 있는 세 곳 수착성 중의 하나인 승교라고 했으나 이곳은 성도에서 매우 가까운 곳이다. 토번이 결코 이곳까지 오지 않았으니 어떻게 전쟁이 있을 수 있었겠는가.(繩橋, 據元和志在茂州, 正是松維之間. 黃鶴謂是彭州三守捉城之繩橋. 此去成都甚邇, 吐蕃並未到此, 何得有戰.)

7 西戎(서융): 서쪽 오랑캐. 여기서는 토번을 가리킨다. 甥舅禮(생구례)- 사위가 장인에게 지켜야 할 예. 당조에서는 화친을 위해 문성공주, 금성공주 등을 토번의 왕에게 시집을 보냈다. 그러므로 토번은 사위가 장인을 예우하듯이 당조를 잘 섬겨야 한다는 말이다.

《구가집주두시》 조언재 주 애초에 중종은 경룡 3년 옹왕 이수례의 여식을 금성공주로 삼아 찬보에게 시집을 보냈다. 그 후 현종 개원 연간에 (토번이) 사신을 파견하여 입조하였는데 표를 올려 '사위'니, '선제장인'이니 운운하였다. 지금 공의 말은 토번이 사위와 장인의 예를 돈독하게 하여 배반하지 말 것을 기대하고 있는 것이다.(初, 中宗景龍三年, 以雍王守禮女爲金城公主, 以妻贊普. 其後, 玄宗開元間遣使入朝, 奉表言甥, 言先帝舅云云. 今公言望其敦甥舅之禮而勿背焉.)

8 恩私(은사)- 은혜. 은총.

#《두시상주》: 위 4구는 비가 오는 경치요, 아래 4구는 시절에 대한 감개

이다. 비가 내리는 때에 홀로 서 있으니 여러 근심이 일어난다. 그래서 자신이 재주와 낭즈를 지나감에 파촉의 길이 험난함을 걱정하지 않고 오직 군대가 비를 만나 군기가 젖고 행군이 어렵게 될 것을 염려할 따름이다. 인하여 설령과 승교를 생각하니, 이곳은 바로 외적을 막는 곳이다. 지금 가을 침략을 방비함이 시급한데 전승은 기약이 없으니 일의 형세가 크게 염려스러운 것이다. 아마도 토번이 장인과 사위의 예를 생각하리니 차마 우리나라의 은혜를 등지겠는가. 하지만 오랑캐의 마음은 종내 헤아릴 수가 없는 것이다.(上四雨景, 下四感時. 雨時獨立, 憂思並起, 故不愁身經梓閬, 巴路崎嶇, 但恐征人逢雨, 旗濕難行耳. 因思雪嶺繩橋, 乃禦寇之地, 今防秋方急, 而戰勝無期, 事勢大可慮矣. 或者吐蕃念甥舅之禮, 不忍背我國恩乎, 然虜情終未可測也.)

《독두심해》: 이 시는 앞의 여러 시들과 같이 낭주에서 재주로 돌아가려 할 때에 지은 것이다. 비가 길 떠나는 사람을 막는데 길 떠나는 것이야 기다려줄 수 있다. 하지만 변방을 지키는 병졸이 비에 젖어도 변방을 지키는 일이야 또한 그만둘 수 없다. 3,4구는 비오는 풍경을 빌어서 위와 맞춘 것으로 수법이 기민하다. 5,6구는 바로 '한정기'를 받는데, 여기서 '한'은 '중화 의 뜻이다. 마지막은 역시 바라는 말이다.(此與前數篇一類, 欲由閬歸梓而作. 雨阻行人, 行猶可待. 雨淋戍士, 戍且無休. 三四, 卽借雨景搭上, 手法便利. 五六, 竟頂漢旌旗, 此漢字, 作中華解. 末亦希冀之辭.)

(**김성곤**)

101. 薄暮
어스름 저녁

江水長流地[1] 山雲薄暮時 寒花隱亂草[2] 宿鳥探深枝[3]
故國見何日[4] 高秋心苦悲[5] 人生不再好 鬢髮自成絲[6]

강물 길게 흐르는 땅에
산 구름 어스름 저물 때에
한화는 어지러운 풀 속에 숨고
숙조는 깊은 나뭇가지 찾네.
고향을 어느 날에나 보게 될까?
깊은 가을날 마음 심히 슬퍼지네.
인생이 더이상 좋아지지 않고
귀밑털은 절로 명주실이 되었네.

광덕 원년 가을 낭주에서 지은 작품이다. 날이 저물 무렵 늙은 몸으로 객지를 떠도는 시름이 담겨있다.

《보주두시》 시에 "깊은 가을 날 마음 심히 슬퍼진다"고 하였고, 또 "한화는 어지러운 풀 속에 숨는다"라 하였으니, 마땅히 광덕 원년 가을 낭주에서 지은 것이다. 이 해 공은 9월에서야 낭주에 이르렀다.(詩云, 高秋心苦悲, 又云, 寒花隱亂草, 當是廣德元年秋在閬州作. 是年, 公九月至閬矣.)

《두시상주》 고신의 주에 "광덕 원년 가을 낭주에서 지은 것이다"라고 하였다. 이해 9월 낭주에 다다랐다. 주사의 시(〈還田舍〉)에 '하물며 이 어스름 저녁을 맞은 마음에 있어서랴?'라 하였다. '박'은 다가간다는 뜻이다.(顧注, 廣德元年秋在閬州作. 是年九月, 至閬州. 周捨詩, 況茲薄暮情. 薄, 迫也.)

주석

1 江水(강수)- 강물. 낭주성閬州城 서쪽을 흐르는 가릉강嘉陵江 물을 가리킨다. 長流地(장류지)- 길게 흐르는 땅. '長流'가 '最深'으로 된 판본도 있다.

2 寒花(한화)- 추위 속에 핀 꽃. 흔히 국화를 가리킨다. 隱亂草(은란초)- 어지러이 자란 풀 속에 숨어있다.

3 宿鳥(숙조)- 둥지로 돌아가 쉬는 새. 探深枝(탐심지)- 깊숙한 가지를 더듬어 찾다. '探'이 '擇'으로 된 판본도 있다.

4 故國(고국)- 고향. '故'가 '舊'로 된 판본도 있다.

5 高秋(고추)- 깊은 가을. 심추深秋. 心苦悲(심고비)- 마음이 몹시 슬프다.

6 鬢髮(빈발)- 귀밑머리. 自成絲(자성사)- 절로 명주실이 되다. 머리칼이 희어졌다는 말이다. '自'가 '白'으로 된 판본도 있다.

#《두시상주》: 위 4구는 저녁의 경치이고, 아래 4구는 저녁을 맞은 정회이다. 이 시는 종으로 보나 횡으로 보나 뜻이 합치되지 않는 경우가 없다. 해 저물 녘 꽃이 빛깔을 감췄다는 것은 자신이 종적을 무리 사이에 두어 드러내지 않음을 비유한 것이다. 저녁 새가 숲으로 돌아온다는 것은 자신이 난리를 피하고 있음을 견준 것이다. 이것은 비록 경치를 쓴 것이지만 아울러 뜻을 기탁한 말이다. 고향이 슬픔을 낳음은 또 흐르는 물과 서로 응한다. 흰 머리에 탄식을 일으킴은 또 저녁 구름과 연관된다. 맥리의 정세함이 이와 같다.(上四暮景, 下四暮情.

此詩縱橫看來, 意無不合. 晚花隱色, 喻己之混跡. 夕鳥歸林, 方己之避亂. 此雖寫景, 而兼屬寓言. 故國生悲, 仍與流水相應. 白頭興歎, 又與暮雲相關. 脈理之精細如此.)

《독두심해》: '가장 깊숙하다'라고 하고 '어스름 저녁'이라고 하였으니 이미 멀리 떨어진 곳에서 노년을 보내는 뜻을 머금고 있다. '풀에 숨다'라고 하고 '가지를 찾다'라고 하였으니 완연히 몸을 의탁하고 있는 모습이다. 아래 4구의 신정이 모두 여기에 갖춰져 있다.(曰最深, 曰薄暮, 已含僻遠衰遲之意. 曰隱草, 曰探枝, 宛然寄跡情形. 下四神情, 都具於此.)

(**이남종**)

102. 閬州奉送二十四舅使自京赴任青城

경사에서 청성으로 부임하는 외숙을 낭주에서 봉송하다

聞道王喬舄[1] 名因太史傳 如何碧鷄使[2] 把詔紫微天[3]
秦嶺愁回首[4] 涪江醉泛船[5] 青城漫汚雜[6] 吾舅意凄然

듣자하니 왕교의 신발은
그 이름이 태사로 인하여 전해졌다고 하는데
어찌하여 촉으로 다녀왔던 사신께서
청성으로 가라는 조서를 받으셨나요.
진령에서 근심하여 고개 돌려 보셨고
부강에선 취하여 배를 띄우실 텐데
청성은 온통 더럽고 추잡한 땅이니
외숙의 마음 처량도 하시겠죠.

이 시는 광덕 원년 낭주에서 지은 것으로 청성으로 부임하는 외숙을 전송하는 내용이다. 이 외숙에 대하여 자세한 내용은 알려져 있지 않다. 다만 그가 중앙에서 활동하다 먼 지방으로 부임하는 것에 대한 안타까운 마음을 담고 있다. 시제의 '사'는 외숙이 예전에 촉의 사신으로 다녀온 적이 있음을 말하는 것인데, 혹은 현재 청성령의 직과 함께 사신의 임무를 겸하고 있다는 것으로 보기도 한다. 이 시는 집외시이다.

《보주두시》 시에서 "왕교의 신발에 대해 들었다"고 하였으니, 마땅히 그 외숙이 청성을 다스리는 관리가 된 것이다. 청성은 촉주의 한 읍이다. 또 "부강에서 취하여 배를 띄운다"고 하였으니, 광덕 원년에 지은 것이다.(詩云, 聞道吾喬舃, 當是其舅爲靑城宰. 靑城, 蜀州之邑也. 又云, 涪江醉泛船, 廣德元年作.)

《두시상주》에 인용된 고신 주 이 외숙은 촉으로 사신을 나갔다가 경사로 돌아왔고, 이어서 청성으로 가라는 명령을 받은 것이다.(此舅氏使蜀還京, 隨有靑城之命也.)

《두억》 낭주는 지금 보녕부가 되었는데, 그 속현에 낭중현이 있다. 청성현은 성도에 속한다.(閬州, 今爲保寧府, 附郭有閬中縣. 靑城縣屬成都.)

《두시경전》 집외시인데《구가집주두시》와《보주두시》에 보인다.(集外詩, 見郭知達, 黃鶴本.)

주 석

1 王喬舃(왕교석)- 왕교의 신발. 후한의 왕교가 술수를 부려 신발을 오리로 바꾸어 조정으로 타고 왔다는 전설이 있는데, 후에는 지방의 현령을 가리키는 말로 사용되었다.

《두시상주》 후한의 왕교는 섭령으로 있었다. 매 삭망에 조정으로 왔는데 한 쌍의 오리가 먼저 도착하였다. 황제가 태사에게 살펴보게 하였더니 조정에서 신는 신발 둘을 얻었다.(後漢王喬爲葉令, 每朔望來朝, 雙鳧先至. 帝令太史伺之, 得朝舃二.)

2 如何(여하)- '何如'로 된 판본도 있다. 碧雞使(벽계시)- 벽계를 찾아 갔던 사신. 벽계는 닭 모양을 한 옥돌로 신물神物이다. 후에는 촉으로 파견된 사신을 가리키는 말로 사용되었는데, 여기서는 두보의 외숙이 촉지방에 사신으로 다녀온 적이 있음을 말한다.

《두시상주》에 인용된《한서·왕포전王褒傳》 익주에 금마(말 모양의 금)와 벽계(닭 모양의 옥돌)의 신이 있었는데 선제가 왕포에게 가서 제사를 드리게 하였다. 공의 외숙은 필시 이전에 촉지방에 사신으로 나간 적이 있었던 것이다.(益州有金馬碧雞之神, 宣帝使褒往祀焉. 公

舅必先使於蜀也.)

3 把詔(파조)- 조서를 받다. 지방관으로 임명하는 명령을 받았다는 것이다. 紫微天(자미천)- 청성. 혹은 궁전의 이름이라는 설도 있다.

《두억》 청성은 현의 이름으로 지금의 관현에 있고 성도에 속한다. 현에 청성산이 있는데 제오대동보선구실지천이어서 자미천이라고 말한 것이다.(靑城縣名, 在今灌縣, 屬成都. 縣有靑城山, 爲第五大洞寶仙九室之天, 故云紫微天.)

《두시상주》 일설에 '자미'는 궁전의 이름이다. 개원 4년 궁정에서 현령들을 소집하여 책문하였고, 24년 조정에서 새로 임명된 현령들에게 연회를 베풀었다. 그러므로 현령을 제수 받을 때면 자미궁에서 조서를 받을 수 있음을 알 수 있다.(一說, 紫微殿名, 開元四年召縣令策於廷, 二十四年宴新除縣令於朝堂. 因知除授縣令, 得把詔紫微也.)

4 秦嶺(진령)- 장안 남쪽의 진령 또는 진령현을 가리킨다. 외숙이 장안에서 청성으로 가면서 경유하는 곳이다. 首(수) -'馬'된 판본도 있다.

《보주두시》 《당서·지리지》에서 "진천에 진령현이 있다"고 하였다.(唐志, 秦川有秦嶺縣.)

《두공부초당시전》 진령은 진주에 있다. 《삼진기》에 "장안 정남향에 있는 산 이름이 진령이며 일명 번천이라고도 한다"고 하였다.(秦嶺, 在秦州. 三秦記, 長安正南, 山名秦嶺, 一名樊川.)

5 涪江(부강)- 강 이름. 재주와 낭주를 흐르는 강이다.

《보주두시》 부강은 비록 합주에서 나오지만 《수경》에서 "부강의 물은 동남쪽으로 흘러 사강과 합류한다"고 하였으니 재주와 낭주에 대하여 모두 말할 수 있다.(涪江雖出合州, 而水經云涪江水東南合射江, 則梓閬皆可言也.)

《독두심해》 낭주에서 청성에 이르려면 반드시 가릉강에서 부강으로 들어갔다 큰 강으로 내려가야 한다.(由閬赴靑城, 當從嘉陵江入涪江而下大江.)

〔秦嶺 2구〕 진령과 부강은 모두 외숙이 청성으로 부임하러 가는 도중에 경유하는 곳이다.

6 汚雜(오잡) - 더럽고 잡스럽다. 청성 지역의 상황을 가리켜 말한 것인데, 중앙에 비해 풍속과 생활이 열악하다는 것이다. 혹은 여전히 전쟁 상황임을 지적한 것이라는 설도 있다.

《두시상주》 민중 진씨가 말하기를 "더럽다는 것을 풍속을 말한 것이고, 잡스럽다는 것은 주민을 두고 말한 것이다.(閩中陳氏曰, 汚言風俗, 雜言居民.)

《두시경전》 청성이 이 때 혹 오랑캐를 방비하고 있었기에 다시 아래 시(〈낭주동루연봉송십일구왕청성閬州東樓筵奉送十一舅往靑城〉)에서 왕명이 무너졌다고 개탄하고 있는 것이다.(靑城時或備蕃, 故下復有王命崩奔之慨.)

#《두시상주》: 위 4구는 외숙이 외직을 제수받은 것을 안타깝게 여긴 것이고, 아래 4구는 외숙의 부임을 전송한 것이다. 왕교가 태사로 인하여 전하여졌다는 것은 지방 관리가 중앙 관리에 힘입은 바 있음을 보인 것이다. 지금 조정의 사신으로써 현령으로 제수 받았다는 것은 중앙의 관리가 도리어 지방 관리가 된 것이다. '여하'두 글자는 의아하게 생각하면서 안타까워한 것이다. 진령에서 감히 고개 돌릴 수 없었고 부강에서 또한 나그네 배에서 취할 것이다. 여기에서 청성까지 이르는 동안에 저 더럽고 추잡한 세속을 바라볼테니 외숙께서 어찌 처량하지 않을 수 있겠는가.(上四惜舅氏外授, 下四送舅氏赴任. 王喬因太史而傳, 見外吏有藉於朝臣. 今以王朝之使, 詔除縣令, 是京官反爲外吏矣. 如何二字, 訝而惜之也. 秦嶺不堪回首, 涪江且醉客船, 自此至靑城, 見彼汚雜之俗, 舅氏得不淒然乎.)

《독두심해》: 외숙이 현령의 직과 아울러 사신의 명령을 받은 듯하다. 청성이 더럽고 추잡한 것은 대개 오랑캐를 수비하는 군대의 소요 때문이다. 그러나 전체 작품에서 그다지 명확하지 않아서 그냥 내버려둔다.(舅似爲縣而兼領使命者. 青城汚雜, 大抵以備蓄軍擾之故. 然通首不甚分曉, 姑闕之.)

《두억》: 서두에 왕교의 일을 사용하였으니 외숙이 청성령으로 부임하는 것이다. 그런데 제목에 '시'자를 사용한 것은 이와는 별도로 조서를 지니고 여기에 온 때문이니, 그래서 "자미천에서 조서를 받았다"라고 한 것이다. 그리고 청성은 바로 신선들이 사는 곳이니 왕교에 대한 언급도 예사로 인용한 것이 아님을 알 수 있다. 진령과 부강은 경사에서 청성까지 가면서 지나가는 곳이다. 당시 성도는 여전히 어지러웠기에 "온통 더럽고 추잡하다"한 것이다. (起用王喬事, 則其舅任青城令. 而題有使字, 則別齎詔至此, 故云把詔紫微天. 而青城乃神仙之窟宅, 知王喬亦非泛引也. 秦嶺涪江, 乃自京至青城所經. 時成都尚亂, 故云慢汚雜.)

(**박홍준**)

103. 王閬州筵奉酬十一舅惜別之作

왕낭주의 잔치에서 열한번째 외숙의 석별 시에 받들어 수답하다

萬壑樹聲滿[1] 千崖秋氣高[2] 浮舟出郡郭[3] 別酒寄江濤[4]
良會不復久[5] 此生何太勞[6] 窮愁但有骨[7] 羣盜尙如毛[8]
吾舅惜分手[9] 使君寒贈袍[10] 沙頭暮黃鶴[11] 失侶亦哀號[12]

만학에 나무 소리 가득하고
천애에 가을 기운 높도다.
배 띄워 고을 성곽 나와
이별주를 강 물결에 부치노라.

좋은 모임 다시 오래지 않으리니
이 삶 왜 이다지 힘든가.
궁핍한 시름에 오직 뼈만 남았고,
떼도적 아직 터럭같이 많다.
우리 아제비 이별을 아쉬워하시고,
사군은 추위에 옷을 주신다.
모래톱 저물녘에 황학도
짝 잃고 슬피 우는구나.

왕낭주가 베푼 잔치에 참석하여 열한번째 외숙의 증별시에 답하였다. 열한번째 외숙은 스물네번째 외숙을 따라 청성으로 가는 길인 듯하다. 광덕 원년 가을, 낭주에서 지었다.

《보주두시》 시에서 "천애에 가을 기운 높다"라고 하였으니 광덕 원년 9월 낭주에 이르러 지었음이 분명하다. 그 때 토번, 당항과 복고회은의 난이 바야흐로 창궐하였으므로 "떼도적 아직 터럭같이 많다"라는 시구가 있다.(詩云, 千崖秋氣高, 當是廣德元年九月至閬州作. 時吐蕃黨項與僕固懷恩之亂方殷, 故有羣盜尙如毛之句.)

《두억》 낭주는 지금 보녕이며, 속현에 낭중현이 있다.(閬州今爲保寧, 附郭有閬中縣)

《두시상주》 소보邵寶 주에 "공의 어머니는 최씨이니 열한번째 외숙도 역시 최씨이다"라고 하였다. 《구역지》에 "낭주에서 서쪽으로 재주까지는 220리이다"라고 하였다.(邵寶注, 公母崔氏, 十一舅乃是崔氏. 九域志, 閬州西至梓州二百二十里.)

《독두심해》 낭주는 지금 보녕부 치소이다. 그 때에 〈낭주봉송이십사구사자경부임청성閬州奉送二十四舅使自京赴任青城〉 시가 있고, ……, 또 〈낭주동루연봉송십일구왕청성閬州東樓筵奉送十一舅往青城〉 시가 있으니, ……, 열한번째 외숙이 스물네번째 외숙의 임소로 간 듯하다. 낭주에서 지은 시이다.(閬州, 今保寧府治. 其時有送二十四舅赴任青城詩. …… 又有送十一舅往青城詩, …… 蓋十一舅往二十四舅任所也. 閬州詩.)

《두시경전》에 인용된 노원창 주 스물네번째 외숙이 청성으로 부임하자 열한번째 외숙이 함께 가고자 하였다. 이 시는 수답하여 지었고, 다음 시(〈낭주동루연봉송십일구왕청성득혼자閬州東樓筵奉送十一舅往青城得昏字〉는 송별하여 지었다.(二十四舅赴任青城, 十一舅想與之同往也. 此章是奉酬作, 下章乃奉送作.)

주 석

1 萬壑(만학) - 수많은 골짜기. 樹聲(수성) - 나뭇소리. 나무에 바람이 스치는 소리.

2 千崖(천애)- 수많은 절벽. 秋氣(추기)- 가을 기운.

〔萬壑 2구〕

《두억》 첫 2구는 필력이 웅장하나 이별의 정경이 벌써 서글프게 다가온다.(起來二句, 筆力雄壯, 而別景已覺愴然.)

3 浮舟(부주)- 배를 띄우다. '舟'는 '出'로 된 판본도 있다. 郡郭(군곽)- 낭주의 성곽.

4 別酒(별주)- 이별의 술. 전별연에서 마시는 술. 江濤(강도)- 강에 이는 파도. 강은 가릉강을 말한다.

《독두심해》 가릉강은 낭주성 서쪽을 감싼다.(嘉陵江遶閬州城西.)

#《두시상주》: 이 단락은 왕 낭주의 잔치를 기술하였다.(此記王閬州筵.)

5 良會(양회)- 좋은 만남. 좋은 모임.

6 此生(차생)- 사람의 삶을 말한다. 太勞(태로)- 매우 고생하다.

7 窮愁(궁수)- 궁핍의 시름. 但有骨(단유골)- 다만 뼈만 있다. '但'은 '唯'로 된 판본도 있다. 이 구는 궁핍과 시름에 시달려 뼈만 남았다는 뜻이다.

《두시상주》 '단유골'은 '가난이 뼈에 이르다'와 같은 말이다.(但有骨, 猶云貧到骨.)

《보주두시》에 인용된 왕수 주 곤궁하고 시름하여 수척하기가 극에 이르렀다.(窮愁而瘦極也.)

8 如毛(여모)- 터럭처럼 많다는 뜻이다.

9 分手(분수)- 헤어지다.

10 使君(사군)- 왕낭주를 가리킨다. 寒(한)- 날씨가 차다. 袍(포)- 겉옷의 일종. 이 구는 왕낭주가 겉옷을 외숙에게 주었다. 시인 자신에게 주었다고 보기도 한다.

《두시경전》 당연히 외숙에게 주었다는 뜻이다. 이 구는 주인의 후의를 아울러 나타낸다.(當指贈舅, 此句帶表主誼.)

《두시상주》 겉옷을 줌은 자기에게 준 것이지 외숙에게 준 것이 아니다. 외숙에게 주었다면 굳이 공이 대신 사례할 일이 아니다. 《사기》에 범저가 수가를 만나자 수가가 "범숙께서 이다지도 빈한하다니"라고 말하고는 제포 한 벌을 꺼내 그에게 주었다고 하였다.(贈袍是贈己, 不是贈舅, 若贈舅氏, 不煩公代謝矣. 史記, 范睢見須賈, 賈曰, 范叔一寒至此, 乃取一綈袍以賜之.)

11 沙頭(사두) - 모래톱. 鶴(학) - '鵠'으로 된 판본도 있다.

12 失侶(실려) - 짝을 잃다. 亦(역) - '自'로 된 판본도 있다. 哀號(애호) - 슬피 울다.

《보주두시》에 인용된 조언재 주 '自' 자는 '亦' 자로 바꾸어야 옳다. 사람은 헤어져 슬프고, 황학은 짝을 잃어 역시 그러함을 말한다.(自當以亦爲正. 言人別而哀, 黃鶴失侶, 亦然也.)

〔沙頭 2구〕

《두시경전》 2구는 수답하여 이별하는 자신을 비유한다.(二句, 自況酬別.)

#《두시상주》: 이 단락은 석별의 정을 읊었다. '양회' 2구는 외숙을 슬퍼함이고, '궁수' 2구는 자신을 한탄함이다. 외숙은 이별시를 지었고, 왕 낭주는 겨울옷을 주었으니 그들의 마음에 두 번 감동하였다. 외로운 학이 슬피 욺은 이별 후의 처량한 정황을 비유한다.(此敘惜別之情. 良會二句, 傷舅. 窮愁二句, 自慨. 舅有分手之詩, 王有寒袍之贈, 兩感其意也. 孤鶴哀號, 比別後淒涼之況.)

##《독두심해》: 열한번째 외숙이 먼저 증별시를 지어 주었으므로 공이 그에 수답하였다. 앞 4구는 전별연을 에둘러 묘사하였고, 가운데 4구는 이별의 정황을 에둘러 묘사하였으며, 끝 4구는 주인과 손을 실재 지적하였다. 석별의 정은 세 층차에 모두 보이니 단락을 나누지 않는다. 이별주는 왕낭주의 전별연이요, 심한 고생은 외숙의 여행이요,

곤궁과 시름은 자신의 괴로움이며, 떼도둑은 세상의 어지러움이며, 외숙이 이별을 아쉬워함은 명쾌하게 증별시를 가리키고, 사군의 선물은 주인의 후의를 아울러 나타내고, 모래톱에서 짝을 잃음은 증별시에 수답하는 자신의 비유이다.(十一舅先有留別之詩, 而公酬之也. 前四, 虛寫別筵. 中四, 虛寫別況. 末四, 實點賓主, 而惜別之情, 則三層各見, 不分段. 別酒, 王之餞, 太勞, 舅之行, 窮愁, 身之苦, 群盜, 世之亂. 舅惜分, 點淸留詩. 使君贈, 帶表主誼. 沙頭失侶, 自比酬別.)

《두시상주》에 인용된 황생 주: 서두의 시어는 기세가 사납고, 결말의 정조는 서글퍼서 수미가 잘 어울린다.(起語激厲, 結調悲惋, 首尾自相稱.)

(**이창숙**)

104. 閬州東樓筵奉送十一舅往青城得昏字

낭주 동루 전별연에서 청성에 가는 열한째 외숙을 받들어 전송하며 '혼'자를 얻다

曾城有高樓[1] 制古丹雘存[2] 迢迢百餘尺[3] 豁達開四門[4]
雖有車馬客[5] 而無人世喧 遊目俯大江[6] 列筵慰別魂
是時秋冬交[7] 節往顏色昏[8] 天寒鳥獸伏[9] 霜露在草根
今我送舅氏[10] 萬感集清樽 豈伊山川間[11] 回首盜賊繁
高賢意不暇[12] 王命久崩奔[13] 臨風欲慟哭 聲出已復吞

큰 성에 높은 누대 있는데
모양새가 예스럽고 붉은 칠 남아 있다.
높고 높아 백여 자
탁 트이게 네 문을 열었다.
비록 수레 말 탄 나그네가 있어도
인간 세상 시끄러움은 없는데,
눈길 이리저리 큰 강을 굽어보며
자리에 열 지어 이별하는 혼을 위로한다.

때는 가을과 겨울의 교차기
계절 감에 경색이 어두운데,
하늘 추워 날짐승 들짐승 엎드렸고
서리 이슬은 풀 뿌리에 있다.
이제 내가 외숙을 보냄에
만감이 맑은 술잔에 모이나니,

어찌 이 산천이 사이해서이랴?
머리 돌려 보니 도적이 많구나.

고상하고 어진 이는 마음에 겨를 없이
왕명에 오래도록 내달렸으니
바람 앞에서 내 통곡하려다
소리 나자 다시 삼켜버렸다.

앞 시와 동시기에 지은 것으로 열한째 외숙이 청성에 가는 것을 전송하는 시이다. 동루는 낭주에 있었던 누대 이름인 것으로 추정된다.

《보주두시》 청성현은 촉주에 속한다. 《청성산기》에서 "청성산에 여덟 개의 큰 동굴이 있다"고 하였다. 의당 광덕 원년 처음 낭주에 왔을 때 지은 것이다. 그래서 시에서 "가을과 겨울의 교차기. 계절감에 경색이 어둡다"라고 하였다. 채흥종 또한 시가 이 해에 지어졌다고 하였다.(青城縣屬蜀州. 青城山記云, 青城山有八大洞. 當是廣德元年初至閬時作, 故詩云, 是時秋冬交, 節往顔色昏. 蔡興宗亦以爲詩在此年作.)

《두시상주》에 인용된 노원창 주 당시 스물넷째 외숙이 청송에 부임하자 열한째 외숙이 그와 함께 간 것이다. 앞 시는 받들어 수작하며 지은 것이고 이것은 받들어 전송하며 지은 것이다.(時二十四舅赴任青城, 十一舅與之同往也. 前是奉酬之作, 此是奉送之作.)

《독두심해》 낭주는 지금의 보녕부이다. 《일통지》에 의하면 동루는 부의 치소 남쪽 가릉강 가에 있다.(閬州, 今保寧府. 一統志, 東樓在府治南嘉陵江上.)

주 석

1 曾城(층성)- 높은 성. '曾'은 '層'과 같다. 樓(누)- '會'로 된 판본도 있다.

2 制古(제고)- 모양새나 구조가 예스럽다. 丹雘(단확)- 붉은 칠. 여러 가지 칠을 통칭한 것으로 볼 수도 있다.

《두시상주》 《서경》에서 "단확을 칠한다"로 하였는데, '단'은 붉은 색이고 '확'은 채색으로 각각 아교와 옻으로 칠한다.(書, 惟其塗丹雘, 丹, 朱色, 雘, 采色, 各塗以膠漆也.)

3 迢迢(초초)- 높은 모양.

4 豁達(활달)- 시야가 훤하게 트인 것을 뜻한다.

5 有(유)- '會'로 된 판본도 있다. 車馬客(거마객)- 수레나 말을 타고 온 나그네.

〔雖有 2구〕 도잠의 시구를 차용하여 동루가 한적한 곳에 있음을 표현하였다.

《보주두시》에 인용된 사師씨 설 이 누대는 객을 이곳에서 보내는 일이 많아 비록 거마의 왕래가 있지만 저자와는 자못 멀다. 그래서 "먼지 세상의 시끄러움이 없다"고 한 것이다.(此樓多是送客於此, 雖有車馬往來, 而去塵市稍遠, 故云而無塵世喧.)

도잠 〈음주이십수飲酒二十首〉 제5수 초가집을 엮어 사람 사는 곳에 있어도 수레와 말이 시끄럽게 하는 일이 없다.(結廬在人境, 而無車馬喧.)

6 大江(대강)- 가릉강을 가리킨다.

《독두심해》 가릉강을 말한다.(謂嘉陵江.)

#《두시상주》: 머리 단락은 동루의 전별연을 기록하였다.(首記東樓別筵.)

7 秋冬交(추동교)- 가을에서 겨울로 넘어가는 시기를 뜻한다.

8 節往(절왕) - 계절이 바뀌는 것을 말한다. 顔色昏(안색혼) - 경색이 어둡다.

《두시상주》 '안색혼'은 어두워 빛이 없음을 말한다.(顔色昏, 謂黯淡無光.)

9 伏(복) - 잠복하다. 나타나지 않는 것을 뜻한다. '休'로 된 판본도 있다.

10 舅氏(구씨) - 외숙. 이 구는 《시경》의 표현을 빌렸다.

《시·진풍秦風·위양渭陽》 외숙을 전송하여 위수 북쪽에 이르렀다.(我送舅氏, 至於渭陽.)

11 間(간) - 사이하다. 격하다.

〔豈伊 2구〕 술 마시며 시름이 쌓이는 것은 단지 앞으로 산천을 사이에 두고 떨어져 있게 되었기 때문만이 아니라 도적이 많아서이기도 하다는 뜻이다.

《구가집주두시》 조언재 주 "한 번 이별한 뒤 어찌 단지 산천만 격하겠는가? 머리를 돌려 보니 도적이 많아서 근심할 만하다"라는 말이다. 대개 토번의 세가 아직 다하지 않아 촉을 삼키려는 뜻이 있었던 것이다.(言一別之後, 豈只是山川間隔, 回首則有盜賊繁多, 爲可憂. 蓋吐蕃之勢未已, 有呑蜀之意.)

#《두시상주》: 이 단락은 이별에 임했을 때의 감정과 경물을 서술하였다. 겨울엔 만물이 모두 쉬는데 나 혼자만 타향을 떠도니 그래서 감정이 더 생긴 것이다. '산천' 2구는 장안의 난리를 마음아파한 것이다.(此敍臨別情景. 冬時物皆休息, 而己獨浪迹他鄉, 所以增感. 山川二句, 傷長安亂離也.)

12 高賢(고현) - 고상하고 어진 사람.

13 崩奔(붕분) - 행역行役으로 바쁜 것을 뜻한다.

〔高賢 2구〕 스물넷째 외숙을 두고 한 말이다.

《독두심해》 스물넷째 외숙을 말한다.(謂二十四舅.)

#《두시상주》: 마지막 단락은 또 청성에 있는 외숙도 아울러 그리워한 것이다. 앞서 명을 받아 청성에 부임한 것은 실로 수고롭게 시킨 때문이다. 이제 외숙이 또 가니 더욱 외롭게 느껴진다. 그래서 상심하여 통곡할 뻔하였다.(末又兼懷青城舅氏. 前奉命而任青城者, 實以賢勞之故. 今舅氏復往, 益覺孤危矣, 故傷心而欲哭.)

##《독두심해》: 두 단락으로 나뉜다. 앞 단락은 누대의 지역과 시절을 서술하였는데, '열연' 구에서 요지를 드러내었다. 뒤 단락은 전송과 곁들인 안부 인사를 서술하였는데, '회수' 구에서 본심을 보였다.(分兩段. 前敍樓境及時令, 而列筵句逗眼目. 後敍送行幷附候, 而回首句見本懷.)

(**이영주**)

105. 放船

배를 띄우다

送客蒼溪縣[1] 山寒雨不開 直愁騎馬滑 故作放舟迴
靑惜峰巒過[2] 黃知橘柚來[3] 江流大自在[4] 坐穩興悠哉

창계현에서 객을 보내는데
산은 차고 비는 개이지 않는다.
다만 말을 타면 미끄러질까 걱정되어
배를 띄워 돌아가기로 하였다.
푸르니 산봉우리 지나감이 애석하고
누러니 귤과 유자 다가옴을 알겠다.
강물 흐름이 너무나 자유스러워
편히 앉으니 흥취가 아득하다.

이는 광덕 원년 가을, 낭주에서 지은 것이다. 시에서는 창계현에서 객을 전송하고 미끄러운 육로를 피하여 가릉강을 따라 배를 타고 낭주로 돌아오는 즐거움을 묘사하였다.

《보주두시》 시에 '창계현에서 객을 보낸다'고 하였고 또 '누런 것은 귤 유자 오는 것이라는 것을 알겠다'고 하였으니 마땅히 광덕 원년 가을 낭주에서 지은 것이다.(詩云, 送客蒼溪縣, 又云, 黃知橘柚來, 當是廣德元年秋閬州作.)

《두시상주》 살펴보건대 황학 주에서 "이 시는 광덕 원년 가을 낭주에서 지었다"고 하였다. 창계는 낭주에 속하고 귤은 가을철에 익는다. 《두억》에서는 "《지지》에 의하면 창계는 낭중에서 상류에 해당하고 가릉강에 임해 있다. 지금 방선정이 있는데 두보 시 때문에 그렇게 이름붙인 것이다"고 하였다.(按鶴注, 此廣德元年秋閬州作. 蓋蒼溪屬閬州, 橘熟在秋候也. 杜臆, 地志, 蒼溪於閬中爲上游, 臨嘉陵江, 今有放船亭, 因杜詩得名.)

주 석

1 蒼溪縣(창계현)- 낭주에 속한 현 이름. 창계현에서 가릉강을 따라가면 낭주에 닿을 수 있다.

《두시상주》 《환우지》에 "낭주 창계현은 현 경내에 있는 창계곡을 따라 이름붙인 것이다. 가릉강은 현 동쪽 1리에 있는데 동남쪽으로 흐른다"고 하였다. 《구역지》에 "(창계현은) 낭주 서북쪽 40리에 있다"고 하였다.(寰宇志, 閬州蒼溪縣, 因縣界蒼溪谷爲名. 嘉陵江在縣東一里, 東南流. 九域志, 在閬州西北四十里.)

2 峰巒(봉만)- 봉우리.

3 橘柚(귤유)- 귤과 유자.

《두시상주》에 인용된 누약樓鑰 설 일찍이 촉의 황상과 화비라는 감을 먹은 적이 있어서 촉에도 이것이 있는가 물었더니 이렇게 말하였다. "이런 과일은 아주 많은데 바로 낭주에서 난다. 두보 시에서 말한 '황지귤유래'는 잘못된 것이다. 일찍이 직접 창계현에 가서 강물을 따라 내려갔는데 양쪽 강 언덕이 누런빛으로 빛나 마치 귤과 유자 같았는데 사실은 바로 이 감이었다. 그에 대하여 물어보니 그곳 사람들이 말하기를 '두공부께서 잘못 쓰셔서 어떤 호사가가 두공부를 위하여 비웃음거리를 없애고자 그곳에다 귤과 유자를 많이 심었는데 결국 토양이 맞지 않아서 하나도 산 것이 없었다'고 하였다." '비'는 음이 비이다.(嘗與蜀黃文叔裳食花椑, 因問蜀中有此乎. 曰, 此物甚多, 正出閬州. 杜詩所云黃知橘柚來, 誤矣. 曾親到蒼溪縣, 順流而下, 兩岸黃色照耀, 直似橘柚. 其實乃此椑也. 問之, 土人云, 工部旣誤, 有好事

者欲爲解嘲, 於其處大種橘柚, 終非土宜, 無一活者. 椑音悲.)

4 江流(강류)- 강물 흐름. 여기서 강은 가릉강을 말한다. 大(태)- 대단히. '天'으로 된 판본도 있다.

#《두시상주》: 위 4구는 배를 띄운 이유이고, 아래 4구는 배를 저어갈 때의 풍경과 일이다. 푸른 것을 보고서 봉우리 지나는 것을 아쉬워하고 누런 것을 보고서 귤이 오는 것을 알았다는 것은 모두 배가 가는 것이 빠른 모습이다. 푸른 것은 비가 온 뒤의 빛깔이고 누런 것은 가을이 깊은 때의 빛깔이다. 조방의 주에 "'청'자와 '황'자에서 끊어 읽으니 바로 위 1자 아래 4자의 격식이다"라고 하였다.(上四放船之由, 下四放船景事. 見靑而惜峰過, 望黃而知橘來, 皆舟行迅速之象. 靑是雨後色, 黃是秋深色. 趙汸注, 靑字黃字略讀, 乃上一字, 下四字格.)

《독두심해》: 창계에서 배를 타고 낭주로 돌아오는 것으로 아마도 객과 이별하고 돌아오는 것일 것이다. 서사가 분명하고 사경이 특이하고 변화가 많으니 오율 가운데 송의 시풍을 연 것이다.(自蒼溪乘船迴閬, 蓋別客而返也. 敍事明晰, 寫景波峭, 五律之開宋者.)

(이석형)

106. 薄遊
정처없이 떠돌다

淅淅風生砌[1] 團團日隱牆[2] 遙空秋雁滅[3] 半嶺暮雲長[4]
病葉多先墜[5] 寒花只暫香[6] 巴城添淚眼[7] 今夕復淸光[8]

사르륵 섬돌에는 바람이 일고
둥그런 해가 담장에 숨는다.
멀리 하늘로 가을 기러기 사라지고
반쯤 산등성이에 저녁 구름 길다.
병든 잎새는 대부분 먼저 떨어졌고
늦가을 국화는 잠시 향기로울 뿐.
파성에서 눈물 더한 눈
오늘 저녁 다시금 맑은 빛.

이 시는 두보가 광덕 원년 늦가을 낭주에 갔을 때 지은 것이다. '박유'는 '박봉 때문에 외지를 떠돌며 관직생활한다'는 뜻으로 보기도 하는데, 여기서는 두보가 낭주 등지를 정처없이 떠돌았기 때문에 이런 시제를 택한 것으로 보인다. 마음 내키는 대로 유람하는 것을 뜻하는 말로 볼 수도 있으나, 시의 내용에 비추어 볼 때 전자의 의미로 이해하는 것이 적절할 듯하다.

《보주두시》 시에 "파성에서 눈물 흘린다"고 하였다. 《신당서·지리지》에 의하면, 낭주와 면주는 모두 파 서쪽 지역의 군이다. 두보는 광덕 원년에 두 군에 다 갔다. 그러나 면주에 간 것은 봄이 저물 때이고, 낭주에 간 것은 가을이 저물 때이며, 방공을 위해 제문을 쓴 것은 그 해 9월 23일이다. 이 시에 "병든 잎은 대부분 먼저 떨어졌고, 늦가을 국화는 잠시 향기로울 뿐"이라고 하였으니 낭주에서 지은 것이 분명하다.(詩云, 巴城添淚眼. 按唐志, 閬州綿州皆爲巴西郡. 公廣德元年皆至兩郡. 然至綿乃是春晩, 至閬乃是秋晩, 祭房公文乃是年九月二十三日. 此詩云, 病葉多先墜, 寒花只暫香, 當是在閬州作.)

《구가집주두시》 조언재 주 하후담의 〈동방삭화찬서〉에 "탁한 세상에서 풍족하고 안락하게 지낼 수 없다고 생각했기에 외지를 떠돌며 자리를 얻었다"고 하였고, 또 사령운의 〈초거군〉시에 "박봉 때문에 외지를 떠도는 신세는 병단邴丹을 닮았다"고 하였다. 두보는 진에서 서촉으로 들어갔다가 촉에서 동천으로 오면서 정처없이 떠돌았기에 '박유'로 시제를 삼았다.(夏侯湛作東方朔畫讚序云, 以爲濁世不可以富樂也, 故薄遊以取位. 又謝靈運初去郡詩, 薄遊似邴生. 公自秦入西蜀, 自蜀而來東川, 浮遊不定, 故以此爲題.)

《두억》 제목을 '박유'라고 한 것은 결국 인정이 냉담하고 나그네 신세 처량함을 형용하기 위한 것일 뿐이니, 자구대로 해석해서는 안 된다. '병엽'과 '한화'가 들어 있는 연은 인정을 묘사한 것이 더욱 깊이 있고 절실하다.(題是薄遊, 總是形容人情之冷淡, 客路之淒涼而已, 不可以句字解也. 病葉寒花一聯, 寫人情更深切.)

《독두심해》 처음 낭주에 가서 지은 것이 분명하다. 그래서 제목을 '박유'라고 한 것이다.(當是初至閬州所作, 故題曰薄遊.)

《두시경전》에 인용된 유양兪瑒 설 시의 의미를 감상해 보니 의당 '박모'라고 해야 할 것이다.(玩詩意, 宜作薄暮.)

주석

1 淅淅(석석) - 바람 소리가 가느다란 모양. '漸漸'으로 된 판본도 있다.

《두시상주》 '석석'은 바람 소리가 가는 것이다.(淅淅, 風聲細也.)

2 團團(단단) - 둥그런 모양. 日(일) - '月'로 된 판본도 있다.

《구가집주두시》 조언재 주 해가 저무는 것을 생각해 보면, 저물 때에는 낮게 떠서 담장에 가린다. 옛 주에서는 번번이 '日'을 '月'로 고쳤는데, 아래 구절의 '가을 기러기 사라진다'와 '저녁 구름 길다'는 말이 해 저물 때의 경관임을 전혀 모르는 것이다.(惟其日晚, 晚則低而隱墻. 舊注輒改日作月, 殊不知下句有秋鴈滅暮雲長, 則日晚之景也.)

3 遙(요) - '滿'으로 된 판본도 있다. 滅(멸) - '過'로 된 판본도 있다.

4 長(장) - '張'으로 된 판본도 있다.

5 病葉(병엽) - 병든 잎. 조언재는 일반적인 낙엽의 의미와 차별을 두고 이해해야 한다고 보았다.

《구가집주두시》 조언재 주 윗 구절의 의의는 '병들다'와 '먼저'라는 말에 들어 있다. 옛 주에서는 〈추흥부〉의 "마른 잎 대부분 떨어졌다"는 말을 인용하였지만, 옳지 않다.(上句意義在病字與先字. 舊注引秋興賦槁葉多殞, 非是.)

6 寒花(한화) - 날씨가 추워질 무렵인 늦가을이나 초겨울에 피는 꽃. 대개 국화를 가리킨다.

7 巴城(파성) - 낭주성을 말한다. 淚(누) - '月'로 된 판본도 있다.

《두시상주》 낭주는 파군 땅에 속한다. 그래서 '파성'이라고 한 것이다.(閬州屬巴郡地, 故曰巴城.)

8 夕(석) - '夜'로 된 판본도 있다. 淸(청) - '秋'로 된 판본도 있다.

〔巴城 2구〕

《구가집주두시》 조언재 주 두보가 부주의 달을 읊은 시에서 "텅 빈 휘장에 어느 때나 기대어 함께 달빛을 쐬며 눈물 자국 말릴까"라고 한 것은 집에 돌아감으로써 눈물이 마를 수 있는 것이다. 이제는 정처없이 떠돌다가 달을 보았기 때문에 눈물을 흘리는 것이다. 이 구절에서 비로소 달을 언급하였다. 그러나 달이란 말을 꼭 쓰지 않아도 뜻이 절로 분명하다. '오늘 밤 맑은 빛'이란 말로 이를 알 수 있다.(公於鄜州月詩云, 何時倚虛幌, 雙照淚痕乾, 則以還家而淚乾. 今以薄遊無定見月而添淚也. 此句方是言月. 然不必有月字而義自明, 以今夕清光字見之矣.)

#《두시상주》: 위의 4구는 경치를 서술한 것으로 유람하며 본 것이고, 아래 4구는 감정을 말한 것으로 유람하며 느낀 것이다. 바람 소리와 해 그림자는 가까운 경관이고, 하늘의 기러기와 산등성이의 구름은 먼 경관이다. '병엽'은 초췌함을 기탁한 말이고, '한화'는 처량한 자신의 모습을 비유한 것이다. 경치를 보고서 슬픔이 더하기에 이날 저녁에 눈물을 흘리는 것이다. 5, 6구는 직설적인 표현 속에 비유를 담고 있기에 하반부에 속한다. 7, 8구는 도장구를 사용한 것이다. 본래는 맑은 달빛을 대하고서 눈물을 흘린다는 말이다.(上四敍景, 薄遊所見. 下四言情, 薄遊所感. 風聲日影, 屬近景. 空雁嶺雲, 屬遠景. 病葉, 寓言憔悴. 寒花, 自況淒涼. 觸景增悲, 故淚添此夕耳. 五六, 賦中帶比, 故屬下截. 七八用倒裝句, 本是對清光而墮淚.)

(김만원)

107. 嚴氏溪放歌

엄씨계에서 노래하다

天下兵馬未盡銷[1] 豈免溝壑常漂漂[2]
劍南歲月不可度[3] 邊頭公卿仍獨驕[4]
費心姑息是一役[5] 肥肉大酒徒相要[6]
嗚呼古人已糞土 獨覺志士甘漁樵[7]
況我飄蓬無定所[8] 終日慽慽忍羈旅[9]
秋宿霜溪素月高[10] 喜得與子長夜語
東遊西還力實倦[11] 從此將身更何許[12]
知子松根長茯苓[13] 遲暮有意來同煑[14]

천하의 전란이 아직 끝나지 않았으니
늘 산골짜기로 떠다님을 어찌 면하랴.
검남 땅 세월 지나기 어려운데
변방의 공경은 여전히 유독 교만하구나.
마음 써 잠시 편안케 해줌도 하나의 일이나
그저 살진 고기와 큰 술로 불러주는 것일 뿐.
오호라, 고인은 이미 분토가 되었나니
지사가 달게 고기 잡고 나무함을 홀로 아노라.

하물며 내 떠돌며 정처 없는 삶에 있어서랴
종일 슬퍼하며 나그네 신세를 참고 있노라.
가을밤 서리 시내에 자려니 밝은 달 높은데
그대와 긴 밤 이야기 할 수 있어 기쁘다네.

동으로 갔다 서로 돌아와 힘이 실로 다하였는데
이제부터는 이 몸을 다시 어디에 둘꼬.
그대 솔뿌리에 복령이 자람을 알거니와
늙어 이곳에 와 함께 살고자 하노라.

이 시는 광덕 원년 가을 낭주에서 지었다. '엄씨계'는 낭주에 있는 계곡으로 그 지역의 큰 성씨인 엄씨로써 이름을 붙인 것이다. 정처 없이 떠도는 나그네의 삶에 대한 고충을 적었다. 보응 원년 작품으로 보기도 한다. 제목을 〈방가행放歌行〉으로 쓴 판본도 있다.

《두시상주》 이 작품은 주학령에 의거하여 광덕 원년 가을 낭주에서 지은 것으로 편재하였다.(此依朱氏, 編在廣德元年秋閬州作.)

《두시경전》 《화양국지》에 "낭중에는 삼호, 오마, 포, 조, 임, 황, 엄씨가 큰 성씨이다"고 했다. 계곡은 그 일족으로써 이름을 삼은 것일 게다.(華陽國志, 閬中有三狐五馬蒲趙任黃嚴爲大姓. 溪蓋以其族名也.)

《보주두시》 황희 주에 인용된 왕득신王得臣의 설 당시 곽영예가 엄무를 대신하여 촉을 진수하였는데 성정이 포학하여 두보를 포용할 수 없었다. 그래서 '공경이 유독 교만하다'고 쓴 시가 있게 된 것이다.(彦輔曰, 時郭英乂代嚴武鎭蜀, 麤暴不能容甫, 故有公卿獨驕之作.)

《보주두시》 영태 원년 4월 경인에 엄무가 죽었다. 5월 계축에 곽영예를 검남절도사로 삼았다. 지금 시에서 "가을밤 서리 시내에 자려니 밝은 달 높다"고 했으니 시와 일이 맞지 않는다. 시에서 "검남 땅 세월 지나기 어려운데, 변방의 공경은 여전히 유독 교만하다"라고 말한 것을 자세히 살펴보면 보응 원년 서지도의 난을 피해 재주로 들어왔을 때에 지은 것이 분명하다. 시에서 "동서로 오가려니 힘이 실로 지쳤나니, 이제부터는 이 몸을 다시 어디에 둘꼬. 그대 솔뿌리에 복령이 자람을 알거니와 늙어 이곳에 와 함께 삶고자 하노라"라고 하였는데, 생각건대, 엄이는 엄씨 별가로 재주사람인 것 같다. 그래서 "동서로 오간다"고 말한 것이다. 뒤의 〈상종가〉 역시 같은 시기에 지은 것이다.(永泰元年四月庚寅, 嚴武薨, 五月癸丑, 詔郭英乂節度劍南. 今詩云, 秋宿霜溪素月高, 詩與事不合. 詳考詩云, 劍南歲月不可度, 邊頭公卿仍獨驕, 當是寶應元年, 避徐知道亂入梓州時所作. 詩云, 東遊西還力實倦, 從此將身更何許, 知子松根長茯笭, 遲暮有意來同煮, 意嚴二卽嚴氏別駕梓州人, 故云東遊西還. 後篇相從歌亦同時之所作也.)

《구가집주두시》 조언재 주 엄무를 전송하러 면주에 이르러 잠시 머물렀는데, 이어서 서지도의 난이 일어났음을 듣고는 마침내 바로 재주로 갔다. 애초에 가족들을 데리고 다니는 흔적이 보이지 않는데다가 이 시에서 '동으로 갔다가 서로 돌아온다'고 했으니 아마도 이 지역(재주)에 이르렀다가 막 성도로 돌아가 가족들을 맞이하려 했을 것이다. 다만 엄씨계가 어느 곳인지는 모르겠다.(送嚴武至綿, 少留. 繼聞徐知道亂, 遂便往梓. 初不見挈家之證, 此詩云東遊西還, 豈至此方歸成都迎家乎. 但不知嚴氏溪何地耳.)

주 석

1 兵馬(병마)- 전쟁을 뜻한다. '兵'을 '甲'으로 쓴 판본도 있다.

2 溝壑(구학)- 산골짜기. 漂漂(표표)- 정처 없이 떠돌아다니는 모양.

3 劍南(검남) 구- 잦은 전쟁으로 촉에서의 생활이 어려움을 말한 것이다.

《구가집주두시》 성도는 검령의 남쪽에 있다.(成都在劍嶺之南.)
《두시경전》 성도가 전란을 만났음을 말한다.(謂成都遭亂.)

《독두심해》 낭주는 산남에 속하는데 여기서 검남이라고 한 것은 촉을 총괄적으로 가리킨 것이다.(閬屬山南, 此曰劍南者, 統指蜀中也.)

4 邊頭(변두) - 변방. 仍獨(잉독) - '何其'로 된 판본도 있다. 이 구절은 변방의 관리들이 독단적으로 전횡함을 말한 것으로 재주 자사인 장이, 혹은 성도윤 곽영예 등을 가리킨다고 보기도 한다.

《두시경전》 구조오의 주에서는 '장이'를 가리킨다고 했는데 그럴 듯하다.(仇注謂指章彝, 近是.)

5 費心(비심) - 마음을 쓰다. 姑息(고식) - 구차하게 우선 당장 평안한 것만을 취하다. 무원칙적으로 관용을 베풀다. 一役(일역) - 일꾼 하나. 혹은 한가지 일.

《두시상주》에 인용된 《좌전》 음이생이 이르기를 "한 가지 일로서 진이 패자가 될 수 있었다.(陰飴甥曰, 一役也, 秦可以覇.)

《두시상주》에 인용된 《두억》 '시일역'은 단지 이 한가지 일로써 일을 끝낼 뿐이라는 말이다. 옛 주에서는 하나의 일꾼으로 사람을 대한 것으로 잘못 이해하였다.(是一役, 言徒以此一役了事耳. 舊注誤謂以一役夫待人.)

《두시경전》 사랑하고 존경하는 진실한 마음이 없이 단지 일꾼 하나로 나를 대할 뿐이라는 말이다.(言無愛敬眞情, 直以一役夫相待耳.)

《두시상주》에 인용된 양신楊愼의 설 《예기》에 "군자는 남을 덕으로 사랑하고, 소인은 남을 고식으로 사랑한다"고 했는데 주에서는 '고'는 '잠시'요, '식'은 '쉬다'라고 풀었다. 이 설은 너무 애매하다. 《시자》에 "주임금이 노인들의 말을 버리고 고식의 정치를 썼다"고 했는데 그 주에 '고'는 '부녀'요, '식'은 '어린아이'라고 하였다.(記, 君子之愛人也以德, 細人之愛人也以姑息. 注, 姑, 且也. 息, 休也. 此說殊晦. 尸子, 紂棄黎老之言, 而用姑息之政. 注, 姑, 婦女也. 息, 小兒也.)

6 要(요) - 초대하다. 초청하다. '邀'와 같다.

《두시경전》 '고인'은 옛날의 선비를 좋아하였던 사람을 말한다.(古

人謂古之好士者.)

7 獨覺(독각)- 홀로 알다. 甘漁樵(감어초)- 물고기 잡고 나무하는 것을 달게 여기다.

#《구가집주두시》 조언재 주: 변방의 공경들이 스스로 교만하고 멋대로 하니 비록 나에게는 이와 같을지라도 일에 아무런 도움이 안 된다는 말이다. 당시 변방에 거하여 지키는 신하들이 유독 교만하여 함부로 날뛰며 왕명을 따르지 않는 마음이 있음을 지적한 것이다. 옛 주에서는 곽영예가 포악하였다고 하였는데 옳다. 또 두보를 포용할 수 없었으므로 공이 이렇게 말하게 되었다고 하였는데 그렇다면 이는 공 자신 한 사람의 이야기일 뿐이다. 하물며 곽영예는 성도윤이니 어찌 변방이라고 말할 수 있겠는가. 공 시의 본의가 아니다. 공은 단지 변방의 신하들이 왕명을 따르지 않음을 말한 것일 뿐이니 아마도 최간과 같은 자들이 아니겠는가. 저들이 유독 교만히 굴며 부질없이 나에게 마음을 써서 잠시 편안하게 해주는 것은 그저 한 가지 소소한 일일 뿐이니 큰일에 무슨 보탬이 되겠는가. 잠시 편안하게 해준다는 것은 술과 고기로써 초대하는 것일 뿐이다.(言邊頭公卿自爲驕縱, 雖於我如此, 無補於事也. 指當時居邊守臣獨驕, 有跋扈不遵王命之意. 舊注謂郭英乂粗暴, 是矣. 又云, 不能容甫而公有所云, 則是公私一己而已, 況英乂乃成都尹, 豈得謂邊頭乎. 非公詩本意. 公直言邊之守臣不遵王命, 豈若崔旰者乎. 彼其獨驕而徒於我費心姑息, 特一役耳, 何補於事哉. 所以姑息者, 酒肉相招要而已.)

《두시상주》: 이 단락은 나그네의 처지를 스스로 슬퍼하고 이때에 자신을 알아주는 이 없음을 탄식한 것이다. 변방을 진수하는 자가 교만 방자하여 남을 능멸하니 설사 때때로 고식적인 소소한 은혜 베풂이 있었다 하더라도 그 마음을 쓰는 것은 초청하는 한 가지 일에 불과하였으니 술과 고기 외에 어찌 사랑과 존경의 진실한 마음이 있었겠는가. 인하여 옛날의 선비를 좋아하던 자가 다시 나타나지 않아 뜻있는 선비가 홀로 물고기 잡고 나무하는 일로 자취를 숨기게 됨을 탄식하였다. 이 구('獨覺'구)는 아래 단락을 일으킨다. '변방의 공경'은 아마도 장이를 가리키는 듯하다. 포문호鮑文虎는 곽영예를 가리킨다고 하였다. 조언재 주에서는 곽영예는 성도에 있었으니 변방이 아니라고 말하였다.(此自傷旅况, 歎時無知己也. 邊鎭驕蹇凌物, 卽有時小惠姑息, 其所費心, 不過相要一役而已. 酒肉之外, 豈有愛敬眞情乎. 因歎古之好士者不可復作, 志士獨向漁樵而遁迹耳. 此句起下. 邊頭公卿, 恐指章彝. 鮑氏指郭英乂. 趙注謂郭在成都, 非邊頭也.)

8 飄蓬(표봉) - 바람에 날리는 쑥. 정처 없는 나그네 신세를 비유한다. '蓬'을 '轉'으로 쓴 판본도 있다. 無定所(무정소) - 정해진 거처가 없다.

《구가집주두시》 당시 두보는 바야흐로 난리를 피하여 정처 없이 다니고 있어서 의지하여 머무를 곳이 없었다.(時甫方避地流徙, 無所依止.)

9 慼慼(척척) - 근심하고 슬퍼하는 모습.

10 宿(숙) - '夜'로 된 판본도 있다. 霜溪(상계) - 서리가 내린 계곡. '霜'을 '淸'으로 쓴 판본도 있다.

11 東遊(동유) 구 - 정처 없이 유랑하여 심신이 지쳤음을 말한다.

《두공부시집杜工部詩集》 낭주는 재주의 동쪽에 있었으므로 여기서는 동쪽으로 낭주에서 노닐고 다시 서쪽으로 재주로 돌아가려고 한다는 말이다. 성도에서 가족을 데려온 것은 바로 한 해 전 일이다.(閬州在梓州東, 此言東遊閬州又欲西還梓州也. 成都迎家, 乃前一年事.)

12 何許(하허) - 어느 곳.

《두시상주》 '갱하허'는 이 몸 다시 어느 곳으로 갈 것이냐는 말이다. 요즘의 주해서는 '몸을 다시 어떤 사람에게 허하겠는가'로 말했는데 그렇지 않다.(更何許, 言此身更往何所乎. 時解謂將身更許何人者, 未然.)

13 長茯苓(장복령) - 복령이 자라다. 복령은 오래된 소나무 뿌리에서 자라는 것으로 약재로 쓴다.

《독두심해》 '자'는 주인 엄씨를 말한다.(子, 謂嚴氏主人.)

《두시상주》에 인용된 《본초》 복령은 천년된 송진이다. 환이나 가루로 만들어 복용하면 곡기를 끊어도 배고프지 않게 된다.(茯笭, 千歲松脂也, 作丸散服, 能斷穀不饑.)

14 遲暮(지모) - 노년. 同煮(동자) - 함께 삶다.

《구가집주두시》 조언재 주 늙음을 슬퍼하여 장생의 약을 먹고자 함일 것이다.(蓋傷歲晚矣, 欲服餌長生之藥.)

《보주두시》에 인용된 师氏 주 두보의 뜻은 노년에 엄씨와 더불어 계곡에 은거하고자 하여 이렇게 말한 것이다.(甫意欲暮年與嚴氏同隱溪故云.)

#《두시상주》: 이 단락은 엄씨계에 들러 엄씨와 더불어 은거하고자 함을 적었다. 정처 없이 떠돌아다니는 시절에 기쁘게도 시냇가의 풍경을 만나게 되었다. 또한 근력이 이미 쇠해진 시절을 당했으니 이곳에 의탁하여 양생함이 나을 것이다. 주학령 주에 "낭주는 재주의 동쪽에 있으니 여기서는 동쪽으로 낭주에서 노닐고, 다시 서쪽으로 재주로 돌아감을 말한 것이다"라고 하였다. 조차공은 서쪽으로 성도로 돌아가 집안 식구들을 맞이한다고 하였는데, 지난해의 일을 잘못 인용한 것이다.(此過嚴氏溪, 欲與之偕隱也. 漂流無定之時, 喜得溪邊景色, 且當此筋力已衰之候, 不如託此以養生矣. 朱注, 閬州在梓州之東, 此言東遊閬州, 又西還梓州也. 趙次公謂西還成都迎家者, 誤引去年事耳.)

##《독두심해》: 주인 엄씨는 은자이다. 그가 정성껏 대하여 줌을 기뻐하여 노래를 지어 준 것이다. 검외(검각 이남 지역)의 관리는 어느 누구도 의지할만한 자가 없는데, 물고기 잡고 나무하는 지사는 그런대로 짝할만함을 말하였다. 대개 격한 마음이 생겨 그렇게 말한 것일 게다.(嚴氏主人, 隱者也. 喜其相待意厚, 作歌以贈. 言劍外官人, 莫可相依, 漁樵志士, 差堪作伴. 蓋有激而云然.)

(**김성곤**)

108. 警急
경급

才名舊楚將[1] 妙略擁兵機[2] 玉壘雖傳檄[3] 松州會解圍[4]
和親知計拙[5] 公主漫無歸[6] 青海今誰得[7] 西戎實飽飛[8]

재명이 있는 옛날 초 지방 장수
오묘한 책략으로 군대의 기요機要를 가지셨네.
옥루에 비록 격서가 전하지만
송주는 반드시 포위가 풀리리라.
화친의 계책은 졸렬함을 알겠으니
공주는 속절없이 돌아오지 못하네.
청해는 지금 누가 차지하였는가?
서융이 진실로 배가 불러 날고 있구나.

이 시는 광덕 원년 10월 낭주에 있을 때의 작품이다. 화친을 청하던 토번이 태도를 바꾸어 침략해오자 고적이 서천절도사가 되어 촉지에서 병사를 조련하며 토번의 남쪽 경계 가까이서 견제하고 있었다. 시에서 두보는 고적에게 침략을 막아줄 것을 기대하는 한편 화친책의 부당함을 지적하였다. 제목 '경급'은 '경계가 급하다' 또는 '경계할 만한 위급함'을 뜻한다.

《두시상주》에 인용된 원주 고적이 서천절도를 맡게 되었다.(高公適領西川節度.)

《보주두시》 황희 주 조언재는 "당시 고적이 최광원을 대신하여 서천절도사를 맡게 되었다"라고 하였다. 광덕원년 작품이다.(趙曰, 時高適代崔光遠領西川節度使. 廣德元年作.)

《보주두시》 최광원이 근심과 원망으로 죽은 것이 상원 2년이었다. 고적으로 최광원을 대신하게 한 것이 그해 12월이다. 하지만 송주가 토번에 함락된 것은 오히려 광덕 원년 12월이었다. 조언재의 주는 잘못되었다. 이 시에서 '송주는 틀림없이 포위가 풀릴 것이다' 라고 하였으니 이것은 아직 함락되지 않았을 때의 작품이다. 공은 당시 낭주에 있었다.(崔光遠憂恚而死, 在上元二年. 以適代光遠, 在其年建丑月, 而松州陷於吐蕃, 却在廣德元年十二月. 趙注爲非. 此詩云, 松州會解圍, 則是在未陷時作. 公時在閬州.)

《두시상주》 황학의 주에 "마땅히 광덕 원년 10월 낭주에서 지은 것이다. 이 해 12월 토번이 송주와 유주를 함락하였다"라고 하였다. 채몽필은 "사서를 살펴보건대, 대종이 즉위하자 토번이 농우를 함락하고 점차 경사를 핍박하였다. 고적이 촉지에서 병사를 조련하며 토번의 남쪽 경계에 임하여 견제하였다. 군사를 내었으나 전공이 없었으며 얼마 지나지 않아 송주와 유주 등지를 잃게 되었는데, 이 시는 바로 송주가 아직 함락되지 않았을 때의 작품이다"라고 하였다.(鶴注, 當是廣德元年十月閬州作. 是年十二月, 吐蕃陷松維州. 蔡夢弼曰, 考史, 代宗即位, 吐蕃陷隴右, 漸逼京師. 適練兵於蜀, 臨吐蕃南境以牽制之. 師出無功, 尋失松維等州, 此詩乃松州未陷時作.)

《독두심해》 이 해 토번이 송주, 유주, 보주 3개 주를 함락하였다. 이보다 앞서 고적은 촉지에서 병사를 조련하여 토번의 위급함에 대비하였다. 아래 여러 편이 모두 토번의 일을 말하였는데 3개 주가 아직 함락되지 않았을 때이다. 대체로 이는 겨울 초 재주로 돌아가려고 할 때에 지은 것이다.(是年, 吐蕃陷松維保三州. 先是高適練兵於蜀, 以備蕃警. 以下諸篇, 皆言蕃事, 在三州未陷時. 大約是冬初將欲還梓時作.)

《구가집주두시》 조언재 주 '경급'은 경계할 만한 위급함을 말한다. 글자는 처음《한서》에서 나왔으며 위 조식의 〈백마편〉과 양 유효위의 〈결객소년장〉에 모두 "변방의 성에 경계할 만한 위급함이 많다"라고 하였다.(警急者言可警之急也, 字祖出漢書而魏植白馬篇梁劉孝威結客少年場, 皆曰, 邊城多警急.)

주 석

1 才名(재명)- 재능과 명망. 舊楚將(구초장)- 옛 초나라 장수. 여기서는 고적이 양주좌도독부장사 및 회남절도사를 지냈던 일을 두고 한 말이다.

《두시상주》에 인용된 주학령 주 지덕 2년 영왕 린이 반란을 일으키자 고적은 강동 땅의 이해를 진술하면서 영왕이 반드시 패할 것이라고 하였다. 숙종은 그의 대책을 기특하게 여기고 고적을 양주좌도독부장사 및 회남절도사로 삼았다. 그래서 옛 초나라 장수라고 한 것이다.(至德二年, 永王璘反, 適因陳江東利害, 永王必敗, 肅宗奇其對, 以適爲揚州左都督府長史淮南節度使, 故云舊楚將.)

2 妙略(묘략)- 묘한 전략. 擁(옹)- 손에 쥐다. 지니다. 兵機(병기)- 군사軍事의 기요. 용병의 기모機謀.

〔才名 2구〕

《보주두시》 고적을 찬미하고자 하는 내용이다.(以美高適也.)

3 玉壘(옥루)- 산 이름. 傳檄(전격)- 격서檄書를 전달하다. 토번의 침입 때문에 격서를 전한 것이다.

《두시상주》 옥루산은 둘이 있는데 여기서는 위주의 옥루산을 가리킨다.(玉壘山有二, 此指威州之玉壘.)

《독두심해》 옥루산은 관현 서쪽에 있다. 성도와 멀지 않다.(玉壘山在灌縣西, 去成都不遠.)

《구가집주두시》 조언재 주 고적이 절도가 되었으니 긴급 격서를 전하여 송주에 대한 포위를 풀 수 있을 것이라는 말이다. 광덕 원년 토번이 농우를 취하고 12월에 마침내 송, 유, 보 3개 주를 함락하였다. 공의 시는 아직 송주가 망하기 이전의 작품이다.(言高公爲節度, 可以傳羽檄而解松州之圍也. 廣德元年, 吐蕃取隴右, 十二月遂亡松維保三州. 公詩在未亡松州之前.)

4 松州(송주) - 지명. 會(회) - 반드시. 틀림없이. 解圍(해위) - 포위를 풀다. 이 구절은 송주에 대한 토번의 포위가 반드시 풀릴 것이라는 말이다.

《독두심해》 송주는 지금의 송반으로 토번 지역과 가장 가깝다.(松州即今松潘, 最偪蕃境.)

《두시상주》에 인용된 황학 주 여기서 틀림없이 포위를 풀게 될 것이라고 말했으니, 당시 송주는 아직 함락되지 않았던 것이다.(此云會解圍, 時松州尚未陷也.)

〔玉壘 2구〕

《독두심해》 옥루에 격서가 전해졌다는 것은 경보가 촉에 이르렀음을 위주로 말한 것이다. 두 구는 본디 '측(의미의 변화나 전절을 뜻함)'으로 내려간다. 구조오의 풀이에는 위주를 가리킨다고 하였는데, 위주는 곧 유주이며 또한 토번 땅과 가까우니, 구법상 측이 될 수가 없다.(玉壘傳檄, 主警報到蜀爲言. 兩句本側下. 仇解指威州. 威即維州也, 亦偪蕃境, 則句法不應側矣.)

5 和親(화친) - 토번이 혼인을 청해와 문성공주와 금성공주를 출가시키고 화친을 맺었던 일을 가리킨다. 知計拙(지계졸) - 계책이 졸렬함을 알다. 토번의 회친 제의에 따라 공주를 출가시켰으나 끝내 토번의 침략을 면하지 못했기에 이른 말이다.

6 公主(공주) - 문성공주와 금성공주. 화친을 위하여 토번에 출가했던 공주를 말한다. 漫(만) - 공연히, 그저. 無歸(무귀) - 돌아오지 못하다.

《두시상주》 '만'은 '공연히'의 뜻이다.(漫, 徒然也.)

《구가집주두시》 조언재 주 《당서》에 영태 원년 을사세에 토번이 바야흐로 화친을 청하다가 이어서 또 반란을 일으켰다. 당시 의론 가운데 필시 다시금 공주를 출가시켜 화친의 계책을 쓰자는 것이 있었을 것이다. 그래서 공이 그렇게 말하였다.(唐史, 永泰元年乙巳, 吐蕃方請和, 繼而又叛. 時議必再有請嫁公主爲和親計者, 故公云爾.)

〔和親 2구〕

《보주두시》 황희 주 '화친'은 문성공주와 금성공주를 토번에 출가시킨 것을 말한다. 그러나 끝내 그들의 침입을 면하지 못하였으니 계책이 졸렬한 것이 된다.(和親, 謂以安('文'의 잘못)成金城公主降吐蕃, 而卒不免其入寇, 所以爲計拙.)

7 靑海(청해) - 지명. 당시에 토번이 차지하고 있었다. 今誰得(금수득) - 지금 누가 차지했는가.

《두시상주》 천보 연간에 가서한이 일찍이 청해에다 성을 쌓은 적이 있었다.(天寶中, 哥舒翰曾築城於靑海.)

8 西戎(서융) - 토번을 가리킨다. 飽飛(포비) - 배가 불러 날아가다. 토번이 청해를 차지하여 제어하기 어렵게 된 것이 마치 배가 불러진 매를 제어하기 어려운 것과 같다는 말이다.

《구가집주두시》 조언재 주 《신당서》에 "경룡 연간에 토번이 사자 양구를 후히 대접하여 하서의 구곡을 공주의 탕목지로 삼게 해달라고 청하였다. 양구가 표를 올려 그 땅을 주라고 청하였다. 구곡은 물이 달고 풀이 좋아서 목축에 알맞으며 가까이 당과 접해 있었다. 이로부터 더욱 기세가 커져 침입이 쉬워졌으니, 청해 또한 그들의 차지가 되었다. 공은 토번이 이미 청해를 가지게 되었으니 의당 그 형세가 마치 매가 배가 불러 날아올라 굴레에 묶이지 않는 것과 같다고 생각한 것이다.(新史, 景龍時, 吐蕃厚餉使者楊矩, 請河西九曲爲公主湯沐, 矩表請與其地. 九曲者水甘草良, 宜畜牧, 近與唐接. 自是益張雄, 易入寇, 則靑海亦爲其所有矣. 公旣以吐蕃旣有靑海, 宜其勢如鷹之飽而飛揚, 不就縶紲也.)

#《두시상주》: 제목에 '경급'이라 한 것은 변경邊境의 경보가 날로 급박해짐을 두려워한 것이다. 위 4구는 고적에게 바라는 내용이고, 아래 4구는 토번에 대한 우려이다. 고적의 재략이 절로 변강을 방어하기에 족하지만 앞에 화친으로 인한 실계가 있었고 뒤에 청해를 지켜내지 못한 일이 있어서 일시에 갑자기 물리치는 것이 어려움을 두려워 한 것일 뿐이다.(題曰, 警急, 畏邊警之日急也. 上四望高適, 下四憂吐蕃. 高公才略, 自足控制邊疆, 但恐和親失計於前, 青海失守於後, 一時驟難攘斥耳.)

《독두심해》: 위 4구는 고적의 옛 전략을 끌어 써 경계의 격서가 혹 풀리기를 바라는 것이나 기필할 수는 없다는 말이다. 아래 4구는 화친의 잘못된 계책으로 토번 오랑캐가 더욱 방자해지게 되었음을 돌이켜 본 것이나 헤아릴 수는 없다는 말이다. 묘한 점은 그 말을 완곡하게 한 데에 있다.(上四援高公舊略, 冀警檄之或解, 不可必之詞也. 下四, 追和親失計, 致蕃戎之益肆, 不可測之詞也. 妙在婉約其詞.)

(이남종)

109. 王命
왕명

漢北豺狼滿[1] 巴西道路難[2] 血埋諸將甲[3] 骨斷使臣鞍[4]
牢落新燒棧[5] 蒼茫舊築壇[6] 深懷喩蜀意[7] 慟哭望王官[8]

한수 북쪽에 승냥이 가득하니
파주 서쪽 길 다니기가 어렵구나.
여러 장수의 갑옷에는 선혈이 그득하고
사신의 뼈는 안장에서 부러졌다.
새로 불탄 잔도는 황량하고
예전에 쌓았던 단 아득하구나.
촉을 고유하던 뜻을 깊게 그리워하노니
통곡하며 왕께서 명령하신 관리를 기다리노라.

이 시는 오랑캐가 침입하여 혼란스러운 상황 속에서 조정에서 뛰어난 장수를 보내줄 것을 바란 내용이다. 대체로 토번이 침입한 사실을 가리키는 것으로 보는 설이 우세하며, 서지도의 반란을 가리킨다고 보는 설도 있으나 취하지 않는다. 저작 시기는 광덕 원년 가을이다.

> 《보주두시》 시에서 "새로 불탄 잔도는 황량하다"라고 하였는데, 이는 광덕 원년 대산관을 불태운 것을 말하는 것이다. "예전에 쌓았던 단 아득하구나"는 이 해 토번이 근기 지방을 노략질하자 바로 곽자의에게 명하여 적을 방어하도록 하였는데 곽자의가 오래 쉬면서 재주가 사라졌고 2천기 만을 얻어 움직이게 된 것을 말한다.

시에서 또 "파주 서쪽 길 다니기가 어렵다"라고 하였는데, 파서는 낭주이다. 당시 두보가 낭주에 있었으니 마땅히 광덕 원년 10월에 지은 것이다.(詩云, 牢落新燒棧, 謂廣德元年燒大散關. 蒼茫舊築壇, 謂是年吐蕃寇近幾, 旋命子儀禦敵, 子儀久閒廢才, 得二十(千의 잘못)騎而行. 詩又云, 巴西道路難, 巴西, 閬州也, 時公在閬州, 當是廣德元年十月作.)

《시경·소아·출거出車》 남중에게 왕명을 내리다.(王命南仲.)

《두시상주》에 인용돈 주학령 주 '왕관'은 틀림없이 엄무를 가리킨다. 토번이 송주를 포위하였지만, 고적은 이를 제압할 수 없었다. 이에 촉 지방 사람들이 엄무를 얻어 그를 대신하고자 하였다.(王官當指嚴武, 吐蕃圍松州, 高適不能制, 故蜀人思得武以代之.)

주 석

1 漢北(한북) - 한수의 북쪽. '漢'은 '漠'으로 된 판본도 있다.

《두시경전》 《당서》에 "보응 원년 토번이 임조를 함락시키고 진주, 성주, 위주 등의 지역을 차지하였다. 다음해 또 난주, 하주 등의 지역을 취하니, 농우 지역을 모두 잃은 것이다"라고 하였다. 살펴보건대 그 땅은 모두 한원의 서북쪽에 있다.(唐書, 寶應元年, 吐蕃陷臨洮, 取秦成渭等州, 明年又取蘭河等州, 隴右盡亡. 按其地俱在漢源西北.)

2 巴西(파서) - 파주의 서쪽.

〔漢北 2구〕

《구가집주두시》 조언재 주 '한'과 '파'는 서로 이어져 있었는데 대개 토번이 침략하였던 지역이다. 〈오도부〉에서 "파와 한의 험준함을 자랑하노니, 여러 험준함 중에서도 으뜸이다"라고 하였는데, 파와 한이 서로 연이어 있음을 알 수 있다. 한수의 북쪽은 포사이다. 파주의 서쪽은 면주, 한주, 성도이다.(漢與巴相連, 蓋吐蕃入冠之地. 吳都賦云, 矜巴漢之阻, 則以爲襲險之右. 可以見巴漢之連矣. 漢之北, 則褒斜

也. 巴之西, 則綿漢成都也.)

3 血埋(혈매)구- 토번과의 전투에서 패하여 많은 장수들이 희생되었음을 말한다.

《두시상주》 황학이 "위북병마사 여월장이 정예 병사 2천을 거느리고 주질에서 토번과 싸웠는데 병사들이 적에게 포로로 잡혔다"고 하였는데 이것이 바로 '여러 장수의 갑옷에는 선혈이 그득하다'이다.(鶴曰, 渭北兵馬使呂月將, 將精卒二千, 與吐蕃戰於盩厔, 兵爲賊所擒, 所謂血埋諸將甲也.)

《두공부초당시전보유》 살육이 많았음을 말한다.(謂殺戮之多也.)

4 骨斷(골단)구- 어지러운 전쟁 상황에서 사신들이 힘들게 수고하였음을 말한다. '臣'은 '君'으로 된 판본도 있다.

《구가집주두시》 조언재 주 광덕 원년 이지방, 최윤에게 토번을 방문하게 하였는데, 억류하고 보내주지 않았다. 오랑캐들이 빈주를 격파하고 봉천으로 들어와 천자는 섬주로 피난을 갔다. '사신'은 이지방과 최윤을 가리킨다. '골단'이라고 말한 것은 곧 걱정하고 두려워하여 뼈가 끊어질 것 같다는 뜻이다.(廣德元年, 使李之芳崔倫往聘吐蕃, 留不遣. 虜破邠州, 入奉天, 天子幸陝. 使臣, 指李之芳崔倫. 曰骨斷, 則憂懼而骨欲斷折之義也.)

《두공부초당시전보유》 사역이 힘들었음을 말한다.(謂行役之勞也.)

5 牢落(뇌락)- 영락하여 황량한 모양. 불에 탄 잔도의 처량하고 황량한 모습을 묘사한 것이다.

6 蒼茫(창망)- 아득한 모양. 급하게 서두르는 모양으로 보기도 한다. 이 구는 위기에 처하여 궁여지책으로 예전의 장수를 기용한 사실을 두고 말하는 것이다.

《구가집주두시》 조언재 주 당시 옹왕 이괄을 병마원수로 삼고 곽자의를 부원수로 삼았는데, 봉천의 오랑캐들을 방어하는 일은 곽자의에게 맡겼으니 '구축단'은 곽령공을 가리킨다. (時雍王适爲兵馬元帥, 郭

子儀副之, 而禦奉天之冠, 委之子儀, 則舊築壇, 指郭令公也.)

〔牢落 2구〕

《두시상주》 주학령의 주에서 "상원 2년 2월 노랄, 당항이 보계를 노략질하자 대산관을 불태웠는데 이것이 '새로 불탄 잔도는 황량하다'이다. 광덕 원년 10월 토번이 토곡혼, 당항, 저, 강의 2천여 무리를 통솔하여 위수를 건넜다. 이에 곽자의에게 명하여 그들을 방어하게 하였는데, 곽자의는 2천여 기병을 얻어 길을 떠났다. 이것이 소위 '예전에 쌓았던 단에서 서두르고 있다'는 것이다.(朱注, 上元二年二月, 奴剌黨項寇寶鷄, 燒大散關, 所謂"牢落新燒棧"也. 廣德元年十月, 吐蕃帥吐谷渾黨項氐羌二千餘萬衆度渭, 命郭子儀禦之, 子儀得二千騎而行, 所謂"蒼茫舊築壇"也.)

7 喩蜀意(유촉의) - 촉지방 백성에게 천자의 뜻을 고유告諭하였던 뜻. 여기서는 한무제 때의 일을 사용하여 지금의 조정에서도 좀 더 적극적인 조처를 해줄 것을 바란 것이다.

《구가집주두시》 당시 단자장이 동천에서 반란을 일으켜 고적과 최광원이 맞서 싸워 그들을 참하였다. 최광원이 병졸들을 단속하지 않아 마침내 사람들의 손목을 잘라 금붙이를 취할 정도로 큰 노략질이 벌어졌다. 그래서 백성들이 원망하며 왕이 임명한 관리가 올 것을 바란 것이다.(時段子璋反於東川, 適與崔光遠逆戰斬之. 光遠不戢兵, 遂大掠至有斷士女腕取金者, 故民怨而望王官之至也.)

《구가집주두시》 조언재 주 "사마상여에게 촉을 고유하는 격문이 있었는데, 두보는 단지 '촉을 고유한다'는 글자만을 취하여 촉의 부로들이 왕이 임명한 관리가 올 것을 바라고 있음을 말한 것이다. 옛 주석에서는 단자장이 반란한 일이라 보았는데 이것은 상원 2년 고적이 촉주자사를 지낼 때의 일이고, 더구나 이 시는 또한 고적과는 아무 상관이 없다"고 하였다.(司馬相如有喩蜀檄, 公止取喩蜀字以言蜀父老望王官之至也. 舊注作段子璋反事, 自是上元二年高適爲蜀州刺史時, 況今篇又不關涉高適.)

《보주두시》 단자장의 일은 상원 2년에 있었으니 이 시와는 2년의 시간차가 있어 인용이 잘못된 것이다. 광덕 2년 토번이 송주, 유주, 보주의 세 주와 운산, 신축의 두 성을 함락시켰는데 서천절도사 고적은 이를 구할 수 없었다. 이에 검남, 서산의 여러 주가 또한 토번의 수중에 들어갔다. 파촉 지역의 사람들은 새로 오랑캐의 수중에 빠져 '통곡하며 왕께서 명령하신 관리를 기다린다'고 한 것이다. 파촉의 여러 주가 이미 함락되었다면 곧 여러 장수의 갑옷에 선혈이 그득할 것임을 또한 알 수 있는 것이다.(段子璋事, 在上元二年, 與此詩相距二年, 所引非. 蓋廣德二年吐蕃陷松維保三州, 及雲山新築二城, 西川節度使高適不能求, 於是劍南西山諸州亦入於吐蕃矣. 巴蜀之人陷新夷虜, 所以慟哭望王官之至. 巴蜀諸州旣陷, 則血埋諸將之甲, 又可知矣.)

《두시상주》에 인용된 《사마상여전司馬相如傳》 당몽이 야랑을 통하고서 파촉의 관리와 병졸들을 징발하였는데 전시의 군법을 적용하여 그 우두머리를 처형하였다. 파촉의 사람들이 크게 놀라 두려워하여 주상은 사마상여를 보내어 당몽 등을 책망하고 파촉 사람들에게 그것이 주상의 뜻이 아니었음을 알렸다.(唐蒙通夜郎, 徵巴蜀吏卒, 用軍興法誅其渠帥, 巴蜀大驚恐, 上使相如責蒙等, 因喻告巴蜀人以非上意.)

8 慟哭(통곡)- 크게 슬퍼하며 울다. 王官(왕관)- 왕이 임명하여 파견한 관리. '京巒'으로 된 판본도 있다.

《두시경전》 왕의 명령이 베풀어져 위급한 상황을 구하기를 바란 것이지, 반드시 특별하게 가리키는 바가 있는 것은 아니다.(望王命之申以救警急也, 不必專有所指.)

#《두시상주》: 제목에서 '왕명'이라고 한 것은 왕조에서 장수를 임명하기를 바란 것이다. 위 6구는 당시의 일을 서술한 것이고, 아래 2구는 변경을 안정시킬 것을 생각한 것이다. 서융이 침략하니 화친과 전쟁이 효과가 없어져 여러 장수들의 피가 갑옷 사이로 스며들고, 사신의 뼈가 안장 위에서 거의 끊어질 지경이 된 것이다. 지금 잔각이 이미

불타고서야 비로소 옛사람을 등용하였는데 또한 이미 늦은 것이다. 이 때 어찌 촉을 고유하는 조서를 얻어 오랑캐 군사를 물리칠 수 있겠는가. 그래서 사람들이 모두 통곡하며 왕이 임명한 관리가 올 것을 바란 것이다.(題曰王命, 望王朝之命將也. 上六敍時事, 下二想安邊. 西戎入寇, 和戰無功, 故諸將之血埋入於甲中, 使臣之骨幾斷於鞍上, 今棧閣已燒, 而始用舊人, 亦已晚矣. 此時安得詔書諭蜀以退寇兵乎, 故人皆慟哭而望王官之至也.)

《두억》: '사신의 뼈가 안장에서 부러졌다'는 것은 사신을 보내는 것이 무익하다는 것을 말한다. 그래서 시의 제목에서 '왕명'이라고 한 것인데 시의 본의가 여기에 있으니 그 요점은 명장을 얻어 방어하는 것이다. 그런데 그 때 아직 이러한 조치가 없었기에 '예전에 쌓았던 단 아득하다'고 한 것이니, 마침내 곽자의를 기용하자 오랑캐가 물러났다. '통곡하며 왕께서 명령하신 관리를 기다리노라'는 관군을 거느리고 올 것을 바란 것이다. 다음 시(〈정부征夫〉)의 '관군이 아직 촉으로 통하지 못했다'라고 한 것으로써 알 수 있다.(骨斷使臣鞍, 謂遣使之無益也, 故題云王命, 詩意在此. 要在得名將以禦之, 而時尚無之, 故云蒼茫舊築壇, 竟起郭子儀而虜退. 慟哭望王官, 望其帥官軍而至也, 後首云, 官軍未通蜀, 可見.)

《독두심해》: '한북'과 '파서'를 나란히 제기하였다가, 3, 4구에서는 총괄하여 그것을 말했고, 5, 6구도 역시 합쳤는데 시의 뜻은 도리어 '구축단'구를 빌려 '촉을 고유하다' '왕의 관리'에 귀결되었다. 이것이 곧 '왕명'으로 제목을 정한 뜻이니 쌍으로 일으켜 하나로 거두어들인 것으로 촉에 있으면서 촉을 말함이다. 장수의 갑옷에 선혈이 그득하다는 것은 번진을 지키는 장수와 병사를 두루 가리킨 것이다. '창망구축'은 멀리서 전적으로 오래 명망을 지녔던 곽자의에게 맡길 것을 바란 것이다. 주학령 주에서 여월장이 전사한 것으로써 '혈매'에 맞추고, 곽자의를 명하여 함양으로 나가 진주하도록 한 것을 '축단'으로 보았는데 이는 경사가 함락되고 섬주로 피난 갔을 때의 일이다. 만약 그렇다면 마땅히 몽진에 대해서까지 애통함이 미쳤어야지 단지 촉을 고유하는 일을 급급하게 여기지는 않았을 것이다. 지금 시 가운데서는 그렇게 하지 않았으니 이로써 시가 9월과 10월 사이에 지어졌고, 부질없이 10월 달 3천리 바깥 장안의 일을 끌어다 대서는 안 되는 것임을 알 수 있다.(漢北巴西並提. 三四, 總統言之, 五六亦總, 而詩意却借舊築壇句, 度落喻蜀王官. 此則以王命命題之意, 雙起單收, 在蜀言蜀也. 血埋將甲, 泛指禦藩將士耳. 蒼茫舊築, 遙冀專委宿望耳. 朱注以呂月將戰死當血埋, 以命子儀出鎭咸陽當築壇, 此係陷京幸陝時事. 如此, 則宜痛及蒙塵, 不得但以喻蜀爲汲汲矣. 今詩中不爾, 可知詩作於九十月之交, 無容漫引十月間三千里外長安之事也.)

(박홍준)

110. 征夫

멀리 수자리 가는 사람들

十室幾人在[1] 千山空自多[2] 路衢唯見哭[3] 城市不聞歌[4]
漂梗無安地[5] 銜枚有荷戈[6] 官軍未通蜀[7] 吾道竟如何[8]

열 집에 몇 사람 있는가,
천 산 헛되이 절로 많다.
거리에는 오직 울음만 보이고
성시에는 노래 들리지 않는다.
떠 다니는 나무도막, 편한 땅 없으며,
하무 물고서 창을 멘 이 있다.
관군이 촉을 열지 못하니
내 길은 끝내 어찌 될 거나.

토번 방어에 동원된 백성들의 참상을 슬퍼하면서 자신의 처지도 시름하였다. 광덕 원년에 지었다.

《보주두시》 시에서 "열 집에 몇 사람 있는가, 천 산 헛되이 절로 많다"라고 하였으니 때는 광덕 원년, 토번이 송주와 유주를 함락하고, 고적은 촉에서 원정군을 파견하여 방어하였으므로 이 시를 지었다. 〈경급〉부터 이 시까지 3수(〈경급警急〉, 〈왕명王命〉, 〈정부〉는 모두 고적 때문에 지어 그가 오랑캐를 막지 못함을 기롱하였다. 처음에는 "예전에 초 지역 장수로 재명을 얻었으니 오묘한 책략으로 용병의 계책을 가지셨다"라는 시구로 시작하였으나 그 뒤는 모두 패배한 일이니 그 기략을 알겠다.(詩云, 十室幾人在, 千山空自

多, 時廣德元年, 吐蕃陷松維州, 高適在蜀調征夫防守, 故有此作. 自警急至此三首, 皆爲高適作, 所以譏其不能禦虜也. 首冠以才名舊楚將, 妙署擁兵機之句, 而其下皆敗北之事, 則機略可見矣.)

주 석

1 十室(십실) - 열 집. 여러 집을 말한다.

2 千山(천산) - 천 산. 수많은 산. 空(공) - 헛되이.

《두억》 "천 산 헛되이 절로 많다"는 험한 곳이 있으나 지킬 수 없음을 말한다.(千山空自多, 謂其有險而不能守.)

3 路衢(노구) - 길거리.

4 城市(성시) - 사람들이 많이 모이는 번화한 곳.

〔路衢 2구〕

《구가집주두시》 백성들이 수자리에 나가므로 슬피 곡하는 이가 많다. 통곡함에 어찌 또 웃고 노래하는 일이 있겠는가.(民征戍, 故多悲哭, 哭豈復有笑歌之事.)

《보주두시》에 인용된 왕수 주 백성들이 군역에 시달리므로 원망과 통곡이 많다.(民苦役, 故多怨哭.)

《두시언해》 백성이 군역에 시달림을 말한다.(言民苦於征役也.)

5 漂梗(표경) - 물에 떠내려 가는 도경桃梗. 도경은 복숭아나무 줄기이다. 벽사辟邪 용으로 복숭아나무를 깎아 만든 인형도 '도경'이라고 한다. '표경'은 나무도막이나 나무 인형이 물에 떠내려가듯 정처 없이 떠돌아다님을 말한다. 安地(안지) - 편안히 살 수 있는 곳. 이 구는 시인 자신의 처지를 비유한다. 백성의 처지에 대한 비유로 보기도 한다.

《전국책戰國策·제책齊策》 (소진이) 맹상군에게 말하였다. "이번에 신이 오면서 치수 가를 지나는데 토우인과 도경이 대화를 나누고 있었습니다. 도경이 토우인에게 '그대는 서쪽 언덕의 흙으로서 그대를 빚어 사람을 만들었소. 8월이 되어 비가 내려 치수가 이르면 그대는 바로 이지러질 것이오.' 토우가 말하였습니다. '그렇지 않소. 나는 서쪽 언덕의 흙이오. 흙은 서쪽 언덕으로 돌아갈 뿐이오. 이제 그대는 동쪽 나라의 복숭아나무 줄기로 그대를 깎아 사람을 만들었오. 비가 내려 치수에 이르면 그대를 떠내려 보내리니 그대는 물결에 떠서 어찌 하려오?'"(謂孟嘗君曰, 今者臣來, 過於淄上, 有土偶人與桃梗相與語. 桃梗謂土偶人曰, 子, 西岸之土也, 挺(埏의 잘못)子以爲人, 至歲八月, 降雨下, 淄水至, 則汝殘矣. 土偶曰, 不然. 吾西岸之土也, 土則復西岸耳. 今子, 東國之桃梗也, 刻削子以爲人, 降雨下, 淄水至, 流子而去, 則子漂漂者將何如耳.)

《구가집주두시》 백성을 잡목처럼 쓸 뿐이므로 떠돌아다녀서 편히 쉴 곳이 없다.(用民如榛梗爾, 漂泊不遑寧處也.)

《두시언해》 '표경'은 두보 자신이 나그네로 떠돌아다님을 비유한다.(漂梗, 甫自喩旅寓之漂流也.)

6 銜枚(함매)- 매를 물다. '매'는 젓가락 모양의 막대로 입에 가로로 물며, 양 끝에 끈을 달아 목에 건다. 행군할 때 입에 물어 말을 못하게 함으로써 정숙을 유지한다. 荷戈(하과)- 창을 메다.

《주례周禮·함매씨銜枚氏》 함매씨는 소란 방지를 담당한다. 나라의 큰 제사에 소란이 없게 금지한다. 군려와 수렵에 매를 물려서 나라 안에서 큰소리와 탄식을 금하며, 나라의 길에서 다니며 노래하고 곡하기를 금한다.(銜枚氏, 掌司囂. 國之大祭祀令禁無囂. 軍旅田役令銜枚. 禁嘂呼歎嗚於國中者, 行歌哭於國中之道者.)

《한서·고제기》"章邯夜銜枚擊項梁定陶" 구의 안사고顔師古 주 '함매'는 떠들지 않게 하여 다가옴을 적이 알지 못하도록 하는 것이다. 주나라 관직에 함매씨가 있다. 매는 모양이 젓가락 같으며 가로로 물고, 끈을 달아 목에 두른다.(銜枚者, 止言語讙囂, 欲令敵人不知其來也. 周官有銜枚氏. 枚狀如箸, 橫銜之, 繣絜於項.)

《두시경전》 가는 곳마다 전쟁이 일어남을 말한다.(言所到之處, 皆用兵也.)

7 官軍(관군) - 원군을 말한다. 이 구절은 엄무가 오기를 바란다고 보기도 한다.

《두시상주》에 인용된 노원창 주 '관군미통촉'은 역시 엄무를 바란 것이다.(官軍未通蜀, 仍望嚴武也.)

《두시경전》 원군이 오지 않음을 말한다.(謂援師不至.)

8 吾道(오도) - 나의 길. 앞으로의 진로를 말한다.

#《두시상주》: 제목을 '정부'라고 하였으니 군대 간 사람의 죽음을 슬퍼함이다. 위 4구에서는 전장에서 죽은 자가 많음을 슬퍼하고, 아래 4구에서는 원군이 오지 않음을 탄식한다. 천산이 헛되이 많다고 하여 험지가 있어도 지킬 수 없음을 말하고, 매를 물고 창을 메었다고 하여 관군이 와서 구해 주기를 바랐다. 나의 길은 어떤가라고 하여 나아가나 물러가나 의지할 데가 없음을 자탄하였다.(題曰征夫, 傷征人之喪敗也. 上四, 哀陣亡者多, 下四, 歎援師不至. 千山空多, 言有險莫守, 銜枚荷戈, 望官軍來救. 吾道如何, 自慨進退失據矣.)

《독두심해》: 먼 수자리 가는 소란을 슬퍼하고, 자신의 떠돌아다님을 시름하였다. 위 4구에서 사람들이 모두 먼 수자리로 종군함이 드러나니 편안한 곳이 없다는 맥락이 벌써 나왔다. '창을 멘 이 있다'고 하여 바로 편안한 곳이 없음을 명확히 한다. 몸을 맡기는 이야기로 귀결되지만 끝을 맺을 길이 없다.(哀征戍之擾, 而自憂轉徙也. 上四, 見人盡從征, 而無安地之脈已引. 有荷戈, 正是跌實無安地. 歸宿到託足, 無從作結.)

《두억》: 처음에 "열 집에 몇 사람 있는가"라고 하여 촉에서 멀리 수자리 간 사람들 가운데 전장에서 죽은 이가 많음을 슬퍼하였고, 3·4구에서 다시 드러내었다. "떠 다니는 나무도막 편한 땅 없다"는 진경이다.

공은 '오도'라는 시어를 즐겨 썼다. 예를 들어 "오도경여하"라고 말하였고, 또 "구객응오도"라고 하였으며, 이런 예는 아직 많다.(首云, 十室幾人在, 悲蜀中征夫陣亡者多, 更於三四見之. 漂梗無安地, 眞景. 公喜用吾道, 如此云, 吾道竟如何, 又云, 久客應吾道, 類此尙多.)

(**이창숙**)

111. 西山三首

서산 삼수

夷界荒山頂[1]　蕃州積雪邊[2]　築城依白帝[3]　轉粟上青天[4]
蜀將分旗鼓[5]　羌兵助鎧鋋[6]　西南背和好[7]　殺氣日相纏[8]

오랑캐와의 경계는 거친 산꼭대기
변방 고을은 눈 쌓인 곳.
성을 쌓아 백제에 의지하고
곡식 옮기느라 푸른 하늘에 오른다.
촉의 장수는 기와 북을 나누고
강족 병사는 갑옷과 창으로 돕건만
서남쪽이 우호를 배반하여
살기가 날마다 서로 얽힌다.

광덕 원년 낭주에서 지은 것으로 송주가 토번에 포위되자 그 일을 우려하는 심사를 담았다. '서산'은 민산을 말한다.

《보주두시》 시에서 "눈비에 송주가 고립되었다"고 하였으니 응당 광덕 원년 12월 송주가 포위되었을 때 지은 것이다.(詩云, 雨雪閉松州, 當是廣德元年十二月松州被圍時作.)
《두시상주》에 인용된 노원창 주 《도경》에 이르기를 민산은 깎아지른 듯 우뚝 솟아 강족 오랑캐를 막으니 온 촉이 그것을 큰 병풍으로 삼아 의지한다.(圖經云, 岷山巉絶崛立, 捍阻羌夷, 全蜀依爲巨屏.)

주 석

1 夷界(이계) 구- 서산을 사이에 두고 토번과 경계를 나눈다는 뜻이다.

《구가집주두시》 조언재 주 당 나라에 송주와 유주가 있는데, 유주는 오늘의 위주이다. 이 일대를 모두 서산이라 하고 토번과 지역이 나뉘는데, 그 산이 가장 높다. 그래서 "오랑캐와의 경계는 거친 산 꼭대기"라 하였다.(唐松維二州, 維今之威州, 一帶皆號西山, 與吐蕃分, 其山最高, 故云夷界荒山頂.)

2 蕃州(번주)- 변방의 고을. 여기서는 송주 일대를 가리킨다. 積雪(적설)- 민산을 두고 한 표현이다.

《독두심해》에 인용된 이종악李宗諤의 《촉도경蜀圖經》 민산은 재가 연이어 서쪽으로 뻗었는데 그 끝을 알 수 없다. 북으로 높은 산을 바라보면 눈이 쌓여 옥과 같고 동으로 성도를 바라보면 우물 바닥 같으니, 이 산은 서촉이 토번을 제어하는 요충지이다.(岷山連嶺而西, 不知其極. 北望高山, 積雪如玉, 東望成都若井底, 是西蜀控吐蕃之要衝.)

3 依(의)- '連'으로 된 판본도 있다. 白帝(백제)- 서방의 신이다. 이 구는 성이 높음을 말한다. '백제에 의지하여 성을 쌓다'라고 풀이할 수도 있다.

《보주두시》 백제는 서방의 신이다. 지금 서산 위에 성을 쌓았기에 그 높음이 백제를 의지할 만하다고 하였다. 그래서 아래 구에서 "곡식을 옮기느라 푸른 하늘에 오르다"라고 말하였으니, 공손술의 성을 가리켜 말한 것이 아니고 다만 그 글자를 빌려 썼을 뿐이다.(白帝, 西方之帝也. 今築城於西山之上, 言其高可依於白帝, 故下曰轉粟上青天, 非指公孫述城而言, 但假用其字耳.)

4 轉粟(전속)- 군량미를 옮기다. 이 구는 높은 곳에 있어서 군량미를 옮기는 것이 어렵다는 뜻이다.

〔築城 2구〕

《두시상주》에 인용된 《두억》 '축성' 구와 '전속' 구는 나랏일을 꾀하는 자가 실책하였음을 보여준다.(築城轉粟, 見謀國者之失算.)

5 分旗鼓(분기고)- 군대를 나누어 파견함을 말한다. 이 구는 촉의 장수가 이 지역의 방어를 위하여 군대를 나누어 파견한다는 뜻이다.

6 羌兵(강병)- 강족의 병사. 중국에 복속된 이민족의 군대를 가리킨다. 助(조)- '動'으로 된 판본도 있다. 鎧鋋(개연)- '개'는 갑옷 또는 투구. '연'은 창의 일종으로 크기가 작다. '井泉'으로 된 판본도 있다.

《두시상주》 '개'는 투구이고 '연'은 작은 창이다.(鎧, 頭盔, 鋋, 小矛.)

7 西南(서남)- 서남 지역. 토번을 가리킨다.

8 纏(전)- 얽히다. 감다.

#《두시상주》: 이 장은 서산의 시사를 기술하였다. 머리 연은 지역이 가까움을 말하고 다음 연은 지키기 어려움을 말하고 셋째 연은 전쟁이 급함을 말하고 마지막 연은 전쟁의 원인을 말한다. 거친 산의 꼭대기이니 바라보면 볼 수 있고 설령 옆이니 가까워 침범하기가 쉽다. '백제에 의지하다'는 그것이 높음을 비유하고 '푸른 하늘에 오르다'는 그것이 험함을 묘사한다. '촉장'은 토벌하는 장수이고, '강병'은 복속한 오랑캐이다. 우호를 저버리고 살륙을 숭상하니 그래서 힘을 합쳐 대적해야 하는 것이다.(此章記西山時事. 首聯言地之逼, 次聯言守之難, 三聯言戰之急, 末聯言戰之故. 荒山頂, 望可見, 雪嶺邊, 近易侵也. 依白帝, 擬其高. 上青天, 狀其險. 蜀將, 會討之師. 羌兵, 服屬之夷. 背和尙殺, 故須同仇以敵愾.)

《독두심해》: 서산의 시사를 통틀어 서술하니 머리 장의 방식이다. 위의 4구는 지세의 험준함을 말하고 5,6구는 방비하기기 수고로움을 말하고, 마지막 연은 토번임을 명료하게 밝혔다.(通述西山時事, 是首章體.

上四言地勢之險峻，五六言備禦之勞攘，結點淸吐蓄.)

其二

辛苦三城戍[1]　長防萬里秋[2]　烟塵侵火井[3]　雨雪閉松州[4]
風動將軍幕[5]　天寒使者裘　漫山賊營壘[6]　迴首得無憂

고생스러운 세 성의 수자리
늘 만 리 변방의 가을날을 방비하는데,
연기와 티끌은 화정까지 침범하고
눈과 비가 송주를 가두었다.
바람이 장군의 막사를 흔들고
날은 사신의 갖옷에 차가운데,
산에 가득한 적의 군영과 보루
머리 돌려 보고 어찌 시름 없으랴?

주 석

1 三城(삼성) - 서산 일대에 있는 송주, 유주, 보주 세 성을 가리킨다. **《독두심해》** (성이) 응당 송주, 유주, 보주 세 주의 지역에 있다.(當在松維保三州之界.)

2 長防(장방) 구 - 만 리 변방에서 가을이면 침공하는 오랑캐를 늘 방비한다는 뜻이다.

3 煙塵(연진) - 전장에서 일어나는 연기와 먼지. 火井(화정) - 가연성 기체가 나오는 우물로 고대에는 소금 생산에 이용되었다. 공주에 이것이 있고, 이로 인해 고을 이름이 되었다.

《독두심해》 《신당서》에서 "공주에 화정현이 있다"고 하였다. 살펴보건대 공주는 유주와 보주의 동쪽에 있다.(唐書, 邛州有火井縣. 按邛在維保之東.)

4 雨雪(우설) 구 - 비와 눈 속에 송주가 적에 포위되어 고립되었다는 뜻이다.

5 幕(막) - '蓋 '로 된 판본도 있다.

〔風動 2구〕

《구가집주두시》 조언재 주 광덕 원년 토번이 송주를 함락하였다. 이 때 장수를 보내 적을 막으면서 또 사신을 보내 화친하였다. 그래서 이 구들이 있는 것이다.(廣德元年, 吐蕃沒松州. 是時, 既遣將以禦敵, 又遣使以和親, 故有是句.)

6 漫山(만산) - 산에 가득하다. 산 곳곳에 있다. 賊營(적영) - '成壁'으로 된 판본도 있다.

《구가집주두시》 도적의 보루가 많음을 말한다.(言賊壘之多也.)

#《두시상주》: 둘째 장은 송주가 포위된 것을 기술하였다. 위의 4구는 변방을 침범한 일을 서술하였고 아래 4구는 변방을 편안하게 하는 데 방책이 없음을 탄식하였다. 수자리의 병졸이 가을에 방비를 하지만 변방을 침범하는 자가 누차 이르렀다. 화정에 침범하였으니 그들이 깊이 들어온 것이고, 송주가 고립되었으니 이쪽이 포위된 것이다. 군대를 보내고 사신을 파견하여 화전 양면에서 지쳤는데 도적의 보루가 산에 가득하니 길게 쳐들어오는 것을 막을 길이 없다.(次章記松州之圍. 上四敍寇邊之事, 下四歎安邊無策. 戍卒防秋, 而犯邊者屢至. 侵火井, 彼深入矣, 閉松州, 此被圍矣. 行軍遣使, 和戰兩疲, 賊壘漫山, 長驅

莫遏也.)

《독두심해》: 둘째 장은 앞 수 5,6구의 뜻을 되풀이하여 수자리 지키는 것을 유지할 수 없음을 말하였다. 각각 두 구가 아군을 말하고 두 구가 적세를 말하여 서로 사이를 두고 편장篇章을 이루었다. 아래 4구는 바로 위 4구의 뜻을 되풀이하여 말한 것이다.(次章, 申前首五六意, 言防戍不支也. 各兩句說我軍, 兩句說賊勢, 相間成章. 下四卽申上四.)

其三

子弟猶深入[1] 關城未解圍[2] 蠶崖鐵馬瘦[3] 灌口米船稀[4]
辯士安邊策[5] 元戎決勝威[6] 今朝烏鵲喜[7] 欲報凱歌歸

자제들이 오히려 깊이 들어갔건만
관성은 아직 포위가 풀리지 않았는데,
잠애관의 철마는 여위고
관구진의 미곡선은 드물다.
변사는 변경을 안정시킬 책략을 내고
주장主將은 승리를 취할 위력을 떨치겠지.
오늘 아침 까치가 즐겁게 지저귀니
개선가 부르며 돌아옴을 알리려는 듯.

주 석

1 子弟(자제)- 지역 사람으로 차출된 젊은 병사를 뜻한다.

두보 〈동서양천설東西兩川說〉 서산의 한병으로 군량을 먹는 자가 4천 명인데 모두 관보와 산동의 강병으로 하서, 농우, 유주, 삭주의 훈련을 대부분 거쳐 전투와 방어에 익숙함으로 모두가 쓸 만하다고 들었다. 대략 2만 명의 싸울 만한 자제를 아울러 파견하면 실로 변방을 방비하고 험요한 곳을 지킬 수 있을 것이다.(聞西山漢兵, 食糧者四千人, 皆關輔山東勁卒, 多經河隴幽朔教習, 慣於戰守, 人人可用. 兼差堪戰子弟向二萬人, 實足以備邊守險.)

2 關城(관성)- 관새關塞의 성.

3 蠶崖(잠애)- 관 이름. 도강현에 있다. 鐵馬(철마)- 철갑鐵甲을 한 전마戰馬.

《두시상주》에 인용된 《환우기》 잠애관은 도강현 서북쪽 47리에 있다.(蠶崖關在導江縣西北四十七里.)

4 灌口(관구)- 진 이름. 도강현에 있다. 米船(미선)- 군량미를 수송하는 배를 가리킨다.

《두시상주》에 인용된 《환우기》 관구진은 도강현 서쪽 60리에 있다.(灌口鎭在導江縣西六十里.)

〔蠶崖 2구〕

《독두심해》 《당서》에서 "도강현에 잠애관이 있다"고 하였다. 《일통지》에서 "당나라 초기에 관구에 반룡현을 두었는데 얼마 뒤 도강현으로 고쳤다"라고 하였다. 살펴보건대 잠애와 관구는 성도 서쪽 50리에 있는데 토번 방비와 군량 운송의 출구였다.(唐書, 導江縣有蠶崖關. 一統志, 唐初於灌口置盤龍縣, 尋改導江縣. 按蠶崖灌口, 在成都西五十里, 爲備蕃饋運之出口.)

5 辯士(변사)- 모사謀士. 토번과의 화해를 위하여 파견된 사신을 두고

한 말이다.

6 元戎(원융)- 주장主將. 決勝(결승)- 승리를 얻다.

《구가집주두시》 '원융'은 원수이다.(元戎, 元帥也.)

7 烏鵲(오작)- 까치.

《두시상주》에 인용된 《서경잡기》 까치가 울면 길 떠난 사람이 이른다.(烏鵲噪而行人至.)

〔辯士 4구〕

《두율계몽杜律啓蒙》 '날씨가 사신의 갖옷을 차게 하다'라는 말로 볼 때 변사의 책략은 알 만하고, '바람이 장국의 막사를 흔들다'라는 말로 볼 때 주장의 위세를 알 만하다. 다만 까치 우는 것을 빌어 길한 점괘로 삼았으니 지극히 답답해서 한 생각일 뿐이다. '알리려하다' 운운한 것은 혹 그러기를 바라지만 반드시 그렇지 못할 것을 알고 있어서이다.(夫以天寒使者裘觀之, 則辯士之策可知矣. 以風動將軍幕觀之, 則元戎之威可知矣. 但憑鵲噪, 以叶吉占, 無聊之極思也. 欲報云者, 冀其或然, 而知其必不然也.)

#《두시상주》: 셋째 장은 송주가 함락될까 걱정하는 것이다. 위의 4구는 시세가 위태함을 말하고, 아래 4구는 화친이나 전쟁에 성과가 있기를 바란 것이다. 철마가 마르고 미곡선이 드물다는 데에서 군사가 지치고 식량이 다하였음을 알 수 있다. '장군의 막사'와 '사신의 갖옷' 구로 보아 전쟁과 화친이 무익한데도 오히려 '변사'와 '원융'을 말한 것은 아마 양자 중에 하나로써 일을 해결하여 적을 물리치고 개선할 수 있었으면 하고 생각한 것일 뿐이리라.(三章, 憂松州將陷也. 上四言時勢之危, 下四望和戰有成. 鐵馬瘦, 米船稀, 見兵疲糧盡矣. 軍幕使裘, 戰和無益, 而猶云辯士元戎者, 蓋思兩者之中, 得一以濟, 庶可却敵而凱旋耳.)

《독두심해》: 위의 4구는 물자 공급이 피폐해졌음을 말하니 바로 위 두 장에서 말한 내용을 개괄한 것이다. 아래 4구는 이겨서 공을 이루기를 바란 것이니 바로 판을 거두려고 몸을 뒤집는 형세이니 끝 장의 방식이다.(上四, 言供應之疲敝, 乃是隱括上兩章所云. 下四, 冀其克捷功成, 乃是收局翻身勢, 末章體也.)

(**이영주**)

112. 與嚴二郎奉禮別
봉례랑 엄씨와 이별하다

別君誰暖眼[1] 將老病纏身[2] 出涕同斜日[3] 臨風看去塵[4]
商歌還入夜[5] 巴俗自爲隣[6] 尙愧微軀在[7] 遙聞盛禮新[8]
山東羣盜散[9] 闕下受降頻[10] 諸將歸應盡[11] 題書報旅人[12]

그대와 이별하면 누가 따스한 눈길로 대할까?
장차 늙어감에 병이 몸에 달라붙겠지.
눈물을 흘리며 지는 해를 함께 하고
바람을 맞으며 떠나는 길의 먼지를 바라본다.

처량한 노래 부르며 다시 밤이 되니
파 땅의 풍속이 절로 이웃이 되는구나.
미천한 몸 살아있음이 오히려 부끄러운데
멀리서 성대한 예의가 새로워짐을 듣는다.
산동의 여러 도적 흩어지니
조정은 빈번히 투항을 받겠고,
제장이 응당 모두 귀순할 터
편지를 써서 나그네에게 알려주게나.

봉례랑에 임명되어 장안으로 가는 엄씨를 전송하며 지은 시이다. 광덕 원년 낭주에서 지었다. 엄씨에 대하여는 자세하지 않다. 시제의 '郎'은 '歸'로 된 판본도 있다.

《보주두시》 시에 "멀리서 성대한 예의가 새로워짐을 듣는다"라고 하였고 또 "산동의 여러 도적 흩어지니 조정에서는 투항 받음이 잦겠다"고 하였으니 마땅히 광덕 원년 낭주에서 지은 것이다. 그래서 시에 또 "파 땅의 풍속이 절로 이웃이 된다"고 하였다. 옛 편차에서는 엄공이 입조한 시 뒤에다 두었다. 양권도는 이를 따라서 보응 원년에 편재하였는데 잘못이다.(詩云, 遙聞盛禮新, 又云, 山東羣盜散, 闕下受降頻, 當是廣德元年在閬州作. 故詩又云, 巴俗自爲隣. 舊次在嚴公入朝詩後, 而梁權道從而編在寶應元年, 非.)

《두시상주》 《당서》에 "태상시는 봉례랑이 2인인데 군신의 조반朝班의 위차位次를 관장하여 조회, 제사의 예를 받들었으며 시어를 잘 알았다"고 하였다. 당시 엄씨는 아마도 이 관직에 부임하러 경사에 들어갔던 것 같다.(唐書, 太常寺, 奉禮郎二人, 掌君臣班位, 以奉朝會祭祀之禮, 詳詩語, 時嚴蓋入京師赴職.)

《두시상주》 운안우員安宇가 수록한 것이다.(員氏所收.)

《독두심해》 집외시이다.(集外詩.)

《두시경전》 다음의 두 수(〈여엄이랑봉례별〉과 〈증배남부贈裴南部〉)는 모두 집외시로 《구가집주두시》《보주두시》에 보인다.(下二首皆集外詩, 見郭知達黃鶴本.)

주 석

1 暖眼(난안) - 따스한 눈길로 대하다.

2 纏身(전신) - 몸에 달라붙다.

3 斜日(사일) - 비낀 해. 석양.

4 去塵(거진) - 떠나가는 먼지. 엄씨가 떠나갈 때 길에서 일어나는 먼지를 말한다.

#《두시상주》: 이 단락은 송별의 뜻이다. '수난안'은 냉담한 눈빛을 보인

사람이 많음을 말한다. '사일'은 '노'를 이었고 '거진'은 '별'을 이었다. (此送別之意. 誰暖眼, 言冷眼者多. 斜日, 頂老. 去塵, 頂別.)

5 商歌(상가) - 처량한 노래. 오음 가운데 상성商聲은 처량하고 슬프다고 한다.

《두시상주》 《회남자》에 "영척이 수레 아래에서 소를 먹이고 소의 뿔을 두드리며 처량한 노래를 빠르게 불렀다"고 하였다. 이 시는 바로 (현명한 인재가 몸을 굽혀) 한밤에 소를 먹인 고사를 사용하고 있다.(淮南子, 甯戚飯牛車下, 擊牛角而疾商歌. 此詩正用飯牛夜半語.)

6 巴俗(파속) - 파 땅의 풍속.

7 微軀(미구) - 미천한 몸.

8 盛禮(성례) - 성대한 예의. 이 구는 엄씨가 봉례랑이 됨을 기뻐한다는 말이다.

《독두심해》 이해 봄, 사조의가 죽었다. 전승사, 이회선이 각각 주를 가지고 투항하였다. '성례'란 포로를 바치고 종묘에 고하는 등의 일을 말한다.(是年春, 史朝義死. 田承嗣李懷仙, 各以州降. 盛禮, 言獻俘告廟等事.)

9 山東羣盜(산동군도) - 산동의 여러 반군. 안녹산, 사사명의 반군을 가리킨다. 산동은 화산華山 동쪽 지역을 말한다.

10 受降頻(수항빈) - 항복을 받는 것이 잦다.

《두시상주》에 인용된 황학 주 이 때 설숭이 4주를 가지고 투항하였고 전승사는 위주를 가지고 투항하였기 때문에 '투항을 받는 것이 잦다'고 하였다. 이 일은 보응 원년 겨울, 광덕 원년 봄에 있었다.(是時薛嵩以四州降, 田承嗣以魏州降, 故云受降頻. 事在寶應元年冬, 廣德元年春.)

11 諸將歸(제장귀) - 반군을 따랐던 무장들이 귀순하다.

《독두심해》 '귀'는 귀순하여 내조하는 것을 말한다.(歸, 謂歸命來朝.)

12 旅人(여인)- 나그네. 두보를 가리킨다. 이 구는 나라의 태평함을 편지로 써서 두보 자신에게 알려 달라는 말이다.

#《두시상주》: 이 단락은 이별한 뒤의 상황이다. '상가'구와 '파속'구는 스스로 영락함을 슬퍼한 것이다. 멀리서 성대한 예의를 듣는다는 것은 엄씨가 봉례랑이 됨을 기뻐하는 것이다. 반군이 잠잠해지고 군대가 귀순하니 바로 포로를 바치고 종묘에 고하며 예관이 일을 처리하는 때이다. 그렇기 때문에 그에게 태평을 한번 알려달라고 부탁한 것이다.(此別後情事. 商歌巴俗, 自傷寥落. 遙聞盛禮, 喜嚴爲奉禮也. 盜息兵歸, 正獻俘告廟禮官從事之時, 故囑其一報太平.)

##《독두심해》: 시는 가을에 지어진 것인데, 시에서 말한 것은 모두 봄에 하북에서 투항하는 일이다. 아마도 엄씨의 직책이 조회를 관장하였기 때문에 이것을 들어 축원한 것이리라. 당시 제장은 비록 이미 귀순은 하였지만 실제 입조하지는 않았다. 이 역시 바라는 말이다. 곧바로 송별에서부터 시작하여 중후반에 바뀌어 시를 짓는 뜻을 써내었다. '난안'은 글자가 새롭다.(詩作于秋間, 所言皆春間河北降附之事. 蓋以嚴二職掌朝會, 故擧此爲祝. 時諸將雖已順命, 實未入朝. 此亦冀望之詞也. 徑從送別起, 中後轉出作意. 暖眼字新.)

(**이석형**)

113. 贈裵南部

배남부에게 드리다

塵滿萊蕪甑[1] 堂橫單父琴[2] 人皆知飮水[3] 公輩不偸金[4]
梁獄書應上[5] 秦臺鏡欲臨[6] 獨醒時所嫉[7] 群小謗能深
卽出黃沙在[8] 何須白髮侵[9] 使君傳舊德[10] 已見直繩心[11]

먼지가 범내무의 시루에 가득하고
대청에는 선보의 금을 걸쳐 놓으셨으니,
사람들 모두 압니다. 물을 마셔도
공 같은 분들은 금을 훔치지 않는다는 것을.

양왕의 감옥에서 호소문을 응당 올렸을 터
진나라 누대의 거울이 굽어보려 합니다.
홀로 깨어 있으면 세인들에게 시기당하기 마련
소인배들 비방이 깊어질 수 있습니다.
곧 황사옥을 벗어날 날이 있으리니
어찌 흰머리에 덮힐 필요 있겠습니까?
사군께서 오랜 덕업을 전하셨으니
이미 정직한 마음을 아실 겁니다.

이 시는 두보가 광덕 원년 낭주에서 지은 것이다. 원주原注에 "원판관이 직접 와서 조사하려고 한다는 말을 들었다(聞袁判官自來, 欲有按問)"고 하였다. 아마도 배남부가 억울한 일을 당했지만, 판관이 왔기에 곧 원만히 해결될 것을 기대하며 배남부를 위로하기 위해 지었을 것이다.

《보주두시》 남부는 현 이름으로 낭주에 속한다. 시에 "먼지가 범내무의 시루에 가득하고, 대청에는 선보의 금을 걸쳐 놓았다"고 하였으니, 배씨는 남부현의 장관이다. (광덕) 원년 두보가 낭주에 도착했을 때 증정한 것이다.(南部, 縣名, 屬閬州. 詩云, 塵滿萊蕪甑, 堂橫單父琴, 是裴爲南部宰. 元年, 公至閬州時贈之.)

《두시언해》 이는 필시 배남부가 참언을 당해 판관이 이를 밝혀 해결한 것이다.(此必南部被讒, 而判官拔治之也.)

주 석

1 萊蕪甑(내무증) - 내무萊蕪의 장관을 지낸 범단范丹의 시루. 배남부의 청빈함을 비유한다.

《두시상주》에 인용된 《후한서》 범단은 자가 사운으로 내무의 장관을 지내면서 청빈하였다. 그래서 사람들이 노래 불렀다. "시루에 먼지가 생겼네, 범사운. 솥에 물고기가 사네, 범내무."(范丹, 字史雲, 爲萊蕪長, 淸貧. 人歌曰, 甑中生塵范史雲, 釜中生魚范萊蕪.)

2 單父琴(선보금) - 선보單父의 장관을 지낸 복부제宓不齊의 금. 배남부의 치적을 비유한다.

《두시상주》에 인용된 《여씨춘추呂氏春秋》 자천(복부천의 자字)은 선보의 장관이 되었는데, 금을 연주하며 대청에서 내려오지 않아도 잘 다스려졌다.(子賤爲單父宰, 彈琴不下堂而治.)

〔塵滿 2구〕

《두시언해》 배남부가 힘들이지 않고도 잘 다스린 것을 말한다.(言裴之不勞而治化也.)

3 飮水(음수) - 물을 마시다. 배남부의 청빈한 생활을 비유한다.

《두시상주》에 인용된 《진서晉書》 등유는 오군의 군수를 되어 쌀을 싣고서 관청(원전에는 '군郡'으로 되어 있다)에 가서는, 봉록을 받는 일이 없이 그저 오강의 강물만 마셨다.(鄧攸爲吳郡守, 載米之官, 俸祿無所受, 飮吳水而已.)

4 不偸金(불투금) - 금을 훔치지 않다. 배남부의 청렴하고 정직함을 비유한다.

《두시상주》에 인용된 《한서》 직불의가 낭중이 되었는데, 그의 동료 중에 휴가를 신청한 자가 동료 낭중의 금을 들고서 떠나버렸다. 금 주인이 직불의를 염두에 두자 직불의가 금을 사서 배상하였다. 뒤에 휴가를 신청했던 이가 돌아와 금을 돌려주자, 금 주인이 매우 부끄러워하였다.(直不疑爲郎, 其同舍有告歸者, 持同舍郎金去. 金主意不疑, 不疑買金償之. 後告歸者來而歸金, 金主大慚.)

〔人皆 2구〕

《두시언해》 모두 배남부의 청렴함을 말한다.(皆言裴之廉潔.)

#《두시상주》: 이는 배남부가 청렴한 절조 때문에 무고를 받은 것을 말한다. 《두억》에 "'인개지'는 아래 구절까지 관련되니, 이는 열 자로 된 격식이다"라고 하였다.(此言裴君以淸節受誣. 杜臆, 人皆知管下句, 此十字格也.)

5 梁獄(양옥) - 양효왕의 감옥. 배남부가 옥사에 휘말린 것을 비유한다. 應(응) - '因'으로 된 판본도 있다. 上(상) - 글을 올리다. '作'으로 된 판본도 있다.

《두시상주》 《한서》에 "추양이 양효양을 따라 노니는데, 양승이란 자가 그를 모함하여 옥리獄吏에게 넘겼다. 추양이 옥중에서 글을 올리자 왕이 그를 풀어 주었다"라고 하였다. 당시 배남부는 필시 소송과 관련한 글을 지었을 것이다.(鄒陽從梁孝王遊, 羊勝者讒毁之, 下吏. 陽從獄中上書, 王出之. 時裴必有訴理之詞也.)

《두시언해》 배남부가 죄를 짓지 않았다고 진술한 것을 말한다.(言裴

之陳其非罪也.)

6 秦臺鏡(진대경)- 진나라 함양궁의 누대에 있는 거울을 뜻하는 말로, 여기서는 원판관을 비유한다.

《두시상주》에 인용된 《서경잡기西京雜記》 한 고조가 함양궁에 들어가 창고를 둘러보았다. 한 네모난 거울이 있었는데, 너비가 네 자에 높이가 다섯 자 아홉 치였고, 겉과 속이 투명하였다. 사람이 똑바로 해서 비추면 그림자가 거꾸로 나타났고, 손으로 심장을 가리면 오장육부가 드러났다. 또 여자가 사악한 마음을 먹으면 담이 부풀고 심장이 요동쳤다.(高祖入咸陽宮, 周行府庫, 有方鏡, 廣四尺, 高五尺九寸, 表裏洞明, 人直來照之, 影則倒見, 以手掩心而來, 卽見腸胃五臟. 又女子有邪心, 則胆張心動.)

《두시언해》 원판관이 그의 억울함을 살펴줄 수 있다는 말이다.(言袁判官之能察其寃也.)

7 獨醒(독성)- 홀로 깨어 있다. 배남부가 남다르게 정직하고 청렴함을 가리킨다.

《초사·어부사漁父辭》 뭇 사람들은 모두 취해 있고 나만 깨어 있다.(衆人皆醉, 我獨醒.)

8 黃沙(황사)- 감옥 이름. 여기서는 배남부가 감옥에 갇힌 것을 비유한다.

《두시상주》 황사는 감옥 이름이다. 《삼국지·위지·고유전》 주에 "〈진제공찬〉에 '고유의 둘째 아들 고광은 어려서 가업을 익혀 법리를 잘 알았다. 진 무제 때 대를 이어 황사어사가 되었는데 어사중승과 같았다'는 말이 있다"고 하였다. 낙빈왕이 〈옥중서정통간지기獄中書情通簡知己〉시에 "동쪽 하늘에 향그러운 봄기운 움직이는데, 황사옥에 갇히니 나그네 시름이 옥죄네"라고 하였다.(黃沙, 獄名. 魏志高柔傳注, 晉諸公贊曰, 柔次子光, 少習家業, 明練法理. 晉武帝世爲黃沙御史, 與中丞同. 駱賓王在獄書懷詩, 靑陸芳春動, 黃沙旅思催.)

9 何(하)- '應'으로 된 판본도 있다.

《독두심해》 배남부에게 지나치게 염려하여 머리가 하얗게 되도록 하지 말라고 권면하는 것이다.(勸裴無過慮而髮白.)

10 使君(사군) - 자사나 태수에 대한 존칭. 《두시상주》에서는 원판관을 가리키는 말로 보았으나, 《독두시설》처럼 낭주태수를 가리키는 말로 보는 것이 적절할 듯하다.

《두시상주》 사군은 원판관을 가리킨다.(使君指袁判官.)

《독두시설》 이제 살펴보건대, 당대 사람들은 태수를 사군이라고 하였다. 원씨는 판관이므로 그렇게 불러서는 안 될 것 같다. 또 제목 아래 자주에서 "원판관이 직접 와서 조사하려고 한다"고 하여, 역시 계속 판관이라 불렀다. 아마도 사군은 낭주태수를 가리키는 것이 아닐까 싶다. 남부현은 낭주에 속한다. 원판관은 바로 태수가 배남부 사안을 조사하도록 시킨 사람이다.(今按唐人稱太守爲使君, 袁是判官, 似不應稱. 且題下自注, 袁判官自來, 欲有按問, 亦仍稱判官, 疑使君是指閬州太守. 南部縣屬閬州, 袁判官乃太守令來按問裴事者.)

11 已見(이견) - 이미 알다. 낭주태수가 이미 알았다는 말이다. 한편 원판관이 이미 알았다고 보는 설도 있으나, 취하지 않는다. 直繩(직승) - 곧은 먹줄. 배남부의 강직한 성품을 비유한다.

《두시상주》에 인용된 《진서晉書》 이윤이 어사중승으로 옮겼는데, 공손하고 신중하며 먹줄처럼 곧아 모든 관원들이 그를 꺼려하였다.(李胤遷御史中丞, 恭恪直繩, 百官憚之.)

《두시언해》 원판관이 이미 배남부의 정직함을 꿰뚫고 있다는 말이다.(言袁判官已洞見裴之正直也.)

#《두시상주》: 이는 원판관이 곧은 도리로 억울함을 풀어 주기를 바라는 것이다. 진나라 거울처럼 유독 밝기에 시기와 비방이 가려져 억울한 옥살이에서 벗어날 수 있는 것이다.(此望袁君以直道伸枉也. 秦鏡獨明, 故嫉謗得剖, 而寃獄可出.)

##《독두심해》: 배남부는 깨끗한 절조 때문에 옥에 갇혔으니, 두보의 이

시는 무고를 변론하기 위한 한 편의 진술서이다. 먼저 표명하고, 다음에 그 근원을 따졌으며, 끝으로 위로하였다. 진나라 거울과 곧은 먹줄은 원판관을 아울러 칭송한 것이니, 체통을 갖추었다.(裴以清節蒙獄. 公爲此詩, 一紙辨誣狀也. 先表之, 次原之, 終慰之. 秦鏡直繩, 兼頌判官, 得體.)

(**김만원**)

114. 巴山
파산

巴山遇中使[1]　云自陜城來[2]　盜賊還奔突[3]　乘輿恐未回[4]
天寒邵伯樹[5]　地闊望仙臺[6]　狼狽風塵裏[7]　羣臣安在哉

파산에서 궁중 사자를 만나니
섬성에서 왔다 말하네.
도적이 아직도 횡행하여
임금 수레가 돌아오지 못할까 걱정이라네.
하늘은 소백수에 차갑고
땅은 망선대에 광활한데,
풍진 속에 낭패하심이여
뭇 신하들은 어디에 있는가?

이 시는 광덕 원년 겨울 낭주에서 지었다. 섬주에서 온 사신을 통해 알게 된 토번의 침략과 황제의 몽진에 대한 염려를 적었다. '파산'이라는 제목은 당시 두보가 거하던 낭주가 옛날 파자국의 영토 내에 있었으므로 붙인 것이다.

> **《보주두시》** 이 시는 광덕 원년 11월 공이 낭주에 있을 때 지었다. 낭주는 파자국 안에 있었으므로 파산이라고 말한 것이다. 앞 시(〈조화早花〉)에서 '섣달 파강이 굽어진 곳'이라고 한 것이 바로 이곳이다. 대종이 이해 12월에 경사로 돌아왔는데 이 시에서는 "임금 수레 돌아오지 못할까 걱정이라"고 했으니 11월에 지은 것임을

알겠다. 양권도는 보응 원년에 편재하였으나 틀렸다.(此詩廣德元年十一月公在閬州作. 閬居巴子國之中, 故曰巴山. 前詩所謂, 臘月巴江曲, 是也. 代宗以是年十二月還京, 而此詩云, 乘輿恐未回, 故知其爲十一月作. 梁權道編在寶應元年, 非.)

주 석

1 中使(중시)- 궁중에서 파견한 사자. 보통 환관을 가리킨다.

2 陜城(섬성)- 지명. 하남성 섬현陜縣을 가리킨다. 당시 토번의 침입으로 대종代宗이 섬현으로 몽진하였다. '陜'을 '峽'으로 쓴 판본도 있으나 잘못된 것이다.

《두시상주》 《신당서》에 "섬주 섬현에 섬성궁이 있다"고 하였고, 《수경》의 '황하가 또 서쪽으로 섬현 옛 성의 남쪽을 지나간다'는 구절에 대한 주에 "옛날 주공과 소공이 방백을 나눔에 이 성으로써 동서의 구별을 삼았다"는 말이 있다.(唐書, 陜州陜縣有陜城宮. 水經, 河水又西逕陜縣故城南, 注, 昔周召分伯, 以此城爲東西之別.)

《두시상주》 곽지달은 '섬'으로 쓰고 있다. 옛 주석에서 '협'으로 썼는데 잘못이다.(郭作陜. 舊作峽, 非.)

3 盜賊(도적)- 여기서는 토번을 가리킨다. 奔突(분돌)- 횡행하며 날뛰다.

4 乘輿(승여)- 천자의 수레.

5 邵伯樹(소백수)- 소공의 감당나무. 주나라 소공이 향읍을 순시하다가 감당나무 아래에서 백성들의 소송을 해결해주었는데, 백성들이 소공이 죽은 후 그의 인정仁政을 잊지 못하여 그 감당나무를 베지 않고 〈감당〉이란 시를 지었다고 한다.

《사기·연소공세가燕召公世家》 소공이 서쪽을 다스리자 백성들이 매우 평화롭게 되었다. 소공이 향읍을 순시하였는데 감당나무가 있어 그 아래에서 옥사를 해결하고 정무를 보았더니 왕후, 백작으로부터 서인에 이르기까지 모두가 제 자리를 얻고 업을 잃어버린 자가 없었다. 소공이 죽자 백성들은 소공의 인정을 사모하며 그 감당나무를 사랑하여 감히 베지 않고 노래하여 〈감당〉이란 시를 지었다.(召公之治西方, 甚得兆民和. 召公巡行鄕邑, 有棠樹, 決獄政事其下, 自侯伯至庶人各得其所, 無失職者. 召公卒, 而民人思召公之政, 懷棠樹不敢伐, 哥詠之, 作甘棠之詩.)

《두시상주》 《괄지지》에 "소백묘가 낙주 수안현 서북쪽 5리에 있는데 감당나무가 구곡성 동쪽 언덕에 있다"고 하였고, 《구역지》에 "소백의 감당수가 섬주부 관서 서남쪽 모퉁이에 있다"라고 하였다.(括地志, 邵伯廟在洛州壽安縣西北五里, 有棠在九曲城東皐上. 九域志, 邵伯甘棠樹在陝州府署西南隅.)

6 望仙臺(망선대) - 한 무제가 화음현華陰縣에 세운 누대. 화음현이 섬현에서 가까웠으므로 인용한 것이다.

《두시상주》에 인용된 《삼보황도三輔黃圖》 망선대는 한 무제가 세운 것으로 화주 화음현에 있다.(望仙臺, 漢武帝所建, 在華州華陰縣.)

7 狼狽(낭패) - 곤경에 처하여 피폐한 모습. 여기서는 황제가 토번의 침략으로 몽진한 정황을 두고 한 말이다.

#《두시상주》: 이 시는 파산에 거하면서 조정의 일을 개탄한 것이다. 위 4구는 임금을 근심한 것이요, 아래 4구는 신하들을 책망한 것이다. '도적' 2구는 궁중의 사자의 말을 서술한 것이다. 고신 주에서는 "감당수와 망선대는 모두 섬주의 가까운 곳에 속한다. 당시 천자가 섬주에 있었으므로 '하늘은 차갑고', '땅은 광할한' 감개가 있었던 것이다. 토번이 침략하였음에도 징병에 불응하고 관리들이 도망하여 흩어졌다. '뭇 신하들은 어디 있는가'라고 말한 것은 문관은 임금을 호종할 수도 없고, 무장은 적을 막을 수도 없는 상황이 된 것을 기롱한 것이다"라고 하였다.(此章, 在巴山而慨朝事也. 上四憂在君上, 下四責及人臣. 盜賊二句, 述中使之言. 顧注, 甘棠樹望仙臺, 俱屬陝州近境, 時天子在

陜, 故有天寒地闊之感. 吐蕃入寇, 徵兵不應, 官吏奔散. 曰羣臣安在, 譏文官不能扈從, 武將不能禦敵也.)

《독두심해》: 이 시는 이어서 임금이 섬주로 행차하게 된 소식을 듣고 지은 것으로 전편이 모두 곡성이다. '소백수'는 행재소의 슬픔에 마음이 매임이요, '망선대'는 궁궐이 떨어져 있음을 멀리에서 생각한 것이다.(此續得幸陜之信而作, 通篇悉是哭聲. 邵伯樹, 繫心行在之悲, 望仙臺, 遙意宮闈之隔.)

(**김성곤**)

115. 早花
이른 꽃

西京安穩未[1]　不見一人來　臘日巴江曲[2]　山花已自開
盈盈當雪杏[3]　艷艷待春梅[4]　直苦風塵暗　誰憂客鬢催[5]

서경이 편안한가
한 사람이 오는 것도 보지 못했네.
섣달 파강 구비에
산꽃은 하마 절로 피었으니
어여삐 눈을 맞고 있는 살구며
아름다이 봄 기다리는 매화라네.
지금 풍진의 어두움을 괴로이 여기는데
나그네 살쩍이 세는 것이야 누가 걱정하겠는가?

광덕 원년 12월 낭주에 있을 때에 지은 것으로, 적의 수중에 떨어진 장안에 대한 염려 및 객지에서 늙어가는 자신에 대한 비감이 나타나 있다. 집외시이다.

《두시상주》 《두억》에서는 "이 시는 전편(〈巴山〉)과 바로 한 때에 지은 것이다"라고 하였다.(杜臆, 此與前篇乃一時之作.)
《보주두시》 시에 '서경이 편안한가?'라 하였고, 또 '섣달 파강 구비에'라 하였으니 마땅히 광덕 원년 12월 낭주에서의 작품이다.(詩云, 西京安穩未, 又云, 臘月巴江曲, 當是廣德元年十二月閬州作.)
《두시상주》 운씨가 수록한 시이다.(員氏所收.)

《두억》 집외시이다.(集外詩.)

주 석

1 西京(서경)- 장안長安.

《보주두시》 서경은 장안을 이른다. 〈당서·지리지〉에는 "천보 6년에 서경이라 하였고, 지덕 2년에 중경이라 하였으며, 상원 2년에 다시 서경이라 하였다. 숙종 원년에는 상도라 하였다"라고 하였다. 〈숙종기〉를 살펴보건대 상원 2년에 상도라 하였으니, 〈당서·지리지〉는 잘못된 것이다. 이 시에서 "서경은 편안한가?"라 하였고, 또 "선달 파강 구비"라고 하였으니 광덕 2년(광덕 원년의 잘못임) 작품이다. 10월에 토번이 경사를 함락하자 대종이 섬주로 갔다가 12월에 섬주에서 돌아온 내용이다. 상도라고 하지 않고 서경이라고 한 것은 옛 이름을 따른 것이다.(西京謂長安. 志云, 天寶六年曰西京, 至德二年曰中京, 上元二年復曰西京, 肅宗元年曰上都. 按紀, 上元二年曰上都, 志誤. 此云西京安穩未, 又云臘月巴江曲, 爲廣德二年. 十月吐蕃陷京師, 代宗幸陜. 十二月至自陜. 不曰上都而曰西京者循其舊名也.)

2 臘日(납일)- 음력 선달 8일. 음력 선달을 가리키는 것으로 본다. '日'이 '月'로 된 판본도 있다. 巴江(파강)- 가릉강嘉陵江. 曲(곡)- 강물이 굽이져 흐르는 곳으로 여기서는 낭주를 가리킨다.

3 盈盈(영영)- 용모가 예쁜 모습.

3 艶艶(염염)- 아름다운 모습. 待春梅(대춘매)- 봄을 기다리는 매화. '春'이 '香'으로 된 판본도 있다.

4 客鬢催(객빈최)- 나그네의 살쩍이 쇠하다. '催'는 '摧殘', 즉 쇠하다는 의미이다. '客'이 '容'으로 된 판본도 있다.

#《두시상주》: 이 시는 선달이 다 지나 꽃이 피었건만 난은 여전히 아직 평정되지 않았음을 탄식한 것이다. 수련은 시절을 상심한 것이고 차련

은 외물을 느낀 것이다. 5,6구는 차련을 잇고 있고, 7,8구는 수련을 잇고 있다. 사람이 오는 것이 보이지 않는다는 것은 확실한 소식이 없다는 것이다. 《두억》에서는 "〈조화〉에는 두 가지 뜻이 있다. 하나는 소식이 늦어지는 것 때문에 꽃이 일찍 핀 것을 상심한 것이다. 다른 하나는 꽃이 일찍 피는 것을 보고 세월이 쉬이 감을 감개한 것이다. 그러나 난리 걱정이 중요하여 늙어 감을 걱정할 겨를을 내지 못할 뿐이다"라고 하였다. 이 시는 위 4구는 산구로 씌어있고, 아래 4구는 완정한 대우를 갖추고 있으니, 또한 장춘격이 된다.(此歎臘盡花開, 而亂猶未平也. 首聯傷時, 次聯感物, 五六承次聯, 七八承首聯. 不見人來, 無確耗也. 杜臆, 早花有二意. 一是因聞報之遲, 而傷花開之早. 一是見花開之早, 而感年華之易邁. 但憂亂爲重, 不暇憂老耳. 此詩上四散行, 下四整對, 亦藏春格也.)

《독두심해》: 이 시는 납일을 맞이하여 몽진한 것에 대한 탄식을 멀리 부친 것이다. 달은 두 번 바뀌었고 꽃은 또 피어났건만 편안하다는 소식은 아득도 하다. 살쩍 따위가 쇠해가는 것이야 또 어찌 감개할 만한 것이더냐?(此逢臘而遙寄蒙塵之歎. 月兩易矣, 花又發矣, 而安穩之信杳然, 鬢催又何足慨.)

(**이남종**)

116. 發閬中
낭중을 출발하다

前有毒蛇後猛虎[1] 溪行盡日無村塢[2]
江風蕭蕭雲拂地[3] 山木慘慘天欲雨[4]
女病妻憂歸意急[5] 秋花錦石誰能數[6]
別家三月一書來[7] 避地何時免愁苦[8]

앞에는 독사 뒤에는 맹호가 있는데
시내 따라 온종일 걸어도 마을이 없구나.
강바람 스산하게 불고 구름은 땅을 스치며
산 나무 음산하고 하늘에선 비가 내리려는 듯.
딸아이 병들어 아내 근심 중에 있으니 돌아가는 마음 급한데
가을 꽃 아름다운 바위를 누가 헤아릴 수 있으랴.
집 떠난 지 석 달 만에 편지 한 통 받았는데
난리를 피해 다니니 어느 때에야 시름에서 벗어날지.

이 시는 낭주에 있던 두보가 딸의 병을 알리는 편지를 받고 급하게 재주로 돌아가면서 쓴 것이다. 한겨울 스산한 경색과 급하게 돌아가는 심사가 암담하게 그려져 있다. 저작 시기는 광덕 원년 늦겨울이다.

《보주두시》 두보는 광덕 원년 9월 재주에서 낭주로 들어가 늦겨울에 다시 재주로 돌아갔다가 다음해 초봄에 또 낭주로 갔다. 이 시에서 "집 떠난 지 석 달 만에 편지 한 통을 받았다"고 하였으니, 마땅히 원년 늦겨울 재주로 돌아갈 때 지은 것이다.(公廣德元年九

月, 自梓入閬, 冬晩復歸梓, 明年初春又至閬. 此詩云, 別家三月一得書, 當是元年冬晩歸梓時作.)

《보주두시》에 인용된 《구역지九域志》 낭주에서 서쪽으로 재주까지 220리인데, 석 달에 한 번 왕복을 하였으니 그 수고로움을 가히 알 수 있겠다.(閬州西至梓州二百二十里, 三月之間一往反焉, 其愁苦可知.)

《두시상주》에 인용된 《구당서》 낭수가 굽이쳐 흘러 군의 삼 면을 지나기에 '낭중'이라고 하였다.(閬水迂曲, 經郡三面, 故曰閬中.)

주 석

1 毒蛇(독사) - 독사. 도적을 비유한다는 설도 있다.

《두시상주》에 인용된 유향劉向의 《신서新序》 앞에 제방처럼 큰 뱀이 있다.(前有大蛇如堤.)

《두공부초당시전》 도적을 비유한다.(喩盜賊也.)

《독두심해》 당시 토번이 방자하게 날뛰어 북쪽 장안을 함락시켰고, 촉의 변방도 또한 장차 무너질 지경에 처했었다.(時吐蕃肆虐, 北陷長安, 而蜀邊亦將失.)

2 村塢(촌오) - 마을. 대부분 산촌 마을을 가리킨다.

〔前有 2구〕

《구가집주두시》 당시 도적이 사방에서 날뛰고 부역이 과중하여 백성이 편안하게 거할 수 없었다.(時盜賊縱橫, 賦役煩重, 而民不安居也.)

《구가집주두시》 조언재 주 "앞에는 독사 뒤에는 사나운 호랑이가 있다"는 것은 사실을 그대로 말한 것이지 결코 흥의 수법으로 기탁한 것이 아니다. 예전의 주석이 잘못되었다. (前有毒蛇後猛虎, 實道其事, 非以興託, 舊注非是.)

3 蕭蕭(소소) - 바람이 싸늘하게 부는 소리를 가리킨다.

4 慘慘(참참)- 어둡고 음산한 모양.

5 女病(여병) 구- 재주로 급하게 돌아가게 된 사연을 말한 것이다. 急(급)- '速'으로 된 판본도 있다.

《구가집주두시》 조언재 주 "딸아이 병들어 아내 근심 중에 있으니 돌아가는 마음 급하다"는 것은 재주로 돌아가는 것을 말한 것이다. (女病妻憂歸意速, 言歸梓州也.)

6 秋花(추화)- 가을꽃. 재주에서 낭주로 들어올 때 보았던 꽃을 가리킨다. 錦石(금석)- 아름다운 바위. 이것 역시 재주에서 낭주로 올 때 보았던 사물이다. 能(능)- '復'으로 된 판본도 있다.

《구가집주두시》 조언재 주 '추화'와 '금석'은 즐길 만한 것들인데 돌아가려는 마음이 급해서 다시 그것들을 헤아릴 수 없는 것이다. 여기서는 겨울에 돌아가면서 가을꽃을 말한 것이니 아마도 예전에 피었다가 아직 지지 않은 꽃이리라.(秋花錦石, 可玩之物, 以歸意速, 故不復數之. 此冬時歸而言秋花, 豈前日所開未謝之花邪.)

《두시경전》 돌아가는 것이 겨울이면서 가을꽃을 말하는 것은 대개 올 때 보았던 것을 추억하는 것이다.(歸在冬而曰秋花者, 蓋追憶來時所見.)

7 別家三月(별가삼월)- 집 떠난 지 석 달. 두보는 광덕 원년 9월 낭주로 왔다가 12월에 급한 편지를 받고 다시 재주로 돌아갔다. 書來(서래)- '得書'로 된 판본도 있다.

《두시경전》 당시 두보의 집은 재주에 있었다.(時公家在梓州.)

《구가집주두시》 조언재 주 두보는 9월 재주에서 낭주로 갔고, 12월에 다시 재주로 돌아갔으니 처자식과 헤어진 것이 3개월이었다. 그래서 "집 떠난 지 석 달 만에 편지 한 통을 받았다"고 한 것이다.(公九月自梓往閬, 至十二月復歸梓, 其去妻孥三箇月, 故云別家三月一得書.)

8 避地(피지)- 난리를 피하여 숨는 것이다.

《구가집주두시》 어진 사람은 어지러운 땅을 피한다.(賢者避地.)

#《두시상주》: 이 시는 낭주에서 재주로 돌아가면서 지은 것이다. 위 4구는 낭주의 경물이고, 아래 4구는 낭주를 떠나는 정황이다. 뱀과 호랑이가 근심이 되고, 피할 수 있는 마을도 없는데다가 이렇게 자욱한 구름과 어둑한 비를 만나니 도중의 처량함을 더욱 더하는 것이다. 딸아이의 병과 아내의 근심은 바로 집의 편지에서 그것을 알게 된 것이다.(此自閬州回梓而作也. 上四閬中景物, 下四發閬情事. 蛇虎爲患, 無村可避, 且當此雲迷雨暗, 愈增中途淒愴矣° 女病妻憂, 卽於家書中見之.)

《독두심해》: 위 4구는 돌아가는 길에서 만난 것들이다. 아래에서는 돌아가는 까닭을 말하고 있다. 재주로 돌아가는 것이 겨울인데, 여기서 가을꽃이라 한 것은 올 때 일찍이 보았지만 돌아가는 길에는 이미 사라진 것들인데 길을 왕래하다 보면 매번 이러한 감정이 많이 생긴다. 두보는 이 때 마음이 급하였기에 그 말라 떨어진 것이 몇 곳인지 헤아릴 겨를이 없었던 것이다.(上四, 歸途所値. 下言所以歸之故. 歸梓在冬, 此云秋花者, 來時曾見, 歸路已無, 途次往來, 每多斯感. 公是時則意急而不暇數其枯落者幾處也.)

《두시경전》에 인용된 장蔣씨 설: 낭주를 떠나게 된 것은 딸아이의 병 때문이고, 딸의 병을 알게 된 것은 편지를 얻었기 때문이니 차례차례 거꾸로 펼쳐내고 있다.(發閬中爲女病, 知女病緣得書, 節節倒出.)

(**박홍준**)

117. 江陵望幸

강릉 행차를 바라다

雄都元壯麗[1] 望幸欻威神[2] 地利西通蜀[3] 天文北照秦[4]
風煙含越鳥[5] 舟楫控吳人[6] 未枉周王駕[7] 終期漢武巡[8]
甲兵分聖旨[9] 居守付宗臣[10] 早發雲臺仗[11] 恩波起涸鱗[12]

웅대한 도읍 원래 장려하니
행차 기다리니 문득 위엄 있다.
지세는 서쪽으로 촉에 통하고
천문은 북으로 진을 비춘다.
바람 구름은 월나라 새를 머금고
배와 노는 오나라 사람을 끌어들인다.
주나라 임금 수레 왕림치 않았으니
마침내 한 무제의 순수를 기대하노라.
갑병에 성지를 나누시고
남아 지키는 일 종신에게 맡기셨다.
일찍 운대의 의장을 보내시어
말라 가는 비늘 은혜로운 물결 일으키소서.

광덕 원년, 대종이 섬주로 행차한다는 소식을 듣고 강릉으로 와 주기를 바라면서 지었다. 강릉은 형주이며, 상원 원년에 남도로 삼았다가 취소한 바 있다.

《보주두시》 강릉은 상원 원년 9월에 도읍을 설치하였다. 그러므로 시에서 "웅대한 도읍 원래 장려하다"라고 하였다. 왕내한은 "황제가 오기를 바라니 이 때 황제는 촉에 있었다"고 하였다. 그러나 명황이 촉에 간 때는 지덕 원년이고, 이 때는 아직 강릉을 도읍으로 삼지 않았다. 그 때는 대종이 섬주에 간 때이니 이 시는 광덕 원년이어야 한다. 이 해에 대종은 섬주로 갔으며, 위백옥이 재능과 지략이 있어 강릉윤 형남절도사 등의 직책에 임명하였다. 아마 이 때 대종은 강릉으로 갈 마음이 있어 이 시가 나왔을 것이다. 양권도는 대력 3년에 편차하였으나 전혀 의미가 없으니 바로 옛 편차를 따랐을 뿐이다. 따라서 이 시와 앞의 시(〈봉하양성군왕태부인은명가등국태부인奉賀陽城郡王太夫人恩命加鄧國太夫人〉)는 모두 대력 3년 시에 편차해서는 아니된다.(江陵以上元元年九月建都, 故詩云, 雄都元壯麗. 王內翰云, 望車駕臨幸, 時大駕在蜀. 然明皇幸蜀在至德元載, 是時未以江陵爲都, 當時代宗幸陝時, 此詩合是廣德元年. 是年代宗幸陝, 以衛伯玉有幹略, 乃拜江陵尹荊南節度等使. 意是時代宗有意幸江陵, 故有此作. 梁權道編在大歷三年, 殊無義, 無乃循舊次耳. 故此詩與前篇俱不應編在大歷三年詩內.)

《구가집주두시》 황제가 오기를 바라는 것이다. 이 때 황제의 수레는 촉에 있었다.(望亘駕臨幸也. 時大駕在蜀.)

《두시상주》 강릉 사람들이 황제가 오기를 바란다는 말이다.(謂江陵人望車駕之臨幸也.)

《두공부시집집주》《당서》를 보건대 상원 초에 여인이 형주에 남도를 설치하자고 건의하여 이에 강릉부로 고쳐 부르고, 여인을 부윤으로 삼았으며, 영평군 만 명을 주둔시켜 오와 촉의 요충을 견제하였다. 광덕 원년 겨울 황제가 섬주로 행차하여 위백옥이 재능과 지략이 있어 중임을 맡을 수 있으므로 강릉윤에 임명하고, 형남절도관찰사 등의 직책에 충임하였으니 시에서 "갑병에 성지를 나누시고, 남아 지키는 일 종신에게 맡겼다"라고 한 것이 그 일이다. 이 때 공은 파주와 낭주에 있으면서 대종이 강릉으로 행차하리라는 소식을 들었으므로 이 시가 나왔다.(按唐書, 上元初, 呂諲建請荊州置南都, 於是更號江陵府, 以諲爲尹, 置永平軍萬人, 以遏吳蜀之衝. 廣德元年冬, 乘輿幸陝, 以衛伯玉有幹略, 可當重寄, 乃拜江陵尹, 充荊南節度觀察等使, 詩所云甲兵分聖旨, 居守付宗臣也. 時公在巴閬, 傳聞代宗欲巡幸江陵, 故有此作.)

주 석

1 雄都(웅도) - 웅장한 도읍. 강릉을 가리킨다. 元(원) - 원래. 壯麗(장려) - 장려하다.

《한서·고제기高帝紀》 소하蕭何가 말하였다. "…… 천자는 사해를 집으로 삼으니 장려하게 하지 않으면 무거운 위엄이 없습니다."(何曰, …… 且夫天子以四海爲家, 非令壯麗, 亡以重威.)

《구가집주두시》 조언재 주 '웅도'는 강릉을 가리켜 말한다.(雄都, 指言江陵也.)

2 望幸(망행) - 행차를 바라다. 欻(홀) - 문득. 갑자기. 威神(위신) - 신명 같은 위엄. 존엄.

《문선·노영광전부魯靈光殿賦》 "景福兮帝室之威神" 구의 장재張載 주: '위신'은 존엄을 말한다.(威神, 言尊嚴也.)

3 地利(지리) - 지리地理의 이로움. 西通蜀(서통촉) - 강릉은 서쪽으로 촉과 통하다. 장강의 수운을 통하여 촉주와 왕래함을 말한다.

《구가집주두시》 조언재 주 '서통촉'은 강이 서쪽으로부터 흘러와 배가 왕래함을 말한다.(西通蜀, 則江自西而來, 舟船之所通.)

4 秦(진) - 장안을 말한다.

《구가집주두시》 조언재 주 '진'은 장안을 말한다. 장안은 형주의 북쪽에 있다.(秦言長安, 長安在荊渚之北也.)

《두시상주》 진의 분야는 낭과 호이다. 낭과 호는 남극노인성과 가까우니 이는 별이 남쪽에 있으면서 북으로 진의 분야를 비추는 것이다. (秦分野占狼弧. 狼弧與南極老人星相近, 是天星在南, 而北照秦野也.)

5 風煙(풍연)- 바람과 연무. 越鳥(월조)- 월나라의 새. 즉 남방의 새.

6 舟楫(주즙)- 배와 노. 배. 控(공)- 끌어들이다. 공제하다. 제압하다. 吳人(오인)- 오나라 사람. 즉 남방의 사람.

7 未枉(미왕)- 굽히지 않다. 여기서는 왕림하지 않았다는 뜻이다. 周王(주왕)- 주나라의 임금. 목왕穆王을 가리킨다. 평왕을 가리킨다는 설도 있다.

《구가집주두시》 '주왕가'는 목왕 만을 말한다.(周王駕, 謂穆王滿也.)

《구가집주두시》 조언재 주 《열자》에 목왕이 8준마가 끄는 수레를 몰게 하여 천리를 달렸다는 기록이 있다.(列子載穆王命駕八駿之乘, 馳驅千里.)

《독두심해》 주 평왕이 동쪽으로 천도한 일을 이용하였다.(用平王東遷事.)

8 漢武(한무)- 한나라 무제武帝. 巡(순)- 순행. 순수.

《구가집주두시》 한 무제는 옹에 행차하고, 분음과 영양에 행차하였으며, 낙양으로 돌아와 황하와 낙수를 보고, 다시 남방을 순수하였다. (漢武行幸雍, 幸汾陰滎陽, 還至洛陽, 瞻望河洛, 又南巡狩.)

〔未枉 2구〕 대종의 행차를 바라는 뜻이다.

9 甲兵(갑병)- 무장한 병사. 군대.

《두시경전》 영평군 설치를 말한다.(謂置永平軍.)

10 居守(거수)- 황제가 출정하거나 순행할 때 중신이 경사에 남아 지키다. 付(부)- 맡기다. 宗臣(종신)- 세상이 존경하는 명신. 곽자의 또는 위백옥을 가리킨다고 한다.

《구가집주두시》 소하는 한나라의 종신이다. 《좌전》에 군왕이 나가면 남아서 지킨다고 하였다.(蕭何, 漢之宗臣. 左傳, 君行則居守.)

《보주두시》 '종신'은 곽자의를 가리킨다. 사서에 따르면 옹왕 괄이 관내병마원수가 되고 곽자의가 부원수가 되었다. 경사를 수복하고 곽자의를 경사의 유수로 삼았다.(宗臣指郭子儀. 按史, 雍王适爲關內兵馬元帥, 郭子儀副之. 復京師, 以子儀爲京留守.)

《두시언해》 당시 토번이 경사를 함락하자 대종은 섬주로 행차하고, 곽자의가 경성유수가 되었다.(時吐蕃陷京, 代宗幸陝, 郭子儀爲京城留守.)

《두시경전》 즉 위백옥을 가리킨다. 구조오의 주는 곽자의를 끌어댔으나 의미가 없다.(卽指衛伯玉. 仇注牽扯子義, 無謂.)

〔甲兵 2구〕

《구가집주두시》 조언재 주 윗구는 황제가 나가면 금병이 수종 호위함을 말한다. 나눔은 그 반을 나누어 나가고, 반은 경사에 남긴다는 것이다. 아랫구는 누군가 남아 지킴을 말한다.(上句言車駕之出, 禁兵隨衛也. 分則分其半以出, 留其半於京矣. 下句言有人爲留守也.)

11 雲臺仗(운대장) - 황제의 경호대. '운대'는 한나라 궁전의 누각, '장'은 의장대를 말한다.

《구가집주두시》 조언재 주 운대는 후한의 남궁에 있었다.(雲臺在後漢之南宮.)

12 恩波(은파) - 제왕의 은택. 涸鱗(학린) - 말라가는 웅덩이에 갇힌 물고기. 곤경에 처했거나 급히 구원할 필요가 있는 사람이나 사물을 비유한다.

《장자·외물外物》 장주가 집이 가난하여 감하후에게 곡식을 꾸러 갔다. 감하후가 말하였다. "좋소. 내 채읍의 돈을 받아서 그대에게 삼백 금을 꾸어 주면 되겠소?" 장주가 분연히 낯을 붉히며 말하였다. "내가 어제 올 때 길 가운데서 부르는 자가 있었소이다. 내가 둘러보니 수레바퀴 자국 안에 붕어가 있었오. 내가 그에게 물었오. '붕어로군. 그대는 무엇하는 자인가?' 대답합디다. '나는 동해 용왕의 신하이오. 그대는 나를 살릴 물 몇 되는 있겠지요?' 내가 대답했소이다.

'좋소. 나는 장차 남으로 오월의 왕과 놀고, 서강의 물을 끌어 그대를 맞이하게 하면 되겠소?' 붕어가 분연히 낯을 붉히고 말했습니다. '나는 나와 함께 하는 것을 잃고 거처할 곳이 없소이다. 나는 몇 되 물만 얻으면 살 수 있는데 그대는 이런 말을 하니 일치감치 나를 건어물전에서 찾는 것이 나을 게요.'"(莊周家貧, 故往貸粟於監河侯. 監河侯曰, 諾. 我將得邑金, 將貸子三百金, 可乎. 莊周忿然作色曰, 周昨來, 有中道而呼者. 周顧視車轍中, 有鮒魚焉. 周問之曰, 鮒魚來. 子何爲者邪. 對曰, 我, 東海之波臣也. 君豈有斗升之水而活我哉. 周曰, 諾. 我且南遊吳越之王, 激西江之水而迎子, 可乎. 鮒魚忿然作色曰, 吾失我常與, 我無所處. 吾得斗升之水然活耳, 君乃言此, 曾不如早索我於枯魚之肆.)

《두시경전》 궁핍한 백성이 은택을 기다림을 말한다.(謂窮民待澤也.)

《두시언해》 남방의 곤궁한 백성을 구제함을 말한다.(言救南方窮困之民也.)

#《두시상주》: 첫 구는 강릉을 읊었고, 다음 구는 행차 기다림을 읊었다. 가운데 4구는 강릉의 형세를 읊었고, 아래 6구는 행차를 기다리는 마음과 일을 읊었다. 짧은 배율을 지을 때는 수련에서 주제를 표출하는 경우가 많으니 이 시가 정식이다. 서쪽의 촉, 북쪽의 진, 남쪽의 월, 동쪽의 오는 강릉에서 동서남북으로 이르는 곳이다. 갑병 나눔이 성지로부터 나왔다 함은 위백옥이 병사를 거느리고 가서 지키기 때문이다. 남아서 지키는 일을 종신에 맡긴다 함은 이 때 곽자의가 서경에 남아 지킨 일을 말한다. 운대를 출발한다 함은 천자가 곧 순수한다는 뜻이요, 말라 가는 비늘을 일으킨다 함은 곤궁한 백성들이 은택을 기다린다는 뜻이다.(首句江陵, 次句望幸, 中四詠江陵形勢, 下六寫望幸情事. 作短章排律, 多在首聯扼題, 此定式也. 西蜀北秦南越東吳, 江陵四至之地. 甲兵分自聖旨, 以衛伯玉統兵往鎭也. 居守付之宗臣, 時郭子儀留守西京也. 發雲臺, 天子將巡. 起涸鱗, 窮民待澤.)

《독두심해》: 앞에서 형세를 서술함이 매우 간요하고, 뒤에서 행차 기다림을 서술함이 매우 자세하다. 공은 〈건도십이운〉을 지어 크게 강릉 건도를 그르다고 여겼으나 여기서는 행차를 권하는 듯하다. 이는 아마 섬주로 행차한다는 소식을 처음 듣고 변방의 도적이 창궐하리라 예상하여 천자가 쫓겨 떠돌까 깊이 걱정하고서는 그 예봉을 멀리 피하자는 생각을 잠시 한 것이리니 역시 충애의 마음에 다그쳐서이다. 어찌 그 처음의 논의를 스스로 저버리겠는가.(前敍形勢極簡要, 後述望幸極委悉. 公作建都十二韻, 大以江陵之擧爲非, 玆顧若爲勸駕者, 蓋以初聞幸陝之信, 懸揣蕃寇披猖, 深懼乘輿播越, 姑結爲遠避其鋒之想, 亦忠愛之心所迫耳. 豈自背其初論哉.)

(**이창숙**)

118. 愁坐

시름 속에 앉다

高齋常見野[1]　愁坐更臨門　十月山寒重　孤城水氣昏[2]
葭萌氐種迥[3]　左擔犬戎屯[4]　終日憂奔走[5]　歸期未敢論

높은 서재라 들이 늘 보이지만
시름겨울 적에는 다시 문 앞에 앉네.
시월이라 산 추위는 심하고
외로운 성엔 물 기운이 어둡다.
가맹에는 저인들이 멀리 있는데
좌담에는 견융이 진을 쳤네.
종일토록 분주할 것을 걱정하느라
돌아갈 기약은 감히 논할 수 없다.

광덕 원년 10월 낭주에서 지은 것으로 변방의 전란을 걱정하는 심사가 담겨 있다.

《두시상주》 선복은 광덕 원년 재주 시 안에 편재하였다. 시에서 "종일토록 분주한 것을 걱정한다'라고 하였으니 당시에 아마도 재주와 낭주 사이를 왕래했으리라.(單復編在廣德元年梓州詩內. 詩云, 終日憂奔走, 時蓋往來梓閬間也.)
《독두심해》 예전에는 재주 시에 두었는데 시에서 시월이라 하였으니 의당 낭주 시에 두어야 한다.(舊編在梓. 詩言十月, 應在閬州.)

주 석

1 高齋(고재) - 여기서는 두보 자신의 서재를 가리킨다.

〔高齋 2구〕 들이 집 안에서도 보이지만 마음에 근심이 많아 굳이 문 앞에 다가앉아서 본다는 말이다.

2 水氣(수기) - 강 기운을 말한다. 여기서 강은 낭수, 즉 가릉강이다.

《독두심해》 낭수가 군의 삼면을 감도는데 바로 가릉강이다.(閬水繞郡三面, 卽嘉陵江.)

3 葭萌(가맹) - 지명. 재주와 가까운 곳에 있다. 氐種(저종) - 저 종족. '저'는 중국 서북 지역에 거주하던 이민족으로 흔히 '羌'과 병칭된다.

4 左擔(좌담) - 지명. 재주와 가까운 곳에 있다. '武擔'이어야 한다는 설도 있지만 옳지 않다. 犬戎(견융) - 여기서는 토번을 가리킨다. 屯(둔) - 주둔하다. '存'으로 된 판본도 있다.

《두공부초당시전》 어떤 이는 '좌담'을 '무담'으로 해야 한다고 의심한다.(或曰左擔疑作武擔.)

《두공부시집》 어떤 판본에는 '무담'이라 하였는데, 틀렸다.(一作武擔, 非.)

〔葭萌 2구〕

《두시상주》 《화양국지》에서 "촉왕이 그의 아우 가맹을 한중에 봉하고 저후라 부르니, 이로 인해 그 땅을 명명하여 가맹이라고 불렀다"고 하였다. 《신당서》에서 "가맹현은 이주에 속한다"고 하였다. 양신이 "《태평어람》에서 이충의 《촉기》를 인용하여 촉산은 면곡 가맹으로부터 길이 험하고 좁으니 북쪽에서 짐을 메고 지고 온 사람들은 멘 어깨를 바꾸지 못하여 그곳을 일러 좌담도라고 하였다"고 말하였다. 《익주기》에서 "음평현에 좌담도가 있는데 그 길은 지극히 험하여 북에서 오는 자가 왼쪽 어깨에 짐을 메면 오른쪽 어깨로 바꾸지 못한다"고 하였다. 음평현은 지금의 문현에 있다.(華陽國志, 蜀王封其弟

葭萌於漢中, 號曰苴侯, 因命其地曰葭萌. 唐書, 葭萌縣屬利州. 楊愼曰, 太平御覽引李充蜀記云, 蜀山自綿谷葭萌, 道徑險窄, 北來擔負者不容易肩, 謂之左擔道. 益州記, 陰平縣有左擔道, 其路至險, 自北來者擔在左肩, 不得度右肩也. 陰平在今之文縣.)

5 奔走(분주)- 바쁘게 이리저리 다니다. 피난 다니는 것을 말한다. **《독두심해》** 토번의 소란을 근심하여 피하려는 것이다.(憂蕃擾而欲避.)

#《두시상주》: 위의 4구는 서경으로 시름 속에 앉아서 본 것이다. 아래 4구는 느낀 일로서 시름 속에 앉아 생각한 것이다. '가맹'과 '좌담'은 재주와 가깝다. '저종'은 강족 사람을 가리키고, '견융'은 토번을 가리키니, 그들이 안팎으로 결탁하여 난을 일으킬까 두려워하였다. 그래서 분주할 것을 근심한 것이다.(上四敍景, 愁坐所見. 下四感事, 愁坐所思. 葭萌左擔, 與梓州相近. 氐種指羌人, 犬戎指吐蕃, 恐其內外相結爲亂, 故憂奔走也.)

《독두심해》: 토번의 침입 때문에 지은 것이다. 시월에 장안이 함락되었으나 당시에 아직 그 소식을 듣지 못하여 단지 촉과 진의 길이 단절될 것을 걱정했던 것이다.(爲吐蕃寇擾而發. 十月長安之陷, 時猶未聞, 但憂蜀秦道梗也.)

(이영주)

119. 遣憂
근심을 풀다

亂離知又甚　消息苦難眞[1]　受諫無今日[2]　臨危憶古人[3]
紛紛乘白馬[4]　攘攘著黃巾[5]　隋氏留宮室[6]　焚燒何太頻[7]

난리가 또 심해졌음을 알면서도
소식은 사실로 받아들이기 정말 어렵다.
간언을 수용했다면 오늘의 재난은 없었을 터
위난에 임하여 옛 현인을 생각한다.
반군들은 어지러이 흰 말을 타고
요란스레 누런 두건을 썼구나.
수 왕조에서 남긴 궁궐들
불타는 것이 어찌 이리 빈번한가.

이 시는 광덕 원년 11월, 장안이 토번에 함락되었다는 소식을 듣고서 지은 것이다.

《보주두시》 시에서 "난리가 또 심해졌음을 안다"고 하였고 또 "수조에서 남긴 궁궐들 불타는 것이 어찌 이리 빈번한가"라고 하였으니 마땅히 광덕 원년 토번이 경사를 함락하였을 때 지은 것이다.(詩云, 亂離知又甚, 又云, 隋氏留宮室, 焚燒何太頻, 當是廣德元年吐蕃陷京師時作.)
《두시상주》 운안우員安宇가 수록한 것이다.(員氏所收.)
《두시상주》에 인용된 노원창 주 광덕 원년 토번이 쳐들어오자 변방의 장수가 긴급 상황을 보고하였는데 정원진은 이것을 모두 위에 알리지 않았다. 10월에 (토번이) 깊이 쳐들어오고 나서야 주상은 비로소 군대를 출병시켰는데 토번은 이미 편문교便門橋를 건넌 상태였다. 이에 주상은 섬주로 피난하였고 토번은 경사로 들어와 불태워 하나도 남지 않았다. 공은 이 소식을 듣고 마음이 아팠으므로 '견우'라고 한 것이다.(廣德元年, 吐蕃入寇, 邊將告急, 程元振皆不以聞. 十月深入, 上方治兵, 吐蕃已度便橋. 上出幸陝州, 吐蕃入京師, 焚燒一空. 公聞而心傷, 故曰遣憂.)

《두시상주》에 인용된 오증吳曾의 《능개재만록能改齋漫錄》 당 고도가 대중 병자년에 편찬한 《당시류선》에 이 시가 실려 있다. 세상에 전하는 두보시집에는 모두 이 작품이 없다.(唐顧陶大中丙子歲編唐詩類選載此詩, 世所傳杜集皆無之.)

《독두심해》 역시 낭주에 편재해야 마땅하다. 집외시이다.(亦當編閬州. 集外詩.)

주 석

1 消息(소식)- 장안이 토번에 함락되었다는 소식을 말한다. 苦(고)- 몹시. 難眞(난진)- 사실로 받아 들이기가 어렵다.

〔亂離 2구〕

《두억》 '지우심' '고난진'은 처음 변고 소식을 들은 모습을 아주 핍진하게 묘사하였다.(知又甚苦難眞, 寫初聞變光景甚肖.)

2 受諫(수간)- 간언을 받아들이다. 이 구는 토번을 경계하라는 곽자의의 간언을 대종이 수용하였다면 오늘과 같은 재난은 발생하지 않았을 것이라는 말이다.

3 臨危(임위)- 위난에 임하다. 憶古人(억고인)- 옛 현인을 생각하다. '傷故臣'으로 된 판본도 있다.

《두시전주》에 인용된 《극담록劇談錄》 명황이 촉에 갔을 때 양귀비는 이미 세상을 떠났는데, 하루는 높은 산에 올라 진천을 바라보면서 고력사에게 "내가 장구령의 말을 들었더라면 이 지경에 이르지는 않았을 것이다"라고 말하였다. 사자를 보내어 장구령에게 제사하였고, 젓대를 불어 곡을 만들고 〈적선원〉이라고 불렀다.(明皇幸蜀, 妃子旣死, 一日登高山, 望秦川, 謂高力士曰, 吾取張九齡言, 不至於此. 遣使祭之, 吹笛爲曲, 號謫仙怨.)

4 紛紛(분분) - 어지러운 모양. 乘白馬(승백마) - 백마를 타다. 양梁 무제武帝 때 백마를 타고 반란을 일으킨 후경侯景의 고사를 인용한 것이다.

《두시상주》에 인용된 《후경전侯景傳》 대동 연간의 동요에 "푸른 실로 고삐를 맨 백마가 수양(즉 수춘壽春)에서 온다"고 하였다.(大同中童謠曰, 青絲白馬壽陽來.)

5 攘攘(양양) - 어지러운 모양. 著黃巾(착황건) - 누런 두건을 쓰다. 후한 영제 때 황건적의 난을 일으킨 장각의 고사를 인용한 것이다. '著'은 '看'으로 된 판본도 있다.

《두시상주》 후한 영제 때 거록 사람 장각이 스스로 천공이라 칭하였다. 그 군대가 36만명이었는데 모두 누런 두건을 쓰고 같은 날에 반란을 일으켰다.(後漢靈帝時, 鉅鹿人張角, 自稱天公, 其部帥有三十六萬人, 皆著黃巾, 同日反叛.)

6 隋氏(수씨) - 수나라 왕조를 말한다. 留(유) - 남기다. '營'으로 된 판본도 있다.

《독두심해》 당의 도읍은 바로 수의 도읍이다.(唐都卽隋都.)

7 焚燒(분소) - 불타다. 이 구는 안녹산에게 함락된 장안이 다시 토번에 함락된 것을 슬퍼한 것이다.

《독두심해》 장안은 전에 안녹산에게 함락되고, 지금은 토번에게 함락되었다.(長安前陷於祿山, 今陷於吐蕃.)

〔隋氏 2구〕

《두억》 수 왕조의 궁실이 남아 오늘에 이를 수 있었는데 지금은 오히려 남지 못하게 되었으니 왕실의 어지러움이 수보다 심한 것이다. 그래서 그것을 깊이 슬퍼한 것이다.(隋氏宮室能留至於今, 而今反不留, 則王室之亂甚於隋矣, 所以深痛之也.)

#《두시상주》: '난리' 1구는 직접 시 전체를 이끌고 있다. 안녹산 이후에 다시 토번에 함락되었으므로 '또 심해졌다'고 말한 것이다. 대종이 출분하여 아직 나라를 회복하였음을 알지 못하였으므로 '사실로 받아들이기 어렵다'고 말한 것이다. '수간' 2구는 난리를 불러온 이유를 추측한 것이다. '백마' 4구는 세상의 어지러움이 극에 달함을 슬퍼한 것이다. 《두억》에 "만약 일찍 간언을 받아들일 수 있었다면 오늘의 난리는 없었을 것이니 위난에 임하여 옛 현인을 생각하는 것은 또한 이미 늦은 것이다"라고 하였다. 노원창 주에 "옛날에는 '수간'구가 유항일의 소를 가리킨다고 보았는데 이는 장안이 이미 함락한 뒤의 일이다. 살펴보건대 이해 4월 곽자의가 자주 주상에게 토번, 당항을 소홀히 할 수 없으니 의당 일찍 그들에 대한 대비를 해야 할 것이라고 말했다. 주상은 (토번과의) 우호적인 관계에 만족하고 받아들이지 않았다. 경사에 돌아오자 곽자의를 위로하며 말하기를 '경의 말을 일찍 듣지 않아 또한 이미 늦어버렸다'고 하였다. 대종이 곽자의를 위로한 것은 명황이 장구령을 생각한 것과 같다. 공은 차마 분명하게 말할 수 없었으므로 그것을 '고인'에 부친 것이다"라고 하였다. 백마는 후경을 가리킨다. 황건은 장각을 가리킨다. 이 때 고휘가 성을 가지고 토번에게 항복하였고 왕헌충은 풍왕 이공을 협박하여 토번을 맞이하였으며 여태일은 기회를 타서 난을 일으켰으므로 '분분' '양양'이라고 말한 것이다. 마지막 2구는 또한 수를 빌려 당을 형용한 것이니 아마도 거리끼는 바가 있어 명확하게 말하지 않은 것이리라.(亂離一句, 直攝通章. 祿山之後, 再陷吐蕃, 故云又甚. 代宗出奔, 未知復國,

故云難眞, 受諫二句, 推致亂之由. 白馬四句, 傷世亂之極. 杜臆, 若早能受諫, 則無今日之亂, 至臨危而憶古人, 亦已晩矣. 盧注, 舊以受諫句指柳伉一疏, 此在長安旣陷之後. 按是年四月, 郭子儀數爲上言, 吐蕃黨項不可忽, 宜早爲之備, 上狃於和好而不納. 至還京, 勞子儀曰, 用卿不早, 亦已晩矣. 代宗之勞子儀, 猶明皇之思九齡也. 公不忍明言, 故託之古人. 白馬, 指侯景. 黃巾, 指張角. 是時高暉以城降吐蕃, 王獻忠脅豐王珙以迎吐蕃, 呂太一乘機作亂, 故云紛紛攘攘. 末二亦借隋形唐, 蓋諱言也.)

《독두심해》: 이는 처음 경사가 함락되었다는 소식을 듣고 지은 것으로 마땅히 11월에 해당한다. 3, 4구는 잘못을 추궁하는 말이 아니라 하소연과 함께 눈물을 흘리는 말이다. 5, 6구는 분노의 말이다. 7, 8구는 탄식하는 말이다.(此初聞京陷而作, 當在十一月. 三四非追咎語, 乃聲淚俱下語. 五六憤詞. 七八歎詞.)

(이석형)

120. 冬狩行

겨울 사냥의 노래

君不見東川節度兵馬雄[1]　校獵亦似觀成功[2]
夜發猛士三千人　清晨合圍步驟同[3]
禽獸已斃十七八　殺聲落日迴蒼穹[4]
幕前生致九青兕[5]　駝駝㟼峞垂玄熊[6]
東西南北百里間　髣髴蹴踏寒山空[7]
有鳥名鸜鵒[8]　力不能高飛逐走蓬[9]
肉味不足登鼎俎[10]　胡爲見羇虞羅中[11]
春蒐冬狩侯得用[12]　使君五馬一馬驄[13]
況今攝行大將權[14]　號令頗有前賢風[15]
飄然時危一老翁[16]　十年厭見旌旗紅[17]
喜君士卒甚整肅[18]　爲我迴轡擒西戎[19]
草中狐兎盡何益[20]　天子不在咸陽宮[21]
朝廷雖無幽王禍[22]　得不哀痛塵再蒙[23]
嗚呼得不哀痛塵再蒙

그대는 보지 못하였는가? 동천절도사는 병마가 웅장하여
사냥을 해도 마치 전공을 살펴보는 듯하다네.
밤에 용맹한 군사 삼천 명이 출발하여
새벽에 사방에서 포위할 제 발걸음이 똑같구나.

금수가 이미 열에 일고여덟은 죽었으니

살기 어린 소리에 지던 해가 하늘을 되돌아간다.
막사 앞엔 아홉 마리 청시를 산 채로 잡아다 놓았고
낙타의 큰 등에는 검은 곰이 축 늘어져 있다.
동서남북 백 리 일대
흡사 유린을 당한 듯 겨울 산이 텅 비었다.
구관조라는 새가 있어
힘은 높이 날지 못해 구르는 쑥대나 쫓고
고기 맛은 제기祭器에 오르지 못하거늘
어찌하여 산우山虞와 나씨羅氏 수중에 붙잡혔을까?

봄철 사냥과 겨울 사냥은 제후도 할 수 있는 법
사군께선 태수에 시어사를 맡으신데다가,
하물며 이제는 대장군의 권한을 대행하시는 바에야
호령에 자못 전현의 위풍이 있구나.

정처없이 떠돌며 위태로운 시절을 맞은 일개 노인네로
십 년 동안 붉은 깃발을 질리도록 보았으니,
사군의 병사들 바르고 엄숙함이 매우 기쁘니
나를 위해 고삐를 돌려 서융을 붙잡으시라.
풀숲에 여우와 토끼를 다 죽인들 무슨 보탬이 되랴!
천자가 함양궁에 아니 계신데.
조정에 비록 유왕과 같은 재앙은 없어도
다시 몽진하는 것이 애통하지 않을 수 있겠는가?
아! 다시 몽진하는 것이 애통하지 않을 수 있겠는가?

이 시는 두보가 광덕 원년 겨울 낭주閬州에서 재주梓州로 돌아가는 길에 검남동천절도사劍南東川節度使 장이章彝가 겨울 사냥을 지나치게 하는 것을 보고 풍자의 뜻을 담아 지은 것이다. 광덕 2년으로 보는 설도 있으나 따르지 않는다. 원주에 "당시 재주자사 장이가 시어사를 겸직한 채 동천에서 유후로 있었다(時梓州刺史章彝, 兼侍御史, 留後東川)"고 하였다.

> **《보주두시》** 시에서 "천자가 함양궁에 아니 계신다"고 한 것은 아마도 대종이 섬주로 행차한 것을 가리키는 것일 터이니, 광덕 원년에 지은 것이 분명하다. 살펴보건대 두보는 그 해 9월에 낭주에 도착하여 재상 방관房琯에게 제를 올리고 겨울에 재주로 돌아가면서 이 시 및 〈장적오초유별장사군유후겸막부제공득유자將適吳楚留別章使君留後兼幕府諸公得柳字〉 등 여러 작품을 남겼다. 양권도는 보응 원년 작품에 편재하였으나 잘못이다.(詩云, 天子不在咸陽宮, 蓋指代宗幸陝, 當是廣德元年作. 按, 公是年九月至閬州, 祭房相國, 冬回梓州, 有此及別章使君柳字韻諸詩. 梁權道編在寶應元年, 非.)
>
> **《두공부초당시전》** 당시는 광덕 2년인데, 이 작품을 보면 그해 겨울에 지어졌다.(時廣德二年也. 考此篇作于是年之冬.)

주 석

1 東川節度(동천절도)- 동천절도사 장이를 가리킨다.
《보주두시》 《구당서·지리지》에 의하면 검남동천절도사는 치소가 재주에 있고, 재주, 면주, 보주, 능주, 낙주, 수주, 합주, 노주, 유주 등을 관할하였다. 〈엄무전〉에 "상황(현종)이 조서를 내려 검남양천을 한 도로 합병하고, 엄무는 성도윤으로서 어사대부를 겸직하게 하였다"고 하였으므로, 이 시가 광덕 원년에 지어졌다면 더 이상 '동천절도'라는 말을 해서는 안 될 것이다. 그러나 《회요》를 살펴보면

"상원 2년 2월에 동천과 서천의 양천으로 나눴다가 광덕 2년 정월 8일에 다시 한 도로 합쳤다"고 하였으니, 광덕 원년 겨울에는 의당 동천절도사가 있었을 것이다.(舊史地理志, 劍南東川節度使, 治梓州, 管梓綿普陵樂遂合瀘渝等州. 嚴武傳云, 上皇詔以劍南兩川合爲一道, 嚴武成都尹兼御史大夫, 則此詩作於廣德元年, 不應更云東川節度. 按會要云, 上元二年二月, 分爲兩川, 廣德二年正月八日, 復合爲一道, 則廣德元年冬宜有東川節度也.)

2 校獵(교렵)- 사냥하다. '교校'에 대해서는 주나라 관직인 '교인校人', 혹은 울짱, '교병校兵'과 관련지어 해석하기도 하고, '비교하다'란 뜻으로 풀이하기도 하는 등 다양한 해석이 있다. 成功(성공)- 전공戰功을 말한다.

《두시상주》 《한서·성제기》에 "장양궁에 행차하여 호족의 외빈外賓을 거느리고 대대적으로 사냥을 하였다"고 하였는데, 여순은 "《주례》에 '교인은 왕이 사냥할 때 쓰는 말을 관장한다'고 하였기에 '교렵'이라고 한 것이다"라 풀이하였고, 안사고顔師古는 "'교'는 나무를 서로 꿰어 이어서 울짱을 만든 것을 말한다. '교렵'은 크게 울짱을 만들어 금수를 막고 사냥하여 잡는 것을 뜻한다"고 풀이하였다. 〈상림부〉에 "천자가 사냥한다"는 구절이 있는데, 주에 "오교병이 사냥을 나서는 것이다"라고 하였다. 채몽필의 주에서는 "교렵은 사냥하여 잡은 것이 있으면 그 양을 비교하여 공로를 포상하는 것을 말한다"고 하였다. (漢成帝紀, 行幸長楊宮, 從胡客大校獵. 如淳曰, 周禮, 校人掌王田獵之馬, 故曰校獵. 師古曰, 校, 謂以木自相貫穿爲闌校耳. 校獵者, 大爲闌校, 以遮禽獸而獵取也. 上林賦, 天子校獵, 注云, 五校兵出獵. 蔡注, 校獵, 謂獵有所獲, 校其多寡以賞功也.)

3 合圍(합위)- 사방에서 포위하다. 步驟(보취)- 느린 걸음과 빠른 걸음, 보조步調.

《두공부초당시전》 《예기》에 "천자는 사방에서 포위하지 않는다"고 하였고, 탕왕이 "삼면에서 그물을 치라"고 말한 것은 다 죽이지 않겠다는 뜻을 보인 것이다.(記云, 天子不合圍. 湯曰, 三面網, 示不盡殺.)

#《두시상주》: 첫 단락은 겨울 사냥의 군용을 서술하였다. '관성공'은 병사와 말들이 웅장하여 마치 개선해서 공을 아뢰는 듯하다는 말이다. '보취동'은 전진과 정지가 가지런하여 앞서고 뒤처지거나 대열이 흐뜨러지는 일이 없다는 말이다.(首敍冬狩軍容. 觀成功, 謂兵馬雄壯, 似凱旋奏功. 步驟同, 謂進止齊習, 無先後參差.)

4 迴蒼穹(회창궁) - 하늘을 되돌아가다. 이 구절은 해도 주춤거릴 정도로 살기등등하다는 말이다. 한편 살기 어린 함성이 하늘을 맴돈다는 뜻으로 보기도 한다.

《두시상주》에 인용된 김金씨 설　'회창궁'은 노양이 창을 휘둘러 해를 되돌렸다는 고사를 암용한 것이다.(迴蒼穹, 暗用魯陽揮戈返日.)

《두공부초당시전》　푸른 하늘은 어짊을 위주로 하는데 그 때문에 색깔이 변했다는 말로, 아마도 살기가 왕성한 것을 가슴 아파하는 것일 게다.(謂蒼天以仁爲主, 而爲之變其色, 蓋傷殺氣之盛也.)

5 靑兕(청시) - 푸른 무소.

《두공부초당시전》《이아·석수》에 "'시'는 소와 비슷하다"고 하였는데, 곽박 주에 "뿔이 하나고 푸른 색을 띠며 무게가 천 근 나간다"고 하였다.(爾雅釋獸, 兕似牛, 郭璞注, 一角, 靑色, 重千斤.)

6 馲駝(탁타) - 낙타. 〔山+畾〕嵬(뇌외) - 크고 높은 모양. 여기서는 낙타의 등을 가리킨다. 垂(수) - 드리우다. 사냥해서 포획한 곰을 실은 것을 말한다.

《보주두시》에 인용된 정鄭씨 주　탁타는 안장처럼 생긴 살이 있고 백 리를 가며, 천 근을 짊어지고 수맥을 안다.(馲駝有肉鞍, 行百里, 負千斤, 而知水行.)

《두시상주》에 인용된 주학령 주　'탁타'는 곧 낙타이다. '뇌외'는 높은 모양을 뜻한다.(馲駝, 卽駱駝, 〔山+畾〕嵬, 高貌.)

《구가집주두시》　낙타에 곰을 실은 것이다.(以駞負熊.)

7 髣髴(방불) - 흡사한 모양. 蹴踏(축답) - 짓밟다, 유린하다.

《두공부초당시전》 금수가 사냥 때문에 다 사라졌다는 말이다.(言禽獸爲之蕩盡也.)

8 鸜鵒(구욕) - 구관조. '구욕鴝鵒'으로도 쓴다.

《두공부초당시전》 구관조는 말을 할 줄 아는 새이다.(鸜鵒, 能言鳥也.)

9 走蓬(주봉) - 땅 위를 구르는 쑥대. 이 구절에 대해 '힘은 높이 날아 구르는 쑥대를 쫓지도 못한다'는 뜻으로 보는 설도 있으나 취하지 않는다.

10 鼎俎(정조) - 세발솥과 도마. 즉 제기祭器.

《보주두시》에 인용된 왕수王洙 주 맛좋은 음식이 아니라는 말이다.(言非薦羞之物也.)

11 見羇(견기) - 얽매이다, 붙잡히다. 虞羅(우라) - 주나라 때 관직인 산우山虞와 나씨羅氏. 산우는 사냥터를 관장하는 벼슬이고, 나씨는 그물을 관리하는 벼슬이다. 한편 산림과 천택川澤을 관리하는 우인虞人의 그물로 보는 설도 있다. 그러나 궁극적으로 장이의 사냥을 가리키는 점에서는 큰 차이가 없을 듯하다. 이 구절은 구관조 같은 쓸모없는 새마저 마구 포획한 것을 말한다.

《주례周禮·지관地官·산우山虞》 산우는 산림과 관련된 정령을 관장한다.… 크게 사냥을 하게 되면 산 속 사냥터의 들풀을 벤다. 사냥이 끝나면 곰이 새겨진 깃발을 한가운데 꽂고, 포획한 짐승들을 가져다가 왼쪽 귀를 잘라 그 공을 비교한다.(山虞, 掌山林之政令.… 若大田獵, 則萊山田之野. 及弊田, 植虞旗于中, 致禽而珥焉.)

《주례周禮·하관夏官·나씨羅氏》 나씨는 까마귀를 그물로 잡는 일을 관장한다. 사제蜡祭 때는 촘촘한 그물을 사용한다. 봄 2월에는 봄새를 그물로 잡고, 비둘기를 바쳐서 나라의 나이 든 신하들을 봉양하며, 새들을 관리들에게 하사한다.(羅氏, 掌羅烏鳥. 蜡, 則作羅襦. 中春羅

春鳥, 獻鳩以養國老, 行羽物.)

《구가집주두시》 '우라'는 우인虞人의 그물을 뜻한다.(虞羅, 虞者之網羅.)

〔有鳥 4구〕

《두공부초당시전》 경전經傳에 "뼈와 가죽, 이빨, 털을 제기에 올리지 못해 제물로 쓸 수 없는 것은 사냥하지 않는다"고 하였다. 구관조는 새 중에 미약한 것이어서 날아도 쑥대조차 쫓지 못하고, 그 고기 맛은 제사나 손님 접대에 쓸거리로 공급할 수도 없는데도 이제 장이의 사냥에 붙잡혔으니, 거의 다 죽이지 않았을까?(傳曰, 骨革齒毛, 不登鼎俎, 不足爲器用者, 不獵. 鸜鵒, 鳥之微者, 飛不能逐蓬草, 其肉味不足供祭祀賓客之用, 今亦見繫虞羅, 不幾於盡殺乎.)

《두시경전》 역시 이 무익한 물건을 취하느니 차라리 때를 타 큰 공을 세우는 것이 낫다는 것을 비유하여 말한 것이다.(亦是借言取此無益之物, 不如乘時以建大功也.)

#《두시상주》: 둘째 단락은 사냥 때 일어난 일을 상세히 기술하였다. '금수' 4구는 많은 짐승을 죽여서 잡았다는 내용을 말한 것으로, 큰 일을 들어서 작은 일을 포괄했고, '동서' 6구는 쫓은 지역이 드넓다는 내용을 말한 것으로, 작은 일을 들어서 큰 일을 포괄했다. (次詳校獵之事. 禽獸四句, 言殺獲之多, 擧大以該小. 東西六句, 言追逐之廣, 擧小以該大.)

12 春蒐(춘수) - 봄철 사냥. 冬狩(동수) - 겨울 사냥. 侯(후) - '候'로 된 판본도 있다. 用(용) - 《두시상주》에 "옛 판본에는 '동'으로 되어 있지만, 잘못이다(舊作同, 誤)"라고 하였다.

《좌전·은공오년隱公五年》 봄철 사냥과 여름 사냥, 가을 사냥, 겨울 사냥은 모두 농사를 짓지 않는 짬을 이용하여 군사 훈련을 위해 하는 것이다.(春蒐夏苗秋獮冬狩, 皆於農隙以講事.)

《구가집주두시》 조언재 주 《주례》에 의하면, 봄철 사냥과 여름 사냥,

가을 사냥, 겨울 사냥은 본래 천자의 일이나 제후도 똑같이 하였기에, 이 시에서 '제후가 같이 할 수 있다'고 말한 것이다.(周禮, 春蒐夏苗秋獮冬('狩'자가 누락되었음), 本天子之事也, 而諸侯同之, 故此云侯得同.)

《두공부초당시전》 장이에게 사냥의 예를 지켜 사방에서 포위해서는 안 되며, 다 죽이는 것은 동물을 아끼는 군자의 도가 아니라고 권면하는 것이다.(勉章彝行田獵之禮, 不當合圍, 盡殺非君子愛物之道也.)

13 五馬(오마) - 태수의 수레를 끄는 다섯 마리 말. 여기서는 장이의 자사직을 가리킨다. 一馬驄(일마총) - 총마 한 마리. 장이가 시어사侍御史를 겸직한 것을 가리킨다.

《구가집주두시》 조언재 주 '한나라 때 제도에 의하면, 제후가 오마를 몬다'는 말은 응소의 《한관의》에서 나왔다.(漢制, 諸侯五馬, 出應劭漢官儀.)

《두공부시집》 《반자진시화》에서는 "《예기》에 의하면, 천자는 여섯 마리 말에 좌우로 참마驂馬를 달고, 삼공과 구경은 네 마리 말에 왼쪽으로 참마를 달았다고 한다. 한나라 때 법제에 의하면, 구경은 녹봉이 이천석에 오른쪽으로 참마를 달았고, 태수는 네 마리 말만 몰았는데, 봉록이 늘어 중이천석이 되면서 오른쪽에 참마를 달았다. 그래서 태수를 오마로 칭하는 것이다"라고 하였다. 《둔재한람》과 《학림》에서는 "한나라 때 조정의 신하가 사신으로 나가 태수가 되면 말을 한 마리 늘렸기에 오마가 되었다. 혹자에 의하면 《모시》의 '좋은 말을 다섯 마리로 하였다'는 구절을 주의 장관이 깃발을 세우는 것으로 여겼고, 뒤에는 결국 태수의 일로 삼았다고 한다"고 하였다. 정대창은 "정현이 《시경》에 주를 달면서 주의 장관을 한나라의 주에 비유하였지만, 크기에 현격한 차이가 나고, 주나라 때 주는 모두 현에 예속되었으며, 한나라 때 태수와 비교하면 직급이 전혀 다르기에 근거로 삼을 수 없다"고 하였다. 살펴보건대, 고악부에 "사군이 남쪽에서 오는데 오마가 서서 우물쭈물하네"라는 구절이 있으므로, 태수가 오마를 모는 것은 분명 한나라 때 시작되었다. 그러나 그 설은 한결같지 않다. 조차공(조언재)은 "응소의 《한관의》에서 나왔다"고 하였으나, 역시 지금은 고증할 길이 없다. 유서類書에서 말한 "왕희지가 영가군의 태수가 되어 마당에 오마를 정렬시켰다"와 같은 얘기는 근거가 없는 말이기에 증거로 인용해서는 안 된다.(潘子眞詩話, 禮, 天子六馬, 左右驂, 三公九卿駟馬, 左驂. 漢制, 九卿二千石右驂, 太守駟馬而已, 其加秩中二千石乃右驂, 故太守以五馬稱之. 遁齋閒覽及學林云, 漢時朝臣出使爲太守, 增一馬, 故爲五馬. 或曰, 毛詩, 良馬五之, 以爲州長建旟, 後遂作太守事. 程大昌曰, 鄭玄注詩, 以州長比方漢州, 大小絕遠, 周之州乃統隸於縣, 比漢太守, 秩殊不侔, 未足爲據. 按, 古樂府有使君從南來, 五馬立踟躕, 則太守五馬, 必起於漢. 但其說不一. 次公云, 出應劭漢官儀, 今亦無從考證. 若類書所稱, 王羲之守永嘉, 庭列五馬, 此乃無稽之言, 不可引爲故實.)

《구가집주두시》 조언재 주 '일마총'이라고 한 것은 장유후가 시어사를 겸직했기 때문이다. 후한 때 환전은 시어사가 되어 위세와 명성을 얻고 총마 타는 것을 좋아하였기에, 경사에 "가다가 잠시 멈춰 총마 탄 어사를 피하라"는 말이 돌았다.(其云一馬驄, 則以章留後兼侍御史也. 後漢桓典爲侍御史, 有威名, 好騎驄馬, 京師語曰, 行行且止, 避驄馬御史.)

14 攝行(섭행)- 대행하다, 겸임하다.

15 號令(호령)- 명령.

#《두시상주》: 이 단락은 장유후를 칭송하고 있다. 주학령 주에 "당나라 때 자사는 바로 옛날 제후의 직책이었다"고 하였다. 조언재 주에 "《주례》에 의하면, 순수巡狩는 본래 천자의 일이지만 제후도 이를 행할 수 있었다. 그래서 '후득용'이라고 한 것이다"라고 하였다. 오견사吳見思의 《두시논문杜詩論文》에서는 "'오마'는 자사와 어울리고, '일마총'은 시어사와 어울리며, '섭대장'은 유후와 어울린다. 호령이 엄격

하고 분명하기에 사냥이 볼 만하다"고 하였다.(此美章留後. 朱注, 唐刺史, 卽古諸侯職也. 趙注, 周禮, 巡狩, 本天子事, 而諸侯得行之, 故曰侯得用. 吳論, 五馬, 切刺史, 一馬驄, 切侍御, 攝大將, 切留後, 號令嚴明, 所以校獵可觀.)

16 飄然(표연)- 정처없이 떠도는 모양. 老翁(노옹)- 늙은이. 여기서는 두보 자신을 가리킨다.

《두시언해》 '표연'은 떠돌아다닌다는 뜻이다.(飄然, 猶飄轉也.)

《보주두시》 '노옹'은 두보 자신을 말한다.(老翁, 公自謂也.)

17 十年(십년)- 토번의 침략이 시작된 천보 14년(755)부터 광덕 원년(763)까지의 약 10년 간을 가리킨다. 厭見(염견)- 질리도록 보다, 물리도록 보다. 旌旗紅(정기홍)- 붉은 깃발. 토번과의 전쟁을 비유한다.

《보주두시》 그해 세차가 계묘년이므로 천보 14년 을미해로 소급하면 이미 9년이 된다. 그래서 10년이라고 말한 것이다.(是年歲次癸卯, 遡至天寶十四載乙未, 已九年, 故云十年.)

《보주두시》 천보 9년 5월에 여러 衛와 절도사들이 사용하던 비색의 깃발을 모두 적색으로 바꾸었다.(天寶九載五月, 諸衛與諸節度所用緋色旗旛, 並改爲赤.)

18 君(군)- 장이를 가리킨다. 整肅(정숙)- 잘 정돈하다, 잘 훈련하다.

19 西戎(서융)- 서쪽의 융족戎族. 토번을 가리킨다.

《보주두시》 '서융'은 토번을 가리킨다.(西戎, 指吐蕃.)

20 狐兎(호토)- 여우와 토끼. 이 구절은 사냥이 아무런 도움이 안 된다는 것을 말한 것이다.

21 咸陽宮(함양궁)- 궁궐에 대한 범칭. 여기서는 장안을 가리킨다.

〔草中 2구〕

《두시상주》에 인용된 신함광申涵光 설 '초중호토진하익' 2구는 바로 가의賈誼가 "사나운 적을 사냥하지 않고 금수를 사냥하고 있습니다"

라고 간언한 말의 의미를 담고 있다.(草中狐兎盡何益二句, 卽賈生不獵猛敵而獵禽獸意.)

22 幽王(유왕)- 주周나라 왕. 여기서는 대종代宗을 비유한다.

《두시상주》에 인용된 《사기》 신후가 견융과 함께 여산 아래에서 유왕을 공격하여 죽였다.(申侯與犬戎, 攻殺幽王於驪山之下.)

23 塵再蒙(진재몽)- 먼지를 다시 뒤집어쓰다. 명황과 대종이 번갈아 몽진蒙塵한 것을 가리킨다.

《두시상주》에 인용된 주학령 주 명황이 전에 촉 지역으로 행차하였고, 대종이 이제 섬주로 행차하였기에 '진재몽'이라고 한 것이다.(明皇前幸蜀, 代宗今幸陝, 故云, 塵再蒙.)

#《두시상주》: 이 단락은 당시 상황을 감개하는 것으로 결말을 맺으며, 충성을 다해 나라를 구하고 적에게 대항해야지 사냥하느라 웅기雄氣를 떨쳐서는 안 된다고 말하고 있다.(此以慨時作結, 言當勤王敵愾, 不宜校獵騁雄也.)

《구가집주두시》: 당시 대종은 섬주에서 조서를 내려 천하의 병사들을 징집하라고 하였는데, 정원진이 권력을 쥐고서 사람들을 모함하여 대신들이 모두들 의심을 품고 두려워 나가지 않았기에, 소집에 응하는 자가 세상에 한 사람도 없었다. 그래서 이 시의 마지막 단락에서 크게 감정이 격동된 것이다.(時代宗在陝, 詔徵天下兵, 而程元振用事媒蘗, 大臣皆疑懼不進, 天下無一人應召者, 故此詩末章, 大有感激也.)

《두시상주》에 인용된 나대경羅大經 설: 작품 말미에서 유왕을 인용한 것은 아마도 유왕이 포사 때문에 견융의 침략을 당하는 화를 야기한 것과, 명황이 양귀비 때문에 안녹산의 변고를 야기한 것이 마침 서로 흡사하다는 뜻일 게다. 이제 양귀비라는 골치덩어리는 없어졌지만, 천자의 수레가 다시 몽진을 한 것은 어째서인가? 이는 필시 변고와 재앙을 잉태한 것이 여인을 총애하는 것 외에도 유래한 점이 있으니,

애통해 하고 후회하며 경계하지 않을 수 없었을 것이다.(篇末引幽王, 蓋幽王以褒姒致犬戎之禍. 明皇以妃子致祿山之變, 正相似也. 今無妃子孽矣, 而鑾輿乃再蒙塵, 何哉. 此必胎變稔禍, 有出於女寵之外者, 不可不哀痛而悔艾也.)

##《두공부초당시전》: 장이가 동천에서 대대적으로 열병閱兵하였는데, 두보는 이 시로 그가 많은 살생을 한 것을 풍자하면서 아울러 토번을 물리쳐 왕실을 안정시킬 것을 권면한 것이다.(章彝大閱東川, 公以此詩諷其多殺, 仍勉其攘夷狄以安王室也.)

《두시상주》에 인용된 호하객胡夏客 설: 〈동수행〉은 수렵의 성대함을 통해 밖으로는 서융을 소탕하고 안으로는 왕실을 바로잡을 것을 생각한 것이다. 다른 작품에서 우국충정을 드러낸 것에 비해 더욱 절실하다.(冬狩行因校獵之盛, 思外淸西戎, 內匡王室, 視他題他篇之憂國者, 尤爲切貼矣.)

《두억》: 이 시에서 충고하고자 한 뜻이 장공에게는 깊이가 얕지 않으니, 단지 남 모르게 풍자하려는 데 그친 것이 아니다. 심지어 '역시 전공을 살펴보는 듯하다', '자못 전현의 위풍이 있다'고 한 것은 모두 불만의 뜻을 드러낸 것이다. 장이는 결국 엄무에게 살해당했으니, 지적할 만한 죄가 없을 수 있었겠는가? '금수가 다 죽고' '백 리에 걸쳐 산이 텅 비었다'는 말에 이미 군더더기가 없건만, 갑작스레 구관조 얘기로 들어갔으니 시법詩法이 기이하고 의경意境이 넉넉하다. 마지막에서 천자의 몽진을 생각하여 유왕을 끌어다 언급하였으니, 애통한 마음이 극에 달하지 않았다면 어찌 차마 이렇게까지 묘사를 했겠는가? 그리고 장이가 꺼림직한 마음이 없을 수 있었겠는가?(此詩所致規於章公不淺, 非止陰諷之. 至云亦似觀成功, 頗有前賢風, 俱致不滿之意, 此公竟爲嚴武所殺, 得非有可指之罪乎. 禽獸斃盡, 百里山空, 已無剩語, 而忽入鸛鶴, 法奇而意足. 末念天子蒙塵, 援及幽王, 非哀痛之極, 豈忍寫到此, 章能無疚心乎.)

《독두심해》: 장이를 풍유하려는 뜻이 가장 절실하다. 첫 4구는 사냥을 분명하게 제기하면서 충성을 다해 나라를 구할 것을 은연중에 격려하고 있다. 다음 10구는 사냥 때의 일을 상세하게 묘사하였으니, 시제詩題의 얼굴이다. 앞의 2구가 이끌어내고 다시 두 개의 층차로 묘사하였다. 사냥의 즐거움에 빠져 멋대로 마구 죽이는 것을 알 수 있는데, 맞은편에서 보면 국가의 재앙을 도외시하는 것으로 작품의 마지막 내용과 격렬하게 조응하니, 이것이 바로 이른바 '풀숲에 여우와 토끼를 다 죽인들 무슨 보탬이 되나'는 것이다. 가운데 4구는 위 아래를 연결하는 관건으로, '봄철 사냥과 겨울 사냥'이란 말로 위의 내용을 끝맺음하고, '장군의 권한'이란 말로 아래 내용을 이끌어내고 있다. 뒤 9구는 군용을 빌어 충성을 다해 나라를 구할 것을 풍유하였으니 이 시의 본 취지이다. '노인네' '질리도록 보았다'는 말은 자신을 삽입시킨 것으로 생동감이 넘친다. '바르고 엄숙하다'는 말은 앞의 '발걸음' '호령'과 조응한다. '초중' 구는 앞의 내용을 팽개쳐 버린 것이고, '함양에 아니 계신다'는 말은 핵심적인 취지를 딱 꼬집어 일깨워 주는 말이다. 결말에서는 반복적인 필치를 활용하여 큰 소리로 외쳐댔다. (諷章之旨, 最爲深切. 起四句, 明提出獵, 暗擊勤王. 次十句, 詳校獵之事, 是題面. 先兩句挈. 再兩層寫, 見得遊畋之樂, 恣意縱殺, 對面便是置國禍於度外, 與篇末激射, 卽所謂草中狐兎盡何益也. 中四句, 上下關鈕, 以蒐狩了上, 以將藋起下. 後九句, 借軍容以諷勤王, 是本旨. 老翁厭見, 揷入自己, 生動. 甚整肅, 應前步驟號令. 草中句, 撇開前幅. 不在咸陽, 點醒主腦. 結用複筆, 大聲疾呼.)

(김만원)

121. 山寺

산사

野寺根石壁[1] 諸龕遍崔嵬[2] 前佛不復辨[3] 百身一莓苔[4]
雖有古殿存[5] 世尊亦塵埃 如聞龍象泣[6] 足令信者哀[7]
使君騎紫馬[8] 捧擁從西來[9] 樹羽靜千里[10] 臨江久徘徊
山僧衣藍縷 告訴棟梁摧 公爲顧賓從[11] 咄嗟檀施開[12]
吾知多羅樹[13] 却倚蓮花臺[14] 諸天必歡喜[15] 鬼物無嫌猜[16]
以茲撫士卒 孰曰非周才[17] 窮子失淨處[18] 高人憂禍胎[19]
歲晏風破肉[20] 荒林寒可迴[21] 思量入道苦[22] 自哂同嬰孩[23]

들 절은 석벽에 뿌리하고
여러 감실은 높은 산에 퍼져있네.
앞쪽 부처님은 다시 알아보지 못하겠고
온갖 불상들 하나같이 이끼에 덮였네.
비록 오래된 전각이 남아있으나
세존 역시 먼지가 가득하네.
용과 코끼리 울음을 듣는 듯하여
신자들로 하여금 족히 슬프게 하네.

사군이 자마紫馬를 타고서
무리지어 서쪽으로부터 왔네.
깃발을 세움에 천리가 고요한데
강에 임하여 오래토록 배회하네.
산승은 남루한 옷을 입고서

기둥과 서까래가 무너진다 알리네.
공께서 이에 빈객들과 수종들을 돌아보고
탄식하시며 보시를 여셨네.

다라수 나무
다시 연화대에 기댈 것을 내 알겠나니,
온 천신이 필히 환희하며
귀물은 시기함이 없을 것이라.
이렇게 병사들을 무휼하시면
뉘 세상 구할 재주 아니라 말하랴.
곤궁한 자는 깨끗한 곳을 잃어
고상한 사람은 재앙의 근원을 염려하노라.

한 해 저물어 바람이 살을 찢지만
거친 숲에는 추위 돌아갈 만한 때라.
불도에 들어 고생할 것 생각하고는
어린아이 같음을 스스로 웃노라.

이 시는 광덕 원년 겨울 재주에서 지었다. 원주에 "장유후가 함께 노닐었는데 운자로 '개'자를 얻었다(章留後同遊, 得開字)"는 설명이 있다. 산사에서의 노닒을 서술하고 장유후가 절에 보시한 사실을 적었다. 《보주두시》에서는 보응 원년에, 《두시상주》에서는 광덕 원년에 각각 편차하고 있는데, 여기서는 《두시상주》를 따라서 광덕 원년을 저작시기로 잡았다.

《보주두시》 공이 재주에 있을 때 〈배장유후시어연남루陪章留後侍御宴南樓〉 등의 시가 있었고, 또 〈별장유후〉(〈장적오초류별장사군유후겸막부제공將適吳楚留別章使君留後兼幕府諸公〉시를 가리키는 듯)시가 있었다. 장유후의 이름은 '이'이다. 이 시에서 "해가 저물어 바람이 살을 찢는다"고 했으니 의당 보응 원년 통천에서 돌아와 지은 것이다.(公在梓有陪章侍中晏('宴'의 잘못)南樓等詩, 又有別章留後詩. 章名彝. 此詩云, 歲宴風破肉, 當是寶應元年自通泉回作.)

《두시상주》 주학령 주에 의거하여 광덕 원년 겨울에 편재한다.(依朱注編在廣德元年之冬.)

주 석

1 根(근)- 뿌리를 내리다. 터를 잡고 있음을 뜻한다. '限'으로 된 판본도 있다.

2 諸龕(제감)- 여러 감실. 崔嵬(최외)- 높은 산.

3 前佛(전불)- 감실 앞쪽에 있는 부처. 不復辨(불부변)- 다시 분별하지 못하다.

4 百身(백신)- 감실에 있는 온갖 불상들을 가리킨다. 莓苔(매태)- 이끼.

5 雖(수)- '唯'로 된 판본도 있다. 世尊(세존)- 석가세존釋迦世尊.
《보주두시》 황희 주 여러 불경에서는 모두 부처를 세존으로 부른다.(諸經皆以佛爲世尊.)

6 龍象(용상)- 용과 코끼리. 혹은 용과 코끼리와 같이 최고의 능력을 갖춘 아라한을 가리키기도 한다.
《두시상주》에 인용된 《유마경》 보살의 세력은 비유컨대 용과 코끼리가 발로 차고 밟는 것과 같으니 나귀가 감당할 바가 아니다.(菩薩勢力, 譬如龍象蹴踏, 非驢所堪.)

《두시상주》에 인용된 《번역명의집翻譯名義集》 물에서 움직이는 것 중에는 용의 힘이 가장 세고, 육지에서 움직이는 것 중에는 코끼리의 힘이 가장 세다.(水行中龍力最大, 陸行中象力最大.)

《두시상주》에 인용된 두수가杜修可의 설 《전등록》에 "용과 코끼리는 비늘 있는 것과 털 있는 것 중에서 가장 큰 것이어서 불경에서는 승려 중에서 뛰어난 자를 일컬어 '용상'이라고 한다"고 했으니 불상을 가리키는 것이 아니다.(傳燈錄, 龍象乃鱗毛類中最巨者, 故經稱僧之出類者曰龍象, 非指佛象也.)

7 信者(신자)- 부처를 믿는 자를 가리킨다.

#《두시상주》: 첫 단락에서는 산사의 황폐한 모습을 서술하였다. '전불'은 석감 밖으로 드러나 있는 것이요, '세존'은 전 안에 앉아 있는 것이다.(首述山寺荒殘之象. 前佛, 露石龕者, 世尊, 坐殿中者.)

8 使君(사군)- 장유후를 가리킨다.

9 捧擁(봉옹)- 떼지어 둘러싸다. 무리지어 몰려오다.

10 樹羽(수우)- 깃을 세우다. 깃발을 세우다.

《구가집주두시》 조언재 주 《시·주송周頌·유고有瞽》에서 '숭아수우'라고 한 것은 본래 악기를 말한 것인데, 지금 말하는 '수우'는 군대에서 설치한 물건이다. 《강엄별집》의 〈등기남성〉 시에서 "군왕이 조용히 생각하고 깃발을 세워 초나라 성을 바라보았다"고 하였은즉 깃발과 같은 종류이다. '천리에 고요하다'라는 것은 장유후 경내에 전쟁이 없다는 것이다.(詩, 崇牙樹羽. 本言樂, 而今所謂樹羽, 則軍旅所設之物. 江淹別集登紀南城詩, 君王澹以思, 樹羽望楚城, 則若旗幟之屬矣. 靜千里, 則章留後境內無戰也.)

11 顧(고)- '領'으로 된 판본도 있다. 賓從(빈종)- 빈객들과 수종자들. '賓徒', '兵徒'로 된 판본도 있다.

12 咄嗟(돌차)- 탄식하다. 檀施(단시)- 보시.

《두시경전》 승조가 말하기를 “천축에서는 ‘단’이라 하고 여기서는 ‘보시’라고 한다”고 하였다.(僧肇曰, 天竺言檀, 此言布施.)

《두시상주》에 인용된 황희 주 불서 주에 “범어 ‘단바라밀’은 중국어로는 ‘보시’라고 말한다.”고 하였다. 여기서는 중국어와 범어가 합해져서 ‘단시’라고 한 것이다.(佛書注, 梵語檀波羅蜜, 華言布施, 此合華梵之語而云檀施.)

#《두시상주》: 이 단락은 절에 들어가서 보시를 한 것을 기록한 것이다. 대관의 호사스러운 모습과 승가의 구걸하는 모습이 핍진하게 묘사되었다.(此記入寺施捨. 大官豪侈之狀, 僧家乞憐之態, 摹寫逼眞.)

13 多羅樹(다라수)- 나무 이름. 고대 인도에서는 다라수 잎사귀에 경문을 적었다.

《두시상주》에 인용된 《유양잡조酉陽雜俎》 ‘패다’는 마가타국에서 나는데 나무의 길이가 예닐곱 장이며 겨울을 넘겨도 시들지 않는다. 이 나무에는 세 가지 구분이 있다. 첫째는 ‘다라파력차패다’요, 둘째는 ‘다리파력차패다’요, 셋째는 ‘부사파력차패다’이다. ‘다라’와 ‘다리’는 모두 그 잎에다 글을 쓴다. 부사 한 종류는 그 껍질을 취하여 글을 쓴다. ‘패다’는 중국어로 번역하면 ‘잎’이다. ‘파력차’는 중국어로 번역하면 ‘나무’이다. 서역의 경서는 이 세 종류의 껍질과 잎을 사용하였다. 만약 귀중히 여겨 보호할 수 있으면 역시 오륙백 년은 갈 수 있다.(貝多, 出摩伽陀國, 樹長六七丈, 經冬不凋. 此樹有三等, 一多羅婆力叉貝多, 二多梨婆力叉貝多, 三部闍婆力叉貝多. 多羅多梨並書其葉. 部闍一色, 取其皮書之. 貝多, 漢翻爲葉. 婆力叉漢翻爲樹. 西域經書用此三種皮葉, 若能寶護, 亦得五六百年.)

《두시상주》에 인용된 《번역명의집翻譯名義集》 ‘패다’는 모습이 이 지역의 종려와 같다. 매우 높아 길이가 8,90척에 이른다. 꽃은 황미자(차조의 알갱이)와 같다.(貝多形如此方椶櫚, 極高, 長八九十尺, 花如黃米子.)

14 却(각)- 거듭. 다시. 蓮花臺(연화대)- 불좌.

《두시상주》에 인용된 《문수전文殊傳》 세존의 보좌는 높이가 7척이며 칠보연화대라고 한다.(世尊之座高七尺, 名七寶蓮花臺.)

〔吾知 2구〕

《구가집주두시》 조언재 주 (이 구절로써) 절이 중수되면 이와 같을 것임을 형용한 것이다.(以形容寺旣修建如此.)

15 諸天(제천)- 불법을 수호하는 모든 천신.

《두시경전》에 인용된 주학령 주 불서에 삼계제천이 있으니 욕계 이상은 모두 제천이라고 한다.(佛書有三界諸天, 自欲界以上, 皆曰諸天.)

16 嫌猜(혐시)- 싫어하고 꺼리다.

17 周才(주재)- 세상을 건질 재주.

《두시상주》에 인용된 왕강거王康琚의 〈반초은시反招隱詩〉 세상을 구할 재주는 뭇사람들에게 맡기고, 치우친 지혜는 자신에게 맡기노라.(周才信衆人, 偏智任諸己.)

《두시경전》 《진서·부함전》에 "고영이 친구에게 편지하여 이르기를 '부장우가 사례가 되었는데 굳세고 정직하며 충성되고 과단성이 있어 고발하여 죄상을 조사함이 사람을 놀라게 한다. 비록 세상을 구할 재주는 아닐지라도 한쪽만 밝은 것도 귀한 것이다'라고 하였다"는 기록이 있는데 이러한 주석을 이전에는 인용하지 않았다.(晉書傅咸傳, 顧榮與親故書曰, 傅長虞爲司隸, 勁直忠果, 劾按驚人, 雖非周才, 偏亮可貴也. 此注句所未引.)

〔以玆 2구〕

《두시상주》에 인용된 황생 주 '이자' 2구는 마땅히 '궁자' 2구 다음에 있어야 한다.(以玆二句, 當在窮子二句之下.)

18 窮子(궁자)- 곤궁한 사람. 여기서는 병사를 가리키는 것으로 보기도 하고 승려를 가리키는 것으로 보기도 한다.

《구가집주두시》 조언재 주 '궁자'는 남루한 옷을 입은 산승을 가리켜 말한 것이다.(窮子, 指言藍縷之山僧.)

《두시상주》 '궁자'는 사졸들을 가리킨다.(窮子指士卒.)

《두시경전》에 인용된 《법화경》 비유컨대 어떤 사람이 어려서 아비를 떠나 도망하였더니, 자라서 또 곤궁하기까지 하였는데, 아비가 (그를) 찾았으되 찾지 못하였다. 가난한 이 아들은 품팔이를 하였고, 우연히 아비 집에 이르러 고용이 되어 똥을 치웠는데 더럽기가 한이 없었다. 그 아비가 선언하기를 "너는 내 아들이니 지금 나의 재물은 모두 너의 것이다"하였다. 가난한 아들은 그 말을 듣고는 즉시로 크게 기뻐하였다.(譬如有人, 年旣幼稚, 捨父逃逝. 長大復加困窮, 父求不得. 窮子傭賃, 遇到父舍, 受雇除糞, 污穢不淨. 其父宣言, 爾是我子, 今我財物, 皆是子有. 窮子聞言, 卽大歡喜.)

19 高人(고인)- 고상한 사람. 여기서는 장유후를 가리킨다. 禍胎(화태)- 재앙의 근원.

《구가집주두시》 조언재 주 '고인'은 장유후를 가리켜 말한 것이다.(高人, 指言章留後.)

〔窮子 2구〕

《구가집주두시》 조언재 주 궁자가 청정한 곳을 잃은 것은 《법화경》의 이야기로서 궁자가 궁하게 된 것은 그가 청정한 곳을 잃었기 때문이라는 말이다. 고인이 고상한 까닭은 화의 근원을 염려할 수 있기 때문이다……장공이 절을 중수한 것은 여러 승려들이 청정한 곳을 얻게 하고 동량이 무너지는 화를 면하게 하고자 함이다.(窮子失淨處, 是法華經中事, 言窮子之所以窮, 以其失淨處. 高人之所以高, 以能憂禍胎……章公所以修建僧寺, 意欲諸僧得其淸淨, 而免梁棟摧壓之禍.)

#《두시상주》: 이 단락은 절을 중수를 빌어서 풍자를 기탁하였다. 발원하고 보시하는 것은 뜻이 신령에게 간구함에 있다. 만약 이 부처를 섬기는 마음을 옮겨 군사들을 무휼한다면 어찌 널리 세상을 구할 재주가 아니겠는가. 대개 궁한 사람은 더러운 것을 많이 행하여 깨끗지 못하니 높은 견식을 가진 자가 미연에 화를 방지함이 마땅하다. '궁한 사람'은

사졸을 가리킨다. 주학령 주에서는 장유후가 신하로서의 예절을 닦지 않음이 궁자가 깨끗한 곳을 떠나 더러운 곳을 달게 여김과 같으니 장차 스스로 재앙의 길로 나아가 단자장, 서지도와 같이 파멸하게 될 것임을 풍자한 것으로 보았으나 이처럼 자리를 마주하여 주인을 욕할 이유는 없는 것 같다.(此借修寺託諷. 發願布施, 意在祈祐神天, 若移此奉佛之心, 以撫恤軍士, 豈非弘濟才乎. 蓋窮子多行穢不淨, 高見者宜防禍於未萌, 窮子指士卒. 朱注謂諷章不修臣節, 如窮子離淨處而甘糞穢, 將來自蹈禍機, 如子璋知道之破滅也. 恐無此當席罵主之理.)

《두시상주》 보주補注: 옛 판본에는 '궁자' 2구가 '무사졸' 아래에 있었다. 황생이 위와 아래를 서로 조정하여 홀로 깊이 이해하였다. 대개 '궁자'는 원래 불도를 두고 한 말로, '이로써 사졸들을 무휼한다'고 하여 이제 장유후까지 언급한 것이니, 말이 미묘하고 완곡하여 운치가 있다. 만약 '궁자실정'을 '사졸' 아래에 붙이면 장씨를 풍자하는 것이 되니 너무 직설적인 것 같다. 앞서 주하기를 '궁자'를 가리켜 '사졸'이라 하였는데 아무리 생각해도 타당하지 않다.(舊本, 窮子二句, 在撫士卒之下. 黃白山將上下互調, 獨有體貼. 蓋窮子原就佛徒言, 以玆撫士卒, 方推到章留後, 語微婉而有致. 若將窮子失淨接在士卒下, 譏諷章氏, 恐太切直. 前注指窮子爲士卒, 終覺未當.)

20 歲晏(세안) - 한 해가 기울다.

21 寒可迴(한가회) - 추위가 돌아갈 만하다. 겨울이 다하고 있다는 말이다.
《두시경전》 장차 봄이 되려 한다는 말이다.(言將入春也.)

〔歲晏 2구〕 한 해가 저물어 추위가 더욱 심해졌다고 보기도 한다.
《구가집주두시》 조언재 주 상구는 바람이 차고 매서워 살이 터질 지경임을 말한 것인 바, 하물며 거친 숲에 있으니 그 추위를 어찌 되돌릴 수 있겠는가? '가회'라는 말은 되돌릴 수 없다는 말이다.(上句言風凄緊, 至於破肉, 況在荒林, 其寒豈可遂迴乎. 可迴者, 言不可迴.)

22 思量(사량)- 생각하다. 入道苦(입도고)- 불도에 드는 일이 고생스럽다. '入'을 '人'으로 쓴 판본도 있다.

23 自哂(자신)- 자조하다.

〔思量 2구〕

《구가집주두시》 조언재 주 불도에 들게 되면 어린 아이가 취학하여 수고함과 같을 것이라는 말이다.(言入道如小童之就學辛苦.)

#《두시상주》: 이 단락은 자신의 처지를 탄식하며 풍자의 뜻을 담았다. 윗 단락에서 보시하고 사졸을 무휼하는 일로 장유후에게 고하려는 뜻이 이미 다하였으니 이후로는 말을 엮기가 자못 어렵게 되었으므로 여기서 자신의 뜻을 함께 마무리한 것이며, 풍자는 있는 듯 없는 듯 존재한다. 이 추위가 다하고 봄이 오는 시기를 당하여 바야흐로 어린아이처럼 자유자적하고 싶으니 어떻게 산승들과 같이 이러한 불도에 드는 고생을 할 수 있겠느냐는 말이다.(此自慨而含諷意. 上文檀施撫卒, 告章之意已完, 此下頗難措語, 玆將己意伴結, 諷諭在離卽之間. 言當此寒盡春來之候, 方欲如嬰孩之自適, 豈能與山僧輩爲此入道之艱苦乎.)

##《두시상주》에 인용된 주학령 주: 장이의 일은 두 당서에서 고구할 수가 없고, 오직 《엄무전》에서 엄무가 다시 검남을 진수함에 그를 매질하여 죽였다고 말한 것을 볼 수 있을 뿐이다. 공은 동천에 있을 때 그와 왕래가 가장 빈번하였으나 〈도죽장인증장유후桃竹杖引贈章留後〉나 〈동수행〉의 말들은 모두 풍자를 담고 있다. 다른 시에서는 또 지휘에 능하며 강병을 훈련한다는 것으로 그를 칭송하였다. 대저 장이의 위인됨은 용병술은 뛰어난 듯하나 그 마음은 왕실에 있지 않았다. 이 해 겨울 천자는 섬주에 있었는데 장이는 여유롭게 사냥을 하였으니 군대를 틀어쥐고 관망하며 앉아서 한 지역을 장악하려는 마음이 없지는 않았을 것이다. 공은 그 기미를 보고는 감히 입 밖으로 내어

말하지는 못하고 절에 노니는 일을 빌어서 풍유한 것이다. 세존이 먼지를 쓰고 있는 것이 대해서는 탄식을 하며 시주하면서 어찌 천자가 몽진한 일은 혼자 속편한 채 듣지 못할 수 있는가? '이로써 사졸을 무휼하면 뉘 세상을 그할 재주가 아니라 말하리요'라고 한 것은 그가 이 도로써 병사를 다스려 적군에 대항하기를 바란 것이지, 단순히 부처를 섬겨 복을 얻기를 널리 구한 것만은 아니다. 그러나 시어의 뜻이 함축적이니 이는 공이 충고에 뛰어난 까닭이다.(章彝事, 二史無考, 但附見嚴武傳云, 武再鎭劍南, 杖殺之. 公在東川, 與往來最數, 然桃竹杖冬狩行語皆含刺, 他詩又以指揮能事訓練强兵稱之. 大抵彝之爲人, 將略似優, 乃心不在王室. 是冬天子在陝, 彝從容校獵, 未必無擁兵觀望坐制一方之意. 公窺其微而不敢誦言, 因遊寺以諷諭之. 世尊塵埃, 咄嗟檀施, 豈天子蒙塵, 獨能宴然罔聞乎. 以玆撫士卒, 孰曰非周才, 欲其用此道以治兵敵愾, 無但廣求福田也. 而其詞意含蓄, 此公之善於忠告也.)

《독두심해》: 처음 8구는 산사가 허물어짐을 서술한 것인데 은연중에 천자의 몽진 모습을 묘사해내었다. 다음 8구는 성대한 의장 행렬과 두터운 보시를 말한 것으로 그가 전심으로 부처를 섬김을 보이면서 언외로 황제에게 보은하고자 하는 마음이 없음을 바로 드러낸다. 하지만 이 두 단락은 요컨대 서사체이다. 이하는 고의로 알기 어려운 문장을 지었으니 바로 풍자하는 말에 속한다. '오지' 8구는 기상이 일신하여 제불이 반드시 기뻐하리라 말하였다. 이 부처님의 도움으로써 그 사졸들을 긍휼히 부린다면 (사졸들을) 마음대로 부릴 수 있는 높은 재주가 아니라고 뉘 말하랴. 다만 곤궁한 군사들이 그 행동을 깨끗하게 하지 않아 높은 식견을 가진 자들이 그 재앙의 근원을 걱정하게 되었다. '궁자'는 사졸들을 범칭한 것이니 유후를 바로 비난하여 말한 것이 아니다. 마지막 4구는 은근히 '재앙의 근원을 걱정함'으로부터 이어서 나온 것이다. 대개 "더럽혀질 것처럼 여겨 치마 걷고 가버리겠다"는 뜻이 있다. '도에 들어감이 괴롭다', '어린아이와 같다'는 말에 기탁한 것은 사군과 더불어 이러한 신심을 같이하지 못하나니, 진실로 몽매무지한 듯하다고 말한 것이니 이는 어휘를 엮음에 절묘하여 듣는 자로 하여금 분명하여 조금이라도 알지 못하는 것이 없게 한다. 옛 주해는 흡족치 않다.(起八句, 述山寺傾毁, 隱然描出至尊蒙塵之象. 次八句, 言盛儀從而厚施捨, 見其專事奉佛, 言外便露無心報主之意. 然此兩段, 要是敍事體也. 以下故爲深晦之文, 乃屬諷詞. 吾知八句, 言氣象一新, 諸佛必喜. 以玆佛佑, 而撫用其士卒, 孰謂非惟我所使之周才乎. 但窮子而不潔其行, 高識憂其禍胎矣. 窮子, 泛指士卒, 不便斥言留後也. 末四句, 暗從憂禍胎遞出. 蓋有若將浼焉褰裳去之之意. 託云入道苦同嬰孩者, 言不與使君同此信心, 眞若懵無知識. 此則妙於措詞, 能使聞者釋然無所芥蔕. 舊解未愜.)

(김성곤)

122. 桃竹杖引贈章留後
도죽 지팡이의 노래-장유후께 드리다

江心磻石生桃竹[1]　蒼波噴浸尺度足[2]
斬根削皮如紫玉[3]　江妃水仙惜不得[4]
梓潼使君開一束[5]　滿堂賓客皆嘆息
憐我老病贈兩莖[6]　出入爪甲鏗有聲[7]
老夫復欲東南征[8]　乘濤鼓枻白帝城[9]
路幽必爲鬼神奪[10]　拔劍或與蛟龍爭[11]
重爲告曰[12]
杖兮杖兮爾之生也甚正直　愼勿見水踴躍學變化爲龍
使我不得爾之扶持　滅跡於君山湖上之青峰[13]
噫風塵澒洞兮豺虎咬人[14]　忽失雙杖兮吾將曷從[15]

강 가운데 너럭바위에 도죽이 나니
푸른 물결 솟아 적셔 치수가 넉넉하네.
뿌리를 베어 껍질을 깎으니 자옥 같아
강비와 수선도 몹시 애지중지하리라.
재동의 사군이 한 묶음을 펼치니
집에 가득한 손님들 모두가 감탄하네.

내가 늙고 병듦을 가엾이 여겨 두 자루를 주시니
들며 날 때 손톱에 닿아 쟁그렁 소리가 울린다네.
늙은이가 다시 동남쪽으로 먼 길을 떠나
물결 타고 뱃전을 두드리며 백제성에 가려는데

길이 유심하여 필시 귀신에 뺏기게 되면
칼을 빼서 혹여 교룡과도 싸울 거네.

다시 고하여 이르노라.
지팡이여! 지팡이여! 네 생김새가 심히도 바르고 곧으니
삼가 물 보고 뛰어올라 용으로 변화하는 것을 배워서
나로 하여금 네 부축을 얻지 못하고
군산 호수 위 푸른 봉우리에서 자취를 감추게 하지 마라.
아아! 바람 먼지 세차고 승냥이와 호랑이가 사람을 무니
홀연 두 지팡이를 잃게 되면 내 장차 어디로 가리요.

《보주두시》에 의하면 광덕 원년 재주에서 지은 작품이다. 도죽장은 도죽으로 만든 지팡이이다. 도죽은 대나무의 일종으로 마디가 촘촘하고 속이 메워져 있으며 결이 굳고 몸체가 가늘어 지팡이를 만드는 고급의 재료로 알려져 있다. 재주 자사 장이가 두보에게 도죽 지팡이 두 개를 선물하자 이에 감사하는 뜻으로 이 시를 지었다. 대체로 지팡이에게 말하는 형식을 빌려 장이를 깨우치는 말을 전한 것이다. 두 개의 지팡이가 엄무와 장이를 함께 가리킨다는 설도 있다.

《보주두시》 양권도는 보응 원년 재주 시 안에 편재하였다. 지금 살펴보건대 시에서 "늙은이가 다시 동남쪽으로 먼 길을 떠나려 한다"라 하고 또 "군산 호수 위 푸른 봉우리에서 자취를 감춘다"라 하였으니 이것은 당시 형악으로 내려가려고 한 것이다. 광덕 원년에 두보는 재주에 있었는데 역시 '응당 배를 수리하여, 길게 휘파람불며 형문으로 내려가야 한다'라고 한 시(〈춘일재주등루春日梓州登

樓〉)가 있다. 뒤에 비록 결행하지는 않았지만 이해 가을 낭주에 들어갔다. 다음 해에 엄무가 다시 촉을 다스리게 되자 다시 성도로 돌아왔다. 이 시는 마땅히 광덕 원년에 지어진 것이다. 대체로 보응 원년 재주에서 지낸 것은 한 달이 다 되지 않는다. 설사 성도로 돌아가서 가족을 데리고 재차 재주로 갔다고 해도 또 외지에 있었던 경우가 많았다. 시에 또 "홀연 두 지팡이를 잃게 되면, 내 장차 어디로 가리요"라 하였는데, 이는 아마도 엄무와 장이를 가리키는 듯하다. 이 때에 엄무는 이미 소환되었고 두보는 또 장이를 버려두고 동남으로 내려가고자 하였다. 그래서 '지팡이 두 개를 잃는다'고 한 것이다. 양권도와 같이 보응 원년에 편재한다면 이 해 장이는 아직 재주에 자사로 부임하지 않은 상태였다.(梁權道編在寶應元年梓州詩內. 今考詩云, 老夫復欲東南征, 又云, 滅跡於君山湖上之青峯, 則是其時欲下荆岳. 廣德元年, 公在梓州, 亦有詩云, 應須理舟楫, 長嘯下荆門. 後雖不果, 然是年秋入閬州. 明年以嚴武再鎭蜀, 復歸成都. 此詩當在廣德元年作. 盖寶應元年處梓不滿月, 雖歸成都迎家再往梓, 又多在外邑. 詩又云, 忽去[失의 잘못임]雙杖吾將曷從, 盖喩嚴武章彝也. 是時武已召還, 而公又欲舍彝下東南, 故云失雙杖. 若梁編在寶應元年, 則是年章彝未刺梓州.)

《두시상주》 황학은 광덕 원년 겨울의 작품으로 편재하였다. 《이아》〈석초〉에 "대나무 가운데 4촌마다 마디가 있는 것을 '도지'라 한다"라고 하였다. 《상서·고명》의 "부중멸석"에 대한 소에 "곧 도지죽이다"라고 하였다. 대개지의 《죽보》에 "'도지'의 껍질은 붉으며 엮어서 짜면 매끄럽고 견고하여 자리로 삼을 수 있다"고 하였다. 양웅의 〈촉도부〉에 "공절도지"라 하였고, 목화의 〈해부〉에 "도지운당"이라 하였다. 좌사의 〈촉도부〉 "영수도지"에 대한 주에 "'도지'는 대나무 종류로 점강현에서 나며 지팡이를 만들 수 있다"라고 하였다. 《원화군현지》에 "합주 동량산에 도지죽이 나온다"라고 하였다. 동파의 〈발도죽장인후〉에 "도죽은 잎이 종려나무와 같고 줄기는 대나무와 같다. 마디가 촘촘하고 속이 메워져 있으며 결이 굳고 몸체가 가늘다. 이는 대체로 천연 그대로의 지팡이로서 파주와 유주 사이에서 나온다. 곽박에게 〈도장찬〉이 있고 자미에게 〈도죽가〉가 있다"라고 하였다. 《두억》에 "도죽은 곧 종죽이다. 천동에 지금까지 있다"라 하였다.(黃鶴編在廣德元年冬作. 爾雅釋草竹四寸有節曰桃枝. 書顧命, 敷重篾席. 疏, 卽桃枝竹. 戴凱之竹譜, 桃枝皮赤, 編之滑勁可爲席. 揚雄蜀都賦, 竻節桃枝. 木華海賦, 桃枝篔簹. 左思蜀都賦, 靈壽桃枝. 注, 桃枝, 竹屬, 出墊江縣, 可以爲杖. 元和郡縣志, 合州銅梁山出桃枝竹. 東坡跋桃竹杖引後, 桃竹, 葉如椶, 身如竹, 密節而實中, 犀理瘦骨, 蓋天成拄杖也, 出巴渝間. 郭璞有桃杖贊, 子美有桃竹歌. 杜臆, 桃竹卽椶竹, 川東至今有之.)

《보주두시》 왕수는 "장유후에게 기증한 것이다"라고 하였다. 소식은 "유자후의 시에 '성대했던 시절이 한 번 가면 귀한 것이 천한 것으로 돌아가니, 도생과 포규부채가 어찌 늘 있을 수 있겠는가?'라 하였는데 '도생'이 어떤 물건인지 알 수 없었다. 우연히 《방언》에 '점簟을 송, 위 지역에서는 생笙이라 한다'는 내용을 보고서 비로소 '도생'이 도죽으로 자리를 만든 것임을 깨달았다.(洙曰, 贈章留後. 蘇曰, 柳子厚詩云, 盛時一失貴反賤, 桃笙葵扇安可常, 不知桃笙爲何物. 偶閱方言, 簟, 宋魏之間謂笙, 方悟桃笙以桃竹爲簟也.)

주석

1 江心(강심) - 강물 한가운데. '心'이 '上'으로 된 판본도 있다. 磻石(반석) - 반석, 너럭바위. 桃竹(도죽) - 대나무의 일종. 재질이 견고하여 지팡이나 자리의 재료로 쓰인다.

2 噴浸(분침) - 물을 뿜어서 스미게 하다. 물결에 닿아 적셔진다는 말이다. 尺度(척도) - 치수. 足(족) - 충분하다.

3 斬根削皮(참근삭피) - 뿌리를 자르고 껍질을 벗기다. 紫玉(자옥) -

자주 빛이 나는 보옥.

4 江妃(강비) - 전설 중의 신녀神女. 水仙(수선) - 황하의 신인 풍이馮夷, 수신水神. 惜不得(석부득) - 몹시 애지중지하다. 강비나 수선도 도죽으로 만들어진 이 지팡이들을 아주 귀하게 여겼을 것이라는 말이다.

《두시상주》 《열선전》에 "강비 두 여인이 한수 물가로 나와 노닐다가 정교보를 만나자 패옥을 풀어주었다"라 하였다. 왕일의 《초사》 주에 "풍이는 물에 사는 선인이다"라 하였다.(列仙傳, 江妃二女, 出遊漢江湄, 逢鄭交甫, 解佩與之. 王逸, 楚辭注, 馮夷, 水仙人也.)

《보주두시》에 인용된 왕수 주 《강부》의 "풍이가 물결에 기대어 오만스레 바라보고, 강비가 찡그린 눈으로 곁눈질하네"에 대한 주에서 "풍이는 수선이다"라고 하였다.(江賦, 馮夷倚浪以傲睨, 江妃含嚬而瞟眇. 注, 馮夷, 水仙也.)

5 梓潼使君(재동사군) - 재주자사 장이를 가리킨다. '君'이 '者'로 된 판본도 있다. 開一束(개일속) - 한 묶음을 펼치다.

《보주두시》 재주는 재동군이다. 동쪽으로 재림에 기대어 있고 서쪽으로 동수를 베고 누웠기에 그렇게 이름을 붙였다. 당시 장이는 재주의 자사로 있었다. 그래서 왕수가 "이 시는 장유후에게 기증한 것이다"라고 하였다.(梓州爲梓潼郡, 以東倚梓林西枕潼水, 故名. 時章彝爲梓刺史, 故王內翰云, 此詩贈章留後.)

#《두시상주》: 첫 단락에서는 아름다운 대나무지팡이가 장공이 준 것임을 말하였다. 반석에서 자랐다고 하였으니 바탕이 견고한 것이다. 푸른 물결에 적셔졌다고 하였으니 몸이 매끄러운 것이다. 치수가 충분하다 하였으니 길이가 알맞은 것이다. 자줏빛이 나는 보옥과 같다 하였으니 광택이 사랑할만한 것이다.(首言竹杖之美, 贈自章公. 生磻石, 則質堅. 浸蒼波, 則體潤. 尺度足, 長短適宜. 如紫玉, 光澤可玩.)

6 兩莖(양경) - 두 줄기. 대나무 지팡이 두 개를 뜻한다.

7 出入(출입) - 들며나며. 외출을 뜻한다. 爪甲(조갑) - 손톱. 鏗有聲(갱

유성)- 쟁그렁 소리가 나다. 출입할 적에 손톱에 닿게 되면 금속성의 소리가 난다는 말이다.

《두시상주》에 인용된 장원張遠 주 《은일전》에 "곽휴에게 지팡이 하나가 있는데 색이 주사로 물들인 것 같았고 두드리면 소리가 났다. 밤이 되면 빛이 나서 열 걸음 범위를 비춰주어 그것을 짚고 높은 곳에 오르거나 험한 곳에 가더라도 발을 헛디디는 법이 없었다"라 하였다.(隱逸傳, 郭休有一拄杖, 色如朱染, 叩之有聲, 遇夜則光照十步, 持之登高涉險, 未嘗失足.)

8 東南征(동남정)- 동남쪽으로 가다. 두보는 이때 삼협을 벗어나 오초 지역으로 가려는 뜻이 있었다.

9 乘濤(승도)- 파도를 타다. 물길로 배를 타고 간다는 말이다. 鼓枻(고예)- 뱃전을 두드리다. '枻'가 '棹'로 된 판본도 있다. 白帝城(백제성)- 구당협瞿塘峽 입구 장강 북쪽 언덕에 있는 성. 서한말 공손술公孫述이 촉땅을 점거하여 이 산에 성을 쌓고 자신을 백제로 칭하고 성을 백제성으로 불렀다. 공손술 사후에 사람들이 사당을 세우고 그의 유상을 모셨다.

《두시상주》 초사의 "漁父鼓枻而去"에 대한 주에 "'鼓枻'는 뱃전을 두드려 소리를 내는 것이다"라고 하였다.(楚辭, 漁父鼓枻而去. 注, 鼓枻, 鼓舷鳴也.)

《보주두시》에 인용된 왕수 주 백제성은 어복현에 있으며 공손술의 상이 있다.(白帝城在魚腹, 有公孫述像也.)

〔老夫 2구〕

《두시경전》 당시 삼협을 내려가고자 하는 뜻이 있었다.(時有下峽之志.)

10 路幽(노유)- 길이 유심하다. 두보가 동남쪽을 향해 가는 물길이 험난할 것이라는 말이다. 爲鬼神奪(위귀신탈)- 귀신에게 빼앗기다. 대지팡이를 귀신에게 빼앗기는 상황에 처해질 것이라는 말이다.

11 拔劍(발검) - 칼을 뽑다. '劍'이 '杖'으로 된 판본도 있다. 與蛟龍爭(여교룡쟁) - 교룡과 싸우다. 교룡은 물속에 사는 용이다.

#《두시상주》: 이 단락은 대지팡이를 얻은 것을 기뻐하고 깊이 애호한 것이다. 금속의 소리가 난다고 하여 그것이 단단함을 밝혔다. 동남쪽으로 간다는 것은 장차 오초지역으로 가려는 것이다. 검을 뽑아 지팡이를 호위한다고 한 부분은 담대자우가 검을 뽑아 구슬을 부쉈던 일을 쓴 것이다.(此喜得竹杖而深加愛護. 鏗有聲, 明其堅勁. 東南征, 將適吳楚也. 拔劍衛杖, 用澹臺子羽拔劍碎璧事.)

12 重爲告曰(중위고왈) - 거듭 ~에게 ~ 라고 말하노라. 아래의 대지팡이한테 이르는 말을 이끌고 있다.

〔杖兮〕 3구

《보주두시》에 인용된 석石씨 주 지팡이의 물성이 기왕에 바르고 곧은 모습을 받았으니 마땅히 바르고 곧음으로 나를 보좌해야 할 것이며 용으로 변화되어 가버리는 일은 없어야 된다는 말이다.(杖爲物, 旣禀正直之姿, 當以正直輔吾, 無爲化龍而去.)

《구가집주두시》 조언재 주 공이 거듭 이야기한 말을 볼 때에, 바르고 곧은 것을 찬미하고 용이 되는 것을 배우는 것을 경계하고 있으니 장유후에게 바란 바가 가히 충후하다고 할 수 있을 것이다.(觀公重告之辭, 以正直美之, 以學爲龍戒之, 其所望於章留後, 可謂忠矣.)

13 滅跡(멸적) - 자취를 감추다. 사라지다. 君山(군산) - 산 이름. 동정호 안에 있다.

《두시상주》 《박물지》에 "군산은 동정호의 산으로, 요임금의 두 딸이 살았는데 상부인이라고 한다"라 하였다. 《수경주》에 "군산에 암석 굴혈이 있어 밑으로 오의 포산과 통하는데, 곽박郭璞이 말한 '파릉지도'라는 것이다. 이 산은 상군이 노닌 곳이었기에 군산이라 한다"라 하였다.(博物志, 君山, 洞庭湖山也, 帝之二女居之, 曰湘夫人. 水經注, 君山有石穴, 潛通吳之包山, 郭景純所謂巴陵地道者也. 是山湘君之所

遊處, 故曰君山.)

14 澒洞(홍동)- 물살이 세찬 모습. 여기서는 세상이 안정되지 않아 혼돈스런 상태를 뜻한다. '澒'을 '鴻'으로 쓴 판본도 있다. 豺虎咬人(시호교인)- 승냥이 호랑이가 사람을 물다. 도적이 사람을 해치는 것을 비유적으로 표현한 것이다. 《두시상주》에서는 '咬'를 마땅히 '齩'로 써야 된다고 하였다.

《보주두시》에 인용된 왕수 주 당시 도적이 사람을 해치는 것이 마치 승냥이와 호랑이 같다는 말이다.(時盜賊害人如豺虎.)

《두시상주》 《전한서·식화지》에 "지치고 여윈 사내들과 노인들이 자식을 바꿔 그 뼈를 씹었다"라고 하였다. 《육서정와》에 "일반 사람들이 '咬'라고 쓰는데 잘못이다. '齩'는 음이 요이고, '咬'는 음이 교이다"라 하였다.(前漢食貨志, 罷夫羸老, 易子而齩其骨. 六書正譌, 俗作咬, 非. 齩音五考切, 咬音居肴切.)

15 吾將曷從(오장갈종)- 나는 장차 어디를 따를 것인가? 대지팡이를 잃게 되면 어느 곳도 갈 수 없게 된다는 말이다.

《보주두시》에 인용된 사師씨 주 두보의 생각은 대략 "천하가 아직 평정되지 않은 상태에서 그래도 이 지팡이에 의지하여 노쇠한 몸을 지탱하며 멀리 타향에서 떠돌며 지낼 텐데, 만약 지팡이 둘을 잃는다면 나는 장차 무엇을 따르게 될까?"라는 것이다.(甫意若曰, 天下未平, 尙賴此杖, 扶持衰老, 流寓遠鄕. 苟失雙杖, 吾將曷從.)

《두시상주》 《신선전》에 "호공이 비장방을 돌려보낼 적에 대지팡이 한 개를 주면서, '이것을 타면 꼭 집에 돌아가게 될 것이다'라고 하였다. 비장방이 지팡이를 타자 홀연 잠에 든 듯했는데 곧 집에 도착하였다. 대지팡이를 갈피에 던지고서 바라보니 바로 푸른 용이었다"라 하였다. 양덕주는 "이것은 풍성의 검이 연진에서 뛰어나온 것을 겸하여 쓰고 있다. 거의 비바람이 몰아쳐 어둑하고 천지가 혼돈스런 느낌이니 기이하도다"라고 하였다.(神仙傳, 壺公遣費長房歸, 以一竹杖與之曰, 騎此當還家中矣. 長房騎杖, 忽然如眠, 便到家, 以竹杖投葛陂

中, 視之乃靑龍正. 楊德周曰, 此兼用豐城之劍躍出延津, 幾於風雨晦冥, 天地澒洞, 異哉.)

#《두시상주》: 이 단락은 대나무지팡이의 기이함을 보고서 그것이 변화하여 가버릴까 염려하여 다시 간곡히 축원한 말이다. 오견사의《두시논문》에 "말을 중복하여 윗글을 맺은 것은 초사에서 '난왈'과 같다. '풍진'은 난리를 말하고, '시호'는 도적을 비유한다. 쇠약해진 사람을 부축하고 환난을 피하는 것이 모두 이 지팡이에 의지하고 있음을 보여준다. 결어는 감개한 것으로 의미가 특히 기이하고 분방하다"라고 하였다.(此見竹杖靈奇, 恐其變化而去, 故復爲丁寧祝告之詞. 吳論, 重復其語以結上文, 猶楚辭亂曰之類. 風塵, 言亂離. 豺虎, 比寇盜. 見扶衰避患, 皆藉此杖. 結語感慨, 意特奇縱.)

##《두시상주》에 인용된 주학령 주: 이 시는 대체로 대나무 지팡이를 빌려 장유후를 규풍한 것이다. 도약하여 용이 되는 것을 경계하고서 또 홀연 두 개의 지팡이를 잃게 될 것을 두려워하였으니 그 은미한 뜻을 볼 수 있다.(此詩蓋借竹杖規諷章留後也. 旣以踴躍爲龍戒之, 又以忽失雙杖危之, 其微旨可見.)

《독두심해》: 전반부는 두 개의 운을 쓰고 있는데, 하나는 지팡이의 내원을 말하였고, 하나는 선물을 받은 것에 대한 감사이니, 모두 서사에 속한다. 뒤 단락은 지팡이에게 말하는 형식을 빌려 장이에게 말한 것이다. 사람들은 뒤 단락이 빼어난 것을 알지만 그 뿌리가 이미 '강비수선' 구절에 숨어 있고 그 실마리가 다시 '귀신에게 빼앗기고' '교룡과 싸운다'는 구절에서 이끌려나온 것임을 알지 못하고 있다. 오견사의《두시논문》에 "'증고'는 초사의 '난왈'과 같은 것이다"라고 하였다. 내 생각으로 '네가 생긴 것이 바르고 곧다'고 한 것은 '강비수선' 위의 몇 마디 말에 응한다. '물을 보고' '자취를 없앤다'고 한 것은 '귀신'과 '교룡' 위의 몇 마디 말에 응한다. 전후를 합하여 살펴보건대, 글이 기이하게 하고자 하여 먼저 무딘 말을 붙여두어서는 안되며 기이하게 하고자 하는 부분에서 또 본지에서 벗어나는 말을 하는 것도 안 됨을 알 수 있다. '풍진''시호'라고 말한 것은 또 토번의 침입 등 시사문제를 암시한 것이다. 또 '백제''군산'이라 한 것은 협곡을 나서고자 하는 평소의 뜻을 나타낸 것이니 곧 이어서 〈장적오초유별장사군유후겸막부제공將適吳楚留別章使君留後兼幕府諸公〉이 있는 것이다. 장사군과 함께 산사에 노닐면서 지은 시 〈산사山寺〉에 '곤궁한 사졸은 정갈한 처소를 잃고, 고상한 사람은 앙화의 뿌리를 염려한다'라 하였으니, 장이에게 신복하지 않으려는 마음이 있었던 듯하다. 여기서 '변화하여 용이 되는 것은 삼가 배우지 마시게'라 하였으니 풍자하는 뜻이 완전히 동일하다.(前幅兩韻, 一原杖, 一感贈, 皆屬敍事. 後段借告杖以告章. 人知後段之奇, 而不知其根已伏於江妃水仙之句, 其緒再引於鬼神奪而蛟龍爭之句. 吳論云, 重告, 猶楚辭亂曰之類. 愚按, 爾生正直, 應江妃水仙以上等語. 見水滅跡, 應鬼神蛟龍以上等語. 合前後觀之, 可知文欲出奇, 先着呆語不得. 而出奇之處, 又離宗不得. 其云風塵豺虎, 又映蕃寇時事. 而曰白帝君山, 則出峽之素志也. 隨有將適吳楚留別章使君詩. 同遊山寺詩云, 窮子失淨處, 高人憂禍胎. 章似有不臣心迹, 此云愼勿學變化爲龍, 諷意正同.)

(**이남종**)

123. 將適吳楚留別章使君留後兼幕府諸公得柳字

장차 오와 초 지역으로 가려고 장사군 유후와 막부의 여러 공들과 작별하며 '유'자를 얻다

我來入蜀門[1] 歲月亦已久[2] 豈惟長兒童 自覺成老醜
常恐性坦率[3] 失身爲杯酒[4] 近辭痛飲徒 折節萬夫後[5]
昔如縱壑魚[6] 今如喪家狗[7] 既無遊方戀[8] 行止復何有[9]
相逢半新故 取別隨薄厚[10] 不意青草湖[11] 扁舟落吾手
眷眷章梓州[12] 開筵俯高柳 樓前出騎馬 帳下羅賓友
健兒簸紅旗[13] 此樂幾難朽[14] 日車隱崑崙[15] 鳥雀噪戶牖[16]
波濤未足畏[17] 三峽徒雷吼[18] 所憂盜賊多[19] 重見衣冠走[20]
中原消息斷 黃屋今安否[21] 終作適荊蠻[22] 安排用莊叟[23]
隨雲拜東皇[24] 掛席上南斗[25] 有使卽寄書[26] 無使長迴首[27]

내가 촉으로 들어와서
세월이 또한 한참 지났습니다.
어찌 아이들만 자랐겠습니까
늙어 추하게 된 것을 스스로 느끼고 있습니다.
항상 걱정하는 것은 성격이 너무 솔직해서
한 잔 술로 몸을 망치지나 않을까 하는 것이지요.
근래에는 통음하는 무리들과는 작별하고
모든 사람들의 뒤로 몸을 굽히고 있습니다.

예전에는 계곡에서 마음껏 노는 물고기 같았는데

지금은 집 잃은 개와 같은 신세입니다.
가고 싶은 곳도 딱히 없으니
가고 머묾에 또 무엇이 있겠습니까.
만나는 이들 새사람과 옛 친구가 반반인데
우정의 깊이에 따라 작별을 고하는 것도 다르더군요.
뜻하지도 않게 청초호의
편주가 내 손 안으로 들어왔습니다.

다정하신 장재주께서
잔치를 열어 높은 버드나무를 굽어보는데
누대 앞에는 기마가 나와 있고
장막 아래로는 손님과 벗들이 가득합니다.
건장한 청년들 붉은 깃발을 흔드니
이 즐거움 사라지기 어려울 듯합니다.
하지만 태양은 서쪽 곤륜산으로 숨고
새들은 창가에서 지저귀고 있네요.

파도는 두려울 것 못되니
삼협에선 공연히 우레 소리만 울리는 것이지요.
도적이 많은 것이 근심이니
두 번이나 벼슬아치들 달아나는 것을 보았습니다.
중원의 소식이 끊어졌는데
천자께선 지금 안전하신지?
끝내는 남쪽 형만 땅으로 가서
자연에 순응하는 장자의 법도를 써볼까 합니다.

구름 따라 가서 동황에게 절하고
배를 띄워 남두에도 올라가렵니다.
사자가 있으면 편지를 보내고
사자가 없으면 길게 고개 돌려보겠습니다.

이 시는 두보가 재주에서 길을 떠나기 전 재주 유후 장이가 베풀어 준 연회에서 지은 것이다. 잔치에 대한 묘사와 함께 촉에서 지내던 시절에 대한 감회와 앞으로의 여정에 대한 내용을 담고 있다. 저작 시기는 광덕 원년 겨울이다.

> **《보주두시》** 시에서 "두 번이나 벼슬아치들 달아나는 것을 보았다", "천자께선 지금 안전하신가"라고 했으니, 마땅히 광덕 원년 11월 대종이 아직 경사로 돌아오기 전에 지은 것이다. 양권도는 보응 원년에 편재하였는데 잘못된 것이리라.(詩云, 重見衣冠走, 黃屋今安否, 當是廣德元年十一月, 代宗未還京時作. 梁權道編在寶應元年, 恐非.)
>
> **《두시경전》** 공은 이번 여행에서 재주에서 낭주로 갔는데 본래는 동쪽으로 내려가려고 했다. 얼마 후 엄무가 다시 진수하러 오자 마침내 성도로 돌아갔다.(公此行自梓往閬, 本欲東下, 尋因嚴武復鎭, 遂還成都.)

주 석

1 我(아) - '甫'로 된 판본도 있다.

2 歲月(세월) 구- 두보가 촉으로 들어와 지낸 세월이 오래 되었음을 말한다.

《독두심해》 5년을 이곳에서 지냈다.(五年於此.)

《두공부초당시전》 두보가 건원 2년 촉으로 와서 광덕 원년에 이르러 삼협을 내려가 형남으로 가려고 하였으니 세월이 오래되었다고 할 수 있다.(甫於乾元二年來蜀, 至廣德元年, 下峽之荊南, 歲月可謂久矣.)

3 坦率(탄솔) - 성격이 솔직하고 직설적인 것을 말한다.

4 失身(실신) - 자신에 대한 통제력을 상실하다. 여기서는 술을 많이 마시고 정신을 차리지 못한 경우를 두고 한 말이다.

《두시상주》 옛 시(포조鮑照의 〈대결객소년장행代結客少年場行〉)에 "술잔 사이에서 실의에 빠지다"라는 구절이 있다. 여기서는 관부가 술자리에서 욕한 일을 암용하였다.(古詩, 失意杯酒間. 此暗用灌夫罵坐事.)

《구가집주두시》 조언재 주 그 몸을 잃는다는 것은 특히 술을 좋아하기 때문에 그러한 것일 뿐이다. 옛 주석에서 "술잔 사이에서 실의에 빠지다"라고 한 것은 잘못이다.(喪失其身, 特是爲愛酒耳. 舊注失意杯酒間, 非是.)

5 折節(절절) - 자신의 절조를 굽혀 몸을 낮추다. 萬夫(만부) - 모든 사람. 대중. '夫'는 '人'으로 된 판본도 있다.

《구가집주두시》 조언재 주 '절절'이란 것은 자신의 절조를 꺾어 반성한다는 뜻이다.(折節者, 摧折其節而悔過之義.)

#《두시상주》: 이 단락은 촉에 있을 때의 정황을 추억하였다. 《두억》에서는 " '몸을 잃다' '절조를 꺾다' 등의 말을 볼 때 공은 또한 특별한 결심을 하였던 것이다. 작별을 고하는 것은 이 때문이면서도 다만 분명히 말하지 않았을 따름이다"라고 하였다.(此憶在蜀情事. 杜臆, 觀失身折節等語, 公亦殊有戒心. 其告別以此, 但不明言耳.)

6 如(여) - '若'으로 된 판본도 있다. 縱壑魚(종학어) - 계곡에서 마음대로 노는 물고기. 자유롭게 뜻을 펼쳤던 시절의 자신을 비유한 것이다.

7 喪家狗(상가구)- 집 잃은 개. 처량한 신세로 전락한 지금의 자신 모습을 비유하였다.

《두공부초당시전》 지금은 이미 떠돌이 신세여서 몸을 기탁할 곳이 없으니 또한 집 잃은 개가 그 있을 장소를 잃어버린 것과 같다는 것이다.(今旣流落, 無所依棲, 則又如喪家之狗, 失其所也.)

8 遊方(유방)- 가는 곳.

《두시경전》 (《논어 · 이인里仁》의) '나갈 적에는 반드시 행방을 알린다'는 뜻을 사용하였다.(用遊必有方意.)

9 行止(행지)- 가고 멈추는 것. 이 구는 정처 없이 떠돌아야 하는 자신의 여정을 가리켜 말한 것이다.

《구가집주두시》 조언재 주: 갈 수 있으면 가고, 멈출 수 있으면 멈춘다.(可行則行, 可止則止.)

〔旣無 2구〕

《두공부초당시전》 부모님이 계실 때는 마땅히 멀리 떠나서는 안 된다. 그런데 두보는 이미 부모님을 여위었으므로 멀리 떠나는 것에 대한 부담은 없었다.(父母在堂, 當不遠遊. 甫已喪父母, 故無遠方之慮.)

10 取別(취별)- 이별을 고하다. 이 구는 친구들이 작별할 때 그 우정의 깊이에 따라 전별금을 주는 것을 가리킨다.

〔相逢 2구〕

《두시경전》 전별금을 말한다.(謂贐贈之資.)

《두공부초당시전》 옛 친구와 새로 알게 된 사람은 그 우정의 깊이에 차이가 있으니 이별할 때 각각 그 정리의 두께에 따라서 작별하는 것이다.(故舊與新相知, 其情有厚有薄. 故於取別之際, 各隨其厚薄而告行也.)

11 青草(청초) 구- 이제 멀리 떨어진 청초호도 배를 타고 지날 수 있게 되었다는 것이다.

《두시상주》에 인용된 《원화군현지元和郡縣志》 파구호는 또한 청초호라고도 하는데 파릉현 남쪽에 있다. 주위가 265리인데, 속칭 고운몽택이라고 한다.(巴丘湖, 又名青草湖, 在巴陵縣南, 週圍二百六十五里, 俗名, 卽古雲夢澤.)

《보주두시》 청초호는 호남에 있다.(青草湖, 在湖南.)

《두공부초당시전》 청초호는 악주에 있다. 두보가 이제 오와 초 지역으로 가는데 배의 행로가 악주를 지나는 것이다.(青草湖在岳州. 甫今適吳楚, 舟行經岳州也.)

〔不意 2구〕 이 구절은 오랫동안 꿈꿔왔던 남방으로의 여행이 드디어 성사되었다는 것이다.

《보주두시》에 인용된 소蘇씨 설 장한은 "뜻하지 않게 오강의 편주가 내 수중에 들어왔다"고 하였다.(張翰曰, 不意吳江扁舟落吾手中.)

《두시경전》 오랫동안 삼협을 내려갈 생각을 했었는데 이제야 비로소 그것을 이룰 수 있게 되었음을 말한다.(言久思下峽而今始得遂也.)

《구가집주두시》 조언재 주 "뜻하지도 않게 청초호의 편주가 내 손안으로 들어왔습니다"라는 구절로부터 장차 오와 초로 갈 것을 말하였으니 가히 기이한 구절이라 하겠다.(自不意青草湖, 扁舟落吾手, 以言將適吳楚, 可謂奇句矣.)

#《두시상주》: 이 단락은 촉을 떠나는 정황을 서술하였다. 《두억》은 "'만나는 이들 새사람과 옛 친구가 반반인데, 우정의 깊이에 따라 작별을 고하는 것도 다르더군요'는 각각 전별금을 보내와서 노잣돈으로 삼을 수 있었고, 그리하여 호수의 배가 내 손으로 떨어지게 된 것이다"라고 하였다.(此敍去蜀情事. 杜臆, 相逢半新故, 取別隨薄厚, 各有餽贐, 可爲行資, 故湖舟落其手也.)

12 章梓州(장재주) - 잔치를 마련한 재주 유후 장이章彝를 가리킨다.

13 簸(파) - 흔들다.

《두시경전》 뒤에 〈양기〉시가 있는데 바로 이것임이 틀림없다.(後有

揚旗詩, 當卽此.)

14 幾(기) - '或'으로 된 판본도 있다.

〔眷眷 6구〕

《구가집주두시》 조언재 주 여섯 구는 연회의 실제 일을 기술하였다. (六句, 紀宴會之實事.)

15 日車(일거) 구- 해가 지는 것을 비유적으로 표현한 구이다.

《두시경전》 해가 서쪽으로 지는 것을 말한다.(謂日色西落.)

《두공부초당시전》 해가 들어가는 것을 말한다.(謂日入也.)

16 鳥雀(조작) 구- 해가 진 후 새들이 돌아가는 것을 말하였다.

《두공부초당시전》 새들은 해가 지는 것으로 인하여 돌아갈 것을 아는 것이다.(鳥雀, 以日暮, 故知歸也.)

#《두시상주》: 이 단락은 장공 전별연의 경물과 일을 기록하였다. 해 저물어 새들은 돌아가는데 잔치는 아직 파하지 않았으니 장공의 애틋한 우정이 잘 드러나 있다.(此記章公餞別景事. 日晏鳥歸, 而飮筵未散, 正見章之眷戀交情.)

17 畏(외) - '慰'로 된 판본도 있다.

18 三峽(삼협) - 삼협. 두보가 남으로 여행할 때 지나게 되는 곳이다. 雷吼(뇌후) - 우뢰 소리와 같은 삼협의 물소리를 비유하였다.

《두공부초당시전》 삼협은 무협, 황우협, 명월협을 말한다.(三峽, 謂巫峽黃牛峽明月峽.)

19 盜賊(도적) - 안녹산의 반군과 토번의 위협을 가리킨다.

20 重見(중견) - 두 번 보다. 衣冠(의관) - 벼슬아치. 의관을 차려입은 관리들을 가리킨다.

《두시상주》 안녹산과 토번이 두 차례 경사를 함락하였기에 벼슬아치들 달아나는 것을 두 번 보았다고 하였다.(祿山吐蕃兩陷京師, 故曰重

見衣冠奔走.)

〔波濤 4구〕

《두공부초당시전》 형주와 초 지역에서 오직 삼협이 지극히 험준하기에 배로 가는 것은 두려운 일이다. 그런데 두보는 삼협의 물은 그저 우뢰 소리와 같아서 두려워할 것이 못되고, 걱정스러운 것은 도적이 아직 평정되지 않아 벼슬아치들이 달아나 도적을 피하여 숨고 안정된 거처가 전혀 없게 된 것이라 여겼다. 벼슬아치들은 일찍이 안녹산의 난리를 피하였는데, 이제 또 토번을 피하였으므로 두 번 보았다고 한 것이다.(荊楚間, 惟三峽爲至險, 舟行可畏. 甫謂三峽之水, 徒若雷吼, 此未足畏, 所憂者, 盜賊未平, 衣冠之士, 竄走避賊, 了無定居也. 衣冠, 嘗避祿山之亂, 今又避吐蕃, 故云重見也.)

21 黃屋(황옥)- 본래 천자 전용의 황금색 수레 덮개를 가리키나 여기서는 천자 자신을 가리키는 말로 사용되었다.

《두공부초당시전》 '황옥'은 수레 위의 덮개이다. 감히 천자를 바로 지칭할 수 없어 황옥이라고 기탁하여 말한 것이다.(黃屋, 卽車上盖, 不敢斥天子, 故託言黃屋也.)

《두시경전》 당시에 황제는 섬주에 있었다.(時帝在陝州.)

22 荊蠻(형만)- 중원에서 남쪽 이민족을 부르는 호칭. 이 구는 두보가 장차 남쪽 지역으로 갈 것임을 밝힌 것이다.

23 安排(안배)- 자연의 변화에 편안히 맡기는 것. 莊叟(장수)- 장주莊周를 가리킨다.

《두시상주》에 인용된 《장자》 추이에 편히 몸을 맡긴 채 변화를 따르면 곧 고요한 하늘과 하나가 되는 경지에 들어간다.(安排而去化, 乃入於寥天一.)

#《두시상주》: 이 단락은 이별에 임하여 주저하는 뜻을 서술하였다. 파도가 두렵지 않다는 것이 '형만' 2구를 일으키고, 도적이 두렵다는 것이 '중원' 2구를 일으켰다. 당시 장안은 난리를 겪고 있어 북쪽으로는

돌아갈 수 없었기에 오직 남쪽 오와 초 지역으로만 갈 수 있었을 따름이다.(此敍臨別躊躕之意. 波濤不畏, 起荊蠻二句. 盜賊可憂, 起中原二句. 時長安經亂, 既不能北還, 惟有南適吳楚而已.)

《구가집주두시》 조언재 주: 이 단락은 해가 이미 기울고 이별 잔치도 파하여 마침내 길을 나서는 것을 말하였다. 그러나 배에 올라 파도와 가깝게 되어도 오히려 내가 떠나려는 마음을 멈추게 하여 씻어내지는 못하니 삼협은 그저 우뢰 소리만 울릴 뿐이다. 내가 근심하는 것은 도적이 많아서 벼슬아치들 달아나고 지존의 소식조차 알지 못하는데, 이는 토번이 경사를 함락하여 대종이 밖으로 피난을 갔는데 땅이 멀어 알지 못하는 것이다.(比段言日已向晩, 別筵之散, 遂有行矣. 然登舟而親波濤, 猶未足以慰沃吾欲去之心, 則三峽徒爲雷吼之聲而已. 我之所憂, 則憂在盜賊多而衣冠奔逃, 至尊未知消息也. 此吐蕃陷京師, 代宗出狩, 而地遠所未知也.)

《두억》: 삼협의 파도가 두렵지 않다고 말하는 것이 아래 도적이 두렵다는 것을 일으키고, "두 번이나 벼슬아치들 달아나는 것을 보았다"는 것은 겸하여 유후를 풍자하는 것으로 당사자로 하여금 준비할 바를 알게 한 것이다. 하물며 천자의 안부조차 아직 알지 못함에 있어서랴. "천자께선 지금 안전하신가"는 물어보는 말이 아니다. 만약 천자께서 이미 안전하다면 어찌 아즈까지 소식이 없을 수 있단 말인가. 그러므로 아래에서 '남쪽 형만 당으로 간다'고 하면서 '종작' 두 글자를 덧붙였으니 얼마나 슬픈 일인가. "자연에 순응하는 장자의 법도를 써볼까 합니다"는 장자의 말을 사용하여 아래의 '배동황' '상남두'같이 '입료천'과 같은 말을 일으켰다.(三峽波濤, 謂不足畏, 起下盜賊之可畏, 而重見衣冠走, 兼以諷切留後, 俾當事者知所備也. 況黃屋安否未可知乎. 黃屋今安否, 非疑詞也, 若黃屋已安, 豈得尙無消息, 故下云適荊蠻而加終作二字, 何等悲感. 安排用莊叟, 蓋用莊子之語, 以起下文拜東皇上南斗等於入寥天也.)

24 東皇(동황)- 초 지역에 있는 신. 두보가 장차 초 지역을 여행할 것임을 말하였다.

《두시상주》에 인용된 《문선주文選注》 태을은 하늘의 존귀한 신이며 사당은 초의 동쪽에 있다. 동제에 배수되었기에 동황이라고 부른다.(太乙, 天之尊神, 祠在楚東, 以配東帝, 故曰東皇.)

25 掛席(괘석)- 돛을 올리다. 배를 출발시킨다는 말이다. 南斗(남두)- 오 지역에 있는 별. 역시 두보가 오 지역을 여행할 것임을 말한 것이다.

《두시상주》에 인용된 《구당서·천문지》 남두는 은하수에 속해 있는데, 회수와 한수 사이에 해당하고 오 지역의 분야이다.(南斗在雲漢之流, 當淮海之間, 爲吳分.)

〔隨雲 2구〕

《보주두시》에 인용된 조언재 주 굴원의 〈구가〉 중에 〈동황태일〉이 있다. 동황은 이로써 초 지역을 말한 것이다. 《춘추설제》에서 "남두는 오땅이다"라고 하였다. 동황의 사당에 구름 따라 가서 참배하고, 남두의 땅에 배를 띄워 가서 오르니 오와 초 지역에 가지 않는다면 그렇게 할 수 있겠는가.(屈原九歌有東皇太一. 東皇, 所以言楚. 春秋說題云, 南斗吳地也. 東皇之廟, 隨雲而拜之, 南斗之地, 挂席而上之, 非適吳楚而然乎.)

《두시경전》 이 구절은 뗏목을 타는 뜻을 암용하였다.(句亦暗用乘槎意.)

26 有使(유시)- 사자가 있다. 편지를 전해줄 심부름꾼이 있으면 자주 편지를 보내달라는 것이다.

《두공부초당시전》 '시'는 소리절로 심부름꾼이다.(使, 所吏切, 從命者.)

27 無使(무시)- 사자가 없다.

《두공부초당시전》 장사군을 그리워한다는 말이다.(謂思章使君也.)

〔有使 2구〕

《두시상주》에 인용된 석보월釋寶月의 시 사자가 있으면 자주 편지를 부치고, 사자가 없으면 마음으로 그리워한다.(有信數寄書, 無信心相憶.)

#《두시상주》: 이 단락은 이별 후 그리워하는 정회를 묘사하였다. 동황은 초신의 사당이고, 남두는 오 지역의 분야이다. 길게 고개를 돌린다는 것은 제공이 편지를 부쳐줄 것을 항상 기다린다는 것이다.(此寫別後繾綣之懷. 東皇, 楚神祠. 南斗, 吳分野. 長回首, 常望諸公寄書也.)

##《두억》: 장유후의 하는 바가 대부분 법도에 맞지 않았으나 두보를 대하는데 있어서는 특별히 각별했다. 공의 시는 풍간에 특히 뛰어나지 않았는데, 공이 핑계를 대고 피하는 것이 곧 몸을 보전할 수 있는 지혜로운 방법이었다고 생각된다. 그렇지 않았다면 공에게는 장씨와 같은 지주가 있었으니 촉을 떠날 필요가 없었을 것이고, 무엇 때문에 작별을 하고서 끝내 촉을 떠나지 않았단 말인가. 이후에 장씨가 조정으로 들어가려고 할 때 공은 다시 시를 부쳤는데, 그 시(〈봉기장십시어奉寄章十侍御〉)에서 '강수와 한수에서 낚시 한다'고 하였으니 공은 낭주에서 나그네 살이를 한 것으로 재주에서 정말 멀지 않았던 것이다. 엄무가 다시 촉을 진수하고서 장씨를 소환하여 죽였으니 필시 지적할 만한 죄가 있었을 텐데 사서에서는 "작은 원한 때문이었다"라고 했으나 그렇지는 않을 것이다.(章留後所爲多不法, 而待杜特厚. 公詩諷諫殊不俊, 想公托詞避去, 乃保身之哲, 不然, 公有地主如章, 不必去蜀, 何以留別而終不去蜀也. 後章將入朝, 公又寄詩, 而詩云江漢垂綸, 則公客閬州, 去梓固不遠也. 及嚴武再鎭蜀, 召章殺之, 必有罪可指, 史云, 因小忿, 恐未然.)

《독두심해》: 두 단락으르 나누어 보아야 한다. 앞부분은 촉에서 지내던 것에서부터 촉을 떠나는 연유를 이야기하였으며 청초호의 편주로 귀착되니 오와 초 지역으로 가는 길을 두드러지게 하면서 한 번 숨을 고르고 있다. 뒷부분은 전별연에서 술 마시고 배회하는 때로부터 북쪽으로는 돌아갈 수 없어 오와 초 지역으로 간다는 말을 하였으니 오와 초에서 그리워하는 것으로 마무리를 짓고 있다. 공은 이번 여행은 재주에서 낭주로 가는 것인데 본래는 동쪽으로 내려가려고 하였다. 그래서 또한 낭주에서 지은 〈장부형남기별이검주將赴荊南寄別李劍州〉등의 7언 율시가 있는 것이다. 얼마 후 엄무가 다시 진수하면서 마침내 성도로 돌아가게 된다. 《두억》은 핑계를 대고 유후를 피하는 것이라 하였는데 신빙성 있는 논의는 아니다.(分兩段看. 前從留蜀內說出去蜀緣由, 落到靑草扁舟, 逗出適吳楚之路, 作一頓. 後從飮餞徘徊時, 說出北歸不得, 所以且到吳楚, 就吳楚回憶上作收繳. 公此行自梓往閬, 本欲東下. 故在閬又有將赴荊南等七律. 尋因嚴武復鎭, 遂還成都. 杜臆謂託詞以避留後, 未是篤論.)

《두시상주》에 인용된 신함광申涵光 설: "항상 걱정하는 것은 성격이 너무 솔직해서, 한 잔 술로 몸을 망치지나 않을까 하는 것입니다"는 반평생을 제멋대로 살아오다가 만년에 삼가는 것이 이와 같은 것이다. 온갖 환난을 겪고 마침내 노성한 경지를 얻었으니 바야흐로 호걸들이 귀착할 곳이다. 그냥 한가지로 술기운에 자리를 욕하는 예형禰衡 같은 이들은 귀감으로 삼아야할 것이다.(常恐性坦率, 失身爲杯酒, 半生疏放, 晩乃謹飭如是. 飽更患難, 遂得老成, 方是豪傑歸落處, 一味使酒罵坐, 禰正平爲可鑒已.)

(**박홍준**)

124. 舍弟占歸草堂檢校聊示此詩

아우 점이 초당을 살피러 돌아가므로 이 시를 보이다

久客應吾道[1] 相隨獨爾來[2] 孰知江路近[3] 頻爲草堂迴[4]
鵝鴨宜長數[5] 柴荊莫浪開[6] 東林竹影薄[7] 臘月更須栽[8]

오랜 나그네 내 길이리니
서로 따름에 네 홀로 왔구나.
강길 가까움 잘 알아서
자주 날 위해 초당으로 돌아가누나.
거위 오리 늘 세어 보고,
사립문 함부로 열지 말거라.
동녘 숲 대 그림자 엷거든
섣달에 다시 심어야 할 게다.

광덕 원년 재주 낭주 지역에 있을 때 초당을 돌보도록 아우 점을 성도로 보내면서 이 시를 지었다. 네 아우 가운데 점 홀로 두보를 따라 촉으로 왔으며, 형 대신 집안 일을 많이 맡아 하였다.

《보주두시》 시에서 "자주 날 위해 초당으로 돌아갔다"라고 하였으니 당연히 광덕 원년 난을 피하여 재주 낭주에 있을 때 지은 작품이다. 양권도는 영태 원년 난이 평정된 후 성도에 돌아왔을 때의 작품이라고 여겼다. 그러나 시에서 "동녘 숲 대 그림자 엷거든 섣달에 다시 심어야 할 게다"라고 하였으니, 양권도의 편차대로라면 그 해 겨울 공은 이미 운안에 있었으므로 섣달에 대를 심으라고 다시

시킬 수가 없다.(詩云, 頻爲草堂回, 當是廣德元年避亂在梓閬時作. 梁權道以爲永泰元年亂定後還成都時作. 然詩云, 東林竹影薄, 臘月更須栽, 若如梁權道編, 則其年冬公已在雲安, 無容更令臘月栽竹矣.)

《두시상주》에 인용된 도개우陶開虞 설 네 아우가 있었으니 영, 관, 풍은 각각 타향에 있었고, 점만이 공을 따라 촉으로 들어갔다.(有四弟, 穎觀豐各在他鄉, 唯占從公入蜀.)

주 석

1 久客(구객)- 오랜 나그네. 應(응)- 해당하다. 마땅하다.

2 相隨(상수)- 서로 따르다, 의존하다. 爾(이)- 너. 아우 점을 말한다.

3 孰知(숙지)- 잘 알다. '孰'은 '熟'으로 된 판본도 있다. 江路近(강로근)- '강로'는 강의 수로. 또는 강변의 길. 강로 가운데 어느 길이 가까운지 잘 안다는 뜻이다. 또는 강로의 어디가 가까운지 잘 안다는 뜻으로 보기도 한다.

4 爲(위)- (나를) 위해.

5 鵝鴨(아압)- 거위와 오리. 長數(장수)- 늘 세다.

6 柴荊(시형)- 사립문. 浪(낭)- 함부로.
《두시상주》 '시형'은 문이다.(柴荊, 門也.)

7 竹影薄(죽영박)- 대 그림자 옅다. 대나무가 많지 않음을 말한다.
《두시상주》에 인용된 황생 설 두보는 시어를 잘 제련하였다. 대나무가 성글어 '그림자 옅다'고 하였고, 나무가 많아서 '그늘 섞였다'고 하였으니, 모두 붓을 대면 아취를 이룰 수 있었다.(杜善煉字. 竹稀而曰影薄, 樹多而曰陰雜, 皆能涉筆成趣.)

8 臘月(납월)- 섣달. 栽(재)- 심다. 대나무를 심는다는 뜻이다.

《두시상주》에 인용된 섭몽득葉夢得 설 납월에 대나무를 심으면 한 그루도 살지 못한다. 오뉴월에 심으면 날이 더워 해가 없으니 또한 굳이 5월 13일에 대나무가 취하여 옮겨 심을 수 있다고 얽매일 필요는 없다.(臘月種竹, 無一竿活者. 若五六月栽, 烈日無害, 亦不必拘定五月十三日爲竹醉可移也.)

〔鵝鴨 4구〕

《두시언해》 이 아래 4구는 모두 점에게 (초당) 보살핌을 부탁하는 말이다.(此下四句, 皆囑占檢校之辭.)

#《두시상주》: 앞 4구는 점이 초당으로 돌아감을 읊었고, 아래 4구는 그에게 점검을 부탁하는 내용이다. 천하에 받아주는 데가 없으니 나의 길은 응당 나그네가 되는 것이다.(前四占歸草堂, 下四囑其檢校也. 天下莫容, 吾道應作旅人矣.)

《두시상주》에 인용된 《두억》: 초당에 사람이 없으니 거위와 오리를 어찌 얻겠는가, 아마 대신 지켜 주는 사람이 있었을 것이다. 납월은 대나무를 심는 때가 아니지만, 아우가 잠시 돌아가니 더 심어달라고 부탁하였다. 종성鍾惺이 말하였다. "집안일이라 소소하지만 한 조각 우애가 안에 들어 있어 그 진정만 보이고 속됨은 보이지 않는다."(草堂無人, 安得鵝鴨, 想有代爲看守者. 臘月非種竹時, 乘弟暫歸, 故囑其栽補耳. 鍾云, 家務瑣屑, 有一片友愛在內, 故只見其眞, 不見其俚.)

《두시상주》: 《연보年譜》에 "보응 가을 끝에 공은 성도로 돌아가 처자를 맞이하였다"고 하였다. 시를 두루 살펴보아도 한 마디도 언급이 없으니 공은 성도로 돌아간 적이 없음을 알겠다. 이 시에서 "강길 가까움 잘 알아서 자주 날 위해 초당으로 돌아간다"라고 하였으니 아마 가족을 맞아서 재주로 데려 오는 일은 반드시 아우 점이 대신 맡았을 것이다.(年譜謂寶應秋末, 公回成都迎妻子. 遍考詩中, 絶無一語記及, 知公未嘗回成都矣, 此詩云, 熟知江路近, 頻爲草堂回, 想迎家赴梓, 必弟占代任其事也.)

《두시경전》에 인용된 이李씨 설: 시시콜콜한 일상의 이야기도 공에게 들어가면 바로 절묘한 문장이 된다.(絮絮家常話, 入公便成絶妙文章.)

(**이창숙**)

125. 歲暮

세모

歲暮遠爲客　邊隅還用兵[1]　烟塵犯雪嶺[2]　鼓角動江城[3]
天地日流血　朝廷誰請纓[4]　濟時敢愛死　寂寞壯心驚[5]

세모에 멀리 나그네 되었거니
변경엔 아직도 전쟁 중.
연기와 먼지가 설령을 침범하고
북과 호각 소리 강가 성을 흔든다.
천지에 날마다 피 흐르건만
조정은 그 누가 끈을 청할까?
시절을 구하는 데 감히 죽음을 아끼랴,
적막한 가운데 장심이 놀라 일어난다.

광덕 원년 세모에 지은 시로서 난리를 아파하는 뜻을 노래하였다. 당시 재주에 있었을 것이다.

《보주두시》 시에서 "변방엔 아직도 전쟁 중, 연기와 먼지가 설령을 침범한다"라고 하였으니 의당 토번이 광덕 원년 송주, 유주, 보주 세 주를 함락한 일을 가리킨다. 설령은 유주까지 뻗어있으니 《구역지》에서 "남으로 설령까지 260리이다"라고 하였다. 양권도는 상원 원년 성도 시 안에 편재하였지만 《당서》 및 《자치통감》을 살펴보면 이 해와 상원 2년 그리고 보응 원년에는 설령에 전쟁이 없었다. 비록 토번이 보응 원년 12월에 성주, 진주, 위주 세 주를 침공했지만 설령과는 연관이 없다.(詩云, 邊隅還用兵, 煙塵犯雪嶺, 當是是指(연자로 추정됨)吐番廣德元年陷松維保三州. 雪嶺引維州也, 九域志云, 南至雪嶺二百六十里. 梁權道編在上元元年成都詩內, 然考史及通鑑, 是年與二年及寶應元年雪嶺無警, 雖吐番寶應元年十二月寇成秦渭三州, 然無關於雪嶺.)

주 석

1 邊隅(변우) - 변방.

2 烟塵(연진) - 봉화 연기와 전장의 먼지. 犯(범) - 평측을 고려할 때 '侵'의 잘못으로 여겨진다.

《두시상주》 응당 '침'이어야 한다.(當作侵.)

3 江城(강성) - 재주의 성이 강 옆에 있음을 말한다. 상원 원년에 지은 것으로 보는 주석가는 성도를 가리키는 것으로 보는데 옳지 않다.

《두시상주》 '강성'은 재주의 강가 성이다.(江城, 梓州江城也.)

《구가집주두시》 조언재 주 강성은 성도를 말한다.(江城, 言成都也.)

4 請纓(청영) - 끈을 청하다. 종군의 고사를 사용하여 적장을 잡아오는 것을 뜻한다. '영'은 끈이다.

《집천가주두공부시집》에 인용된 왕수 주 한 나라 종군이 긴끈을 청하여 반드시 남월왕을 묶어 궐 아래에 데려오겠다고 하였다.(漢終軍請受長纓, 必羈南越王, 致之闕下.)

5 寂寞(적막) - 맡아 하는 일이 없음을 뜻한다. 壯心驚(장심경) - 씩씩한 마음이 일어난다는 뜻이다. 씩씩한 마음이 없어져서 놀란다는 뜻으로 풀이하는 설도 있으나 옳지 않다.

《구가집주두시》 조언재 주 공이 스스로 슬퍼한 것이니, 시절을 구제할 뜻이 있으나 장심이 이미 사라졌기 때문이다.(公自悼, 其有濟時之志, 而壯心已銷故也.)

#《두시상주》: 이 시는 난리를 걱정하여 지은 것이다. 위의 4구는 세모의 경색이고 아래 4구는 세모의 정이다. '연진'과 '고각'은 위의 '용병'을 받는다. 피가 끊임없이 흐르는 이 때에 끈을 청하는 사람이 없으니 어찌 차마 죽음을 아껴 구하지 않으리오? 그래서 비록 적막하게 살고 있으면서도 장심이 홀연 놀라 일어난 것이다. 그러니 공의 시절을 구하려는 마음이 늙어서도 여전히 살아 있음을 알 수 있다.(此詩憂亂而作也. 上四, 歲暮之景, 下四, 歲暮之情. 烟塵鼓角蒙上用兵. 當此流血不已, 請纓無人, 安忍惜死不救哉, 故雖寂寞之中, 而壯心忽覺驚起, 可見公濟時之念, 至老猶存也.)

《구가집주두시》 조언재 주: 이 시는 전적으로 토번의 난을 말한 것이다.(此篇, 專言吐蕃之亂也.)

《독두심해》: 비록 재주로 돌아왔지만 여전히 나그네 신세이다. 가운데 4구 중 2구는 '용병'을 다시 말하고 2구는 '장심'구를 일으킨다. '적막'이란 맡은 일이 없음을 뜻한다.(雖還梓州, 亦客也. 中四, 兩申用兵, 兩起壯心. 寂寞者, 無事任也.)

(이영주)

126. 送李卿曄

이엽 경을 전송하다.

王子思歸日[1] 長安已亂兵[2] 霑衣問行在[3] 走馬向承明[4]
暮景巴蜀僻[5] 春風江漢淸[6] 晉山雖自棄[7] 魏闕尙含情[8]

왕자께서 돌아갈 것을 생각하신 날
장안은 이미 전쟁으로 어지러웠습니다.
눈물로 옷 적시며 행재소를 묻고는
말 달려 승명전을 향해 가시는군요.
저녁 햇볕에 파촉은 외져 보이고
봄바람에 강한은 맑기만 합니다.
진산에 비록 내 자신 버렸지만
아직도 위궐에 마음을 두고 있습니다.

이 시는 광덕 2년 초봄 낭주에서 지은 것으로, 종실인 이엽이 경사로 돌아가는 것을 전송하면서 조정을 그리는 심정을 나타내었다.

《보주두시》 시에 "왕자께서 돌아갈 것을 생각하신 날, 장안은 이미 전쟁으로 어지러웠습니다. 눈물로 옷 적시며 행재소를 묻고는 말 달려 승명전을 향해 가시는군요"라고 하였으니 광덕 원년 12월에 지은 것이 분명하다.(詩云, 王子思歸日, 長安已亂兵. 霑衣問行在, 走馬向承明. 當是廣德元年十二月作.)

《두시상주》 황학 주에 "이는 광덕 2년 초봄에 지은 것이 분명하다"고 하였다. 당시 대종은 이미 경사로 돌아왔는데 파서에서는 아직 이 소식을 듣지 못하였다. 《당서·이현전》에 "숙종이 조를 내려

형부시랑 이엽에게 사이보 사건을 조사하게 하였는데 뜻을 거스려 영남으로 폄적되었다"고 하였다. 〈세계표〉에 "이엽은 태정왕방 회안충공 이수의 아들이며 형부시랑으로 벼슬을 마쳤다"고 하였다. (鶴注, 此當是廣德二年初春作. 時代宗已還京, 而巴西尚未聞也. 唐書李峴傳, 肅宗詔刑部侍郎李曄鞫謝夷甫事, 忤旨, 貶嶺南. 世系表, 曄, 太鄭王房淮安忠公琇之子, 終刑部侍郎.)

주 석

1 王子(왕자)- 이엽을 가리킨다.

《두시상주》 이엽은 종실이었으므로 왕자라고 불렀다.(李爲宗室, 故稱王子.)

2 長安(장안) 구- 장안이 토번에 의해 함락된 것을 말한다.

《구가집주두시》 조언재 주 당시 토번의 난이 있었다.(時有吐蕃之亂.)

3 霑衣(점의)- 눈물로 옷을 적시다. 行在(행재)- 행재소. 광덕 원년 10월 대종은 섬주로 피난하였다가 12월 장안이 회복되자 경사로 돌아왔다.

《두시상주》 하손 시의 "눈길 닿는 데까지 바라보니 눈물이 옷을 적신다"에서는 '눈물'이란 글자를 드러내어 썼고, 주홍정 시의 "길을 가거나 머물러 있거나 모두 옷을 적신다"에서는 '눈물'이란 글자를 몰래 숨겼다. 두보 시구에서의 '점의'는 몰래 숨기는 방법을 많이 썼다.(何遜詩, 極目淚霑衣, 明用淚字. 周弘正詩, 行住兩霑衣, 暗藏淚字. 杜句霑衣, 多用暗藏.)

《구가집주두시》 조언재 주 10월에 대종이 섬주로 나가 피난하였다. (十月, 代宗出幸陝也.)

4 承明(승명)- 승명전. 여기서는 장안을 가리킨다.

《구가집주두시》 조언재 주 한대에 승명전은 미앙궁에 있었다. 〈곽광전〉에 "태후가 미앙 승명전에 행차하였다"는 것이 이것이다.(漢承明

殿在未央宮, 霍光傳, 太后幸未央承明殿, 是已.)

《두시상주》 《한서·엄조전》의 '그대는 승명의 여를 싫어한다'에 대하여 장안은 말하기를 "승명의 여는 석거각 밖에 있다. 숙직하며 머무는 곳을 '여'라고 한다"고 하였다. 《황도》를 살펴보면, 미앙궁에 승명전이 있었는데 저술하는 곳이다.(前漢嚴助傳, 君厭承明之廬. 張晏曰, 承明廬在石渠閣外, 直宿所止曰廬. 考黃圖, 未央宮有承明殿, 著述之所也.)

5 暮景(모경) - 저녁 햇볕. 작가의 노년 혹은 기우는 국운을 비유하고 있다.

《두억》 '모경'은 국운을 가리키는데 아마도 차마 분명하게 그것을 말하지 못한 것 같다. 그렇지 않다면 '춘풍'과 서로 어긋나게 된다.(暮景指國運, 蓋不忍明言之. 不然則與春風相犯矣.)

6 江漢(강한) - 가릉강을 가리킨다. 낭주는 가릉강가에 있다.

《두억》 낭주는 옛날 파서라고 하였고, 가릉강은 일명 한강이라고 하는데 또한 낭주에 있었다.(閬州舊名巴西, 而嘉陵江一名漢江, 亦在閬.)

《두시상주》에 인용된 《환우기寰宇記》 한편으로 서한수라고 하고 또한 낭강이라고도 한다.(一曰西漢水, 亦曰閬江.)

7 晉山(진산) 구 - 진晉 문공文公 때 개지추가 공은 있었지만 녹을 받기를 원치 않아 면상산으로 들어가 숨었다. 낭주에 진안현이 있어 두보가 진산으로 빗대어 말한 것으로, 이 구는 두보 자신의 은거를 비유한 것이다.

《두시상주》 채몽필이 말하기를 "《지리지》에 의하면 낭주에는 진안현이 있는데 본래는 진성현이었다. 공은 이엽과 함께 낭주에 있었기 때문에 진산이라고 한 것이다"고 하였다. 지금 살펴보건대 진산은 본래 낭주에 대하여 말한 것으로 개지추가 면상산중에 들어간 고사를 겸하여 쓴 것이다.(蔡曰, 地理志, 閬州有晉安縣, 本晉城, 公與李俱在

閬, 故云晉山. 今按, 晉山本就閬言, 而兼用介之推入綿上山中事.)

《두공부시집집주》 공은 일찍이 숙종을 호종한 적이 있었으므로 스스로를 개지추에 견준 것이다. '스스로 버렸다'고 말하여 감히 화주의 폄적 때문에 그 임금을 원망하지 않은 것이다. 〈장유〉시에 "개지추는 따라간 사람들에게 상주는 것을 피하였다"고 하였는데 역시 이 뜻이다.(公嘗扈從肅宗, 故自比之推. 曰自棄者, 不敢以華州之貶, 懟其君上也. 壯遊詩, 之推避賞從, 亦此意.)

《두시상주》에 인용된 《박의博議》 '진산에 자신을 버렸다'다는 것은 바로 금광문을 나서며 지은 시(〈至德二載甫自京金光門出間道歸鳳翔乾元初從左拾遺移華州掾與親故別因出此門有悲往事〉)에 "벼슬을 옮김이 어찌 지존의 뜻이랴"의 뜻이다. 옛사람은 방축되어 여기저기 떠돌아다니면서도 임금의 은혜를 잊지 않았다 그렇기 때문에 공은 가지와 엄무의 폄적에 대하여 "하늘과 땅이 열려 바로 섰건만 영화와 쇠퇴에 따라 비와 이슬이 치우쳤다"고 하였고, 자신의 폄적에 대하여는 "진산에 비록 내 자신 버렸지만 아직도 위궐에 마음을 두고 있다"고 하였다. 그 온유돈후의 뜻을 언외에서 상상할 수 있다. 만약 숙종이 그다지 살펴주지 못하였기 때문에 왕왕 스스로를 개지추에 비유한 것이라고 한다면 매우 잘못된 것이다.(晉山自棄, 即出金光門詩, 移官豈至尊意也. 古人流離放逐, 不忘主恩, 故公於賈嚴之貶, 則曰開辟乾坤正, 榮枯雨露偏. 於己之貶, 則曰晉山雖自棄, 魏闕尙含情. 其溫柔敦厚之意, 言外可想. 若以肅宗不甚省錄, 故往往自況之推, 失之遠矣.)

8 魏闕(위궐) - 궁문 앞의 누관樓觀으로 조정을 가리킨다.

《두시상주》에 인용된 《여씨춘추呂氏春秋》 중산의 공자모가 첨자에게 말하기를 "몸은 강해의 위에 있지만 마음은 위궐의 아래에 있다"고 하였다.(中山公子牟謂詹子曰, 身在江海之上, 心在魏闕之下.)

#《두시상주》: 위 4구는 이욱이 경사에 돌아가는 것을 전송한 것이고 아래는 바로 자신의 생각을 서술한 것이다. '난병'은 토번을 가리킨다. 행재소를 묻고 승명으로 향하는 것은 임금을 뵙는 일에 급한 것이다.

파서에서 늙어가니 스스로 땅이 외진 것을 가련히 여기는 것이다. 강가에서 봄을 슬퍼하며 오직 시절이 맑아지기를 기다리는 것은 아마도 몸은 비록 버려졌지만 마음은 아직도 궁궐을 그리워하고 있기 때문이리라.(上四送李還京, 下乃自敘己意. 亂兵, 指吐蕃. 問行在而向承明, 急於覲君也. 垂暮巴西, 自憐地僻, 傷春江上, 唯待時清, 蓋身雖廢棄而心猶戀闕也.)

《독두심해》: 경사로 돌아가는 사람을 전송함에 정신은 위궐로 달려간다. 떠나는 이의 마음을 생각하면서 남아있는 자의 느낌을 불러내어 한없이 맴돌고 있다. 황제는 이미 경사로 돌아갔는데 공은 아직 그 소식을 듣지 못하였다. 그 때문에 〈상춘〉시에 파 땅 낭주가 편벽되고 멀리 떨어져있다는 것에 대한 주가 있는 것이다.(送人還京, 神馳魏闕, 想行者之情, 致居者之感, 無限低徊. 帝已還京, 公猶未聞, 故傷春詩有巴閬僻遠之注.)

(**이석형**)

127. 釋悶

번민을 풀다

四海十年不解兵[1]　犬戎也復臨咸京[2]
失道非關出襄野[3]　揚鞭忽是過湖城[4]
豺狼塞路人斷絶[5]　烽火照夜屍縱橫[6]
天子亦應厭奔走[7]　群公固合思昇平[8]
但恐誅求不改轍[9]　聞道嬖孽能全生[10]
江邊老翁錯料事[11]　眼暗不見風塵淸[12]

온 세상에 십 년 동안이나 전쟁이 끊이지 않더니
견융이 또 다시 함양에 들이닥쳤다.
길을 잃은 것은 양성 들판으로 나선 것과 무관한 일,
채찍을 들고서 갑자기 호성을 들르셨다.
승냥이와 이리가 길을 막아 사람들 통행이 끊겼고
봉화가 밤을 밝히니 시체가 종횡으로 즐비한데,
천자께서도 응당 도주에 물리셨을 터
뭇 공들은 실로 태평성세를 생각해야 하리라.
다만 폭정이 전철을 바꾸지 않을까 염려스러웠는데
소인배가 생명을 보전하였다는 말을 들었다.
강가의 노인네 세상사를 잘못 헤아렸을까
눈이 침침하여 풍진이 가라앉는 것을 못 보나 보다.

이 시는 광덕 2년 낭주에서 토번의 침입으로 나라가 어지러운 것을 개탄하며 지은 것이다. 그래서 번민을 풀고 싶은 심경을 시로 표현하였다.

《보주두시》 시에서 "온 세상에 십 년 동안이나 전쟁이 끊이지 않더니, 견융이 또 다시 함양에 들이닥쳤다"고 한 것은 토번이 광덕 원년에 침입하여 경사를 함락한 것을 말한다. 그전에 안녹산이 경사를 함락하였고, 이제 다시 토번에 의해 함락당했다. 그래서 "견융이 또 다시 함양에 들이닥쳤다"고 한 것이다. 천보 14년 을미년에 안녹산이 반란을 일으켰을 때 병란이 일어나고부터 광덕 원년까지 10년이 되도록 전쟁이 끊이지 않았다. 이 시는 광덕 2년에 지은 것이 분명하다. 그래서 다시 "천자께서도 응당 도주에 물리셨을 것이다"라고 한 것이다. 두보는 당시 낭주에 있었기에 자칭 '강변노옹'이라고 한 것이다. 양권도가 대력 3년에 편재한 것은 단지 옛 순서를 따른 것이다.(詩云四海十年不解兵, 犬戎也復臨咸京, 謂吐蕃以廣德元年入寇, 陷京師. 前此祿山陷京師, 今又爲吐蕃陷之. 故云犬戎也復臨咸京. 自天寶十四載乙未祿山反時起兵, 至廣德元年爲十年, 兵不解也. 此詩當是廣德二年作. 故又曰, 天子亦應厭奔走. 時在閬州, 故自稱江邊老翁. 而梁權道編在大曆三年, 第本舊次也.)

《구가집주두시》 조언재 주 이 시는 광덕 2년 갑신년 봄이 반쯤 지났을 무렵 황제의 수레가 경사로 돌아왔다는 소식을 듣고 나서 지은 것이다.(此詩二年歲在甲辰春半, 已聞車駕歸京師之作.)

《독두심해》 대종 광덕 원년과 2년, 겨울과 봄이 바뀌는 시기에 두보는 촉 지방의 재주와 낭주를 오갔다. 시는 그 때 지은 것이다.(代宗廣德元二年冬春之交, 公往來於蜀之梓州閬州. 詩是其時作.)

주 석

1 四海(사해) - 온 세상, 천하. 十年(십년) - 안녹산의 난이 일어난 천보

14년(755)부터 광덕 2년(764)까지의 10년을 가리킨다.

2 犬戎(견융)- 토번에 대한 비칭. '戎'은 '羊'으로 된 판본도 있다. 咸京(함경)- 진秦나라 때 수도인 함양咸陽을 일컫는 말. 뒤에는 장안을 가리키는 말로 쓰였다.

《두공부초당시전》 '함'은 함양을 말한다. 곧 서경이다.(咸謂咸陽, 卽西京也.)

《구가집주두시》 안녹산과 사사명의 반란이 막 그쳤으나, 토번이 다시 경성을 함락한 것이다.(祿山思明之亂方已, 而吐蕃復陷京城.)

3 出襄野(출양야)- 황제黃帝가 양성襄城의 들판으로 나섰다가 길을 잃은 고사에서 비롯된 말로, 여기서는 대종이 섬주로 몽진한 것이 황제와는 다르다는 것을 풍자한다.

《두시상주》에 인용된 《장자》 황제가 구자지산에서 대외를 보려고 양성의 들판에 이르렀다가, 일곱 성인이 모두 방향을 잃어 길을 물을 데가 없었다.(黃帝將見大隗於具茨之山, 至於襄城之野, 七聖皆迷, 無所問塗.)

4 過湖城(과호성)- 진晉나라 명제明帝가 왕돈王敦의 반란을 알아 보기 위해 미복 차림으로 호성에 가서 군영을 시찰한 고사에서 비롯된 말로, 여기서는 대종이 몽진한 것이 명제와 비슷한 처지임을 풍자한다. 반면 대종의 몽진이 명제와는 처지가 다르기에 '忽'자를 쓴 것이라고 보는 설도 있고, 호성 역시 황제의 고사와 관련 있는 것으로 보는 설도 있다.

《두시상주》 《세설신어》에 "왕대장군이 고숙에 군대를 주둔하자, 명제가 군복 차림으로 파종마(파 지역의 종족賨族이 바치던 말)를 타고 금채찍을 들고서 몰래 군대의 형세를 살폈다. 왕돈이 낮잠을 자다가 태양이 성을 휘도는 꿈을 꾸고는 갑자기 놀라 깨나서 말했다. '군영에 노란 수염을 한 선비노가 왔는데 어째서 체포하지 않느냐?' 기병에게 그를 쫓게 하였으나 따라잡지 못했다"고 하였다. 주학령 주에 "살펴보건대 《진서·명제기》에서는 '미행 차림으로 호수에 이르러 몰래 왕돈의 진영을 살피고서 벗어났다'고 하였고, 《진서·왕돈전》에서는 '황제가 무호에 이르러 왕돈의 진영을 호수에서 살폈다'고 하였으니, 곧 무호이다. 《진서·지리지》에 '진 태강 연간에 단양을 나누어 호현에 두었다'고 하였으니, 바로 지금의 당도현이다. 또 무호현에는 왕돈의 성이 있는데, 이 시에서 말한 호성이다. 당대 이래로 늘 구두점을 잘못 찍었기에 악부에 〈호음곡〉이 있게 되었다. 장문잠이 처음으로 이를 바로잡으며 '호에서 구두를 해야 한다'고 말했다"고 하였다.(世說, 王大將軍頓軍姑熟, 明帝著戎服, 乘巴竇(賨의 오자)馬, 齎一金鞭, 陰察軍形勢. 敦晝寢, 夢日遶城, 忽驚覺曰, 營中有黃鬚鮮卑奴來, 何不縛取. 命騎追之, 不及. 朱注, 按晉書明帝紀, 微行至於湖, 陰察敦營壘而出. 王敦傳, 帝至蕪湖, 察敦營壘於湖, 卽蕪湖也. 地志, 晉太康中, 分丹陽置於湖縣, 卽今當塗縣地. 又蕪湖縣有王敦城, 此詩所云湖城也. 自唐以來, 皆破句讀, 故樂府有湖陰曲, 張文潛始正之, 云於湖爲句.)

《구가집주두시》 조언재 주 견융이 경사를 침범하여 대종의 어가가 섬주로 몽진하였다. 호성 구는 모두 황제를 가지고 말한 것이다. 호성은 곧 황제가 승천했다는 정호가 있던 곳으로 이제 섬주로 몽진하려면 거쳐야 하는 땅이다.(犬戎犯京師, 代宗車駕幸陝. 湖城之句, 皆以黃帝言之. 湖城則黃帝鼎湖所在, 今幸陝所經過之地.)

〔失道 2구〕

《두시상주》에 인용된 천태天台 사성謝省의 주 대종이 외적을 피해 도망한 것은 황제가 길을 잃은 것과 다르고, 도리어 명제가 미행을 나선 것과 흡사하다.(代宗避寇奔走, 非如黃帝迷道, 却似明帝微行.)

《두시경전》 두 구절은 궁을 떠나 순행에 나선 것은 길을 묻는 것이 아니라, 결국 외적을 피한 것이라는 말이다.(二句言出巡非訪道, 乃避賊也.)

5 豺狼(시랑) - 승냥이와 이리. 반군을 비유한다.

《두공부초당시전》 도적들이 길을 가득 막고 있어 왕래하는 사람이 없다는 말이다.(言盜賊充塞, 往來無人也.)

6 烽火(봉화)- 전쟁이나 변란을 알리기 위해 피우는 불. 縱橫(종횡)- 여기저기 널린 모양. 매우 많다는 뜻이다.

《보주두시》에 인용된 왕수 주 한나라 제도에 외적의 침입이 있으면 봉화를 올렸다. 외적의 난이 평정되지 않았기에 봉화가 밤을 밝혔다는 말이다.(漢制有寇, 則擧烽燧. 言寇亂未平, 則烽火照夜也.)

《두시언해》 '종횡'은 많다는 말이다. (縱橫, 言多也.)

7 奔走(분주)- 도망다니다.

8 合(합)- 마땅히, 응당. 昇平(승평)- 태평성세.

《두시언해》 이는 장수와 재상들이 변란을 걱정하지 않는 것을 비난하는 것이다.(此譏將相之不虞亂也.)

〔天子 2구〕

《구가집주두시》 조언재 주 황제의 수레가 비록 장안으로 돌아왔지만 낙양으로 천도하고 해안 일대를 순무巡撫해야 한다고 주청하는 주장이 있었다. 그래서 "천자께서도 응당 도주에 물리셨을 터, 뭇 공들이 실로 태평성세를 생각해야 한다"고 말한 것이다.(車駕雖歸長安, 而有乞遷洛巡海之說, 故云, 天子亦應厭奔走, 羣公固合思昇平.)

9 誅求(주구)- 가렴주구苛斂誅求의 준말. 폭정을 뜻한다. 不改轍(불개철)- 수레의 궤적을 바꾸지 않다. 즉 나라를 다스리는 데 아무런 변화가 없음을 말한다.

《독두심해》 《자치통감》에 "난리가 일어난 뒤로 안팎으로 식량난이 있어 관중 땅은 쌀 한 말에 천 냥이 나가는데도, 백성들은 이삭을 비벼서 금군에게 공급하고 있었다"고 한다. 살펴보건대, '주구'는 천하를 통틀어 지적한 말이다.(通鑑, 自喪亂以來, 中外艱食, 關中斗米千錢, 百姓挼穗以給禁軍. 按, 誅求, 統指天下.)

《두시언해》 '불개철'은 무거운 세금이 아직도 전과 같다는 말이다.(不改轍, 言賦斂之煩, 尙如前日也.)

10 嬖孽(폐얼)- 황제의 총애를 받는 애첩이나 환관 따위의 소인을 일컫는 말. 여기서는 환관인 정원진程元振을 가리킨다. 能(능)- '今'으로 된 판본도 있다.

《구가집주두시》 정원진을 가리킨다. 당시 정원진이 권력을 휘두르며 대신들을 모함하였기에, 토번이 침략을 했어도 공신들이 명령을 받들려고 하지 않는 지경에 이르렀다.(指程元振. 時元振用事, 媒孽大臣, 故吐蕃入寇, 以至功臣不肯用命.)

《두시상주》에 인용된 《신당서》 대종이 섬주에서 정원진의 관작을 삭탈하고 고향으로 돌려보냈다. 광덕 2년 봄 정월에 몰래 경사로 들어왔기에 진주로 유배시켰다가 다시 강릉부에 안치시켰다.(代宗在陝, 削程元振官爵, 歸田里. 廣德二年春正月, 以私入京師, 配流溱州, 復令於江陵府安置.)

《보주두시》 대종은 형벌을 올바로 시행하지 못하였다.(代宗不能正其典刑.)

《구가집주두시》 조언재 주 '폐얼'은 정원진을 가리킨다. 이때 두보는 아직 그의 죽음을 몰랐을 것이다.(嬖孽, 指程元振. 此猶未知其死也.)

《두억》 사서에 의하면 유항이 정원진을 탄핵하였으나, 대종은 여전히 그가 자신을 감싸준 공로를 생각해서 단지 관작을 삭탈하고 고향으로 돌려보내는 선에게 그쳤다. 그래서 "소인배가 생명을 보전하였다"고 말한 것이다. 조언재 주에서는 "그가 폄적된 뒤 죽은 것을 아직 듣지 못했다"고 하였는데, 우스운 얘기다.(按史, 柳伉論劾程元振, 代宗猶念其保護功, 止削爵放歸. 故云嬖孽能全生, 註謂未聞其貶後死, 可笑.)

11 江邊(강변)- 강가. 낭주閬州의 가릉강嘉陵江을 가리킨다. 당시 두보는 낭주에 있었다. 혹은 재주梓州의 부강涪江일 가능성도 있다. 老翁(노옹)- 늙은이. 두보 자신을 가리킨다.

《두시상주》 '강변'은 가릉강을 가리킨다.(江邊, 指嘉陵江也.)

《독두심해》 재주에서라면 부강이고, 낭주에서라면 가릉강이다.(於梓則涪江, 於閬則嘉陵江.)

《두공부초당시전》 '노옹'은 두보 자신을 말한다.(老翁, 甫自謂也.)

《두억》 결국 '착료사'라고 한 것은 천자가 아직도 도망다니는 데 물리지 않은 듯하고, 공들이 끝내 태평성세를 생각하지 않는다는 말이다.(乃云錯料事者, 謂天子似未厭奔走, 羣公竟不思昇平也.)

12 風塵淸(풍진청)- 먼지가 깨끗해지다. 전쟁이 그친 것을 뜻한다.

《두공부초당시전》 전쟁이 아직 끝나지 않은 것을 마음 아파하는 뜻이다.(傷干戈未盡也.)

〔江邊 2구〕

《두시언해》 당시 세상 돌아가는 일과 난리를 초래한 이유를 말로 형용하기 어렵기에, 스스로 격동해서 "세상사를 잘못 헤아렸다"고 말하고, 또 "눈이 침침해서 풍진이 가라앉은 것을 보지 못한다"고 말한 것이다.(時世之事, 致亂之由, 有難形言, 故自激云, 錯料事, 而又云, 眼暗之故, 不見風塵之淸也.)

#《두시상주》: 위의 8구는 혼란이 극에 달해 치세를 생각하는 기미를 담고 있고, 아래 4구는 시대를 걱정하고 환난을 염려하는 뜻을 담고 있다.《두억》에 "이는 대종이 정원진을 제거하지 못했기 때문에 지은 것이다. 토번이 침입하여 천자를 핍박하고 백성들을 해쳤는데, 화는 모두 정원진에게서 비롯되었다. 그러니 바라는 바는 당시 군신이 확연히 뉘우치는 것이다. 유항이 상소문을 올렸을 때 단지 관직을 삭탈하고 추방하였다. 그래서 이 시에서 소인배가 생명을 보전했다는 개탄이 있는 것이다. 소인배가 제거되지 않으면 전쟁이 끝나지 않고, 전쟁이 끝나지 않으면 폭정이 종식될 수 없다는 것을 어찌 알았으랴? 일이 어그러진 것은 진정 생각지 못했던 데서 나왔다. 그런즉 전쟁 역시 어떻게 끝나겠으며, 태평성세를 언제나 볼 수 있겠는가? 작품 전체가 동일한 분위기로 전개되어 내려가니, 모두가 원망과 탄식이 담긴 말들이다"라고 하였다.(上八, 亂極思治之機, 下四, 憂時慮患之意. 杜臆, 此爲代宗不誅程元振而作. 吐蕃入寇, 逼乘輿, 毒生民, 禍皆起於程元

振. 所望一時君臣, 翻然悔悟. 當柳伉疏入, 但削官放歸. 此詩所以有孽孽全生之歎也. 豈知孽孽不除, 則兵不得解, 兵不能解, 則誅求仍不得息, 其事之舛謬, 眞出於意料之外矣. 然則風塵亦何由淸, 而太平將何時見乎. 通篇一氣轉下, 皆作怪歎之詞.)

《독두심해》: 첫 4구는 경사가 함락되어 궁을 떠나 몽진한 일을 서술하였다. '출양야'와 '과호성'은 감싸는 말로 적절하게 표현하였다. 가운데 4구는 난리가 이미 심해져 조정이 후회하는 마음을 가졌을 것임을 말하고 있으니, 바로 위의 말을 이어받고 아래 말을 일으키는 문구이다. 뒤의 4구는 백성들이 생계를 잇지도 못하는데 군주가 여전히 악인을 비호하니, 고개 들어 통렬한 응징을 희망하면서 난리를 전환시키는데 기회가 있기를 바라는 내용이다. 세상사를 논하는 것이 딱 들어맞고, 어기가 함축적이다. 의당 〈상춘〉시 5수와 함께 읽어야 할 것이다. (起四, 敍陷京出幸事. 出襄野, 過湖城, 回護得體. 中四, 言亂旣太甚, 廟堂其有悔心乎, 乃承上起下之文. 後四, 爲民不聊生, 君仍護惡, 翹首以望痛懲, 庶轉亂其有機也. 論事切中, 語氣含蓄. 當與傷春五首參讀.)

(김만원)

128. 贈別賀蘭銛

하란섬과 이별하며 주다

黃雀飽野粟[1] 群飛動荊榛 今君抱何恨[2] 寂寞向時人
老驥倦驤首[3] 蒼鷹愁易馴[4] 高賢世未識[5] 固合嬰饑貧[6]
國步初反正[7] 乾坤尙風塵[8] 悲歌鬢髮白[9] 遠赴湘吳春[10]
我戀岷下芋[11] 君思千里蓴[12] 生離與死別 自古鼻酸辛

황작은 들곡식으로 배를 불리고
무리지어 날아 가시덤불을 흔드는구나.
지금 그대 무슨 한을 안고서
쓸쓸히 이 시절 사람들을 향하시는가.
늙은 천리마는 고개 드는 것도 지쳐있고
푸른 매는 쉬 길들여지는 것 근심하나니,
고상하고 현량한 사람을 세상은 알아주지 않는 법
굶주림과 가난에 시달림이 진실로 자연스러운 일이라.

국운은 비로소 바르게 돌아왔으나
건곤은 아직도 바람과 티끌로 가득한데,
백발의 그대 슬픈 노래 부르며
상오의 봄으로 멀리 떠나시는가.
내 민산 아래 토란을 사랑하거니와
그대는 천리호의 순채를 그리워하는구나.
살아 이별하고 죽어 헤어짐이여
예부터 코끝을 아리게 했느니.

이 시는 광덕 2년 봄 낭주에서 경사가 수복되었다는 소식을 들은 후에 지었다. 상오湘吳로 떠나는 하란섬賀蘭銛을 송별하며 그의 회재불우에 대해 동정하고 있다. 《보주두시》에서는 저작시기를 광덕 원년으로 보고 있으나 여기서는《두시상주》를 따라 광덕 2년에 편재하였다.

> **《보주두시》** 시에서 "국운이 비로소 바르게 돌아왔다"고 했으니 의당 광덕 원년 공이 재주와 낭주에 있을 때 지은 것이다. 하란섬이 동쪽으로 내려가고자 했으므로 시에서 또 "멀리 동오의 봄으로 떠난다"고 하였다. 양권도는 영태 원년에 편재하였고, 사고는 또 "멀리 상오의 봄으로 떠난다"는 말을 공이 기주로 이사하고 얼마 후에 삼협을 내려가 형오로 간 것으로 보았는데 잘 살펴보지 않아 실수한 것 같다.(詩云, 國步初反正, 當是廣德元年公在梓閬州作. 賀蘭銛欲下東, 故詩又云, 遠赴東吳春. 梁權道編在永泰元年, 而師古又以遠赴湘吳春, 爲公移居夔府旣而下峽適荊吳, 蓋失之不考也.)
>
> **《두시상주》** 시에서 '국운이 비로소 바르게 돌아왔다'고 하였고, '상오의 봄으로 멀리 떠난다'고 했으니 광덕 2년 봄 대종이 경사로 돌아온 후에 지은 것일 게다.(詩云, 國步初反正, 遠赴湘吳春, 蓋在廣德二年春代宗回京後作.)

주 석

1 黃雀(황작) - 조류명. 흔히 권세에 아부하고 이익을 좇는 소인배를 비유한다.

〔黃雀 2구〕

> **《구가집주두시》 조언재 주** 황작이 무리지어 난다는 것은 당시 사람들의 비루하고 천박한 모습을 비유한 것이다.(黃雀羣飛, 比時人之蹇淺.)

2 君(군) - 하란섬賀蘭銛을 가리킨다. '吾'로 된 판본도 있다.

〔今君 2구〕

《구가집주두시》 조언재 주 하란섬의 처지를 슬퍼하여 그에게 아래 구절에서 말한 것처럼 물은 것이다.(傷賀蘭而問之, 如下句所云.)

3 老驥(노기)- 늙은 천리마. 驤首(양수)- 말이 머리를 쳐들다.

《구가집주두시》 조언재 주 《전국책》에는 다음과 같은 내용이 있다. 한명이 춘신군을 만나 말하였다. "천리마가 나이가 많아져 소금 수레를 끌고 태항산에 오르게 되었다. 진한 땀을 땅에 뿌리고 흰 땀을 줄줄 흘렸다. 고갯길 중간에서 머뭇거리며 수레를 끌고 오를 수가 없었다. 백락이 이 천리마를 만나서는 수레에서 내려 말을 끌어당기며 통곡을 하고는 모시옷을 벗어서 덮어주었다. 이에 천리마가 머리를 숙이고 숨을 내뿜고는 머리를 들어 소리가 하늘에 닿도록 울부짖고는 자신을 알아주는 백락을 우러러보았다." 지금 '지쳐있다'고 한 것은 백락이 없기 때문이다.(戰國策, 汗明見春申君曰, 夫驥之齒長矣, 服鹽車而上太行. 漉汗(녹즙漉汁의 잘못인 듯-역자)灑之, 白汗交流, 中坂遷延, 負轅不能上. 伯樂遭之, 下車, 攀而哭之, 解紵衣而冪之. 驥於是俛而噴, 仰而鳴, 聲造於天, 仰見伯樂之知己. 今云倦, 則以無伯樂也.)

4 蒼鷹(창응)- 매. '蒼'을 '飢'로 쓴 판본도 있다. 易馴(이순)- 쉽게 길들이다.

《구가집주두시》 조언재 주 여포와 모용수의 일을 암용하였다. 근심한다는 것은 먹여 기르는 것에 구차하게 매어 있어 걱정한다는 말이다.(暗使呂布與慕容垂事. 愁則以苟於食養而愁也.)

5 高賢(고현)- 고상하고 현명한 사람. 世未識(세미식)- 세상이 알지 못하다.

6 合(합)- 합당하다. 마땅하다. 嬰(영)- 두르다.

《두시상주》 '영'은 '두른다'는 뜻이다.(嬰, 縈繞也.)

#《두시상주》: 이 단락은 하란섬의 곤궁함을 탄식한 것이다. 선비의 적막

함은 세상이 어진 자를 알지 못함에서 연유한다. 그가 기근과 가난을 감내하여 차라리 지친 천리마와 길들여지는 매가 될지언정 배부르게 먹고 무리지어 나는 황작이 되지는 않는다. 여기서 그의 지조를 알 수 있다. 황작은 권세를 좇고 이로움을 따르는 자를 비유한다. 천리마와 매는 재주가 있어도 때를 만나지 못한 자를 비유한다.(此歎賀蘭之困窮. 士之寂寞, 由於世未識賢. 其甘守飢貧, 寧爲驥倦鷹馴, 不爲雀飽群飛. 此可見其志節矣. 黃雀, 比趨勢附利者. 驥鷹, 比抱才不遇者.)

7 國步(국보) - 국운. 反正(반정) - 정상으로 돌아오다. 여기서는 토번으로 함락되었던 경사를 수복하고 천자가 몽진에서 돌아온 것을 가리킨다.

《두시경전》 당시 대종이 섬주로 몽진하였다가 갓 돌아왔다.(時代宗幸陝初還.)

《구가집주두시》 조언재 주 국운이 정상으로 돌아온 것은 광덕 원년 12월 천자가 이미 장안으로 돌아온 것을 말한다. 그러나 토번은 계속해서 송주와 유주를 함락시켰다. 이듬해 사서에는 복고회은이 토번, 회흘, 당항의 병사 수십만을 이끌고 쳐들어와 조정이 크게 두려워한 일을 싣고 있다. 10월에 빈주를 침략하였고 선봉이 봉천에 이르렀다. 천자가 곽자의에게 명을 내려 봉천에 군대를 주둔하게 하였는데, 견고하게 벽을 쌓고 싸우지 않았다. 11월에 토번의 군대가 흩어졌다. 또 사서에서 이르기를 이해 엄무가 당구성에서 토번을 격파하였고 염주성을 함락하였다고 하였다. 공은 엄무가 다시 성도윤이 되었으므로 3월에 낭주로부터 돌아왔다. 지금 시에서 '국운이 비로소 정상으로 돌아왔다'고 하였는데 천자의 수레가 장안에 돌아온 지 얼마 되지 않았음을 말한다.(國步返正, 是廣德元年十二月車駕已自旣還長安, 而吐蕃繼陷松維州. 次年, 史載僕固懷恩以吐蕃回紇党項兵數十萬入寇, 朝廷大恐. 十月, 寇邠州, 先驅至奉天. 詔郭子儀屯奉天, 堅壁不戰. 十一月, 吐蕃軍潰. 又云, 是歲嚴武破吐蕃於當狗城, 克鹽州城. 公以嚴武再尹成都, 三月自閬州還. 今詩所云國步初返正, 言車駕之還長安未

多時.)

8 風塵(풍진) - 바람과 티끌. 전쟁을 뜻한다.

《구가집주두시》 조언재 주 '천지는 아직도 바람과 티끌이 가득하다'고 한 것은 토번 등의 난리를 말한 것이다.(乾坤尙風塵, 言吐蕃等之亂.)

9 悲歌(비가) - 슬피 노래하다. 鬢髮(빈발) - 귀밑머리.

10 遠赴(원부) - 멀리 가다. 湘吳春(상오춘) - 봄이 온 상지역과 오지역. 이 구절은 하란섬이 멀리 상오 지역으로 떠난다는 말이다.

〔悲歌 2구〕

《두시경전》 하란섬을 가리켜 한 말이다.(指銛.)

《두시상주》 슬피 노래하고 멀리 떠나는 것은 모두 하란섬을 가리켜 한 말이다.(悲歌遠赴, 皆指銛言.)

11 岷下芋(민하우) - 민산 아래에서 나는 토란.

《두시상주》에 인용된 《화식전貨殖傳》 민산 아래에 기름진 들이 천리다. 그 아래에 '준치'가 있어 (그 지역 사람들이) 평생 죽을 때까지 굶주리지 않는다. 주석에 "준치는 토란이다"라고 하였다.(岷山之下, 沃野千里, 下有蹲鴟, 至死不饑. 注, 蹲鴟, 芋也.)

12 千里蓴(천리순) - 천리호에서 나는 순채.

《두시상주》에 인용된 《일통지一統志》 천리호는 율양현 동남쪽 15리에 있다. 지금까지 좋은 순채가 나는데 사람들은 '천리순'으로 부른다.(千里湖在溧陽縣東南一十五里, 至今產美蓴, 俗呼千里蓴.)

《두시상주》에 인용된 주학령 주 하란섬은 분명 오 사람으로 촉에서 노닌 자였을 것이다. 그래서 '그대 천리호의 순채를 생각한다'는 구절이 있는 것이다.(賀蘭, 當是吳人而遊蜀者, 故有君思千里之句.)

#《두시상주》: 이 단락은 전송하는 뜻을 서술한 것이다. '반정'은 대종이 경사로 돌아온 것이다. '풍진'은 토번이 아직 평정되지 않은 것이다.

슬피 노래하고 멀리 가는 것은 모두 하란섬을 가리켜 말한 것이다. '민산 아래'는 공이 촉에 체류함이요, '순채를 그리워함'은 하란섬이 오지역으로 감이다. 피차 이별하게 되니 상심하기에 이른 것이다. 다른 주에서 '상오'를 공이 오초 지역으로 가고자 한 것이라고 했는데 잘못이다. 황학이 하란섬이 동쪽으로 내려가고자 했다고 한 것은 옳다.(此敍送行之意. 反正, 代宗還京. 風塵, 吐蕃未靖. 悲歌遠赴, 皆指銛言. 岷下, 公滯蜀. 思蓴, 銛往吳. 彼此離別, 故至傷心也. 他注以湘吳爲公欲往吳楚者, 誤. 黃鶴謂銛欲東下, 是也.)

##《독두심해》: 이 시는 먼저 뜻을 발하고 후에 일을 서술하였다. "적막하게 이 시절 사람을 향한다"는 한 마디는 능히 남에게 기대어 사는 자들로 하여금 눈물을 떨구게 한다. 하란섬을 위해 가슴을 치는 것은 바로 자신을 위해 분을 쏟는 것이다. '황작' 2구는 "이 시절 사람을 향하는 것"의 반흥이다. '노기' 4구는 '무슨 한을 안고 있는가'에 대한 변명이다. '비가'와 '원부'는 모두 하란섬을 가리킨다.(此詩先發意, 後敍事. 寂寞向時人一語, 能使依人生活者墮淚. 爲賀蘭撫膺, 正爲自己寫憤也. 黃雀二句, 爲向人反興. 老驥四句, 爲抱恨解嘲. 悲歌遠赴, 俱指賀蘭.)

(김성곤)

129. 閬山歌
낭산의 노래

閬州城東靈山白[1] 閬州城北玉臺碧[2]
松浮欲盡不盡雲[3] 江動將崩未崩石[4]
那知根無鬼神會[5] 已覺氣與嵩華敵[6]
中原格鬪且未歸[7] 應結茅齋著青壁[8]

낭주성 동쪽으로 영산이 하얗고
낭주성 북쪽으로 옥대가 파랗다네.
소나무엔 없어질 듯 없어지지 않는 구름이 떠 있고
강에는 무너질 듯 무너지지 않은 돌이 움직이네.
산 밑에 귀신의 모임이 없음을 어찌 알겠나?
기운이 숭산 화산과 필적함을 벌써 깨달았다네.
중원에서 싸움이 벌어져 잠시 돌아가지 못하니
응당 초가 엮어 푸른 벽에 붙여야 되겠네.

광덕 2년 봄 낭주에서 지은 시이다. 엄무가 다시 촉을 다스리게 되자 낭주를 떠나 촉으로 돌아가던 도중에 지었다는 견해도 있다. 시에는 낭주 지역 여러 산들의 아름다움이 묘사되어 있고 아울러 전쟁으로 인하여 고향으로 돌아갈 수 없는 상황에서 부득이 이곳 낭주에서 더 머물고자 하는 생각이 나타나 있다.

《보주두시》 뒤의 작품인 〈낭수가〉에서 '다시 봄이 모래톱으로부터 돌아온다'고 하였으니, 마땅히 이 시와 같이 광덕 2년 초봄에 지은 것이다.(以後篇閬水歌云, 更復春從沙際歸, 當與此詩同是廣德二年初春之時作.)

《구가집주두시》 조언재 주 봄 정월 재주에서 가솔을 이끌고 다시 낭중으로 갔다. 3월 중순경 엄무가 다시 촉을 진수하게 되었다는 소식을 듣고서 마침내 낭중을 떠나 성도로 돌아왔는데 그 도중에 지은 시이다.(春正月, 自梓州挈家再往閬中. 三月之半, 聞嚴武再鎭蜀, 遂離閬歸成都, 途中所作之詩.)

《두시상주》 황학은 광덕 2년 낭주시 안에 편재하였다. 아래의 시(〈낭수가〉)도 같은 시기의 작품이다. 《두억》에 "낭주는 곧 지금의 낭중현으로 보녕부의 속현이다"라고 하였다.(黃鶴編在廣德二年閬州詩內, 下首同時作. 杜臆, 閬州卽今閬中縣, 屬保寧府附郭者.)

주 석

1 閬州(낭주)- 사천성 보녕부 낭중현. 재동梓潼 남쪽에 있다. 靈山(영산)- 낭중현 동북쪽 10리에 있는 산으로 선혈산이라고도 한다. '靈'이 '雪'로 되어 있는 판본이 있으나, 구조오는 잘못이라고 하였다.

《두시상주》 《당서》에 "낭주 낭중현에 영산이 있다"고 하였다. 《두시전주杜詩錢注》에서는 "《환우기》에 '영산은 일명 선혈산이라고도 하며 낭중현 동북쪽 10리에 있다'고 하였고, 《여지도》에 '영산의 봉우리에는 잡다한 나무가 많다. 옛날 촉왕 별령이 이곳에 올랐기에 영산이라 이름하였다. 산의 동남쪽 모퉁이에 옥녀의 다듬이돌이 있다'고 하였다"는 말이 있다.(唐書, 閬州閬中縣有靈山. 錢箋, 寰宇記, 靈山, 一名仙穴山, 在閬中縣東北十里. 輿地圖云, 靈山峰多雜樹, 昔蜀王鼈靈登此, 因名靈山. 山東南隅有玉女擣練石.)

《보주두시》에 인용된 왕수 주 영산과 옥대는 모두 낭산의 경관이다.(靈山玉臺, 皆閬山景也.)

《보주두시》 황희 주　낭주 낭중현에 영산이 있다. 《환우기》에 의하면 면주 파서군에도 영산이 있지만, 여기서는 분명히 '낭주성 동쪽에 있다'고 하였다.(閬州閬中縣有靈山. 雖寰宇記綿州巴西郡亦有之, 然此明曰在閬州城東.)

2 玉臺(옥대) - 낭주성 북쪽 7리에 있는 산. '臺'가 '壺'로 되어 있는 판본도 있다.

《두시상주》에 인용된 《여지기승輿地紀勝》　옥대산은 낭주성 북쪽 7리에 있다.(玉臺山在閬州城北七里.)

《보주두시》 황희 주　옥대에 대해 《구역지》에 "유로들이 이야기를 전해 왔다"고 하였고, 《당서》에 "등왕이 일찍이 이곳에서 노닐며 쉬었다"고 하였다.(玉臺則九域志云, 故老相傳. 唐史, 滕王嘗於此遊憩.)

3 欲盡不盡雲(욕진부진운) - 사라질 듯 사라지지 않는 구름. 바람에 불리어 흘러가면서도 계속 그 자리를 채우고 있는 구름을 가리킨다. 이 구절은 산 위의 구름 위로 소나무가 뻗어 있는 모습을 형용한 것이다.

4 江(강) - 가릉강嘉陵江. 動(동) - 돌이 움직이는 듯한 모습을 나타낸다. 강물이 바위를 진동시킨다는 뜻으로 볼 수도 있다. 將崩未崩石(장붕미붕석) - 무너질 듯 무너지지 않는 암석. '未'가 '已'로 된 판본도 있다.

《구가집주두시》 조언재 주　'미붕석'으로 되어 있는 구본이 올바르다. '이붕석'으로 된 것은 잘못이다. 대체로 '없어질 듯 없어지지 않다' '무너질 듯 무너지지 않다'고 해야만 비로소 말의 맥락이 이루어진다. 이미 무너져 버렸다면 어찌 다시 움직일 수 있겠는가? 하물며 아래에 '기운이 숭산 화산과 필적함을 벌써 깨달았다'는 구절이 있음에랴? (未崩石, 舊本正. 作已崩石, 非. 蓋欲盡不盡將崩未崩, 方成語脉. 已崩矣, 豈復能動邪. 況下有已覺氣與嵩華敵也.)

5 那知(나지)- 어찌 알겠는가? 根(근)- 뿌리. 여기서는 산의 밑 부분을 가리킨다. 鬼神會(귀신회)- 귀신들의 회합.

6 已覺(이각)- 이미 깨달아 알고 있다. 氣與嵩華敵(기여숭화적)- 산의 기운이 숭산이나 화산과 같이 높은 산에 필적하다. 낭산의 드높은 기상을 읊은 것이다.

《두시상주》에 인용된 《두억》 《지리지地理志》에 "낭중의 산은 사면으로 군을 둘러싸고 있으며, 선성들이 노닌 자취가 많다"라 하였으니, 귀신들이 모여 있음을 알 만하다.(地志, 閬中山四合於郡, 多仙聖遊跡, 則鬼神之會可知.)

〔那知 2구〕

《두시상주》 숭산은 중악이고, 화산은 서악이다.(嵩山, 中嶽. 華山, 西嶽.)

《보주두시》 조언재는 "이 부분은 영산과 옥대를 말한 것이다"라고 하였다. 사씨는 "오악 중에서 서악이 화산, 중악이 숭산이다. 무릇 명산대천은 귀신이 지켜 주는 것이다. 이 산이 비록 오악에는 들지 못하지만, 이곳에 귀신이 모이는 것을 어찌 알리오?"라고 하였다.(趙曰, 此言靈山玉臺也. 師曰, 五岳, 西曰華山, 中曰嵩山. 凡名山大川鬼神之所扶持. 此山雖不與五岳之數, 安知鬼神不會於是.)

7 中原(중원)- 낙양지방. 格鬪(격투)- 싸우다. 且(차)- 우선, 잠시.

《구가집주두시》 조언재 주 중원에서의 싸움은 곧 지난 해 광덕 원년 토번이 10월에 경사와 빈주를 함락하고 봉천과 무공을 노략질하자 임금이 촉으로 피난한 일과 12월에 송주, 나주, 보주의 3개 주를 함락한 일을 가리키니, 금년 봄에 이르기까지 전쟁이 어찌 그쳤겠는가?(中原格鬪, 乃去歲廣德元年吐蕃十月陷京師邠州, 寇奉天武功, 車駕幸蜀, 十二月陷松羅保三州. 至今歲之春, 干戈豈息也.)

8 結茅齋(결모재)- 초가를 엮어서 집의 형태를 갖추다. 모재는 띠풀로 지붕을 이은 집을 뜻한다. '結'이 '著'으로 된 판본도 있다. 著靑壁(착

청벽)- 푸른 벽에 붙여 두다. '청벽'은 낭산을 가리킨다. '著'이 '向' 또는 '看'으로 된 판본도 있다.

《보주두시》에 인용된 왕수 주 둘이 서로 대적하는 것을 격투라 한다.(兩相敵曰格鬪.)

《보주두시》 격투는 토번이 경사를 범한 것을 말한다. 중원이 편치 않았기 때문에 돌아가고자 하는 생각을 잠시 멈추었다. 푸른 벽을 본다고 한 것은 낭산이 푸른 벽과 같기 때문이다.(格鬪謂吐蕃犯京師, 中原未寧, 故歸意且止. 看青壁, 以閬山如壁之青也.)

#《두시상주》: 이 시는 낭산의 승경을 읊었다. 위 6구에서 경치를 서술했고, 아래 2구에서 정감을 서술했다. 영산과 옥대는 낭주 근처 산 이름이다. 구름이 산 위에 있고 돌이 산 아래에 있다. '부'자는 다하지 않는 모습을 썼고, '동'자는 무너져 내릴 듯한 형세를 그려냈다. 돌뿌리가 아래에 서려 있으니 곧 귀신이 비호하는 바이고, 구름기운이 위에 있으니 숭산 화산과 더불어 같이 높은 것이다. 그 아래에 오두막을 엮어 두면 그런대로 난을 피할 만하다. 호하객은 "이 시가는 요체율시와 비슷하다"고 하였다.(此詠閬山之勝. 上六敍景, 下二述情. 靈山玉臺, 近閬山名. 雲在山上, 石在山下, 浮字寫不盡之態, 動字摹欲落之勢. 石根下盤, 乃鬼神所護, 雲氣上際, 與嵩華並高, 結廬其下, 聊堪避亂矣. 胡夏客曰, 此歌似拗體律詩.)

《독두심해》: 두 노래(〈낭산가〉와 〈낭수가〉)는 낭중의 승경을 기록한 것이며, 또한 돌아가지 못하는 이가 남에게 받는 조롱에 대해 그저 해명한 것일 따름이다. 첫 연은 '산'자를 들어 밝히고 있다. '소나무와 구름', '강과 암석'은 그곳 경물을 아름답게 여긴 것이다. '어찌 알겠나?'라든가 '벌써 깨달았다'라고 한 것은 그곳 형세를 장대하게 여긴 것이다. 결어에서는 그곳 선경이 은둔할 만함을 감탄한 것으로 꼭 집을 짓겠다는 것은 아니다. 소나무와 구름의 묘사가 표묘하며, 강과 암석의 묘사가 영롱하다. '어찌 그것이 없음을 알겠는가'라고 한 데서 바로 그것이 있음을 드러낸다. 숭산과 화산을 들어서 형용한 것은 중원에 아직 돌아가지 못하고 있는 것과 아귀가 딱 맞는다.(二歌誌閩中之勝, 亦聊爲不歸者解嘲耳. 起聯提明山字. 松雲江石, 美其景物. 那知已覺, 壯其形勢. 結語歎其仙境可隱, 非果欲結茅也. 松雲寫得縹緲, 江石寫得玲瓏. 那知其無, 正見其有. 擧嵩華相形, 恰與中原未歸合縫.)

(이남종)

130. 閬水歌
낭수의 노래

嘉陵江色何所似[1] 石黛碧玉相因依[2]
正憐日破浪花出[3] 更復春從沙際歸[4]
巴童蕩槳欹側過[5] 水雞銜魚來去飛[6]
閬中勝事可腸斷[7] 閬州城南天下稀[8]

가릉의 강색은 무엇과 같은가?
석대와 벽옥이 연이어 있는 듯하네.
햇살이 파도를 부수며 나오는 모습 정말 아름다운데
다시 봄이 모래톱으로부터 돌아오는구나.
파땅의 아이 상앗대를 치며 기울어져 지나가고
수계는 물고기를 물고 왔다 갔다 날아간다.
낭중의 아름다운 경관 정말 애간장이 끊어지는 듯
낭주 성 남쪽은 천하에 드문 경치로세.

이 시는 낭주 강물의 봄날 경치를 노래한 것으로 저작 시기는 광덕 2년이다.

《보주두시》 〈낭산가〉와 마찬가지로 광덕 2년에 지은 것이다.(與閬山歌同, 廣德二年作.)

《두시상주》에 인용된 《두억》 강물의 수원은 섬서 봉현 가릉곡에서 출발하는데, 광원 소화를 거쳐 검주를 지나 보녕부에 이른다. 그것은 낭수, 파수, 우수, 한수라고 하는데, 모두 이 강의 다른 이름이다.(江源出陝西鳳縣嘉陵谷, 經廣元昭化過劍州, 至保寧府, 其曰閬水巴水渝水漢水, 皆此江之異名.)

주 석

1 江色(강색)- '山水' 혹은 '江水'로 된 판본도 있다.

《두시상주》《환우기》에 "가릉수는 일명 서한수라고 하고 낭중수라고도 한다"고 하였다. 전겸익의 전에 "《수경주》에 '한수는 또 남쪽으로 낭중현 동쪽을 지나고, 낭수는 낭양현을 나와 동으로 현의 남쪽을 경유하고, 또 동으로 한수로 들어간다'고 하였고, 《주지도》에 '강물이 진주 가릉에서 나오기에 가릉이라 이름하며, 낭중을 지나 낭중수라고 하며 낭수라고도 하고 유수라고도 한다'고 하였다"고 하였다. 누약은 "가릉강은 낭주 서북쪽에 이르러 굽어져 남쪽으로 내려가며 가로 흘러 동쪽으로 갔다가 다시 굽어져 북쪽으로 흘러간다. 낭주성 3면이 모두 강물이기에 또한 낭중이라고 부른다. 지세가 평평하고 강물의 흐름이 느린데 성의 남쪽이 바로 멋진 곳으로서, 맞은편이 바로 금병산이다"라고 하였다.(寰宇記, 嘉陵水, 一名西漢水, 又名閬中水. 錢箋, 水經注, 漢水又南逕閬中縣東, 閬水出閬陽縣, 而東逕其縣南, 又東注漢水. 周地圖云, 水源出秦州嘉陵, 因名嘉陵, 經閬中, 卽閬中水, 亦曰閬江, 又曰渝水. 樓鑰曰, 嘉陵江, 至閬州西北, 折而南趨, 橫流而東, 復折而北, 州城三面皆水, 故亦謂之閬中, 地勢平闊, 江流舒緩, 城南正當佳處, 對面卽錦屛山.)

2 石黛(석대)- 옛날 여인들이 눈썹을 그릴 때 사용하던 청흑색의 안료. 碧玉(벽옥)- 청록색을 띤 옥. 이 구에서 석대와 벽옥은 모두 강물의 빛깔을 형용한 것이다.

《두시경전》《육서고》에서 "석대는 청흑색이고 눈썹 그리는 먹으로 사용한다"고 하였다. 《설문해자》에서 "벽은 돌 가운데 푸르고 아름다운 것이다"라고 하였다. 물이 얕은 곳은 푸른 옥돌과 같고, 깊은 곳은 석대와 같음을 달한 것이다.(六書故, 黛, 靑黑色, 用爲畫眉墨. 說文, 碧, 石之靑美者. 言水淺處如碧, 深處如黛也.)

3 浪花(낭화) - 파도 '閬山'으로 된 판본도 있다.

《구가집주두시》 조언재 주 '일파랑화출'은 해가 나와 마침 물을 비추는 것이니 '일출파랑화'라고 하는 것과 같다. '파랑화'라고 한 것은 《남사》 종각의 '장풍을 타고서 만 리의 파도를 깨고 싶다'는 것에서 취하였다.(日破浪花出, 以日出正照水也, 如云日出破浪花矣. 謂之破浪花, 取南史宗慤願乘長風破萬里浪.)

《두억》 강물이 광활하여 해가 강 가운데서 올라오는 것이 보이기에 '일파랑화출'이라고 하였다.(江闊, 見日從江中起, 故云日破浪花出.)

4 沙際(사제) - 모래톱 혹은 강가 모래밭.

《구가집주두시》 조언재 주 '춘종사제귀'는 곧 어느 곳인들 봄이 아니겠는가마는 마침 눈에 보이는 것이 성 남쪽 모래톱 화초가 아름다운 곳이기에 모래톱에서 돌아온다고 한 것이다. 이 구절의 뜻은 대개 비창費昶의 잡사(〈화소기실춘단유소사和蕭記室春旦有所思〉)에 있는 "물은 복사꽃 좇아 흘러가고, 봄은 버들을 따라 돌아온다"는 것과 같다.(春從沙際歸, 則何處無春, 而眼中所見, 城南之沙際花草明媚, 爲自沙際回歸. 句意蓋如費昶雜詞, 水逐桃花去, 春隨楊柳歸.)

5 巴童(파동) - 파유巴渝의 아이. 파유는 촉의 옛 지명이다. 낭주 역시 촉 지역에 해당한다. 蕩槳(탕장) - 상앗대를 치다. 欹側(의측) - 기울어지다. 한쪽으로 쏠리다. 이 구는 물살이 빠른 곳을 바라보며 경치를 묘사한 것이다.

6 水雞(수계) - 물새의 이름. '雞'는 '鳥'로 된 판본도 있다.

《두시상주》에 인용된 주학령 주 일찍이 한 촉지방의 선비에게 들으니 수계는 그 모습이 수탉과 비슷한데 꼬리가 짧으며 논 가운데 잘 머문다고 한다. 지금 사천 사람들은 이것을 수계옹이라고 부른다.(嘗聞一蜀士云, 水雞, 其狀如雄雞而短尾, 好宿水田中, 今川人呼爲水雞翁.)

《보주두시》에 인용된 사고 주 물고기가 많다는 말이다.(蓋言魚多也.)

7 勝事(승사) - 아름다운 경관. 腸斷(장단) - 장이 끊어지는 듯 아프다. 낭수의 경치가 너무 아름다워 마음이 아프다는 것이다.

8 天下稀(천하희) - 천하에 드물다.

《두시상주》 《방여승람》에서 "금병산은 성 남쪽 3리에 있다"고 하였다. 풍충서의 글에서는 "낭주군은 양주梁州, 양주洋州, 재주, 익주가 만나는 곳에 있어서 다섯 성 열 두 누각의 빼어난 경치가 있다"고 하였다. 사師씨는 "성 남쪽의 병풍산은 아름답게 수놓은 비단 병풍 같아서 천하 제일이라고 불리기에 '천하에서 드물다'고 말한 것이다"라고 하였다.(方輿勝覽, 錦屛山, 在城南三里. 馮忠恕記云, 閬之爲郡, 當梁洋梓益之衝, 有五城十二樓之勝槪. 師氏曰, 城南屛山, 錯繡如錦屛, 號爲天下第一, 故曰天下稀.)

《구자집주두시》 조언재 주 위에서 '낭중'이라고 하였고 또 '낭주'라고 하였는데 전부를 들어 말하면 낭중이다. 《명산지》에 "낭주의 산에는 신선이 많이 모여 논다"고 하였다. 《도경》에서는 "낭주의 산은 사방에서 군을 에워싸고 있어서 낭중이라고 하며 또한 낭내라고도 한다"고 하였다. 낭주성 남쪽은 곧 금병산을 가리킨다.(上云閬中, 又云閬州, 擧全部言之曰閬中. 名山志, 閬山多仙聖遊集. 圖經曰, 閬山四合於郡, 故曰閬中, 亦謂之閬內. 閬州城南, 則指錦屛山也.)

#《두시상주》: 이 작품은 낭수의 빼어난 경치를 노래했는데 또한 제 6구에서 경과 정으로 나뉜다. 강물이 먹빛과 푸른빛을 겸하였으니 청색과 녹색이 가히 사랑스럽다. 해가 낭중에서 떠올라 강물을 비춰 아름다움을 더하고, 봄은 모래톱으로 돌아와 물에 반사되어 그 고움을 배가시킨다. 상앗대가 기울어진 것은 강물의 흐름이 급한 것이다. 새가 오고 가는 것은 강의 물결이 잔잔한 것이다. 장이 끊어진다고 한 것은 중원으로 아직 돌아가지 못했기 때문이고, 천하에 드물다고 한 것은 빼어난 경관이 즐길 만하다는 것이다. 장연의 주에 "공이 멀리 떠돌아

다닐 때에도 산수의 즐거움을 잃어버리지 않았으니 또한 곤궁함에 처해서도 형통함을 익히 알 수 있다"고 하였다. 《두억》은 "낭중의 승사로 위 글을 총결하고 가슴이 아플 지경이라고 칭송하여 말한 것은, (〈봉배정부마위곡이수奉陪鄭駙馬韋曲二首〉에서) 위곡의 꽃을 찬양하여 사람을 미치게 한다고 말한 것과 같다"고 하였다.(此詠閬水之勝, 亦在六句分別景情. 水兼黛碧, 淸綠可愛也. 日出閬中, 照水加麗, 春回沙際, 映水倍姸. 槳欹側, 江流急也. 鳥來去, 江波靜也. 腸可斷, 中原未歸. 天下稀, 勝地堪玩. 張綖注, 公當遠離之時, 而不失山水之樂, 亦足見其處困而亨矣. 杜臆, 閬中勝事, 總結上文, 而贊云可腸斷, 猶贊韋曲之花, 而曰惱殺人也.)

《독두심해》: 첫 구는 질문이고 다음 구는 대답이다. '석대'와 '벽옥'은 물을 묘사하는 정필을 이미 다한 것이다. '일출'과 '춘귀'는 색이 잘 드러나는 곳으로부터 쓴 것이고, '파동'과 '수계'는 또한 점철한 곳에서부터 쓴 것이다. 모두 '홍염법'이다. 결미에서는 말로 다 형용할 수 없는 찬탄을 하고 있다. 낭중을 몹시 사랑하는 두 구절은 마치 옛 가요와 흡사하다.(首句問, 次句答. 石黛碧玉, 寫水正筆已竟. 日出春歸, 從生色處寫. 巴童水雞, 又從點綴處寫. 都是烘染法, 結有贊不容口之致. 苦愛閬中二句, 似舊歌謠.)

(**박홍준**)

131. 江亭王閬州筵餞蕭遂州

강가 정자에서 왕낭주가 잔치를 열어 소수주를 전별하다

離亭非舊國[1] 春色是他鄉[2] 老畏歌聲繼[3] 愁隨舞曲長[4]
二天開寵餞[5] 五馬爛生光[6] 川路風烟接[7] 俱宜下鳳凰[8]

이별 정자는 아니 고향이요,
봄빛도 타향이로다.
늙어서는 노래소리 이어져 두렵고,
시름은 춤 가락 길게 따라간다.
두 하늘이 은혜로운 전별연 여니
다섯 말 찬란히 빛이 난다.
냇길에 바람과 이내 잇닿고
모두 응당 봉황 내려오리다.

낭주 왕자사가 수주 자사에게 베푼 전별연에 참석하여 두 자사를 칭송하여 지었다. 전별연의 광경을 묘사하면서 기댈 데 없는 자신의 처지도 시름하였다. 광덕 2년 낭주에서 지었다.

《보주두시》 제목에 '왕낭주의 잔치'라고 하였고, "봄빛은 타향이다"라고 하였으니 광덕 2년 봄의 작품이다.(題云, 王閬州筵, 而云春色是他鄉, 則是廣德二年春作.)
《독두심해》 수주는 지금 동천주 수녕현이다.(遂州, 今潼川州遂寧縣.)
《두시상주》에 인용된 소보 주 낭주는 지금 사천 보녕부이고, 수주는 지금 사천 동천주 수녕현이다.(閬州, 今四川保寧府. 遂州, 今四川潼川州遂寧縣.)

주 석

1 離亭(이정) - 이별하는 정자. 옛날 사람들이 쉬어 가도록 성에서 약간 먼 길가에 지은 정자. 이 곳에서 자주 송별하였다. 舊國(구국) - 고향. 장안을 가리킨다는 견해도 있다.

《두시상주》 '이정'은 이 정자에서 이별한다는 말이다. 노원창 주에 "장안 동도문 밖에 조도를 올리는 이정이 있다. 지금 낭주에서 전별하니 옛 도읍이 아니다"라고 하였다.(離亭, 離別此亭也. 盧注, 長安東都門外有祖道離亭, 今餞於閬州, 則非故國矣.)

《두시경전》 장안 동쪽에 파교가 있으니 옛날 송별하던 곳이다.(長安東有灞橋, 古送別處.)

2 他鄕(타향) - 낭주를 말한다.

3 繼(계) - '短' 또는 '斷'으로 된 판본도 있다.

4 隨(수) - 따르다. 시름이 춤곡의 가락을 따른다는 말이다. '從'으로 된 판본도 있다. 舞曲長(무곡장) - 무용곡의 가락이 길다. 이 구는 시름도 긴 곡조를 따라서 길다는 뜻이다.

5 二天(이천) - 은인. 비호해 주는 사람에 대한 경칭. 후한 때 소장蘇章의 고사에서 비롯되었다. 소장이 기주자사가 되자 관할지인 청하의 태수는 그의 벗으로서 부정을 저지른 적이 있었다. 벗은 소장이 자신을 비호해 주리라 여기고 그를 '이천'이라고 불렀다. 후에 은혜를 베푸는 주군州郡의 장관에 대한 미칭으로 쓰였다. 여기서는 왕낭주를 가리킨다. 開(개) - 잔치를 연다는 말이다. '悲'로 된 판본도 있다. 寵餞(총전) - 은혜로운 전별연. 왕낭주가 소수주를 위해 연 전별연이다.

《두공부초당시전》 '이천' 구는 왕낭주와 소수주가 서로 비호해 줄 수 있음을 찬미한다.(二天, 美王閬州蕭遂州能相容庇也.)

《두시경전》 왕낭주를 가리킨다.(指王.)

《두시언해》 이는 왕낭주의 전별연 베풂을 찬미한다.(此美王閬州之開餞筵也.)

《후한서 · 곽두공장염왕소양가육열전郭杜孔張廉王蘇羊賈陸列傳》 (소장이) 순제 때 기주자사로 옮겼는데 벗이 청하태수였다. 소장이 관할지를 순행하며 감찰하다가 그의 수뢰를 적발하였다. 이에 태수를 청하여 그를 위해 술과 안주를 차리고 옛정을 얘기하며 매우 즐거워하였다. 태수가 기뻐 말하였다. "사람들은 모두 하늘이 하나 있지만, 나만 홀로 두 하늘을 가졌소이다." 소장이 말하였다. "오늘 저녁 나 소유문이 벗과 마심은 사적인 은혜 때문이요, 내일 기주자사로서 사건을 조사함은 공법 때문이외다." 마침내 그 죄를 하나하나 바로잡으니 온 고을이 소장의 사사로움 없음을 알고 멀리서 우러러 경외하였다.(順帝時, 遷冀州刺史. 故人爲淸河太守, 章行部案其姦贓. 乃請太守, 爲設酒肴, 陳平生之好甚歡. 太守喜曰, 人皆有一天, 我獨有二天. 章曰, 今夕蘇孺文與故人飮者, 私恩也. 明日冀州刺史案事者, 公法也. 遂擧正其罪, 州境知章無私, 望風畏肅.)

6 五馬(오마) - 태수. 한나라 때 태수가 타는 수레는 말 다섯 마리가 끌었다. 여기서는 소수주를 말한다. 爛生光(난생광) - 화려하여 빛이 나다. '生'은 '輝'로 된 판본도 있다.

《두시경전》 소수주를 가리킨다.(指蕭.)

7 川路(천로) - 수로 또는 강변의 길. 風烟(풍연) - 바람과 이내. 경치, 풍광. 이 구는 두 고을이 가까움을 말한다.

《두공부초당시전》 촉도에서 낭주와 수주는 붙어 있다.(蜀道, 閬與遂接壤也.)

8 俱(구) - 모두. 낭주와 수주 두 곳 모두라는 뜻이다. 宜(의) - '看'으로 된 판본도 있다. 下鳳凰(하봉황) - 봉황이 내리다. 봉황을 내리게 하다.

봉황은 태평성대에 나타난다. 이 구에서는 두 자사가 고을을 잘 다스린다고 칭송한다.

《구가집주두시》 왕수 주 가의의 〈조굴원부弔屈原賦〉에 "봉황이 높은 하늘을 날다가 덕의 광휘 보고 내려온다"라고 하였다. 한나라 때 황패가 영천태수가 되자 이 때 봉황과 신작이 자주 고을과 나라에 모였는데, 영천에 더욱 많았다. 이는 두 자사가 고을을 잘 다스림을 칭송한다.(賈誼賦, 鳳凰翔于千仞兮, 覽德輝而下之. 漢黃霸爲穎川太守, 是時鳳凰神爵數集郡國, 穎川尤多. 此以美二公爲郡之治効也.)

〔川路 2구〕

《구가집주두시》 사민첨 주 낭주와 수주는 모두 촉도에 속하므로 "물길에 바람과 이내 잇닿는다"라고 하였다. 옛날 소사는 봉을 타고 갔고, 왕자교는 쌍오리를 타고 날아왔으니 모두 신선이다. 그러므로 "모두 봉황 내려오리다"라고 하여 두 자사의 비범함을 찬미하였다.(閬與遂皆屬蜀道, 故云, 川路風煙接. 昔蕭史跨鳳而去, 王喬乘雙鳧飛來, 皆神仙人. 故云, 俱宜下鳳凰, 以美二公不凡也.)

《두시언해》 낭주와 수주는 물길이 서로 닿고, 그 정치는 모두 아름다움을 말한다.(言閬州與遂州川路相接, 其政治皆美也.)

#《두시상주》: 위 4구는 잔치에 참여한 정경이고, 아래 4구는 전별하면서 칭송하는 말이다. '이정'은 장소를 나타내고, '춘색'은 때를 나타낸다. 가무를 대하여 시름하고 두려워함은 몸이 타향에 있기 때문이다. '이천'은 왕낭주를 가리키고, '오마'는 소수주를 가리킨다. 낭주와 수주는 모두 천중에 속하그로 바람과 이내가 서로 잇닿는다고 하였다. '하봉황'은 교화가 사믈도 감화시킬 수 있음을 말한다. 노래소리 이어질까 두렵고 춤곡 길어짐을 시름한다 함은 노년이라 오래 앉아 있을 수 없다는 말이다. 바로 공의 시(〈대상臺上〉) "늙어서 술 한 잔이면 족하거늘 뉘라서 잦은 춤사위 긴 것을 좋아하랴"라는 구와 같다. (上四陪宴情景, 下四餞別頌言. 離亭記地, 春色記時. 對歌舞而愁畏, 身在他鄉故也. 二天指王, 五馬指蕭. 閬遂俱屬川中, 故風烟相接. 下鳳凰, 言化

能感物. 畏繼愁長, 老年不耐久坐, 卽公詩, 老去一杯足, 誰憐屢舞長也.)

《독두심해》: 구조오의 주에 위 4구는 잔치에 참여한 정경이고, 아래 4구는 칭송하는 말이라고 하였다. 살펴보건대 3,4구는 위의 '타향'을 이으므로 '노'자 '수'자로 점철하였고, 아래 '총전'을 일으키므로 '가성'과 '무곡'으로 펼쳐 놓았다. 자유롭게 살려서 읽어야 한다. 주석가들은 끊음과 이음의 구분에만 착안하여 집착하여 풀이를 구하므로 모두 죽은 구절이 되어버린다.(仇注, 上陪宴, 下頌言. 愚按, 三四承上他鄕, 故以老字愁字點綴之. 起下寵餞, 故以歌聲舞曲鋪張之. 須放活看. 注家只管於斷與繼之間, 沾沾索解, 都成死句.)

《두억》: 3,4구에서 노래소리는 짧음을 두려워하고, 춤 곡조는 길을 걱정한다고 하여 궁핍과 시름에 실의하여 멍하니 의지할 데 없는 모양을 표현하였다.(三四, 歌聲旣畏其短, 舞曲又愁其長, 寫出窮愁侘傺無聊之狀.)

(**이창숙**)

132. 陪王使君晦日泛江就黃家亭子二首

왕사군을 모시고 그믐날에 배를 띄워 황가정자에 가다

山豁何時斷[1] 江平不肯流 稍知花改岸[2] 始驗鳥隨舟[3]
結束多紅粉[4] 歡娛恨白頭 非君愛人客[5] 晦日更添愁[6]

산이 훤히 터였으니 언제 끊어졌나?
강은 평평하여 흐르지 않으려는 듯합니다.
꽃이 언덕마다 바뀌는 것을 점차 알고는
새들이 배를 따라옴을 비로소 깨달았습니다.
맵시 나게 옷 입고 붉은 분 바른 여인이 많으니
기뻐하며 노는 자리에서 흰 머리를 한탄합니다.
그대께서 객을 사랑하지 않으셨다면
이 그믐날에 시름이 더욱 더하게 되겠지요.

이 시는 두보가 낭주에 머물고 있을 때인 광덕 2년 정월 그믐날에 지은 것이다. 왕사군과 함께 강에 배를 띄우고 황가정자에서 놀며 본 경물과 느낀 감회를 읊었다. 왕사군은 당시 낭주자사로 성이 왕씨인 사람이다. 황가정자는 정자 이름이다.

《보주두시》 왕사군은 바로 낭주자사인 왕씨이다. 회일은 당 나라 때에 명절이다. 응당 광덕 2년 정월 그믐에 지은 것이다.(王使君, 即王閬州也. 晦日爲唐令節. 當是廣德二年正月晦日作.)
《구가집주두시》 당 나라는 정월 그믐을 명절로 삼았다.(唐以正月晦日爲令節.)

《두시상주》 《당지》에 의하면 덕종 때에 이필이 정월 그믐을 폐하고 2월 초하루를 중화절로 하기를 청하였다고 하니, 이 전에는 그믐이 절일이었던 것이다.(唐志, 德宗時, 李泌請廢正月晦日, 以二月朔爲中和節, 則是前此以晦日爲節也.)

주 석

1 山豁(산활) - 산골짝이 훤하게 열린 것을 뜻한다. 斷(단)- 산이 잘리다.
《두억》 지리지를 살펴보면 다음과 같은 이야기가 있다. 낭중에 반룡산이 성 동쪽 3리 지점에 있는데 바라보면 용이 서린 것 같다. 정관 연간에 풍수가가 서남쪽 천 리 밖에 왕기가 있다고 말하여 사람을 시켜 촉에 들게 하였는데 낭중에 가보니 과연 산 기운이 가득 푸르렀다. 그래서 산맥을 뚫어 부수니 물이 핏빛으로 흘렀다. 지금은 '거산'이라 부른다. 함형 연간에 낭중현을 여기로 옮겼는데 바로 지금의 거산관이니, '산활'은 응당 이 곳을 가리킬 것이다.(按志, 閬中有蟠龍山, 在城東三里, 望如蟠龍之狀. 貞觀中望氣者, 言西南千里外有王氣. 令人入蜀, 次閬中, 果見山氣鬱葱, 鑿破山脈, 水流如血. 今號鋸山, 咸亨中徙閬中縣於此. 即今鋸山關也, 山豁當指此.)

2 稍(초)- 점차. 花改岸- 언덕에 핀 꽃이 달라졌다는 뜻이다.

3 驗(험)- 어떤 사실을 확인하게 되다.

〔稍知 2구〕 강물이 흐르지 않아 배가 움직이지 않는 것 같았는데 언덕이 바뀌는 것을 보고서 배가 이동하였고 배 옆에 보이는 새가 따라온 것임을 알았다는 뜻이다.

4 結束(결속)- 단장하다. 옷을 갖추어 입다.
《두시상주》 '결속'은 의복을 잘 차려 입은 것이다.(結束, 衣裳裝束也.)

5 人客(인객)- 나그네. 빈객.

《두시상주》에 인용된 홍중洪仲 설 공의 〈견흥遣興〉 시에 "손님〔人客〕의 성을 물어 안다"고 하였고 왕건의 〈田家留客〉 시에 "우리 집에 머물 수 있는 손님〔人客〕이 적다"고 하였으니 '인객'자는 아마도 당시의 방언일 것이다.(公詩, 問知人客姓, 王建詩, 人客少能留我屋, 人客字, 蓋當日方言.)

6 添(첨) - '禁'으로 된 판본도 있다.

#《두시상주》: 이 장은 사군을 모시고 강에 배를 띄운 이야기이다. 위의 4구는 강위의 경물이고 아래 4구는 자리 가운데의 정과 일이다. 산이 탁 트여 있어서 강면이 평평하다. 꽃을 보니 이미 언덕이 바뀌어서 비로소 새도 또한 배를 따랐음을 깨달았으니 그 흐르지 않는 것 같은 곳도 여전히 흐르고 있었던 것이다. 마지막 구에서 '회일'을 말하여 되돌려서 결말을 지었다.(此章陪使君泛江. 上四江上之景, 下四席中情事. 山開豁, 故江面平. 見花已改岸, 始覺鳥亦隨舟, 其不流處仍流也. 末點晦日, 反掉作結.)

其二

有徑金沙軟[1] 無人碧草芳 野畦連蛺蝶 江檻俯鴛鴦
日晩烟花亂 風生錦繡香[2] 不須吹急管[3] 衰老易悲傷

길이 난 곳에 금빛 모래 보드랍고
사람 없어도 푸른 풀은 향기롭다.
들 밭두둑엔 줄지은 나비,
강 위 난간에서 내려다 보이는 원앙.

해 저물 때 연무 속 꽃이 어지러워
바람 일자 비단 옷에 향이 난다.
급한 가락 불지 말아야 하니
쇠로한 이 쉬이 슬픔에 젖어서라.

주 석

1 金沙(금사) - 금 모래.
《두시상주》《촉도부》'금사은삭'의 주에서 "영창에 있는 어떤 강에서 금이 나오는데 겨 모양으로 모래 속에 있다"고 하였다.《일통지》에서 "보녕부의 검주, 광원, 강유, 파현에서 부금이 나온다"고 하였다.(蜀都賦, 金沙銀礫, 注, 永昌有水出金, 如糠, 在沙中. 一統志, 保寧府劍州廣元江油巴縣出麩金.)

2 錦繡(금수) - 기녀가 입은 무의舞衣를 가리킨다.

3 急管(급관) - 가락이 급한 관악기.

#《두시상주》: 이 장은 황가정자에 간 일이다. 위의 4구는 정자 앞의 경물이고 아래는 경물을 대하고 마음 아파한 것이다. 모래와 풀은 정자로 들어가는 길이다. 바람이 꽃향기를 날리니 비단 옷에 향기가 인다. 두 구는 나뉜 것을 합쳐서 보아야 한다. '금수'는 무의를 말하고 '급관'은 음악을 말한다.《두억》에서 "결어는 '기뻐하여 노는 자리에서 흰 머리를 한탄하다'의 뜻을 거듭 풀이하였다."고 하였다.(此章就黃家亭子. 上四亭前之景, 下乃對景傷情. 沙草, 入亭之路. 風吹花氣, 故衣錦生香, 兩句分合看. 錦繡謂舞衣, 急管謂歌吹. 杜臆, 結語申歡娛恨白頭意.)

##《독두심해》: 두 시는 모두 위의 반은 사경이고 아래는 기녀를 데리고 논 이야기를 서술하다가 끝에서 자기 이야기로 돌아갔다.(二詩俱上半

寫景，下述攜妓，結歸自己.）

（**이영주**）

133. 泛江
강에 배를 띄우다

方舟不用楫[1] 極目總無波[2] 長日容盃酒[3] 深江淨綺羅[4]
亂離還奏樂[5] 飄泊且聽歌 故國流淸渭[6] 如今花正多

배 나란히 하여 노 젓지 않은 채
멀리 바라보니 물결 하나 없다.
긴 봄날이라 술 마시기 좋거니와
깊은 강엔 비단옷이 맑구나.
난리에도 여전히 음악을 연주하여
떠도는 신세에 잠시 노래를 듣는다.
고향에는 맑은 위수 흐르고
지금쯤 꽃이 한창 많으리라.

이 시는 광덕 2년 봄 낭주에서 지은 것이다. 가릉강에 배를 띄우고서 잔치를 벌이는 모습과 고향을 그리워하는 마음을 써내었다.

《보주두시》 시에 "긴 봄날이라 술 마시기 좋거니와 깊은 강엔 비단옷이 맑게 비친다. 난리에도 여전히 음악을 연주하여 떠도는 신세에 잠시 노래를 듣는다"고 하였으니 마땅히 광덕 2년 봄 낭주에서 지은 것이다.(詩云, 長日容盃酒, 深江淨綺羅, 亂離還奏樂, 飄泊且聽歌, 當是廣德二年春在閬州作.)

《두시상주》 선복은 광덕 2년 봄 낭주에서 지은 시 안에 편재하였다. 《두억》에서는 "강은 바로 가릉강이다"라고 하였다.(單復編在廣德

二年春閬州詩內. 杜臆, 江卽嘉陵江.)

주 석

1 方舟(방주) - 배를 나란히 하다.
《두시상주》에 인용된 《이아》 '방주'는 배를 나란히 하는 것이다.(方舟, 並舟也.)

2 極目(극목) - 눈길 닿는 데까지 바라보다. 總(총) - 모두.

3 長日(장일) - 긴 날. 봄날의 긴 낮을 말한다. 容(용) - 허용하다. 이 구는 봄에 낮이 길어 주연을 베풀기 적당하다는 말이다.

4 綺羅(기라) - 비단. 주연에 배석한 기녀의 비단옷을 가리킨다.

5 亂離(난리) - 촉의 서쪽지역이 새로 토번에 함락된 것을 가리킨다.
《독두심해》 촉 서쪽의 송주, 유주, 보주가 새로 토번에 함락되었다. (蜀之西偏松維保三州, 新陷於吐蕃.)

6 淸渭(청위) - 맑은 위수. 위수는 장안 북쪽을 흐르는 강으로 강물이 맑기 때문에 '청위'라고 불렀다.

〔故國 2구〕
《독두심해》 장안은 이미 평정되었다.(長安旣定.)

#《두시상주》: 이 시는 즐거움 가운데 슬픔이 있다. 위 4구는 서경이고 아래 4구는 감회이다. 《두억》에서는 "강이 맑고 물결이 없어 비단옷이 물에 비친다는 것으로 '정'자의 묘를 상상할 수 있다. 방씨가 말하기를 '음악을 연주하고 노래를 듣는 것으로부터 비추어보건대 그것이 기녀의 옷이라는 것을 알겠다'고 하였다. 어떤 사람은 '물에 비친 꽃이 마치 비단과 같다고 하였고 어떤 사람은 강물의 물결 모양이 마치 비단과 같다'고 하였는데 모두 잘못된 것이다. 공이 강에 배를 띄우고서 맑은 위수를 생각하였으니 대체로 경사를 수복한 것으로 인하여 고향에 대한 생각을 일으킨 것이리라"고 하였다.(此詩, 樂中有悲. 上

四敘景，下四感懷．杜臆，江澄無波，綺羅映水，可想淨字之妙．方氏云，以奏樂聽歌照之，知其爲妓女之衣也．或云映花如綺羅，或云水紋似綺羅，皆非．公泛江而想淸渭，蓋因收京而起故鄕之思．)

《두억》: 배를 띄운 곳은 바로 가릉강이다. 강에 배를 띄움으로 인하여 마침내 맑은 위수를 생각하였으니 아마도 경사를 수복함으로 인하여 고향에 대한 생각을 일으킨 것이리라. 주에서는 장안의 경물을 생각한 것이라 하였는데 뜻이 미진하다. 강이 깊어 맑고 아울러 물결이 없어 비단옷을 입은 자가 함께 서로 밝게 비치니 묘함은 '정'자에 있고 그 광경은 상상할 수 있다. 주에서 강의 꽃을 덧붙인 것은 잘못이다.(所泛卽嘉陵江．因泛江遂思淸渭，蓋因收京而起故鄕之思．註謂思長安之景物．意未盡．江深則淸，兼之無波，衣綺羅者與相映發，妙在淨字，光景可想．註添江花，誤．)

《독두심해》: 당시 한창 변고가 많았는데 여기는 오히려 편안하니 슬픔 가운데 즐거움이 있다. 경사의 궁궐에는 봄이 돌아왔지만 나그네의 길은 아득하니 즐거움 가운데 슬픔이 있다. '용'자와 '정'자는 시의 눈에 정신이 들어있으니 모두 '무파'로부터 생겨나와 여유롭고 맑은 운취를 얻었다. 5, 6구와 대비하여 보면 바쁨과 한가로움, 기쁨과 슬픔의 감정이 일시에 함께 모여 있음을 깨닫게 된다. '고국'을 생각하면서 오직 '청위'만 거론하여 여전히 '범강'과 잘 조응하고 있고, 다만 '화다'만 말하여 여전히 3, 4구의 춘경과 하나로 관통한다. 이 가운데서 모름지기 맥락을 이해해야 한다. 생각해보건대 또한 지주가 초청하였기 때문에 기녀의 음악이 있었던 것이리라.(時方多故，此尙安然，悲中有樂也．京闕回春，客途緜邈，樂中有悲也．容字淨字，詩眼有神，都從無波生出，得舒遲澄澈之趣．與五六對看，覺忙閒忻戚之情，一時幷集．想故國，偏擧淸渭，仍與泛江映切．只言花多，仍與三四之春景一貫．此中須會脈理．想亦地主相邀，故有妓樂．)

(이석형)

134. 收京
경사를 수복하다

復道收京邑[1]　兼聞殺犬戎[2]　衣冠却扈從[3]　車駕已還宮
尅復誠如此[4]　安危在數公[5]　莫令回首地[6]　慟哭起悲風

경사를 수복했다고 또 말들 하더니
오랑캐를 죽였다고 아울러 들었다.
벼슬아치들 도리어 호종하여
천자께서 이미 궁궐로 돌아갔다.
이겨서 수복한 것이 실로 이와 같으니
안위는 몇몇 공들에게 달려 있다.
고개 돌려 바라보는 땅 장안에
통곡소리로 슬픈 바람 일어나게 하지 말라.

이 시는 광덕 2년 봄에 경사가 수복되었다는 소식을 듣고서 느낀 감회를 읊은 것이다.

《보주두시》 이미 제목을 '수경'이라 하였고, 또 시에서 "벼슬아치들 오히려 호종하여 천자께서 이미 궁궐로 돌아갔다"고 하였으니, 광덕 2년(원년의 잘못) 12월에 지은 것이다.(旣題爲收京, 又詩云衣冠却扈從, 車馬已還宮, 則是廣德二年十二月作也.)

《두시상주》 《신당서》에 의하면, 광덕 원년 10월에 곽자의가 경사를 수복하여 황제가 섬주로부터 이르렀다고 한다. 살펴보건대, 두보는 재주에 있으면서 이듬해가 되어서야 그 소식을 들었다. 이 시는 광덕 2년 봄에 지은 것이 틀림없다.(唐書廣德元年十月, 郭子儀復京師, 車駕至自陜州. 按, 公在梓州, 至次年而始聞其信. 此當是廣德二年春作.)

주 석

1 復道(부도)- 다시 말하다. 경사를 다시 수복했기에 하는 말이다.

2 犬戎(견융)- 오랑캐에 대한 비칭卑稱. 여기서는 토번을 가리킨다.

《독두심해》에 인용된 《신당서》 토번은 물러나며 봉상현을 포위했는데, 마린이 기마병 천 명으로 그들을 물리쳤다.(吐蕃退圍鳳翔, 馬璘以千騎戰卻之.)

3 衣冠(의관)- 벼슬아치들을 가리킨다. 扈從(호종)- 신하가 천자를 뒤따르는 것을 뜻한다.

《두시언해》 '각호종'은 이전에는 호종하지 않았다는 말이다. 이는 대종이 섬주로부터 경사로 돌아간 것이다.(却扈從, 言前此不扈從也. 此代宗自陜州還京也.)

〔衣冠 2구〕

《구가집주두시》 살펴보건대 《신당서·숙종기》에 "지덕 2년 12월 병오일에 상황천제(현종)가 촉으로부터 이르러서는, 무릇 촉군에서 온 신하들 가운데 종삼품 이상에게는 한 아들에게 관직을 수여하고, 사품 이하에게는 한 아들에게 출신을 부여하였다"고 하였다. '궁'은 바로 흥경궁을 가리킨다.(按, 肅宗紀云, 至德二年十二月丙午, 上皇天帝至自蜀, 凡從蜀郡從三品以上予子(연자衍字)一子官, 四品以下與一子出身. 宮, 即興慶宮也.)

4 尅復(극복)- 전쟁에 이겨서 경사를 수복한 것을 뜻한다.

5 安危(안위)- 안위. '위기를 안정시키다'라는 뜻으로 보는 설이 있으나 취하지 않는다. '扶持'로 된 판본도 있다. 數公(수공)- 몇몇 공.

곽자의郭子儀, 마린馬璘 등을 가리킨다. 곽자의와 이광필로 보기도 한다.

《두시상주》 안위는《순자》에서 "나라의 위기를 안정시킨다"라고 말한 것과 같다.(安危, 猶荀子言安國之危.)

《독두시설》 이제 두보의 시를 살펴보면, "안위에는 대신이 있다", "안위는 모름지기 출중한 재목에 의지해야 한다"는 구절들이 있는데, 모두가 상용어로서 '득'을 '득실'이라고 하고 '시'를 '시비'라고 말하는 부류와 마찬가지인데,《일지록》에서 상세히 밝히고 있다.《두시상주》에서는《순자》의 "나라의 위기를 안정시킨다"는 말을 인용하였고, 또《여씨춘추》 주의 "'위'란 안정시킨다는 뜻이다"라는 말을 인용하였으며, 또 "안정되면 화가 싹트는 것을 없앨 수 있고, 위태로우면 난이 오래갈 수 있다"고 하였는데, 모두 이 시와 부합하지 않는다.(今按公詩, 猶有安危大臣在安危須仗出群材, 皆是常語, 猶得曰得失, 是曰是非之類, 日知錄詳之. 注引荀子云, 安國之危, 又引呂覽注云, 危者安之, 又云, 安則可以銷萌, 危則可以彌亂. 與詩皆不合.)

《구가집주두시》 당시 왕실의 부흥은 곽자의와 이광필 등 몇몇 공들에게 의지한 것이다. 시의 의미는 경사가 수복된 것이 사실 몇몇 공이 지탱해 준 힘 때문이라는 것을 말한다.(時王室再造賴子儀光弼數公, 詩意言京師尅復, 實數公扶持之力也.)

《두시상주》 '수공'은 곽자의, 마린 등을 일컫는다.(數公, 謂郭子儀馬璘等.)

6 回首地(회수지) - 고개 돌려 바라보는 땅. 즉 장안을 가리킨다.

《두시상주》 '회수'는 장안을 돌아본다는 뜻이다.(回首, 回望長安也.)

#《두시상주》: 위의 4구는 경사를 수복하여 기뻐하는 것이고, 아래는 바로 사후의 걱정거리를 담고 있다. 두 차례 경사를 수복하였기에 '다시 말한다'고 한 것이다. 곽자의가 힘껏 싸워 토번을 죽일 수 있었다. 《두억》에서는 "벼슬아치들이 당연히 호종하기 마련인데도 '각' 자를 쓴 것은 신하들에게 불만의 뜻이 있어서이다. 평소에 아첨하고 빌붙다

가 변고가 있자 도망가 방관하더니, 경사를 수복하게 되자 오히려 호종하였지만, 천자는 궁궐로 이미 돌아가 있었다. 이들이 성패를 가르는 운수에 무슨 보탬이 되었던가? 싸움에 이겨 수복한 공로는 모두 몇몇 공에게 달려 있었다. 조정은 마땅히 그들을 신임하여 오랜 안정을 도모함으로써 경사의 땅이 다시는 난리로 통곡하는 일이 없도록 해야 할 것이다. 그러나 얼마 안 있어 복고회은이 회흘과 토번을 끌어들여 침략을 해서 경사가 놀라 떨었으니, 두보는 신견지명이 있었다"라고 하였다.(上四收京而喜, 下乃事後之憂. 兩次收京, 故云復道. 子儀力戰能殺吐蕃也. 杜臆, 衣冠自然扈從, 用一却字, 有不滿諸臣意. 平日諂諛依阿, 有變則奔亡坐視, 及至收京, 却來扈從, 而車駕則已還宮矣. 此輩何益成敗之數耶. 克復之功, 全在數公, 朝廷當信任以圖久安, 無使京華之地, 再哭亂離也. 未幾僕固懷恩引回紇吐蕃入寇, 京師震駭, 公之先見明矣.)

《독두심해》: 이 시는 심각한 의미를 담은 글인데, 3·4구는 기뻐서 한 말이다. 갑작스레 행차를 나설 때는 신하들 중에 미처 좇아가지 못한 이들이 꼭 있기 마련이다. 천보의 사변이 있었을 때 두보 역시 성 안에 갇혔으니, 이제 그렇다고 되새겨 말하는 것이리라.(此屬深文, 三四乃喜詞也. 當倉皇出幸時, 諸臣必有不及奔赴者, 天寶之事, 公亦嘗陷城中, 而玆顧云爾乎.)

(김만원)

135. 巴西聞收京闕送班司馬入京二首

파서에서 경사의 수복 소식을 듣고 입경하는 반사마를 전송하다

聞道收宗廟[1] 鳴鑾自陜歸[2] 傾都看黃屋[3] 正殿引朱衣[4]
劍外春天遠[5] 巴西勅使稀[6] 念君經世亂[7] 匹馬向王畿[8]

종묘를 수복하였다 들었나니
방울소리 울리며 섬주로부터 돌아오셨다네.
온 경사가 천자의 황색 수레를 보고
정전은 붉은 옷 신하들을 이끌어 들이노라.
검각 밖 봄 하늘은 멀어
파서에는 칙사가 드문데,
세상의 난리를 겪은 그대
필마로 장안으로 향하여 감을 생각하노라.

이 시는 광덕 2년 봄 낭주에서 경사 수복 후 장안으로 돌아가는 반사마를 전송하며 지은 것이다. 두 수를 각기 다른 시기에 지어진 것으로 보기도 한다. 시제의 '파서'는 여기서 낭주를 가리킨다. 파서가 면주를 가리키는 것으로 보고 두보가 면주에 있을 때 지은 것으로 보기도 한다. 경사 수복에 대한 기쁨과 사직에 대한 충정을 잘 드러내고 있다. '京'을 '宮'으로 쓴 판본도 있고, '闕'이 빠져있는 판본도 있다.

《보주두시》 파서는 면주를 가리킨다. 광덕 2년 봄 공이 면주에 있을 때 지은 시가 분명하다. 그래서 시에서 "검각 밖 봄 하늘이 멀어, 파서에는 칙사가 드물다"라고 했다. 뒤의 시(〈송사마입경送司馬入京〉)와 합쳐 하나로 해야 한다.《수서隋書, 백관지百官志》에 의하면 상주에 사마를 두었는데 수양제가 폐지하고 찬무를 두었다고 한다. 당조에서는 상중하 주에 모두 사마를 두었다. 양권도는 광덕 원년 경사를 수복한 후로 편재하였으나 이는 "검각 밖 봄 하늘이 멀다"는 구절을 고려하지 않은 것이다. (제2수는) 전편과 함께 지은 것인데 후인이 쓸데없이 둘로 나누었으니 합하여 하나로 하고 〈송반사마입경이수〉로 제목을 붙이는 것이 마땅하다. 반사마는 반굉인 것 같다.《구당서》에서는 (반사마가) 고적의 검남판관을 지냈으며 여러 차례 대리사직을 제수 받았고 감찰어사를 대리하였다고 했는데 '사직'을 '사마'로 오인한 것이 아닌가 한다.(巴西指綿州, 當是廣德二年春, 公在綿州作, 故詩云, 劍外春天遠, 巴西勅使稀. 與後篇當合爲一. 隋志, 上州置司, 煬帝罷置贊務. 唐上中下州, 皆有司馬. 梁權道編在廣德元年收京後, 是不攷劍外春天遠之句也. 與前篇同作, 後人妄分爲二, 當合爲一, 題曰送班司馬入京二首. 班司馬意是班宏, 按舊史云, 爲高適劍南判官, 累拜大理司直攝監察御史, 疑誤以司直爲司馬也.)

《두시상주》 경사를 수복한 것은 지난해 10월이었고, 시는 광덕 2년 봄에 지었다. 그래서 "검각 밖 봄 하늘이 멀다"고 하였다. 면주는 파서군에 속한다. 이해 공은 낭주에 있었는데 낭주 역시 파서군이라 칭하였다. 자세한 것은 〈파서역정관강창정두십오사군이수巴西驛亭觀江漲呈竇十五使君二首〉 주에 보인다. 옛 판본은 다음 수에 별도로 〈송사마입경〉이라는 제목을 붙였는데, 선복은 황학에 의거하여 합쳐 한 제목으로 만들었으므로 지금 이를 따른다.《두시전주》에서는 이 시 및 〈구당회고〉, 〈광가행〉, 〈석별행송유복야〉, 〈아골행〉의 다섯 수를 소주태수 배욱 여회가 수집한 것으로 보았다.(收京在去年十月, 詩作於廣德二年之春, 故云, 劍外春天遠. 綿州屬巴西郡, 是年公在閬州, 閬州亦稱巴西郡, 詳見巴西驛亭註. 舊本下章另

有送司馬入京題, 單復依黃鶴並合爲一題, 今從之. 錢箋, 此詩及瞿唐懷古狂歌行惜別行送劉仆射呀鶻行五首, 乃蘇州太守裴煜如晦所收.)

《독두심해》 (〈송사마입경送司馬入京〉의) '사마'는 성씨가 무엇인지 모르겠다. 시에서 '군도'라고 했는데 아마도 하남, 하북의 도적을 가리키는 것 같다. 구조오는 황학의 설을 인용하여 광덕 2년 파주에서 경사 수복을 듣고 반사마를 전송하는 시와 합쳐서 한 제목으로 하고 있는데 가리키는 것이 각기 다름을 어찌 알았으랴? (司馬不知何姓. 詩言群盜, 恐當指河南北. 仇因黃鶴之說, 遂與廣德二年巴州聞收京送班司馬併爲一題, 豈知所指各別.)

주 석

1 收宗廟(수종묘) - 종묘를 수복하다. 토번에게 함락되었던 장안을 수복하였다는 말이다. '宗廟'를 '京邑'으로 쓴 판본도 있다.

2 鑾(난) - 천자가 타는 수레에 다는 방울. 천자의 수레를 가리킨다. 自陝歸(자섬귀) - 섬주로부터 돌아오다. 대종은 토번을 피하여 장안을 떠나 섬주로 몽진하였다.

〔聞道 2구〕

《구가집주두시》 경사의 종묘가 이미 수복되었으므로 천자가 수레가 섬주로부터 돌아옴을 말한 것이다.(言京廟旣收, 天子鳴鑾自陝而歸也.)

3 傾都(경도) - 온 도읍. 黃屋(황옥) - 황색 비단으로 만든 천자가 타는 수레의 덮개.

《두시상주》 '황옥'은 수레 덮개이다.(黃屋, 車上之蓋.)

4 朱衣(주의) - 붉은색으로 된 관복. 여기서는 천자를 호종하여 경사로 돌아온 신하들을 가리킨다. '주의'를 붉은 관복을 입은 시종관의 뜻으

로 보고 이 구절을 시종관이 황제와 신료들을 정전으로 이끌어 들이는 것으로 해석하기도 한다.

《두시상주》 '주의'는 시종지신이다.(朱衣, 侍從之臣.)

5 劍外(검외) - 검각 밖. 두보가 있는 촉 지역을 가리킨다.

6 巴西(파서) - 파서군. 두보가 머물렀던 낭주를 가리킨다.

7 經世亂(경세란) - 세상의 난리를 겪다.

8 王畿(왕기) - 천자가 직접 다스리는 지역을 가리키며 일반적으로 경사를 뜻한다.

#《두시상주》: 이 시는 경사를 수복한 일로부터 시작하여 반사마를 전송하는 일까지 말하였으며 4구에서 분절된다. 수레를 타고 경사로 돌아와 임금과 신하가 옛날과 같이 되었는데 공은 여전히 먼 곳에 자취를 기탁하고 있다. 게다가 반사마 홀로 필마로 조정으로 돌아가게 되니 이별에 임하여 마음 상한 것이다.(此章從收京說到送班, 在四句分截. 乘輿還京, 君臣如故, 公猶遐方寄跡, 而班獨匹馬歸朝, 故臨別傷心.)

《독두심해》: 조정이 반정이 되어 기쁨이 중외를 진동하니 조정에 드는 자는 다행이요, 남아 머무는 자는 슬픔이다. 맺는 부분의 뛰어남은 '필마'자에 있다. 정계지는 다하지 않는 운치가 있다고 했다.(朝廷反正, 喜動中外, 入者之幸, 留者之悲也. 結好在匹馬字, 鄭繼之謂有不盡之致.)

其二

群盜至今日[1] 先朝忝從臣[2] 歎君能戀主 久客羨歸秦

黃閣長司諫[3] 丹墀有故人[4] 向來論社稷[5] 爲話涕霑巾[6]

도적떼로 인하여 오늘에까지 이르렀나니

이전 조정에 내 죄스럽게도 종신이었다네.

그대 임금을 그리워할 수 있음을 감탄하거니와

오랜 나그네는 진으로 돌아감이 부럽다네.

문하성에서 오래도록 간관을 맡아

조정에는 옛 친구들이 있나니,

내 줄곧 사직을 논할 적마다

눈물이 수건을 적신다 말 좀 전해주시게.

주 석

1 群盜(군도) 구- 이 구절을 '도적떼가 금일에까지 이르렀다'로 해석하기도 한다.

2 先朝(선조)- 앞선 조정. 숙종의 조정을 가리킨다. 從臣(종신)- 임금 가까이에서 모시는 신하. 두보가 일찍이 숙종조에서 좌습유를 지냈기에 한 말이다.

3 黃閣(황각)- 문하성門下省의 별칭. '閣'을 '闇'으로 쓴 판본도 있다. 司諫(사간)- 간언을 맡다. 이 구절은 두보가 문하성에 속한 좌습유 벼슬을 오래토록 지냈다는 말이다. 이 구절을 현 조정에서 오래토록 간언을 맡고 있는 옛 동료를 말한 것으로 보기도 한다.

4 丹墀(단지)- 궁전의 붉은색 계단. 일반적으로 조정을 뜻한다.

5 向來(향래)- 줄곧. 여태까지. 두보가 늘 사직을 염려하였다는 말이다. 이 구절을 두보가 이전 조정에서 사직을 논하던 시절을 말한 것으로

보기도 한다.

6 爲話(위화) - 조정에 있는 친구들에게 나를 위해 말을 해달라는 뜻이다.

#《두시상주》: 반사마를 보내는 뜻은 윗 시에서 이미 갖추었으므로 이 시에서는 자신의 뜻을 많이 기술하였다. 황생의 주에 "수련에서 각각 (의경을) 열고 중련은 차구를 이어받고 미련은 수구에 호응하였다. 그래서 사직을 논하여 눈물을 흘리는 것이 모두 외적의 침입이 빈번하게 이어져 임금이 걱정하고 신하가 치욕을 당함에 대한 심사에서 기인한 것임을 알 수 있다. 이와 같이 크게 열고 크게 닫는 것은 오직 고문에서만 이러한데, 공은 이 고문의 법을 시율에 적용한 것이다"라고 하였다. 또 말하기를 "'선조', '금일', '군도', '종신' 글자는 대를 맞추었으나 구는 대를 맞추지 않았으니 '참치대'라고 하겠다. 7,8구는 반사마가 옛 친구들에게 말을 전해주기를 부탁한 것으로 '들에 있어서는 오히려 해를 향해 기우는 해바라기에 간절하고, 조정에 있어서는 의당 천자를 보좌함에 근실한' 것을 볼 수 있다. 지존으로 하여금 홀로 사직을 근심하게 하니 어찌 심히 눈물 흘릴 만한 것이 아니랴. 이 시는 한유의 〈쟁신론〉과 구양수의 〈사간서〉에 뒤지지 않는다"고 하였다. 이제 살펴보건대, 수련은 바로 '천설(연결이 되는 말)'이다. 도적떼로 인해 정처 없이 떠돌며 지금의 처지에 이르렀으나 옛날에는 일찍이 이전 조정의 종신이었다.(送班已具上章, 故此詩多述己意. 黃生注, 首聯各開, 中聯承次句, 尾聯應首句, 乃知社稷流涕, 全是寇盜頻仍, 主憂臣辱心事. 如此大開大合, 惟古文有之. 公蓋以文法入詩律者. 又曰, 先朝今日群盜從臣, 對字不對句, 謂之參差對. 七八, 囑其傳語故人, 見在野尚切傾葵, 在朝宜勤補袞, 乃使至尊獨憂社稷, 豈不深可流涕. 此詩何減昌黎諍臣論歐公司諫書. 今按, 首聯乃串說, 以群盜之故, 而流離至今, 昔曾爲先朝從臣也.)

《독두심해》: 수구에서 단독으로 제시하고 움츠려 거두어버렸다. 중간 4구는 모두 '첨종신'에서부터 나온 것인데, 함련에서는 오히려 반사마의 떠남을 언급하고 뛰어넘어 그것을 선망하는 연유로 회귀하였다. '사간'은 조정에 있는 종신들이며, '고인'은 종신 중에서 공과 함께 이전 조정에서 벼슬하였던 사람들로서 '향래'라는 말과 딱 이어져 귀착된다. 사직을 논한다는 것은 이전 조정에서 벼슬하던 시절의 광경이요, 눈물이 두건을 적시는 것은 지금 도적떼로 인함이다. 이에 이르러 비로소 빙 돌아 수구로 회귀하면서 또한 도리어 반사마에게 자신을 위해 말을 전해줄 것을 청하였으니, 처처에서 여전히 전송의 본색을 저버리지 않는다. 처음 볼 때는 말마다 끊어진 듯하였으나 자세히 음미하니 구절마다 상통한다. 작의와 작법의 기묘함이 예서 최고에 이르렀다.(首句, 單提縮住. 中四, 都從忝從臣生出. 而頷聯卻就司馬之去, 渡入回羨緣由. 司諫, 謂在朝之爲從臣者. 故人, 謂從臣中有爲我先朝同官者, 恰好接落向來字. 而論社稷, 則指先朝在官光景. 涕霑巾, 則因今日群盜. 至此纔兜回首句, 又卻倩司馬爲傳達. 處處仍不抛送行本色. 初看, 語語若斷, 細玩, 節節相通. 作意作法之奇, 至此極矣.)

(**김성곤**)

136. 城上
성 위에서

草滿巴西綠[1]　城空白日長[2]　風吹花片片[3]　春動水茫茫[4]
八駿隨天子[5]　羣臣從武皇[6]　遙聞出巡狩[7]　早晚徧遐荒[8]

풀이 가득하니 파서가 푸르고
성 비었는데 밝은 해 길다네.
바람에 불리어 꽃은 한 잎 한 잎 휘날리고
봄기운 움직임에 물은 아득하네.
여덟 준마가 천자를 따르고
여러 신하가 무황을 좇았다네.
순수하러 나가셨음을 멀리서 듣나니
조만간 먼 땅까지 두루 다니실 것이네.

광덕 2년 봄 다시 낭주로 갔을 때의 작품이다. 성 위에 올라 눈에 들어오는 풍경을 읊는 가운데 토번의 침략을 받아 경사를 버리고 피난한 대종을 떠올리며 국사에 대한 걱정을 담아냈다. 광덕 원년 12월 낭주에서의 작품이라든가 광덕 원년 봄 면주에서의 작품이라는 견해들이 있으나 취하지 않는다. 시제가 '空城'으로 된 판본도 있다.

> **《보주두시》** 시에서 '여덟 준마가 천자를 따르고, 여러 신하가 무황을 좇고 있다'라 하였으니 마땅히 광덕 원년 12월 낭주에서 지은 것인데, 양권도는 이 해 봄 면주에서의 작품에다 편재하였다. 이는 그저 '풀은 파서 땅 가득 푸르다'는 구절에 미혹되어 대종이 아직

피신하기 전임을 알지 못한 때문이다. 요컨대 면주와 낭주는 모두 파서라고 할 수 있다.(詩云, 八駿隨天子, 羣臣從武皇, 當是廣德元年十二月閬州作, 而梁權道編在是年春綿州作. 徒惑於草滿巴西綠之句, 而不知代宗未出幸也. 要之綿閬皆可爲巴西.)

《두시상주》 고신의 주에 "이 시는 광덕 2년 봄 재주에서 낭주로 갔을 때에 지은 것이다. 대종이 경사로 돌아온 것은 원년 12월이었다"라고 하였다.(顧注, 此是廣德二年春自梓州往閬州時作. 代宗還京在元年十二月.)

주 석

1 巴西(파서) - 낭주를 가리킨다. 낭주는 파서군에 속해 있었다.

《구가집주두시》 조언재 주 《신당서 · 지리지》를 살펴보건대, 낭주는 본디 융주 파서군이다. 현종의 휘를 피하여 고쳤다.(按新唐書地理志, 閬州本隆州巴西郡. 以避玄宗諱改焉.)

《두시경전》 이곳의 파서는 낭주를 가리킨다.(此巴西指閬州.)

2 城空(성공) - 당시 송松, 유維, 보保 세 주가 함락되어 백성들이 모두 멀리 피난하였기 때문에 성 안이 비어있었다. '空城'으로 된 판본도 있다.

3 花片片(화편편) - 꽃잎 하나하나. 바람에 불리어 꽃잎이 날리는 모습을 묘사한 것이다.

4 春動(춘동) - 봄기운이 움직이다. '動'이 '蕩'으로 된 판본도 있다. 水茫茫(수망망) - 물이 아득하다. '春動水'가 '春送雨'로 된 판본도 있다.

5 八駿(팔준) - 주周 목왕穆王이 천하를 순행하면서 탔다고 하는 여덟 필의 준마. 天子(천자) - 주 목왕. 여기서는 당 대종을 가리킨다.

《보주두시》에 인용된 왕수 주 《왕자년습유기》에 "주 목왕이 천하를 순행하면서 여덟 필의 준마를 탔는데 그 이름은 절지, 번우, 분소, 초영, 유휘, 초광, 등무, 협익이다. 목왕은 탁월한 지혜와 원대한 계책으로 수레 바퀴자국이 사해 전체에 이르도록 하였다.(王子年拾遺記, 周穆王巡行天下, 馭八龍之駿, 名曰, 絶地, 翻羽, 奔宵, 超影, 踰輝, 超光, 騰霧, 挾翼. 穆王神智遠謀, 使車轍跡周於四海.)

6 武皇(무황) - 한 무제.

《두시상주》에 인용된 조언재 주 한 무제는 처음 분음에 가서 낙양에 이르렀고 마침내 태산에 닿았다. 그가 순행한 거리는 모두 1만 8천리가 된다.(漢武帝初幸汾陰, 至洛陽, 侵尋於泰山, 其所巡幸, 周萬八千里.)

7 巡狩(순수) - 천자가 출행하여 방국邦國과 주군州郡을 시찰하는 것을 뜻한다. 여기서는 대종이 토번의 침략으로 경사를 버리고 섬주까지 피난한 것을 의미한다.

8 早晩(조만) - 조만간. 언젠가. 遐荒(하황) - 멀리 떨어진 곳.

〔遙聞〕 2구

《보주두시》에 인용된 사씨 주 안녹산이 난을 일으키자 원종(현종)이 촉으로 피신하였다. 촉은 파의 서쪽에 있다. 옛날 주 목왕과 한 무제가 모두 순수에 나섰기에 이로써 현종이 서쪽으로 피신한 것을 비유하였다. 천자의 경우 달아났다는 말을 피하여 다만 순수하였다고 한 것이니 역시 《춘추》에서 '천왕이 하양으로 사냥을 나갔다'고 쓴 것과 같은 것이 바로 이러한 경우이다(師曰, 祿山亂, 元宗出幸蜀, 蜀在巴之西. 昔周穆王漢武帝, 皆出巡守, 以比元宗之西幸也. 天子諱言出奔, 特云巡守, 亦若春秋書天王出狩於河陽, 是也.)

《보주두시》 명황은 천보 15년 6월 촉으로 행차했는데, 이때 공은 기현에 있어 '풀은 파서 땅 가득 푸르다'라고 말할 수가 없었으니, 사씨의 주는 잘못되었다. 《춘추》를 끌어다가 당조의 임금이 달아난 것을 비유한 것은 맞지만, 이 시에서는 대종이 광덕 원년 섬주로 행차한 것을 말한 것이 분명하다. 대종이 경사로 돌아온 것은 12월 갑오일이었으니 때는 이미 세모에 가까웠다. 공은 그 사실을 알지 못하였기에 '봄기운이 움직인다'라고 하였는데 파서는 지역이 온난하다보니 풀이 이미 푸른빛이 가득하게 자라난 것 또한 당연한 일이다. 양권도는 이것을 근거로 대뜸 원년 봄에 지은 것이라고 하였으니 대단히 잘못되었다."(明皇以天寶十五載六月幸蜀, 是時公在畿縣, 無由言草滿巴西綠. 師注爲非. 至於引春秋以比唐君之出奔, 正是. 此詩, 當是言代宗廣德元年幸陝. 代宗還京, 在十二月甲午, 時已逼歲, 公未之知也, 故云春動. 巴西地暖而草已綠滿, 亦其當然. 梁權道以此遽謂是元年春作, 殊失之.)

《구가집주두시》 조언재 주 대종 광덕 원년 10월 토번이 봉천과 무공에 쳐들어왔다. 병자일에 거가가 섬주로 행차하였다. 무인일에 토번이 경사를 함락하였다. 마지막 구에서 감히 천자가 몽진하였다고 말하지 못하겠기에 일단 순수라고 넌지시 말하였을 따름이다. 그런데 '두루 순수한다'고 한 것은 파주와 낭주가 외진 곳이어서 비록 올해가 되었어도 여전히 거가가 지난해 곧바로 장안에 돌아갔다는 사실을 알지 못하고 단지 혹 소관으로 북상하는 문제를 논의한다든가 혹 동쪽으로 바다로 가려고 한다든가 또 낙양으로 옮겨가려고 한다든가 등의 소문을 전혀 들었을 뿐이기 때문이다.(代宗廣德元年十月, 吐蕃寇奉天武功, 丙子車駕幸陝州, 戊寅吐蕃陷京師. 末句不敢言天子蒙塵, 姑以巡守微言之耳. 而云遍巡狩, 則以巴閬僻遠, 雖今歲猶未知車駕去歲便歸長安之實, 但傳聞或議北上蕭關, 或欲東巡滄海, 且又欲徙洛陽也.)

《두시경전》 12월 임금이 이미 경사로 돌아왔는데 공은 아직 듣지 못하고 있었다.(十二月帝已還京, 公尚未聞也.)

《독두심해》 〈강릉망행〉시가 지어지게 된 까닭이다.(所以有江陵望幸之詩.)

#《두시상주》: 위 4구는 성 위에서 바라본 풍경이다. 아래 4구는 성 위에

서의 감회이다. 당시 송주와 유주가 막 함락되어 사람들이 모두 피난하였기에 '성이 비었다'라고 하였다. 보이는 것은 오직 바람에 불리는 꽃과 출렁이는 물뿐이니, 경물 또한 처연함이 느껴진다. 끝부분은 주목왕와 한 무제의 순유를 빌어서 대종이 섬주로 간 것을 비유하였다. 《두억》에서는 "이 시에서 풍경을 쓰고 정감을 말한 것이 진실로 통곡할 만하니, 시 중에서 풍인에게 부끄럽지 않은 것이다"라 하였다. 황생의 주에 "5, 6구는 곧 멀리서 들은 일로서 이 부분에 도삽법이 채용되었다"라고 하였다. 사씨는 "달아났다는 말을 직접적으로 할 수 없었기에 '순수'라고 하였다. 《춘추》의 '천왕께서 하양에서 사냥을 하였다'라고 한 것과 동일한 필법이다"라고 하였다.(上四, 城上所望之景. 下四, 城上所感之懷. 時松維初陷, 人皆避亂, 故曰城空. 所見者惟花吹水動, 則景物亦覺悽然矣. 末借周漢巡遊, 以比代宗幸陜. 杜臆, 此詩敍景言情, 眞堪痛哭, 詩之不愧風人者也. 黃生注, 五六卽遙聞之事, 此用倒揷. 師氏曰, 不敢斥言出奔, 故云巡狩, 與春秋天王狩於河陽同一書法.)

《독두심해》: 위 4구는 풍경인데 그 뜻에 곧 적막하고 요원하며 경사 소식이 아득하다는 감개가 담겨 있다. 임금을 생각하는 마음을 모두 이미 드러냈으니 시혼이 필묵의 바깥에 있다.(上四, 景也, 而其神理, 便有寂寞遼遠京信杳然之慨. 憶帝之情, 都已攝起, 詩魂在筆墨之外也.)

(이남종)

137. 傷春五首
상춘 5수

天下兵雖滿[1] 春光日自濃[2] 西京疲百戰[3] 北闕任羣兇[4]
關塞三千里[5] 煙花一萬重[6] 蒙塵清路急[7] 御宿且誰供[8]
殷復前王道[9] 周遷舊國容[10] 蓬萊足雲氣[11] 應合總從龍[12]

온 천하에 비록 전란 가득하여도
봄빛은 날이 갈수록 절로 짙어간다.
서경은 무수한 싸움에 피폐해졌고
북궐은 군흉의 손에 내맡겨졌는데
관새 삼천리에
이내 낀 꽃송이 일만 겹.
몽진하시는 길 벽제하기도 급하셨을 터
임금의 잠자리는 또 누가 모셨는지.
은나라는 전왕의 도를 회복하였고
주나라도 옛 나라의 모습으로 옮기지 않았던가.
봉래전에 구름 기운 족하니
모두 용을 따르는 것이 마땅하리라.

이 시는 두보가 광덕 2년 낭주에서 지은 것이다. 토번에게 경사를 빼앗기고 피난길에 나선 가슴 아픈 봄날을 기록하면서 조만간 다시 회복할 것을 기대하였다. 당 대종은 광덕 원년 10월 섬주로 피난을 나섰다가 12월에 환도하였지만, 두보는 아직 그 소식을 듣지 못하여 이 시를 짓게 되었다. 원주原注에서도 "파주와 낭주는 멀리 외져있어

〈상춘〉시를 마치고서야 비로소 봄 이전에 이미 궁궐을 수복하였음을 알게 되었다(巴閬僻遠, 傷春罷始知春前已收宮闕)"고 하였다.

《보주두시》 시에서 "파산에 봄빛이 고요하다"고 하였고, 또 시 가운데 토번이 경사를 함락하여 대종이 피난 나간 일을 갖추어 말하고 있으니 마땅히 광덕 2년 낭주에서 지은 것이다. 양권도는 광덕 원년 면주에서 지은 것으로 편재하였는데 이는 대종의 섬주 피난이 원년 10월이고 12월이 되어서야 경사로 돌아온 것을 살피지 않은 것이다. 만약 원년에 지은 것이라면 무엇 때문에 "봄빛은 날이 갈수록 절로 짙어간다"는 구절이 있겠는가. 당연히 2년에 지은 것으로 의심의 여지가 없다.(詩云, 巴山春色靜, 又詩中備言吐蕃陷京代宗出幸之事, 當是廣德二年在閬州作. 而梁權道編在廣德元年綿州作, 不考代宗幸陝在元年十月, 而十月(十二月의 오기인 듯)始還京. 若在元年作, 何由有春光日自濃之句, 當是二年無疑.)

《두시상주》에 인용된 황학 주 광덕 2년 봄 두보가 낭주에 있었기에 "파산에 봄빛이 고요하다"고 한 것이다. 파주와 낭주는 멀리 외져 있어서 경사의 일을 듣는 것이 항상 뒤처지게 된다. 그래서 2년 봄에 비로소 지난 겨울 섬주로 피난한 일을 알게 되었고 이 일로 인하여 격분한 마음을 발한 것이니 마침내 그 이름도 〈상춘〉이라 하게 되었다. 초사의 〈초혼〉에 "아득히 천리 밖을 바라보며 봄을 아파하는 마음"이라는 구절이 있는데, 이것으로 제목을 삼은 것이다.(廣德二年春, 公在閬中, 故云巴山春色靜. 巴閬僻遠, 聞京師事常後時, 故二年春方知去冬幸陝之事, 因以發其感憤之意, 遂名曰傷春. 楚辭招魂, 目極千里兮傷春心, 故以爲題.)

《독두심해》 임금은 원년 12월에 경사로 돌아왔고 시는 2년 봄 초입에 지었다. 말하고 있는 것이 모두 국도를 회복하기 전의 일이니 기록한 일이 실제와 차이가 있다. 원주에서 멀리 외져 있어 소식이 늦은 까닭이라고 밝히고 있으니, 시를 완성하고 소식을 얻은 이후에 기록한 것이다. 여러 판본에서는 대부분 이 시를 〈수경〉 등의 작품 뒤에 두면서 아울러 원주 또한 이해를 못하고 있으니 희한한 일이다.(帝以元年十二月還京, 詩作於二年春首. 所言乃皆未復國事, 則紀事失實矣. 原注明僻遠信遲之故, 乃詩成得信後所記也. 諸本多將此詩編在收京等篇之後, 幷原注亦不解矣, 可怪也.)

주 석

1 兵雖滿(병수만) - 전란이 비록 가득하다. 여기서는 토번의 침략을 가리킨다.

《구가집주두시》 조언재 주 윗 구는 광덕 원년 토번이 경사를 함락하여 임금의 수레가 섬주로 행차한 일을 말한다.(上句謂廣德元年吐蕃陷京師, 車駕幸陜.)

2 春光(춘광) - '靑春'으로 된 판본도 있다.

3 西京(서경) - 장안. 봉상으로 보는 설도 있으나 취하지 않는다.

《보주두시》 당대에 봉상을 서경으로 한 것이 지덕 2년이다. 대종 광덕 원년 토번이 쳐들어와 봉상 서쪽을 함락하였기에 봉상이 전쟁의 땅이 된 것이다.(唐以鳳翔爲西京, 蓋至德二載, 代宗廣德元年, 吐蕃入寇陷鳳翔以西, 故鳳翔爲戰爭之地.)

4 北闕(북궐) - 궁궐 혹은 조정을 가리킨다. 羣兇(군흉) - 여러 사악한 무리들. 고휘高暉, 왕헌충王獻忠을 가리킨다는 설과 정원진程元振, 어조은魚朝恩 무리를 가리킨다는 설이 있다.

〔西京 2구〕

《두시상주》에 인용된 《자치통감》 광덕 원년 겨울 10월 토번이 경기 지방을 함락하였다. 위북행영병마사 여월장이 정예병사 2천을 거느리고 주질에서 토번과 전투를 하였다가 오랑캐에게 붙잡혔다. 또한 경주자사 고휘와 사생장 왕헌충 등은 토번을 맞이하여 장안으로 들어와서 빈왕 수례의 손자 승굉을 임금으로 삼았기에 '무수한 싸움에 피폐해졌다', '군흉의 손에 내맡겨졌다'고 한 것이다.(廣德元年冬十月, 吐蕃陷京畿, 渭北行營兵馬使呂月將將精卒二千, 與吐蕃戰於盩厔, 爲寇所擒. 又涇州刺史高暉射生將王獻忠等迎吐蕃入長安, 立邠王守禮孫承宏爲帝, 故曰疲百戰, 任群凶也.)

《구가집주두시》 조언재 주 토번이 경사에 머물다가 곽자의의 군대가 당도하였다는 소식을 듣고 놀라 무너졌다. 곽자의가 마침내 장안을 수복하였다. 아래 구는 정원진과 어조은 무리를 말한다. 사서에 실린 유항의 상소에 따르면 "토번이 반란한 죄는 정원진에서 말미암은 것이니, 청컨대 그를 참수하여 온 천하에 사죄해야 할 것입니다"라고 하였다. 정원진 등이 권력을 농단하였기에 '군흉'이라 부른 것이다.(吐蕃留京師, 聞郭子儀軍至, 驚潰. 子儀遂復長安. 下句謂程元振魚朝恩之徒. 按史載柳伉疏, 吐蕃犯順, 罪由元振. 請斬之以謝天下. 以元振等弄權, 故呼爲羣凶.)

5 關塞(관새) - 변방. 두보가 있는 낭주를 가리킨다. 이 구는 두보 자신이 경사에서 멀리 떨어져 있음을 말한 것이다.

《두시경전》 파주와 낭주가 장안에서 멀리 외져 있음을 말한다.(言巴閬去長安之遠.)

6 煙花(연화) - 봄날 이내 낀 꽃. 봄철에 핀 꽃을 말한다.

〔關塞 2구〕

《구가집주두시》 조언재 주 두보가 촉에서 임금의 수레가 있는 곳을 바라보자니 삼천리나 되는 아득한 변방에 떨어져 있다. 봄이기 때문에 이내 낀 꽃이 만 겹이라고 말한 것이다.(公在蜀, 望乘輿所在, 隔三千里關塞之遠. 以春時, 故言煙花萬重也.)

7 蒙塵(몽진) - 임금이 피난을 나선 것을 말한다. 路(노) - '露'로 된 판본도 있다.

《두공부초당시전》 두 수도가 함락되어 임금이 먼지를 뒤집어쓰고 피난을 나서며 이슬을 밟고 다니는 것이니 대개 급박한 상황을 말한 것이다.(兩京陷, 帝蒙風塵出幸, 涉露而行, 盖言急也.)

8 御宿(어숙) - 임금이 행차하여 숙박하는 곳. 且(차) - '有'로 된 판본도 있다.

《구가집주두시》 조언재 주 '어숙'은 임금이 숙박하는 곳이다. 한대에 지명으로 삼았는데 양웅의 〈교렵부〉에 보인다.(御宿, 乃帝御所宿也. 漢以爲地名, 見揚雄校獵賦.)

《두시상주》 《한서》의 주에 "어숙원이 장안성 남쪽에 있다. '수羞'와 '숙宿'의 소리가 비슷하여 혹은 '어수'라고 하고 혹은 '어숙'이라고도 하는데, '수'는 진수성찬이 나온다는 것이고 '숙'은 머물러 묵는다는 뜻이다"라고 하였다. 《통감》에서 "토번이 위수의 다리를 건너와 임금이 급하게 섬주로 행차하였다. 관리와 육군이 뿔뿔이 흩어져 다시 공급하는 자들이 없었다. 호종하는 장사들이 굶주림을 면하지 못하여 마침내 어조은의 군영으로 갔다"고 하였다.(漢書注, 禦宿苑在長安城南. 羞宿聲相近, 故或云御羞, 或云御宿, 羞者珍羞所出, 宿者止宿之義. 通鑒, 吐蕃度渭橋, 上倉卒幸陝州, 官吏六軍奔散, 無復供擬, 扈從將士不免饑餒, 乃幸魚朝恩營.)

9 殷(은) - 은나라 고종 무정을 말한다.

《두공부초당시전》 '은'은 고종인 제무정을 말한다.(殷謂高宗帝武丁也.)

《두시상주》에 인용된 《설원說苑》 무정은 몸을 삼가고 수행하여 선왕의 정치를 회복하였다.(武丁飭身修行, 復先王之政.)

《두시경전》 무정의 중흥을 말하며 또한 힘써 형과 초를 정벌하라는 뜻을 취하였다.(謂武丁中興, 亦取奮伐荊楚意.)

10 周(주) - 주나라 평왕을 말한다.

《두공부초당시전》 '주'는 평왕을 말한다.(周謂平王也.)

《두시상주》 《사기》에 평왕이 동으로 낙읍에 천도하여 오랑캐의 침입을 피하였다. 주공이 이전에 낙읍을 경영하였기에 '구국'이라고 한 것이다.(史記, 平王東遷於洛邑, 避戎寇. 周公前營洛邑, 故曰舊國.)

《구가집주두시》 조언재 주 성왕이 낙읍을 경영하고 평왕이 동으로 천도한 이것이 '주천구국용'이라고 한 이유이다.(成王營洛, 平王東遷, 此所以爲周遷舊國容也.)

11 蓬萊(봉래) - 봉래전. 이 구는 장안이 하루 속히 회복되기를 바라는 것이다.

《구가집주두시》 조언재 주 봉래전이다.(蓬萊殿也.)

《독두심해》에 인용된 《옹록雍錄》 단봉문 북쪽으로부터 곧 함원, 선정, 자신전의 세 전이 있는데 모두 산 위에 있다. 또 북쪽으로는 봉래전인데 곧 여기서 산세가 다하게 된다.(自丹鳳門北, 則有含元宣政紫宸三殿, 皆在山上. 又北而爲蓬萊, 則山勢盡矣.)

《두시경전》 곧 (〈애왕손哀王孫〉의) '오릉의 훌륭한 기운 사라졌던 적 없었다'는 뜻이다. (卽五陵佳氣無時無意.)

12 從龍(종룡) - 용을 따르다. 여기서 용은 임금을 비유한다.

《구가집주두시》 《역경》에 '구름이 용을 따른다'는 말이 있다. 구름은 여러 신하를 비유하고, 용은 천자를 비유한다. 여러 신하들이 임금의 행차 수레를 따라야함을 말한 것이다. ……두보가 여러 신하들 가운데 자기 몸을 돌보느라 난을 피하는 자가 있을까 정히 염려하여 용을 따르는 것이 합당하다고 말한 것이다.(易, 雲從龍. 雲以比羣臣, 龍以比天子. 言羣臣合從駕出幸也.……公正憂羣臣有徇身而辭亂者, 故言合從龍也.)

《두시경전》: 여러 신하들이 모두 마땅히 호종해야 함을 말하면서 자신은 따를 수 없음을 탄식한 것이다.(言羣臣皆當扈從, 而歎己之不能從也.)

《두시상주》: 첫 장은 토번이 경사를 함락한 것을 기록하였다. 위 8구는 오랑캐가 쳐들어와 피난 나간 일을 서술하였고, 아래 4구는 대종이 나라를 회복할 것을 기대하였다. 난리를 근심하여 봄날에 가슴아파함을 첫 머리에서 분명히 밝히고 있다. '백전'은 장안이 여러 번 함락됨이다. '군흉'은 고휘, 왕헌충의 무리이다. '관새'는 낭주를 가리킨다. '연화'는 장안을 가리킨다. '청로급'은 길을 벽제할 겨를이 없다는 것이다. '어숙'은 천자가 머무는 곳이다. '은복' '주천'은 곧 옛 일을 빌어 지금을 형용한 것이다. 조언재의 주에 "'총종룡'은 여러 신하들이 모두 마땅히 임금을 호종해야 함을 말한다"라고 하였다.(首章, 記吐蕃陷京也. 上八敍寇至出奔, 下四望代宗復國. 憂亂傷春, 開首提明. 百戰, 謂長安屢陷. 羣凶, 謂高暉王獻忠輩. 關塞, 指閬州. 煙花, 指長安. 淸路急, 不暇除道也. 御宿, 天子駐蹕之地. 殷復周遷, 乃借古形今. 趙注, 總從龍, 言羣臣皆當扈駕.)

《두억》: 첫 수는 천하에 전란이 비록 가득하여도 조정에 기용되지 못하여 봄빛만 절로 짙어지는 것과 같을 따름이라는 것이다. '몽진' '어숙' 두 구절은 채몽필의 주석이 자못 통한다. 《통감》에서 "광덕 원년 토번이 침입하여 대종이 섬주로 피난을 갔는데 관리와 육군은 도망쳐 흩어졌다"고 하였기에 '운기' '종룡'의 말을 하게 된 것이다. '주천구국용'은 태왕이 오랑캐를 피하여 기산으로 피신한 일을 사용한 것인데, 주석에서는 평왕의 동천을 인용하고 있으니 옳지 않다.(其一, 天下兵雖滿而不爲朝廷用, 如春光自濃耳. 蒙塵御宿二句, 夢弼註稍通. 通鑑云, 廣德元年, 吐蕃入寇, 代宗幸陝, 官吏六軍逃散. 故有雲氣從龍之語. 周遷舊國容, 蓋用太王避狄遷岐事, 註引平王東遷, 未是.)

《독두심해》: 다섯 시의 요지는 나라 잃은 감개를 기록하고 경사를 회복할 바람을 간절히 하는 것이다. 마땅히 막 봄을 맞이하여 지은 것이다. 더 늦어져서 지난 해 겨울 반정의 소식이 이미 당도하였다면 이 시는 지어지지 않았을 것이다. 첫 시가 다섯 시의 총결인데, 첫 2구가 본시를 총괄하고 있으니 바로 다섯 시를 통틀어 이끈다. '서경' 6구는 '병만'에 응하고, '은복' 4구는 '춘농'에 응한다. '병만'이 말하는 바는 나라 잃은 감개이고, '춘농'이 말하는 바는 경사를 회복하고 싶은 바람이다. '춘농'은 곧장 마지막 수의 '수덕' '시화'의 뜻으로 이어진다. 1구는 일을 이끌고, 2구는 봄을 이끈다. 3, 4구는 경사의 함락을 지적하였다. 5, 6구는 자기 자신을 곁들여 넣은 것으로 몸이 멀리 떨어져 있고 길이 요원함을 보였다. 7, 8구는 행재소의 참상을 아득히 그려본 것이다. 9, 10구는 반정을 희망하는 말이다. '주천'에 '구국'자를 붙여서 국도의 회복을 가히 알 수 있음을 말하였다. '은복'구와 마찬가지 예로 볼 수 있다. 마지막에서는 모두의 마음이 반정을 기뻐하며 그것을 따르는 것을 말하였다. 예전에는 이 4구에 대해서 모두 임금의 수레가 피난을 나갔는데 여러 신하들이 아무도 따르지 않는 것으로 풀이하였으니, 얼마나 잘못된 것인가.(五詩大旨, 誌失國之感, 而切還京之望也. 當是初逢春候所成. 再遲則去冬反正之信已至, 不復有此詩矣. 首章爲五詩之總. 起二句, 統冒本章, 卽統領五首. 西京六句, 應兵滿. 殷復四句, 應春濃. 兵滿所謂失國之感, 春濃所謂還京之望也. 春濃直應到卒章修德時和意. 一, 領事. 二, 領春. 三四, 點京陷. 五六, 帶入自己, 見身遠路遙. 七八, 懸想行在之慘. 九十, 冀幸反正之詞. 周遷着舊國字, 借言復國可知, 與殷復句例看. 結言羣情樂於反正而從之也. 舊於此四句, 俱以車駕出奔, 羣臣莫從爲解, 何其剌謬.)

其二

鶯入新年語　花開滿故枝　天淸風卷幔[1]　草碧水連池[2]
牢落官軍遠[3]　蕭條萬事危[4]　鬢毛元自白　淚點向來垂
不是無兄弟　其如有別離　巴山春色靜[5]　北望轉逶迤[6]

꾀꼬리 날아들어 새해 인사를 하고
꽃은 피어 옛 가지에 가득하구나.
맑은 하늘에 바람은 휘장을 말아 올리고

풀은 푸르고 물은 연못에 이어져있다.
쓸쓸하게 관군은 멀리 떨어져 있고
영락하여 만사가 다 위태롭다.
귀밑머리 원래 하얗고
눈물방울 예전부터 흘러 내렸나니
형제가 없는 것도 아니건만
이별이 있으니 어찌 하리요.
파산의 봄빛 고요하니
북쪽을 바라보면 더욱 아득하구나.

주 석

1 淸(청) - '靑'으로 된 판본도 있다.

2 連(연) - '通'으로 된 판본도 있다.

〔鶯入 4구〕 두보가 낭주에서 맞는 봄날의 경물을 묘사한 것이다.

3 牢落(뇌락) - 쓸쓸한 모양. 토번에 맞설 관군의 세력이 모이지 않음을 말한 것이다.

《독두심해》에 인용된 《통감》 임금께서 여러 도의 병사들을 모으셨지만 정원진이 조정에 있는 것을 꺼려하여 이르는 자가 아무도 없었다.(上徵諸道兵, 忌程元振居中, 莫有至者.)

4 蕭條(소조) - 영락한 모양.

《구가집주두시》 국가가 어려움을 당하여 사태의 추이가 좋지 않고 위태하니 두보가 매번 그것을 근심하였을 말하였다.(言國家遭難, 事勢蕭條危殆. 故公每憂之.)

《두공부초당시전》 두보의 시절을 근심하는 마음이 절실하여 모든 일을 편안하게 볼 수 없는 것이다.(甫憂時之心切, 故於萬事, 未見其安也.)

〔鬒毛 2구〕

《구가집주두시》 '원자'와 '향래'는 예전이 지금과 같아서 오늘만의 일이 아니라는 것을 모두 말한다.(元自與向來, 皆言前時摠如此, 非止今日也.)

〔不是 2구〕

《독두심해》 두보의 아우 영, 관, 풍은 모두 타향에 있었고 오직 점만이 촉으로 따라 들어왔다. 그런데 (그도) 때마침 초당을 점검하러 성도에 갔었다.(公弟穎觀豐, 皆在他鄕, 惟占從入蜀. 時又以檢校草堂往成都.)

《구가집주두시》 비록 형제가 있지만 전란으로 떨어져 있어 서로 보호해줄 수 없을 따름임을 말하였다.(言雖有兄弟而爲喪亂阻隔, 不得相保耳.)

5 巴山(파산) - 파산. 낭주에 있는 산으로 보인다.

《두시상주》 파산의 봄이 고요하다는 것은 장안의 소란을 슬퍼함이다.(巴山春靜, 傷長安之擾攘也.)

《보주두시》 황희 주 파와 촉은 본래 다르다. 파는 재주와 낭주를 가리켜 말한 것이다.(巴與蜀, 自別. 巴指梓閬而言也.)

6 逶迤(위이) - 아득한 모양.

《두시상주》 '위이'는 아득한 모양이다.(逶迤, 迢遠貌.)

〔巴山 2구〕

《구가집주두시》 파산은 촉의 산을 말한다. 장안은 촉의 북쪽에 있기에 북으로 바라보니 아득하다는 것이다.(巴山, 言蜀之山. 長安在蜀之北, 故北望逶迤也.)

#《두시상주》: 두 번째 수는 근심하는 바가 가족과 국가에 있다. 위 4구는 봄날의 경치이고, 아래 8구는 봄을 슬퍼하는 뜻이다. 파땅의 봄빛은 여전히 아무 일도 없지만 다만 장안이 전란을 입었는데도 원군이 이르

지 않아 만사가 모두 위태로움을 한탄한다. '빈백'과 '누수'는 이때를 당하여 더욱 심해지는데, 또한 형제와의 이별을 생각하니 어찌 북쪽을 바라보며 넋을 잃지 않을 수 있겠는가.(二章, 所憂在家國也. 上四春日之景, 下八傷春之意. 巴地春光, 依然無恙, 但恨長安被兵, 而援軍不赴, 則萬事俱危矣. 鬢白淚垂, 當此更甚, 且想兄弟別離, 能無北望傷神乎.)

《두억》: 두 번째 수에서는 꾀꼬리와 꽃은 모두 새롭게 옛 것을 바꾸었는데 흰 귀밑머리와 떨어지는 눈물은 예전과 같다하여 앞뒤가 서로 대조된다. 북쪽으로 바라보니 아득하다는 것은 곧 다음 수의 '소식을 알기 어렵다'는 구절과 연결된다. (其二, 鶯花俱更新換舊, 而鬢之白, 淚之垂, 與向來同, 前後相照. 北望逶迤, 卽後章難知消息者.)

《독두심해》: 두 번째 수는 몸이 낭주에 있기에 낭주의 봄 경치로 나아가 궁궐을 그리는 마음을 펼쳐내었다. 앞뒤의 시들은 대부분 일을 서술하였지만 이 수에서만은 유독 정감을 말하였으니 바로 '상'자를 위해 해설을 만들어 낸 것이다. 첫 장의 '관새'와 '연화', 마지막 장의 '人泣薜蘿'와 조응이 되니 확실히 제2수의 체재이다. 본래 조정을 근심하다가 아울러 형제에게 미친 것은 나그네 살이 중에 나그네 살이를 이야기하다 보면 감정이 필시 그리로 흐르기 때문이다. 1, 2구는 봄뜻으로 일으켰다. 3, 4구는 바로 북쪽을 바라보는 감개를 이끌어내고 있다. 5, 6구는 시사적인 내용을 곁들였다. 7, 8구는 '상'자의 뜻으로 깨끗하게 돌아왔다. 9, 10구는 내 마음의 상심을 이야기할 친구조차 없으니 이별의 슬픔이 그치지 아니함을 보여준다. 마지막 연에서는 여전히 제목의 뜻을 드러내었다.(次章, 以身在閬州, 故就閬中春景, 寫望闕之懷. 前後多述事, 而此獨言情, 正爲傷字空中洗發也. 與首章之關塞烟花, 卒章之人泣薜蘿相應, 確是第二首之體. 本是憂朝廷, 而兼及兄弟者, 在羈旅言羈旅, 情所必至耳. 一二, 春意起. 三四, 便有引領北望之槪(慨의 오기인 듯). 五六, 帶時事. 七八, 淸還傷字意. 九十, 見我心之傷, 無復親人告語, 不止是離別之悲. 結聯仍點題旨.)

其三

日月還相鬬[1]　星辰屢合圍[2]　不成誅執法[3]　焉得變危機
大角纏兵氣[4]　鉤陳出帝畿[5]　烟塵昏御道[6]　耆舊把天衣[7]
行在諸軍闕[8]　來朝大將稀[9]　賢多隱屠釣[10] 王肯載同歸

해와 달 다시 서로 다투고
별들은 자주 둘러싸이네.
집법성을 처벌하지 않으면
어떻게 위기를 벗어날 수 있으리오.
대각성에는 전쟁의 기운이 감돌고
구진성은 경기 지역을 벗어났네.
연기와 먼지로 임금께서 행차하시는 길 어둑하고
나이든 부로들 천자의 옷을 붙잡네.
행재소에 여러 군대 빠져있고
입조하는 대장들 드물구나.
어진 이들 대부분 숨어버렸으니
임금께선 그들을 함께 태워 돌아오시려는가.

주 석

1 相鬬(상투) - 서로 싸우다. 해와 달이 서로 겹쳐 일식과 월식 등의 천문 현상이 벌어지는 것을 의미한다.
《두시상주》에 인용된《진서晉書·천문지天文志》 여러 개의 태양이 모두 나와 싸우게 되면 천하에 병란이 일어나 큰 전쟁이 벌어진다.

원제 태흥 4년 2월 계해일에 해가 싸웠다.(數日俱出若鬪, 天下起兵大戰. 元帝太興四年二月癸亥, 日鬪.)

《구가집주두시》 위소는 "별들이 서로 부딪치는 것이 싸우는 것이다"라고 하였다.(韋昭曰, 星相擊爲鬪.)

2 屢(누)- 자주. '屢合'은 '亦屢'로 된 판본도 있다.

《두시상주》에 인용된 《한서·천문지天文志》 고조 7년 달무리가 져서 참성과 필성을 일곱 겹으로 감쌌다. 이 해에 임금이 평성에 갔다가 선우에게 포위를 당하였다.(高祖七年, 月暈, 圍參畢七重, 是歲上至平城, 爲單于所圍.)

3 執法(집법)- 집법성. 별이름이다. 법령을 관장하는 관리를 비유하는데, 여기서는 정원진을 가리킨다.

《두시상주》 《사기·천관서》에서 "남궁은 서는 장군이고 동은 재상이다. 남사성은 집법관이고 가운데가 정문이다"라고 하였다. 《진서·천문지》에 "좌집법은 정위의 상이고, 우집법은 어사대부의 상이다"라고 하였다. 《성경星經》에 "집법 4성은 형옥을 관장하는 사람이며 또한 형정을 맡은 관원인데 왕명을 선포하는 것을 돕고 안에서 항시 보좌하는 관리이다"라고 하였다.(史天官書, 南宮, 西將東相. 南四星, 執法. 中, 端門. 晉天文志, 左執法, 廷尉之象. 右執法, 御史大夫之象. 星經, 執法四星, 主刑獄之人, 又爲刑政之官, 助宣王命, 內常侍官也.)

《두시상주》에 인용된 노원창 주 당시에 유항이 상소하여 정원진의 머리를 베어 천하에 속히 고하고자 하였는데, 임금이 보호했다는 공로 때문에 다만 빈주로 유배를 보내었다. 그래서 '불성주집법'이라고 한 것이다.(當時柳伉上疏, 欲斬元振首, 馳告天下, 帝以保護功, 止流濱州, 故曰不成誅執法.)

4 大角(대각)- 대각성. 임금을 상징하는 별이다. 纏(전)- 감싸다.

《두시상주》에 인용된 《사기·천관서天官書》 대각은 천왕의 조정으로 그 양 옆에 각각 두 별이 있는데 '섭제'라고 한다.(大角者, 天王帝廷,

其兩旁各有二星，曰攝提.)

《구가집주두시》 경사에 병사가 또 가득하므로, '전병기'라고 한 것이다.(京師兵又滿，故曰纏兵氣.)

5 鈎陳(구진)- 구진성. 천자의 군대를 관장하는 별이다. 帝畿(제기)- 경기지역. 즉 수도와 수도 부근의 지역을 가리킨다.

《두시경전》에 인용된 《성경星經》 구진 6성은 천자의 군대를 관장한다.(鈎陳六星，主天子六軍.)

《두공부초당시전》 '출제기'는 수레를 타고 피난하는 것이다.(出帝畿，言乘輿出幸也.)

6 烟塵(연진)- 봉화 연기와 수레의 먼지. 전란을 가리킨다. 御道(어도)- 임금이 행차하는 길.

《구가집주두시》 (어도는) 황도이다.(黃道也.)

7 天衣(천의)- 임금의 의복.

〔烟塵 2구〕 '固無牽白馬，幾至着靑衣'로 된 판본도 있다.

《구가집주두시》 조언재 주 임금이 어도를 통하여 나가는데 연기와 먼지로 어두워진 것이다. 아래 구는 부로들이 수레가 나가는 것을 바라지 않아 모두 임금의 옷을 붙잡는 상황을 말하였다.(天子從御道經行而出，爲烟塵所昏. 下句言父老不欲車駕之出，皆牽挽帝衣也.)

8 行在(행재)- 행재소.

《구가집주두시》 군사가 드문 것을 말한다.(言軍士稀少.)

9 來朝(내조) 구- 임금이 피난하여 있는데도 조회하지 않는 시국을 개탄한 것이다.

《구가집주두시》 번진이 조회하지 않음을 말한다.(言藩鎭不朝.)

10 屠釣(도조)- 짐승을 잡고 물고기를 낚는 일. 지극히 천한 일을 하는 사람을 가리키는데, 여기서는 은자를 비유한다.

《두시경전》에 인용된 《한시외전韓詩外傳》: 태공망이 조가에서 소를 잡고, 반계에서 낚시를 하였다.(太公望屠牛朝歌, 釣於磻溪.)

〔賢多 2구〕

《구가집주두시》 조언재 주 공이 또한 스스로 그 뜻을 살짝 보이고 있다. 여망이 위천에서 낚시를 할 때 문왕이 그를 수레에 태워 돌아가서 주왕을 토벌할 병사를 일으켰다. 소를 잡는 일에 있어서는 주해가 진비를 죽이고 병부를 빼앗은 것과 같은 일이 있다. 대의는 짐승을 잡고 낚시하는 사람 가운데 인물이 있다는 것이니, 또한 지나치게 사실에 얽매일 필요는 없다.(公亦微自見意矣. 呂望釣於渭川, 文王載之以歸, 而擧伐紂之兵. 若屠事, 則如朱亥殺晉鄙而奪兵符者. 大意言屠釣中有人, 亦不必泥事實也.)

#《두시상주》: 세 번째 수는 하늘의 변화로써 임금의 마음을 경계시킨 것이다. 위 8구는 간신을 처벌할 것을 말하였고, 아래 4구는 현신을 등용할 것을 말하였다. 임금이 간신을 제거하고 현신을 가까이할 수 있다면 군사들도 모두 힘을 바칠 것을 생각할 것이니, 이에 하늘의 마음도 또한 이로부터 재앙을 뉘우칠 것이다. 대종이 정원진을 참하여 천하에 사죄할 수 없고, 이필 한 사람을 오래도록 폐하여 다시 등용하지 않으니 공이 이에 그것을 진지하게 말한 것이다. ……주학령의 주에서 "《신당서》에 '대종이 섬주로 행차하자 여러 절진에서 정원진의 참소에 얽힐 것을 두려워하여 이르지 않았고, 조정에서 믿는 자는 오직 곽자의 한 사람 뿐이었다'"라고 하였다. '재동귀'는 문왕의 뒷수레에 여망을 태운 일을 사용한 것이다.(三章, 以天變儆君心也. 上八, 言誅佞. 後四, 言用賢. 君能去佞親賢, 則將士皆思效力, 而天心亦從此悔禍矣. 代宗不能斬程元振以謝天下, 有一李泌久廢而不復用, 公故愷切言之.……朱注, 唐書, 代宗幸陝, 諸鎭畏程元振讒構, 莫至, 朝廷所恃者惟郭子儀一人. 載同歸, 用文王後車載呂望事.)

《두억》: 세 번째 작품에 대해 사서에 따르면 토번이 10월 장안을 함락시키고, 11월 유항의 상소로 정원진을 탄핵시켜 비로소 관직을 박탈하고 쫓아내어 돌아가게 하였으며, 12월에 임금이 장안으로 돌아왔다고 한다. 공은 당시에 아직 임금이 돌아왔다는 사실을 몰랐으니 또한 정원진이 축출되었다는 것은 당연히 몰랐을 것이다. 그래서 '집법성을 처벌한다'는 은어를 도리어 사용하게 된 것이다. 앞에서는 일월과 성신을 사용하고, 뒤에서는 대각성과 구진성을 사용하였으니 모두 천문 현상을 빌어 재앙과 변고를 기술한 것이다. '집법성'을 삽입하여 그것이 형혹성임을 알게 하고, 다시 그것이 정원진임을 알게 하였으니 가히 은미하되 뜻이 분명하게 드러난다고 할 수 있겠다. 그러나 정원진을 제거하는 것이 진실로 위기를 극복하는 핵심이니, 이 시를 지은 것이 어찌 우연이겠는가. 결말에서 소를 잡고 물고기를 낚는 일을 사용하였으니, 대단히 자부하고 있음이다.(其三, 按史, 吐蕃以十月陷長安, 十一月以柳伉疏劾程元振, 始削爵放歸, 十二月上還長安. 公時未知上之還, 當亦未知元振之逐, 故誅執法却用隱語. 乃前用日月星辰, 下用大角鉤陳, 俱借天文寫災變. 插入執法, 使人知其爲熒惑星, 又知其爲元振, 可謂微而顯矣. 然誅元振固變危之窾要也, 此詩之作, 豈偶然哉. 尾用屠釣語, 殊自負.)

《독두심해》: 세 번째 수는 시사를 바로 서술하였다. 앞의 4구와 뒤의 4구는 모두 의론을 발한 것이고, 가운데 4구는 서술이다. 토번에게는 관대하고 정원진에게는 심한 것은 재앙의 근본을 추구함이며 죄악의 괴수를 드러냄이다. 그런데 임금의 측근이라 바로 가리켜 비판하기가 불편하여 하늘에 걸린 천문을 빌어 풍자하였다. 1구는 도적떼의 난리를 말하였다. 2구는 바로 임금의 지혜가 가리워짐을 일으켰다. 3, 4구는 병의 뿌리를 지적하면서 위기가 바뀌지 않는 까닭을 간신에 매여 결단하지 못함에서 말미암음을 말하였다. 가운데 4구는 위기를 바로 서술하였다. 9, 10구는 여러 도에서 이르지 않음을 말하였으니, '언득변'을 거듭 언급한 것이다. 결말에서는 어진 이를 등용시키는 것으로 입론하였으니 바로 간신을 제거하는 것과 상대되는 말이다. 간신을 제거하고 어진 이를 권하는 것이 진실로 당시에 절실한 사무이다. (三章, 正述時事. 而前四後四, 俱是發議. 中四, 乃是敍述. 寬吐蓄而甚元振, 探禍本, 揭罪魁也. 然君側不便指斥, 故借懸象爲諷. 一, 言寇擾. 二, 卽引起蒙蔽. 三四, 指出病根, 言所以危機不轉之故, 由於鉏奸不決也. 中四, 正敍危幾. 九十, 言諸道不至, 申焉得變. 結以進賢立論, 正是去奸對面. 誅奸以勸賢, 允爲當時切務.)

其四

再有朝廷亂[1] 難知消息眞 近傳王在洛[2] 復道使歸秦[3]
奪馬悲公主[4] 登車泣貴嬪[5] 蕭關迷北上[6] 滄海欲東巡[7]
敢料安危體 猶多老大臣[8] 豈無嵇紹血[9] 霑灑屬車塵[10]

다시 조정에 난리가 났다고 하는데
그 소식이 진짜인지 알기 어렵네.
근자에 임금께서 낙양에 있다고도 하고
다시 사신이 진으로 돌아갔다고도 하네.
말을 빼앗겨 공주는 슬픔에 잠기고
수레에 오르니 귀빈은 울음을 터뜨렸을 터.
소관에서 북상하는 길을 잃었고
창해에서 동쪽으로 순행하시려 했겠지.
감히 국체의 안위를 헤아리리요.
늙은 대신들이 여전히 많은데.
어찌 혜소와 같이 피 흘려
이어지는 수레 먼지를 적시는 이가 없으리오.

주 석

1 再有(재유) 구- 토번의 침입으로 임금이 피난한 일을 가리킨다

《두시상주》 다시 난리가 났다는 것은 안녹산 이후에 다시 토번이 침입한 것을 말한 것이다.(再亂, 謂祿山之後, 復有吐蕃.)

《독두심해》 당 명황이 한 번 국도를 잃었고, 이제 다시 국도를 잃은 것이다.(明皇一失國, 此爲再失國.)

2 傳(전)- '聞'으로 된 판본도 있다. 洛(낙)- 낙양.

《두시경전》 섬주로 행차한 후에 정원진이 일찍이 낙양에 도읍을 정하자고 권하는 의론을 냈었다.(幸陝後, 程元振曾有勸都洛陽之議.)

3 歸(귀)- '通'으로 된 판본도 있다.

《독두심해》에 인용된 《당서》 토번이 경사에 15일을 머물렀다가 달아났다.(吐蕃留京師十五日, 乃走.)

〔近傳 2구〕

《구가집주두시》 조언재 주 이 시를 자세히 살펴보면 수레가 길을 나서 동도로 행차한 일이 상세히 전해지지 않았음을 분명히 알 수 있다.(詳此篇, 尤見車駕出幸東都, 傳之未審也.)

4 奪馬(탈마) 구- 다급하게 피난을 떠나는 상황을 묘사한 것이다.

《두시상주》에 인용된 《자치통감》 위 고환이 진양에서 부구로 나가는데 도중에 낙양에서 오는 북향 장공주를 만나 말 300필을 모두 빼앗아 바꾸었다.(魏高歡自晉陽出滏口, 道逢北鄕長公主自洛陽來, 有馬三百匹, 盡奪而易之.)

5 登車(등거) 구- 피난을 떠나야만 하는 상황을 슬퍼한 것이다.

《두시상주》에 인용된 《진서晉書》 성제 함화 3년 5월 소준이 석두성으로 옮기라고 천자를 압박하여, 임금은 울며 수레에 오르고 궁중은 통곡하였다.(成帝咸和三年五月, 蘇峻逼遷天子於石頭城, 帝哀泣升車, 宮中慟哭.)

6 蕭關(소관)- 관문의 이름. 관중 지역에서 북쪽 변방으로 가는 교통의 요충이다.

《두시상주》 《한서 · 무제기》에 "원봉 4년 옹으로 행차하여 오치에서 제사를 올리고 회중을 지나 마침내 북쪽으로 소관을 나섰다"고 하였다. 여순이 말하기를 "소관은 안정 조나현에 있다"고 하였다.(漢武帝紀, 元封四年, 行幸雍, 祠五畤, 通回中, 遂北出蕭關. 如淳曰, 蕭關在安定朝那縣.)

《독두심해》 《일통지》에 "(소관은) 평량부 진원현 서북쪽에 있다"고 하였다. 사서를 살펴보건대 이 때 그 지역이 모두 오랑캐 땅이었으므로 그래서 '길을 잃었다'고 한 것이다.(一統志, 在平涼府鎭原縣西北. 攷史, 是時其地皆爲左衽, 故曰迷.)

7 滄海(창해)- 동해.

《두시상주》 《사기》에 "진시황이 황제의 지위에 오른 지 3년에 동쪽으로 군현을 순수하였고 추역산에서 제사를 올렸다"고 하였다. 또 이르기를 "진시황이 마침내 동쪽으로 바닷가에 가서 예를 행하고 명산대천에 제사를 올렸다"고 하였다.(秦始皇卽帝位, 三年, 東巡郡縣, 祠鄒嶧山. 又曰, 始皇遂東遊海上, 行禮, 祠名山大川.)

《독두심해》 살펴보건대 이는 강릉으로 행차하고자 하는 뜻을 전해들은 것이다.(按, 此卽傳聞欲幸江陵之旨.)

《보주두시》 사고 주 대종이 섬주로 행차한 것이 마치 진시황이 동쪽으로 순수한 것과 같아서 백성을 수고롭게 하고 여러 사람을 동원하였다는 것을 말하였다.(言代宗幸陝, 如始皇之東巡, 勞民動衆也.)

8 猶多(유다) 구- 아직 마지막 희망이 남아 있음을 말한 것이다.

《두공부초당시전》 조정에 노신들이 아직 많고 국체가 여전히 안정되어 있어 급하게 위태롭지는 않다는 것을 말한 것이다.(言朝廷老臣猶多, 國體尙安, 未遽危也.)

〔蕭關 4구〕

《구가집주두시》 조언재 주 위의 두 구도 또한 전해들은 이야기로서 임금의 수레가 북쪽으로 소관에 올라갈 것을 의론하였다거나 혹은 동쪽으로 창해를 순행하고자 하였다는 것이니 두 가지 모두 알 수 없어 정하지 못하였다. 이와 같으니 감히 국체의 안위를 헤아리겠는가, 조정에 아직 더불어 논의할 만한 노신들이 있다.(上兩句亦所傳聞, 以爲車駕或議北上蕭關, 或欲東巡滄海, 兩皆迷惑而不定也. 如此, 則敢料安危體乎, 朝廷尙有老臣可與議也.)

9 豈(기) - '得'으로 된 판본도 있다. 嵇紹(혜소) - 진나라 때의 충신.

《두시상주》에 인용된 《진서晉書》 혜제가 북정하였는데 왕의 군대가 탕음에서 패배하였다. 혜소는 자신의 몸으로 왕을 보위하였는데, 왕의 수레에서 전투가 벌어졌을 때 혜소는 마침내 피해를 당하여 그 피가 왕의 옷에 뿌려졌다.(惠帝北征, 王師敗績於蕩陰. 嵇紹以身捍衛, 兵交御輦, 紹遂被害, 血濺帝服.)

《보주두시》 사고 주 어려운 때에 임금을 보위할 자로 혜시중과 같은 충신 의사가 어찌 없겠는가는 말이다.(言艱難之際衛帝者, 豈無忠臣義士如嵇侍中者乎.)

10 霑灑(점쇄) - 적시다. 피가 뿌려져 옷에 물든 것을 말한다. 屬車(속거) - 뒤따르는 수레. '屬'을 촉으로 읽고, 이어지는 것으로 보는 설도 있다.

《보주두시》 사고 주 '촉'이라는 것은 그것이 연속되어 끊어지지 않음을 말한 것이다.(屬者, 言其相連續不絶也.)

〔豈無 2구〕

《두시경전》 나라에 노신이 있어 여전히 죽음으로써 임금을 보위하는 일을 맡을 수 있음을 말하였다.(言國有老臣, 尙當以死衛君也.)

#《두시상주》: 네 번째 수는 수레가 멀리 나간 일을 슬퍼한 것이다. 소식이 사실이 아니라는 것이 아래 6구를 일으켰다. '재낙'과 '귀진'은 피난을

나선 이후의 소식이다. '탈마'와 '등거'는 궁을 나설 때의 소식이다. '북상'과 '동순'은 모두 진과 낙양의 소식이 확실하지 않은 것이다. 그러나 나라에 노신들이 있어 여전히 죽음으로써 임금을 보위하기에 충분하다. 마지막에서는 대개 곽자의에게 희망을 건 것이다. '근문' 6구는 옛일에 기탁하여 지금을 슬퍼한 것이다. '재낙'은 헌제가 낙양으로 돌아간 일을 사용하였다. '귀진'은 장의가 진으로 돌아간 일을 사용하였다. '탈마'는 고환의 일을 사용하였다. '읍빈'은 진 애제의 일을 사용하였다. 소관은 한 무제의 일을 사용하였다. 동순은 진시황의 일을 사용하였다. '감료안위'는 너무 아파 차마 말을 하지 못하는 것이다.(四章, 傷乘輿遠出也. 消息未眞, 起下六句. 在洛歸秦, 此出奔後消息. 奪馬登車, 此出宮時消息. 北上東巡, 並秦洛消息未定矣. 但國有老臣, 尙足以死衛君. 末蓋屬望郭子儀也. 近聞六句, 托古傷今. 在洛, 用獻帝還洛事. 歸秦, 用張儀歸秦事. 奪馬, 用高歡事. 泣嬪, 用晉哀事. 蕭關, 用漢武事. 東巡, 用始皇事. 敢料安危, 痛不忍言也.)

《두억》: 네 번째는 처음에 '재유'라는 말을 사용하였으니 몹시 비통하다. '북상'과 '동순'은 급하게 서두르며 갈 바를 알지 못하는 상황이다. '감료안위체, 유다노대신'에 대해 종성은 "장구한 계책을 깊이 근심한 것이다"라고 하였다. 내 생각에 '감'자가 가장 중요한데, 감히 안위를 헤아려 국체를 얻을 자로는 여전히 많은 늙은 대신들이 있다는 것이니 2구는 한가지 뜻이다. 일을 맡김에 늙은 대신들이 있으니 곧 위기에 임해서는 죽음으로 절개를 지키는 신하가 있는 것이다.(其四, 起用再有, 甚悲. 北上東巡, 狀其倉皇不知所適. 敢料安危體, 猶多老大臣, 鍾云, 深憂長計. 余謂敢字最重, 敢料安危而得其體者, 猶多老大臣在, 二句一意. 任事有老大之臣, 則臨危有死節之臣矣.)

《독두심해》: 네 번째 수는 또한 시사를 서술하였는데, 궁벽진 곳이라 실제 소식을 듣지 못하는 상황으로부터 그것을 묘사해냈으니 순전히 허구에 기초해 틀을 세우는 방식이다. 앞의 8구는 소문이 일치하지 않음을 상세히 다루었다. 뒤 4구는 다시 의론을 내었다. '소식을 알기 어렵다'는 것이 전편을 이끄는 말이니, '근전'은 그것을 의심한 것이고 '부도'는 그것을 다행으로 여긴 것이다. 5, 6구는 마땅히 그랬을 것이라고 생각한 말이다. 7, 8구는 간 바를 전혀 알지 못한다는 것이다. 제 9구는 위의 내용을 모아 마무리한 것이고, 제 10구는 핵심으로 돌아갔다. 그때에는 곽자의에게 전적으로 의지하였다. 또한 안진경과 같은 무리가 있어 가장 충성된 신하로 일컬어졌기에 '여전히 많다'고 한 것이다. 혜소의 피가 뿌려져 적신다는 것은 늙은 대신이 믿을 만하다는 사실을 거듭 말한 것이다. 그러나 자신의 피같은 붉은 마음을 또한 이를 통해 토로하였다. 처음 2수는 양층으로 시상을 끌고 가는 체재이고, 마지막 수는 마무리하는 체재여서 봄뜻을 담아 시제로 돌아갔다. 그러나 이 수와 앞의 제 3수는 다섯 시의 가운데에 해당되어 전적으로 의론을 서술하면서 봄뜻을 언급하지 않았다. 이러한 것들이 모두 구차하게 지은 것이 아니다.(四章, 亦述時事, 卻從僻遠不得實信摹寫出來, 純是架虛立格. 前八, 詳傳聞之不一. 後四, 又出議論. 難知消息, 全首總領, 近傳, 疑之. 復道, 幸之. 五六, 想當然語. 七八, 幷不知所向. 第九束上, 第十是歸重處. 時則專倚郭子儀. 又如顏眞卿輩, 亦最稱忠懇. 故曰猶多. 嵇血霑灑, 申老大臣之可仗. 而自己一副血性, 亦從此吐露. 首兩章, 是兩層提挈體. 末章, 是收束體. 故俱帶春意以還題. 此與上章, 爲五詩之腹, 專行敍議, 故不及春意. 此等處, 皆非苟作者.)

其五

聞說初東幸[1]　孤兒卻走多[2]　難分太倉粟[3]　競棄魯陽戈[4]
胡虜登前殿[5]　王公出御河[6]　得無中夜舞[7]　誰憶大風歌[8]

春色生烽燧[9] 幽人泣薜蘿[10] 君臣重修德[11] 猶足見時和[12]

들으니 처음 동쪽으로 행차하실 때
시위들도 대부분 달아났다지.
태창의 곡식을 나눠주기 어려우니
노양의 창도 다투어 버렸다네.
오랑캐들 앞 궁궐에 오르고
왕공들은 황실의 물길로 빠져나갔는데.
어찌 한 밤에 일어나 춤을 추는 사람이 없으리오만
누가 대풍가를 기억할 것인가?
봄빛 가운데 봉수 피어오르니
숨어사는 이 몸 벽라둘을 바라보며 눈물 흘리노라.
군신이 거듭 덕을 닦으시면
태평시절도 충분히 볼 수 있을 것을.

주 석

1 東幸(동행) - 동쪽으로 행차하다. 임금이 피난 간 것을 말한다.
《두시경전》 섬주는 경사의 동쪽에 있다.(陝在京師東.)

2 孤兒(고아) 구 - 왕을 지키는 호위병들도 달아난 것을 말한다.
《두시상주》에 인용된 《한서·선제기宣帝紀》의 주 전쟁에 나갔다가 전사한 사람의 자식들을 거두어 우림에서 길렀는데, 관청에서 오병으로 교육을 시켜 우림고아라고 불렀다.(取從軍死事者之子養羽林, 官教以五兵, 號羽林孤兒.)
《구가집주두시》 조언재 주 이 편은 관군이 도망간 것을 듣고 지은 시이다. '각주'는 물러나 달아난 것이다.(此篇聞官軍逃亡之詩. 却走,

則退却而走也.)

3 太倉(태창)- 경사에서 곡식을 보관하던 큰 창고.

《두시상주》에 인용된 《한서》 태창의 곡식이 붉게 썩어 먹을 수가 없다.(太倉之粟, 紅腐而不可食.)

4 魯陽戈(노양과)- 노양공의 창. 본래 위기를 구해낼 수단이나 역량을 의미하는데, 여기서는 호종하는 병사들이 버리고 달아난 무기를 가리킨다.

《두시상주》에 인용된 《회남자》 노양공이 한구와 전쟁이 한창 무르익었는데 해가 지려하자 창을 잡고 그것을 휘둘러 해가 구 십리나 돌아갔다.(淮南子, 魯陽公與韓遘, 戰酣, 日暮, 援戈而麾之, 日返三舍.)

〔難分 2구〕 이 구는 난리 중이라 곡식을 나눠주기 어려움을 말하였다.

《구가집주두시》 조언재 주 그들이 이미 달아나버렸으니 비록 창고에 곡식이 있어도 나누어주기 어렵고, 창은 휘둘러 싸우는 물건인데 도리어 버렸으니 가히 통탄할 일임을 말하였다.(言其旣走, 則雖有太倉之粟, 難與之也. 戈以麾戰而反棄之, 爲可痛矣.)

5 胡虜(호로) 구- 토번이 경사를 함락하여 어지럽힌 일을 말한다.

《두공부초당시전》 토번이 경사를 함락시킨 일을 말하였다.(謂吐蕃陷京師也.)

6 王公(왕공) 구- 당시 왕공들이 급하게 피난했던 일을 가리킨다.

《두공부초당시전》 공경이 달아난 것을 말하였다.(謂公卿出奔也.)

〔胡虜 2구〕

《두시상주》 《진재기晉載紀 · 유요전劉曜傳》에서 "왕미와 호연안이 남궁에 들어와 태극전전에 오르고, 병사들을 풀어 크게 노략질하여 궁인의 진귀한 보물을 모두 거두어 들였다. 이 때 유요는 왕공과 백관 이하 3만 여인을 낙수 북쪽에서 살해하였다"고 하였다. 또한 《회제기懷帝紀》에서 "유요와 왕미가 경사로 들어오자 회제는 화림원의 문을 열고 하음 우지로 나가서 장안으로 가려 하였는데 유요 등에게 추격을 당하였다"고 하였다. 이러한 일을 일러 '등전전'과 '출어하'라고 한 것이다.(晉載紀劉曜傳, 王彌呼延晏入南宮, 升太極前殿, 縱兵大掠, 悉收宮人珍寶, 於是曜害王公百官已下三萬餘人於洛水北. 又, 懷帝紀, 劉曜王彌入京師, 帝開華林園門, 出河陰藕池, 欲幸長安, 爲曜等所追及. 所謂登前殿出御河也.)

7 得無(득무) - '忍爲'로 된 판본도 있다.

《두시상주》에 인용된 《진서晉書》 조적과 유곤이 함께 이불을 덮고 잠을 자는데, 한 밤에 닭 울음소리가 들렸다. 이에 일어나 춤추며 나쁜 소리가 아니라고 말하였다.(祖逖與劉琨共被而寢, 中夜聞雞鳴, 因起舞曰, 此非惡聲也.)

8 誰(수) - '宜'로 된 판본도 있다. 大風歌(대풍가) - 한 고조가 지은 노래.

《두시상주》에 인용된 《한서》 고제가 패궁에 술자리를 차리고 스스로 노래하기를 "큰 바람이 일어나니 구름이 휘날리는구나. 위세를 온 천하에 떨치고 고향으로 돌아왔네. 어떻게 용맹한 군사를 얻어 사방을 지킬까"라고 하였다.(高帝置酒沛宮, 自歌曰, 大風起兮雲飛揚, 威加海內兮歸故鄉, 安得猛士兮守四方.)

《두공부초당시전》 사방을 지킬 사람이 아무도 없다는 것을 말하였다.(言無人守四方也.)

〔得無 2구〕

《두억》 '득무' 2구는 신하만 있고 임금이 없는 상황을 은연중에 아파하였으니, 그래서 아래에서 군신이 덕을 쌓는다는 말을 한 것이다.(得無二句, 隱然傷其有臣無君, 故下有君臣修德之語.)

《두시경전》 2구는 분발하여 뜻을 떨쳐 치욕을 깨끗이 설욕하려는 영웅이 어찌 없을 것인가만 아마도 조정에서 참언을 믿고 다시 기억하지 못할 것이라는 말이다. 당시 곽자의는 관직에서 물러나 있었고, 이광필 또한 참언을 두려워하여 오지 않았기에 이렇게 말한 것이다. (二句言豈無英雄思奮志在報讐雪恥者, 恐朝廷信讒不復記憶耳. 時郭

子儀閒廢，李光弼亦懼讒不至，故云.)

9 烽燧(봉수) - 변방에서 적의 침입을 알리는 신호. 전란의 상황임을 의미한다.

10 幽人(유인) - 은사. 두보 자신을 말한다. 薜蘿(벽라) - 벽려薜荔와 여라女蘿. 모두 야생 풀이다.

《구가집주두시》 조언재 주 '유인'은 두보 자신을 말한다. 봄의 시절에 오직 봉수만 피어오르는데 이 벽라풀 가운데서 은자가 이를 어찌할 수 없어 다만 눈물 흘릴 따름인 것이다.(幽人，公自謂也. 方春之時，而唯有烽燧，此薜蘿之中，幽人無如之何，所以但泣而已.)

11 修德(수덕) - 덕행을 닦다.

12 時和(시화) - 화평한 시절.

#《두시상주》: 다섯 째 수는 군사들이 흩어져 사라진 것을 가슴아파한 것이다. '문설' 6구는 들은 시사를 두루 기록한 것이다. 이때에 영웅 가운데 분발하여 한밤에 일어나 춤추는 자가 어찌 없을 것인가. 조정에서 참언만을 믿고 〈대풍가〉의 용맹한 군사를 생각지 않은 것이 애석할 따름이다. 은자는 봄을 맞아 눈물을 흘리니 공의 마음이 임금을 잊지 않았기 때문이다. 마지막에 덕을 기를 것을 군신에게 바라니, 이는 곧 사람들의 마음을 수습하고 국맥을 만회하는 근본이다.(五章，傷軍士散亡也. 聞說六句，歷記所聞時事. 當此之時，英雄思奮，豈無中夜起舞者，惜朝廷信讒，不念大風猛士耳. 幽人當春而泣，公念不忘君也. 終以修德望諸君臣，此乃收人心挽國脈之本.)

《두억》: 다섯 째 수에서 "노양의 창도 다투어 버렸다"는 사실을 누가 모르겠는가. 공이 이것을 인용한 것은 아마도 해로 임금을 비유하였기 때문일 것이다. '고아'는 우림군을 가리키는데, 태창의 곡식을 홀로 배불리 먹고서도 창을 휘둘러 오랑캐를 제어하여 동쪽으로 행차하는 수레를 되돌릴 수 없었음을 말하였다. "어찌 한 밤에 일어나 춤을 추는 사람이 없으리오만, 누가 대풍가를 기억할 것인가"는 신하만 있고 임금이 없는 상황을 은연중에 아파하였으니, 그래서 아래에서 군신이 덕을 기른다는 말을 한 것이다. "봄빛 가운데 봉수 피어오른다"는 것은 공이 봄을 아파하는 중에서도 가장 비통한 것이기에 은자의 눈물이 있는 것이다.(其五, 競棄魯陽戈, 誰不知之, 公引此, 蓋以日比君. 孤兒指羽林軍, 謂其獨飽太倉之粟, 不能操戈禦虜, 而返東幸之轍也. 得無中夜舞, 誰憶大風歌, 隱然傷其有臣而無君, 故下有君臣脩德之句. 春色生烽燧, 乃公傷春之最痛者, 故有幽人之泣.)

《독두심해》: 마지막 수는 다섯 시의 결말로서 위 8구는 국도를 잃고 떠도는 감회를 개괄하였고 아래 4구는 경사를 회복하고 중흥을 바라는 소망을 다시 언급한 것이다. 그런데 그 주된 뜻이 뒷부분으로 돌아가 상춘과 다시 합쳐지니 제1, 2 두 수와 마무리하며 조응한 것이다. 여농이 이르기를 "어지러움이 극에 달하여 치세를 생각하는 것은 마치 겨울이 다가고 봄이 돌아오는 것과 같다. 그래서 시화로써 귀결을 삼은 것이다"라고 하였다. 앞 4구는 앞 시에서 상세히 적지 못한 것을 보충하여 서술한 것이다. 5, 6구는 경사가 함락된 것을 개괄하였고, 7, 8구는 '혜소혈', '재동귀' 등의 뜻을 개괄한 것이다. '춘색'구는 시제로 돌아갔다. 봄빛 가운데 봉수가 피어오르니 그 용의가 참담하다. '유인읍'은 두 번째 수와 호응하고 '수덕' '시화'는 첫 수의 '봉래족운'과 호응하니, 반드시 이와 같아야 비로소 봄빛이 날마다 무르익어 감을 느껴서 거듭 평화로운 우주를 노닐 수 있게 되니 진실로 충성되고 참된 신하의 마음이며 좋은 조짐을 바랄만한 문장이다.(卒章, 爲五詩結局, 上八, 隱括失國流離之感. 下四, 重致還京興治之望. 而主意歸到後幅, 回合傷春, 與一二兩章收應. 旅農云, 亂極思治, 猶冬盡還春, 故以時和爲歸結. 前四, 補寫前詩所未詳. 五六, 括陷京師. 七八, 括嵇紹血載同歸等意. 春色句還題. 春色而生烽燧, 用意慘澹. 幽人泣, 應還次章. 修德時和, 應還首章之蓬萊足雲. 必如是, 而始覺春光日濃, 重遊太和宇

宙耳. 允爲忠懇純臣之心事, 吉祥可願之文章.)

##《두억》: 다섯 수는 모두 봄빛을 느끼면서 조정의 난리를 아파한 것이다. 공의 시로 한 제목에 여러 수의 시를 지은 것은 반드시 순서가 있고 흐름이 서로 연결되었다. 그런데 이 작품은 그렇지 않아 모두 임금의 수레가 피난한 것을 아파한 것이니, 때로 그 마음을 버리지 못하여 무언가에 부딪치면 바로 시가 나왔으니 하루에 지은 것이 아니다. 그래서 그 말에 중복을 꺼리지 않았다.(五首皆感春色而傷朝廷之亂也. 公詩凡一題數首, 必有次第, 而脈理相貫. 此不然, 總哀乘輿播越, 而時不去心, 有觸卽發, 非一日之作, 故語不嫌其重複也.)

(**박홍준**)

138. 暮寒

저녁 추위

霧隱平郊樹[1]　風含廣岸波[2]　沉沉春色靜[3]　慘慘暮寒多[4]
戍鼓猶長擊[5]　林鶯遂不歌[6]　忽思高宴會[7]　朱袖拂雲和[8]

안개는 평평한 들판 나무를 가리고
바람은 먼 강언덕 물결을 머금었다.
어둑어둑 봄빛 고요하고
쌀쌀히 저녁 추위 많다.
수자리 북 아직도 늘 치니
숲속 꾀꼬리 노래하지 않는다.
문득 성대한 연회 생각노니
붉은 소매 금슬을 스쳤지.

광덕 2년 봄 낭주에서 지었다. 토번이 이웃 고을을 침략하자 봄날 저녁의 쓸쓸한 풍경과 지난날의 성대한 잔치의 기억을 대비하였다.

《보주두시》 시에서 "변방의 북 아직도 늘 친다"라고 하였으니 광덕 2년 봄 낭주에서 지은 작품이다. 낭주는 재주, 이주, 파주, 검주, 과주와 이웃하고 있었으며, 당시 토번이 새로 송주 유주 보주 세 고을을 함락하였으므로 변방의 북소리가 가라앉지 않았다.(詩云戍鼓猶長擊, 當是廣德二年春, 在閬州作. 閬與梓利巴劍果州爲鄰, 時吐蕃新陷松維保三州, 故戍鼓未靜也.)

주 석

1 隱(은) - 가리다. 숨기다. 平郊(평교) - 평평한 교외.

《이아·석지釋地》 읍 밖을 '교'라고 한다.(邑外謂之郊.)

《보주두시》에 인용된 조언재 주 안개가 나무를 덮어 가렸음을 말한다.(言霧遮掩其樹.)

2 廣岸(광안) - 먼 강언덕. 이 구는 바람이 먼 강언덕에서 불어온다는 뜻이다.

《두시상주》 '광안'은 먼 강언덕이다.(廣岸, 遠岸也.)

3 沉沉(침침) - 어둑어둑. 소리 없이 적막하다.

4 慘慘(참참) - 슬프다. 애처롭다. 춥다. 暮寒(모한) - 저녁의 추위.

5 戍鼓(수고) - 변방을 지키는 군대의 북. 長(장) - 늘. 자주.

《두공부초당시전》 토번의 난에 올봄까지 계속 방어하고 있음을 말한다.(言吐蕃之亂, 至今春尙防戍也.)

6 林鶯(임앵) - 숲 속의 꾀꼬리. 遂(수) - 이에. 이 때문에.

7 高宴會(고연회) - 성대한 연회.

8 朱袖(주수) - 붉은 소매. 악기를 연주하는 여인을 말한다. 雲和(운화) - 금슬琴瑟. 현악기의 총칭. 원래 지명 또는 산명山名으로서 그곳에서 나는 목재로 금과 슬을 만들었다. 후대에는 금슬 또는 현악기 전체를 일컫는다.

《두공부초당시전》 악무를 말한다.(謂樂舞也.)

《주례周禮·춘관春官·대사악大司樂》 "孤竹之管, 雲和之琴瑟" 구의 정현鄭玄 주 운화, 공상, 용문은 모두 산 이름이다.(雲和空桑龍門, 皆山名.)

《문선·칠명七命》 "吹孤竹, 拊雲和" 구의 이주한李周翰 주 '고죽'은 관이고, '운화'는 슬이다.(孤竹, 管也. 雲和, 瑟也.)

《두시상주》 《주례·대사악》 "奏雲和之琴瑟" 구의 주에 "'운화'는 지명으로서 좋은 목재가 나며, 금슬에 적합하다"고 하였다.(周禮大司樂, 奏雲和之琴瑟, 注, 雲和, 地名, 產良材, 中琴瑟.)

《독두심해》 '불운화'는 가기를 가리키지 조정의 예악을 일컫지 않는다.(拂雲和, 卽指聲妓, 非謂朝廷禮樂.)

《두시언해》 '운화'는 지명으로서 금슬을 만드는 나무가 난다. 왕년 연회 때의 일을 생각하였다.(雲和, 地名, 產琴瑟之樹. 思昔年宴會之事.)

#《두시상주》: 위 4구는 저녁이 추운 봄의 풍경이고, 아래 4구는 저녁 추위의 느낌이다. '무은'은 저녁을 묘사하고, '풍함'은 추위를 묘사하니 2구는 원경이다. '침침'은 안개를 받고, '참참'은 바람을 받으니 2구는 근경이다. 새가 전쟁의 기세를 피하므로 봄에 꾀꼬리가 울지 않는다. 끝에서는 즐거웠던 잔치를 난리 중에 추억한다.(上四暮寒春景, 下四暮寒有感. 霧隱寫暮, 風含寫寒, 二句遠景. 沉沉承霧, 慘慘承風, 二句近景. 鳥避兵氣, 故春鶯不歌. 末從亂離中追想歡娛盛事也.)

《독두심해》: 결련의 뜻을 완미하니 귀인을 모시고 강에 배를 띄운 때와 멀지 않은 듯하지만, 맑음과 흐림, 시끌벅적함과 적막함이 문득 다른 모습이다.(玩結意, 似去陪泛之時不遠, 而晴陰喧寂, 忽然改觀.)

《두억》: 이 시를 읽으니 첫 2구에서 바로 사람을 덮치는 한기를 느끼지만, 3,4구에서 비로소 표출한다. 숲속의 꾀꼬리가 노래하지 않음은 본래 봄 추위 때문이지만, '수고'를 받으니 기묘하다. 전편의 본의는 원래 '수고'에서 나왔다. 한기가 소슬하고, 변방의 북소리가 마음을 놀래키니 문득 저 부호들을 생각한다. 바야흐로 음주고회를 열고 미인이 음악을 연주하니 온 집안에 봄빛이 무르익어 세상의 추위도 모르는데다 또 금슬 연주를 들으니 방어하는 북소리가 어이 들리랴. 숲속 꾀꼬리보다 못한지고.(讀起來, 二句便覺寒氣逼人, 三四才說出. 林鶯不歌, 本因春寒, 而頂戍鼓來, 便幻. 通章本意, 原因戍鼓而發. 寒氣蕭瑟, 戍鼓驚心, 忽思彼富貴家, 方且飲酒高會, 美人奏樂, 一室之內, 春光融融, 既不知人間之寒, 而既聽雲和之奏, 安聞戍鼓之音, 蓋林鶯之不如矣.)

(이창숙)

139. 遊子
나그네

巴蜀愁誰語　吳門興杳然[1]　九江春草外[2]　三峽暮帆前
厭就成都卜[3]　休爲吏部眠[4]　蓬萊如可到[5]　衰白問羣仙[6]

파촉에서의 시름을 누구에게 말하나?
오문의 흥취는 아득하기만 하다.
구강은 봄풀 밖에 있고
삼협은 저녁 돛 앞에 있다.
성도에 점치러 가는 것 싫증나고
이부랑처럼 잠드는 짓 그만둘 것이니,
봉래산에 만약 이를 수 있다면
늙고 노쇠한 몸이 여러 신선에게 물어보리라.

광덕 2년 봄에 낭주에서 지은 시로, 삼협을 떠나려는 의지를 담고 있다.

《보주두시》 시에서 "파촉에서의 시름을 누구에게 말하나? 오문의 흥취는 아득하기만 하다"라고 하였으니 응당 광덕 2년 낭주에서 지었다. 이 때 엄무가 다시 촉에 진수하여 그에게 가고자 하였고, 아직 낭주에 있었기 때문에 삼협을 내려가려는 뜻을 이루지 못하였다. 그래서 "오문의 흥취가 아득하다"라고 말하였다.(詩云, 巴蜀愁誰語, 吳門興杳然, 當是廣德二年閬中作. 是時, 以嚴武再鎭蜀, 欲往之, 而尙在閬, 下峽之意不遂, 故曰吳門興杳然.)

주 석

1 吳門(오문) - 지명. 오 지역을 대표하며 두보가 가고자 하는 곳이다. 이 구는 오 지역에 가고자 하나 기약하기가 어려움을 말한다.

2 九江(구강) - 지명. 지금의 심양瀋陽 일대에 해당한다.

〔九江 2구〕 봄풀 저쪽에 구강이 있고 배 앞 쪽에 삼협이 있다는 뜻으로, 오에 가기 위해 거치는 곳을 열거하여 오에 가고 싶은 마음을 드러내었다.

《두공부초당시전》 '구강'과 '삼협'은 바로 남으로 내려갈 때 지나는 곳이다.(九江三峽, 正是南下之所歷也.)

3 成都卜(성도복) - 성도에서 점을 치다. 엄군평의 고사이다.

《두시상주》에 인용된 《고사전高士傳》 엄군평은 성도 저자에서 점을 치며 살았다. 매일 몇 사람을 봐주고 생활하는 데 충분한 백 전을 벌게 되면 곧 가게를 닫고 발을 내리고서 《노자》를 가르쳤다.(嚴君平賣卜成都市中, 日閱數人, 得百錢足自養, 則閉肆下簾而授老子.)

4 吏部眠(이부면) - 이부랑이 잠들다. 필탁의 고사이다.

《두시상주》에 인용된 《진서》 필탁이 이부랑이었을 때이다. 이웃에 사는 낭관의 집에 술이 익었다. 필탁이 취하여 밤에 그 집 술항아리로 가서 훔쳐 마시다가 술을 관리하는 이에게 포박되었다. 다음날 아침 살펴보니 바로 이부랑 필탁이었다.(畢卓爲吏部郎, 比舍郎釀熟, 卓因醉夜至其甕間盜飮之, 爲掌酒者所縛, 明旦視之, 乃畢吏部也.)

5 蓬萊(봉래) - 신선이 산다는 전설상의 산 이름으로 삼신산의 하나이다.

《두시상주》에 인용된 《한서·교사지郊祀志》 봉래, 방장, 영주의 삼신산이 있는 곳은 발해 한 가운데로, 사람 사는 곳에서 멀지 않다. 거기에 이르지 않았을 때 바라보면 구름처럼 보이는데, 삼신산에 다가가면 산은 도리어 물 아래에 있고 바람이 배를 끌어 떠나보내어 끝내 도달할 수 있는 사람이 없었다.(蓬萊方丈瀛洲有三神山者, 在渤海中, 去人不遠. 未至望之如雲, 及到三神山, 山反居水下, 風引船而去, 終莫

能至.)

6 羣(군)- '神'으로 된 판본도 있다.

#《두시상주》: 촉을 떠나 오에 가고자 한 것이다. 3,4구는 서경으로 오에 갈 때 경유하는 곳을 말하였다. 5,6구는 서정으로 파촉에 머물기 어려워하는 마음을 보였다. 끝 부분은 결단코 아주 가버리겠다는 것이다. 고신의 주에서 "수련은 앞 시 〈춘일재주등루春日梓州登樓〉의 '촉 땅의 사귐은 냉정하여 싫고 오 땅에 좋은 일 많음을 그리워한다'의 뜻이다"라고 하였다. '파촉수', '오문흥'은 위 3자를 이어 읽는다. 《두억》에서 "길 떠나기를 주저하지 않으니 그래서 점치러 가는 것이 싫고, 시름을 술로 풀 수 없으니 그래서 취하여 자는 짓을 배우지 않는 것이다"라고 하였다. 오문은 말할 것도 없고, 만약 봉래에 갈 수 있다면 또한 당연히 아주 가서 늙지 않는 방법을 찾겠다고 하니 아마 그의 연로함을 슬퍼한 것이리라.(意將去蜀遊吳也. 三四敍景, 言赴吳所經. 五六敍情, 見巴蜀難留. 末將決意長往矣. 顧注, 首聯, 卽前詩厭蜀交遊冷, 思吳勝事繁意. 巴蜀愁, 吳門興, 上三字連讀. 杜臆, 啓行不待躊躕, 故厭就問卜, 而愁懷非酒可解, 故休學醉眠. 無論吳門, 倘蓬萊可到, 亦當長往以求却老之方, 蓋自悲其年老也.)

《구가집주두시》 조언재 주: 공이 당시 남하하고자 하였으나 아직도 파촉에 있었다. 그래서 이 시에 머물고 있다는 탄식의 뜻이 있는 것이다.(公時欲南下, 而尙在巴蜀, 故是篇有留滯之嘆.)

《독두심해》: 공이 평소 동쪽으로 가려는 뜻이 있었다. 오 땅을 좋아해서가 아니라 촉 땅이 괴로운 탓일 것이니, 이는 촉에 의지할 데가 없었기 때문이다. 3,4구는 마음속의 상상이며 5,6구는 의지의 결연함이며 7, 8구는 흥취의 고원함으로, 모두 마음 둘 데 없어서 한 생각이다.(公素有東遊之意, 非喜吳, 蓋苦蜀也, 爲蜀無依也. 三四神往, 五六志決, 七八興遠. 總是無聊之思.)

(**이영주**)

140. 滕王亭子二首

등왕정자 2수

君王臺榭枕巴山[1] 萬丈丹梯尚可攀[2]
春日鶯啼修竹裏[3] 仙家犬吠白雲間[4]
清江錦石傷心麗[5] 嫩蘂濃花滿目斑[6]
人到於今歌出牧[7] 來遊此地不知還[8]

군왕의 정자가 파산을 베고 누웠는데
만 길의 돌 비탈 오히려 오를 만하다.
봄날 꾀꼬리 긴 대숲에서 울어대고
선가의 개 흰 구름 사이에서 짖는구나.
맑은 강 예쁜 돌이 가슴 아프게 곱고
어린 꽃술 무성한 꽃 눈 가득 아롱져 있다.
사람들은 지금까지도 목민관을 노래하여
이 곳에 놀러 와서 돌아갈 줄 몰랐다 하네.

이 시는 광덕 2년 봄 낭주에서 지은 것이다. 등왕정자는 고조의 스물두 번째 아들 이원영이 낭주자사로 있을 때 건립한 것으로 옥대관 안에 있었다. 옥대관은 낭주성 북쪽으로 7리 떨어진 곳에 있었다. 시에서는 등왕정자의 경치와 옛일을 생각하는 마음을 쓰고 있다.

《보주두시》 《구당서》《신당서》에 의하면 등왕 이원영은 수주자사에서 융주자사로 옮겼다. 뒤에 융주는 현종의 휘를 피하여 낭주로 고쳤다. 정자는 옥대관에 있었으므로 이원영은 늘 이곳에 놀러와 쉬었다. 시에 "봄날 꾀꼬리 긴 대숲에서 울어대고 선가의 개 흰 구름 사이에서 짖는다"고 하였고 또 "적막한 봄 산길을 군왕께서 다시 가지 못한다"고 하였으니 마땅히 광덕 2년 봄에 지은 것이다.(按二史, 滕王元嬰自壽州刺史移隆州刺史. 後隆州避玄宗諱, 改爲閬州. 亭在玉臺觀, 故嬰嘗遊憩於此. 詩云, 春日鶯啼脩竹裏 仙家犬吠白雲間, 又云, 寂寞春山路, 君王不復行, 當是廣德二年春作.)

《두시상주》에 인용된 소보 주 공은 광덕 2년 재주에서 낭주로 갔는데 이 정자에 와서 유람하였다.(公於廣德二年自梓州往閬州, 來遊此亭.)

《두시상주》에 인용된 전겸익 전 《방여승람》에 "등왕은 융주의 관아 건물이 비루하다고 생각하여 마침내 그것을 꾸미고 크게 하였고 궁원에 견주어 융원이라고 하였는데 뒤에 낭원이라고 이름을 고쳤다"고 하였다. 등왕정은 바로 이원영이 세운 것이다.(方輿勝覽, 滕王以隆州衙宇卑陋, 遂修飾弘大之, 擬於宮苑, 謂之隆苑, 後改曰閬苑. 滕王亭, 卽元嬰所建.)

《독두심해》 원주에 "옥대관 안에 있다. 등왕은 조로 연간에 낭주자사를 맡았다"고 하였다. 《구당서》에 등왕 이원영은 고조의 아들로 홍주를 다스리면서 자주 법을 어겨 저주에 안치되었는데 수주자사가 되었다가 융주자사로 옮겼다고 하였다. 《당서·지리지》에 현종의 휘를 피하여 융주를 낭주로 바꾸었다고 하였다. …… 광덕 2년 낭주시에 들어간다.(原注, 在玉臺觀內. 王調露中任閬州刺史. 舊書, 滕王元嬰, 高祖子, 都督洪州, 數犯憲章, 滁州安置, 起壽州, 轉隆州. 唐志, 避玄宗諱, 改隆爲閬. …… 入廣德二年閬州詩.)

주 석

1 君王(군왕) - 등왕을 말한다. 臺榭(대사) - 대와 사. 보통 누대 등의 건축물을 지칭한다. 巴山(파산) - 파 땅에 있는 산.

《서書 · 태서상泰誓上》"惟宮室臺榭"의 공영달孔穎達 소疏 '대'는 흙을 쌓아서 만들며 관망하는 곳이다. '대' 위에 있는 집을 '사'라고 한다.(臺, 積土爲之, 所以觀望也. 臺上有屋謂之榭.)

《보주두시》 황희 주 낭주는 옛 파자국의 땅이므로 옛날에 파서군이라 불렀다. 그렇기 때문에 산 역시 파산이라 부른 것이다. 그것은 운대산을 가리켜 말한 것이리라. 《술파지》에 의하면 일명 천주산이라고 하며 장도릉이 신선이 된 산이다.(閬州古巴子國地, 所以舊謂之巴西郡, 故山亦謂之巴山. 其指雲臺山而言歟. 述巴志, 一名天柱山, 張道陵升仙之山也.)

2 丹梯(단제) - 도교에서 신선 도사를 찾아가는 길을 가리키는 말로 여기서는 산에 나 있는 돌 비탈길을 말한다.

《두시경전》에 인용된 고신 주 '단제'는 산의 돌 비탈길이다.(丹梯, 山之磴道.)

《두억》 《지리지》에 "낭중에는 선성이 모여 노닐던 자취가 많다. 성 동쪽에는 천목산이 있는데 바로 갈홍이 수련하던 곳이다. 문산이 있는데 장도릉이 무리에게 부록을 주던 곳이다"라고 하였다. '만장단제'는 이를 말한다. 《연의》에서는 운대산으로 보았는데 이는 창계에 있으니 서로 관련되지 않는다.(志云, 閬中多仙聖遊集之所, 城東有天目山, 乃葛洪修煉之所, 有文山, 張道陵授徒符籙處. 萬丈丹梯謂此. 演義以爲雲臺山, 此在蒼溪, 不相及也.)

3 修竹(수죽) - 긴 대나무.

《두시상주》에 인용된 양신 설 '수죽'은 양 효왕의 고사를 쓴 것이고 구름 속에서 개가 짖는다는 것은 회남왕의 고사를 쓴 것으로 사람들이 모두 그것을 안다. 일찍이 '수죽'에는 '앵제'라는 글자를 쓴 예가 없다고 이상하게 여겼었는데 뒤에 손작 〈난정시〉의 "우는 꾀꼬리 긴 대나무에서 노래하고, 헤엄치는 물고기 파도를 희롱한다"는 시구를 보고서야 두보가 이것을 썼다는 것을 알았다. 책을 읽은 것이 많지 않다면 고인을 가볍게 논해서는 안된다.(修竹用梁孝王事, 犬吠

雲中用淮南王事, 人皆知之. 嘗怪修竹無鶯啼字, 後見孫綽蘭亭詩. 啼鶯吟修竹, 游鱗戲瀾濤, 乃知杜老用此, 讀書不多, 未可輕議古人.)

4 仙家(선가)- 선인이 사는 곳. 이 구는 회남왕 유안이 도술을 배워 그 집에서 기르던 개와 닭들도 남은 선약을 먹고 그와 함께 승천하였다는《신선전》의 고사를 인용한 것으로, 등왕정자가 위치한 산이 높게 솟아 있어 신선들이 거처할 만하고 속세와 다른 풍경이라는 것을 말하고 있다.

《두시상주》《신선전》에 "팔공이 회남왕 유안과 대낮에 승천함에 떠날 때 약그릇을 정원 가운데 두었는데 그것을 닭이 쪼아 먹고 개가 핥아 먹어 모두 승천할 수 있었다. 그 때문에 닭이 천상에서 울고 개가 구름 가운데서 짖게 되었다"고 하였다.《한서》를 살펴보건대 회남왕 유안은 불법으로 처벌을 받았고 승천한 일이 없다. 바로 팔공의 무리가 이 이야기를 만들어내어 그의 죄를 덮으려 한 것이다.(神仙傳, 公與淮南王安, 白日升天, 臨去時餘藥器置在中庭, 雞犬舐啄之, 盡得升天, 故雞鳴天上, 犬吠雲中. 按漢書, 淮南王安, 以不法受誅, 無升天事, 乃八公之徒造爲此說, 以掩其罪也.)

5 錦石(금석)- 예쁜 돌. '錦'은 '碧'으로 된 판본도 있다.

6 斑(반)- 얼룩지다. 다채롭다.

7 人(인)- 낭주의 사람들을 말한다. 出牧(출목)- 지방 장관을 맡다. 낭주자사를 맡았던 이원영을 가리킨다.

8 此地(차지)- 이 땅. 등왕정자가 있는 곳을 말한다. 이 구는 이원영이 낭주자사로 있을 때 등왕정자가 있는 곳에 놀러 와서 돌아갈 줄 몰랐다는 말이다.

《두억》'유차지'는 등왕을 말하며 '부지환'은 말에 풍자가 있다.(遊此地謂滕王, 而不知還語有刺.)

〔人到 2구〕

《두시상주》 《신당서》《구당서》에서 나란히 이원영은 금주자사로 있으면서 교만하고 제멋대로 행동하여 법도를 잃었다고 하였다. 태종이 막 세상을 떠났을 때는 술 마시며 잔치를 벌이고 노래하고 춤을 추면서 하인들과 허물없이 지냈다. 관할 구역을 순시할 때는 개를 빌리고 그물을 요구하여 지나는 곳마다 해를 끼쳤다. 홍주도독으로 옮기게 되고서는 다시 재물을 탐한다는 소문이 났다. 고종은 삼베 두 수레를 주어 돈을 마련하도록 도와주었다. 소설에서는 또 부하 관리의 아내를 궁중에 불러들여 음행을 저질렀다고 기재하였다. 양신이 말하기를 "그의 악이 이와 같은데 시에서는 '백성들이 지금까지도 목민관을 노래한다'고 말하였으니 시사가 될 수 없다"고 하였다. 지금 살펴보건대 마지막 2구는 한 호흡으로 읽어가는 것으로 바로 그의 무절제한 놀이를 풍자한 것이지 그가 남긴 은택을 칭송한 것이 아니다.(新舊唐書並云, 元嬰爲金州刺史, 驕佚失度. 太宗初喪, 則飮宴歌舞. 狎昵厮養. 巡省部內, 則借狗求罝, 所過爲害. 及遷洪州都督, 復以貪聞. 高宗給麻二車, 助爲錢緡. 小說又載其召屬宦妻於宮中而淫之. 楊用修云, 其惡如此, 而詩稱民到於今歌出牧, 未足爲詩史. 今按末二句一氣讀下, 正刺其荒遊, 非頌其遺澤也.)

#《두시상주》: 이 장은 등왕정자를 쓴 것으로 경치를 바라보며 옛날을 생각한 것이다. 정자에 봄이 찾아왔으므로 대숲에서 꾀꼬리 울음소리를 듣고, 돌 비탈이 매우 험준하기 때문에 개가 구름 속에서 운다는 것을 상상하였다. 강의 돌이 아름다우나 마음을 아프게 한다는 것은 남은 자취를 어루만지는 것이요, 꽃이 다채롭게 눈에 가득하다는 것은 봄 경치를 만난 것이다. 와서 돌아갈 줄 모른다는 것은 등왕이 지방관을 맡았을 때를 두고 말하는 것으로 그가 마구 놀러 다니며 절도가 없음을 기롱한 것이다. 옛날에는 놀러 온 이가 후세사람을 가리킨다고 보았는데 《두억》은 이를 따르지 않았다.(此章賦滕王亭子, 對景而懷古也° 臺榭當春, 故聽鶯啼竹裏. 丹梯極峻, 故想犬吠雲間. 江石麗而傷心,

撫遺迹也. 花蕊斑然滿目, 逢春色也. 來不知還, 就滕王出牧時言之, 譏其佚遊無度也. 舊以來遊指後人, 杜臆不從.)

《독두심해》: 이 시는 본래 옛일을 애도하는 작품인데 장구를 안배하는 것이 조상의 규범이다. 살펴보건대 구조오의 주에서는 사서에서 이원영이 교만하고 제멋대로여서 법도를 잃었으며 개를 빌리고 그물을 요구하여 지나는 곳마다 해를 끼쳤고 다시 탐욕스럽다는 소문이 났다고 하였으니 시 가운데 의당 풍자와 비평의 뜻을 띠게 되었다고 하였다. 지금 위 4구를 음미해보니 서술이 유적에 올라 바라보는 것으로 돌아갔다. 5, 6구는 '가슴 아프게 곱다' '눈 가득 다채롭다'고 하였으니 바로 결구의 뜻을 띠어 일으키고 있다. 결련에서 '사람들이 지금까지도' 여전히 그가 목민관으로 있을 때 마구 놀러 다니며 돌아오기를 잊었다고 노래하였으니 '가슴 아프게'와 '눈 가득'이란 바로 당시 낭주 사람들을 위해 눈물을 씻어주는 내용인데 말과 뜻이 혼연하니 이는 풍인의 최고의 법식이요 정시의 유음이라는 것을 알 수 있다. 말련은 한 호흡으로 읽으며 해석은 구조오를 따른다.(詩本是弔古之篇, 安章頓句, 高曾矩矱也. 按仇注, 史云, 元嬰驕佚失度, 供('借'의 잘못)狗求罝, 所過爲害, 復以貪聞. 則詩中宜帶刺譏矣. 今玩上四, 敍還登眺遺蹟. 五六, 曰傷心麗滿目斑, 卽帶起結意. 結言人到於今, 猶歌其出牧時佚遊忘反也. 可知傷心滿目, 正爲當日州人雪涕, 而詞旨渾然. 此爲風人之極軌, 正始之遺音. 末聯一氣讀, 解本仇氏.)

其二

寂寞春山路　君王不復行[1]　古墻猶竹色　虛閣自松聲
鳥雀荒村暮[2]　雲霞過客情[3]　尙思歌吹入[4]　千騎擁霓旌[5]

적막한 봄 산길
군왕은 다시 가지 못하는데,
옛 담은 여전히 대나무 빛이요
빈 누각엔 절로 솔바람 소리로다.
새 소리에 황량한 마을 저무니
노을은 지나가는 나그네의 마음이라.
오히려 생각난다, 노래와 피리소리 들어오고
천명의 기병이 오색 깃발 잡고 있던 모습이.

주 석

1 君王(군왕) - 등왕을 가리킨다.

2 鳥雀(조작) - 작은 새. 여기서는 새 울음소리를 말한다.

3 雲霞(운하) - 노을.

《두시상주》 노을이 사라지고 머물지 않음이 마치 놀러 나온 사람이나 지나가는 나그네 같다.(雲霞去而不留, 如遊人過客.)

4 歌吹(가취) - 노래 소리와 피리 소리. 이것은 새 소리로부터 연상한 것이다.

5 擁(옹) - 손으로 감싸 쥐다. '把'로 된 판본도 있다. 霓旌(예정) - 오색 깃털로 장식한 깃발. 고대 제왕 의장의 하나이다. 이것은 노을로부터 연상한 것이다.

〔鳥雀 4구〕 새 울음소리로부터 당시 등왕을 따라 노랫소리 피리소리가 들려왔던 일을 상상하고 저녁노을로부터 당시 천명의 기병이 등왕을 호위하여 오색 깃털 장식 깃발을 들고 서 있던 모습을 상상한 것이다.

《두시상주》에 인용된 황생 주 새들의 울음소리는 마치 노랫소리 피리

소리 듣는 것 같고, 노을은 어슴푸레 오색 장식 깃발을 보는 듯하다는 것은 바로 이원의 "관현악이 변하여 산새의 지저귐이 되었고 비단옷이 남아 들 풀로 피었다"는 뜻인데 두 연으로 나눠놓고 조응시킴으로써 드러냈다.(鳥雀如聞歌吹, 雲霞恍見霓旌, 即李遠弦管變成山鳥哢, 綺羅留作野花開意, 分作兩聯, 以映帶見之.)

#《두시상주》: 이 장은 다시 옛일을 애도하는 뜻을 썼는데 감정과 경치가 서로 따르고 있다. 글의 기세는 4구에서 나뉜다. 위에서는 등왕은 볼 수 없고 다만 이 정자만 남아 있음을 말하였고, 아래에서는 이 정자를 볼 수 있으니 등왕에 대해서 오히려 상상할 수 있음을 말하였다. …… 조방의 주에 "이 시는 오늘을 슬퍼하면서 옛날을 생각한 것으로 변화의 자태를 다하였다"고 하였다.(此再寫弔古之意, 情與景相因. 文氣在四句分截, 上言王不可見, 而但存此亭. 下言得見此亭, 則滕王猶可想像也. …… 趙汸注, 此詩傷今懷古, 曲盡變態.)

《독두심해》: 칠율은 자신이 등왕정자에 올라 바라본 것에서 말하였고 이 편은 옛사람이 적막함에서 말하였는데 '노을은 지나는 나그네'라는 것은 또한 자신에게로 이끌어가서 바로 '오히려 생각난다'는 감정을 끌어내었다. 이원영의 유람과 사냥은 대부분 불법이어서 관할지역에서 그것을 병폐로 여겼음은 칠율에서 자세히 논하였다. 이 시는 단지 옛날을 생각하는 것이다.(七律着本身登覽說, 此篇着昔人寂寞說, 而雲霞過客, 亦引到本身, 恰拖起尙思之感. 元嬰遊畋多不法, 部內病之, 於七律論之詳矣. 是詩只是弔古.)

(이석형)

141. 玉臺觀二首

옥대관 2수

中天積翠玉臺遙[1]	上帝高居絳節朝[2]
遂有馮夷來擊鼓[3]	始知嬴女善吹簫[4]
江光隱見黿鼉窟[5]	石勢參差烏鵲橋[6]
更肯紅顏生羽翼[7]	便應黃髮老漁樵[8]

중천 푸른 송백松柏 숲에 옥대가 아득한데
상제의 높은 거처로 신선들이 조알하니,
마침내 풍이가 찾아와 북을 치고
비로소 영씨의 딸이 퉁소를 잘 부는 줄 알겠다.
강물빛에 자라와 악어 굴이 사라졌다 나타나고
바위의 형세 들쭉날쭉한 곳에 오작교가 있구나.
다시 홍안에 날개를 달 수 있을까
그러면 기꺼이 누런 머리의 어부와 나뭇꾼으로 늙으리라.

이 시는 광덕 2년 봄에 낭주閬州에서 옥대관에 올라 느낀 감회를 읊은 것이다. 옥대관에 대해서는 원주原注에 "등왕이 지었다(滕王造)"고 하였다. 등왕은 고조高祖 이연李淵의 스물두 번째 아들인 이원영李元嬰의 봉호封號로, 낭주자사를 지낸 바 있으며 옥대관은 그 때 건립한 것이다.

《보주두시》 광덕 2년 작품이다. 《구역지》에 "노인들이 전하는 말에 의하면, 당나라 때 낭주자사 등왕이 일찍이 이곳에서 노닌 적이 있다"고 하였다. 이 시는 〈등왕정자〉시와 같은 해에 지은 것이 분명하다.(廣德二年作. 九域志云, 故老相傳云, 唐刺史滕王嘗於此遊憩. 此詩當與滕王亭子詩同年作.)

《두시상주》 이 시와 앞의 두 수(〈등왕정자이수滕王亭子二首〉)는 아마도 같은 시기에 지었을 것이다.(此與上二章, 蓋同時所作.)

《두시경전》에 인용된 《방여승람》 옥대관은 낭주성 북쪽 7리 되는 곳에 있는데, 당나라 등왕이 노닌 적이 있고, 정자와 무덤이 있다.(玉臺觀在閬州城北七里, 唐滕王嘗遊, 有亭及墓.)

《구가집주두시》 조언재 주 관이 높은 곳에 있고, 그 안에 대가 있어서 '옥대'라고 하였다.(觀在高處, 其中有臺, 號曰玉臺也.)

주 석

1 中天(중천)- 하늘. 혹은 누대 이름으로 옥대관을 비유하는 말로 보기도 한다. 積翠(적취)- 푸른 송백松柏이 중첩되어 자라 있는 모양. 玉臺(옥대)- 상제上帝의 거처. 여기서는 옥대관에 있는 누대를 비유한다. '玉虛'로 된 판본도 있다.

《두시상주》에 인용된 《열자列子》 서극화인이 알현하자 주나라 목왕이 그를 위해 궁실을 개축하였는데, 높이가 천 길로 종남산 꼭대기를 굽어보아 이름을 중천지대라고 하였다.(西極化人見, 周穆王爲改築宮室, 其高千仞, 臨終南之上, 名曰中天之臺.)

《두시상주》 《수필》에 "중천지대는 둘이 있다. 하나는 《열자》에 보인다. 주나라 목왕이 궁실을 개축하여 서극화인을 머물게 하였는데, 다섯 창고의 재물이 다 비고 나서야 누대가 비로소 완성되었다. 또 하나는 《신서》에 보인다. 위왕이 중천대를 세우려고 하자 허관이 삽을 짊어지고 알현을 청하며 말했다. '7500리의 높은 누대를 세우려면 그 터가 필시 사방 8000리는 되어야 하니, 왕의 땅을 다해도 누대를 세우기에는 부족합니다.' 왕이 말없이 그만두었다"고 하였다. 이제 살펴보건대, 이는 결국 이루어지지 않았던 일이다. 그래서 원주에서는 단지 《열자》를 전고로 인용한 것이다.(隨筆云, 中天之臺有二. 一見於列子, 周穆王改築宮室, 以居西極化人, 五府爲虛, 而臺始成. 一見於新序, 魏王將起中天臺, 許綰負操鍤, 請見曰, 欲起七千五百里之高臺, 其址須方八千里, 盡王之地, 不足以爲臺. 王默然而罷. 今按, 此乃未成之事, 故原注但引列子爲證.)

《두시상주》 안연지 시의 '적취역총간' 구의 주에 "송백이 겹겹이 펴져 있는 것을 '적취'라고 한다"고 하였다.(顔延之詩, 積翠亦葱芊, 注, 松柏重布, 曰積翠.)

《두시상주》 한나라 때 〈교사가〉에 "창합을 노닐고 옥대를 구경하네"라는 구절이 있는데, 응소는 "옥대는 상제가 사는 곳이다"라고 풀이하였다.(漢郊祀歌, 遊閶闔, 觀玉臺, 應劭曰, 玉臺, 上帝之所居.)

2 絳節(강절) - 전설상의 상제上帝나 선군仙君들을 일컫는 말.

《두시경전》 이는 신선들이 모두 조알하러 모여든 것을 말한다.(此言羣仙皆來朝集.)

3 馮夷(풍이) - 전설상의 수신水神 이름.

《두시상주》에 인용된 《포박자抱朴子·석귀편釋鬼篇》 풍이는 화음 사람으로 8월 상경일에 황하를 건너다가 물에 빠져 죽자, 천제가 그를 하백에 임명하였다.(馮夷, 華陰人, 以八月上庚日, 渡河溺水死, 天帝署爲河伯.)

4 嬴女(영녀) - 영嬴씨의 딸, 즉 진나라 목공의 딸 농옥弄玉을 가리킨다.

《두시상주》 '영씨의 딸이 퉁소를 분다'는 것은 진나라 목공의 딸인 농옥의 고사를 쓴 것이다.(嬴女吹簫, 用秦穆公女弄玉事.)

5 隱見(은현) - 숨었다 나타났다 하다. 黿鼉(원타) - 큰 자라와 악어.

6 參差(참치) - 가지런하지 않은 모양. '치지差池'로 된 판본도 있다. 烏鵲橋(오작교) - 은하수에 있다는 전설상의 다리 오작교. 여기서는

옥대가 높은 것을 비유한다.

《두시상주》에 인용된 《회남자淮南子》 까마귀와 까치가 은하수를 메꿔 다리를 만들어서 직녀를 건너게 해 주었다.(烏鵲塡河成橋, 而渡織女.)

《두시상주》 '홍안'은 동안을 뜻하고, '우익'은 솟구쳐 날아올라 신선이 된다는 말이다.(紅顔, 童顔也, 羽翼, 冲擧也.)

《두시언해》 옥대가 높은 것을 말한다.(言臺之高也.)

〔遂有 4구〕

《두억》 옥대관이 강을 굽어보기에 '풍이'와 '원타'라는 말이 있는 것이다. 그리고 5,6구는 각각 3,4구를 이어받는데, 모두 선경을 형용하기 위한 것이다.(觀臨江, 故有馮夷黿鼉語. 而五六分頂三四, 皆以形容仙境也.)

《두시경전》 4구는 모두 선경의 황홀함을 형용한 것으로, '원타굴'을 빌어 풍이를 상상하고, 또 '영녀'를 통해 오작교를 상상하였다. 그러나 강물빛이 멀고, 바위의 형세가 높은 것은 도리어 옥대관 밖에 보이는 진짜 경물이다.(四句總形容仙境恍惚, 因黿鼉窟想出馮夷, 又因嬴女想出烏鵲橋. 然江光之遠, 石勢之高, 卻是觀外所見眞景.)

7 紅顔(홍안) - 홍안, 동안. 다시 젊어지고 싶은 심경을 담은 말이다.

8 漁樵(어초) - 어부와 나뭇꾼. 평범한 사람을 비유한다.

〔更肯 2구〕

《두시경전》 세상에 정말로 나이를 안 먹고 선계로 날아오를 수 있는 비술秘術이 있다면, 나는 당연히 이곳에 머물며 여생을 마치겠다는 말이다.(言世果有駐顔飛昇之術, 吾便當留此以終老耳.)

#《두시상주》: 이 시에서는 옥대관을 읊어서 그것이 신선세계의 기이한 경지임을 보여주고 있다. 첫 구절에서는 누대가 아득한 것을 형용하였고, 둘째 구절에서는 옥대관의 신들을 적었으며, 3,4구는 '강절조'를 이어받았으니, 바로 옥대관 안의 경관이고, 5,6구는 '옥대요'를 이어

받았으니, 바로 옥대관 밖의 경관이다. 마지막 2구는 정을 말하는 것으로, 선계에 오르고 싶으나 그럴 수 없을까 염려하는 것이다. 옥대관에 상제의 형상이 있기에 신선들이 조알하러 오는 것을 상상하였고, 선계의 관리가 상제를 조알하기에 풍이와 영녀를 상상한 것이다. 노씨 주에서는 통소와 북을 상제에게 바치는 음악으로 보고, 풍이와 영녀를 형상을 빌어온 말로 여겼는데, 또 다른 별해別解이다. 황생의 주에서는 "5,6구는 밖의 경관을 말하면서 악어굴을 풍이에게 붙이고 오작교를 영녀에게 붙였으니, 오히려 암암리에 이어받은 것이다. '수유' '시지' '은현' '참치' '갱긍' '편응'이라고 한 것은 말뜻이 원활하며 대부분 상상의 세계에서 형용한 것이다"라고 하였다. 《두억》에서는 "마지막에 가서 만약 날개가 생긴다면 어부와 나뭇꾼으로 늙을 것이라고 하였으니, 두보가 아직 속세를 잊으려 하지는 않았다는 것을 알 수 있다"고 하였다.(此章咏臺觀, 見其爲仙靈異境. 首狀臺之迥, 次記觀中神, 三四, 承絳節朝, 乃觀中之景, 五六, 承玉臺遙, 乃觀外之景. 末二, 言情, 欲昇仙而恐未得也. 因觀有帝像, 故想出絳節來朝, 因仙官朝帝, 幷想出馮夷嬴女. 盧注, 以簫鼓爲享帝音樂, 馮夷嬴女作借形之詞, 另是一解. 黃生注, 五六, 言外景, 而以鼉窟貼馮夷, 鵲橋貼嬴女, 却是暗承. 曰遂有, 曰始知, 曰隱見, 曰參差, 曰更肯, 曰便應, 語意圓活, 多在空際形容. 杜臆, 末謂若生羽翼, 便老漁樵, 知公未肯忘世也.)

《독두심해》: 이는 단지 옥대관에서 신선세계의 신령한 경지를 묘사한 것이다. 앞의 2구는 전편의 뿌리이고, 5, 6구는 전편의 줄기이다. '옥대'는 곧 상제의 거처이다. 눈에는 단지 상제가 사는 옥대가 있고, 옥대 옆에는 단지 강물빛과 바위의 형세가 있을 뿐이다. 상제의 거처이기에 '신선들이 조알하러 오는 것'을 상상해냈고, 신선들이 조알하기에 강과 바위로부터 '원타굴'과 '오작교'를 상상해냈으며, 끝에는 굴과 다리가 있기에 풍이와 북, 영녀와 통소에 먼저 착안하고, 이를 연결점으로 삼았다. 총괄해 보면, '상제의 거처'는 실상이고 '신선들'

은 허상이다. 3,4구는 허상이고, 5,6구는 실상이다. 5,6구의 강과 바위는 실상이고, 굴과 다리는 허상이다. 결말은 만약 그들과 함께 선계에 오를 수 있다면, 분명 영원히 이곳에 자취를 맡길 수 있다는 말이다. '홍안'과 '우익' 또한 허상의 세계에서 만들어낸 것이고, '황발'과 '어초'는 실제 세계에서 끌어다붙인 것이다.(此祇就玉臺寫仙靈之境也. 首二, 一篇之根, 五六, 一篇之幹. 玉臺, 卽帝居也. 眼中止有玉臺帝居, 玉臺之旁止有江光石勢. 因帝居, 便想出絳節來朝. 因絳節朝, 便從江石上想出鼉窟鵲橋. 遂因窟與橋上, 先着馮夷鼓嬴女簫, 以爲承引. 總之, 帝居實, 絳節虛. 三四虛, 五六實. 而五六之江石則實, 窟橋仍虛. 結言倘能偕彼昇仙, 定當長此託迹. 而紅顔羽翼, 又從虛處生來, 黃髮漁樵, 又從實境黏上也.)

其二

浩劫因王造[1] 平臺訪古遊[2] 彩雲蕭史駐[3] 文字魯恭留[4]
宮闕通群帝[5] 乾坤到十洲[6] 人傳有笙鶴[7] 時過北山頭[8]

큰 계단은 왕이 만들었기 때문
평대에서 옛날의 유람을 묻는데,
아름다운 구름을 탄 소사가 멈춰 있고
문장은 노 공왕이 남겼다.
궁궐은 여러 상제와 통할 것이요
하늘과 땅은 십주에 닿을 터,
사람들이 전하기를 생황과 학이
때로 북산 꼭대기를 지난다 하네.

주 석

1 浩劫(호겁)- 영겁의 세월, 혹은 큰 계단을 이르는 말. 여기서는 후자의 의미로 보는 것이 적절할 듯하다. 造(조)- '起'로 된 판본도 있다.

《두시상주》 주학령 주에서는 "호겁은 끝이 없는 시간으로 '누세'라는 말과 같다"고 하였다. 한편 《광운》에서는 "호겁은 궁전의 큰 계단이다"라고 하였고, 두전은 "속세에서는 탑의 계단을 '겁'이라고 한다. 그래서 두보가 〈악록산도림이사행嶽麓山道林二寺行〉에서 '탑의 계단과 절의 담장이 웅장하고 화려함을 겨룬다'고 한 것이다"라고 하였다.(朱注, 浩劫, 無窮之劫, 猶言累世也. 廣韻, 浩劫, 宮殿大階級也. 杜田云, 俗謂塔級爲劫, 故嶽麓行曰, 塔劫宮牆壯麗敵.)

《보주두시》에 인용된 사師씨 주 '겁'은 아마도 속세에서 탑의 한 계단 두 계단을 '일겁' '이겁'이라고 말할 때의 그것일 것이다. 두보는 〈악록산도림이사행嶽麓山道林二寺行〉시에서도 "탑의 계단과 절의 담장이 웅장하고 화려함을 겨룬다"고 하였다. 만약 영겁을 뜻하는 '겁'이라고 한다면, 옥대는 등왕이 고종 조로 연간 낭주자사를 맡았을 때 지은 것이니, 두보로부터 백 년도 채 되지 않거늘, 어찌 '영겁의 세월 왕이 만들었기 때문'이라고 말할 수 있겠는가?(劫, 蓋俗謂塔之一級二級爲一劫二劫. 子美岳麓道林二寺行亦曰, 塔劫宮牆壯麗敵. 若以爲世劫之劫, 則玉臺乃滕王於高宗調露中任閬州刺史日所造, 去子美未百年, 豈可言浩劫因王造乎.)

2 平臺(평대)- 한나라 때 양梁 효왕孝王이 만든 누대. 여기서는 옥대를 비유한다.

《두시상주》에 인용된 《한서》 양 효왕이 궁실을 크게 짓고 복도를 만들었는데, 궁실로부터 평대까지 쭉 이어지게 했다.(梁孝王大治宮室, 爲複道, 自宮連屬於平臺.)

《보주두시》에 인용된 조언재 주 양왕의 평대로 옥대를 비유한 것이다.(以梁王平臺比之.)

3 彩(채)- '綵'로 된 판본도 있다. 蕭史(소사)- 신선 이름.

《두시상주》에 인용된 《열선전列仙傳》 소사가 퉁소를 잘 불어 진나라 목공이 딸을 그에게 시집보냈다.(蕭史善吹簫, 秦穆公以女妻之.)

《독두심해》에 인용된 《당시해唐詩解》 '소사'는 등왕 딸의 유적을 서술한 것이다. 살펴보건대 실사實事를 고찰할 수는 없어도, 그런 일이 있었을 것이다.(蕭史, 述滕王女遺蹟. 按, 事雖無攷, 亦容有之.)

4 魯恭(노공)- 한나라 경제景帝의 아들로 노왕魯王에 봉해진 유여劉餘. '공恭'은 시호謚號. 여기서는 옥대관을 지은 당나라 등왕을 비유한다.

《두시상주》에 인용된 《한서》 노 공왕이 공자의 옛 저택을 허물고 거처를 넓히려 하다가, 종경과 금슬 소리를 듣고서는 벽에서 고문으로 된 《상서》와 《논어》를 얻었다.(魯恭王壞孔子舊宅, 以廣其居, 聞鐘磬琴瑟之聲, 於壁中得古文尙書論語.)

《구가집주두시》 조언재 주 노공왕으로 등왕을 비유한 것이다. 시의 의미로 유추해 보건대, 등왕은 틀림없이 문서의 자취를 그곳에 남겼을 것이다.(以魯恭比滕王也, 以詩意推之, 滕王必有文書遺跡在焉.)

5 群帝(군제)- 하늘에 있다는 여러 상제.

《두시상주》 도가의 서적에 "하늘에는 여러 상제가 있는데 대제가 가장 존귀하다. 여러 상제는 다섯 방향의 상제를 말한다"고 하였고, 《산해경》에서는 "대황에 붉은 가지를 한 노란 나무가 있는데, 여러 상제가 거기서 약을 얻는다"고 하였다.(道書, 天有羣帝, 而大帝最尊, 羣帝, 五方之帝也. 山海經, 大荒之中, 有黃木赤枝, 羣帝取藥.)

《두공부초당시전》 옥대관이 높아서 위로 천제와 소통할 수 있다는 말이다. 《도인경》에는 33천과 33제라는 말이 있다.(言臺觀之高, 可以上通天帝也. 度人經, 有三十三天三十三帝.)

6 十洲(십주)- 전설상의 열 개 섬.

《두시상주》에 인용된 《십주기十洲記》 사방 큰 바다 한가운데에 조주, 영주, 고주, 염주, 장주, 연주, 봉린주, 취굴주, 유주, 생주가 있다.(四

方巨海之中, 有祖洲瀛洲古洲炎洲長洲竞洲鳳麟洲聚窟洲流洲生洲.)

《보주두시》에 인용된 두정공杜定功 주 십주는 모두가 사람의 발자취가 끊긴 곳이다.(十洲, 並是人跡所稀絶處.)

《두공부초당시전》 옥대가 도관에 있으면서 하늘과 땅 사이의 가운데에 놓여 있기 때문에, 신선이 있는 십주에 도달할 수 있다는 뜻이다.(以臺在道觀, 中於天地之間, 由此可以到神仙十洲也.)

7 笙鶴(생학) - 생황과 학. 신선이 되었다는 왕자교를 가리킨다.

《두시상주》에 인용된 《신선전神仙傳》 왕자교는 주나라 영왕의 태자인 희진姬晉이다. 생황을 불어 봉황 울음소리 내는 것을 좋아하였는데, 이수와 낙수 일대에서 노닐 때 도사 부구공이 그를 데리고 숭산에 올라갔다. 30년 넘게 지난 뒤에 흰 학을 타고 구씨산 정상에 머물다가, 손을 들어 당시 사람들에게 인사하고 떠나갔다.(王子喬, 周靈王太子晉也. 好吹笙作鳳鳴, 遊伊洛間, 道士浮丘公接上嵩山, 三十餘年後乘白鶴, 駐緱氏山頂, 擧手謝時人而去.)

8 北山頭(북산두) - 북산 꼭대기. '北'은 '此'로 된 판본도 있다. 이 구절은 옥대관에 마치 신선이 나타날 것 같다는 말이다.

#《두시상주》: 이 시에서는 다시 옥대관을 읊으면서 아울러 등왕의 유적을 서술하였다. 신선의 형상을 그린 그림을 보았기에 '소사주'라고 말하였고, 또 등왕이 남긴 시가 있기에 '노공류'라고 한 것이다. 건물이 높고 탁 트였기에 여러 상제와 통하지 않을까 생각하는 것이고, 강물이 멀리 비치기에 마치 십주에 도달할 듯한 것이다. 이처럼 기이한 곳이라면 응당 신선이 의지하는 곳이리라. 당씨 주에서는 "앞의 시에 진왕의 딸이 있기에 이 시에 소사가 있는 것인데, 결국 등왕을 가리키는 것이 아닐까 한다. 공주의 유적은 보이는 게 없지는 않았을 터인데, 단지 사적을 고증할 수가 없다"고 하였다.(此再咏臺觀, 兼敍滕王遺跡. 觀其圖畫仙像, 故云蕭史駐, 亦有滕王題咏, 故云魯恭留. 殿宇高敞, 疑通羣帝, 江波遙映, 如到十洲, 似此異境, 應爲仙迹所憑矣. 唐注, 因前詩

有秦女, 此詩有蕭史, 遂疑指滕王, 公主遺跡, 不爲無見, 但事不可考矣.)

《독두심해》: 1, 2구는 시제를 밝혔고, 3, 4구는 남겨진 사적이며, 5, 6구는 형세에 의거해 시상을 펼친 것이고, 7, 8구는 다시 인간세상으로부터 거두어들이고 있다.(一二, 點題. 三四, 遺事. 五六, 就形勢放開. 七八, 仍從人地收合.)

(**김만원**)

142. 奉寄章十侍御

삼가 장시어에게 부치다

淮海維揚一俊人[1] 金章紫綬照青春[2]
指揮能事廻天地[3] 訓練强兵動鬼神
湘西不得歸關羽[4] 河內猶宜借寇恂[5]
朝覲從容問幽仄[6] 勿云江漢有垂綸[7]

회해 양주의 준걸 한 분
황금 인장 자색 인끈이 푸른 봄을 비추었네.
지휘하는 능력은 천지를 돌리고
훈련받은 강병은 귀신을 움직인다네.
상서 땅은 관우를 복귀시킬 수 없으니
하내는 아직 구순을 빌려줌이 의당하리.
임금을 뵈올 적에 은자를 조용히 물으시거든
강한에 낚시 드리운 자 있다 말하지 마소서.

이 시는 광덕 2년 봄 낭주에 있을 때 지은 것이다. 원주에 "당시 (장이가) 막 재주자사, 동천유후에서 물러나 조정으로 가려고 하였다(時初罷梓州刺史東川留後, 將赴朝廷)"는 내용이 있어서 자사에서 물러나 조정으로 복귀하는 재주자사 겸 동천유후인 장이에게 부친 시임을 알 수 있다. 장이의 재주를 칭송하고 그의 이임에 대한 아쉬운 마음을 표현하고 있다.

《보주두시》 《신당서》, 《구당서》에서 모두 엄무가 재주자사 장이를 죽였다고 했으니 장이가 재주자사에서 물러나 다시 조정으로 갔을 리가 없다. 그런데 시에서 "임금을 뵈올 적에 은자를 조용히 물으시거든 강한에 낚시 드리운 자 있다 말하지 마소서"라고 하여 또한 그의 입조를 전송하고 있으니 어찌 장차 떠나려할 때에 엄무에게 죽임을 당한 것이 아니겠는가. 광덕 2년에 지은 것이 분명하다.(二史皆云, 嚴武殺梓州刺史章彝, 則章罷梓州刺史, 不當更赴朝廷, 而詩云, 朝覲從容問幽側, 勿云江漢有垂綸, 則又是送其入朝, 豈非將行時爲武所殺. 當是廣德二年作.)

《두시상주》 《구당서. 엄무전》에 "엄무가 다시 촉을 진수하매 포악한 정치를 자행하였다. 재주자사 장이가 당초에 엄무의 판관을 지냈었는데 이때에 이르러 약간 (엄무의) 마음에 맞지 않았더니 성도에 갔다가 장살되었다."는 기록이 있다. 황학 주에 "두 사서를 살펴보면 모두 엄무가 재주자사 장이를 죽였다고 했고, 이 시에서 '임금을 뵈올 적에 은자를 조용히 물으시거든'이라고 했으니 장이가 입조하려 했으나 엄무가 그를 죽인 것이 분명한 듯하다."라고 하였다.(舊唐書嚴武傳, 武再鎭蜀, 恣行猛政, 梓州刺史章彝初爲武判官, 及是小不副意, 赴成都, 杖殺之. 鶴注, 考二史, 皆云嚴武殺梓州刺史章彝, 此詩云, 朝覲從容問幽仄, 意必彝將入朝, 而武杖殺之也.)

《두시경전》 살펴보건대 이 일(장이가 엄무에게 장살된 일)은 아마도 조정에 다녀온 후에 있었던 것 같다. 장이가 출발할 때는 엄무는 아직 촉에 도착하지 않았다. 장이가 엄무의 판관이 된 것은 이전 일임이 분명하다. 주학령 주에서 아마도 떠나기 전에 장살된 것 같다고 하였고, 포기룡은 또 장이가 유후가 되었으니 엄무가 강등하여 판관을 삼을 리가 없다고 하였는데 모두 틀린 말이다.(按, 此事或當在入覲回來之後, 彝起身時, 武尙未至蜀也. 至彝爲武判官, 當屬前事. 朱注謂或及其未行而殺之, 浦注又謂彝爲留後, 武不應降爲判官者, 俱屬非是.)

《독두심해》 '삼가 부친다'고 한 것은 낭주에서 재주로 부친 것이다. 공이 낭주에 있을 때는 아직 중춘이었으니 엄무가 촉에 재진수하기 전이다. 그런데 《구당서》에서는 "엄무가 다시 촉을 진수하였다. 장이가 엄무의 판관이 되었는데 엄무가 그를 장살하였다"는 기록이 있고, 《신당서》 역시 엄무에게 죽임을 당했다고 말하고 있는데, 이 시를 가지고 판단해보건대 그야말로 사서의 착오이다. 장이가 조정의 명령을 받든 것이 초춘이었으니 엄무가 이르렀을 때는 만날 수 없었음이 분명하다. 장이가 설사 늦게 출발하였다 하더라도 엄무가 어떻게 명령을 거스르며 그를 머물게 할 수 있었겠는가. 가령 머물게 하였다 할지라도 장이는 자사로서 유후가 되었으니 그 직책이 버금가는 직위인데 어떻게 바로 강등하여 판관을 삼을 수 있는가. 또한 아무런 이유도 없이 한쪽을 죽였는데도 조정에서는 끝내 죄를 묻지도 않는단 말인가. 믿기에는 부족하다.(奉寄, 由閬而寄梓也. 公在閬, 尙屬春中, 嚴武且未復鎭, 而舊書云, 武再鎭蜀, 章彝爲武判官, 武杖殺之. 新書亦云爲武所殺. 以詩斷之, 直是史誤也. 彝奉朝命在春初. 武至, 宜必不値. 彝卽遲行, 武安得違命而留之. 卽留矣, 彝以刺史爲留後, 職在副貳, 安得輒降爲判官. 且無故殺一方面, 朝廷竟不問耶. 不足信矣.)

주 석

1 淮海(회해) - 동으로 대해大海에 연하여 있고, 서로는 중원中原, 북으로 제로齊魯, 남으로 강회江淮에 접해 있는 지역을 두루 일컫는 말. 維揚(유양) - 양주揚州의 별칭. 이 구절은 장이가 양주 지역 출신임을 말한 것이다.

《보주두시》에 인용된 왕수 주 《서·우공》에 '회해유양주'라는 말이 있다. 뇌문에 "장이는 양주사람이다"라고 하였다.(禹貢, 淮海維揚州. 耒曰, 章彝揚州人.)

2 金章紫綬(금장자수) - 황금 인장과 자색 인끈. 높은 벼슬을 뜻한다.

《두시상주》에 인용된 《한서·공경표公卿表》 삼공과 철후는 모두 황금 인장과 자색 인끈을 쓴다.(三公徹侯, 並金印紫綬.)

《두시상주》에 인용된 《구당서·여복지輿服志》 이품과 삼품은 모두 자수삼채를 착용한다.(二品三品, 並服紫綬三彩.)

《두시상주》에 인용된 소보邵寶 주 '자색 인끈'은 자색 실로 도장을 묶은 것이니 자사의 직위를 가리킨다.(紫綬, 以紫絲條繫印, 乃刺史之職.)

3 指揮能事(지휘능사) - 지휘하는 능력. 혹은 '능한 일을 지휘하다'로 풀이할 수도 있다.

《두시상주》에 인용된 소보 주 가리켜 보여주는 것을 '지'라고 하고, 손으로 부리는 것을 '휘'라고 한다.(指示曰指, 手使曰揮.)

4 湘西(상서) - 지역 명. 한나라 때 무릉군武陵郡에 속하였고, 삼국시기에는 처음 촉에 속하였다가 후에 오에 귀속되었다. 진晉나라 때는 형주무릉군荊州武陵郡에 속하였고, 수당오대 시기에는 검중도黔中道에 속하였다. '湘'을 '襄'으로 쓴 판본도 있다. 이 구절은 상서를 지키던 관우를 소환해서는 안 되는 것처럼 재주자사 장이를 조정으로 소환하는 것이 부당함을 말한 것이다.

《두시상주》에 인용된 《촉지蜀志》 선주 유비가 강남의 제군을 거두고 관우를 양양태수, 탕구장군으로 임명하여 강북에 주둔케 하였다. 서쪽으로 익주를 평정하고는 관우를 동독형주사에 임명하였다.(主收江南諸郡, 拜關羽爲襄陽太守蕩寇將軍, 駐江北. 西定益州, 拜羽董督荊州事.)

《두시상주》 육기의 〈변망론辨亡論〉에 "촉한의 유비가 관우의 패배를 보복하고 상서의 땅을 거두려 하였으나 육공이 또한 그를 서릉에서 꺾었다."고 하였는데, 주에 이르기를 상서는 형주라 하였다.(陸機辨亡論, 漢主報關羽之敗, 收湘西之地, 而陸公亦挫之西陵. 注, 湘西荊

州.)

《두시상주》 '부득귀'는 그를 조정으로 소환해서는 안된다는 말이다. 옛 주에서는 장이가 다시 동천을 다스릴 수 없음을 비유한 것이라고 했는데 틀렸다.(不得歸, 言不當使之歸朝, 舊云比章不能復鎭東川, 非是.)

《두시경전》 이 구절은 장이가 유후를 맡고 있음을 비유한 것이고, 다음 구절은 장이가 자사를 맡고 있음을 비유한 것이다.(此句比其任留後, 下句比其任刺史.)

5 河內(하내) - 지역 명. 황하 이북 지역을 가리킨다. 宜(의) - '疑'로 된 판본도 있다. 이 구절은 한나라 때 구순을 하내에 일 년 동안 빌려주어 머물게 하였듯이 재주자사 장이가 재주에서 계속해서 자사직을 수행하게 함이 마땅하다는 뜻이다.

《두시상주》에 인용된 《후한서》 광무제가 하내를 거두고 구순을 태수에 임명하였다. 후에 영천태수로 옮겼다가 다시 여남태수로 옮겼다. 영천에 도적이 떼를 지어 일어났는데 구순이 황제를 따라 남쪽으로 갔더니 백성들이 구공을 일 년 동안 다시 빌려줄 것을 청하여 이에 구순을 머물게 하였다.(光武收河內, 拜寇恂爲太守, 後移潁川, 又移汝南. 潁川盜賊群起, 恂從駕南征, 百姓請復借寇君一年, 乃留恂.)

《독두심해》 살펴보건대 구순을 빌리는 것은 영천의 일이니 하내는 오용한 것이다.(按, 借寇乃潁川事, 河內誤用.)

《두시상주》에 인용된 택주澤州 진정경陳廷敬 주 구순을 빌린 것은 영천인데 시에서는 어째서 하내라고 하였는가? 대개 하내와 영천은 모두 구순이 옛날 다스리던 곳이기 때문이다. 시의 뜻은 영천에 도적이 일어났으니 구순을 빌리는 것은 본디 마땅한 것이요, 하내는 도적이 없어졌지만 그래도 구순을 빌려야 마땅하다는 말이다. 당시 단자장이 이미 평정되었으므로 이렇게 말한 것이니 하내를 잘못 인용한 것은 아니다. 옛 주에서 장이가 단자장의 난을 토벌할 것이라 했으나 근거가 없다.(借寇恂者, 潁川也, 詩何以言河內. 蓋河內潁川, 皆寇舊

治, 詩意謂潁川盜起, 固宜借之, 河內無盜, 猶宜借之. 時段子璋已平, 故云然, 非誤用河內也. 舊注謂章彝會討段子璋之亂, 未見所據.)

〔湘西 2구〕

《두시경전》 구순을 빌려주는 것은 본래 영천의 일로 하내는 차용한 것에 속한다. 시어의 재주를 동천 사람들이 의지하니 파직하여 조정으로 소환하는 것이 부당함을 말한 것이다.(借寇本潁川事, 河內屬借用, 言侍御之才, 東川倚重, 不當罷之歸朝也.)

6 朝覲(조근)- 신하가 임금을 배알하는 것을 말한다. 從容(종용)- 여유로운 모습. 급하게 서둘지 않는 모습. 幽仄(유측)- 은거하는 선비를 가리킨다.

《두시상주》 봄에 알현하는 것을 '조'라고 하고, 가을에 알현하는 것을 '근'이라고 한다.(春見曰朝, 秋見曰覲.)

7 江漢(강한)- 장강과 한수. 有(유)- '老'로 된 판본도 있다. 垂綸(수륜)- 낚시하다.

#《두시상주》: 위 4구는 장공을 칭송한 것이고 아래는 이별을 아쉬워하여 감개에 젖은 것이다. 회해 양주는 장공의 출생지이며, '청춘'은 이별의 때를 기록한 것이다. '능사'는 관리로서의 재주를 말한 것이요, '강병'은 장수로서의 재략을 말한 것이다. 이는 모두 준걸의 실제이다. 관우를 조정으로 소환함이 부당하다는 것은 '강병'을 받고, 구순은 여전히 빌려주어 남게 함이 마땅하다는 것은 '능사'를 받는다. 장이가 필시 평소에 두보를 천거해 주겠다는 뜻을 가지고 있었을 것이다. 그래서 결어에서 반대로 말하여 그를 풍권한 것이다. '천지를 돌린다'는 것은 맘대로 조화를 부린다는 것이요, '귀신을 움직인다'는 것은 기묘한 책략이 뛰어나다는 말이다. '강한에서 낚시를 드리운다'는 것은 은연중 반계에서 낚시를 드리웠던 강태공으로서 자부한 것이다.(上四稱美章公, 下則惜別而有感也. 淮揚, 章所出. 靑春, 記別時. 能事, 言吏才. 強兵, 言將略. 此皆俊人之實也. 關不當歸朝, 承強兵. 寇還宜借留, 承能

事. 章必素有薦引之意, 故結語反言以諷之. 迴天地, 見造化在手. 動鬼神, 言妙算出奇. 江漢垂綸, 隱然以磻溪釣叟自命也.)

《독두심해》: 1, 2구는 그 사람을 찬미한 것이고, 3, 4구는 그 재주를 칭송한 것이고, 5, 6구는 그의 떠남을 아쉬워한 것이고, 7, 8구는 입조한 뒤에 대해 부탁한 말인데 시어의 뜻이 깔끔하여 작품에서 뛰어난 부분이다. 이전에 장이에게 증여한 시는 대부분 신하의 본분을 다할 것을 규간하고 풍자하는 말이었는데 여기서는 또 성대하게 칭송하고 있으니 아마도 그가 조정으로 돌아가면서 병권을 풀었기 때문일 것이다.(一二美其人, 三四稱其才, 五六惜其去, 七八致語於入朝之後, 而詞旨瀟灑, 一篇之勝. 前與章詩, 多規諷臣節之語, 此又盛稱之, 豈以其歸朝解兵柄故耶.)

(**김성곤**)

143. 南池
남지

崢嶸巴閬間[1] 所向盡山谷[2] 安知有蒼池[3] 萬頃浸坤軸[4]
呀然閬城南[5] 枕帶巴江腹[6] 菱荷入異縣[7] 秔稻共比屋[8]
皇天不無意[9] 美利戒止足[10] 高田失西成[11] 此物頗豐熟[12]
清源多衆魚[13] 遠岸富喬木[14] 獨嘆楓香林[15] 春時好顏色
南有漢王祠[16] 終朝走巫祝[17] 歌舞散靈衣[18] 荒哉舊風俗[19]
高皇亦明主[20] 魂魄猶正直[21] 不應空陂上[22] 縹緲親酒肉[23]
淫祀自古昔[24] 非惟一川瀆 干戈浩茫茫[25] 地僻傷極目[26]
平生江海興[27] 遭亂身局促[28] 駐馬問漁舟[29] 躊躇慰羈束[30]

산이 높은 파주와 낭주 사이는
향하는 곳마다 모두 산골짜기.
어찌 알았으랴? 푸른 못 있어
만경 넓이로 지축을 적실 줄을.

쩍 벌어진 낭성 남쪽
파강 줄기를 베고 두르니
마름과 연이 다른 고을에 들어가고
메벼가 늘어선 집들에 공급되네.
하늘의 뜻 없지 않아
아름다운 이익에 멈추고 만족하란 경계라네.
높은 밭에서 가을걷이 못했어도
여기 물산은 자못 풍년이 들었고

맑은 샘물에는 물고기 많고
멀리 못둑엔 키 큰 나무 넉넉하네.
유독 감탄하는 것은 풍향나무 수풀이
봄 시절에 빛이 고운 것이라네.

남쪽에 한왕의 사묘가 있어
종일토록 무당들이 분주히 다니며
노래하고 춤추면서 영의靈衣를 펼치니
황음도 하다! 예로부터의 풍속이여.
고황제는 역시 밝으신 임금이니
혼백은 여전히 정직하실 터
응당 빈 못가에서
어렴풋이 나타나 주육을 가까이하지 않으시리.
황음한 제사는 예로부터의 일이니
오직 하나의 하천만이 아니리라.
전쟁이 넓고 멀리 퍼져있어
땅이 외진 곳에서도 바라보는 것마다 슬퍼지네.

평생 강해로 떠나고픈 흥취가 있지만
난을 만나서 몸이 움츠리고 있어
말을 멈추고 고깃배나 물으면서
느긋이 얽매어있는 신세를 위로하네.

광덕 2년 봄 낭주에서 지은 작품이다. 광덕 원년 가을에 지었다는 견해가 있으나 취하지 않는다. 남지는 낭주성 남쪽 10리 지점에 있으며 동서로 2리, 남북으로 5리 규모의 못이다. 시는 전체적으로 남지를 중심에 두고 이야기가 전개되어 있다. 남지 지형에 대한 묘사를 시작으로, 그 물에 힘입어 메벼를 수확한 일, 물고기의 풍성함, 못 둑의 풍향나무를 비롯한 수목의 아름다움, 못 남쪽에 위치한 한왕사와 그곳에서 이루어지는 무당들의 황음한 무술행위에 대한 개탄과 충고, 난리 중에 외진 곳에서 발이 묶인 상황에서 그곳 고깃배들을 찾아보며 애써 정신적 위안을 찾고자 하는 심경 등이 차례로 기술되어 있다.

《보주두시》 공이 광덕 원년 가을 낭주로 갔다가 겨울에 재주로 돌아왔고 이듬해 봄에 비록 또 재주에서 낭주로 갔지만, 지금 시에서 '메벼가 늘어선 집들에 공급된다'라 하였고 또 '높은 밭에서 가을걷이 못했어도, 여기 물산은 자못 풍년이 들었다'라 하였으니 마땅히 광덕 원년 가을 낭주에서 지은 것이다.(公以廣德元年秋往閬冬回梓, 明年春, 雖又自梓之閬, 今詩云, 粳稻共比屋, 又云, 高田失西成, 此物頗豐熟, 當是廣德元年秋在閬州作.)

《두시상주》 광덕 원년 가을과 겨울에 공은 낭주에 있었다. 2년 봄에도 또한 낭주에 있었다. 시에서 봄 시절 빛깔이 예쁘다고 하였으니 응당 2년 봄의 작품이다. 시 중에 '기하'와 '갱도'는 대체로 지난해의 일을 회고한 것일 뿐이다. 《두억》에 "《한서 · 지리지》에 '낭중에 팽도장지가 있는데, 동서가 2리, 남북이 약 5리로서 곧 남지이다. 성 남쪽 10리에 있다'라고 하였고, 《후한서》에 '파군 낭중현 남쪽에 팽지가 있다'라 하였다"라고 하였다. 전겸익 전에 "《익주기》에 '남지는 낭중현 동남쪽 8리에 있다'라고 하였고, 《방여승람》에 '남지는 고조묘 부근에 있으며 동서로 4리, 남북으로 8리이다'라고 하였고, 《일통지》에 '남지는 한 이래로 대두의 물에 제방을 쌓아 밭에 물을 대니 마을 사람들이 그것에 힘을 입게 되었다. 당나라 때에 방죽이 무너져 마침내 밭이 되었다'라고 하였다"라 하였다.(廣德元年秋冬, 公在閬州. 二年春, 亦在閬州. 詩云, 春時顔色好, 應是二年春作. 詩中芰荷杭稻, 蓋追遡舊年事耳. 杜臆, 漢地理志, 閬中有彭道將池, 東西二里, 南北約五里, 卽南池也, 在城南十里. 後漢書, 巴郡閬中縣南有彭池. 錢箋, 益州記, 南池在閬中縣東南八里. 方輿勝覽, 南池在高祖廟旁, 東西四里, 南北八里. 一統志, 南池自漢以來, 堰大斗之水灌田, 里人賴之. 唐時堰壞, 遂成陸田.)

주 석

1 崢嶸(쟁영) - 산이 높은 모습. 巴閬間(파랑간) - 파주와 낭주 사이.

2 所向(소향) - 향하는 곳. 바라다보는 곳. 盡山谷(진산곡) - 모두가 산골짜기이다.

《보주두시》에 인용된 왕수 주　파주와 낭주는 촉 중의 두 주이다. 산이 많아 험난하기 때문에 그렇게 말하였다.(巴閬, 蜀中二州也. 山多險阻, 故云云.)

3 蒼池(창지) - 푸른 못. 남지를 가리킨다.

4 萬頃(만경) - 만 이랑. 못 수면의 드넓음을 말한다. 浸坤軸(침곤축) - 지축을 적시다.

《보주두시》에 인용된 여余씨 주　장화의 《박물지》에 "지하에 4개의 기둥이 있고 넓이가 10만 리이다. 땅에 3600개의 축이 있어 서로 당기고 있다"라 하였다.(張華博物志, 地下有四柱, 廣十萬里, 地有三千六百軸, 互相牽也.)

#《두시상주》: 첫 단락은 남지의 형세를 서술하였다. 산골짜기인데 큰물이 있으니, 이것이 남지가 특별히 대단한 볼거리가 되는 것이다.(首敍南池形勢. 山谷而有巨浸, 此南池特爲曠觀也.)

5 呀然(하연) - 텅 빈 모습, 또는 탁 트인 모습.

6 枕帶(침대) - 베개 삼아 베고 허리띠 삼아 두르다. 곁에 두고 있다는

말이다. '枕'이 '控'으로 된 판본도 있다. 巴江(파강)- 가릉강을 가리킨다. 腹(복)- 강의 몸체를 뜻한다.

《두시상주》에 인용된 《삼파기三巴記》 낭수와 백수 두 강은 동남쪽으로 흐르는데 한중에서부터 시녕성 아래에 이르러 부릉으로 들어오는 사이에 세 차례 굽이져 흐르는 모습이 마치 '巴'자와 같아서 '파강'이라고 하며, 험준한 협곡을 거치기에 파협이라 이른다.(閬白二水東南流, 自漢中至始寧城, 下入涪陵, 曲折三回, 有如巴字, 曰巴江, 經峻峽中, 謂之巴峽.)

7 菱荷(능하)- 마름과 연. 入異縣(입이현)- 다른 고을로 들어가다. 못이 넓어 현의 경계를 넘어 펼쳐있기 때문에 그곳에 자라있는 마름과 연이 다른 현에까지 퍼져있다는 말이다. 못이 크다는 사실을 보여주고 있다.

《두시경전》 못이 크다는 사실이 드러나 있다.(見池之大.)

8 秔稻(갱도)- 메벼. 찰기가 없는 벼. 共(공)- '供'과 같이 '공급하다'는 의미로 쓰였다. 比屋(비옥)- 나란히 늘어선 집. 가가호호.

《보주두시》에 인용된 《자림》 '갱'은 벼 중에서 찰지지 않은 것이다

9 皇天(황천)- 하늘. 不無意(불무의)- 뜻이 없는 것이 아니다.

허신許愼 《오경이의五經異義·천호天號》 하늘은 다섯 개의 호칭이 있어 각기 적합한 바에 따라 부르는데 높여서 임금으로 삼을 경우에 '황천'이라고 한다.(天有五號, 各用所宜稱之, 尊而君之, 則曰皇天.)

10 美利(미리)- 아름다운 이익. 큰 이익을 뜻한다. 戒止足(계지족)- 멈출 줄 알고 만족할 줄 아는 일을 잊지 않도록 경계하다.

《老子》 만족할 줄 알면 욕되지 않고 멈출 줄 알면 위태롭지 않아서 장구할 수 있다.(知足不辱, 知止不殆, 可以長久.)

《두시상주》에 인용된 《주역》 건의 시작이 능히 아름다운 이로움으로써 천하를 이롭게 한다.(乾始能以美利利天下.)

11 高田(고전)- 높은 곳에 위치한 밭. 失西成(실서성)- 수확을 보지

못하다. '서성'은 가을철 농작물이 여물어 농사가 완료되는 것을 뜻한다.

《서경·요전堯典》의 '平秩西成'의 공영달孔穎達 소疏 가을의 자리는 서쪽이며 이때에 만물이 성숙하게 된다.(秋位在西, 於時萬物成熟.)

12 此物(차물)- '릉하'와 '갱도', 즉 마름과 연 및 메벼를 가리킨다. 豐熟(풍숙)- 풍성히 여물다.

〔菱荷 6구〕

《구가집주두시》 조언재 주 '기하입이현'은 못의 크기가 이와 같다는 말이다. '갱도공비옥'은 관개하여 이루어진 것이다. '황천불무의'에서 '차물파풍숙'까지 4구는 '기하입이현, 갱도공비옥'을 맺은 것이다. 높은 밭은 관개가 미치지 않는 곳으로 그 내용은 다음과 같다. "높은 밭은 풍년이 들지 않아 가을걷이를 못했다. 그러므로 이곳의 '갱도' 같은 식물에 못물이 대어져 도리어 풍성한 수확을 하게 된 것은 다른 게 아니라 바로 하늘의 뜻이 사람으로 하여금 멈추고 만족하여 자신의 분수를 알게 한 것이다. 못물이 대어진 밭에서 풍성하게 거둬들였으니 저 물이 닿지 않는 밭에서 비록 가을걷이를 하지 못했을지라도 또한 어찌 부족하겠는가?"(芰荷入異縣, 則池之大如此. 粳稻共比屋, 則以灌漑所致也. 皇天不無意, 至此物頗豐熟四句, 以結芰荷入異縣, 粳稻共比屋也. 高田, 則灌漑所不及者. 言高田不豐, 而失西成, 故此粳稻之物爲池水所漑者, 却豐熟焉. 無它, 乃皇天之意使人止足之分也. 池水所漑之田豐熟矣, 彼水所不及之田雖失西成, 亦豈不足乎.)

13 淸源(청원)- 맑은 물이 나오는 곳. 못물을 뜻한다. 多衆魚(다중어)- 여러 종류의 물고기들이 많다.

14 遠岸(원안)- 멀리 떨어져 있는 못 언덕. 喬木(교목)- 키가 높이 자라는 나무.

15 楓香林(풍향림)- 풍향수楓香樹, 즉 풍향나무로 이루어진 숲.

《두시상주》에 인용된 《초사주楚辭注》 단풍나무는 백양과 비슷한데 기름기가 있고 향기롭다. 서리가 내린 후에 잎이 붉어져 매우 예쁘다.(楓似白楊, 有脂而香, 霜後葉丹可愛.)

#《두시상주》: 이 단락은 남지의 경물을 기록한 것이다. '낭남'과 '파복'은 남지의 소재를 기록한 것으로, 위의 '파랑간'에 응한다. 높은 밭은 수확을 하지 못하게 되었으나 이곳의 벼는 유독 풍년이 들었으니, 저곳은 모자라나 이곳이 넉넉한 것은 곧 하늘의 뜻이다. 아래에 노니는 물고기가 있고 위에 수풀의 나무가 있으니 모두가 아름다운 경치로서 즐길 만한 것들이다.(此記南池景物. 閬南巴腹, 誌南池所在, 應上巴閬間. 高田失獲, 而此稻獨豐, 彼絀此贏, 卽天意也. 下有游魚, 上有林木, 皆佳景之可玩者.)

16 南(남) - 못의 남쪽을 가리킨다. 漢王祠(한왕사) - 한중왕 유방을 모신 사당. 항우가 유방을 한중왕으로 세운 적이 있었다. '王'이 '主'로 된 판본도 있다.

《두시상주》에 인용된 주학령 주 항우가 고조를 한중왕으로 세웠다. 한중은 낭주와 이웃하고 있어 못 남쪽에 한왕사가 있으니 지금의 보녕부 성 남쪽에 있다.(項羽立高祖爲漢中王, 漢中鄰閬, 故池南有漢王祠, 在今保寧府城南.)

《두시경전》에 인용된 주학령 주 《방여승람》에 "남지는 고조묘 근처에 있다"라고 하였다.(方輿勝覽, 南池在高祖廟旁.)

17 終朝(종조) - 하루 종일. 走(주) - 분주하다. 巫祝(무축) - 무당. 본디 귀신을 섬기는 사람을 '巫'라 하고 제사의 찬사를 담당하는 사람을 '祝'이라고 하는데 흔히 점을 치거나 제사를 지내는 무당을 가리키는 말로 사용된다.

18 散(산) - 흩다. 펴다. 춤을 출 때에 옷소매 등이 공중으로 펄럭이는 모습을 형용한 말이다. 靈衣(영의) - 신령한 옷. 무당이 입는 옷.

《초사·구가九歌·대사명大司命》 '靈衣兮被被'의 '靈衣'에 대한 왕일

王逸 주 자신이 생명을 관장하는 신을 따를 수 있게 되었으니 신의를 입었다는 말이다.(言己得依隨司命, 被服神衣.)

19 荒哉(황재) - 황음하도다! 舊風俗(구풍속) - 옛 풍속. 이 구절은 한왕사에 대한 예법에 맞는 제례가 더 이상 거행되지 않고 그 대신 무당들의 음사가 횡행되고 있음을 탄식하는 내용이다.

20 高皇(고황) - 한고조. '皇'이 '堂'으로 된 판본도 있다. 明主(명주) - 밝은 임금. 성명한 군주. '主'가 '王'으로 된 판본도 있다.

21 魂魄(혼백) - 신. 한고조의 혼백을 가리킨다. 正直(정직) - 처신이 바르고 사사로움이 없음을 뜻한다. 이 구절은 한고조의 혼백이 여전히 바르고 사사로움이 없을 것이라는 말이다.

《구가집주두시》 조언재 주 《좌전》에 총명하고 정직한 것을 가리켜 '신神'이라 하였다.(左傳, 聰明正直之謂神.)

《좌전·장공32년》 신은 총명하고 정직함이 일관된 존재이다.(神, 聰明正直而壹者也.)

22 空陂(공피) - 텅 빈 못 둑. 사람이 없는 둑을 가리킨다.

23 縹緲(표묘) - 어렴풋한 모습. 혼백이 보이지 않음을 뜻한다. 親(친) - 가까이 하다. 酒肉(주육) - 술과 고기. '肉'이 '食'으로 된 판본도 있다.

〔不應 2구〕 한고조의 혼백이 여전히 바르고 공평무사한 까닭에 무축이 올리는 제사음식을 흠향하지 않을 것이라는 말이다.

24 淫祀(음사) - 예에 맞지 않는 제사.

《두시상주》 《곡례》에 "제사지낼 상대가 아닌데 제사를 지내는 것을 음사라 부른다"고 하였다.(曲禮, 非其所祭而祭之, 名曰淫祀.)

〔南有 10구〕

《구가집주두시》 조언재 주 10구는 실제의 일로 인하여 음사를 경계한 것이다. 공의 시는 아마도 교화에 보탬이 있을 것이다.(十句因實事而戒淫祀. 公詩蓋有補於敎化矣.)

25 干戈(간과) - 방패와 창. 전쟁을 가리킨다. 浩(호) - 넓은 모양. 茫茫(망망) - 아득히 넓은 모양.

26 地僻(지벽) - 지역이 편벽되다. 외진 곳. 傷極目(상극목) - 보이는 것 모두가 마음을 상하게 하다. 이 구절은 외진 땅에서 눈에 들어오는 모든 것이 마음을 슬프게 한다는 말이다.

《보주두시》에 인용된 사師씨 주 귀신은 동류가 아니면 제사를 흠향하지 않는데, 예로부터 음사를 통해 신에게 잘 보여 복을 구하는 자들이 많았으니, 어찌 다만 이 하나의 하천뿐이겠는가? 도가 구현된 세상에서는 귀신이 그것의 신령한 작용을 펼 데가 없다. 두보는 세상이 어지러워 제사의 의례가 거행되지 않고 여전히 황음한 제사만 이루어지기에 "전쟁이 넓고 멀리 퍼져있으니, 땅이 외진 곳에서 바라보는 것들마다 슬퍼진다"라고 한 것이다.(鬼神非其族類不歆其祀, 自古淫祀媚神徼福者多矣, 豈特此一川瀆而已哉. 有道之世, 鬼神無所施其靈響. 甫傷世亂而祀典不擧, 固有淫邪之祭, 則云干戈浩茫茫, 地僻傷極目.)

#《두시상주》: 이 단락은 남지에서 사당에 올리는 제사를 기록한 것이다. 지나친 제사로 상법에 부합되지 않으니 올바른 신이 어찌 흠향하겠는가? 그러나 습속이 귀신을 숭상하니 자기가 멀리 보며 슬퍼하는 것이 여기 한 곳에 그치지 않을 것이다.(此記南池廟祀. 黷祀不經, 正神豈享, 然習俗尚鬼, 則己之極目感傷者, 不止此一處矣.)

27 江海興(강해흥) - 강해의 흥취. 장강을 따라 내려가 오월지역을 유람하고자 하는 흥취를 뜻한다. '江海'가 '溟渤'로 된 판본도 있다.

28 遭亂(조란) - 난리를 만나다. 局促(국촉) - 속박을 받아 자유롭지 못한 상태를 형용하는 말이다.

《두시상주》 《한서》에 "속박을 받아 자유롭지 못하기가 마치 수레끌채 아래의 망아지 모양이다"라고 하였다.(漢書, 局促如轅下駒.)

〔平生 2구〕

《구가집주두시》 사師씨 주 못에 임하여 강해로 내려가고자 하는 흥취가 일어났으나 시국이 어지러워 갈 수 없는 것이다.(臨池, 動江海之興, 以時亂不得往也.)

29 問漁舟(문어주)- 고깃배에게 묻다. 강해로 멀리 내려가는 대신 가까이 남지에 떠있는 고깃배들이나 완상한다는 말이다.

《두시상주》 고깃배는 역시 못 안에서 본 것이다.(漁舟, 亦池中所見者.)

30 躊躇(주저)- 자득한 모습. 배회를 뜻하는 것으로 보기도 한다. 羈束(기속)- 구속. 객지에서의 군박한 상황을 가리킨다.

〔平生 4구〕

《보주두시》에 인용된 사師씨 주 '국촉'은 뜻대로 하지 못하는 모습이다. 두보의 말은 "평생 오호로 떠나려는 흥취가 있었는데 지금 어지러운 세상에 묶여서 뜻대로 내달리지 못하니 이 때문에 말을 멈추고 고깃배를 물음으로써 조금 위로함이 있다"라는 뜻이다.(局促, 不得騁之貌. 甫謂平生有五湖之興, 今羈束亂世而不得騁, 是以駐馬問漁舟, 而少有所慰者也.)

#《두시상주》: 마지막 단락에서는 못에서 노니는 것으로 마무리하였다.(末以遊池作結.)

##《두시상주》: 중간 두 단락의 경치 묘사와 사실의 서술 부분에서 각각 의론을 펴고 있는데 이는 곧 공의 시의 특별히 뛰어난 점이다.(中間二段摹景敍事, 各發議論, 乃公詩所特長.)

《독두심해》: 첫 4구는 산으로 못을 드러내어 뛰어난 경계를 이끌어냈다. '하연' 12구는 풍토의 아름다움을 기록하였다. (그 가운데) 4구는 지형에 대하여 그 비옥함을 썼고, 4구는 한 해 농사에 있어서 그곳만이 풍년임을 썼다. 4구는 또 잡다한 식물들에 대하여 그 경치를 기록하였다. '남유' 12구는 사당에 대한 제사의 옛 풍속을 기록하고 귀신을 숭상하는 누추한 습속을 비웃어 명신의 대의를 드러냈다. 다른 이야기를 빌어서 움츠려사는 이야기로 건너 들어가서 아래 글을 이끌며 "무풍은 예로부터 이미 그러하니 깊이 책망할 것은 없으나 푸른 물결이 곳곳에 많은데 아직 두루 노닐지 못했음이 부끄럽다"라고 말하였다. 결미 4구는 나그네로 지내는 감개인데 여전히 남지와 조응한다.(起四, 以山剔池, 逗出勝境. 呀然十二句, 記風土之美. 四就地形寫其膏腴, 四就年歲寫其獨稔, 四又就雜植誌其景物. 南有十二句, 記祠祀之舊俗, 嗤尙鬼之陋習, 表明神之大義. 又借徑度入跼處以引下文, 言巫風自昔已然, 不足深責, 而蒼波所在多有, 愧未徧遊也. 結四, 羈棲之感, 仍照定南池.)

(이남종)

144. 將赴荊南寄別李劍州

장차 형남으로 길 떠나려 검주자사 이씨에게 편지를 부쳐 작별하다

使君高義驅今古[1]	寥落三年坐劍州[2]
但見文翁能化俗[3]	焉知李廣未封侯[4]
路經灩澦雙蓬鬢[5]	天入滄浪一釣舟[6]
戎馬相逢更何日[7]	春風回首仲宣樓[8]

사군의 높은 뜻은 고금을 내달리는데
영락한 채 삼 년을 검주에 매여 지내셨군요.
문옹처럼 세속을 교화할 수 있는 것만 보았을 뿐
이광처럼 제후에 봉해지지 못함을 어찌 알겠습니까?
염여퇴 길 지나는 쑥더같은 양쪽 귀밑머리
창랑의 하늘로 드는 고기잡이 배 한 척.
전란의 상황이니 언제 다시 만날까?
봄바람에 중선루에서 고개 돌려보렵니다.

이 시는 광덕 2년 봄 낭주에서 지은 것으로 장차 형남으로 길을 나서기 전 평소 안면이 있던 검주자사 이씨에게 작별의 인사를 전하고 있다. 그렇지만 엄무가 성도로 돌아오는 바람에 두보의 여행이 실제로 성사되지는 못하였다.

《보주두시》 검주는 당대 진안군으로 본래 시주였으나 선천 2년 이름을 바꾸었다. 시에서 "사군의 높은 뜻은 고금을 내달리는데,

영락한 채 삼 년을 검주에 매여 지냈다"고 하였는데, 당대에 자사는 3년을 임기로 하였다. 공은 보응 원년에서 광덕 2년 3월까지 면주, 재주, 낭주를 유랑하였다. 그가 재주와 낭주에 있을 때 여러 차례 삼협을 나서려고 하였기에 이 시를 짓게 된 것인데, 엄무가 성도를 재차 진수하자 다시 돌아가 그에게 의지하였다. 이 시는 광덕 2년 봄에 지었음이 틀림없다. 그러므로 "봄바람 불 때 중선루에서 고개 돌려 그리워하겠다"고 말하였다.(劍州, 唐爲晋安郡, 本始州, 先天二年更名. 詩云, 使君高義驅今古, 寥落三年坐劍州, 唐刺史其以三年爲任也. 公寶應元年至廣德二年三月, 遊綿梓閬. 其在梓閬, 屢欲出峽, 故作此詩, 以嚴武再鎭成都, 復往依之. 此詩當在廣德二年春作. 故曰春風回首仲宣樓.)

《두시상주》 호삼성이 "검주의 치소는 보안인데, 한나라 때의 재동현이다"라고 하였다. 《당서》에서 "검주 보안군은 검남도에 속한다"고 하였다. 소보의 주에서는 "검주는 낭주의 북쪽에 있는데 곧 지금의 보녕부이다"라고 하였다.(胡三省曰, 劍州治普安, 漢之梓潼縣也. 唐書, 劍州普安郡, 屬劍南道. 邵注, 劍州在閬州北, 卽今保寧府.)

《독두심해》 여러 차례 남쪽으로 내려가려고 하였는데 이때에 이르러 마침내 결심하였다. 만약 엄무가 다시 오지 않았더라면, 이 여행은 실행되었을 것이다.(屢欲南下, 至是遂決. 設嚴武不再來, 則此行果矣.)

주 석

1 使君(사군) - 자사에 대한 존칭. 여기서는 시제의 검주자사 이씨를 가리킨다. 驅今古(구금고) - 고금을 몰다. 즉 고인과 금인을 통틀어 그 의기가 빼어남을 말한다.

《두시상주》 소보의 주에서 "당의 제도에 자사는 소속 부서를 순행하고 군현을 규찰하는 것이 수의와 같으며 사군이라고 칭한다"고 하였다.……황생의 주에 "'구금고'는 오늘과 옛날을 함께 몬다는 것이다" 라고 하였다.(邵注, 唐制, 刺史行部, 糾察郡縣, 與繡衣同, 稱使君.……黃生注, 驅今古, 今與古並驅也.)

《두공부초당시전》 사군은 검주자사 이씨를 가리킨다.(使君, 指李劍州也.)

《두시경전》 그 의기가 족히 고금을 능가할 수 있음을 말하였다.(言其意氣足以凌駕今古.)

2 寥落(요락) - 영락하여 쓸쓸한 모양.

《두시상주》에 인용된 황학 주 시에서 '요락삼년'이라고 하였는데 당대의 자사는 대개 3년을 그 임기로 한다.(詩云, 寥落三年, 唐刺史, 蓋以三年爲任也.)

3 文翁(문옹) - 한나라 때 촉을 다스리던 관리로 학교를 세워 백성들의 교화에 큰 공을 세웠다. 俗(속) - '蜀'으로 된 판본도 있다.

《두시상주》에 인용된 《한서·순리전循吏傳》 문옹은 촉의 군수가 되어 성도 시내에 학교를 정비하여 세우니 관리와 백성들이 크게 교화되었고, 촉지역 출신으로 경사에서 공부하는 사람이 제지역이나 노지역 사람과 견주게 되었다.(文翁爲蜀郡守, 修起學宮於成都市中, 吏民大化, 蜀地學於京師者比齊魯焉.)

《구가집주두시》 파촉이 문아함을 좋아하게 된 것은 문옹의 교화 때문이다.(巴蜀好文雅, 文翁之化也.)

《두공부초당시전》 검주자사 이씨를 문옹에 비유하였다.(以李劍州比文翁也.)

4 李廣(이광) - 한나라의 장수. 전쟁에서 큰 공을 세웠으나 제후에 봉해지지는 못했다. 이 구는 검주자사 이씨가 실력에 비해 제대로 대우받지 못했음을 말한다.

《두시상주》에 인용된 《사기·이광전李廣傳》 이광이 일찍이 기운을 살피는 방사 왕삭과 터놓고 이야기를 나누면서 이르기를 "한나라가 흉노를 공격한 이래 제가 참여하지 않은 적이 없었는데 봉읍을 얻을 만한 작은 공도 없었으니, 아마 제 관상이 제후가 될 수 없는가 보지요?"라고 하였다.(廣嘗與望氣者王朔燕語, 曰, 自漢擊匈奴, 廣未嘗不在, 然無尺寸功以得封邑, 豈吾相不當侯耶.)

《두시경전》 《이광전》에서 "이광의 종제 이채는 안락후에 봉해졌지만 이광은 작읍을 얻지 못하였고 벼슬은 구경을 넘지 못하였다"고 하였다. 이씨의 재능이 자사로 늙어서는 안 된다는 것을 말하였다.(李廣傳, 廣從弟蔡封安樂侯, 廣不得爵邑, 官不過九卿. 言李之才不當以刺史老也.)

《두공부초당시전》 검주자사 이씨의 벼슬이 그다지 현달하지 못하였다. 그래서 성이 같은 점 때문에 이광으로써 그것을 비유하였다.(以李劍州官未甚顯, 故因其姓而以李廣比之.)

5 灩澦(염여)- 염여퇴. 두보가 검남으로 가는 길목에 있다. 蓬鬢(봉빈)- 쑥대같이 흩어진 귀밑머리. 여행길의 고생과 험난함을 비유하여 말한 것이다.

《두시상주》 염여퇴는 구당협 입구에 있다.(灩澦堆, 在瞿塘峽口.)

《두공부초당시전》 이제 남쪽으로 내려가므로 '염여'를 말하여 그가 가는 곳을 분명히 하였다.(今將南下, 故言灩澦, 以明其所往之處.)

6 滄浪(창랑)- 강 이름. 두보가 가려는 남쪽 땅에 있다.

《두시상주》 《서·우공》에 "파총산이 양수를 인도하여 동쪽으로 흘러 한수가 되고, 다시 동으로 가서 창랑의 물이 된다"고 하였다. 양덕주는 "무당현에 창랑이라는 시내가 있는데, 곧 《우공》에서 한수가 동으로 흘러 창랑의 물이 된다고 한 그것이다"라고 하였다.(禹貢, 嶓冢導漾, 東流爲漢, 又東爲滄浪之水. 楊德周曰, 武當縣有川曰滄浪, 卽禹貢漢水東流爲滄浪之水者.)

《두시경전》에 인용된 정초鄭樵 설 한수는 동으로 남장, 형산을 지나 창랑수가 된다.(漢水東過南漳荊山, 爲滄浪水.)

《구가집주두시》 '창랑'은 곧 어부가 노래한 창랑의 물인데, 초땅에 있다. 공이 이 때 남쪽으로 내려가려고 한 것이다.(滄浪, 則漁父所歌滄浪之水, 在楚地. 公時欲南下也.)

《두공부초당시전》 창랑의 하늘로 들어가는 것은 곧 나의 작은 고깃배이다.(入滄浪之天 乃我之扁然之釣舟也.)

7 戎馬(융마) - 전란.

《두공부초당시전》 바야흐로 전란의 어지러움을 당하였으니, 다시 만날 날이 과연 언제일까?(方當戎馬之亂, 相逢果何日乎.)

8 仲宣樓(중선루) - 왕찬이 올라 부를 지었다는 누대.

《구가집주두시》 위나라 왕찬은 자가 중선인데 서경에서 소요가 발생하자 곧 형주로 가서 유표에게 의탁하였다. 일찍이 성루에 올라 부를 지었기에 '중선루'라고 한 것이다.(魏王粲, 字仲宣, 以西京擾亂, 乃之荊州, 依劉表, 嘗登城樓作賦, 故云仲宣樓.)

《두공부초당시전》 중선루는 형주에 있다.(仲宣樓, 在荊州.)

《두시상주》에 인용된 《형주기荊州記》 당양현의 성루에 중선이 올라 부를 지었다.(當陽縣城樓, 仲宣登之作賦.)

《보주두시》 옛 주석에서는 마침내 형주에 중선루가 있다고 하였는데 잘못된 것이다.(舊注遂謂荊州有仲宣樓, 非也.)

#《두시상주》: 위 4구는 이검주에게 부친 내용이고, 아래 4구는 장차 검남으로 떠나는 내용이다. '촉을 교화시킬 수 있다'는 것은 검주를 이었는데 이것은 태수의 일을 끌어 쓴 것이고, '아직 제후에 봉해지지 않았다'는 것은 영락의 뜻을 받았는데 이것은 동성의 사람을 사용하였다. '염여'와 '창랑'은 기주에서 형주로 가는 길목의 땅이다. '쌍빈'은 늙음을 슬퍼한 것이고, '일주'는 가난함을 말한 것이다. 강루에서 고개를 돌린다는 것은 형주에 도착해서도 촉에서의 사귐을 그리워한다는 것으로 여전히 '높은 뜻'과 관련이 있다.(上四寄李劍州, 下四將赴荊南. 能化蜀, 承劍州. 此引太守事. 未封侯, 承流落. 此用同姓人. 灩澦滄浪, 自夔適荊之地. 雙鬢傷老, 一舟言貧. 江樓回首, 到荊而思蜀交, 仍與

高義相關.)

《두시경전》: 전반부는 이검주에게 부친 것으로 먼저 그를 대신하여 아파하고 위로하였다. 5, 6구는 장차 형남으로 가는 것이면서 아울러 늙고 집없는 정황을 하소연하고 있다. 마지막 구에서는 석별의 뜻을 함께 드러내었는데, 그 정이 절로 깊다.(前半寄李劍州, 先代爲傷慰. 五六將赴荊南, 並訴出衰老無家之況. 末句帶出惜別意, 其情自深.)

(**박홍준**)

145. 奉寄別馬巴州

삼가 마파주에게 부쳐 이별하다

勳業終歸馬伏波[1] 功曹非復漢蕭何[2]
扁舟繫纜沙邊久[3] 南國浮雲水上多[4]
獨把漁竿終遠去[5] 難隨鳥翼一相過[6]
知君未愛春湖色[7] 興在驪駒白玉珂[8]

공훈은 마침내 마복파에게 돌아갔지만
공조는 다시 한나라 소하가 아닙니다.
조각배 묶은 줄 모랫가에 오래며
남국의 뜬 구름 물 위에 많습니다.
홀로 낚싯대 잡고 다침내 멀리 가리니
새 날개 좇아 한 번 들르기도 어렵군요.
압니다, 그대 봄 호수 빛을 사랑치 않고
검은 말 백옥 굴레 장식에 흥취 있음을.

광덕 2년, 동천에 있을 때 경조 공조에 임명되었으나 형초 지역으로 가고자 하였으므로 부임하지 않았다. 형초로 떠나기 전에 파주의 마자사에게 이 시를 지어 부쳐 작별하였다. 직후에 엄무가 다시 검남동천서천절도사가 되어 부임하였으므로 형초로 가지는 않았다. 파주의 마자사는 누구인지 알 수 없다. 상원 2년 또는 영태 연간에 지었다고 보는 견해도 있다. 《두시상주》에 인용된 원주에 "이 때 나는 경조 공조에 임명되었으며, 동천에 있었다.(時甫除京兆功曹, 在東川.)"고 하였다.

《보주두시》 시에서 "공조는 다시 한나라 소하가 아닙니다"라고 하였다. 사서를 살펴보건대 검남에 유락하여 성도 서곽에 초당을 엮었고, 경조 공조에 보임되었으나 가지 않았고, 마침 엄무가 검남 동천서천절도사가 되니 가서 의지하였다고 하였으니 공이 공조에 임명된 것은 상원 2년 겨울, 엄무가 양천절도사가 되기 전이다. 채흥종의 《연보》에는 광덕 원년에 공조에 보임되었다고 여겼고, 또 "봄날에 마파주에게 부친 시(〈봉기별마파주〉)가 있어 주에 '이때 공조에 임명되었으며, 동천에 있었다'고 하였으나 본전과 집기에는 상원 년간이라고 하였고, 옛 연보에는 영태 연간이라고 하였으니 모두 틀렸다. 옛 주는 설언보의 말임을 전혀 모르는 것이다"라고 하였다. 옛 연보는 참으로 잘못이지만 본전과 집기가 잘못이라고 하면 되겠는가. 엄무가 공을 절도사의 참모로 임명해 달라고 상주한 것은 또 광덕 2년 가을 엄무가 다시 성도를 진수할 때이다. 공조에 임명된 때가 광덕 원년이라면 엄무는 이때 아직 경사에 있었고, 공은 평소에 자주 고향을 그리워하였으니 무엇을 꺼려 이를 기회로 고향으로 돌아가지 않았겠는가. 그 부른 때는 상원 연간이었으니 초당이 갓 완성되고 길에 막힌 곳이 많았으며, 엄무가 또 촉으로 왔으니 이 때문에 가지 않았다. 왕원숙의 〈후기後記〉(《두공부집杜工部集》)에도 공조에 보임되었으나 길이 막혀 가지 않았다고 여겼다. 이 시에 "조각배 강변에 묶은 지 오래"라고 하였으니 또한 동천에서 지은 작품이다. 공은 완화계에서는 배를 묶어 놓지 않은 적이 없으니 당연히 상원 2년 작품이다. 마파주는 누구인지 알 수 없다. 상원 2년 수주에서 죽은 사람인 듯하다.(詩云, 功曹非復漢蕭何, 按史云, 流落劍南, 結廬成都西郭, 召補京兆功曹, 不至, 會嚴武節度劍南東西川, 往依焉, 則公除功曹在上元二年冬, 嚴武節度兩川之前. 而蔡興宗年譜以爲廣德元年補功曹, 又云, 春日有寄馬巴州詩注云,

時除功曹, 在東川, 而本傳與集記作上元間, 舊譜作永泰年, 皆誤, 殊不知舊注乃薛彦晡之言爾. 舊譜固誤矣, 而謂本傳與集記爲誤, 可乎. 蓋武表公爲節度參謀, 又在廣德二年秋武再鎭成都時, 若曰除功曹在元年, 則武是時尙在京師, 以公平時屢起故鄕之念, 何憚不因此而歸舊里. 惟其召在上元間, 草堂方成, 道路多梗而嚴武又來蜀, 是以不赴. 王原叔記亦以爲召補功曹, 以道阻不赴. 此詩云, 扁舟繫纜沙邊久, 又是在東川作. 公在浣花未嘗不繫舟也. 當是上元二年作. 馬巴州未詳何人, 意是上元二年死於遂州者.)

《독두심해》 파주는 낭주 동북에 있으며, 지금은 보녕부에 속한다. 동천은 재주이다. 공은 이 때 본래 낭주에 있었는데, 아마 관직에 임명되었다는 소식을 듣고 잠시 재주로 돌아간 듯하다.(巴州, 在閬東北, 今屬保寧府. 東川, 係梓州. 公時本在閬, 或因得除官之信, 間歸梓也.)

《두공부시집집주》 살펴보건대 채흥종의 《연보》에 광덕 원년에 공조에 보임되었다 하였으니 이 시의 자주와 일치한다. 시에서 "남국의 뜬 구름 물 위에 많습니다. 홀로 낚싯대 잡고 마침내 멀리 가리니"라고 하였고, 〈봉대엄대부〉 시에서 "파촉 변방을 떠나려 할 제 꾀꼬리 모여 운다"라고 하였으니 공조에 임명된 때는 바로 동천에 있으면서 형남으로 가려고 하였음을 증명할 수 있다. 본전에서 경조부 공조에 보임 소환되었으나 가지 않은 일은 상원 2년이라고 하였고, 왕원숙의 《두공부집》〈후기〉는 이를 따랐으니, 모두 틀렸다.(按, 蔡興宗年譜, 廣德元年補功曹, 與此詩自注正合. 詩云, 南國浮雲水上多, 獨把漁竿終遠去, 及奉待嚴大夫詩云, 欲辭巴徼啼鶯合, 遠下荊門去鷁催, 可證除功曹時正在東川, 將爲荊南之游也. 本傳以召補京兆府功曹不至在上元二年, 王原叔集序因之, 皆誤.)

《두시상주》 《두율연의》에서 "이 시는 광덕 원년 이후에 지었음이 틀림없으니, 공조의 보임에 나아가지 않고 동쪽으로 형초를 유람하고자 마파주에게 부쳐 이별하였다"고 하였다. 지금 살펴보건대 본전에서 공조에 보임하고자 불렀으나 가지 않은 때는 상원 2년이라고 하였고, 왕수는 이를 따라서 틀렸다. 채흥종의《연보》에 이 시를 광덕 원년에 편재하였으나 여전히 확실하지 않다. 광덕 2년〈봉대엄대부〉시에 "파촉 변방을 떠나려 할 제 꾀꼬리 모여 울고, 멀리 형문으로 내려가자고 떠나는 익새가 재촉했지"라고 하였고, 이 시에서 "조각배 묶은 줄 강변에 오래", "홀로 낚싯대 잡고 마침내 멀리 가리니"라고 하였으니 두 시로써 서로 증명하면 함께 광덕 2년에 지었음을 알 수 있다.《두억》에서 "이 때 초 지역으로 가려고 하였으나 엄무가 올 것이므로 가지 않았다"고 하였으니 이 말이 맞다.(杜律演義, 此必作於廣德元年以後, 蓋不赴功曹之補, 將東遊荊楚, 而寄別巴州也. 今按, 本傳謂召補功曹, 不至, 在上元二年, 王洙因之而誤. 蔡興宗年譜, 編此詩在廣德元年, 亦尙未確. 廣德二年奉待嚴大夫詩云, 欲辭巴激啼鶯合, 遠下荊門去鷁催. 此詩云, 扁舟系纜沙邊久, 獨把釣竿終遠去. 兩詩互證, 知同爲二年所作矣. 杜臆, 謂時欲適楚, 以嚴武將至, 故不果行. 此說得之.)

주 석

1 勳業(훈업) - 공훈. 업적. 終(종) - '眞'으로 된 판본도 있다. 馬伏波(마복파) - 후한의 마원馬援. 마원은 복파장군에 임명되었다. 여기서는 마파주를 가리킨다. 두 사람은 동성이므로 마파주를 마원에 비겼다.

《두시상주》《후한서》에 마원을 복파장군에 봉하였다고 하였다. 여기서는 동성이므로 그에 비겼다.(後漢書, 馬援封伏波將軍, 此因同姓而比之.)

2 功曹(공조) - 관명. 한나라 때 군수에게 공조사功曹史가 있었고, 줄여서 '공조'라고 하였다. 인사를 담당하고, 군의 정무에 참여하였다. 북제北齊 이후에는 공조참군功曹參軍이라고 불렀다. 당나라 때에는 부府에서는 공조참군, 주州에서는 사공司功이라고 불렀다. 非(비) -

'無'로 된 판본도 있다.

《두시상주》에 인용된 두수가杜修可 주 유공보는 "조참은 공조가 되었고, 소하는 공조가 된 적이 없다"고 말하였다. 왕정국은 《한서·고제기》에 소하는 패현의 주리가 되었다는 구절의 "주리는 공조이다"라는 맹강의 주를 인용하였다. 두 가지 설은 모두 그르다. 《삼국지·오지》에 손책이 우번에게 한 말이 있다. "나에게 정벌할 일이 있어 부로 돌아가지 못하니 경은 다시 공조로서 나의 소하가 되어 회계를 지키시오." 두공은 아마 이 말을 이용하였으리라.(劉貢父謂曹參爲功曹, 蕭何未嘗爲功曹. 王定國引高帝紀, 蕭何爲沛主吏, 孟康注, 主吏, 功曹也. 二說皆非. 吳志, 孫策謂虞翻曰, 孤有征討事, 未得還府, 卿復以功曹爲吾蕭何, 守會稽耳. 杜公蓋用此語.)

《두공부초당시전》 '공조'는 두보가 자신을 이르는 말이다. 원진의 〈당고공부원외랑두군묘계명병서唐故工部員外郎杜君墓系銘並序〉를 보니 공은 화주 사공에서 경조 공조로 옮겼다. …… 내가 살펴보건대, 원진의 두보 묘지명에서 화주 사공에서 경조 공조로 임명되었다고 한 때에는 동천에 있었으니 공조라고는 하지만 실제로 직책에 부임하지 않았으므로 우번이 공조로서 손책의 소하가 된 일과는 같지 않다.(功曹, 甫自謂也. 考之元稹志公墓, 公自華州司功遷京兆功曹. …… 夢弼按, 元稹志甫墓, 自華州司功除京兆功曹, 在東川, 雖云功曹, 其實不赴職任, 非如虞翻以功曹爲孫策之蕭何也.)

〔勳業 2구〕

《구가집주두시》 왕수 주 '마복파'는 마파주를 말한다. '소하'는 공 자신을 말한다. 후한의 마원은 어릴 때부터 큰 뜻이 있어 공명 세우기를 자부하였으며, 복파장군에 임명되었다.(馬伏波, 謂馬巴州也. 蕭何公自謂也. 後漢馬援少有大志, 以功名自許, 封伏波將軍.)

《두시경전》 2구는 손과 주인을 함께 언급하였다.(二句賓主並提.)

3 繫纜(계람) - 배의 닻줄을 묶어 놓다. 정박하다. 沙邊(사변) - 모랫가. 강변.

4 南國(남국)- 남방. 형초 지역을 말한다.

《보주두시》에 인용된 조언재 주 공은 형초로 가고자 하였으나 아직 동천에 머무르고 있으므로 오래도록 닻줄을 묶어 놓고 실없이 남국을 바라보고 있다. 이 시는 공이 경조 공조에 임명되었으나 여전히 남쪽으로 갈 뜻이 있어 부임하지 않았음을 말한다.(公欲爲荊楚之行, 尙留東川, 故繫纜久而空望南國也. 此詩, 蓋公雖除京兆功曹, 乃有南往之興而不赴矣.)

《두시상주》 이 때 공은 삼협을 나가려 하였으므로 '남국'은 당연히 형초를 가리키니, 뒤의 〈자낭주령처자각부촉산행自閬州領妻子卻赴蜀山行〉 시에서 '남국'으로 '서천'에 짝한 것으로 보아 알 수 있다.(時公將出峽, 南國應指荊楚, 後赴蜀山行詩, 以南國對西川可見.)

《독두심해》 형남으로 가려고 하였다.(將赴荊南.)

《두시경전》 이 구 역시 떠돌아 정처 없는 자신을 비유한다.(句亦況己之漂泊無定.)

5 漁竿(어간)- 낚싯대. 遠去(원거)- 멀리 가다. 이 때 두보는 남쪽 형초 지역으로 가려는 뜻이 있었다.

6 鳥翼(조익)- 새의 날개. '鳥'는 '烏'로 된 판본도 있다. 過(과)- 들르다. 방문하다. 이 구는 두보가 마파주에게 가서 작별할 수 없다는 뜻이다.

《두시언해》 마파주를 찾아가서 만날 수 없음을 말한다.(言不得往見巴州也.)

7 君(군)- 마파주를 가리킨다. 春湖(춘호)- 동정호를 가리킨다. 파주의 호수로 보는 견해도 있다.

《두시상주》 '춘호'는 동정호를 가리킨다.(春湖, 指洞庭湖.)

《구가집주두시》 '춘호'는 아마 사는 곳이거나 혹 파주의 경물이리라.(春湖豈所居, 或巴州景物也.)

8 興(흥)- 흥취, 관심. 驪駒(여구)- 검은 말. 일시逸詩의 편명. 〈여구〉

시는 빈객이 돌아갈 때 부른다. 白玉珂(백옥가)- 백옥으로 만든 말의 굴레 장식. 이 구는 마파주가 강호를 사랑하지 않고 조정으로 가 임금을 뵙는 데 흥취가 있다는 뜻이다. 그런데 〈여구〉를 일시의 편명으로 보고 빈객이 돌아갈 때 부르는 노래로 보는 견해, 또 두보의 흥취가 마파주를 이별하고 떠나가는 데 있다고 보는 견해, 마파주가 두보에게로 온다고 보는 견해도 있다.

《두시상주》 이 구는 마파주의 관심은 군왕을 조근하는 데 있음을 말한다. '여구'와 '옥가'는 바로 아침 조회 때 말을 타는 일이다.(此言巴州興在朝覲見君. 驪駒玉珂, 乃早朝騎馬之事.)

《두공부초당시전》 〈여구〉를 노래하면 돌아가리라는 뜻이다. 두보는 마파주와 작별하고 형남으로 가고자 하였기 때문이다. 《한서·유림전》에 이런 기록이 있다. "왕식이 박사에 임명되어 집에 돌아와 보니 여러 대부와 박사들이 술과 고기를 가져 와 왕식을 위로하였다. 박사 강공이 속으로 왕식을 질투하여 노래하고 연주하는 제생들에게 '〈여구〉를 부르라'고 말하였다. 왕식이 '스승에게 들으니 손이 〈여구〉를 부르고, 주인은 〈객무용귀(손님은 돌아가지 마시오)〉를 부른다고 하였습니다. 오늘은 제군들이 주인이고 날이 아직 저물지 않았으니 아니됩니다'라고 말하였다." 〈여구〉는 일시의 이름으로서 《대대례》에 보이며, 손이 돌아가고자 할 때 부른다. 가사는 이러하다. "여구가 문에 있네. 마부들이 모두 있네. 여구가 길에 있네, 마부들이 떠날 준비 마쳤네." '가'는 선도자가 울리는 옥이다. 시집을 살펴보건대, 공의 〈춘숙좌성春宿左省〉 시의 "궐문 열리는 소리 듣고자 잠 못 이루고, 바람으로 인하여 옥 굴레의 장식 소리 생각하였다"는 구절 역시 임금을 뵙고 싶어 한다는 말이다.(歌驪駒, 將歸也. 甫欲辭巴而之荊南故也. 前漢儒林傳, 王式詔除爲博士, 旣至舍中, 會諸大夫博士共持酒肉勞式. 博士江公心嫉式, 謂歌吹諸生曰, 歌驪駒. 式曰, 聞之於師, 客歌驪駒, 主人歌客毋庸歸. 今日諸君爲主人, 日尙早, 未可也. 驪駒, 逸詩名也. 見大戴禮, 客欲去歌之. 辭曰, 驪駒在門, 僕夫具存. 驪駒在路,

僕夫整駕. 珂, 乃導行者所鳴之玉. 按集, 公奉(春의 잘못)宿左省詩云, 不寢聽金鑰, 因風想玉珂, 亦謂想朝謁也.)

《두시경전》 이 때 마파주는 반드시 경사로 갈 것이니 옥 굴레장식은 바로 조회 때의 일이다.(時馬必將赴京師, 玉珂乃早朝事.)

〔知君 2구〕

《구가집주두시》 가서 이별할 수 없으니 반드시 나를 위해 올 줄을 안다는 말이다.(謂不能就別, 知必爲我來也.)

《보주두시》에 인용된 왕수 주 마파주는 나의 일로 강호를 유람하려 하지 않고, 그의 흥취는 임금을 조근하는 데 있다고 공은 말한다. '여구백옥가'는 바로 조회에 말을 타고 가는 일이다. …… '가'는 말의 입안에서 소리 내는 가이며, '백옥'을 붙여 말하였다.(公言馬巴州不以我欲遊江湖, 其興在於朝覲見君. 驪駒白玉珂則早朝騎馬之事. …… 珂者, 馬口中鳴珂也, 以白玉言之.)

#《두시상주》: 이 시는 나아가고 물러남에 길이 달라 이별에 닥친 심사를 기록하였다. 위 2구에서 손과 주인을 함께 제기하고, 가운데 4구에서 헤어지는 정을 서술하고, 끝 2구에서 마파주에게 부치는 마음을 진술하였다. 공조에 부임하지 않으니 배를 타고 남으로 내려갈 작정이고, 공훈을 이루려면 '여구'와 '옥가'를 생각해야 하니 손과 주인이 절로 조응한다.(此章以出處殊途, 記臨別心事. 上二賓主並提, 中四敘將別之情, 末二陳寄馬之意. 不赴功曹, 故思乘舟南下. 欲成勳業, 應想驪駒玉珂. 賓主自相照應.)

《독두심해》: 남쪽으로 내려가려고 결심하였으므로 관직에 부임하지 않았다. 첫 구는 마파주만 제기하였으며, '공조' 이하는 모두가 자신에 대한 진술이다. 제 6구에서 마파주 이야기를 배합하였다. 결련은 첫 구로 돌아와야 하니 자신의 원유를 기꺼이 여기고, 그가 조정으로 올라감을 축하하여 뒷맛이 끝이 없다.(決於南下, 不赴除目也. 首句單提, 功曹以下, 皆是自述. 第六搭合巴州. 結聯應還首句, 自甘遠引, 祝彼

登朝，低徊無限.)

《두시언해》: 마파주는 강호를 유람하려 하지 않으니 그의 흥취는 검은 말을 타고 옥가를 울리며 천자를 조근하는 데 있음을 말한다.(言巴州不欲遊江湖，其興在於乘驪駒響玉珂而朝覲天子也.)

《두시경전》에 인용된 이자덕李子德 설: 마음 씀이 매우 곡진하고 필치가 닿지 않는 곳이 없다. 부쳐 이별하는 시를 씀에 끝내 유감이 없다.(用意甚曲而筆無不到，寫寄別遂無遺憾.)

(**이창숙**)

146. 奉待嚴大夫

엄대부를 받들어 기다리다

殊方又喜故人來[1]　　重鎭還須濟世才[2]
常怪偏裨終日待[3]　　不知旌節隔年回[4]
欲辭巴徼啼鶯合　　遠下荊門去鷁催[5]
身老時危思會面　　一生襟抱向誰開[6]

옛 벗이 옴을 타향에서 다시 기뻐하니
중진은 또 세상 구할 인재가 필요하였으리라.
장교들이 종일 기다리기에 늘 이상하게 여겼는데
절도사가 한 해 지나서 돌아올 줄은 몰랐네.
파촉 변방을 떠나려 할 제 꾀꼬리 모여 울고
멀리 형문으로 내려가자고 떠나는 익새가 재촉했지.
몸 늙고 시절 위태로운 때 만남을 생각하니
평생의 마음을 그 누구에게 열겠는가?

광덕 2년 봄에 낭주에서 지은 시이다. 당시 두보는 배를 구해 동으로 내려가려 하다가 엄무가 다시 촉에 온다는 소식을 듣고 계획을 바꾸어 그를 기다렸다.

《보주두시》 이 시에 대해 모든 주석가들이 엄무가 광덕 2년 다시 성도에 진주했을 때 공이 그가 오기를 기다려 이 시를 지은 것이라 했다. 그러나 엄무는 이 때 황문시랑정국공으로 외직에 나와 성도윤이 되었다. 공이 써준 시에는 '엄중승', '엄대부', '엄시랑', '엄정공'이란 말이 있으니 모두 엄무가 받은 관직에 따라 호칭한 것이다. 예를 들어 이 해 낭주에서 초당으로 가는 도중에 먼저 '엄정공'에게 부친 시(〈장부성도초당도중유작선기엄정공오수將赴成都草堂途中有作先寄嚴鄭公五首〉)가 이런 예이다. 만약 이 시가 그 때 지은 것이라면 다만 '엄대부'라고 한 것이 무슨 말이냐? …… 이 시는 보응 원년에 지은 것이다.(此詩, 皆以爲武廣德二年再鎭成都, 公待其至, 故有此作. 然武是時以黃門侍郎鄭國公出爲成都尹. 公所與詩, 有曰嚴中丞嚴大夫嚴侍郎嚴鄭公, 皆隨武所受官而稱之. 如是年自閬州將赴草堂途中先寄嚴鄭公, 是也. 若是其時作, 顧曰嚴大夫, 何耶 …… 此詩是寶應元年作.)

《두공부시집》 이 시는 옛 연보 및 제가의 주에서 모두 광덕 2년에 지은 것이라 하였다. 살펴보건대, 《통감》에 의하면 이 해에 엄무가 검남절도사의 명을 받은 것은 정월이었으니, 시에서 '한 해 지나 돌아오다'라고 말할 수 없다. 그리고 공이 엄무에게 써준 시는 모두 받은 관직에 따라 호칭하였는데, 그때 엄무는 이미 정국공에 봉해졌으니 다만 대부라 칭할 수 없고 또 황문시랑으로 옮겼을 때 이미 어사대부의 겸직을 그만두었다. 황학은 이런 점에 의심을 가졌다. 그래서 보응 원년에 편재하였다. 그러나 이 해 봄에는 공이 초당을 떠난 적이 있다는 말을 들은 적이 없으니 어찌 '파촉 변방을 떠나려 하다'와 '멀리 형문으로 내려가다' 등의 말이 있을 수 있겠는가? 설사 공이 형초에 가고자 했다 하더라도 어찌 가주와 융주를 경유하여 유주와 충주르 내려가지 않고 도리어 북쪽으로 산남으로 달아나 재주와 낭주를 지나 삼협을 나서겠는가? 의당 여전히 옛 편차를 옳은 것으로 해야 한다. '절도사가 한 해 지나 돌아오다'라 한 것은 아마도 엄무가 검남을 명받은 것이 바로 광덕 원년 겨울이었기 때문이라 짐작된다. 그리고 당 나라 사람은 무릇 절도사를 칭할 때 모두 대부라고 하였으니 정국공에 봉해졌다는 사실로 의심할 필요는 분명 없는 것이다.(此詩, 舊譜及諸家注並云廣德二年作. 按,

通鑑，是年嚴武得劍南之命在正月，詩不當曰隔年回．又公與武詩，皆隨所受官而稱之．其時嚴已封鄭國公，不得但稱大夫，且遷黃門侍郎時，已罷兼御史大夫矣．黃鶴致疑於此，故編寶應元年，然是年春，公不聞嘗去草堂，何以有欲辭巴徼遠下荊門之語．卽使公欲赴荊楚，何不經嘉戎下渝忠，顧乃北走山南，由梓閬而出峽耶．當仍以舊編爲是．其云旌節隔年回，意武受命劍南乃在廣德元年之冬，而唐人凡稱節度使皆曰大夫，正不必以封鄭公爲疑也．)

《두시전주》 광덕 2년 정월에 엄무가 황문시랑으로 성도윤에 배수되고 검남절도사를 맡았다. 이 시에서 대부라고 한 것은 다시 진주했을 때 겸한 직책이다. 이후에는 정공이라 호칭했다.(廣德二年正月，武以黃門侍郎拜成都尹，充劍南節道使．此云大夫，再鎭時兼官也，以後稱鄭公．)

주 석

1 故人(고인) - 엄무를 가리킨다.

2 重鎭(중진) - 중요한 지역을 뜻한다.

3 偏裨(편비) - 편장偏將과 비장裨將. 주장主將을 보좌하는 여러 장교를 뜻한다.

《두공부초당시전》 '편비'는 여러 장교를 말한다.(偏裨，謂諸將校也．)

4 旌節(정절) - 정과 절. 절도사의 표지이다. 당 나라 제도는 절도사에게 한 쌍의 정과 한 쌍의 절을 주어 그가 상벌을 마음대로 할 수 있는 권한이 있음을 알렸다.

《두시상주》 《당서·직관지》에 의하면 천보 중에 변방의 방어지에 여덟 절도사를 두고 명을 받는 날에 정절을 하사하였다. 당시 엄무는 검남절도사가 되었다.(唐職官志，天寶中，緣邊禦戎之地，置八節度使，受命之日，賜之旌節．時武爲劍南節度使也．)

〔常怪 2구〕 엄무가 다음해에 오리라는 사실을 두보가 몰랐기 때문에 장교들이 기다리는 것을 의아하게 생각했다는 뜻이다. 엄무가 늦게 돌아온 것을 탓한다는 뜻으로 풀이하기도 한다.

《두율계몽杜律啓蒙》에 인용된 고신 주 장교들이 엄무를 사랑하여 다시 진주하기를 바랐는데 공은 반드시 이런 일이 있을 것 같지는 않다고 의심했으니 한 해 지나 절도사가 과연 돌아오리라는 것을 몰랐기 때문이라는 뜻으로, 아주 기뻐서 한 말이다.(偏裨愛武, 望其再鎭, 公疑未必有此事, 不知隔年而旌節果回也, 正是喜極之詞.)

《두시상주》 '종일 기다렸는데 한 해 지나서야 비로소 돌아왔다'는 말은 그가 늦게 돌아온 것을 탓하는 것이다. 엄무가 입조한 것이 보응 원년 가을이고 성도로 돌아온 것이 광덕 2년 봄인데 전후 만난 기간을 제하면 그 사이는 단지 일 년이 지났을 뿐이다.(終日待而隔年方回, 怪其回之遲也. 武入朝在寶應元年秋, 其回成都在廣德二年春, 除前後相見時, 中間止隔一年耳.)

5 鷁(익)- 배를 뜻한다.

《구가집주두시》 조언재 주 《회남자》의 주에 의하면 '익'은 큰 새인데 그 모습을 그려 뱃머리에 붙여서 물의 재앙을 막는다.(淮南子注, 鷁, 大鳥也, 畫其象著船首, 以禦水患.)

6 襟抱(금포)- 마음. 생각. '襟'이 '懷'로 된 판본도 있다.

#《두시상주》: 위의 4구는 엄공이 다시 진주한 것을 기뻐한 것이고 아래는 받들어 기다린다는 말의 뜻이다. 옛 벗이 온 것은 나 한 사람의 기쁨이고 세상을 구할 인재인 것은 온 촉 사람의 기쁨이고 장교들이 기다리는데 절도사가 돌아온 것은 삼군의 기쁨이니, 몇 마디 말이 중첩되어 서술되었다. 꾀꼬리가 모여 우는 것은 중춘의 시절이고, 떠나는 배가 재촉하는 것은 배를 멈춘 지 오래되었다는 뜻이다. 몸이 늙으니 옛 벗이 그립고 시절이 위태로우니 세상 구할 인재를 바라게 된다. 따라서 여전히 수련과 서로 호응한다.(上四喜嚴公再鎭, 下述奉待之意. 故人

來, 喜在一己. 濟世才, 喜在全蜀. 偏裨待而旌節回, 喜在三軍. 數語重疊敍出. 啼鶯合, 仲春時也. 去鷁催, 停舟久也. 身老則思故人, 時危則望濟世, 仍與首聯相應.)

《두시상주》에 인용된《두억》: 공이 본래 파 땅을 떠나 형주로 내려가려고 하였는데 엄공이 온다는 소식을 듣고 머물러 기다린 것이다.(公本欲辭巴下荆, 聞嚴公將至, 故留以待之.)

《독두심해》: 1, 2구는 나누어 제기한다. 종일 기다렸다는 것은 훌륭한 사람을 기다리는 마음이 늘 뭇 막료에게 절실하였다는 말이고 한 해 지나 돌아왔다는 것은 떠난 뒤의 그리움을 이제야 풀 수 있게 되었다는 말이다. 이 두 구는 제2구를 이어받는다. 5, 6구는 장차 떠나려 했음을 스스로 말하고, 7, 8구는 여전히 머물게 되었음을 스스로 말한다. 이 네 구는 제1구에 답한다. 결구는 대체로 벗과 만날 수 있으니 다시 누구에게 마음을 열겠느냐는 말이니, 이것이 머물러 기다린 까닭이다.(一二分提. 終日待者, 來暮之望, 常切群僚. 隔年回者, 去後之思, 玆方得釋. 此承第二句. 五六, 自言將去, 七八, 自言仍留. 此答第一句. 結蓋言得與故人會面, 更向誰開襟抱乎. 此所以留而待也.)

(이영주)

147. 渡江

강을 건너다

春江不可渡[1] 二月已風濤[2] 舟楫欹斜疾[3] 魚龍偃臥高[4]
渚花張素錦[5] 汀草亂靑袍[6] 戲問垂綸客[7] 悠悠見汝曹[8]

봄 강을 건널 수 없는 것은
이월에 벌써 바람 불고 파도가 일기 때문이라.
배는 기울어져 빠르게 나아가고
물고기는 누워 높이 떠오른다.
물가의 꽃은 펼쳐진 흰 비단이요
강변의 풀은 어지러운 푸른 도포라.
낚시하는 손들에게 장난삼아 말을 건네는데
여유로움을 그대들에게서 보는구나.

이 시는 광덕 2년 2월, 낭주에서 성도로 돌아갈 때 지은 것이다. 시에서는 강을 건너는 모습이 그려져 있다. 시제의 '강'은 가릉강이다. 재주와 낭주를 왕래할 때 지은 시로 보기도 한다.

《보주두시》 시에 "봄 강을 건널 수 없는 것은 이월인데 벌써 바람 불고 파도가 일기 때문이라"고 했으니 아마도 광덕 2년 공이 낭주에서 성도로 돌아갈 때 지은 것인 것 같다. 양권도 역시 이 해에 편재하였다.(詩云, 春江不可渡, 二月已風濤, 意是廣德二年公自閬歸成都時作. 梁權道亦編在是年.)

주석

1 可(가)- '用'으로 된 판본도 있다.

2 風濤(풍도)- 풍랑. 바람 불고 파도가 이는 것을 말한다.
《두시상주》 이월에 바람 불고 파도가 인다는 것은 그것이 너무 이른 것을 싫어한 것이다.(二月風濤, 嫌其太早也.)

3 舟楫(주즙)- 배. 欹斜(의사)- 기울다. 疾(질)- 빠르다. '甚'으로 된 판본도 있다.

4 魚龍(어룡)- 물고기와 용. 물에 사는 동물을 말한다. 偃臥(언와)- 누워 있다

5 張(장)- 펼치다. '兼'으로 된 판본도 있다.

6 靑袍(청포)- 푸른 옷.
《두시상주》에 인용된 고시古詩: 푸른 옷이 봄풀과 같다.(靑袍似春草.)

7 戱問(희문)- 장난삼아 묻다. 말을 건네는 것을 말한다. 垂綸客(수륜객)- 낚싯줄을 드리운 나그네.

8 悠悠(유유)- 여유롭다. 見(견)- 보다. '是'로 된 판본도 있다. 汝曹(여조)- 그대들.

#《두시상주》: 위 4구는 강의 파도가 험한 것이요, 아래 4구는 강 언덕의 풍경이다. 강에 바람이 급하게 불기 때문에 배가 기울어 빠르게 가는 것이다. 강의 파도가 흉용하기 때문에 물고기가 누워 높이 떠있는 것이다. 두 구는 '바람 불고 파도가 일다'를 나누어 받고 있다. 비단 같은 꽃과 푸른 풀은 배 안에서 본 것이다. 낚싯줄 드리우고 유유하다는 것은 그 조용하고 자적함을 부러워한 것이다.(上四江波之險, 下四江岸之景. 江風急, 故舟楫欹斜而迅疾. 江濤湧, 故魚龍偃臥而高浮. 二句分頂風濤. 錦花靑草, 舟中所見. 垂釣悠悠, 羨其從容自適也.)

《독두심해》: '풍도'는 전체 시의 시안이다. 둘째 연에서는 긴밀하게 이어서 그것을 일깨우고, 셋째 연에서는 경치에 나아가 그것을 펴내었으며, 마지막에서는 '유유'한 것을 빌려서 자신을 형용하여 '풍도'와 심하게 대비된다. 이는 행역의 시로 아마도 경조공조에 제수되어 재주 낭주를 왕래할 때 지은 것인 것 같다.(風濤是一詩眼目, 次聯緊承以醒之, 三聯卽景以舒之, 末借悠悠者以自形, 與風濤激射. 此係行役之詩, 恐是除京兆功曹往來梓閬時作.)

(**이석형**)

148. 自閬州領妻子却赴蜀山行三首
낭주로부터 처자식을 거느리고 도리어 촉산으로 가면서 부른 노래 3수

汩汩避群盜[1] 悠悠經十年[2] 不成向南國[3] 復作遊西川[4]
物役水虛照[5] 魂傷山寂然[6] 我生無倚著[7] 盡室畏途邊[8]

허둥지둥 도적들을 피하며
아득히 10년을 보내더니,
남쪽 땅 가려던 뜻 이루지 못하고
다시 서천을 떠도는 몸 되었다.
외물에 매여 있어 물에 비치는 것도 다 부질없고
혼이 다쳐 산마저 적막한데,
내 인생 의지할 곳 없어
온가족이 험한 길가에 있구나.

이 3수의 시는 광덕 2년 봄에 남행을 포기하고 낭주로부터 가족들을 거느리고 성도로 돌아가면서 느낀 감회를 읊은 것이다. 혼란스런 시대상을 염려하고, 가족들의 안위를 걱정하면서도, 마지막에 가서는 다소 해학적인 분위기를 띄움으로써 마음의 여유를 잃지 않으려는 작가의 의도가 엿보인다.

《보주두시》 시에서 "남쪽 땅 가려던 뜻 이루지 못하고, 다시 서천을 떠도는 몸 되었다"고 한 것으로 보아, 바로 광덕 2년 봄에 다시 엄무에게 의지하기 위해 성도로 돌아갈 때 지은 것이다. 그래서 시에서 다시 "허둥지둥 도적들을 피하며, 아득히 10년을 보냈다"고 한 것이다.(詩云, 不成向南國, 復作遊西川, 正是廣德二年春, 再歸成都依嚴武時作. 故詩又云, 汩汩避羣盜, 悠悠經十年.)

《구가집주두시》에 인용된 황학 주 두보는 삼협으로 나서려던 계획을 실행하지 못하고 엄무가 다시 성도를 진수한다는 말을 들었기에 결국 초당으로 돌아갔다.(公出峽之計未遂, 聞嚴武再鎭成都, 遂歸草堂.)

《두시상주》에 인용된 《두억》 시제에서 '도리어 촉으로 간다'고 한 데는 '가고 싶지 않은데도 다시 간다'는 뜻이 담겨 있다. 첫 번째 수에서 "남쪽 땅 가려던 뜻 이루지 못하고, 다시 서천을 떠도는 몸 되었다"고 달한 것이 바로 '각' 자의 의미이다.(詩題云却赴蜀, 有不欲赴而仍赴之意. 首章言不成向南國, 復作遊西川, 即却字意也.)

《독두심해》 '자낭주'란 말 아래에는 의당 '환재주'라는 세 글자가 있어야 한다. 아마도 처자가 재주에 있어 줄곧 '가족을 데리고 낭주에 도착했다'는 말이 없었겠지만, 낭주에서 성도로 가려면 재주는 거쳐야 하는 길이기에 데리고 가기 좋은 것이다. 구조오는 "'도리어 간다'고 한 말에서 이번 여행이 의외의 결과라는 것을 알 수 있다"고 하였지만, 내 생각에는 두보가 본래 낭주로부터 동쪽으로 내려가려다가 이제 거꾸로 서쪽을 향하였기에 '각'이라고 말한 것이다.(自閬州下, 當有還梓州三字. 蓋妻子在梓, 從無領家至閬之文, 而自閬達成都, 梓爲便道, 正可領行耳. 仇云, 卻赴, 見此行出於意外. 愚按, 公本將自閬東下, 而今反向西, 故曰卻.)

《독두시설》 이제 살펴보면 '각'은 물러간다는 뜻이다. 낭주로부터 다시 되돌아 촉 땅으로 가는 것이다.(今按却, 退也, 自閬州仍退赴蜀中也.)

주 석

1 汩汩(율율)- 매우 빨리 달리는 모양. 혹은 불안한 모양을 뜻하는 말로 풀이하기도 한다. '汩汩'은 '浥浥'으로 된 판본도 있다.

《두시언해》 '율율'은 빨리 흐르는 모양으로 빨리 가는 것을 비유한다.(汩汩, 疾流貌, 以喩行之疾.)

2 悠悠(유유)- 아득한 모양. 十年(십년)- 안녹산의 난이 일어난 뒤 10년을 가리킨다.

《두공부초당시전》 천보 14년부터 광덕 2년까지 도합 10년이다.(自天寶十四年, 至廣德二年, 凡十年也.)

3 南國(남국)- 남쪽 땅. 초 땅을 이르는 말.

《보주두시》에 인용된 사師씨 주 두보는 당초 형초 지역으로 가고자 하였는데, 이제 엄무가 다시 성도를 진수한다는 말을 들었기에 그래서 "남쪽 땅 가려던 뜻 이루지 못하고, 다시 서천을 떠도는 몸 되었다"고 한 것이다.(甫初欲遊荊楚, 今聞嚴武再鎭成都, 故云, 不成向南國, 復作遊西川.)

4 西川(서천)- 검남劍南의 양천兩川 가운데 하나. 지금의 사천성 성도시 일대.

5 物役(물역)- 외물이 부리다. 외물에 얽매인 상태를 말한다.

《구가집주두시》 조언재 주 '물역수허조'는 몸이 외물에 얽매였기에 물 역시 부질없이 그림자를 비출 뿐, 여유롭게 관상할 수 없다는 말이다.(物役水虛照, 言身爲物所役, 水亦徒相照, 不得優游觀賞之也.)

6 魂傷(혼상)- 혼이 다치다. 정신이 공황 상태에 빠진 것을 말한다.

7 倚著(의착)- 의지하다, 기대다.

《두시상주》에 인용된 왕수 주 '무의착'은 편안하게 정착할 땅을 얻지 못한 것이다.(無倚著, 不得地着安土也.)

8 盡室(진실)- 온가족. 畏途(외도)- 험한 길.

《보주두시》에 인용된 조언재 주 '진실'은 온가족을 뜻한다.(盡室, 全家也.)

《장자·달생達生》 험한 길은 열 명 중에 한 명이 살해당하면 부자와 형제가 서로 조심한다.(畏途者, 十殺一人, 則父子兄弟相戒.)

《두공부초당시전》 '외도'라는 것은 길이 도적들 때문에 험악하다는 말이다.(畏途者, 言道路盜賊險阻也.)

#《두시상주》: 제목에서 '처자식을 거느리고 촉으로 간다'고 하였기에, 첫째 수는 결말에서 '온가족이 험한 길에 있는' 심경을 표출하였다. 앞의 4구는 낭주로부터 촉으로 가는 것을 기술하였고, 뒤의 4구는 산행이 무미건조함을 묘사하였는데, 주안점은 '외' 자에 들어 있다. 두보는 천보 15년부터 피난을 시작하여 광덕 2년까지 이미 10년을 보냈다. 초 땅으로 가고자 했으나 여전히 촉 땅을 떠돌게 되었으니 이번 여정은 의외의 결과이다. 산수는 본래 감상하는 것인데 몸이 얽매이고 정신이 다쳤기에, 물도 헛되이 비추고 산도 적막하다는 느낌이 든 것이다.(題曰領妻子赴蜀, 故首章結出盡室畏途. 上四記自閬赴蜀, 下四寫山行憏淡, 着眼在一畏字. 公自天寶十五年避亂, 至廣德二年, 已經十載. 欲往楚而仍遊蜀, 此行出于意外. 山水本堪玩賞, 乃形役神傷, 故覺水空照映, 而山亦寂寥耳.)

《독두심해》: 첫 연은 이전 일을 썼고, 둘째 연은 '되돌아간다'는 내용이며, 셋째 연은 산행을 담았고, 마지막 연은 처자를 거느리는 내용이다.(首聯題前, 次聯卻赴, 三聯山行, 尾聯領妻子.)

其二

長林偃風色[1] 回復意猶迷[2] 衫裛翠微潤[3] 馬銜青草嘶[4]

棧懸斜避石[5] 橋斷却尋溪 何日干戈盡[6] 飄飄愧老妻[7]

긴 숲이 바람에 쓰러져 있어
돌아가는 마음 오히려 혼란스러운데,
적삼은 푸른 산기운에 젖어 축축하고
말은 푸른 풀을 입에 물고 울어댄다.
잔도가 걸려 있어 비스듬히 바위를 피하고
다리가 끊겨 있어 물러나 시내를 찾는다.
언제나 전쟁이 끝나려나?
정처없는 신세 늙은 아내 보기 민망하구나.

주석

1 偃風色(언풍색) - 바람에 쓰러지다.

2 回復(회복) - 되돌아가다. '復'은 '首'로 된 판본도 있다.
《두시언해》 '회복'은 낭주로부터 촉으로 돌아가는 것을 말한다.(回復, 謂自閬還蜀.)

3 衫裛(삼읍) - 적삼이 젖다. 翠微(취미) - 산의 푸른 기운.
《두시상주》 산색이 푸르스름한 것을 말한다.(言山色之輕縹.)
《두공부초당시전》 산속의 푸르스름한 기운이 옷을 적신다는 말이다.(言山中翠微之氣, 潤裛衣服也.)

4 嘶(시) - 말이 울다.

5 棧(잔) - 잔도棧道. '逕'으로 된 판본도 있다.
《두시상주》 낭주에서 성도까지는 잔도가 없기에 단지 나무를 얽어서 길로 삼은 것을 말한다.(閬至成都, 無棧道, 只言架木爲路耳.)

《구가집주두시》에 인용된 왕수 주 '잔'은 촉 땅에 있는 각도를 말한다.(棧, 謂蜀中閣道也.)

6 干戈(간과) - 토번과의 전쟁을 말한다. '干'은 '兵'으로 된 판본도 있다.

《두공부초당시전》 토번의 반란을 말한다.(謂吐藩之亂也.)

7 飄飄(표표) - 정처 없이 유랑하는 것을 형용하는 말.

#《두시상주》: 둘째 수는 아내를 데리고 가는 내용이다. 앞의 6구는 산수 경관을 묘사하였고, 뒤의 2구는 난리를 슬퍼하는 마음을 기술하였는데, 주안점은 '괴' 자에 들어 있다. 질풍이 숲을 쓰러뜨렸고, 행인이 길이 험한 것을 두려워하니, 돌아가려 하면서도 마음이 혼란스럽다. 산 기운이 옷을 적시는 것은 새벽의 여정이고, 말이 배가 고파 풀을 입에 문 것은 낮 시간이 된 것이다. 비스듬히 가며 바위를 피하는 것은 험한 산을 올라서이고, 물러나 걸어서 시내를 찾는 것은 물길이 구불구불 멀어서이다. '전쟁이 끝나지 않았다'는 말은 앞의 도적들과 호응한다.(次章領妻. 上六山水之景, 末二傷亂之懷, 着眼在一愧字. 疾風偃林, 行人怯阻, 故將迴而意猶迷. 山氣濕衣, 曉行也. 馬飢銜草, 日晡矣. 斜行避石, 登陟崎嶇, 却步尋溪, 水邊曲折, 干戈未盡, 應前羣盜.)

《독두심해》: 둘째 수의 경관에는 빙 둘러 말하려는 의도가 다분하면서도, 제목의 '되돌아간다'는 말의 참뜻을 잘 전달하고 있다. 3,4구는 곱고 빼어나서 사랑스럽다. 결어에서는 단지 제목을 되살리는 데 법도가 있을 뿐만 아니라, 정취가 살아나려는 분위기가 느껴진다.(次章之景, 紆回之意多, 尙爲題中卻赴傳神. 三四, 鮮秀可愛. 結語不獨顧題有法, 亦覺情致欲活也.)

其三

行色遞隱見[1] 人烟時有無[2] 僕夫穿竹語[3] 稚子入雲呼[4]
轉石驚魑魅[5] 抨弓落狖鼯[6] 眞供一笑樂 似欲慰窮途

길 가는 이들 번갈아 사라졌다 나타나고
인가는 때로 있다가 없다.
마부는 대숲을 지나며 말을 하고
애들은 구름 속에 들더니 소리친다.
돌을 굴려 산도깨비 놀라게 하고
활시위 튕겨 원숭이와 다람쥐를 떨군다니,
진정 웃고 즐길 거리를 주는 것은
길이 막힌 신세를 위로하고자 함인 듯.

주 석

1 行色(행색) - 행인의 모습.

《보주두시》 왕수 주에서는 "공자가 도척을 보고서는 돌아가다가 노성 동문에서 유하계를 만나자, 유하계가 '거마에 행색이 있는 것을 보니 몰래 가서 도척을 만나셨습니까?'라고 말했다"고 하였고, 사씨 주에서는 "산이 몸을 빙둘러 있어서 번갈아 사라졌다 나타났다 한다는 말이다"라고 하였다.(洙曰, 孔子見盜跖, 回遇柳下惠(季의 오자)於魯東門, 曰, 車馬有行色, 得微往見盜跖耶. 師曰, 言山環合其身, 遞隱見也.)

《두공부초당시전》 산이 높았다 낮았다 하고 숲의 나무가 가리기도 하여 행인의 모습이 보였다 사라졌다 한다는 말이다.(言山有高下,

林木有蔽虧，其行李物色，或見或隱也.)

2 人煙(인연) - 사람들이 밥 지을 때 나는 연기. 즉 인가를 가리킨다.

3 僕夫(복부) - 마부.

4 入雲呼(입운호) - 아이들이 철없이 구름 속에서 신이 나 소리치는 것을 말한다.

5 魑魅(이매) - 산도깨비.

《두공부초당시전》 산속에 있는 사람이 산도깨비가 있다고 생각하여 돌을 굴려서 놀라게 하는 것이다.(山中之人，以其有魑魅，而轉石驚之.)

6 抨弓(평궁) - 활시위를 튕기다. 한편 실제로 활을 당기는 뜻으로 보아야 한다는 설도 있다. 狖鼯(유오) - 긴꼬리원숭이와 날다람쥐.

《두시상주》 《박물지》에 "경영은 활에 능숙하여 화살 없이 쏘아도 새를 떨어뜨렸다"고 하였다. '평궁'이 바로 화살 없이 쏘는 것이다.(博物志，更嬴能射，虛發而下鳥. 抨弓，即虛發也.)

《구가집주두시》 조언재 주 '평'은 '피'와 '경'의 반절음으로 '튕긴다'는 뜻이다.(抨，披耕切，訓彈也.)

《보주두시》에 인용된 소蘇씨 주 육속이 검강태수를 지낼 때 관청 뒤에 다람쥐가 많았는데, 활시위를 튕기면 바로 놀라 떨어지곤 하였다.(陸續爲黔江太守，官署後多鼯，抨弦，即驚墮.)

《독두시설》 이제 살펴보면 이 말은 위의 '복부'와 '치자'를 이어받아 말한 것이다. 단약 화살 없이 쏘아서 긴꼬리원숭이와 날다람쥐를 떨어뜨린다면, 기술이 경영과 맞먹는 것이니 말이 되지 않을 것 같다. '평궁'은 단지 '활을 당긴다'는 뜻으로 이해해야 할 것이다.(今按，此承上僕夫稚子言，若虛發而下狖鼯，則技同更嬴矣，似說不去. 抨弓，只當作張弓彎弓解.)

#《두시상주》: 마지막 수는 자식을 데리고 가는 내용이다. 3,4구는 '행색' 구를 거듭 묘사하였고, 5,6구는 '인연' 구를 다시 묘사하였으며, 마지

막 2구는 스스로 시름을 푸는 말인데, 주안점은 '위' 자에 있다. 숲과 산등성이가 굽이지고 겹겹이기에 행색이 번갈아 숨었다 나타났다 하고, 산골짜기가 황량하기에 인가가 갑자기 있다가 없다가 하는 것이다. 마부와 어린 자식은 때로는 앞서거니 뒤서거니 엇갈려 길을 가기에 소리 높여 말하고 큰 소리로 외쳐대어 대오를 잃지 않게 하고, 때로는 서로 돌아보며 나란히 길을 가기에 돌을 굴리고 활시위를 튕겨서 장난거리로 삼는데, 정취와 경관을 묘사한 것이 진정 그림의 경지에 이를 만하다. '전석'은 발로 돌을 뒤집는 것이고, '평궁'은 손으로 활시위를 튕기는 것이다.(末章領子. 三四申行色句, 五六申人烟句, 末作自解之詞, 着眼在一慰字. 林巒迴複, 故行色遞隱遞見. 山谷荒涼, 故人烟乍有乍無. 僕夫稚子, 時而前後錯行, 則高語大呼, 以防失隊, 時而相顧竝行, 則轉石抨弓, 以爲戲樂, 描情繪景, 眞堪入畫. 轉石, 足翻石也, 抨弓, 手彈弓也.)

《독두심해》: 마지막 수의 경관은 가슴을 탁 트이게 하려는 의도가 다분한데, 전적으로 가족을 데리고 산행을 할 때의 정취이다. 3,4구는 바로 '숨었다 나타난다' '있다가 없다'라는 말에서 온 것으로, 5,6구와 함께 보면 성정이 모두 드러난다.(末章之景, 開暢之意多, 全是挈家山行趣致. 三四, 正從隱見有無中來, 合五六看, 性情都出.)

##《두시상주》: 두보가 처음에는 두려워하다가 얼마 뒤에는 민망스러워하고 끝에 가서 다시 자위한 것은 눈물을 거두고 웃음을 지으려는 것이니, 역시 어찌할 수 없다는 심경에 이를 기탁한 것이다.(公始而畏, 旣而愧, 終而復慰者, 破涕爲笑, 亦付之無可如何耳.)

《독두심해》: 첫째 수는 정을 서술하였고, 아래 두 수는 경관을 묘사하였는데, 모두 처자를 거느리는 뜻을 잃지 않았다.(首章述情, 下兩章寫景, 總不漏領妻子意.)

(**김만원**)

149. 別房太尉墓

방태위의 묘소를 이별하다

他鄉復行役[1] 駐馬別孤墳 近淚無乾土[2] 低空有斷雲[3]
對棋陪謝傅[4] 把劍覓徐君[5] 惟見林花落 鶯啼送客聞[6]

타향에서 다시 길을 떠나게 되어
말을 멈추고 외로운 무덤을 이별하네.
가까이는 눈물이 흘러 마른 흙 없고
나직이 하늘엔 조각구름 떠있네.
바둑을 마주하여 사태부를 모셨더니
검을 잡고서 서군을 찾아왔지.
오직 숲 꽃이 떨어짐만 보이는데
나그네 보내는 꾀꼬리 울음소리 들린다.

광덕 2년 2월 낭주로부터 성도로 돌아갈 때에 방관의 묘소에 들렀다가 떠나가며 지은 시이다. 방관은 현종이 촉으로 몽진할 때에 재상에 임명된 후 폄적과 복관을 반복하다가 광덕 원년 8월 낭주에서 세상을 떠났다. 두보는 방관의 생전에 정치적 견해를 같이하였고 방관이 죽은 후에는 제문을 써서 인물됨을 높이 평가하였다. 시는 고인에 대한 무한한 흠모의 정과 사후의 적막함이 객지를 떠돌고 있는 시인 자신의 처지와 함께 그려져 깊은 슬픔을 자아내고 있다. 태위는 본래 진秦, 한漢 때에 군정의 최고책임자로서 삼공三公의 하나인데 방관이 재상을 지냈고 또 덕이 높았기에 붙여진 호칭이다.

《두시상주》 고신의 주에 "광덕 2년 공이 낭주에 있다가 성도로 가려고 할 때에 지은 것이다"라고 하였다. 《구당서》에 "방관은 자가 차율이며 현종이 촉으로 갈 때에 재상에 임명되었다. 진도사에서 패하여 숙종 건원 원년 6월 빈주자사로 폄적되었다. 상원 원년 4월 예부상서로 전임하였다가 얼마 지나지 않아서 진주자사로 나갔다. 보응 2년 4월 특진형부상서에 임명되었으나 부임하던 길에 병이 나서 광덕 원년 8월 낭주의 절간에서 세상을 떠났으니 나이가 67세였다. 태위에 추증되었다"라고 하였다. 주학령 주에 "《신당서》에는 보응 2년에 죽었다"라 하였는데, 이는 아마도 이 해 7월 광덕으로 개원하였기 때문일 것이다.(顧注, 廣德二年, 公在閬州, 將赴成都作. 舊書, 房琯, 字次律, 玄宗幸蜀, 拜爲相. 因陳濤斜之敗, 肅宗乾元元年六月貶爲邠州刺史. 上元元年四月改禮部尙書, 尋出爲晉州刺史. 寶應二年四月拜特進刑部尙書. 在路遇疾, 廣德元年八月卒於閬州僧舍, 年六十七, 贈太尉. 朱注, 新書, 謂卒於寶應二年, 蓋是年七月改元廣德也.)

《보주두시》 살펴보건대 《구당서》에는 광덕 원년 8월 4일 낭주 절간에서 죽었다고 하였고 《신당서》에는 보응 2년 형부상서에 임명되어 가는 길에 병으로 죽었다고 하였다. 《유양잡조》에 "형화박은 숭산과 영수 사이에 사는데 방관이 형화박에게 세상을 떠날 때의 일에 대하여 물었다. 형화박은 죽는 곳이 객사도 아니고 절간도 아니며 생선음식으로 발병하여 구자판에 영면하게 된다고 말하였다. 그 후에 방공이 낭주의 극궁(자극궁)에 머물렀는데 구자판을 다듬는 사람을 보고는 비로소 형화박의 말이 생각났다. 잠시 후에 자사가 생선회를 갖춰두고 방관을 초대하였고 방관은 그가 말했던 사실을 깨닫게 되었다"는 말이 있다. 살펴보건대 공이 방공을 위한 제문에 '광덕 원년 세차 계묘 9월 신축 삭 22일 임술'이라 하였고 그 중에 '묘소를 어루만지는 가운데 해가 지고, 검을 푸는데 가을 하늘 높다'라고 하였으니, 생각해보건대 8월 4일과 부합된다. 이

해 공은 재주에서 낭주로 갔고 다음해 봄 낭주에서 성도로 돌아갔다. 그런데 지금 시에서 '오직 숲 꽃이 떨어지는 것만 보이는데, 꾀꼬리 울음 울어 나그네를 송별하며 들려준다'라고 하였으니, 이는 아마도 2년 봄 그의 묘를 이별하고 성도로 돌아갈 때에 지은 것이리라.(按舊史, 廣德元年八月四日卒於閬州僧舍, 而新史云, 寶應二年召拜刑部尙書, 道病卒. 酉陽雜俎云, 邢和璞居嵩潁間. 房琯問邢終身事, 邢言降魄之處, 非館非寺, 病起於魚飧而休於龜兹板. 其後, 房公舍閬州亟宮, 見有治龜兹板者, 始憶邢之言. 有頃刺(史가 빠져 있음)具魚膾邀房, 房悟云云. 按公祭房公文云, 廣德元年歲次癸卯九月辛丑朔二十二日壬戌. 其中有云, 撫墳日落, 把[脫의 잘못]劒秋高. 意與八月四日爲合. 是年, 公自梓遊閬, 明年春自閬歸成都, 而今詩云, 唯見林花落, 鶯啼送客聞. 殆詩作於二年春, 別其墓而歸成都也.)

《두시상주》 전겸익 전에 "《국사보》에 '재상으로서 장곡강 이후 방태위와 이양공을 덕이 높은 사람으로 칭하였다'라고 하였다. 또 '개원 이후 성을 쓰지 않고 부를 수 있는 사람으로는 연공 곡강과 태위 노공이 있고, 이름을 쓰지 않고 칭할 수 있는 사람으로는 송개부, 육선공, 왕우승, 방태위가 있다'라 하였다"고 하였다.(錢謙益曰, 國史補, 宰相自張曲江之後, 稱房太尉李梁公爲重德. 又云, 開元以後, 不以姓而可稱者, 燕公曲江太尉魯公, 不以名而可稱者, 宋開府陸宣公王右丞房太尉.)

주석

1 他鄕(타향)- 낭주를 가리킨다. 復行役(부행역)- 다시 길을 가다. 두보는 엄무가 다시 성도를 진수하게 되었다는 말을 듣고 성도로 돌아가는 길이었다.

《두시경전》 이때에 낭주에서 성도로 가려고 하였다.(時將自閬赴成都.)

2 近淚(근루) - 가까이에 눈물이 흐르다. 無乾土(무간토) - 마른 흙이 없다. 주위의 땅이 모두 눈물에 젖었다는 말이다.

《보주두시》에 인용된 조언재 주 눈물을 많이 흘려 적셨다는 말이다.(言淚多而濕之也.)

3 低空(저공) - 나직한 하늘. '空山'으로 된 판본도 있다. 斷雲(단운) - 끊긴 구름. 조각구름. 편운片雲.

《두시상주》 들이 넓고 하늘이 나직하여 낮은 하늘이라고 하였다. 주학령 주에 "'낮은 하늘에 조각구름'은 곧 (〈문고상시망聞高常侍亡〉에서) '친구를 곡하니 흰 구름 길다'라는 것이다"라고 하였다.(野曠天低, 故曰低空. 朱注, 低空斷雲, 卽所云哭友白雲長也.)

《두시경전》 이 구절에서 바로 묘소에 곡하는 애절함이 드러나 있다. 구름 또한 그로 인하여 참담해져 떠나지 않는 것이다.(句正見哭墓之哀, 雲亦爲之愁慘而不去也.)

4 對棋(대기) - 마주하고 바둑을 두다. 陪(배) - 모시고 함께 하다. 謝傅(사부) - 사태부. 동진東晉의 사안謝安을 가리킨다. 사후 태부에 추증되었기에 이렇게 불렀다.

《두시상주》 《사안전》에 "사현 등이 부견을 깨뜨렸다는 격서가 이르렀는데 사안은 한창 손님을 마주하여 바둑을 두면서 전혀 기뻐하는 낯빛이 없었다"라 하였다. 사안은 사후에 태부에 추증되었다. 장원 주에 "사태부가 조카 사현과 더불어 바둑을 두고 있었다. 이때 양담이 곁에 있었는데, '별장을 너에게 주겠다'라고 하였다. 사태부가 죽자 양담은 서주 길을 지나지 않았다"라 하였다. 전겸익 전에 "방관은 재상으로 있을 적에 동정란의 금 연주를 들어서 물의를 초래했다. 이덕유의 〈한주월석유방태위서호漢州月夕遊房太尉西湖〉시 주에 '방공은 금을 좋아하는 것으로 세상에 이름이 났다'라 하였다. 이 시에서 사태부의 바둑으로써 견주었는데 이는 방공을 위한 변호이다. 유우석이 이덕유의 〈방공구죽정문금면모풍류신기여재인중제차작房

公舊竹亭聞琴緬慕風流神期如在因重題此作〉에 화답하여 '아직 대나무 사이로 이슬이 남았건만, 바둑판 아래 영원히 먼지가 없다'라 하였다. 바둑 두는 것이 사태부에게 해될 것이 없었다면 금 연주를 듣는 것이 어찌 태위에게 해될 것이 있겠는가? 에둘러 변호한 말이지만 큰 체식을 잃지는 않았으니 정미하고 완곡하다 이를 수 있다.(謝安傳, 謝玄等破符堅, 有檄書至, 安方對客圍棋, 了無喜色. 安薨, 贈太傅. 遠注, 謝傅與侄玄對棋, 時羊曇在側, 曰以墅乞汝. 謝傅死, 曇不由西州路. 錢箋, 琯爲宰相, 聽董庭蘭彈琴, 以招物議. 李德裕, 遊房太尉西池詩注, 房公以好琴聞於海內. 此詩以謝傅圍棋爲比, 蓋爲房公解嘲. 劉禹錫, 和德裕房公舊竹亭聞琴云, 尙有竹間露, 永無棋下塵. 圍棋無損於謝傅, 則聽琴何損於太尉乎. 語出回護, 而不失大體, 可謂微婉矣.)

《두시경전》 이 구절은 생전의 일을 말한 것이다.(句謂生前.)

《구가집주두시》 옛날 일찍이 방태위를 마주하여 바둑을 두었는데 마치 사안을 모시고 있는 것과 같았다고 두보 자신이 말한 것이다.(甫自言昔嘗對房太尉圍碁如陪謝安石也.)

5 把劍(파검) - 칼을 잡다. 칼을 지니다. 覓徐君(멱서군) - 서나라 임금을 찾아가다. 오나라 계찰이 서나라 임금의 무덤가 나무에 보검을 걸어두었던 것처럼 두보 또한 실제로 방관의 무덤가 나무에 보검을 걸어두기 위해 찾아왔다고 보는 견해가 있다. 그러나 실제로 그렇게 했다기보다는 방관에 대한 작자의 추모의 정이 계찰의 고사를 통해 표현된 것으로 보면 좋을 것이다.

《두시상주》 《설원》에 "오나라 계찰이 진나라를 빙문하면서 서나라를 지날 때에 서나라 임금이 그의 보검을 사랑한다는 것을 마음으로 알게 되었다. 돌아올 때에 서나라 임금은 이미 세상을 떠났으나 마침내 검을 풀어서 무덤가 나무에 매어두고 떠났다"라 하였다. …… 공이 방재상을 위해 쓴 제문에 '묘소를 어루만지는데 해가 떨어지고, 검을 푸는데 가을 하늘 드높다'라 하였다.(說苑, 吳季札聘晉過徐, 心知徐君愛其寶劍, 及還, 徐君已歿, 遂解劍繫其冢樹而去. …… 公祭

房相文, 撫墳日落, 脫劍秋高.)

《두시경전》 이 구절은 세상을 떠난 후를 말하고 있다.(句謂歿後.)

《구가집주두시》 '파검'은 두보가 계찰에 자신을 견주고 장차 방태위의 묘소에 걸어두고자 한 것이다.(把劍, 甫以季札自比, 將欲掛之於房太尉之墓.)

〔對碁 2구〕

《보주두시》에 인용된 봉원逢原 주 사부와 서군은 방태위를 가리킨다.(謝傅徐君指房太尉也.)

6 鶯啼(앵제) - 꾀꼬리가 울다. 送客聞(송객문) - 나그네를 송별하여 들려주다. 꾀꼬리만이 울음을 울어서 다시 길을 떠나는 자신을 전송한다는 말이다.

#《두시상주》: 위 4구는 무덤 앞에서 애도한 것이고, 아래 4구는 이별에 임하여 떠나지 못하고 머문 것이다. '행역'은 성도로 가려는 것이다. '눈물에 젖어 땅이 축축해진 것'은 많이도 애통해한 것이다. '조각구름이 외로이 난다'는 근심과 참담함을 띠고 있다. 고신의 주에 '대기'는 지난날 서로 함께 했던 정이고, '파검'은 죽은 후에 잊지 못하는 정분이다. 결미에 그저 '문', '견' 두 글자로써 엇섞어 운을 이루었다. 본디 이별할 때에 객을 송별하는 사람이 보이지 않고 객을 송별하는 것은 오직 떨어지는 꽃잎과 우는 새뿐임을 말한 것이다. 살펴보건대 방관의 큰아들 승은 어려서부터 두 눈이 멀었고 서자 유복은 아직 어렸기에 세상을 떠난 지 오래 되지 않았지만 무덤가가 이처럼 적막했던 것이다.(上四墳前哀悼, 下四臨別留連. 行役, 將適成都. 淚沾土濕, 多哀痛也. 斷雲孤飛, 帶愁慘也. 顧注, 對棋, 平昔相與之情. 把劍, 死後不忘之誼. 結聊以聞見二字, 參錯成韻. 本謂別時不見有送客之人, 送客者惟有落花啼鳥耳. 考琯長子乘, 自少兩目盲, 孽子孺復尚幼, 故去世未久, 塚間寂寞如此.)

《독두심해》: 위 4구에서 곧바로 묘소에 임하여 슬피 흐느끼는 심사를 온 마음을 다하여 써놓고는, 아래에서는 오히려 슬피 흐느낀 까닭을 하나씩 하나씩 분경히 말하고 있다. 옛일을 되새기고 세상을 떠난 뒤의 일을 슬퍼한 것, 찾아가 이별하는 일을 슬퍼함이 모두가 그 까닭이다. 이것은 거꾸로 짜여진 구조라 하겠다.(上四, 直將臨墓哀泣心事, 盡情寫過, 下乃分疏出所以哀泣之故來. 追宿昔, 感身後, 傷謁別, 皆其故也. 此爲逆局.)

(이남종)

150. 將赴成都草堂途中有作先寄嚴鄭公五首
성도 초당으로 돌아가는 길에 시를 지어 먼저 엄 정공께 부치다

得歸茅屋赴成都　直爲文翁再剖符[1]
但使閭閻還揖讓[2]　敢論松竹久荒蕪[3]
魚知丙穴由來美[4]　酒憶郫筒不用酤[5]
五馬舊曾諳小徑[6]　幾回書札待潛夫[7]

초당에 돌아갈 수 있어 성도로 가나니
오직 문옹께서 다시 부절을 받았음이라.
다만 백성들로 또 겸양하게 하실 것이니
굳이 송죽이 오래도록 황무하다 따지겠는가.
병혈에서는 예로부터 맛좋은 물고기 나오고
비통주는 구태여 살 필요가 없다네.
오마는 일찍이 초당 가는 작은 길 익숙하였거니
편지 보내 숨어사는 나를 기다리심이 또 몇 번이시런가.

이 다섯 수의 연작시는 광덕 2년 2월에 지었다. '엄정공'은 엄무를 가리킨다. 엄무는 광덕 원년에 정국공鄭國公에 봉해졌다. 이 시기에 엄무는 검남절도사劍南節度使가 되어 성도에 이미 도착하였으며 아직 낭주에 있는 두보에게 몇 차례 편지를 보내어 성도로 돌아올 것을 청하였으므로 두보가 감사의 뜻으로 이 시를 지어 보냈다.

《보주두시》 시에서 "초당에 돌아갈 수 있어 성도로 가나니, 진실로 문옹께서 다시 부절을 쪼개어 오심 때문이다"라고 했으니 광덕 2년 낭주에서 성도로 돌아가면서 지은 것이 분명하다. 그래서 엄무에게 부친다고 하였다.(詩云, 得歸茅屋赴成都, 眞爲文翁再剖符, 當是廣德二年自閬州歸成都作, 故曰寄嚴鄭公.)

《두시상주》 《신당서, 엄무전》에 의하면 (엄무는) 보응 원년 성도에서 조정으로 소환되어 경조윤에 배수되었고, 다음해 이성산릉교도사가 되었으며 정국공에 봉해졌고, 황문시랑으로 옮겼다가 광덕 2년에 다시 검남절도사가 되었다. 주학령 주에서 "《구당서》에서는 엄무가 다시 성도윤, 검남절도사가 되어 토번을 격파하매 검교이부상서 벼슬이 보태졌고 정국공에 봉해졌다고 해서 《신당서》와는 맞지 않는다. 이 시의 제목으로 고증하면 《신당서》가 옳다"라고 하였다.(唐書嚴武傳, 寶應元年自成都召還, 拜京兆尹, 明年爲二聖山陵橋道使, 封鄭國公, 遷黃門侍郎. 廣德二年, 復節度劍南. 朱注, 舊書云, 武再尹成都, 節度劍南, 破吐蕃, 加檢校吏部尚書, 封鄭國公, 與新書不合. 以此詩題證之, 新書爲是.)

주 석

1 直爲(직위) - 오직 ~ 때문이다. '直'을 '眞'으로 쓴 판본도 있다. 文翁(문옹) - 한나라 때 촉을 다스리던 관리로 학교를 세워 백성들의 교화에 큰 공을 세웠다. 여기서는 엄무를 비유하였다. 剖符(부부) - 부절을 쪼개다. 엄무가 검남절도사에 임명되었음을 말한 것이다.

《두시상주》에 인용된 《한서·순리전循吏傳》 문옹은 촉의 군수가 되어 성도 저자거리에 학교를 정비하여 세우니 관리와 백성들이 크게 교화되었고, 촉 지역 출신으로 경사에서 공부하는 자가 제와 노 지역과 비슷하게 되었다.(文翁爲蜀郡守, 修起學宮於成都市中, 吏民大化, 蜀地學於京師者比齊魯焉.)

《두시상주》 '직위'는 '다만 ~ 때문이다'의 뜻이다.(直爲, 特爲也.)

《두시상주》에 인용된 《한서·문제기文帝紀》 처음으로 태수에게 동호부, 죽사부를 주었다.(初與太守爲銅虎符竹使符.)

《보주두시》에 인용된 왕수 주 엄무가 다시 성도를 진수하게 된 것을 말하였다.(謂嚴再鎭成都也.)

2 閭閻(여염)- 백성. 백성이 사는 곳. 還揖讓(환읍양)- 다시 예의바르게 되다. 엄무가 다시 촉을 진수하게 되어 촉지역 백성들의 풍속이 다시 순화될 것이라는 말이다.

《두시상주》 공자가 말하기를 "읍양함에도 천하가 교화되는 것은 예악을 두고 하는 말이다.(孔子曰, 揖讓而天下化者, 禮樂之謂也.)

《두억》 엄공이 떠난 뒤부터 성도는 병란을 당하게 되었으므로 '환읍양'의 말을 한 것이다.(自嚴公去後, 成都遂遭兵亂, 故有還揖讓之語.)

3 松竹(송죽)- 초당에 심은 소나무와 대나무를 가리킨다.

《두시상주》 송죽은 옛날 초당에 심은 것으로 공에게는 일찍이 〈종위이명부속처멱면죽從韋二明府續處覓綿竹〉, 〈빙위소부반멱송수자재憑韋少府班覓松樹子栽〉 등의 시가 있다.(松竹, 舊栽草堂, 公向有覓綿竹覓松樹子詩.)

〔但使 2구〕

《구가집주두시》 조언재 주 지금 마음은 남을 사랑함에 있으니 자기 한 사람을 사사로이 돌보지 않게 된 것이다.(今之心在愛人, 不私一己矣.)

4 丙穴(병혈)- 촉 지명. 맛좋은 물고기 가어嘉魚가 잡힌다고 한다.

《문선,촉도부蜀都賦》의 '가어출어병혈嘉魚出於丙穴'에 대한 이선李善 주 병혈은 한중 면양현 북쪽에 있는데 어혈 두 곳이 있다. 항상 3월에 고기를 잡는다. 병은 지명이다.(丙穴在漢中沔陽縣北, 有魚穴二所, 常以三月取之. 丙, 地名也.)

《두시상주》 유연림이 말하기를 "병혈은 한중 면양현 북쪽에 있는데 어혈魚穴 두 곳이 있다"고 했다. 《익부방물찬》에 "병혈은 흥주에 있는데 물고기가 석혈石穴에서 나온다. 아주 역시 그런 곳이 있으니 촉 사람들이 그 맛을 매우 귀히 여긴다"고 하였다. 황학이 말하기를 "병혈은 본래 한중에 있는데 지리지에는 공주 대읍현에 가어혈이 있고, 만주 양산현 백지산에도 병혈이 있어 사방 수장數丈으로 가어가 나온다고 하였고, 또 달주 명통현 정협 중에 어혈이 모두 열 곳이며 모두 가어가 나온다고 적고 있다. 이 시는 공이 성도로 가면서 지은 것이니 공주의 병혈을 가리키는 것으로 보인다. 성도에서 서남쪽으로 공주까지는 겨우 150리이다"고 하였다.(劉淵林曰, 丙穴, 在漢中沔陽縣北, 有魚穴二所. 益部方物贊, 丙穴, 在興州, 魚出石穴中, 雅州亦有之, 蜀人甚珍其味. 黃鶴曰, 丙穴固在漢中, 然地志載邛州大邑縣有嘉魚穴, 萬州梁山縣柏枝山有丙穴, 方數丈, 出嘉魚. 又達州明通縣井峽中, 穴凡十, 皆產嘉魚. 此詩公赴成都作, 意是指邛州丙穴. 蓋成都西南至邛州, 才百五十里耳.)

《두시경전》에 인용된 《태평어람太平御覽, 주지도기周地圖記》 순정군의 병혈은 그 입구가 남쪽으로 향해 있어서 그렇게 이름을 지은 것이다. 매해 봄 3월 상순 이후에 물고기들이 줄을 지어 구멍에서 뛰어올랐는데 '가어'라고 부른다고 전한다.(順政郡丙穴, 以其口向丙, 因名. 每春三月上旬後, 有魚聯綿從穴出躍, 相傳名爲嘉魚.)

《독두심해》 여러 주에서 병혈은 면양, 흥주, 아주, 공주, 만주 등 여러 곳에 있다고 하였다. 성도에서의 원근을 따지고 있는데 이는 정말 불필요한 것이다. 시에서는 단지 촉지방의 고사를 사용했을 뿐이다. 만약 어느 곳이 가까운가에 필히 집착을 할 것 같으면 공은 일찍이 금강에서 낚시한다는 구절이 있었으니 어째서 '어지금수미(금강의 물고기가 맛있음을 안다)'라고 말하지 않았겠는가.(諸注丙穴, 有在沔, 在興, 在雅, 在邛, 在萬諸處. 去成都遠近之辯, 甚爲不必. 詩但使蜀中故實耳, 若必泥何處爲近, 則公嘗有釣錦江之句, 何不言魚知錦水美.)

5 郫筒(비통)- 술 이름. 비통주. 비현에서 나는 대나무에 담아서 만든 술. 비현은 성도 부근의 현 이름이다. 不用酤(불용고)- 술을 살 필요가 없다. 두보 스스로 비통주를 담아 먹을 수 있다는 말이다. 엄무 덕에 술을 사서 먹을 필요가 없게 되었다는 말로 보기도 하나 취하지 않는다.

《두시상주》에 인용된 〈성도기成都記〉 성도부 서쪽 50리에 강물의 수위를 측정하는 곳이 있어 비현이라 이름 하였는데 대나무에 좋은 술을 담아서 비통이라고 불렀다.(成都府西五十里, 因水標名曰郫縣, 以竹筒盛美酒, 號爲郫筒.)

《화양풍속록華陽風俗錄》 비현에 비통지가 있는데 못 옆에 큰 대나무가 자란다. 비현 사람들은 그 마디를 도려내고 봄 술을 대나무 속에 흘려 넣은 다음 연뿌리 실로 싸고 파초 잎으로 덮는다. 이틀 밤이 지나고 향기가 대나무 밖까지 나게 되면 후에 대나무를 잘라서 술을 바치는데 사람들이 '비통주'라 불렀다.(郫縣有郫筒池, 池旁有大竹, 郫人刳其節, 傾春釀於筒, 苞以藕絲, 蔽以蕉葉, 信宿香達於竹外, 然後斷之以獻, 俗號郫筒酒.)

《두시상주》에 인용된 《일통지一統志》 전하는 바에 따르면 산도가 비현을 다스릴 때에 대나무 관에다 도미酴醾를 담아서 술을 빚었는데 20일이 지나 개봉하면 백보 떨어진 곳까지 향기가 났다고 한다. 지금 그 법이 전해지지 않는다.(相傳山濤治郫, 用筠管釀酴醾作酒, 兼旬方開, 香聞百步, 今其法不傳.)

《구가집주두시》 조언재 주 술은 살 필요가 없이 엄무를 따라 마시면 된다는 말이다.(言酒不須酤而從嚴公飮耳.)

6 五馬(오마)- 태수나 자사의 신분을 가리키는 말. 여기서는 엄무를 뜻한다.

《두시상주》 한나라의 법제에 의하면 태수는 네 필의 말이 끄는 수레를 타는데, 조신朝臣으로서 태수로 나가게 되면 한 필을 추가하여 '오마'가 된다. 엄무는 일찍이 술과 음식을 가지고 초당에 찾아간 적이 있어서 '오마가 옛날 초당 가는 작은 길에 익숙하다'라고 한 것이다.(漢制, 太守駟馬, 朝臣出使爲太守, 增一馬, 故爲五馬. 武昔攜酒饌至草堂, 故云五馬舊曾諳小徑.)

7 潛夫(잠부) - 은자. 여기서는 두보를 가리킨다.

〔五馬 2구〕

《구가집주두시》 조언재 주 엄무가 일찍이 초당을 익숙하게 찾아왔음과 지금 서찰을 보내 돌아오기를 기다리고 있음을 말한 것이다.(言嚴公昔曾枉駕之熟, 今有書札來相待其歸矣.)

#《두시상주》: 첫 수는 다시 성도로 가는 까닭으로 8구 모두 일을 서술한 것이다. 초당으로 돌아가고자 한 것은 엄공이 다시 촉을 진수하게 된 때문이다. '읍양'은 둘째 구를 이은 것이요, '송죽'은 첫 구를 이었다. 5,6구는 성도의 좋은 산물을 생각한 것이고, 7,8구는 엄공의 두터운 우정을 생각한 것이다. 처음과 끝에서 주객을 바꾸어가며 말하였다. 마지막 구를 음미해보면 엄무가 촉에 들어왔을 때 바로 편지를 보내 불렀음을 알 수 있다.(首章, 重赴成都之故, 八句皆敘事. 欲歸草堂者, 爲嚴公再鎭也. 揖讓, 承次句. 松竹, 承首句. 五六思成都品物之佳, 七八想嚴公交情之厚, 首尾賓主互說. 玩末句, 知嚴入蜀時便有書見招矣.)

《독두심해》: 공은 이르는 곳마다 서로 뜻이 맞지 않아 어울리기가 힘들었다. 오직 엄무에 대해서는 친척골육과 같은 사랑하는 마음이 있었으니 이는 또한 숙세의 연분이 있었기 때문이다. 다섯 시를 보면 필히 '도중' 자를 꼭 기록하였다. 기련은 일의 두서를 깔끔하게 제시하여 마지막 시의 결말과 서로 호응하게 하였으니 다섯 시 가운데 총괄적인 시작인 셈이다. 3,4구는 앞 두 구절을 거꾸로 이은 것으로 장차 덕정을 거듭 노래할 것이니 옛 전원을 다시 경영함에 무슨 상관이 있겠느냐는 말이다. 이와 같기 때문에 돌아가고자 하는 계획이 결정된 것이다. 하물며 초당의 산물이 아름다워 또한 매우 그리움에 있어서랴. '오마가 예부터 익숙하다', '새 편지가 몇 번인가'라는 말은 엄공 또한 그곳을 알고 추억할 것이라는 말일 게다. '백성이 예의바르다'라는 것은 위를 이어

받음이 매우 분명한데, 고신은 도리어 이웃과 거듭 돈독하게 지낸다는 것으로 이해했으니 어찌 곡설이 아니랴. 공의 집에서는 필시 술을 담는 법을 터득하고 있었을 것이다. 그래서 '술을 살 필요가 없다'고 한 것이다. 〈객지〉에서 "술은 집이 가난하여 단지 묵은 막걸리가 있을 뿐이네"라고 한 것을 보면 알 수 있다. 고씨는 '엄무가 음식을 가져온 것을 기억한 것'이라고 해서 단지 먹고 마시기만을 도모하는 것으로 이해하였으니 역시 심히 비루하다.(公所至落落難合, 獨於嚴有親戚骨肉之愛, 是亦宿世緣分. 看五詩, 須記定途中字. 起聯, 提淸眉眼, 與末章之結相呼應, 乃五詩總起也. 三四, 倒承上二, 言且德政重歌, 何妨故園再理, 如是則歸計決矣. 況草堂品物之佳, 亦有足戀者. 五馬舊諳, 幾回新札, 嚴公其亦知之而憶之歟. 閭閻揖讓, 承頂甚明. 顧宸乃謂重敦鄰好, 豈非曲說. 公家必自得釀法, 故曰不用酤. 客至詩云, 樽酒家貧只舊醅, 可證也. 顧云憶嚴攜饌, 直看作餔啜是圖, 陋亦甚矣.)

其二

處處淸江帶白蘋[1] 故園猶得見殘春[2]
雪山斥候無兵馬[3] 錦里逢迎有主人[4]
休怪兒童延俗客[5] 不敎鵝鴨惱比鄰[6]
習池未覺風流盡[7] 況復荊州賞更新[8]

맑은 강 처처에 흰 마름이 둘러 있으니
옛 전원에서 그래도 남은 봄을 볼 수 있으리.
설산은 적정을 살펴보아도 병마가 없으리니

금리에서 손을 맞이함에 주인이 있게 되리라.
아이들이 속객을 맞아들여도 탓하지 말 것이며
거위 오리가 이웃을 괴롭히지 않게 하려네.
습지의 풍류는 끝날 줄 모르거니
하물며 형주께서 새로 구경 오심에 있어서랴.

주 석

1 處處(처처) 구- 성도 초당草堂으로 가는 길에 바라본 풍경을 말한 것이다.

2 故園(고원)- 성도 초당을 가리킨다. 봄이 다 갈 무렵에야 초당에 도착할 것 같다는 말이다.

3 斥候(척후)- 적의 동정을 살피다. 이 구절은 엄무가 촉을 다시 진수함에 따라 변방에 오랑캐가 출몰하지 않게 될 것이라는 말이다.

《두시상주》에 인용된 주한朱瀚 주 이 해 가을에 엄무는 과연 토번을 대파하였으며 그 성을 함락시켰으니 (이 시의) 설산 구는 마치 보증서와 같다고 하겠다. 공의 사람을 알고 일을 헤아리는 깊이를 보여준다.(是秋, 嚴武果大破吐蕃, 拔其城, 雪山句若操左劵, 見公之知人料事.)

4 錦里(금리)- 금관성 성도를 뜻한다. 이 구절은 두보 자신이 초당에 돌아와 주인 노릇을 하며 손을 맞이할 수 있게 되었다는 말이다. '主人'을 엄무로 보기도 하나 옳지 않다.

《독두심해》 두보의 〈초당〉시에서 "마을 이웃들이 내가 돌아온 것을 기뻐하여 술을 사서 호로병에 들고 오네"라고 한 것과 같다.(猶歸草堂詩云, 鄰里喜我歸, 沽酒攜胡蘆.)

《두시언해》 '주인'은 엄무를 가리킨다.(主人指武.)

5 休怪(휴괴)- 탓하지 말라. 이상하게 여기지 말라. 延俗客(연속객)- 고상하지 못한 손님을 초청하다. 고상하지 않은 촌사람들과도 잘 어울리겠다는 뜻이다.

6 惱(뇌)- 괴롭히다. 比鄰(비린)- 이웃. 이 구절은 초당에 돌아가면 그동안 방치해둔 가축들을 잘 단속해서 이웃에게 폐를 끼치는 일이 없도록 하겠다는 말이다.

〔休怪 2구〕

《구가집주두시》 조언재 주 공은 엄무와 오랜 우정이 있었다. 그런데도 이처럼 하겠다고 했으니 공의 후덕함과 신중함을 알 수가 있다.(公於嚴公有故舊之好. 而能如此, 則公之厚德與夫愼重可見矣.)

《두억》 속객을 내치지 않고 이웃과 화목하게 지낸다고 하는 것은 아마도 분주히 다니다가 지쳐서 오랫동안 머물러 살 궁리를 한 때문일 것이다.(不棄俗客, 輯睦隣人, 蓋奔走已倦, 思爲久住之計矣.)

7 習池(습지)- 습가지習家池. 양양襄陽의 습씨 가문이 만든 아름다운 연못으로 일찍이 진晉 정남장군征南將軍 산간山簡이 양양을 다스릴 때에 이곳에 자주 들러 술을 마시며 풍류를 즐겼다. 여기서는 초당을 비유한다.

8 荊州(형주)- 진 정남장군 산간을 가리킨다. 산간은 일찍이 형주, 상주, 교주, 광주 네 곳을 관할하였다. 여기서는 엄무를 비유한다. '형주'를 양양을 다스렸던 양호羊祜로 보는 경우도 있다.

《두시상주》 산간은 정남장군으로서 형주, 상주, 교주, 광주 네 지역을 다스렸으므로 형주라고 칭할 수 있다.(山簡以征南將軍都督荊湘交廣四州, 故可稱荊州.)

《두시경전》 완상함이 더욱 새롭다는 것은 엄무가 다시 촉을 진수하게 된 것을 말한 것이다.(賞更新, 乃指再鎭說.)

《독두심해》 형주는 산간을 말한다.(荊州, 謂山簡.)

《두억》 '형주'는 누구를 가리키는지 모르겠다. 습가지가 형주에 있으니 생각이 양호에게 미쳐서 그로써 엄무를 비유한 것은 아닐까?(荊州, 不知何指. 豈因習池在荊州, 想及羊公, 以比嚴鄭公耶.)

#《두시상주》: 둘째 시는 봄날 초당으로 돌아가서의 경치와 일을 상상하였다. 위 4구는 초당에서 편안하게 거처하는 즐거움을 적은 것으로 엄공에게 그 공을 돌리고 있다. 아래 4구는 초당에서의 촌사람들과 화목하게 지내는 마음을 적은 것으로 엄공을 기다림이다. '병마가 없다'는 것은 엄무가 오랑캐를 평정할 수 있음이요, '주인이 있다'는 것은 공이 옛 거처로 돌아옴이다. '습지'는 스스로 초당을 비유한 것이요, '형주'는 엄공을 비유한 것이다. 둘째 연과 마지막 연에서는 손과 주인을 나란히 언급하였다.(次章, 想春歸景事. 上四草堂安居之樂, 歸美嚴公. 下四草堂睦俗之情, 預待嚴公也. 無兵馬, 嚴能靖寇. 有主人, 公返舊居. 習池, 自比草堂. 荊州, 借比嚴公. 次末二聯, 賓主對擧.)

《독두심해》: 1, 2구는 도중의 경치로 인하여 초당의 경치를 상상한 것이다. '적정을 살펴도 병사가 없다'는 것은 엄공에 의지한 것이요, '맞이하여 주인이 있게 되었다'는 것은 이웃들이 그럴 것이라 추측한 것이다. 한 때 촌 노인이 실수하여 가축들이 무리져 흩어지게 된 것인데, 안락하여 태평한 기상이니 역시 전원의 풍경으로서 (초당에) 새로 돌아와 마음을 위로받게 될 것을 기약할 수 있게 되었다. 그리고 저 '습지'에 비교해 어찌 다시 풍류를 양보할 것이 있겠는가. 하물며 이름난 현인께서 새로 감상하러 오심에 있어서랴. 초당으로 하여금 더욱 빛이 나지 않겠는가? 고신 주에서는 '휴괴' 구를 옛날 초당을 떠난 일로, '불교' 구를 지금 초당으로 돌아가는 일로 보고 있는데 말에 전혀 조리가 없다.(一二, 由途中之景想見草堂之景. 斥候無兵, 倚之嚴公者. 逢迎有主, 揣之鄰人者. 一時村翁錯迕, 畜産羣分, 居然太平氣象, 亦是田野風光, 新歸慰意, 可預卜矣. 而以較彼習池, 豈復風流多讓. 況得名賢新賞, 不更使草堂生色乎. 顧注以休怪句爲昔去草堂事, 不敎句爲今歸草堂事, 說甚支離.)

其三

竹寒沙碧浣花溪[1] 橘刺藤梢咫尺迷[2]
過客徑須愁出入[3] 居人不自解東西[4]
書籤藥裹封蛛網[5] 野店山橋送馬蹄[6]
肯藉荒庭春草色[7] 先拚一飲醉如泥[8]

대나무 서늘하고 모래 푸른 완화계
귤나무 가시와 등라 가지에 지척에서 길을 잃네.
지나는 손은 곧 모름지기 출입을 걱정할 것이요
살고 있는 사람들도 스스로 동서를 분별하지 못하리라.
서첨과 약봉지는 거미줄로 봉해졌느니
들 주점과 산 다리가 말굽을 전송하였으리.
거친 뜨락 봄풀 위에 기꺼이 앉으시겠다면
우선 만사 제쳐두고 한번 진탕 취토록 마시려네.

주 석

1 浣花溪(완화계) - 두보의 성도 초당 옆으로 흐르는 시내. 《두시상주》에 인용된 《양익기梁益記》 시냇물이 전강으로부터 흘러나오는데, 주민들이 대부분 고운 빛깔의 편지지를 만들었으므로 그곳을 완화계라 불렀다.(溪水出湔江, 居人多造綵箋, 故號浣花溪.)

2 橘刺(귤자) - 귤나무 가시. '橘'을 '菱'으로 쓴 판본도 있다. 藤梢(등초) - 등라藤蘿 가지. 등라는 덩굴식물이다. 이 구절은 초당에 길을 잃을 정도로 잡목들이 무성하게 자랐다는 말이다.

3 徑(경)- 곧.

4 居人(거인)- 주민. 초당 주변에 거처하는 사람을 가리킨다. 解東西(해동서)- 동서를 분별하다. 이 구절은 초당에 거처하는 사람조차도 수풀이 무성해서 방향을 분별하기가 어렵다는 말이다.

5 書籤(서첨)- 서표. 책갈피나 표지 등에 써서 붙이거나 끼우는 쪽지. 藥裹(약과)- 약을 싸둔 보자기.

6 野店(야점)- 시골에 있는 주점이나 여관. 山橋(산교)- 산에 놓여있는 다리. 이 구절은 초당에 주인도 없이 초당 부근에 있는 주막과 산 다리만이 그저 오가는 과객들을 전송하고 있을 뿐이라는 말이다. 이 구절에 대한 주석이 분분하다.

《구가집주두시》 조건재 주 다리와 여관만이 부질없이 길에 왕래하는 말굽을 전송할 뿐이라는 말이다. 아마도 공이 초당에 없기 때문이리라.(言橋與店空送馬蹄於道中往來而耳, 蓋公不在草堂故也.)

《두시상주》 거미줄이 오랫동안 봉하고 있고 말굽만 공연스레 전송한다는 것은 초당이 적막하여 인적이 없게 된 것이다.(蛛網久封, 馬蹄空送, 堂中閴無人跡矣.)

《두시경전》 주인이 없어서 멋진 경치가 부질없이 지나는 객의 말굽만을 전송할 뿐이라는 말이다.(言主人不在, 好景徒送過客馬蹄耳.)

《독두심해》 초당 안팎의 황폐함이 이와 같지만 초당의 주인이 돌아올 날이 가깝다. '말굽'은 스스로 돌아오는 길을 가리켜 말한 것이다.(堂內外之荒穢如此, 而堂主人之還歸在邇也. 馬蹄, 自指歸途言.)

7 肯(긍)- 기꺼이 ~하려 하다. '豈'로 쓴 판본도 있다. 藉(자)- 깔다. 春草(춘초)- '新月'로 된 판본도 있다.

8 拚(판)- 버려두다. 만사를 제쳐둔다는 말이다. '判'으로 된 판본도 있다. 醉如泥(취여니) - 잔뜩 취하다.

《두시상주》 채몽필의 주에 "패관소설에 보면 남해에 뼈가 없는 벌레가 있는데 이름이 '니'이다. 물속에 있으면 움직이고 물이 빠지면 취하여 마치 진흙 한 덩이와 같게 된다고 한다"라는 말이 있는데 이에 대해 《두억》에서는 "이는 곡설이다. 본래 사람이 취한 후에 그 모습이 문드러지는 진흙과 같이 쓰러지는 것이다"라고 하였다.(蔡云, 稗官小說, 南海有蟲無骨, 名曰泥, 在水中則活, 失水則醉, 如一塊泥然. 杜臆, 此曲說也, 本言人醉後, 其狀頹倒如爛泥耳.)

〔肯藉 2구〕

《두시경전》 처음 초당에 당도하면 잡초를 제거할 틈이 없을 것인데 엄공이 틀림없이 올 것이므로 먼저 그와 더불어 한번 술 마시고 취할 것이라고 미리 생각한 것이다.(預擬初至草堂, 不暇芟薙蕪穢, 而嚴公必來, 先當與之一醉也.)

#《두시상주》: 셋째 시는 옛 전원의 황무한 모습을 적었다. 위 4구는 완화계요, 아래 4구는 초당이다. 대나무가 물에 비치므로 모래가 푸른 것이다. 지척에서 길을 잃는다고 해서 다음 2구를 일으키고 있다. 거미줄이 오래토록 봉하고 있고 말굽을 부질없이 전송한다는 것은 초당이 적적하여 인적이 없어진 것이다. 장연 주에 "옛 뜰이 비록 황무하지만 봄풀이 한창 우거졌으니 오히려 그것을 깔고 앉아 한번 취할 만하다. '긍자' 두 글자는 엄무에게 묻는 말이다"라 하였다.(三章, 寫故園荒蕪之狀. 上四花溪, 下四草堂. 竹映水, 故見沙碧. 咫尺迷, 起下二句. 蛛網久封, 馬蹄空送, 堂中闃無人跡矣. 張綖注, 舊庭雖荒, 而春草方深, 翻可藉以一醉. 肯藉二字, 作問嚴之詞.

《독두심해》: 위 4구는 초당의 황무함을 어림짐작한 것이다. 과객이 모름지기 근심할 뿐만 아니라 주민조차 분간하지 못할 것을 걱정하니 이른바 지척에서 길을 잃는 것이 아니겠는가. 초당 밖의 길이 이와 같으니 초당 안이 먼지로 싸여있음은 알 만하다. 그러나 초당 안과 밖의 황폐함이 이와 같지만 초당의 주인이 돌아올 날이 가깝다. '말굽'은 스스로 돌아오는 길을 가리켜 말한 것이다. 맺는 부분에서 풀을 깔고 앉아 취하자고 함은 주인이 돌아왔으니 손이 한번 와 볼 만하다는 것으로 다시금 부탁한 말이다. 고신의 주에 "공이 부재하여 찾아온 말을 전송함이 있을 뿐 맞이함이 없었다"고 하였는데 주인이 부재하면 본래 오는 사람이 없는 법이니 어떻게 가는 자가 있을 수 있는지 생각해보라. 심히 아둔하다.(上四, 懸揣草堂之榛蕪. 不獨過客須愁, 且恐居人不解, 非所謂咫尺迷乎. 夫堂以外之蹊徑如此, 而堂以內之塵封可知也. 堂內外之荒穢如此, 而堂主人之還歸在邇也. 馬蹄, 自指歸途言. 結云, 藉草取醉, 主歸而賓可一顧矣, 申訂之也. 顧宸云, 因公不在, 使馬蹄有送無迎. 試思主人不在, 本無來者, 何有去者. 鶻突之甚.)

《두억》: 처음 도착하여 거친 잡초를 제거하지 못했으므로 엄공에게 봄풀을 깔고 앉아 술을 마시자 약속한 것이다. 서로 잘 알지 못하다면 이런 말을 감히 쓸 수가 없는 것이다.(因初到未及剪除荒穢, 故約嚴公藉草而飮. 非至相知, 不敢作此語.)

其四

常苦沙崩損藥欄[1]　　也從江檻落風湍[2]
新松恨不高千尺[3]　　惡竹應須斬萬竿[4]
生理祇憑黃閣老[5]　　衰顏欲付紫金丹[6]
三年奔走空皮骨[7]　　信有人間行路難

모래 무너져 약초밭 울타리가 망가질까 항상 고심했느니
또 강정江亭의 난간으로 풍랑을 잠재웠었지.
새로 심은 소나무 높이가 천 길이 못됨이 한스럽나니
몹쓸 대나무 응당 만 줄기를 잘라내야 하리라.

살아가는 일은 오직 황각로에게 의지할 뿐이요
늙은 얼굴은 자금단에 부치고자 하네.
삼 년을 도망하듯 다님에 그저 가죽과 뼈만 남았으니
한 세상 인생길의 험난함이여!

주 석

1 藥欄(약란)- 약초밭 울타리. 혹은 작약 밭 울타리.

2 江檻(강함)- 강가에 세운 정자의 난간. 風湍(풍단)- 풍랑. 이 구절은 강정의 난간을 세워 강물이 넘쳐 약초밭을 망치는 일이 없게 하였다는 말이다. '落'의 주체를 '江檻'으로 보아 "강정 난간이 풍랑에 무너졌다"로 보는 경우도 있다.

《두시경전》 '강함'은 바로 '수함'이다. 장진의 주에 "'낙'은 '쇄'이니, 강가에 난간을 세운 것은 풍랑을 잠재우려 한 것이니 이렇게 하면 모래 언덕이 무너지지 않게 된다"라고 하였다.(江檻卽水檻. 張溍注, 落, 殺也. 言設爲江檻, 所以減殺風湍, 則沙岸不至崩頹矣.)

《두억》 '강함'은 〈강상치수여해세료단술江上值水如海勢聊短述〉시에서 말한 '물가 난간에서 낚시를 드리운다'는 곳이다. 그것이 이미 무너졌음을 알았기에 '풍랑에 쓰러졌다'고 한 것이다.(江檻, 卽所云水檻供垂釣者, 知其已壞, 故云落風湍.)

《독두심해》 이전에 지은 시 〈수함견심〉의 '수함'이 바로 이 난간이다. 성도로 돌아온 후에 바로 〈수함〉시를 지었는데 난간이 무너진 것을 기록한 것으로 낭주에서 이미 들었다고 생각한다.(前有水檻遣心詩, 卽此檻也. 歸後卽有水檻詩, 乃是誌檻之壞, 在閬想已聞之.)

〔常苦 2구〕

《두시언해》 이전에 모래 언덕이 무너져 약초밭 난간을 망가뜨릴까 항상 염려하여서 강정 난간 밖을 따라 제방을 설치하여 풍랑이 떨어지는 것을 감소시켰다는 말이다.(言向時常恐沙岸崩頹, 將損藥欄, 故從江檻之外而設堤防, 減落風湍.)

《독두심해》 '란'은 안에 있는 것이고, '함'은 밖에 있는 것인데 당시에 강의 난간이 이미 쓰러졌다는 말을 듣고는 약초밭의 난간까지 망칠 것을 더욱 염려한 것이다. 그래서 '항상 고심한다'고 한 것이다. '종'은 '수'의 뜻이다.(欄在內, 檻在外, 時聞江檻已落, 更恐損及藥欄, 故曰常苦也. 從, 隨也.)

3 新松(신송)- 새로 자란 소나무. 두보가 이전에 심었던 소나무를 가리킨다.

4 惡竹(악죽)- 제멋대로 자란 쓸모없는 대나무.

〔新松 2구〕 이전에 심었던 소나무들이 멋대로 자란 대나무 때문에 충분히 높이 자라지 못했다는 말이다.

《두억》 '신송' 2구는 역시 시사에 느낀 바가 있어 자기도 모르게 생각을 드러낸 것으로 역시 이 노인의 경세의 책략이 보인다.(新松一聯, 亦有感於時事而不覺露之, 亦見此老經世之略.)

《독두심해》 3, 4구는 강한 것은 없애고 약한 것을 부축한다는 뜻을 기탁한 것으로 엄공을 향해 한 말이다.(三四, 寓鉏强扶弱意, 已對着嚴公.)

5 生理(생리)- 생활. 黃閣老(황각로)- 당대에는 문하성을 '황각'으로 불렀다. 엄무는 일찍이 문하성 소속의 급사중給事中을 지낸 적이 있었으므로 이렇게 부른 것이다. 엄무가 다시 촉을 진수하러 올 때에 신분이 황문시랑黃門侍郎이므로 이렇게 말한 것으로 보기도 한다.

《두시상주》에 인용된 채몽필 주 《국사보》에 "중서성과 문하성에서 서로 각로라고 부른다"라는 말이 있다. 엄무는 지덕 연간에 급사중이 되었고, 당시 공은 좌습유였으므로 바로 중서성과 문하성, 양성과 연관이 있었다.(國史補, 兩省相呼爲閣老. 武在至德間爲給事中, 時公

爲左拾遺, 正聯兩省也.)

《독두심해》 엄무가 황문시랑의 신분으로 촉을 진수하러 왔으므로 '황각로'라고 말한 것이다. 옛 주에서는 《국사보》의 "두 성에서는 서로 각로라고 부른다"는 말을 인용하였는데 맞지 않다. 이곳의 '노' 자는 단독으로 붙인 것이다.(嚴以黃門侍郎來鎭, 故曰黃閣老. 舊引國史補, 兩省相呼爲閣老, 不合. 此處老字單黏.)

6 付(부)- 부치다. 부탁하다. 의지하다. 紫金丹(자금단)- 먹으면 불로장생한다는 단약의 일종.

《두시상주》에 인용된 《포박자抱朴子》 금단을 오래 가열하면 할수록 변화가 더욱 기묘해지니 사람으로 하여금 늙거나 죽지 않게 한다.(金丹燒之愈久, 變化愈妙, 令人不老不死.)

《두시경전》에 인용된 《운급칠첨雲笈七籤》 단약을 만드는 법을 보면 칠십 일 동안 불을 때면 약이 완성되는데 오색이 화려하게 날리며 자색 구름이 어지러이 비치니 '자금'이라 이름한다.(合丹法, 火至七十日, 藥成, 五色飛華, 紫雲亂映, 名曰紫金.)

7 三年(삼년) 구- 난을 피하여 재주, 낭주 등지를 왕래한 것을 가리킨다.

《두시경전》 재주와 낭주 사이를 왕래한 것을 말한다.(謂往來梓閬間.)

#《두시상주》: 넷째 수는 옛 전원이 비록 황무해도 엄공은 의지할 수 있음을 말하였다. 위 4구는 경치를 적었고 아래 4구는 마음을 적었다. '약란'과 '강함'은 이전에 만든 것이요, '신송'과 '악죽'은 옛날에 심고 베어낸 것이다.(《두시상주》원 책에는 '昔所栽薙'로, 《두시경전》에 인용된 구조오주는 '今所栽薙'로 되어있음) 살아가는 일과 늙지 않는 일을 모두 엄공에게 의지하나니 예전의 분주하고 고단한 삶이 쉼을 얻을 수 있기를 바랄 뿐이다. 5,6구는 가난과 늙음을 슬퍼하여 엄무에게 바라는 말을 한 것인데, 엄무가 아마도 평소 단약을 복용하는 일을 좋아하였으므로 금단 구절을 붙인 것 같다.(四章, 言故園雖蕪, 而嚴公可依. 上四敘景, 下四敘情. 藥欄江檻, 昔所結構者. 新松惡竹, 昔所栽薙

者. 謀生駐顔, 俱藉嚴公, 庶從前奔走艱難, 得以休息耳. 五六自傷貧老, 作望嚴之詞, 嚴蓋雅好服食, 故着金丹句.)

《독두심해》: 상반부는 초당을 정리하는 일을 미리 생각한 것으로 앞 시에서 차례로 내려온 것이다. 울타리가 망가지고 난간이 떨어지니 아마도 수리해야 할 것이며, 소나무가 대밭에 묻혀있으니 역시 베어내야 할 것이다. 하지만 생활은 무엇을 의지하리. 늙어가는 얼굴은 멈추게 할 방도가 없다. 오직 '황각'과 '금단'을 바라볼 뿐이니, 이는 대체로 삼년간 피골이 상접한 채로 분주히 피난길을 다니느라 오래전에 이미 행낭이 다 닳아버린 때문이다. 결련은 윗부분을 보충해주는 말이니 공연히 슬퍼한 것이 아니다. 여기에 이르면 심사가 은근히 드러난다.(上半, 預擬整理草堂之事, 與前篇次第而下. 欄損檻落, 或當補之. 松埋竹裏, 亦當薙之. 但生理何資, 衰顔莫駐, 惟望之黃閣金丹, 蓋以三年皮骨, 奔走路難, 久已行囊罄塵耳. 結是找上語, 非空慨也. 至此微露心事.)

其五

錦官城西生事微[1] 烏皮几在還思歸[2]
昔去爲憂亂兵入[3] 今來已恐隣人非[4]
側身天地更懷古[5] 回首風塵甘息機[6]
共說總戎雲鳥陣[7] 不妨遊子芰荷衣[8]

금관성 서쪽 사는 일 자질구레해도
검은 가죽 안석이 있어 또한 돌아가려 하노라.
옛날 떠난 것은 난병이 진입할까 염려한 때문인데

이제 돌아오매 이웃이 바뀌었을까 벌써 두렵네.
천지간에 몸을 기울여 더욱 옛날을 그리워하고
풍진 세상 돌아보며 기꺼이 기심을 그치노라.
모두들 말하길 총융總戎 운조의 진영에서는
나그네 풀잎 옷 입어도 무방타 하네.

주 석

1 錦官(금관) - 금관성. 성도를 가리킨다. '官'을 '館'으로 쓴 판본도 있다. 城西(성서) - 금관성 서쪽. 여기서는 두보의 초당을 가리킨다. 生事微(생사미) - 사는 일이 미미하다. 초당에서의 생활이 궁상스럽다는 말이다. 이 구절을 '錦官生事城西微'로 쓴 판본도 있다.

2 烏皮几(오피궤) - 검은 염소 가죽을 씌운 안석.
《두시상주》에 인용된 《고사전高士傳》 진나라 송명은 벼슬하지 않고 두문불출하며 도가의 저술에 주를 달았더니 손등이 검은 염소 가죽으로 덮은 안석을 보내주었다.(晉宋明不仕, 杜門註黃老, 孫登惠烏羔皮裹几.)
《두시상주》에 인용된 장원 주 공의 〈기유협주백화사군사십운寄劉峽州伯華使君四十韻〉에 "오래 기대었더니 검은 가죽이 터졌다"는 구절이 있으니, 공이 아마도 평소 애착을 갖은 것이어서 잊지 못하고 생각한 것이다.(公寄劉峽州詩, 憑久烏皮綻, 公蓋素所愛者, 故思之不置.)
《독두심해》 내 생각에는 '오피궤'는 지금의 검붉게 옻을 칠한 가구이니 가죽으로 싼 것을 가리키는 것은 아니다.(愚謂, 烏皮几, 今髹漆器, 非言皮裹也.)

3 亂兵(난병) - 반란을 일으킨 병사. 여기서는 서지도徐知道의 반군을 가리킨다.

《두시상주》 '난병'은 서지도의 반군을 가리킨다.(亂兵, 指徐知道之叛.)

4 隣人非(인인비) - 이웃 사람이 예전의 그 사람이 아니다. 이 구는 난리 통에 이웃이 바뀌었을까 걱정한다는 말이다.

《구가집주두시》 난리를 겪어 사람이 바뀌었을까 걱정한 것이다(恐經亂離而人物變易也.)

5 側身(측신) - 몸을 기울이다. 몸을 옆으로 돌리다. 두려워하며 삼가느라 잠시라도 몸을 편안하게 두지 못하는 것을 가리킨다.

《보주두시》에 인용된 왕수 주 '측신'은 몸 둘 곳이 없다는 말이다(側身, 言無所容.)

6 甘(감) - 달게 여기다. '且'로 된 판본도 있다. 息機(식기) - 기심을 그치다. 거짓된 마음을 버린다는 말이다.

《보주두시》에 인용된 왕수 주 '식'은 잊는다는 말이다.(息, 忘也.)

7 總戎(총융) - 총사령관. 절도사의 별칭. 여기서는 엄무를 가리킨다. 雲鳥陣(운조진) - 병진兵陣의 하나.

《보주두시》에 인용된 왕수 주 (총융은) 원수이다. '운조'는 병진의 이름이다.(元帥也. 雲鳥, 陣名.)

《두시상주》에 인용된 황희 주 당나라 사람들은 절도사를 '총융'으로 삼았다.(唐人以節度爲總戎.)

《두시상주》에 인용된 《악기경握奇經》 여덟 병진은 천, 지, 풍, 운을 네 가지 정으로 삼고 비룡, 익호, 조상, 사반을 네 가지 기로 삼는다.(八陣, 天地風雲爲四正, 飛龍翼虎鳥翔蛇蟠爲四奇.)

《두시상주》에 인용된 두전杜田의 설 강태공의 《육도》에 보면 수레와 말을 나누어 조운진을 펼친다고 했는데 구름처럼 흩어지고 새처럼 날아 그 변화가 무궁하다는 뜻을 취하였다.(太公六韜, 以車騎分爲鳥雲之陣, 取雲散而鳥飛, 變化無窮也.)

8 遊子(유자) - 나그네. 여기서는 두보를 가리킨다. 芰荷衣(기하의) - 마름이나 연잎으로 만든 옷. 은자의 복장을 가리킨다.

《두시상주》 '유자'는 공 자신을 말한 것이요, '불방'은 구애될 것이 없다는 뜻이다.(遊子, 公自謂. 不妨, 無礙也.)

〔共說 2구〕

《두시경전》 엄공과 같은 장군의 지략이 있으니 나그네는 여유롭게 노닐며 자취를 의탁할 수 있다는 것이다. 마름이나 연잎으로 만든 옷을 입는다는 말은 야인의 복장을 하고 서로 마주하여 이야기를 나눈다는 뜻이다.(有嚴公將略, 則遊子可優游託跡. 芰荷衣謂以野服晤語也)

《독두심해》 '공설'은 집안사람들이 모두 그렇게 말한다는 것이다. 공은 오랫동안 오, 초 지역을 생각하였는데 이번에 초당으로 가게 된 것은 분명 집안사람들의 적극적인 권고 때문이었다. 또한 엄공의 재략과 우정은 규중과 일꾼들에까지 그 신망이 미쳤으니 그 진실됨을 알 수 있다.(共說者, 家人共說也. 公意久思吳楚, 此之相就, 當由家人敦勸. 而嚴公之才略氣誼, 信及閨房廝養, 亦可以見其眞矣.)

#《두시상주》: 마지막 시는 총결로서 초당의 전후의 여러 일들을 적었다. 위 4구는 돌아가 생활할 방도의 어려움을 걱정한 것이요, 아래 4구는 친구에게 의지할 수 있음을 기뻐한 것이다. 가난하여 살 길이 막막하니 돌아가기가 쉽지 않지만 늙어 안석을 깔고 앉을 수 있으니 돌아가고 싶기도 하다. 난리를 겪은 후 사람들이 달라졌으니 돌아가도 역시 처량하다. 옛날을 그리고 기심을 버리니 돌아가 난리를 피하여 살 수 있을 것이다. '생사'구는 앞의 '생리'를 이은 것이요, '궤재'구는 '쇠안'을 이은 것이고, '인인' 구는 앞의 '비린'을 이은 것이며, '식기' 구는 앞의 '분주'를 이은 것으로 각각 맥락이 있다. 《두억》에 "엄공과 같은 장군의 지략이 있어서 나그네는 근심없이 보전할 수 있다고 하니 엄공이 반드시 촉을 안정시킬 것을 미리 안 것이다"라고 하였다.(末章總結, 敍草堂前後情事. 上四憂歸計之艱難, 下四喜知交之可托. 貧無生事, 則難歸. 老藉憑几, 則欲歸. 亂後人非, 則歸亦淒涼. 懷古息機, 則歸堪避地. 生事句, 承前生理. 几在句, 承前衰顏. 隣人句, 承前比隣. 息機

句, 承前奔走. 各有脈絡. 杜臆, 有嚴公將略, 則遊子可保無恙, 豫知嚴公必能安蜀矣.)

《독두심해》: 위 4구는 앞 글을 수습한 것이요, 5,6구는 이 시의 골자이면서 동시에 다섯 시의 근간이다. '천지간에 몸을 구부린다는 것'은 몸 둘 곳이 없다는 말이다. '더욱 옛날을 회상한다는 것'은 난리에 처하여 치세를 생각함이요, 곤경에 처하여 형통함을 생각한 것이다. '풍진에 고개를 돌림'은 지나온 햇수가 더욱 오래되었다는 것이요, '달게 기심을 버림'은 조정에 돌아갈 가망은 없어 남에 의지하여 노년을 보내겠다는 말이다. 마지막 연에서는 이 시의 두서의 내용으로 다시 깔끔하게 돌아가서 첫 시의 기련과 호응하니 전체 5수의 총결이다.(上四, 收拾前文. 五六, 爲一詩骨子, 亦五詩質幹. 側身天地, 無處可容矣. 更懷古者, 在亂思治, 在困思亨也. 回首風塵, 歷年滋久矣. 甘息機者, 還闕無期, 依人送老也. 尾聯再繳淸眉眼, 與首章之起相呼應, 是五首總結.)

##《독두심해》: 다섯 시 중에서 엄무에게 보낸 측면을 보자면, 첫 수는 오게 된 연유를 서술하였고, 둘째 수는 와서 노닐 것을 요청하였으며, 셋째 수는 다시 수레를 재촉한 것이요, 넷째 수는 생계를 하소연한 것이요, 다섯째 수는 미리 공을 엄무에게 돌린 것이다. 그 자신을 서술함을 보게 되면, 첫 수는 장차 초당으로 가려는 이유를 제시하였고, 둘째 수는 초당 주변의 들판의 정취를 두루 말하였고, 셋째 수는 지금의 황무함을 상상하였고, 넷째 수는 돌아갔을 때 정돈할 것을 미리 생각하였고, 마지막 수는 돌아가고자 하는 이유를 거듭 제시하였다.(五詩之致嚴也, 首篇述來因, 二篇邀遊賞, 三篇再速駕, 四篇訴生計, 末篇預歸功. 其自敍也, 首篇, 提出將赴之由, 二篇, 泛說堂邊野趣, 三篇, 懸揣目今荒穢, 四篇, 逆計歸時整頓, 篇, 申繳將赴之故.)

(**김성곤**)

시구 찾아보기

•첫 글자는 두음법칙을 따르고 나머지는 본 음대로 배열하였음.

ㄴ

ㄷ

ㄹ

ㅂ

人

ㅈ

ㅊ

ㅌ

ㅍ

ㅎ

Abstract

An Annotated Translation of Du Fu's Poems Composed while Living in 'Zi-zhou', 'Lang-zhou',

Yeongju Lee, et al.

This book contains 150 poetries by Dufu(杜甫), written while he was traveling Zizhou(梓州) and Langzhou(閬州) regions. Dufu put much efforts trying to find a safe shelter apart from the roaring war at the time, but it was a goal hard to reach. How troublesome it must have been for him to go about places finding food and shelter on roadsides! How wholeheartedly would he have yearned to return home in time of peace! As such, Dufu's laborous day-to-day survival and a strong yearning for home are well reflected in poetries written at this time frame.

While staying in Chengdu(成都) region, Dufu went to Mianzhou(綿州) to bid farewell for Yanwu(嚴武), his loyal supporter, as Yanwu has decided to return to the Capital. An abrupt uprising of Xu Zhidao (徐知道) prevented Dufu from returning to Chengdu, and kept him to stay in Mianzhou, eventually causing him to wander around in regions such as Zizhou and Langzhou. At the time Dufu had hoped to return to the Capital by way of The Three Gorges on the Yangtze River(三峽), but his feeble financial condition kept it off-putting. When he heard Yanwu returned to Chengdu, Dufu reluctantly headed back there instead. It was the year 762 when Dufu bid farewell for Yan Wu and the year 764 when he returned to Chengdu, making it 2 years or so for him to roam in vein in a foreign land.

There are many poetries in this book about Dufu seeing someone off. As he saw his beloved friends and colleagues off to their homes or posts, he turned to his own situation where he is stuck in such a foreign land, and felt much bitterness and agony. However, inspite of such feelings, Dufu put in his poetries the worries he had about the future of his country-he did not hide the frustration towards those who put the world in such distress.

역해자 소개(가나다순)

김 만 원

서울대학교 중어중문학과 졸업
서울대학교 대학원 졸업(문학박사)
강릉원주대학교 중어중문학과 교수
저서: 『두보 초기시 역해』(솔출판사, 공저), 『사령운시 연구』, 『두보 지덕연간시역해』(한국방송통신대학교출판부, 공저), 『두보 위관시기시 역해』(서울대학교출판문화원, 공저), 『두보 진주동곡시기시 역해』(서울대학교출판문화원, 공저), 『두보 성도시기시 역해』(서울대학교출판문화원, 공저)

김 성 곤

서울대학교 중어중문학과 졸업
서울대학교 대학원 졸업(문학박사)
한국방송통신대학교 중어중문학과 교수
저서: 『두보 초기시 역해』(솔출판사, 공저), 『두보 지덕연간시 역해』(한국방송통신대학교출판부, 공저), 『두보 위관시기시 역해』(서울대학교출판문화원, 공저), 『중국역대시가강독』(한국방송통신대학교출판부, 공저), 『두보 초기시 연구』, 『두보 진주동곡시기시 역해』(서울대학교출판문화원, 공저), 『두보 성도시기시 역해』(서울대학교출판문화원, 공저)

박 홍 준

서울대학교 중어중문학과 졸업
중국 화동사범대학 대학원 졸업(문학박사)
성신여자대학교 중어중문학과 부교수
저서: 『이어통속희곡 연구』, 『두보 지덕연간시 역해』(한국방송통신대학교출판부, 공저), 『두보 위관시기시 역해』(서울대학교출판문화원, 공저), 『두보 진주동곡시기시 역해』(서울대학교출판문화원, 공저), 『두보 성도시기시 역해』(서울대학교출판문화원 공저)

이 남 종

서울교육대학교 졸업
한국방송통신대학교 중어중문학과 졸업
서울대학교 대학원 졸업(문학박사)

한국방송통신대학교 중어중문학과 겸임교수
저서: 『두보 지덕연간시 역해』(한국방송통신대학교출판부, 공저), 『두보 위관시기시 역해』(서울대학교출판문화원, 공저), 『맹호연 시선』(민미디어), 『맹호연시 연구』(서울대학교출판문화원), 『두보 진주동곡시기시 역해』(서울대학교출판문화원, 공저), 『두보 성도시기시 역해』(서울대학교출판문화원, 공저)

이 석 형

서울대학교 중어중문학과 졸업
서울대학교 대학원 졸업(문학박사)
중앙대학교 중어학과 교수
저서: 『두보 초기시 역해』(솔출판사, 공저), 『두보 지덕연간시 역해』(한국방송통신대학교출판부, 공저), 『두보 위관시기시 역해』(서울대학교출판문화원, 공저), 『청말사학이론 연구』, 『두보 진주동곡시기시 역해』(서울대학교출판문화원, 공저), 『두보 성도시기시 역해』(서울대학교출판문화원, 공저)

이 영 주

서울대학교 중어중문학과 졸업
서울대학교 대학원 졸업(문학박사)
서울대학교 중어중문학과 교수
저서: 『두보 초기시 역해』(솔출판사, 공저), 『두보 지덕연간시 역해』(한국방송통신대학교출판부, 공저), 『두보 위관시기시 역해』(서울대학교출판문화원, 공저), 『한자자의론』(서울대학교출판문화원), 『한문독해법』(명문당, 공저), 『한국시화에 보이는 두시 연구』(서울대학교출판문화원), 『두보 진주동곡시기시 역해』(서울대학교출판문화원, 공저), 『두보 성도시기시 역해』(서울대학교출판문화원, 공저)

이 창 숙

서울대학교 중어중문학과 졸업
서울대학교 대학원 졸업(문학박사)
서울대학교 중어중문학과 교수
저서: 『중국공연예술』(한국방송통신대학교출판부, 공저), 『중국고대음악사 —상고시대부터 송대까지』(솔출판사, 역서), 『영원한 대자연인 이백』(이끌리오, 공역), 『두보 진주동곡시기시 역해』(서울대학교출판문화원, 공저), 『두보 성도시기시 역해』(서울대학교출판문화원, 공저)

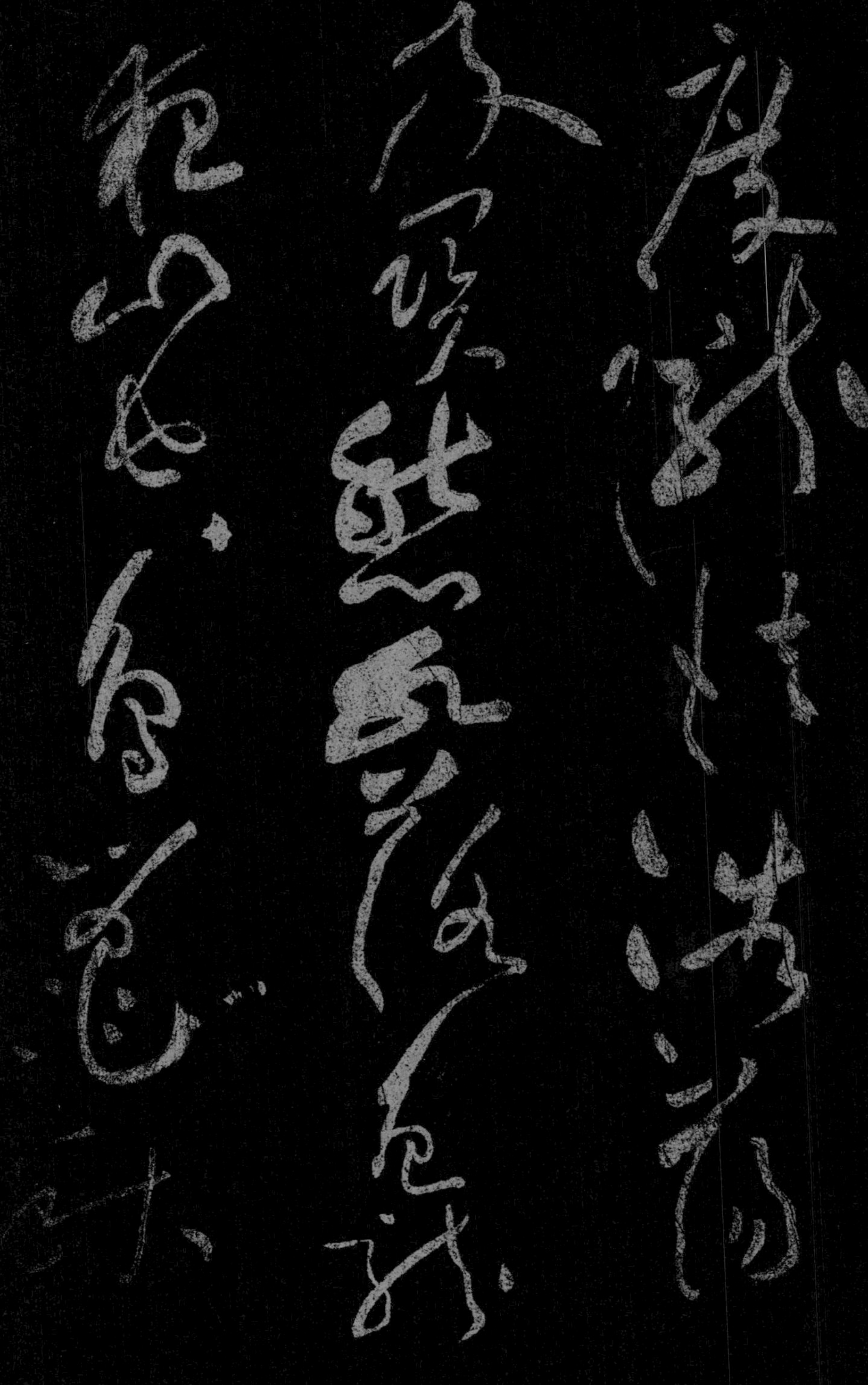